泰晤士
大河大城
THAMES
SACRED RIVER

〔英国〕彼得·阿克罗伊德 著
任明 译

上海文艺出版社
Shanghai Literature & Art Publishing House

目 录

历史的镜子
001　有关河的事实
006　作为寓言的河流
012　河之时间

父河泰晤士
027　河之洗礼
039　石之河
044　河之诞生

向前奔流
051　"贡品"

源头
063　最初
068　神圣的线条
073　泰晤士之战

神圣之河
085　神圣之河
096　河之圣人
101　万岁！神圣之河，慈悲之母
106　废墟
119　流动的历史

基本的与平等的

129　生命之水

134　平衡之器

工作的河流

139　河之舟

145　愉悦的桥梁,黑暗的隧道

172　河之律令

178　犯罪因子

186　河之劳工

203　"原住民"

贸易之河

215　世界的贸易

221　广大之河

237　蒸汽与速度

自然之河

257　"你好!风与雨"

267　古老的树

274　"追随万物,天鹅死于夏日"

愉悦之溪

283　尽情畅饮

290　溯河而上
304　乐之花园
314　污秽之河
320　都是活的！活的！活的！

治疗之泉
331　疗愈之水
347　泰晤士河之光

艺术之河
355　泰晤士河的艺术
370　河流的语言
392　河流之歌

阴影与深度
413　河流之梦
417　河流的传说

死亡之河
423　"供给"
434　"河流的头颅"
438　死亡之河

河之尾声

459　河之下游

467　另一种地形学,从源头到大海
521　译后记
527　参考文献

第一章

历史的镜子

有关河的事实

泰晤士河长215英里[①]，可以通航的长度是191英里，是英格兰但不是大不列颠王国最长的河——英国境内的塞文河（the Severn）[②]比它大约长5英里。但它一定是世界上能够拥有如此显赫历史的最短的河流。亚马逊河(the Amazon)[③]和密西西比河（the Mississippi）[④]覆盖的范围都接近4000英里，长江（the Yangtze）[⑤]接近3500英里，但它们都没像泰晤士河（the Thames）那般吸引全世界的注意力。

它流经英格兰9个郡的边界，这再次证明了它既是界限又是防

[①] 1英里=1.609344公里。（本书脚注皆为译者所注。）
[②] 塞文河（the Severn）：英国最长的河流，流经威尔士与英格兰，长约220英里（354公里）。
[③] 亚马逊河(the Amazon)：位于南美洲北部，发源于安第斯山脉，最终流入大西洋，全长约6400公里，世界第二长河。
[④] 密西西比河（the Mississippi）：位于北美洲，全长6262公里，最终注入墨西哥湾，世界第四长河。
[⑤] 长江（the Yangtze）：作者有关长江的长度数据换算后略有误差。以沱沱河为源的长江干流长度为6397公里，为世界第三长河，仅次于尼罗河（6670公里）和亚马逊河（6400公里），最终流入东海。The Yangtze River是英语中对"长江"的称呼，因西方来华的传教士最先接触的是旧称为"扬子江"、从南京以下至入海口的这一段，因此英语中习惯以"the Yangtze River"来指代"长江"。

守要塞。它将威尔特郡（Wiltshire）与格洛斯特郡（Gloucestershire）分开，将格洛斯特郡与伯克郡（Berkshire）分开，将牛津郡（Oxfordshire）与白金汉郡（Buckinghamshire）分开；并在前行的过程中，将萨里郡（Surrey）与米德塞克斯郡（Middlesex）（或者不那么优雅地被称作"大伦敦地区"）、肯特郡（Kent）与埃塞克斯郡（Essex）分开。它在遥远的过去守护了这些曾经属于部落的土地，也将守护它们到可以想象的未来。

泰晤士河沿岸共有135座桥，特丁顿（Teddington）① 以上的河段有44道水闸。目前仍有20条左右大的支流流入泰晤士河主干道，其余支流如弗利特河（the Fleet）等已经消失在地表下。它的"流域"——从雨水及其他自然力量中获得水源的区域——占地约5264平方英里。它的水源也来自数目众多的泉水——很多位于森林里或是靠近泰晤士河的溪流处。有一眼泉水位于牛津郡斯诺顿山脉（Sinodun Hills）山脚下的森林里，人们称其为永远新鲜、永远常新的"永恒之泉"。

河在特丁顿附近的平均流速——选择这里是因为这里是潮汐水流与非潮汐水流交汇的地方——经测算为每天约11.45亿加仑（52.05亿公升），大约每秒2000立方英尺（56.6立方米）；目前流速在每小时1/2至2½英里之间。河水流动的主要推动力是水文学家称作"河流谷底线"的地理因素。河并非是以一种笔直、向前的线条流动的，而是混合了内部水流及表面与河底的各种水流，以曲线或螺旋状向前流动。超过95%的泰晤士河水的能量消失在河的湍流及各种摩擦之中。

泰晤士河流淌的方向因此是具有狂想性质的。人们也许会认为它应该往东流，但它拒绝任何简单的猜想。它在亨利（Henley）的上方和特丁顿那里流向东北方，在阿宾登（Abingdon）上方流向西

---

① 特丁顿（Teddington）：位于伦敦西南部里士满自治郡的一个城镇，这里的水闸是泰晤士河上距入海口最近的非潮汐水闸。

第一章 | 历史的镜子

面,在库克姆(Cookham)那里流向南面,在马洛(Marlow)和金斯顿(Kingston)上方流向北面。这些都与它变化多端的曲线有关。它并不像幼发拉底河(the Euphrates)[①]那样迂回曲折——据希罗多德(Herodotus)[②]的说法,航行者曾在三天中不断重返同一个村庄三次——但它是环形的;它的专长是"绕大圈"。这使得沿河岸的旅行者要花上两至三倍的时间来完成沿公路的同伴所完成的同样距离。泰晤士河教你慢慢来,从不同角度来看这个世界。

泰晤士河从源头到入海口平均每英里约"降落"——或者说"下降"——17—21 英寸(432 到 533 毫米)。它追随地心引力,永远在寻找到达海洋的最简单的路径。从源头到海洋,泰晤士河的河面高度下降了约 600 英尺(183 米):最初 9 英里就相对急剧地下降了 300 英尺(91.5 米),随后的 11 英里又下降了 100 英尺(30.4 米),余下河段下降的平均值减缓了;然而平均值可能并非那么重要——它们遮蔽了泰晤士河的变化多端与独特气质。泰晤士河的平均宽度是 1000 英尺(305 米),平均深度是 30 英尺(9 米),但其宽度变化可以从特鲁斯伯里(Trewsbury)[③]的 1—2 英尺(0.3—0.6 米)到诺尔(Nore)[④]的 5½ 英里(约 8850 米——译者注)。

泰晤士河的潮水,丁尼生(Tennyson)[⑤]形容它"宛如在睡梦中移动,太过满溢而不能发出声音与泡沫"。它朝内陆升起的潮水可能带来益处,也可能带来危险;朝大海退去的潮水则意味着分离,或是对未知的冒险。这是一个整体的移动过程,但包含着上千种不同的水

[①] 幼发拉底河(Euphrates):中东名河,全长约 2800 公里,与底格里斯河共同界定美索不达米亚,诞生了两河文明。
[②] 希罗多德(Herodotus,约公元前 480 年—公元前 425 年):希腊历史学家,著有《历史》一书,被称为"历史之父"。
[③] 特鲁斯伯里(Trewsbury):位于英国格洛斯特郡的一个古老城镇。
[④] 诺尔是泰晤士河入海口的一处沙岸,标志着泰晤士河与北海的相交处。
[⑤] 丁尼生(Alfred Tennyson,1809—1892):英国维多利亚时期最受欢迎极具特色的诗人,1850 年 11 月继威廉·华兹华斯之后成为"桂冠诗人"。

流和漩涡，其中有互相冲撞的水流，高水位和满潮也不一定是一回事。河水有时候会在涨潮结束以前就开始下降。河水涨潮的平均速度在 1—3 海里/小时（1.15—3.45 英里/小时），但河水高涨时可达 7 海里/小时（8 英里/每小时）。伦敦桥（London Bridge）① 附近的潮水涨潮要持续近 6 个小时，退潮则要持续 6 个半小时。泰晤士河现在的潮水水位比历史上任何一个时期都要高。现在高潮与低潮之间的水位差可达 24 英尺（7.3 米）；虽然伦敦桥附近的河水涨潮时平均升高的高度在 15—22 英尺（4.5 至 6.7 米）之间。而在罗马人占领期间，泰晤士河高潮与低潮之间的水位差只略微超过 3 英尺（0.9 米）。换句话说，在 2000 年时间里，泰晤士河高潮水位升高了许多。

原因很简单。英格兰东南部正在以每 100 年约 12 英寸（305 毫米）的速度缓慢向海水方向沉下去。公元前 4000 年以前，泰晤士河边的土地比现在要高 46 英尺（14 米），公元前 3000 年以前，比现在要高 31 英尺（9.4 米）。当这些事实与极地冰帽的融化结合起来，潮汐抵达泰晤士河最低点的位置就以每 100 年 2 英尺（0.6 米）的速度在升高。这就是为什么近年落成的泰晤士水闸（Thames Barrier）② 无法为城市提供足够的保护，政府正在考虑修建新水闸的原因。

当然潮汐的变化与地球、月亮与太阳之间的位置变化相关联。每两周高涨的满潮期，在月全圆两天后达到顶点；低潮期出现在月半圆时。最大的满潮出现在春秋昼夜平分时，这对那些在河边工作或生活的人来说，是最危险的时候。晚秋及早春的大潮期也很危险。这就难怪最早住在泰晤士河边的居民已经开始向大河崇拜并祈福。

---

① 伦敦桥（London Bridge）：伦敦市中心横跨泰晤士河、连接金融城（the City of London）与萨瑟克地区的河面上，自罗马时代就开始有建于不同时代，但都被称作"London Bridge"的桥。目前横跨在这里的是一座落成于 1974 年、用钢筋水泥建成的箱形梁桥。
② 泰晤士水闸（Thames Barrier）：位于伦敦中心区泰晤士河下游，1974 年开始修建，1984 年落成启用。

第一章｜历史的镜子

泰晤士河的整体风貌堪称变化多端，但称不上"壮观"。古代及现代生活的各种所需聚集在河两岸。如今它在很大程度上是一条被驯服的河流，经过人类很多世代的驯服与掌控。从这一意义来说它是一件人工制品，它的一些景观经过精心设计，以融入河的进程。如果将泰晤士河的历史作为一件艺术品的历史来进行书写，也是行得通的。

这是一项仍在缓慢进行的工作。在上一个冰川期被冰川作用向南推进以后，泰晤士河上万年以来采取的都是同一条路线。大不列颠人和罗马人在斯诺顿山脚下修建的土木工程仍然位于河边的位置，与2000年前相比没什么变化；考虑到流水的破坏力，这一事实其实应该令人感到吃惊。千百年以来它的水位线有过变化——譬如说，在盎格鲁－撒克逊人①定居时水位线曾有过突然的、出人意料的升高——水下森林的发现，证明这里曾发生过席卷一切的洪水。它的容颜当然也有所改变——直到最近才开始有了相对较深也较窄的河道；但它跨越时间的坚持与稳定的身份是其力量的一个方面。

当然泰晤士河的每一个河段都有其自身的特点与氛围，每一个地区都有其自身的历史；在对立中产生了力量，在对比中产生了美。河里的水有着巨大的差异，既有来自源头的纯净新鲜水，也有港湾区难喝的水，还有入海口附近的咸水。以水流旋转的方向来考虑，埃塞克斯岸边的水要比肯特郡岸边的水含有更多盐分。莱奇莱德（Lechlade）与巴特西（Battersea）的河岸风光、亨利与格雷夫森德（Gravesend）的河岸风光有着明显的不同。河上游的平静与先是被称作"伦敦之河"（River of London）、后被称为"伦敦河"（London River）的那段长长的湍急河段形成了鲜明对比。船过了纽布里奇（Newbridge）以后，泰晤士河变得更宽，也更深，静静等待着新的变化。

---

① 指公元450年到"诺曼征服"的1066年之间的这一时期。盎格鲁－撒克逊人包括从欧洲大陆迁移到不列颠群岛的日耳曼人及其后裔，以及原本就栖息在大不列颠群岛上的部落。

泰晤士河沿岸的乡村风光从平坦到林木茂密，快速转变。河流自身在流经多切斯特（Dorchester）精耕细作的土地及克里维登（Cliveden）的茂密森林之间也发生了巨大变化。从戈斯托（Godstow）开始，泰晤士河变成了休闲之所，在小船与平底舟、梅朵港（Port Meadow）的体育运动及宾赛（Binsey）的河边野餐会的包围下，河面微风吹拂，令人感到轻松愉快。然而随后随着光线的某种变化，河水开始变成暗绿色，被植物包围着，就好像是丛林之中的河流；随后旅行者开始看到牛津（Oxford）的民居，河又发生了其他变化。牛津是一个关键的转折点，在那里你可以回望上游，思考泰晤士河安静的起源，也可以朝下游看去，凝望即将到来的伦敦的广大。

在莱奇莱德之前的河段，河周围是空荡荡的，一路穿过的是荒无人烟的草地；而到了沃平（Wapping）和罗瑟海兹（Rotherhithe），河边的民居则因为数量太多而好像要被"挤进"河里了。河周边的乡村与都市气质都是拜泰晤士河所赐，这是为什么河的某些部分令人感到平静与遗忘，而其他一些部分则唤起焦虑与绝望的原因。这是梦想之河，也是自杀之河。它被称作"流动的历史"，因为在它之中既消解了、也承载着所有的时代与世代更替。它们就像河水一样涨涨落落。

作为寓言的河流

河流流过语言。我们在各种可以想象得到的情形下，都谈到了它的影响。它被用来表达生与死、时间与命运；它被用作持续与消解、亲密与短暂、艺术与历史以及诗歌本身的比喻。在《心理学原理》（*The Principle of Psychology*）（1890）一书中，威廉·詹姆斯（William James）[①]第一次发明了"意识流"（stream of consciousness）一词，在

[①] 威廉·詹姆斯（William James，1842—1910）：美国心理学之父，心理学家和哲学家。1890年出版的两卷本著作《心理学原理》几乎概括了整个十九世纪的心理学，既是当时实验心理学研究成果的基本总结，也是詹姆斯机能主义（或实用主义）心理学思想的集中体现。1892年他把《心理学原理》改写为《心理学简编》，在美国被作为大学标准课本。

"意识流"中,"脑海中每一种明确的意象都被浸泡在……围绕着它自由流淌的水中";可以说意识就像河水那样在流动。然而河也是潜意识的一个象征,代表着深度及不可见的生命。

在有关运动与变化的无止境的循环中,河也是永恒的象征。它是为数不多的、很容易就能为人们所理解与欣赏的象征之一。在持续不断的思维之流中,人的思想与灵魂可以开始考虑自身所可能拥有的不朽性。

在诗人约翰·德纳姆(John Denham)①的作品《库珀的小山》(*Cooper's Hill*, 1642)中,泰晤士河是人类生活的隐喻——刚开始时是那么微小,接下来的旅程又是那么自信,最终被纳入海洋的命运又是那么不可避免:

> 急着去向大海致敬,
> 就像有限的生命去会见永恒。

有关泰晤士河的诗歌总是强调它与人类社会的目的性与现实性的相似。河的个性从开始时的纯洁无瑕,到后来在与商业世界的广泛接触中发生了变化。河在幼年时是纯洁、无辜、清澈的,等它被城市紧紧囚禁起来时,它变得阴暗而污秽,被贪婪与投机所污染。河的这种退步也代表了人类生活与历史的某种范式。然而河相对于它所隐喻的对象,有一个巨大的优势:河总是重返源头;河的腐败是可以被改写的。这就是为什么宗教洗礼仪式被直觉性地与河流联系在一起。泰晤士河在人们心中已经成为救赎与更新以及从时间本身"逃离"这一希望的象征。

---

① 约翰·德纳姆(John Denham,约1614年—1669年):出生于都柏林,英国诗人,其诗作《库珀的小山》(*Cooper's Hill*)被认为是英语诗歌中较早对当地风光进行描写的典范。

当华兹华斯（Wordsworth）[①]在低潮时观察泰晤士河，他看到伦敦"伟大的心脏""静静地躺在那里"；在这里他所使用的是一种与人体循环相关的想象。在这里，河就像是人体中的血液，充盈着周围地区的静脉与动脉，没有它，伦敦的生命就会终止。沃尔特·雷利爵士（Walter Raleigh）[②]在他位于伦敦塔（the Tower）[③]的牢房附近散步时，对着泰晤士河沉思，感叹"通过血管与动脉在人体分流的血液，也许可以被比作这些通过地球上的小溪与河流所负载的水"。他在牢房里写下了《世界史》（*History of the World*, 1614）一书，受泰晤士河水流的深切影响，将其作为人类命运的范本。泰晤士河被用作万事万物在时间的长河中相继展开的一个象征，在它身上携带着过去所发生的各种事件的重负。对雷利来说，时间的货轮离开源头以后，变得越来越复杂而令人疲倦，人类生活也变得越来越黑暗与深不可测，越来越不纯洁，越来越容易受到接连不断的事件的影响。在其所撰写的历史中，雷利注意到人与河流有一点有所不同，他声称："对人类生活的

---

① 威廉·华兹华斯（William Wordsworth，1770—1850）：英国浪漫主义诗人，代表作有与柯勒律治合著的《抒情歌谣集》等，与柯勒律治（Samuel Taylor Coleridge）、骚塞（Robert Southey）同被称为"湖畔派"诗人（Lake Poets），开启了英国文学的浪漫主义时代。

② 沃尔特·雷利（Walter Raleigh，约1552年—1618年）：英国文艺复兴时期一位多产的学者、政客、军人、诗人、科学爱好者和探险家，在早期英国对北美的殖民地探险中起了至关重要的作用。在伊丽莎白女王一世时很得宠，于1585年被封为爵士。后来于1591年、1603年两度被下狱，是在伦敦塔待的时间最长的囚徒。1618年在海外探险活动中其手下洗劫西班牙人定居点，违反了两国和平协定，回国后他因此被逮捕、处死。

③ 伦敦塔（the Tower）：即the Tower of London，是英国伦敦紧邻泰晤士河边的一座标志性宫殿、要塞。最初是"征服者威廉"于1066年沿泰晤士河而建的据点，目的是保护伦敦，并宣称此地是他的领土。詹姆士一世（1566—1625）是最后一位将其作为宫殿居住的统治者。伦敦塔曾作为堡垒、军械库、国库、铸币厂、宫殿、天文台、避难所和监狱，最后一次作为监狱使用是在第二次世界大战期间。1988年被列为世界文化遗产，其中具有罗马人建筑风格特点的白塔，是影响整个英国建筑风格的巨大建筑物。

潮汐来说，一旦开始转变与衰退，就是永远的衰落与退潮，永远不能重新奔流。"

泰晤士河也被看作是一面道德的镜子。随风摇摆的灯芯草和柔软的柳树为"何为谦卑与自制"做出了形象的说明；河两岸卑微的野草也因其低调与从不卖弄而获得了赞美。有哪位曾在河边探险的人没有学到过耐心、忍耐与警觉的价值？约翰·德纳姆在一种更深远的层面上将泰晤士河作为本土讨论的对象：

哦，我能像你一样流动吗？将你的水流作为
我尊贵的榜样，因为它就是我模仿的对象；
虽然深，但是清澈；虽然温柔，但并不沉闷；
强壮而不易怒；圆满，而不溢流。

这里暗示着泰晤士河代表了一种值得追寻与追求的英格兰的尺度、一种美学的和谐，同时德纳姆似乎也在谈论"英国性"本身的一些特点。泰晤士河是它所流过的这个国家的隐喻。它谦虚而温和、平静而丰富，有力量而不暴烈；它不是炫耀式地令人印象深刻；它广大而不无边；它避免极端；它蜿蜒寻找自己的路而不需要强硬的改道与干预；它在很多方面都具有价值；它是一条讲求实际的河流。

当澳大利亚前总理罗伯特·孟席斯（Robert Menzies）[1]前去兰尼米德（Runnymede）参观[2]时，他深受感动，给这条代表着"不慌不忙的英格兰个性"的"秘密之泉"以极高的评价。这种将环境与人、将土地和水的特点与居民的个性相联系的做法，至今仍是切中要害的。

---

[1] 罗伯特·孟席斯（Robert Menzies，1894—1978）：1939—1941年和1949—1966年两度当选总理，在位18年，是迄今为止澳大利亚在位时间最长的总理。
[2] 兰尼米德（Runnymede）：位于萨里郡泰晤士河沿岸的大块草地，位于伦敦中心区往西32公里，因1215年英国《大宪章》在此签署而著名。

在泰晤士河与其周边的居民之间，有一种内在而亲密的联系，即使这种联系并不是很容易就能被看出来。

于是在某种意义上，泰晤士河成了国家与民族的象征，将土地与河流温柔地拥抱在一起，为那些彼此迥异的地区提供着凝聚力与团结。它为一种共同文化的成长与扩散提供了可能。它在显著的差异中创造了和谐。仅就这一项能力而言，在"英国性"的打造中，它就比其他民族"象征"做出了更多贡献。

人们理想中的英格兰生活——茅草覆盖的小屋、乡村的绿野、鸭塘、篱笆拦起的田园等，都来自泰晤士河沿岸风光。泰晤士河是这些与"英国性"相关的"白日梦"的源泉。旅行者只需去过库克姆、潘博恩（Pangbourne）、斯特雷特利（Streatley），或是泰晤士河沿岸上百个乡村或小镇中的任何一个，就能意识到泰晤士河在打造英国民族生活特点上所具有的长期重要性。

泰晤士河一直是通衢，是前哨，也是进攻的路线；是游乐场，也是下水道；是水源，也是权力的来源。它是一条罗马人所称的"公共的"河流，但它也是个体可以获得深沉满足的所在。它拥有一种个体的影响力，也拥有一种历史的影响力。约翰·凯尔（John Keill）[①] 在《对反思地球理论的检验》（*A Examination of the Reflections on the Theory of the Earth*, 1699) 中，谈到河流时说："没有它们就不可能有伟大的城镇，也不可能有与遥远的内陆国家的交往，因为没有它们就几乎没有可能为大量人口提供生活必需品。"泰晤士河在当地创造了文明。它塑造了伦敦。

这是为什么它被称作是一座体现"英国性"的博物馆。它涵盖了英格兰民族的历史，从格林尼治（Greenwich）到温莎（Windsor）城堡，从伊顿（Eton）公学到牛津大学，从伦敦塔到威斯敏斯特教堂，

---

① 约翰·凯尔（John Keill, 1671–1721）：苏格兰人，数学家，牛顿的学生及捍卫者。

第一章 | 历史的镜子

从伦敦金融城①到法院，从伦敦港(Port of London)②到兰尼米德；从这一意义上来说它是一个伟大的联合者。它代表着居住在河边的、一直在努力奋斗着的人类群体。它也代表着英国那种理想化的、和谐的田园风光，尤其是在泰晤士河上游的那些地区。它激发了有关英格兰的诗歌。它一路走来的丰富多彩与变化多端，完美地满足了英国人的口味：

> 各种变化丰富的土壤，带来无尽乐趣
> （这里既不太冷，也不太热……
> 夏天不太短，冬天不太长）。

迈克尔·德雷顿(Michael Drayton)③ 在《多福之国》(Polyolbion, 1612) 中，以省略号取代了泰晤士河。然而这条河仍相对来说保持着未被"宠坏"的状态。在人类过去的 2000 年中，它并未发生巨大改变。

在它一路行来的大部分河段，泰晤士河都保持着一种隐蔽与隔绝。沿着河边小路行走，仍有可能走上数英里也看不到一个人；靠近源头的上游和靠近入海口的河口区，是同样的人迹罕至。它代表着一种从世界的逃离——"在静静的河边，垂柳掩映"；这是为什么它

---

① the City，the City of London 的简称，指伦敦市中心 1.12 平方英里的土地，包括罗马人公元 1 世纪时在当地最早的定居点，目前是伦敦金融服务业的中心，因此也被称作"金融城"。
② 伦敦港(Port of London)：一度是世界上最大的港口，目前是英国第二大港。
③ 迈克尔·德雷顿(Michael Drayton, 1563—1631)：英国伊丽莎白女王一世时的著名诗人，能熟练自如地运用当时流行的各种诗歌体式。出生于沃里克郡(Warwickshire)，1590 年左右定居伦敦。长诗《多福之国》(Poly-olbion) 出版于 1612 年，1622 年重印并添加了第二部分。全诗洋洋洒洒 30000 行，描绘了"著名的不列颠岛"的美丽风光和光荣历史。

享有平静温和、远离骚乱的名声。马修·阿诺德（Matthew Arnold）[①]曾在斯泰恩斯（Staines）[②]那里，赞美泰晤士河有一种"从其完全的孤独中所产生的巨大魅力"。位于泰晤士河入海口的坎维岛（Canvey Island）[③]，曾被认为是"伦敦周围最孤独的地方"。

河之时间

[11] 泰晤士河是历史，一条历史之河，过去2000年中的重大事件绝大部分是沿着它发生的，但它自身也是一部历史。

它的历史重要性随着离伦敦愈近而愈发显著。这是河隐藏的本性。它一直反映着时代流动的盛宴。它的历史也是英格兰的历史——或者说，是不列颠人和罗马人的历史，是撒克逊人（Saxons）、丹麦人、诺曼底人和其他决定在河两岸定居下来的移民群体的历史。艺术和文明沿着它开始繁荣发展。每一代人对它有着不同的理解，因此随着岁月流逝，它的意义也在不断增加。在这一过程中，它成了民族个性的象征。英格兰的命运与泰晤士河的命运是紧密相联的。在神话故事中，泰晤士河为英伦半岛提供了能量。它为岛带来了养分。

没有人会否认泰晤士河对伦敦的至关重要性。它为这座城市带来了贸易，同时也带来了美、肮脏、财富、悲惨与尊严。如果没有泰晤士河，伦敦这座城市就不会存在。这是为什么泰晤士河永远是英格兰人生活的中心，同时也可以很公平地说，它是全世界历史上最有名的——也肯定是最风云诡谲的——河。比起到世界上各大洋长途旅行，沿泰晤士河旅行，能对人类境遇产生更多理解。然而水只是反射万物：它自身既没有形状，也没有意义。因此我们可以说泰晤士河在

---

① 马修·阿诺德（Matthew Arnold，1822—1888）：英国近代诗人、教育家、评论家。
② 斯泰恩斯（Staines）：位于萨里郡泰晤士河边的一个郊区镇，自新石器时期开始就有人居住，公元43年罗马人入侵不列颠以后在这里建立了定居点。
③ 坎维岛（Canvey Island）：位于埃塞克斯泰晤士河口的小岛，从罗马时代开始就有人居住。

本质上是对周围环境的反映——对地理的反映，或者是对经济的反映。

然而两岸生活的持续性，显示了泰晤士河具有深邃而鼓舞人心的生命力。几乎在河的每个角落都有过这样或那样的人类居住活动。自从人类最初来到这一地区，泰晤士河就成为人类生活的中心。在泰晤士河这里，我们获得了有关"社群"的概念；这是它对众生最有益的特点之一。这一点是如此深入骨髓，以至于我们今天都很少注意到它。沿着河两岸，同样的农耕手法从青铜时代一直延续到十九世纪中叶：干草用长柄镰刀收割，粘重的土地用犁翻耕；小麦被播种并收获，农民用短镰刀砍玉米；灯芯草在8月被收割，晾干后用来覆盖茅屋顶；草皮和灌木被收集起来留作冬季的柴火……这些都是古老而长久的劳作，它们塑造了泰晤士河沿岸的风景，也被其所塑造。土地分割与边界划分是从我们祖先那里直接继承过来的；不需要使用灰泥就可以垒石墙的技术已经保持了6000年左右。泰晤士河为人们提供了一种深沉的、有关安顿与归属的感觉。

时间在河上有一种令人好奇的展示。泰晤士河并不居住在人类时间里，它居住在地质时间里。泰晤士河最早的照片中那些晦暗不明的人物，作为河的崇拜者，早已消失在不可见之中。希莱尔·贝洛克（Hilaire Belloc）[①]在《历史上的泰晤士河》（*The Historic Thames*，1914）一书中写道："你可以把一个十五世纪的人放在圣约翰水闸（St John's Lock）下游的河面上，在他到达巴斯考特水闸（Buscot Lock）之前，他会很难意识到他已经进入了自身以外的另一种时间之中。"约翰·贝杰曼（John Betjeman）[②]将位于牛津上游的河流都称作是"中

[①] 希莱尔·贝洛克（Hilaire Belloc，1870—1953）：盎格鲁-法兰西作家、历史学家，父亲是法国人，母亲是英国人，一生大部分时间生活在英国，是二十世纪初期英国最多产的作家之一，英国爱德华七世时代四大作家之一，与H·G·威尔斯、萧伯纳、G·K·切斯特顿齐名。

[②] 约翰·贝杰曼（John Betjeman，1906—1984）：英国桂冠诗人，是英国人最喜爱的诗人之一。喜欢以简单的抒情形式、轻盈的诗句表达严肃的主题。

世纪的",这段河流也给人带来一种它是对过去时光的永久纪念的感觉。有一句古老的歌谣:

> 纵使每一个塔尖的钟声都被敲响,
> 住在船上的人们也丝毫不会受影响。

河上的人被"悬置"在河流的时间之中,这一点与"时间"观念产生以前的世界有着某种深刻的联系。也许我们可以把它描述为"无时性的"(timeless)。它在永恒的"当下"运行——而根据哲学家们的说法,这是属于"并非真正存在的时间"的一部分。但如果让它静止下来,它就会失去自身的存在。

然而足够令人好奇的是,水也被用作衡量人类时间的一种手段。水表——也叫水滴壶(clepsydra)——数千年以前就开始使用,这些仪器中最早的一个就是在水罐底部简单地凿个洞。但泰晤士河自称是"时间开始的地方",因为岸边的格林尼治是本初子午线经过的地方。1833 年建造的一个巨大红色的"时间球",至今仍精确地于每天午后 1 点从天文台塔楼上的一根高杆上落下,作为格林尼治标准时间的标志。伦敦的大钟都位于泰晤士河边。在威斯敏斯特(Westminster)的"大本钟"(Big Ben)出现之前,泰晤士河边的旧皇宫广场(Old Palace Yard)有一个"高耸的塔楼"——按照斯托(Stow)① 的说法,"这个塔楼是个石塔,里面有一座每隔一小时敲一次的大钟……在安静的时候,全伦敦城都能听见钟响"。在塞尔麦克斯大厦(Shell Mex House)上,也有一个大钟②。不朽的泰晤士河就这样进入了人类的世界。

---

① 约翰·斯托(John Stow, 1524/25 — 5 April 1605):英国历史学家和古文物学家,最著名的作品为《伦敦普查》(Survey of London, 1598),因其对伊丽莎白女王一世时期伦敦的建筑物、社会情况及习俗的记载而具有独一无二的价值,1603 年斯托又进行更新,出了第二版。

② 塞尔麦克斯大厦:二级保护建筑,位于伦敦斯特拉德(Strand)大街 80 号,1930—1931 年为壳牌公司和英国石油公司合营公司总部而建,其钟楼一面朝向泰晤士河,一面朝向街道,是伦敦室外最大的钟。

泰晤士河的流水还启发出另外一种对时间的衡量形式。位于赛恩（Syon）的布里吉特修会和位于西恩（Sheen）的卡尔特修道院，面对面坐落在河两岸。亨利六世（Henry VI）[①]宣称，"其中一座修道院的祈祷仪式结束后，另一座要马上开始，就这样一直持续到时间尽头。"这种永不间断的祈祷，是在两座修道院之间流动的河流灵魂的象征。泰晤士河可以同时成为"时间"与"不朽"的象征，河的这种两面性就像是亨利桥（Henley Bridge）上的那些头像一样，同时望向河的上游与下游。在他的《年轻的泰晤士河》(*The Stripling Thames*, 1909)一书中，弗雷德·萨克（Fred Thacker）这样写道：

> 古老的河，永不改变，
> 永恒的象征，
> 顺滑的水，不停流淌，
> 易变的镜子。

这是永恒的矛盾。

有的河段，就其自身来说可能是微不足道的，但却可以作为民族生活的缩影。在布伦特福德（Brentford）有个地方，布伦特福德渡船曾经从那里出发。这个地方就位于泰晤士河北岸一个在数个世纪里一直被称作"老英格兰"（Old England）——现在在地图上被称作"老布伦特福德"（Old Brentford）——的地方的下游。这个被标注为"旧渡口"的地方就是卡西维劳尼（Cassivellauni）[②]公元前54年率兵抵抗恺撒（Caesar）入侵的所在。在同一个地点，公元834年以后，奥法（Offa）[③]与主教们举行了一次宗教大会。也是在同一个地点，公元1016年，

[①] 亨利六世（Henry VI, 1421—1471）：英格兰国王，在位时间为1422—1461及1470—1471年。
[②] 卡斯维劳尼（Cassivellauni）：率队抵抗恺撒第二次入侵的不列颠部落首领。
[③] 奥法（Offa）：盎格鲁-撒克逊时期麦西亚王国的国王，在位时间为757年到796年死前。他信奉基督教，但后来与教会之间有争执。

"铁甲王"埃德蒙（Edmund Ironside）[1]将克努特（Cnut）[2]及其丹麦败军赶到了泰晤士河另一侧。这里也是1642年查理一世（Charles I）[3]的军队和议会军[4]之间所打的"布伦特福德之战"的部分战场所在地。如果说有过去的灵魂浸透了河畔土地的话，这里无疑是其中之一。

这也许是为什么河的航向被人们用作理解历史航向的线索的原因。在汇入当下并且流向未来的过程中，泰晤士河汇聚了过去的种种理想。当特纳（Turner）[5]沿泰晤士河顺流而下时，他将速写本放在大腿上，被沿岸景色打动的他，创造了狄多和埃涅阿斯（Dido and Aeneas）[6]、庞培和柯妮丽娅（Pompey and Cornelia）[7]这些人物形象——他们都是泰晤士河两岸所唤起的、代表着神话与古典的过往的象征。如果突然看到摩西（Moses）[8]的母亲或是法老的女儿出现在泰晤士河上游岸边的灯芯草丛之中，也不会是一件无法想象的事；这里的河水与她们所生活的时代一样久远。

在特纳的一些画稿中，可以看出某处有一种突然爆发的灵感，一

---

[1] "铁甲王"埃德蒙（Edmund Ironside）：也被称作"埃德蒙二世"，在位时间仅数月（1016年4月23日到11月30日），被称作"铁甲王"是因为他在抵抗丹麦人侵略中表现勇猛。

[2] 克努特（Cnut，995—1035）：其父为丹麦国王，克努特在1016年统治了英格兰，1018年从兄长那里继承了丹麦王位，1028年宣称自己为挪威国王，建立了盎格鲁-斯堪的纳维亚帝国（也称"北海帝国"）。

[3] 查理一世（Charles I，1600—1649）：1625年继位成为英格兰、苏格兰和爱尔兰国王，1642年与苏格兰和英格兰议会因王权问题发生战争，1649年被议会军以"叛国罪"斩首。

[4] 英国内战期间"议会派"组织的军队。

[5] 约瑟夫·玛罗德·威廉·特纳（Joseph Mallord William Turner，1775年—1851年）：英国著名浪漫主义风景画家。

[6] 《狄多和埃涅阿斯》是英国画家特纳创作的油画作品，取材于维吉尔的长诗《埃涅伊德》中的情节，描绘了北非女王狄多和特洛伊王子埃涅阿斯的爱情故事。

[7] 庞培是罗马将军，柯妮丽娅是其妻。

[8] 摩西（Moses）：《圣经》里记载的公元前十三世纪时犹太人的民族领袖，率领希伯来人逃离古埃及，摆脱被奴役的悲惨生活。

《阿宾登》,特纳(Turner)作于1805年。

《雨、蒸汽与速度》,显示了特纳对位于美登米德的大西部铁路桥的鲜明印象。特纳生在河边,也死在河边,他一生描绘了泰晤士河的各个方面。泰晤士河是特纳发挥想象力的一个工具,也是他灵感的源泉。

种对当时情景的即兴发挥，好像来自河流世界的所有力量都喷洒到了他的画纸上；这些画纸上有时还溅着雨滴，显示了他是多么自然地沉浸在眼前的景色之中。然而在一些已完成的油画中，特纳创造了一种只能被描述为"无时间性"的泰晤士河风光——来自田园牧歌神话中的人物，装饰着似乎是受古典主义影响的风景。然而仍然可以认得出画中画的是泰晤士河，靠近里士满（Richmond）或是温莎那里。

泰晤士河包含着所有的时间。在威廉·莫里斯（William Morris）[1]的《乌有乡消息》（*News from Nowhere*，1890）的开头，叙述者在泰晤士河中游泳，随后河水将其带到遥远的未来，在那里他声称："今天早晨的河水如此清澈！"甚至杰罗姆·K·杰罗姆（Jerome K. Jerome）[2]在《三人同舟》（*Three Men in a Boat*，1889）中对河流生活所进行的漫画式的描写中，十九世纪晚期的日常生活也一度被"放在一边"，叙事者进入了十三世纪早期的世界。很少有一部有关泰晤士河的小说或是研究没有打造一首关于过去的梦幻赋格曲。泰晤士河甚至在伦敦城内也是一种犹豫不前、充满了忧伤气氛的存在——夜里站在泰晤士河岸边，水边可以重新打造出旧城影子的轮廓。泰晤士河是伦敦最古老之物，而它未曾改变。

本国的一位贵族——也是泰晤士河的一位崇拜者——弗兰西斯·诺尔·巴克斯顿（Francis Noel Buxton）[3]，决定于1952年3月25日向这片水域发出勇敢的挑战。他希望能证实罗马人是在现在的威斯

---

[1] 威廉·莫里斯（1834—1896）：十九世纪英国设计师、诗人、早期社会主义活动家及自学成才的工匠。他设计、监制或亲手制造的家具、纺织品、花窗玻璃、壁纸以及其他各类装饰品引发了英国的工艺美术运动，一改维多利亚时代以来的流行品味。
[2] 杰罗姆·K·杰罗姆（Jerome K.Jerome，1859—1927）：英国幽默小说家、散文家和剧作家，《三人同舟》展现了一个战前存在于英格兰的田园诗般的世界。
[3] 弗兰西斯·诺尔 – 巴克斯顿（Francis Noel Buxton）：此处名字似乎有误，根据出生日期及相关记载，1952年在威斯敏斯特试图涉水过河的应该是诺尔 - 巴克斯顿（1917—1980）男爵二世，其名为 Rufus Alexander 而非 Francis。

特纳的《柳树》(上图)和罗塞蒂(Rossetti)的《水柳》(右图),以凯尔姆斯科特(Kelmscott)附近的泰晤士河为背景。

每一代艺术家都被泰晤士河所吸引。它是世界上被人画得最多的河流。

[15] 敏斯特堤坝这里涉水穿过泰晤士河的。他决定通过步行过河,在这片打着旋的、泥泞的水域下找到某种道路的存在。他在低潮时前往,潮水据他估计在5英尺3英寸(1.5米)左右,而他的身高是6英尺3英寸(1.9米)。然而泰晤士河并不遵从他的计算。在抵达威斯敏斯特桥第二个桥墩时,他就没顶了,被迫只能游完剩下的旅程。泰晤士河比他想象得更深,也更黑暗。但诺尔·巴克斯顿大人视自己为一位"诗意的考古学家",想要唤醒围绕着我们的河流的地下世界。在威斯敏斯特的高楼大厦底下,他看到了曾经存在过的沼泽地,列举了曾经生长在那里的植物;在想象中,他看到了克努特的王宫,以及曾经坐落在大修道院那个位置上的撒克逊人的小修道院。用另一种考古学的说法来说,这是一种"诗意的田野考察方式";在这种考察中,过去的踪迹只有那些准备好眼睛去看的人才能看到。

这是为什么会有一种被称作"水占术"(hydromancy)或是"读水术"的占卜方法。任何一个站在河边的人,脑海里的想法似乎都必然既是前瞻也是回顾的,此时的思维可能受河水奔流的影响,但泰晤士河自身也有一些特性,鼓励着这样一种充满矛盾性的运动。有一个古老的、与泰晤士河相关的,并且一直在使用的表达方式,说的是一种"悬置于时间之中"的感觉,表达一种在"前进"与"后退"之间轻微摇摆的概念。这是发生在两个世界之间的、几乎不可觉察的、在期待与怀念之中的一种运动。当然也有这样的情况,当你盯着一个点看足够长的时间的话,就好像这个点脱离了整个水流,而时间也停止了。这就是"永恒"(timelessness)所代表的意思吗?还是只是一种无法被赋予任何品质的"缺口"和"缝隙"而已?这是人们在观赏特纳的《伊顿的泰晤士河》(*The Thames at Eton*)时会出现的困惑。该作品于1808年向公众展示。画面中大量的黑色水流吞噬了四周的光线,呈现出一种比任何自然反射都更为黑暗的河流世界。

值得反思的是,当你出发到河上航行时,某种程度上,你变得与周围的世俗世界相脱离。世俗世界变得比实际上更为遥远,就好像在从陆地到河流的过程中，你也穿越了某种其他边界。这种感觉与那种"被悬置"的感觉是相似的。这可能是因为你进入了另外一种"时间"，或者至少是对"时间"的另外一种"感觉"。当然对某些人来说，进入河流的乐趣就是一种从时间中"逃脱"的乐趣。人们通常认为，那些居住在泰晤士河边的人是倾向于宿命论的，他们顺从于河流的刚愎自用及其突然或偶然地对其生活的入侵。他们也变得习惯于另一个层面的时间概念及其短暂性。

[16]

然而时间也是扭曲的。泰晤士河盘绕而蜿蜒曲折。水流中的那些漩涡是偶然出现的湍流的代表，从河面直达河床底部的深水处。泰晤士河拉长了时间。那些在纤路上漫步的人，与坐着汽车或火车穿过桥面的人，是住在不同的时间之中的。泰晤士河让我们知道了时间有很多不同区域。在向北和向西流的地方，河变得如此曲折，几乎处于一种迷失在自己所制造的迷宫之中的危险。在位于彻特西（Chertsey）和斯泰恩斯之间的彭顿胡克岛（Penton Hook）那里，泰晤士河流了半英里才流过20码（18米）的距离。钟和表在此毫无用处。在抵达布莱克沃尔（Blackwall）之前，泰晤士河往返穿过子午线三次，对自身的任性做了最恰当的表达。

泰晤士河永远流淌，但它并非是永存的。它也会停止，当世界本身停止存在的时候。但就人类的理解力来说，它是可以想象的、最接近永恒的事物。在丁尼生的诗作《溪流》（*The Brook*, 1853）中，它被作为一种"永恒"的象征：

　　因为人可能降生也可能死亡，
　　但我永远流淌。

这种诗句所带来的感伤可能会引起不适。河在人类世界存在以前就在流淌，人类从一开始，就在与河做着无止境的斗争——涉水而过，搭桥而过，漂流而过；治理它，诅咒它，令它改向；然而人在心里知道河流终将战胜人类所制造的一切障碍。它将永远流淌。

昆斯伯里（Queensbury）的第四任公爵——人称"老昆"（Old Q）的那位——厌倦了总是在里士满的家中看到泰晤士河。"泰晤士河有什么好说的？"他问道，"我对它感到很厌倦了，它流着，流着，流着，总是一个样。"朗费罗（Longfellow）[1]对着泰晤士河的宽广水面，曾经写过这样的话："漫长岁月流过，永不复返。"那些真正懂得泰晤士河的人，在河边行走时会采取一种悠闲的步态。"岁月"常常被人们用一种与河大相径庭的方式谈到——"驶过"（roll by）。泰晤士河有些河段的河水似乎很不愿意流。工业革命（Industrial Revolution）在泰晤士河沿岸发生，然而真正的工业直到第一次世界大战结束后才来到河两岸。在泰晤士河上游的人类定居点那里，仍然可以看到古代乡村生活所留下的一些痕迹。一些乡村——如莱奇莱德和克里克莱德（Cricklade）——好像被保存在旧时光之中，好像已经与一直服务于它们的这条河默默融为了一体。肯尼斯·格雷厄姆（Kenneth Grahame）[2]，《柳林风声》（The Wind in the Willows, 1908）中泰晤士河神话的打造者，评论河边的一个村子，说它拥有一种"圣洁的平静"和一种"令人昏昏欲睡的自然状态"；在河边游荡的人也因此变成了"游手好闲者"，"通过金色的幻想空间，他的灵魂在自由飞翔"。对很多在河边游荡的人来说，这是很自然的事：从按部就班的日常生活中解脱出来，在梦想中飞翔。在河边"做梦"的人可能既梦到未来，也梦到过去。

然而在泰晤士河的生命中，很难决定什么是开始，什么是结束。"水循环"的概念，从海洋到河流，从河流到海洋，对那些生活在线性时间中的人来说，是一个难题。能说泰晤士河真的是"结束"了

---

[1] 朗费罗（Henry Wadsworth Longfellow, 1807—1882）：十九世纪美国最伟大的浪漫主义诗人之一，牛津大学和剑桥大学曾分别授予他荣誉博士学位。他一生创作的大量抒情诗、叙事诗、歌谣和诗剧曾在美国和欧洲广泛流传，受到赞赏。

[2] 肯尼斯·格雷厄姆（Kenneth Grahame, 1859—1932）：英国银行家，儿童文学作家。《柳林风声》（1908）是其儿童读物代表作。

吗？如果这样说的话，"结束"于何处？它结束的地方从理论上来讲，正是它重新开始的地方。在它不断向前流去的时候，它也正在后退。伊萨克·罗森伯格（Isaac Rosenberg）[①]在评论多次描绘库克姆附近泰晤士河景色的斯坦利·斯宾塞（Stanley Spencer）[②]时说："他的画有一种我们从所有杰作中都能体会到的永恒的感觉，没有开始，也没有结束。"斯宾塞可能是通过他在泰晤士河附近的生活，获得了这种对"永恒"的感觉。他以二十世纪为背景，描绘《圣经》中的古老形象。泰晤士河不休不止的生命，暗示了所有事物的本质都是循环往复的。

这就是为什么河的未来经常用其最初的发源来加以比喻。雪莱（Shelley）[③]曾经预言，"滑铁卢桥（Waterloo Bridge）的桥墩应该成为芦苇与柳条之岛的核心，并将破碎的拱门残缺不齐的影子投射在孤独的水面上。"在理查德·杰弗里斯（Richard Jefferies）[④]的反乌托邦小说《伦敦之后》（After London, 1885）中，未来伦敦被描述为"一块巨大浑浊的沼泽地"。在对未来的想象中，泰晤士河经常被描述成一种返回原始的状态；人们在想象中假设，泰晤士河在某种程度上永远是原始的。它将开端包含在结尾之中。历史学家托马斯·巴宾顿·麦考莱（Thomas Babington Macaulay）[⑤]想象了一个失落世界幽灵般的景象："某位从新西兰来的旅行者……在巨大的孤独中，站在伦敦桥一个破碎的拱门上，描绘着圣保罗大教堂废墟的草图。"在这里，泰晤士河是一个古老而近乎远古的、巨石倒下的世界的背景。

[①] 伊萨克·罗森伯格（Isaac Rosenberg, 1890—1918）：英国诗人、艺术家。他在战壕中所写的诗被认为是第一次世界大战期间所创作的最杰出的作品之一。
[②] 斯坦利·斯宾塞（Stanley Spencer, 1891—1959）：英国画家。
[③] 珀西·比希·雪莱（Percy Bysshe Shelley, 1792—1822）：英国著名作家、浪漫主义诗人，被认为是历史上最出色的英语诗人之一。
[④] 理查德·杰弗里斯（Richard Jefferie, 1848—1887）：英国自然作家，以对英格兰乡村生活的细致描写著称。
[⑤] 托马斯·巴宾顿·麦考莱（Thomas Babington Macaulay, 1800—1859）：英国历史学家，政治家，1847年撰写《自詹姆斯二世即位以来的英国史》(即《英国史》)。

[18] 　　如果说泰晤士河似乎挑战了有关时间的观念，那么它也对"时间"与"空间"的关系提出了一系列问题。这些在时间中偶然形成的空间——譬如河岸与源头——是河之流淌的一部分吗？既然处在一种不断的自由流淌之中，那么能说河有一个受限制的空间背景吗？有可能在精确到十亿分之一秒的那一刻，为泰晤士河塑一座透明的雕像吗？这是不可能的事。那么河的躯体是什么？你如何认知并测量河的体积？

　　威廉·莫里斯曾在泰晤士河边拥有两处住宅。一处叫凯尔姆斯科特庄园（Kelmscott Hall），位于汉默史密斯（Hammersmith），花园一直延伸到泰晤士河边；另一处位于凯尔姆斯科特村，靠近莱奇莱德，这处住宅的土地也一直伸展到泰晤士河边。莫里斯很喜欢玩味在汉默史密斯流过他窗下的河水，之前曾流过他乡村住所的草地与灰白三角墙的这一事实。空间在这里似乎变成液体般，具有无限的可塑性。对莫里斯来说，这两个相隔一百多英里的空间拥有同一种令人着迷之处。这也许是为什么河上的作家与梦想家们——譬如刘易斯·卡罗尔（Lewis Carroll）①——对空间与场所总是有一种令人好奇的、弹性十足的态度。他们常常将空间与场所变得无限小，或是无限大。

　　但莫里斯认为流过汉默史密斯和流过莱奇莱德的是同一片水，这一点真的正确吗？有一种说法认为泰晤士河里的水是永远新鲜并且不停更新的。有一些奇妙的物理事实支持这一原本形而上的说法。泰晤士河从莱奇莱德到特丁顿的河段，可以被称作"非潮汐"河段，水量大约为 45 亿加仑（204.5 亿升），而当地降水量经计算是 43.6 亿加仑（198.2 亿升），因此泰晤士河里所流动的是新的水，永远在循环，永远在净化，永远在重新填满。但另外一个耀眼的统计学上的事实将会

---

① 刘易斯·卡罗尔（Lewis Carroll，1832—1898）：英国数学家、逻辑学家、作家，以儿童文学作品闻名于世，《爱丽丝漫游奇境》（1865）与《爱丽丝镜中奇遇》（1871）为其代表作品。

为这种所谓的"新"打上问号。落入科茨沃尔德（Cotswolds）[①]的一滴水，在抵达大海以前会被8个不同的人饮用。它被取出、净化，然后重新投入大海。它永远不可能与昨天、上个月或是1亿年前一模一样——或者它能？这是它永远常新的秘密。

泰晤士河真正的分量也许要在它所唤起的情感中寻找。对那些凝视着它或者在其身边游荡着的人来说，它为他们召唤出自身命运的形象；对另一些人来说，它唤起有关过去的记忆。很少有人能坐在流水旁而不陷入某种沉思与幻想，即使那只是出于对永恒变化的认知。这是为什么在有关泰晤士河的书中，总有一种哀悼当下对过去荣光的侵蚀的情绪——泰晤士河自身就唤起这种遗憾的情绪。

托马斯·格雷（Thomas Grey）[②]在《伊顿公学远眺》（Ode on a Distant Prospect of Eton College，1742）这首诗中为泰晤士河定下了忧郁的调子。认识到变化的无穷尽，又一次引发了忧伤。特纳画作中对泰晤士河的描绘经常与登船、分离及撤退有关。在狄更斯（Dickens）的小说中，泰晤士河常常出现在有关会面与分手的场景之中。水是令人忧伤之物，一切都消融其中。有人特意到泰晤士河岸边来体会有关遗忘的感觉——看着河水可以体验到一种思想被冲刷、观察被抹杀的感觉。它甚至能消除记忆。河水吸收了一切。它可以让人沉沉入睡，遗忘万物及陷入沉思。忘川（river Lethe）的水仍然存在于泰晤士河之中。

然而有关循环和永远重生的意象，也可以成为人们进行庆祝的理由。直到今天，泰晤士河仍然能唤起一种有关逃离与冒险的感觉。在河的下一个转弯，总有一些什么东西等待着被探索。当泰晤士河奔流向海之际，它好像充满了新的生命与能量。

---

① 科兹沃尔德（Cotsworlds）：位于英格兰西南地区上方、面积为790平方英里的地区，巴斯、牛津等名城位于其边缘。
② 托马斯·格雷（Thomas Grey，1716—1771）：英国诗人，古典学者，剑桥大学教授。

第二章

父河泰晤士

河之洗礼

"泰晤士"是个古老的名字。除了"肯特"之外,它可能是英格兰记载下来的最古老的名字了。人们认为这个名字与泰马河(Tamar)[①]、蒂姆河(Teme)[②]和塔夫河(Taff)[③]等,都是同一起源。它们可能都来自凯尔特语中的"塔姆"(tam),意思是"顺滑"或"广泛蔓延"。Isa 和 esa 是同一个意思,是凯尔特语"流水"的变体,就像现在的乌斯河(Ouse)[④]和艾克斯河(Exe)[⑤](Oxford 是 Ousenford 和 Osenford 的误译)一样。因此我们可以将泰晤士河姑且翻译为"奔流的水流"(running ooze)。然而这仅仅是了解内情以后所做出的猜测。这个词完全有可能有另外一种起源。匈牙利有一条流入多瑙河(Danube)的蒂姆斯河(Temes),意大利有一条塔梅斯河(Tamese),意大利南部城市布鲁蒂(Brutii)的主要城镇被称作泰梅沙(Temesa)。

恒河(Ganges)也有一条支流,在梵文里被称作"塔玛撒"(Tama-

[①] 泰马河(Tamar):位于英格兰西南部德文郡与康沃尔郡边界的一条河。
[②] 蒂姆河(Teme):发源于威尔士中部、流入英格兰的一条河。
[③] 塔夫河(The River Taff):位于威尔士境内,是英国十大主要河流之一。
[④] 乌斯河(Ouse):北约克郡的一条河流,长约 52 英里。
[⑤] 艾克斯河(Exe):是英国德文郡的一条主要河流,长达 50 多英里。

sa），来自梵文中一个代表"黑暗"的词——"tamasa"。在印度文《罗摩衍那》(*Ramayana*)的第二册，有一章关于"塔玛撒"(The Tamasa)，因此这个名字也可能诞生于凯尔特人出现之前。它可能来自中石器或新石器时期在地球上四处游荡的古老部落所共享的一种语言。Teme这个音节也许在"神圣及圣洁的敬畏"这一意义上确实可以代表"黑暗"的意思。它的起源可能确实非常古老，可以追溯到对世界最初的命名。这样看来，十九世纪和二十世纪早期，人们经常无意中重复了泰晤士河给世界的最初印象，将其描述为"黑暗之河"这点就很有趣了。

也许它没有被凯尔特人、罗马人及撒克逊人重新命名，是因为这个名字被认为是一个神圣的词语。泰晤士河被凯尔特人称作"塔梅沙"(Tamesa)及"塔梅西斯"(Tamesis)。以征服者尤利乌斯·恺撒(Julius Caesar)为代表的罗马人将其翻译成"Thamesis"——这也是塔西佗(Tacitus)[①]和狄奥·卡西乌斯(Dion Cassius)[②]对泰晤士河的叫法。对定居此地的撒克逊人来说，河的名字变成了更简单的"泰梅斯"(Temes)或"泰梅西"(Temese)。保留着最后面的"s"这个字母——这在盎格鲁-撒克逊语中是很少见的——这一点强烈暗示了撒克逊人在凯尔特人和罗马人对该名字各自施加影响之前，就已经知道这个名字了。他们隔着大海就已经听说过泰晤士河这条伟大的河流。在一份公元699年的手稿中，它被称作"Thamise"。内尼厄斯[③](Nennius)在八世纪及九世纪早期的编年史中，将其称作"Tamisia"。这个名字在拉丁语和撒克逊语中有不下21种变体，在中世纪英语中有另

---

① 塔西佗(Tacitus，约公元前55—120年)：古罗马历史学家，代表作有《日耳曼尼亚志》和讲述罗马历史的《历史》与《编年史》。

② 狄奥·卡西乌斯(Dion Cassius，155—235)：出生于希腊的古罗马政治家及历史学家，其历时22年所著的80卷本、跨越1000年的古罗马史是现代学者了解古罗马社会政治状况的重要材料。

③ 内尼厄斯(Nennius)：9世纪威尔士的一位僧侣，人们普遍认为包含亚瑟王传奇等重要内容的《不列颠史》(*Historia Brittonum*)为其所作。

外9种变体。然而无一例外的，这些变体中都包含着 tame 或是 teme 的音节。这是神圣的元素——这一假定代表着"黑暗"的词。

它很快进入了编年史，出现在有关盎格鲁-撒克逊人的古老章节之中。现存文件中最早的一份来自七世纪，在有关奥尔德海姆院长（Abbot Aldhelm）[1]的土地这部分内容中提道："河的名字叫'泰晤士河'，靠近一处叫'萨摩福德'的浅滩。"萨默福德凯恩斯（Somerford Keynes）[2]这个小村庄现在仍存在于泰晤士河边，距离源头不超过2—3英里的距离。这里有一座由埃尔德汉姆所建的教堂——里面还有一座维京时期[3]的雕像——以及撒克逊人使用水磨坊所留下的痕迹。

河的洗礼仪式需要有一位守护人或是神祇。拉德（Ludd），伦敦人的凯尔特守护神，这位神秘、无实体的神，也许与纳德（Nudd）[4]或是诺登斯（Nodens）有关——后者是塞文河的主神。但这些令人好奇的联系并未发现有确切的证据支持。以"泰晤士河之父"（Old Father Thames）形象出现的有一个更为浑圆的人物，一位不知起源于何处的水神。这位水神与尼罗河（the Nile）和台伯河（the Tiber）的守护神有着惊人的相似之处。他飘荡的胡须与头发，在人们心中唤起"头发"与"水"之间的一种奇怪的联系。恒河被人们认为流过希瓦（Shiva）[5]浓密的乱发。在莱昂纳多（Leonardo）[6]的笔记本中，有的素描对头发和水进行了相应的对比，就好像水中的漩涡与涟漪是人体器官组织的

---

[1] 圣奥尔德海姆（St Aldhelm，约639—709）：马姆斯伯里修道院（Malmesbury Abbey）院长，舍伯恩（Sherborne）主教、拉丁诗人、盎格鲁-撒克逊文学学者，死后被追为"圣人"。
[2] 据2011年人口普查该村庄人口为479人。
[3] "维京人"指北欧海盗，从公元八世纪到十一世纪一直侵扰欧洲沿海和英国岛屿，其足迹遍及从欧洲大陆至北极。欧洲这一时期被称为"维京时期"。
[4] 纳德（Nudd）：威尔士神话传说中的人物，通常与欧洲民间传说中"鬼猎人"的故事联系在一起。
[5] 希瓦：印度神话中的三位主神之一，被认为是破坏之神。
[6] 指莱昂纳多·达芬奇。

一种对照。曾有一尊与台伯河有关的希腊-罗马雕像——也有着飘荡的胡须与头发——被认为来自于公元前一世纪；雕像在罗马的卡匹托尔山（Capitoline Hill）的台阶底部被发现；同一地点还斜倚着一尊尼罗河水神的雕像。两者的外表与姿态都很相像。

在希腊罗马有关河神阿刻罗俄斯（Achelous）的传说中，这位众河之神也是所有知识的源泉与起源。他为自己在与大力神赫拉克勒斯（Hercules）的战斗中所失去的一只角而哀痛。这只角后来变成了"丰饶之角"，并且演变成"泰晤士河之父"所抱着的瓮。这可以被看作是对"河流一旦被驯服，就会富饶多产"这一事实的表达。然而这些形象也代表着其他一些品质。河神是一位强壮有力的神，他会因为受到人们的冒犯而变得凶猛易怒。他是古老的，但他同时拥有不断自我更新的天赋，身体里隐藏着永远年轻的秘密。这是"青春之泉"的起源。

人们以雕像的形式来纪念他在人间的化身——"泰晤士河之父"。这个雕像最初立在泰晤士河源头（Thames Head），现在被移到河上第一个水闸的所在地——莱奇莱德。他在这里被成捆成桶的货物包围着，向泰晤士河作为一条商业的河流及其所拥有的神圣力量致敬。他手里还拿着一把铁铲，代表着需要建造水闸的产业——农业；水闸帮助人们驯服了河流。在汉姆宫（Ham House）的地底下，发现了另一尊雕像，就在河边，被人们直接称作"河神"。它来自十八世纪中期，比莱奇莱德的那尊雕像要早上100年。神像怀抱着一只瓮罐，向一种有关"神圣"的更古老的概念致敬。其余的类似制品都已经佚失了。

三一广场（Trinity Square）[①] 有一尊"泰晤士河之父"的雕塑，作为当时坐落于此的伦敦港务局（the Port of London Authority）总部在当地的守护神。这尊雕塑手拿一把三角鱼叉，另一只手朝东指向广阔的海洋。他的胡须与头发也同样被加以精心刻画。他集生产、输

---

① 三一广场位于伦敦陶尔哈姆莱茨自治镇。

出、贸易和导航这四大象征为一体。萨默塞特宫（Somerset House）的庭院里有一座"泰晤士河之父"的青铜雕像，该建筑位于斯特拉德大街（Strand）一侧的拱顶石上，也刻着"泰晤士河之父"的形象。在汉默史密斯自治镇议事厅（Hammersmith Town Hall）那里的河流入口处，有很多精美的"泰晤士河之父"的头像。在沃克斯霍尔桥（Vauxhall Bridge）上，有一幅这位水神与来自深渊的奇怪生物进行搏斗的浮雕。在基尤桥（Kew Bridge）和亨利镇的桥上，各有一副刻着这位神祇的头发和胡须被芦苇和鱼缠绕着的雕像。因此这位古老的神祇并没有被完全遗忘；他仍然是泰晤士河最伟大的歌者之一——亚历山大·蒲伯（Alexander Pope）[①]——所崇拜的神，他是这样描述的：

> 长发与露珠一起飘荡，在河流上
> 他耀眼的角折射出一道金光
> 手持的大瓮上刻着一轮明月，引导着
> 漫升的河水，交替的潮汐。

约翰·德纳姆在《库珀的小山》中的诗句，一度被认为就语言来说是最纯洁的，就像他所描述的河流一般流畅、甜美。他也向它的守护神致敬："泰晤士河，所有大洋的儿子中最被喜爱的一个"，仿佛泰晤士河来自一个古老而显赫的家族。然而它还有一位也许可以声称自己的年岁更古老、更与众不同的伙伴。

埃及人的神依希斯（Isis）[②]，通常与泰晤士河联系在一起。泰晤士河自己也确实一直被人们拿来与尼罗河进行比较——因为它们共同的富饶多产以及流经王国中心位置这一特征。人们将献祭的牺牲品扔进尼罗河以取悦神灵，我们在泰晤士河两岸也会发现同样的仪式。泰晤

[26]

---

① 亚历山大·蒲伯（Alexander Pope，1688—1744）：十八世纪英国诗人，文学批评家。
② 依希斯（Isis）：古代埃及掌管魔法与生命的女神。

士河有一些能够让人毫不费力地想起尼罗河的河段。它在流经克里克莱德前的河段就有着和尼罗河一模一样的灯芯草及危险的流沙；切尔西（Chelsea）那里的一段梦幻而忧伤的河水也被人们拿来与埃及的尼罗河相比较。然而更重要的是，尼罗河和定时涨落的泰晤士河都包含着对死亡、重生以及永远复生的比喻。它们也都被认为是黑暗的河流。

泰晤士河边最有名的纪念碑一定是那块被称作"克里奥佩特拉之针"（Cleopatra's Needle）①的方尖碑，虽然这块方尖碑与那位著名女王的联系是微弱的。然而它确实与尼罗河有关。这块方尖碑是由埃及法老图特摩斯三世（Thutmose III）②所建，在尼罗河东岸的赫利奥波利斯（Heliopolis）③耸立了1500年，于1878年被运到泰晤士河，通过水压原理使其在河边立了起来。它那粉红色的、从塞伊尼（Syene）④开采出来的花岗岩，已经被伦敦的烟雾熏黑了。它现在与河水同色，是浑浊而神秘的泰晤士河的一个神圣象征。

泰晤士河与尼罗河的联系，在生活在十四世纪上半叶的切斯特（Chester）僧侣伦纳尔法斯·黑格登（Ranulphus Higden）⑤所著的《宇宙史》（*Polychronicon*）中被首次提及。在那本中世纪知识的汇编中，黑格登写道："泰姆西斯（Thamesis）好像是由两条河流的名字组成的，塔码（Thama）和Ysa或Usa。"⑥很有可能黑格登所说的"Ysa"和"Usa"实际上是来自凯尔特语的isa或esa。十四世纪时，住在河边的

---

① 克里奥佩特拉：埃及女王，在位时间为公元前51年至公元前30年，在其死后埃及被罗马帝国占领。
② 图特摩斯三世（Thutmose III）：在位时间为公元前1479年至公元前1425年，埃及第十八王朝的第六任国王，打造了强大的帝国，被称为"古代埃及的拿破仑"。
③ 赫利奥波利斯（Heliopolis）：古埃及最古老的城市之一，位于开罗东北方。
④ 塞伊尼（Syene）：位于尼罗河东岸的埃及古城。
⑤ 伦纳尔法斯·黑格登（Ranulphus Higden, 1280—1364）：英国十四世纪本笃派教会僧侣，编年史学者，著有当时最完善的讲述宇宙历史和理论的《宇宙史》。
⑥ 原文为拉丁文。

人以凯尔特语来了解河；也许它过去一直被称作"Ysa"。

然而之后的历史记录就开始施展隐秘的奇迹，简单地将 Ysa 变成光辉灿烂的伊希斯（Isis）。这一谬误从约翰·利兰（John Leland）[①]的《旅行见闻》（*Itinerary*，1546）一书开始传播，他宣称："伊希斯河（Isis）在离赛伦塞斯特（Cirincestre）[②]3 英里处升出地表。"威廉·卡姆登（William Camden）[③] 在其《不列颠志》（*Britannica*，1610）的一条记录中使用了同一名字："伊希斯河，通常被称作乌斯河（Ouse）。"这一说法并没有证据也未经证实，但事实证明它具有强大的暗示性。同样的说法被霍林斯赫德（Holinshed）[④]和斯托采用。利兰的声望是如此之高，实际上没有人想要反驳这一点。十七世纪晚期的威尔士学者爱德华·伊德（Edward Lhwyd）[⑤]就以"绝不敢与其相争"的姿态追随利兰；在其《乡土世界》（*Parochianlia*，1695）一书中，他将多切斯特[⑥]作为"泰晤士河流入伊希斯河，从此被唤作'塔梅西斯'（Tamesis），也即'泰晤士河'的地方"。通过一些奇奇怪怪的张冠李戴和误解，"泰姆西斯"（Thamesis）被认为是"泰晤士"和"伊希斯"的合体。

然后人们形成了一种理论来解释这一现象："伊希斯"出现在从

[①] 约翰·利兰（John Leland，1503—1552）：英国诗人，古文物学家，被称为"英格兰地方史及文献学之父"。其所著的《旅行见闻》对当时及后世的古文物学和历史学者产生重大影响，开创了将"郡县"作为研究地方历史的基本单位的研究方法。
[②] 赛伦塞斯特（Cirincestre）：科茨沃尔德地区有名的集市城镇，罗马人占领时期仅次于伦敦的重要城镇。
[③] 威廉·卡姆登（William Camden，1551—1623）：英国历史学家、古文物学家，1577 年开始写作、1586 年用拉丁文出版了第一部综合性的大不列颠及爱尔兰的历史地理考察《不列颠志》(1610 年译成英文），广受欢迎。
[④] 霍林斯霍德（Holinshed，1529—1580）：英国编年史学家，著有"霍林斯赫德的编年史"。根据其生卒时间，其在世期间威廉·卡姆登的《不列颠志》尚未出版，此处存疑。
[⑤] 爱德华·伊德 (Edward Lhwyd，1660—1709)：威尔士博物学家、地理学家和语言学家。
[⑥] 多切斯特（Dorchester）：英国多塞特郡的郡府。

源头到多切斯特这一段，"泰晤士"来源于从多切斯特开始汇入的泰姆河（Thame）。随便看一眼盎格鲁-撒克逊时期的记录，就会让这一假设变得毫无价值——在那些记录中，这条河一直被称作"泰晤士河"。然而这一说法仍然持续了数个世纪。1750年至1842年间的议会法案，在提到这条河时的说法是"泰晤士与伊希斯河"（River Thames and Isis），1894年的《泰晤士河保护法案》（the Thames Conservancy Act of 1894）也是如此。即使是国家地形测量局（the Ordnance Survey）的地图，也将泰晤士河源头到多切斯特这一段称作"泰晤士河或伊希斯河"。对河流的命名是一件令人挠头的事。

但如果说这令人困惑，这一困惑也结出累累硕果。有关"泰姆"和"伊希斯"这一谬误的持续流传，暗示了这里面有一种内在的共鸣，一种可以蔑视语源学律条的基本的正确性。"伊希斯"这个神灵毕竟占据了人类的整个记忆。她是地母神（Mother Goddess），河流的女恩主。她是再生的子宫。她是丰饶之神、富足女王，是统治地下世界的阴府之神欧塞里斯（Osiris）[①] 的姐妹和伴侣。肥沃的泰晤士河从世人未知的地下深处涌出，而伊希斯是这个世界的女性灵魂，是能以1000种不同化身出现的流动的能量。三尊罗马时期有关伊希斯之子荷鲁斯（Horus）[②] 的雕像在伦敦桥附近的水流中被发现，雕像表现的是伊希斯在涨潮的河水中生下儿子荷鲁斯。这可以说是所有有关重生的神话中最强有力的一种。

对伊希斯的崇拜在整个罗马帝国时期都在继续。庞培的伊希斯神庙以向信徒头上洒水作为一种祝福与恩赐。泰晤士河自身被用于仪式性的泄洪和基督教的洗礼。伊希斯是有翼的女神，被尊称为"古老中最古老的"，是农业、疗愈、法律与公正的女守护神。她是"为集会带来甜蜜的神灵"。所有这些活动，包括法律的制定以及对公正的执

[①] 欧塞里斯（Osiris）：埃及神话中掌管地狱的冥王。
[②] 荷鲁斯（Horus）：埃及神话中的太阳神。

行，数百年甚至数千年以来，都在泰晤士河沿岸进行着。我们也许会想到兰尼米德。泰晤士河是新石器时期人类发展的大本营；它也是当下议会制发展的大本营。

因此在有关河流的诗歌中，泰晤士河变得卓尔不群。在斯宾塞[①]的诗句中，她被"古老"所环绕着，就好像是某位远古之神。在《仙后》(*The Faerie Queene*)[②]中婚礼盛宴那一场，泰晤士河由这样一些诗行所引领：

> 他古老的父母，就是古老的塔姆河(Thame)；
> 但更古老的是他的妻子，
> 乌兹河(Ouze)，人们恰当地称其为"伊希斯"，
> 她好像已经变得非常虚弱与扭曲，
> 因为年长而近乎失明，几乎看不见自己的路。

在德雷顿的《多福之国》中，这位女神有一个更年轻的化身：

> 伊希斯，那位科茨沃尔德的继承人，在被长期追求后终于献出芳心，
> 她和泰姆(Tame)应该马上举行婚礼，后者是老奇尔特恩(Chiltern)之子。

[①] 埃德蒙·斯宾塞(Edmund Spenser，1552年—1599年)：英国文艺复兴时期的伟大诗人。其代表作有长篇史诗《仙后》，田园诗集《牧人月历》，组诗《情诗小唱十四行诗集》《婚前曲》《祝婚曲》等。
[②] 《仙后》(*The Faerie Queene*)，是英国诗人埃德蒙·斯宾塞于1590年出版的史诗，由于其崇尚亚瑟王传奇中的骑士精神，所以效仿亚瑟王传奇的手法，写下史诗中描述骑士霍理士(圣洁)与公主优娜(真理)一同对抗恶龙(邪恶)的故事，表达人文主义道德理想，歌颂冒险精神以及对现实生活的热爱。

在沃顿①（Warton）的诗里也有这样的诗句：

美丽的伊希斯，和她的丈夫塔姆（Thame），
永远以不变的浪花，翻滚，奔流。

这些诗歌歌颂了地方意识，以神话的形式打造了一些缺乏事实基础并且模棱两可的东西。这是人类种族的典型故事。

伊希斯本身就是所有那些装点着河川与泉水的河仙女与河女神们的祖先。她们被称作水妖精、水幽灵、水女妖、水灵环、水精灵和水仙女等。维吉尔（Virgil）②在《埃涅伊德》（*Aeneid*）③中为她们中的50个进行了命名。塞文河是根据不列颠女神海博瑞纳（Habrina）或赛博瑞纳（Sabrina）而命名的。克莱德河（The Clyde）受到克劳塔（Clota）的庇护。迪河（The Dee）属于印度教的提婆（Deva）的管辖范围。而令人奇怪的是泰晤士河并没有自己的女守护神——当然除了伊希斯这位女神以外。缺少一位众所周知的女神，这一点可能正是推动利兰将泰晤士河与这位埃及女神联系在一起的最初原因。这是确认对水的力量的古老信仰的一种方式。这是为什么1806年特纳展出了一幅将泰晤士河理想化了的画作——可能是在韦布里奇（Weybridge）附近画的——并将其命名为"伊希斯"的原因。画作表现的是对河的一种想象，黑暗的河水在巨大的树木间流过，前景好像是破败的寺庙的断瓦残片。

---

① 托马斯·沃顿（Thomas Warton, 1728—1790）：英国文学史家、评论家和诗人，其父也是诗人，因此他也被称作"小托马斯·沃顿（Thomas Warton the younger）。1785—1790年间的英国"桂冠诗人"。
② 维吉尔（Virgil, 公众前70—前19年）：古罗马伟大的史诗诗人。田园抒情诗《牧歌》十首是他早期的重要作品；第二部重要作品是他在公元前29年发表的四卷《农事诗》；晚年著有史诗《埃涅伊德》十二卷，是欧洲文学史上第一部个人创作的史诗。
③ 《埃涅伊德》（*Aeneid*）叙述英雄埃涅阿斯在特洛伊城被希腊军队攻陷后离开故土，历尽艰辛，到达意大利建立新邦国的故事（其后代建立罗马）。

当"泰晤士河之父"和伊希斯,在某种程度上都被作为泰晤士河的守护神时,有关泰晤士河的性别有一些争论也就不令人奇怪了。在整个不列颠岛上,只有德文特河(Derwent)被明确地认为是"他"。泰晤士河自身的性别好像是转换的。河的上游被认为是女性的,威廉·莫里斯写道:"这个遥远的、孤独的泰晤士河之母。"然而随着它朝伦敦流去,它在人们心目中的印象变得男性化。当河流变得狂暴有力时,它也被认为是"男性"的。可以说性别偏见在对自然的理解中也占了上风。在这场性别之战中,泰晤士河的支流通常被认为是女性的。

伊希斯代表着河水女性的一面。它体现的是作为女性原则的水,就像羊水一样环绕、包裹着四周。在伊希斯形象的影响下,水也被看作是像牛奶一样富有营养的液体。水被认为是女性的,是因为在与粘土混合的过程中,它具有了形状与形体。这里面有大量对理性探究构成挑战的联系与从属关系,而这恰恰是因为这些联系与从属关系回溯到了人类意识的最早时期。因此泰晤士河可以和冥河(Styx)、黄泉(Acheron)、忘川(Lethe)和地狱火河(Phlegethon)一起进入神话的历史之中。这是一条可以带领在其上航行的人穿越平常世界、进入梦幻与灵魂世界的河。

之所以会产生这些有关性别的传说,是因为人们认识到河是一个"活着的物体"这一明显的事实。泰晤士河有自身的形态,有自身有关变化与成长的有机律令,受萧伯纳(Bernard Shaw)称之为"生命力"的力量所推动。河水表面的波浪结构是如此复杂,就好像是一个活的有机体表面那层薄膜一样,譬如耳朵;其下的毛细血管在运动的影响下,将各种变化传递给整体。它与人类的命运如此紧密相关,河水中充满了人类的欲望与恐惧,以至于河本身也获得了一种人类的个性。

[30]

很多个世纪以来,泰晤士河一直被人类所崇敬与抚慰着。在《历史上的泰晤士河》一书中,希莱尔·贝洛克写道:"我无法摆脱'泰晤士河可能是活的'这一想法。"一些旅行者坦承,在河的某些河段,他们感觉自己好像是在被河注视着。研究泰晤士河的伟大历史学家弗莱德·萨克,在《泰晤士河通衢》(The Thames Highway, 1914)[①]一书中评价道:"泰晤士河是一个活着的灵魂,整体而不可分割,从最初的特鲁斯伯里草地(Trewsbury Mead),到临海的终点诺尔岛,孤独贯彻始终。"对河的信徒来说,确实有某种灵魂、某种气氛、某种徘徊不去的生命,穿越时光一直存在着。

泰晤士河在人称"特鲁斯伯里草地"(Trewsbury Mead)的地方冒出地表,由一棵白蜡树守卫着。很多个世纪以来,这里都被视为神圣的所在。

人们描述泰晤士河时,总是采取一种拟人的尺度。它是耐心的,克服障碍坚持向前;它是勇猛的,最坚固的岩石也阻挡不了它;它是不可预测的,尤其当它的水流受到外在影响或是被分流时。它从源头到海洋的航程被分为青年期、成熟期与老年期,性格也随之改变。有时它举止恶劣,充满了报复心;有时它活泼好动;有时它变得很奸诈;有时它充满威严;有时它非常勤奋。它的地形学有着人类的特质。

---

① 《泰晤士河通衢》:讲述从诺曼征服前直到二十世纪初的泰晤士河的航行史。

石之河

泰晤士河的蓄水区在很大程度上是被众多山脉所包围着。科茨沃尔德山(the Cotswold Hills)位于最西边;在北边,科茨沃尔德山脉朝着埃奇丘陵(Edge Hill)席卷而去,然后这道山墙穿过中部高原(Central Tableland),直抵向东面伸展开来的东盎格鲁峰(The East Anglian Heights)。在河的南面,构成蓄水区边缘的山脉沿着一直伸展到肯特海岸的莫尔伯勒丘陵(Marlborough Downs)和北部丘陵(North Downs),蜿蜒向前。蓄水区的海拔很少超过海平面200英尺(61米)以上;除了在构成奇尔特恩山脉(Chilterns)的白垩山脊那里,河水可以用"汩汩潺流"来描述。千百年来泰晤士河在这一白垩地带为自己开出一条路来,但奇尔特恩山仍然是远古地壳变动的一个象征。

实际上,泰晤士河的地质情况极端复杂——至少对那些不是专业从事地理学的人来说——并且与地球的远古历史有很大关系。在戈灵峡谷(Goring Gap)——泰晤士河在这里强行穿过了作为奇尔特恩山一部分的白垩山脊——以上,地形包括柔软的粘土山谷和由砂岩和石灰岩形成的山脊;在戈灵峡谷以下,泰晤士河流过由白垩土、沙子、碎石和粘土组成的"伦敦盆地"。在西边,科茨沃尔德的石灰岩被一个人称"牛津粘土河谷"(the Oxford Clay Vale)的地方所取代,然后由奇尔特恩山和伯克郡低地(Berkshire Downs)的白垩土所接管;随后,在奇尔特恩山南边是粘土,粘土之后依次又是砂岩、沙子和碎石。

当然由于古代大洋的奔流与地球的骚动,总有一些地区性的变化。譬如在一些地方出现了含砾岩和鹅卵石的粘土层,就是被冰川时期一种名为"冰渍漂移"(glacial drift)的运动带到这里来的。泰晤士河自身在流动过程中也形成了各种砾石层和肥土层。粘土与石头的不同层面代表了一种持续了上亿年的模式与过程,一种对人类来说长到无法体会的"长寿"的代表。它们是大地女神盖亚(Gaia)头发上的飘带。就像上帝对约伯(Job)的发问:"当我立起大地根基的时候你在哪里？告诉我，如果你了解这一切的话。"十七世纪晚期，博内特主教（Bishop Burnet）① 写了一本名叫《地球神圣理论》（*A Sacred Theory of the Earth*）的书；有关泰晤士河也可以写这样一本书。

人们称为"伦敦盆地"（London Basin）的地区为这种地质的多变提供了一个样本。这里的地质由上面覆盖着砾石和粘土的白垩土组成，但垩土的厚度因地而异。在兰贝斯（Lambeth），白垩土层位于地面 250 英尺（76 米）以下，而在河的更下游的罗瑟海兹，白垩土层位于地面 46 英尺（14 米）以下。撒克逊语称"白垩"为"*chilt*"，奇尔特恩山就是以此命名的。白垩土层以上是由斑驳的粘土和具有渗透性的沙子组成的层面，然后是 6000 多万年前形成的"伦敦粘土"层，其上是砾石和砖土层。

这些古老的石头仍在河的生命中扮演着重要角色。格林尼治和格林海兹（Greenhithe）、伍利奇（Woolwich）和格雷夫森德，这些城镇都建在白垩土露头的地方。就在泰晤士河绕了个大弯转向南方、查韦尔河（Cherwell）即将流入的地方，有一片古老的砂砾地带，那就是牛津的所在。石头是当下生活的根基，砖土则打造了伦敦民居的质地。从一间农舍所使用的鲜艳耀眼的科茨沃尔德山石到一间谷仓或鸽舍的燧石墙和垩土灰泥，人们通常都会注意到泰晤士河沿岸城镇和乡村的建筑，好像与周围环境都很般配。在这些建筑中，石头都是当地特色的一部分。

河边曾有过神秘的"沙丘洞穴"现象。巨大的、互相连通的地下隧道聚集在泰晤士河两岸，看起来就像是一些巨大的、有着细长脖子的花瓶；它们包括一个垂直的天井，下方是一个铃铛状的密室，并且与其他形状相似的密室连在一起。人们对这些构造有很多不同的解

---

① 博内特主教（Gilbert Burnet, 1643—1715）：苏格兰哲学家、历史学家，索尔兹伯里主教，最有名的著作是《英国宗教改革史》（*The History of the Reformation, 1679—1715*）。

释，譬如古老的观测台、谷窖、墓穴或是躲避侵略者的避难所等。然而它们最有可能是撒克逊人为开采垩土而建造的，不过并没有清楚的证据。

在海平面下降的时候还形成了阶地现象。当海水下降时，泰晤士河流经此前的泛滥平原时会形成一道深深的割痕，使得先前的平原就好像是新形成的泛滥平原上的一个平台。譬如，伯恩希尔（Boyn Hill）梯地位于目前水面100英尺（30米）以上的地方，是在37.5万年前形成的；然后是塔普洛（Taplow）梯地，比之低50英尺（15米）。离现在最近的一个梯地就被直接简单地称作"泛滥平原"（Flood Plain）梯地了。还有其他一些叫着不同名字、等级与变化不同的梯地。泰晤士河上游由洪水冲积所形成的平原相对较新，形成时间不早于公元前2000年。就梯地本身而言，可能位于伦敦的更加显眼，因为在那里，它们必须被人类的聪明才智所征服。从伦敦地铁堤岸站（Embankment）到位于查令十字街（Charing Cross）地铁站附近的斯特拉德大街之间的陡峭攀升，是亿万年前所发生的一次断裂的结果。在位于特拉法尔加广场（Trafalgar Square）北面的国家美术馆（National Gallery）那里，也能看到泰晤士河中等位置的梯地和较高位置的梯地之间的抬升。我们脚下所踩的，是史前之地。

[33]

那些相信空间是有灵魂的人，必须考虑到这些地质层面的变化。毫无疑问，人类的知觉受到生活在粘土上——而不是垩土上——这一事实的改变和影响，即使这一影响的本质我们目前还不能理解。可以想象一下科茨沃尔德的鱼卵石与克利夫顿汉普登（Clifton Hampden）的砂砾岩是否在人们心中唤起了不同的感受。伍利奇那含着化石的粘土与布莱克希斯（Blackheath）那含沙的鹅卵石相比，感觉有什么不同？住在河口的人，走在下面是沉睡了亿万年的远古森林的土地上，感觉会有什么不同吗？白马河谷（Vale of the White Horse）地表以下的大片沼泽，是否也对当地产生了一定的影响？

泰晤士河谷（Thames Valley）最早的居住者们，相信石头有自身的力量。大不列颠那些伟大的纪念碑的建造者们,很在意是否采用了恰当的石头来完成自己的工作。从不同地方采来的石头有着各自不同的力量,在人们心中所唤起的联想也不同。远古部落的人可能比我们更能与周围的自然世界发生共鸣,能够感受到泰晤士河谷的二十一世纪居民所忽视或拒绝体会的事物。

譬如说,人们相信泰晤士河北部地区的居民曾经与南部地区的居民有很大差异。这很大部分可能是因为所属部落与行政区域的不同以及缺少交流的缘故;但是地形和地理,以及地球本身,可能也起了一定的作用。确实,北部居民与南部居民的差异曾经一度更为明显。二十一世纪早期,泰晤士河地区的一位历史学家,阿尔弗雷德·威廉姆斯(Alfred Williams)①,花了大半生的时间收集沿岸居民的歌谣与习俗。在《泰晤士河上游民歌集》(Folk Songs of the Upper Thames,1923)中,他注意到,泰晤士河南岸最开始的两个郡,威尔特郡和白金汉郡,居民"更纵情享乐和爱冲动,更真诚、坚强、强壮、直率和精力充沛,音乐性稍弱";位于泰晤士河北岸的格洛斯特郡和牛津郡的居民,"举止更绅士、随和及温和,但也更软弱,更容易屈服,与其他地方的人相比,不那么坚强强壮"。北方人比南方人更精致,艺术感更强,但他们没有同样的"精神上的韧性与独立性"。

其他人也注意到类似的倾向。十九世纪时,北方郡县的基本娱乐是莫里斯舞,而南方郡县的基本娱乐是摔跤和击剑。在泰晤士河南部各郡县中,没有任何有关莫里斯舞的记载。北方的石头是圆润的科兹沃尔德石,南方的石头是坚硬的燧石和砖头。这种不同好像也表现在人种身上,因为位于泰晤士河北部的盎格鲁人和南方的撒克逊人在性格和脾气上也能看到同样的差异。这些可能与法律的起源也有着某种

---

① 阿尔弗雷德·威廉姆斯(Alfred Williams,1877—1930):诗人、作者、民歌收集者。一生大部分时间都住在一个名叫南马斯顿的小村庄,自学成才,被称为"锻工诗人",最有名的作品是描写亲身经历的《铁路工厂的生活》。

程度的联系，分别位于泰晤士河两岸的丹麦人和撒克逊人，法律有很大不同，导致人们的举止行为也不同。

毫无疑问的是，直到相对晚近的时期，在一些地区还可以看到这些不同。十九世纪中期，奇尔特恩山附近地区的居民与邻近地区的居民相比，被认为"更无教养"。当时该地区被人们认为是"狂野之地"，当地人给这里取了"地狱坑""绞架地"这样一些凶恶的、在任何地图上都找不到的名字。在一本有关泰晤士河历史的书中——詹姆斯·索恩（James Thorne）的《河畔漫笔》（*Rambles by Rivers*, 1847）——作者声称，"这种粗野并没有越过泰晤士河"。伯克郡居民是同样具有半个世纪后阿尔弗雷德·威廉姆斯所注意到的那种"思想活力"的文明人。

最明显也最具有特性的差异是在伦敦，泰晤士河对这座城市的分割，一度在这里形成了人们举止行为与个性非常不同的两个区域。十九世纪时，查尔斯·麦基（Charles Mackay）[①]在《泰晤士河及其支流》（*The Thames and Its Tributaries*, 1840）中对此进行了非常有说服力的表达。对河南岸的居民，他断言道："人类文明的进步对他们毫无影响……1000年过去了，对他们所产生的影响就是将草棚变成了茅屋，然后他们就停止前进了。"他记载道，在河北岸"铁路和其他设施被建了起来"，而另一侧的居民"毫无进步"。这也许可以用地质原因来进行解释，虽然今天南岸的沼泽和泥塘大部分也被文明一丝不苟的进程所取代了。但这实际上并不是一次地质学"事故"，它确实与环境的"天性"以及帮助打造了这一环境的河流有关。有趣的是，公元九世纪时，国王阿尔弗雷德（King Alfred）[②]曾宣称，在其登基时，"泰晤士河南岸"只有为数不多的——如果还有的话——几位学者。泰

[35]

[①] 查尔斯·麦基（Charles Mackay, 1814—1889）：苏格兰诗人、记者、作家，曾先后在伦敦和格拉斯哥担任记者和编辑。
[②] 国王阿尔弗雷德（King Alfred, 849—899）：通常被称作"阿尔弗雷德大帝"，成功保卫了自己的王国免遭维京人的侵略。对推动英格兰教育、军事、法律体系的建立做出很大贡献，在2002年BBC"100位伟大的英国人"的调查中名列第14位。

士河港湾地区的两岸居民，直到今天对彼此还是所知甚少。

人们使用的语言也有很多不同。泰晤士河以南的居民将水毛茛称作"睡莲"（water lily），而北方人则叫它"rait"。牛眼菊①在威尔特郡被称作"狗雏菊"（dog daisy）和"马雏菊"（horse daisy）②，而在河北一侧的牛津郡，它被称作"月亮雏菊"③（moon daisy）。河永远都是一个边界。

河之诞生

[36] 源头是魔法的所在，可见与不可见王国的界限就隐藏在这里。这里通常被认为是一处圣殿，被年轻的水之神灵所保护与守卫着。从黑色大地流出的水就仿佛是从未知中出现的人类自身的形象。我们在黑暗中寻觅着河水的踪迹，从其位于黑暗洞穴的发源地，直到它流向光明而广阔的天空。这是一个有关诞生与死亡、开始与结束的隐喻。水代表每一种活的生命的开始。朝向源头的旅程是一趟远离人类历史、向前追溯的旅程。力量与纯洁来自于源头，青春来自于源头，因此诞生了有关"青春的源泉"的传说。它是起源④。它是生命之井，或者用挪威语的说法，它是"命运之井"。

在《天问》（*Naturales Quaestiones*）中，塞涅卡（Seneca）⑤宣称："当你开始理解河流真正的起源时，你会意识到你没有更多要问的问题了。"源头被认为是权力与好运的来源。当亚述国（Assyria）⑥的撒

---

① 牛眼菊，ox-eye daisy，也叫法兰西菊、法国菊。
② 这两种叫法，汉语通常都翻译为"大雏菊"，这里按字面意思翻译以示区别。
③ 汉语翻译为"金盏花"。
④ 原文为拉丁语 fons et origo。
⑤ 塞涅卡（Seneca，约公元前4年—65年）：古罗马政治家、哲学家、悲剧作家、雄辩家、新斯多葛主义的代表。
⑥ 亚述（Assyria）：古代西亚奴隶制国家，位于底格里斯河中游。公元前3000年中叶，属于闪米特族的亚述人建立亚述尔城后，逐渐形成贵族专制的奴隶制城邦。

缦以色三世（Shalmaneser III）①找到底格里斯河（Tigris）的源头以后，"我向我的神灵们献祭了牺牲品，我举办了欢乐的宴会"，他这样写道。恺撒（Caesar）告诉埃及的大祭司，如果他能找到尼罗河（Nile）的源头，他愿意放弃战争。尼禄（Nero）派出一支探险队去寻找尼罗河的源头，也没有成功。在埃及神话中，尼罗河创于世界之初——也是宇宙之初——其源头将永远是一个秘密。数千年来，黄河是中国至关重要的存在及其文化的真正养育者，它的源头直到1952年才被发现。

对很多学者来说，"返回源头的旅程"毫不夸张地说，就是重返天堂。人们相信上帝最初所造的伊甸园里的水在地下循环，然后在洞穴或深渊出口处涌出地表，灌溉上面的土地。源头是被赐予神秘的永生的地方。在克莱尔沃的修道院院长伯纳德②（Bernard of Clairvaux）的布道中，有一段这样的祈祷文——"神圣之河环绕返回源头以重新开始新的旅程"——来保佑泉水、水源和水流的三位一体。就这一语境来说，离灵魂最近的事物就是原初的泉水。也因此，居住在泰晤士河格林尼治附近的乔叟（Chaucer）③，写了这样一首诗给他住在上游的朋友：

[37]

> 司考根，你跪倒在泰晤士河的上游，
> 充满着优雅、荣耀与价值，
> 在河的下游我近乎死去，
> 被遗忘在荒凉的孤独之中……

---

① 撒缦以色三世（Shalmaneser III）：亚述国国王，在位时间为公元前859年—前824年。
② 克莱尔沃的圣伯纳德（Bernard of Clairvaux，1090—1153）：法国历史上的著名修道院院长，西多会教义的主要改革者。
③ 杰弗里·乔叟（Geoffrey Chaucer，1343—1400）：英国小说家、诗人。主要作品有小说集《坎特伯雷故事集》。

可以说，泰晤士河的源头在某种程度上代表着一种神秘。伊丽莎白女王时期的古文物学家和地志学家威廉·哈里森（William Harrison）[1]抱怨说，人们对泰晤士河的起源是如此"大费周章"，就像过去对待"法老尼罗斯（Nilus）[2]的头到底是哪一个"一样，后者从来未被找到过。哈里森所指的是泰晤士河有两个"可能的源头"这一事实，其中一个被称作"七眼泉"（Seven Springs），另一个被更贴切地称作"泰晤士源头"（Thames Head）。

从地理位置上讲，荣耀可能要归于位于赛伦塞斯特（Cirencester）北部、考伯利（Coberley）教区——有时也写作卡伯利（Cubberley）教区——的七眼泉，它比"泰晤士源头"离海要远约12英里，海拔700英尺（213米），比后者要高出海平面300多英尺（91米）。这里有一个古老的石壁，7股泉水从墙上的7个小孔中流出。石壁上钉着一块牌匾，上面写着："我们的泰晤士河之父，此处是您的7眼喷泉。"然而这一声明面临着一个巨大的难题：从这7眼泉水发源而来的河流一直被称作车恩河（Churn），最终在克里克莱德流入泰晤士河。没有人怀疑它的古老性——它的名字来自凯尔特语的"快速"（chwern）——只是它是否就是泰晤士河的源头还不能确定。

就这一问题，历史记载倾向于"泰晤士源头"才是发源地这一说法。十六世纪早期，约翰·利兰宣称，"伊希斯"——他以这个名字称呼泰晤士河——发源自"一个叫肯布尔（Kemble）的小村庄的不远处，离福斯路（Fosseway）半英里内"。同一世纪，约翰·斯托（John Stow）记载道："那条最出众美好的河始于科茨沃尔德，距离蒂特伯里（Titbury）大约1英里，离一条叫福斯（Fosse）的大路也差不多同样的距离。"威廉·卡姆登也有这样的记载："它在塔尔顿（Tarlton）不

---

[1] 威廉·哈里森（William Harrison, 1534—1593）：牧师，著有 Description of England 一书，收集了前人的大量资料，是了解伊丽莎白女王时期英国的重要资料。
[2] 尼罗斯（Nilus）：古埃及法老之一，被认为是尼罗河的守护神。

远处露出头来，靠近那条著名的福斯路。"这种说法的权威性可能是自我重复、互相影响而形成的，但其中的逻辑很清楚。福斯路现已被改造且并入A433号公路，但"泰晤士源头"就在其附近，还可以被看到。

它在一处人称"特鲁斯伯里草地"（Trewsbury Mead）的地方露出地表，靠近一处原先是罗马营地、现在仍被称作"特鲁斯伯里城堡"的大土堆。毫无疑问，这个罗马营地选择在此处驻扎是因为这里接近泉水，而且很有可能在古代，有更多人在这里居住。这附近有一个叫"伊文"（Ewen）的村庄，名字来自撒克逊语中表示"泉水"或"源头"的词。因此从最早的时候开始，这里就被作为"流水的所在"进行庆祝与神化。几个世纪过去以后，当地渐渐确立了自己在人们心目中的地位。托马斯·洛夫·皮科克（Thomas Love Peacock）[①]在他献给河的赞美诗《泰晤士河的天才》（*The Genius of the Thames*, 1812）中，表达了河流发展的这一过程：

> 让想象引导着你，从特鲁斯伯里草地出发，
> 榛树掩映，灌木深深，
> 难得一见，在这片浓绿中，
> 你年幼的水，在轻轻流淌，
> 流向广阔的诺尔岛
> 在那里，它将以狂吼的波涛
> 注视着你……

直到十八世纪，在特鲁斯伯里草地那里还有一口井，被一堵高达8英尺（2.4米）的圆形墙保护着。后来这堵墙被拆掉了——或者是

[①] 托马斯·洛夫·皮科克（Thomas Love Peacock，1785—1866）：英国作家，雪莱的好友。

天长日久塌了——井也就被埋上了。作为水源标记留下来的，就是树下一个洼地里，一组小小的、像是脸盆或是某种环状物留在地上的石头。从某种程度上来说，这些被人们称作"碎石片"或是"谷箆子"的鱼卵石，类似于古代祭祀仪式中的石冢或是某种纪念物。

一些神话传说中的事物聚集在这处被称作"泰晤士源头"的地方。站在那里保护水源的是一棵白蜡树，矗立在那里差不多已经有两个世纪了。这棵树的树皮上一度刻有"T.H"两个字母——有些人现在仍能看到这两个字母，有些人看不到。然而这种标记性的东西并不重要。不管怎么说，这都是一棵有着特殊意义的树。在斯堪的那维亚人的传说中，白蜡树的树根一直延伸到深深的地下，因此它连结着"存在"的三个不同世界：天、地、地狱；人们认为这种树掌管着灵魂的通道。有一棵巨大的白蜡树，被认为是"世界之树"或称"宇宙树"（Yggdrasil）。在传说中，这棵树的旁边总是有一眼泉水或是一个水塘。也是在同一传说中，一条河从这棵生命之树这里开始流淌。有什么能够比由一棵白蜡树来守卫泰晤士河源头更恰当的呢？然而还有其他一些重要联系。白蜡树是海神波塞冬（Poseidon）[①]的圣树，是一种献祭给水获取力量的树。

在很多河的源头都可以发现庙宇，或是刻有神灵形象的石头。木雕像常常被放在水源处，作为一种虔诚的献祭。过去有一块灰白的石头被立在泰晤士河源头，作为纪念碑。同一块石头，在公元931年阿瑟尔斯坦国王（King Athelstan）所签署的一份土地文书中也被提到过，在该文书中它被用作界碑。也很有可能是某位重要人物埋在水源处附近，这块石头被作为墓地的标记。后来它成了拴马桩或是"踏脚石"，旅行者和马匹可以在此稍事休息，用清洁的水源恢复精神，重新上路。上个世纪，这块石头被一座大理石基座取代，基座上刻着："泰晤士河源头保留地（1857—1974），此石放置此处，作为泰晤士河

---

① 波塞冬：希腊神话中的海神。

源头的标志。"

然而在一年中的特定季节,饥渴的马匹和旅行者会遇到一个问题。利兰写道:"在一场夏季的大干旱中,这里会变得几乎干涸或是只有很少的水,然而泰晤士河的水流仍然能够保持,是因为有很多泉水汇聚在底部。"十八世纪晚期,约翰·博伊德尔(John Boydell)[①]在《泰晤士河的历史》(History of the River Thames,1796)一书中评论道:"我不相信夏季里你能找到一丁点儿的水。"200年后,人们仍会谈到这种没有水的情况。这是泰晤士河的神秘之处之一。源头似乎并没有给养;一年中的大多数时候它都是一块干地。泰晤士河幼时的线条只能在周围土地上一个和缓的下坡处找到,因此人们很有可能正走在河中央而鞋却没有湿。

地表下当然有水。当代的一位水文勘探者已经计算出,在地下 5 到 6 英尺深(16 到 19 米)的地方有流水,流水通道的宽度在 10 英寸(254 毫米)左右。雨水充沛时泉水会涌出地表。分别拍摄于 1960 年和 2000 年的一些照片显示,这里有过水塘,而那里过去曾是一口井。在 1960 年拍的照片上,可以看到白蜡树下停泊的几只独木舟上,有几个男孩在玩耍。然而水一直在减少。二十世纪早期的一位口述历史学家,记载了当地一位居民曾说过的话:"那些古老山谷中的泉水变小了,与我儿时相比,没有那么多泉水涌出了。"当地树木与森林的消失,意味着大自然的凝结作用在减少;然而人类社会的各种制造物也带来不可小觑的影响。人们在井边放了一台蒸汽发动机,为泰晤士河及在附近流过、海拔更高的塞文运河(Severn Canal)泵水。1878 年,这里建了一个泵水站,为大西部铁路公司(Great Western Railway)当时在斯温登(Swindon)的一个工程项目提供供水服务。

[①] 约翰·博伊德尔(John Boydell,1720—1804):十八世纪英国出版商,以版画印刷而出名,推动英国版画业的发展,改变了法国当时在版画业的统治地位,并倡导建立英国版画传统。

然而河的线条以及被埋葬的水流仍然可以通过某种形式被看见。幼河下坡的路线被古代荆棘所构成的蔓生的线条标志了出来。沿着这条路，到现在还有一堆散乱的石头，看起来很像是某座石桥残留下来的。再往下约半英里的地方有一个大水池，看起来比泰晤士河源头更有可能被填满水。人们称其为"Lyd Well"，从古英语翻译过来就是"响泉"的意思。然而 Lyd 也许还有不同的含义。它也许与伦敦早期的圣人拉德有关。有人争论说，拉德也是泰晤士河远古时候的神。"响泉"是我们开启泰晤士河朝圣之旅的开端。

第三章

向前奔流

"贡品"

泰晤士河有很多支流,这些支流值得被赞颂。人们认为神灵在水的交汇处跳舞,因此支流与河的主干道的交汇被认为是神圣的。河水汇流之处是神圣的所在,由三位采取坐姿的女神守卫着,人称"马特瑞斯"(Matres)[①]。在泰晤士河上游的河流汇流处,汇聚着很多古代举行仪式活动的场所,大多被认为来自于新石器时期。因此河流汇集的地方也是举行精神仪式的地方。

有一位神祇专门服务于此目的。凯尔特神康达提斯(Condatis)[②]——罗马后期的一些铭文将其与战神(Mars)[③]联系在一起,他所拥有的疗愈力量是毫无疑问的——的名字来自高卢语的绰号"水之汇流"。从字面而言他就是两河之神——"汇流",人们也是这样崇拜他的。确实,对他的崇拜与祭祀主要发生在不列颠岛北部,尤其是泰恩河[④]和蒂兹河[⑤]地区,但很有理由认为这样一位重要的神早就穿越

---

① Matres:拉丁语"母亲"的意思,一至五世纪时欧洲西北部地区祭祀的三位一起出现的女神。
② 康达提斯(Condatis):主要在不列颠岛北部和高卢地区被敬仰的神。
③ 战神(Mars):古罗马神话中的战神和农业守护神,地位仅次于宙斯神朱庇特。
④ 泰恩河(the Tyne):位于英格兰东北部,由北泰恩河和南泰恩河汇流形成。
⑤ 蒂兹河(the Tees):位于英格兰北部。

了全岛。

泰晤士河的主要支流有车恩河（The Churn）、泰姆河（the Thame）、科尔恩河（the Colne）、利奇河（the Leach）、温德拉什河（the Windrush）、伊文劳德河（the Evenlode）、查韦尔河、肯尼特河（the Kennet）、维尔河（the Ver）、韦伊河（the Wey）、莫尔河（the Mole）、梅德韦河（the Medway）、雷伊河（the Lea）和罗丁河（the Roding）。还有一些更小的河流为其提供新鲜血液和补给——安普内河（the Ampney Brook）、盖特威克河（the Gatwick Stream）、瑞伊河（the Ray）、科尔河（the Cole）、黑水河（the Blackwater）、奥克河（the Ock）、兰伯恩河（the Lambourn）、庞河（the Pang）、洛登河（the Loddon）、瓦伊河（the Wye）、伯恩河（the Bourne）、霍格斯米尔河（the Hogsmill）和安姆博河（the Ember）。还有一些河流入泰晤士河的涨潮河段，包括布伦特河（the Brent）、斯坦福德河（Stamford Brook）、贝弗利河（Beverley Brook）、旺德尔河（the Wandle）、切尔西河（Chelsea Creek）、侯尔伯恩河（the Hole Bourne）、弗利特河（the Fleet）、沃尔布鲁克河（the Walbrook）、德特福德溪（Deptford Creek）、巴金溪（Barking Creek）、比姆河（the Beam）、雷纳姆溪（Rainham Creek）、马尔戴克河（the Mar Dyke）、达特福德溪（Dartford Creek）、毕尔莫罗埃溪（Bill Meroy Creek）、克里夫溪（Cliffe Creek）、马金溪（Mucking Creek）、谢尔海文溪（Shell Haven Creek）、候尔海文溪（Hole Haven Creek）、克里夫河（Cliffe Fleet）、索尔特河（Salt Fleet）及扬特莱特河（the Yantlet Fleet）。

现在这些河有很多被埋在了地底下，有很多被遗忘了，有很多今天再也没有人赞颂与提起它们。譬如，伦敦有一些河流早就被迫进入地下变成了沟渠或下水道。在这些被埋葬的河流中，有一些可能形成了自己的河道，变成了没有名字的"影子河"，安静地在地球内部流着。然而这些古老的河流仍然对它们上面的世界产生影响。它们可以通过各种气味或悄然存在的潮气让人们知道自己的存在。譬如，被埋在地底下的弗利特河，仍然可以淹没其所流经的地下室。人们一度认为是这些消失不见了的河流引发了疟疾和高烧；它们的河谷——现在已被城市的街道与建筑物切割得七零八落——尤其容易受到各种雾气的影响。更晚近的时候，人们认为是地下河的存在引起了周边地区多发的过敏症。

斯宾塞赞颂泰晤士河与梅德韦河（the Medway）及雷伊河的相汇，是宇宙，也是自然秩序的象征。在庞大而富有诗情的地质学著作《多福之国》（1622）中，德雷顿呼唤着"清澈的科尔恩河和活泼的利奇河"，以及"明亮的奥恩劳德河（Elnlode）"。拥有霍索恩登大片土地（Hawthornden）的德拉蒙德（Drummond）①，在《献给最美好的仙女的赞美诗》（*An Hymn of the Fairest Faire*，1623）中，将泰晤士河及其河水描写为：

> 拥有相同的本质，
> 没有任何不同，
> 除了在秩序上。

因此泰晤士河可以用来比喻灵魂的优雅。在绘画中也是，特纳一直对支流的神秘力量有一种敏感。他最受欢迎的画作之一就是《泰晤士与伊希斯的团圆》。画的背景是多切斯特草地（Dorchester Mead），就在斯诺顿（Sinodun）古老的群山底下，在这里，泰姆河流入泰晤士河。然而亚历山大·蒲伯一定会执"汇流诗人"之冠，在《温莎森林》（*Windsor Forest*, 1713）中，他变成了吟唱这些神圣名字的大祭司：

> 首先是其古老名字的著名作者们，

---

① 德拉蒙德（William Drummond，1585—1649）：苏格兰诗人，从其父那里继承了霍索恩登的土地所有权。

> 缠绵的伊希斯河与富饶的泰姆河；
> 活泼奔流的肯尼特河，因银色的鳗鱼而知名，
> 缓缓流淌的洛登河，青翠的赤杨木为其加冕；
> 科尔河，黑色的河水冲刷着鲜花盛开的岛屿，
> 携带大量垩土的韦伊河，卷起了像牛奶一样的浪花；
> 蓝色透明的旺德里斯河也出现了，
> 深不可测的里河，两岸的莎草像发髻一样竖起；
> 阴沉的莫尔河，藏起其奔腾的洪流，
> 安静的达伦特河，被丹麦人的血染红！

[45]

  我们也可以学蒲伯的做法，将这些支流从其谦逊的避让中召唤回来。有着浪漫名字的温德拉什河，在科茨沃尔德附近的山上流出地表，流过博尔顿（Bourton）和威特尼（Witney），流入其父母的胸膛。它拥有这样一个名字是因为它沿岸流过灯芯草丛吗？还是因为它水流迅疾，就像风一样？在对这个名字进行一番沉思以后，德雷顿宣布："它快速流过河岸风景，加快步伐，穿过牛津的原野"，但这是一种夸张说法。温德拉什河很美也很平静，除了在流经博尔顿水乡那些村庄时。然而在温德拉什河汇入以后，泰晤士河确实马上变得又宽又深了。

  肯尼特河与泰晤士河在雷丁（Reading）交汇。在《多福之国》中，迈克尔·德雷顿歌颂了它们的汇流：

> 一到雷丁，清澈的肯尼特河就控制住了
> 她的主人——宏伟的塔梅斯河，让他重又开始波涛汹涌
> 处处闪着令人愉悦的快乐痕迹。

  换句话说，这是展示这个世界生命法则的一种神圣的结姻或是联盟。这是丰饶的象征。"肯尼特"（Kennet）早期的变体之一是"Cunetio"，因此这个名字可能残留着某种大地女神生殖器的指示象征。这

里的桥被称作"马蹄铁桥"（Horseshoe Bridge），"马蹄铁"是有关财富的古老象征。在肯尼特河口处，有一处古老的墓地，现在被称作"断弓"（Broken Bow），有可能是"弃坟"（Broken Barrow）的变体。人们在这里的河水汇流处挖上来很多金属与陶器制品，这意味着过去这里举行过祭祀活动。河边还发现了一处非常罕见的棚屋。这些考古学证据表明，肯尼特河口和泰晤士河周围地区，在中石器时代是人们进行贸易活动的地方。因此这个河水汇流处既是商业聚集地也是神圣的所在。"马蹄铁"桥现在被画满了涂鸦，其中有"耶稣驾临"的字样。

[46]

奥克河，在阿宾登那里流入泰晤士河，是白马河谷泄洪的唯一出口；它曾是众多洪水的罪魁祸首，数量之多简直可以充当泰晤士河的敌人。河的两岸发现了铁器时代的一处宗教中心及一座起源于罗马－凯尔特时代的庙宇的遗迹。这里过去还有一个供朝圣者住宿的旅馆、一个不知是圆形剧场还是带围墙的圣水池的建筑——与河流的邻近程度意味着很有可能是后者。这里过去还有一座坟场，一些罗马人尸体的嘴巴里放着硬币，想以此买通阴间的摆渡人。

"阴沉的莫尔河"恰好在汉普顿桥（Hampton Bridge）那里流入泰晤士河。它并没有特别阴沉——如果说流水真能被那种情绪所影响的话；它的名字似乎与那种活跃于地下的动物——鼹鼠（mole）的习性有着某种诗意的联系。蒲伯实际上是从弥尔顿（Milton）那里借来了这个短语，后者说过"在地下流动的阴沉的莫尔河"这样的话；弥尔顿又是从斯宾塞那里借来了这一说法，斯宾塞写道：

> 像一只年轻的鼹鼠那样，
> 莫尔河安静地在地下流动，
> 直到它追上了泰晤士河。

这是对一条小河令人印象深刻的诗兴大发之论，所提及的"地下"以及与鼹鼠的比较并非是凭空而论。在博克斯山谷（Box Hill）和诺贝里地区（Norbury Park），莫尔河一度消失然后又复活了。在干旱季节，河流在这里是干涸的，但在莱瑟黑德（Leatherhead）附近又会恢复流淌。古文物学者约翰·卡姆登（John Camden）[1]相信莫尔河是流进了地下的黑色洞穴，然后又被自然的力量重新抬回到地表。笛福（Defoe）[2]也注意到同样的现象，他认为引起这一现象的原因是那些狭小的、被称作"咽喉"的地下隧道。"咽喉洞"实际上是石灰岩所特有的一个特点，而当地就有很多石灰岩。莫尔河确实一度消失又再次出现了，并在莫尔斯沃思（Molesworth）那里流入泰晤士河。

车恩河发源于七眼泉的主泉之间，有人认为该河就是泰晤士河[3]。它在14英里的流程中下降了400英尺（120米），直到在泰晤士河之中找到平静。迈克尔·德雷顿称其描绘为"快脚车恩"——一个非常准确的描绘，至少按"诗意地形学"的标准来说。它是——或者说一度是——一条活泼的、生长着鳟鱼的小河，直到其清澈的水流在克里克莱德那里，与泰晤士河动荡的棕色河水混流在一起。

洛登河在斯普林克水闸（Shiplake Lock）下方流入泰晤士河。蒲伯将它描绘为"缓慢的洛登"，实际上它一点儿也不缓慢。它的水流很湍急，过去为很多磨坊工厂提供了水源。它还有一种独特的现象：有长期经验的游泳者证实，如果逆着这条河的水流游泳的话，无一例外地会感到恶心和反胃。对这一奇怪现象没有显而易见、说得通的解释，但事实确实如此。这不可避免地导致了某些猜测，譬如说河的某些部分具有并隐藏着理性分析所难以解释的某种特性等。

旺德尔河在巴特西那里投身于泰晤士河，它拥有泰晤士河所有支流中最湍急的水流之一。旺兹沃思市（Wandsworth）就是因这条河而得名。它就是蒲伯诗中"蓝色透明的旺德里斯河"——毫无疑问，诗

---

[1] 应为《不列颠志》作者 William Camden 之误。
[2] 丹尼尔·笛福（Daniel Defoe, 1660—1731）：英国作家，启蒙时期现实主义小说的奠基人，被誉为"欧洲小说之父"，代表作为《鲁滨孙漂流记》。
[3] 如果赞同泰晤士河发源于七眼泉这一说法的话。

人认为这个英格兰名字需要得到一点拉丁式的提升。实际上该名字来自撒克逊语"Wendleswurth",是"旺德尔定居点"的意思。在它名下还有另外一首诗,虽然难以与蒲伯的诗相提并论:

> 旺德尔的甜蜜小女巫!
> 请来到我的怀抱与我嬉戏;
> 我真诚地爱着你,
> 我会永远珍惜你,
> 旺德尔的甜蜜小女巫。

雷文斯伯恩河(the Ravensbourne)的名字有着奇异的起源。据说恺撒带领军队驻扎在布莱克希斯时,注意到有一只大乌鸦经常飞落在离营地不远的一个地方,他推断乌鸦是来这里喝水的;在经过进一步观察以后,果然在那里发现了一股小而清澈的泉水。这眼泉水因此被称作"乌鸦之井"(the Raven's Well),它形成的支流被称作"Ravensbourne"——"乌鸦之溪"。有一首诗将泰晤士河的发展描述为从"一条清澈的小溪"到"洪流"。"洪流"因其"深",后来产生了"德特福德"这一名字,即"深滩"(Deep-Ford)之意。但这条河确实具有历史重要性。它的水源为沃特·泰勒(Wat Tyler)[①]的叛乱追随者们提供给养,后来又给杰克·凯德(Jack Cade)[②]所领导的叛乱提供了给养。珀金·沃贝克(Perkin Warbeck)[③]——英格兰王位谋求者——在雷文

[48]

---

① 沃特·泰勒(Wat Tyler):1381年英格兰农民起义的领导者之一,在与英王谈判过程中被忠于英王的侍臣袭击受伤,寻求治疗时被当权者抓住斩首。
② 杰克·凯德(Jack Cade):1450年英格兰发生的、反抗亨利六世统治的民众起义的领导者,起义者在伦敦桥那里遭到伦敦市民的激烈抵抗。杰克·凯德在与政府军作战过程中受伤被捕,因伤势过重去世。
③ 珀金·沃贝克(Perkin Warbeck,约1474—1499):自称是约克公爵、"施鲁斯伯里的理查德",对当时刚刚建立的都铎王朝造成巨大威胁,被捕后数次试图逃跑,最后一次被抓获处死。

斯伯恩河畔会见了自己的追随者。也是在这里，1497 年，奥德利勋爵（Lord Audley）①领导的康沃尔叛乱，被亨利七世②的军官们打败了。没有任何一条泰晤士河支流，有这么多充满叛乱与杀戮的历史。

雷伊河，在斯宾塞笔下是"经常迷路的随意放荡的雷伊河"——确实，该河流经的路线有点曲折。它在贝德福德郡（Bedfordshire）的卢顿（Luton）那里露出地表，流向赫特福德（Hertford）及韦尔（Ware），然后流过艾姆威尔（Amwell）附近——新河（the New River）一度也流过那里——然后流经霍兹登（Hoddesdon）、切森特（Cheshunt）、沃尔瑟姆阿比（Waltham Abbey）、恩菲尔德（Enfield）、埃德蒙顿（Edmonton）、托特纳姆（Tottenham）、斯特拉特福（Stratford）、沃尔瑟姆斯托（Walthamstow）和鲍（Bow），直到最终在靠近布莱克沃尔的鲍溪（Bow Creek）那里停了下来。它一度作为一条可以捕鱼的河而声名远扬，钓鱼者——或者是艾萨克·沃尔顿（Isaac Walton）③在《钓客清谈》（*The Compleat Angler*）中所言的"钓夫"——常常到雷伊河边钓鱼，住在河边的旅馆里。然而目前雷伊河主要是伦敦东部郊区的一条河流，取代了原先被称作"发臭工业"的工业园区的一条河流；莱顿（Leyton）镇这个名字的意思是"雷伊河畔的城镇"。该河有一段重要的历史。入侵的丹麦人在布莱克沃尔那里沿着雷伊河逆流而上，在韦尔建起了一处要塞。雷伊河上位于斯特拉特福境内的桥，享有"英格兰最古老的石桥"的名声，比伦敦桥还要早 100 年。沃尔瑟姆阿比是英格兰最后一位撒克逊国王的安息地，其墓碑上只简

---

① 奥德利勋爵（Lord Audley）：1497 年爆发的康沃尔起义缘于亨利七世为对苏格兰作战向康沃尔平民征收战争税。奥德利勋爵支持这场起义，在德特福德桥双方交战后被抓，被带回伦敦斩首示众。
② 亨利七世（Henry VII, 1457—1509）：英格兰国王，1485 年至 1509 年在位，曾流亡法国，都铎王朝的建立者，在位时奖励工商业发展，有贤王之称。
③ 艾萨克·沃尔顿（Izaak Walton, 1594—1683）：英国作家，《钓客清谈：做人与生活的境界》（1653 年）被认为是第一部介绍自然界的美和乐趣的英语书籍。

单写着"这里躺着不幸的哈罗德"几个字。

查韦尔河在赫尔利顿（Hellidon）的铁矿石丘陵那里流出地表，然后沿北安普敦郡（Northamptonshire）和牛津郡流了40英里后，流入泰晤士河。该河有时被认为是一条小河，实际上在泰晤士河流向伊夫雷（Iffley）的过程中，它为泰晤士河增加了大约1/3的水量。

埃弗拉河（the Effra）的名字来自于凯尔特语的"激流"，它在现在被称作"水晶宫"（Crystal Palace）的地方开始自己最初的旅程。它流经诺伍德公墓（Norwood Cemetery）、达利奇（Dulwich）、赫恩山（Herne Hill）、布里克斯顿（Brixton）和肯宁顿（Kennington），最后在沃克斯霍尔桥那里流入泰晤士河。有一个奇特的证据显示了这条河过去的显要历史——在该河汇入泰晤士河的南岸那里，发现了一座暂时被认定为青铜器时代中期的木头建筑的残留物。低潮时人们仍能看见残存的木桩，但埃弗拉河自身却很少能被见到了——它已经变成了一条"地下河"，很久以前就被住宅及其他建设项目所填埋。自十七世纪以来，它的一些河段就已经被用作下水道；目前它的主要作用是一条能够减轻风暴影响的地下沟渠。唯一能够接近该河的地点是通过布里克斯顿（Brixton）的埃弗拉路（Effra Road）上的下水道。它曾经拥有的力量已经消失了。

然而所有被遗忘的支流中最伟大的一条，一定是至今仍在布莱克弗瑞尔斯桥（Blackfriars Bridge）下流入泰晤士河的弗利特河。如果你坐船驶到桥下，会看到一个圆形的口子，弗利特河就从这里流入泰晤士河。那里是这一被埋葬的力量现在唯一可见之处。它的名字很可能是来自盎格鲁-撒克逊人对涨潮河口的称呼，譬如"诺斯弗利特"（Northfleet），但也可能是因为它最初在伦敦北部收集井水与泉水时所表现出来的快速与敏捷。这些水源在克拉肯维尔（Clerkenwell）那里汇聚在一起，此时还非常丰沛的河水顺着特恩米尔街（Turnmill Street，名字的来源从字面来看就足够清楚了）往下流，在霍尔本（Holborn，字面意思是"古老的溪流"或"小河"）那里变宽，此处修

[49]

建了一座跨越两岸的桥，然后流入朝泰晤士河延伸的山谷。山谷的轮廓在法灵顿街（Farringdon Street）那个从弗利特街向布赖德威尔（Bridewell）落去的陡坡那里可以清楚看到。

中世纪时，该河的使用频率很高，尤其是来自英格兰东北部的运煤船。从法灵顿街伸展出去的街道中，有一条至今仍被称作"海煤巷"（Sea-Coal Lane）。约翰·斯托在对伦敦的调查报告中写道："过去，伦敦城里老伯恩桥（Old-bourne Bridge）下面的河道曾经如此宽和深，10或12艘船可以同时满载货物，开到前面提到的弗利特河上的那座桥那里，也有一些开到老伯恩桥那里。"更加令人难以开心的是，自从伦敦城围着它建成以后，它就成为伦敦人公用的、排放垃圾和污水的地方，时不时地要进行清洁。譬如1502年进行了一场盛大的清洁工程，"使得鱼和鸟类成排赶往弗利特桥"。然而到十六世纪末，它的一些河段已经变成了露天下水道，被各种各样难以描述的垃圾所阻塞，获得"恶臭"甚至是"危险之地"的名声。弗利特监狱的囚犯——其中大部分是欠债者——对这条河散发的蒸汽所给他们带来的疾病与死亡展开了请愿活动。1732年，霍尔本桥与弗利特街之间的河面上被砌上了砖头，上面建了一座市场。33年之后，从弗利特街到它在泰晤士河排水口之间的河面也被填平了。

然而，该河享有一种殊荣，它被本·琼森（Ben Jonson）[①]和亚历山大·蒲伯同时在一种可以粗略称之为"反田园牧歌"传统的写作中加以歌颂。在十七、十八世纪的诗歌中，泰晤士河所唤起的是纯洁与透明的形象，然而弗利特河被认为是其黑暗的影子。本·琼森在一首名为《旅程本身》（The Voyage Itself, 1610）的诗中，认为这条支流的"肮脏、恶臭与噪音"，是城市生活基本、必不可少的部分。两河汇流处，曾经是赞美神灵的地方，然而在这些河水上跳舞的只有"爱骂人

---

① 本·琼森（Ben Jonson，1572—1637）：英格兰剧作者、诗人、演员、文学评论家，对英国诗歌及舞台喜剧产生了长久的影响。

的蛇发女妖和鹰身女妖":

> 这里确实有几位早已死去的鬼魂
> 在河岸上跳跃。
> 白色，黑色，蓝色，绿色
> 以更多的形状涌出。

这是一条荡漾着"蒸汽"与"油脂"、"通便的莴苣"和"屎尿之物"的河流，一条拥有"冥河、黄泉、哭泣之河（Cocytus）和地狱火河"所有令人不快的特征、彻底恶臭及有毒的河流。泰晤士河的史诗品质在这里被颠覆了。到十八世纪时，弗利特河已经成为伦敦的一个象征——或者说是缩影。1710年的《闲谈者》(*Tatler*) 杂志上，有一首诗这样写道：

> 所有色调及气味所发出的恶臭似乎在诉说
> 它们来自哪条街——以自身的外表和味道。

在《愚人记》(*Dunciad*, 1728) 中，蒲伯以自己对这一肮脏之所的描绘，进一步发展并深化了琼森所勾勒的排泄物般的形象：

> 弗利特河带着要排放的水流向哪里？
> 席卷着死狗的尸体作为向泰晤士河的献礼，
> 沟渠之王！它所携带的黑色泥潭
> 弄脏了银色的河水。

这里是"污秽"及"污秽之爱"的隐喻性空间，伦敦被污染的生活的排泄中心。在蒲伯"下水道式"的想象之中，所有蹩脚的打油诗人和小册子写手们，都跳进了这条支流"颤抖的烂泥浆"之中，仿佛正在拥抱自己的天性。银色的泰晤士河有水仙女及神祇作为扈从,但弗利特河有它自己的"烂泥仙女","黑色的尼葛丽娜和棕色的莫戴蒙特",她们以肮脏的拥抱"吸引"着自身的追随者们。这些是真正从"森林"搬到"沟渠"的"栗色女郎",从周围的肮脏环境中沾染着自身的色彩与风味。"银色泰晤士河",作为民族传奇,俯视着这些当地的"不便之处",于是所有的泥淖与污秽便被投射到这条支流——或"沟渠"——之上了。这是支流向首领们提供的另外一种服务。

[51]

[52]

第四章

源　头

最　初

　　泰晤士河的历史就像大海一样深而黑暗。最初它只是地球尚在移动的地表上的一道涟漪。河的石头基底最初形成于约1.7亿年以前，当时侏罗纪时期的汪洋大海带来石灰石与粘土的种子，这些后来形成了泰晤士河的底部；在这一时期，蛇颈龙和长着鸟嘴与牙齿的鱼，在后来变成泰晤士河的河床上游泳。

　　白垩纪——排在侏罗纪后面的地球历史时期——意思是"白垩质的"。在接下来的7700万年中，大洋里的化石在英格兰南部铺下了一层层白垩的床，它们构成了泰晤士河河岸风光的基础。也是在这一时期，盘古大陆开始分离，形成了美洲和欧洲的大块土地。一块巨大的洪水平原出现在目前英格兰南部所在的地方。深水巨兽板龙和沧龙在目前伦敦的所在之地游泳，直到它们在一场全球性的大洪水中被毁灭，形成今天被称为"白垩纪－第三纪分界线"（K-T Boundary）的这一重大事件。

　　大约3000万年前，泰晤士河开始作为可以被观察到的实体出现，那是我们目前仍生活于其中的"新生代"时期发展到一半的时期。大不列颠群岛以一块土地所搭成的"桥"与欧洲大陆相连，这块土地现在已被淹没在北海（North Sea）底下。泰晤士河那时是一条比它大得多的、流过全欧洲的河的支流。该河最长的一条支流现在被称作"莱茵河"(the Rhine)。

以化石残骸为证据，可以部分重现泰晤士河最初的景观：这里有棕榈树和月桂树，葡萄树和柑橘树，还有橡树和山毛榉；河面上有水莲，还有长长的野草飘浮在温暖的河水中。一种新的植物类型也出现了——草开始在地面上生长。从某些方面来说，这是我们所熟知的热带的景象。白蚁和蚂蚁、甲壳虫和蜘蛛在潮湿的环境中活跃繁殖；还有乌龟、鳄鱼以及像现代美洲鬣蜥那样的蜥蜴。在河水中游着的，还有鳗鱼、鲈鱼及其他多骨鱼类的祖先。

[56]

泰晤士河那时所流过的河道比现在更高。它从威尔士和布里斯托湾(Bristol Channel)出发，横跨英格兰，直抵艾尔斯伯里溪谷(the Vale of Aylesbury)。它流过圣奥尔本斯(St Albans)和切姆斯福德(Chelmsford)，穿过罗姆福德(Romford)，然后流入哈里奇(Harwich)南部的一个大湖。十九世纪八十年代，在铺设从罗姆福德到阿普明斯特(Upminster)的火车轨道时，人们发现了古泰晤士河早已被人所遗忘的古老河道，就像是一株死去生物的化石。那个大湖靠近哈里奇，靠近连接欧洲和大不列颠群岛的大块土地的北端，最后流向将现在的北海与英吉利海峡分开的分水岭区。

它是一条巨大并且流速很快的河，一条热带的河流，一条丛林之河；马、野牛、犀牛和狐猴的祖先们到它这里来喝水。后来气候开始变冷。丛林栖息地被温带森林、草地平原和大草原所取代。泰晤士河流过了所有这些变化。这些所代表的是人类所不可想象的时间变化，远远超过了人类的起源。我们几乎无法想象泰晤士河的古老，它只是因为偶然，才成为人类世界的一部分。河里仍然生长着属于史前的贝壳、莎草和灯芯草。

世界气候变得越发寒冷，在大约280万年以前第一个北部冰川期(First Northern Glaciation)，一块北极冰盖开始朝南方缓缓移动。当时地球正处于人类将要出现的关键时期。原始人类——一度被称作

第四章 | 源　头

"猿人"——从泰晤士河中取水喝,睡在两岸的树上,然后继续向前进。冰川的扩散对泰晤士河产生了深刻而持久的影响;河道被推向南方,离它现在的路线越来越近。

冰川最终在奇尔特恩-伯克希尔(Chiltern-Berkshire)山脉的北部停了下来。大约在25万年之前,泰晤士河形成了现在被称作"泰晤士河谷"的地貌。河也进入了人类时期。泰晤士河畔的第一批居民,跨越大陆,来自现在被称作中欧及西欧的地方。他们被认为是"旧石器时代"的居民,但这一时期跨越了地球历史上人类生存时间最长的一个时期——大约比智人(Homo sapiens)在地球上生存的时间长了3倍,比不列颠群岛作为岛屿存在的时间长了100倍。而即使在当时,泰晤士河也已经是一条古老的河流了。

[57]

第一代居民在公元前50万年至公元前45万年之间抵达这里,作为种群生存了约50万年。更多的我们就不知道了。有关这些人以及他们与河的关系,我们所知道的近乎空白。他们是德语中所说的"没有历史的人",但这并不是说他们没有自己的传统、故事、歌谣、发明创造、进取心及事业。譬如我们难以想象,在数千年的时间里,他们没有学会如何制作木筏或是兽皮渔船——即使只是为了抵达河中的小岛。迄今为止并没有发现任何一条当时的船,但这一事实毫无价值;能发现来自那么久远的过去的任何事物,都纯粹只是运气而已。

最后一次大的冰川运动约在一万两千年前结束,在被冰川所困的时代持续了上千年以后。更温和的气候吸引了一批新人到此地定居,也吸引了可供他们狩猎的麋鹿和驯鹿。这是河马在特拉法尔加广场打滚、大象沿着斯特拉德大街漫步的时期。事实上这是泰晤士河历史上的一段关键时期,因为自公元前1万年中石器时期居民抵达以来,泰晤士河谷有关人类占领与定居的历史就没有中断过。

在洪水将北海和英吉利海峡连在一起之前,这批新的抵达者最初是通过陆地来到这里的。当时这里有很多群体及身份各异的部落。然而泰晤士河畔最主要的居住者是最早在欧洲西北部发现的金发的马格尔莫斯人（Maglemosians）——也称"沼泽人"。

他们生活在河两边砂砾河岸上规模不大的定居点之中，主要以打猎与捕鱼为生。他们制造了鱼钩和作为网使用的树皮"漂浮物"，但其最显著的成就是在制造细石器上——即用作刀刃或矛尖的小燧石片。他们将桦树和松树砍倒，在树林中形成空地，还驯服了狗来帮助打猎和守卫家园。考古学家在这里发现了大量鱼、海狸、猪、野猫、鸟和獾的骨头。他们使用骨头或鹿角制成的矛和斧头，擅长雕刻木头及拉伸皮子；他们将动物皮铺在用桦树苗制成的木笼子上来建造房屋。灶台位于这些小屋的中间。这是泰晤士河畔第一批住宅的样式。

得益于石头工具制造工艺的发展，他们还能造船。考古学家所知最早的船，造于中石器时代。它们是用单独的一根树干挖成的独木舟。树干通过砍和烧的方式，形成所需要的大小和深度。在位于谢伯顿（Shepperton）的河里发现的一只独木舟，有 18 英尺（5.4 米）长，大约可以承载 3—4 人；将木头砍凿成型的斧头痕迹依然清晰可见。在伯恩安德（Bourne End）的泰晤士河河床上发现的船，长度超过 25 英尺（7.6 米），船宽接近 3.5 英尺（1.05 米）；坚硬的木头上还刻出了座位形状。他们可能也制造了兽皮渔船——将兽皮覆盖在用柔软柳条搭起来的框架上——这种船更轻，也更容易在浅水处操纵。我们可以猜测，此时泰晤士河已经变成了一条可以通航的河。这是一个伟大变化的开端。一旦这些部落居民意识到，风可以更快更远地将他们带到远方，他们可以在自身的物理劳作之外看到更远的地方，他们就开始了通向自由的缓慢旅程。我们还可以确信，泰晤士河在当时拥有一种巨大的、符号性的力量。它是生命与运动的象征。很有可能泰晤士河所有有关敬拜与欢庆的历史，从十二世纪的洗礼到二十世纪的赛舟会，都是对人类最早征服泰晤士河这一时期的隔代记忆与纪念。

对河流的崇拜，在约 3500 年前来到泰晤士河地区的下一代定居者那里，得到了进一步的正式化。他们生活的时期被称作"新石器时代"，跨越了人类近 2000 年的历史。然而在这一相对较短的时期中，

第四章 | 源　头

人类对泰晤士河谷地貌留下了持久的影响。他们来到在他们之前已经有人长期居住的土地上,开始了一种农耕和林地开荒的生活模式。这揭开了一种持久的、相对来说没有多大改变、一直持续到十九世纪中期的农耕生活。实际上,在梅登黑德(Maidenhead),新石器时期的田野结构直到二十世纪六十年代才被彻底抹去。

[59]

新石器时期人类征服泰晤士河谷的最初阶段,主要特征体现为工作与行为模式发生了稳定改变。在这一时期的考古成果中,可发现取代细石器和尖矛的是镰刀、经过打磨的石斧和手推石磨。陶器也第一次出现了。当时的人用紫杉木制作了弓,箭是用木头做的,箭头采用燧石。这种弓和后来弓箭手在阿金库尔战役中所使用的,是同一种长弓,长约5英尺(1.5米)。这种长弓跨越数千年的存在,证明持续性与习惯的巨大力量,是影响人类生活的主要因素。我们不应该假设有任何新的人造发明会突然出现,存在的只是一种在发生时几乎不会被人注意到的缓慢进化。

仅在泰晤士河中部沿岸,就已经发现了八十多处新石器时期的人类居所。我们可以设想,在从源头到海洋的河两岸,各种有利的地点都曾经被人类占据过。人们住在小棚屋里,集中在可能是临时性的小村庄里,村庄里的炊烟应该在几英里内都可以看到。他们种植庄稼,更重要的是,他们开始饲养牲畜;他们将猪放养在树林里,将牛和羊放养在草地上——这两种土地河两岸有很多。然而,新石器民居自身保存下来的证据很少,只有杆洞或壕沟所残留下来的痕迹,可以作为人类居住的证明。当然,考古学家还发现了人类存放的火石及小麦、大麦和豆子等痕迹。

近年在泰晤士河边——兰尼米德桥(Runnymede Bridge)目前所在之处——发现了一堆属于某种木结构建筑的木头,这些木头被认为是一座跨越河两岸的新石器时期的码头所留下的残骸,该码头后来被一座青铜器时期的建筑所取代。如果这一解读是正确的,那么泰晤士河在新石器时期和青铜器时期都是交通和商业的要道。另外具有重要意义的是，这意味着当时的泰晤士河河道基本上就是它现在所流过的样子。

神圣的线条

[60] 　　很难清楚表达早期人类的神秘之处及其与我们的不同。我们不了解新石器时期的人们建造圈道及堤道围墙的目的，只能从它们的形状中猜测，它们具有某种仪式上的意义。它们位于泰晤士河边这一事实，也提供了一系列其他具有可能性的解释。我们可以确定的是，这些早期部落居民相信一些特殊的地方拥有特殊的效力，相信将土地围起来能产生一种特殊的效果，相信"被看见"的力量；因此不可避免地，他们会被吸引到泰晤士河这里来。

　　过去几十年，航空摄影已经拍到了泰晤士河附近的古老围墙那幽灵般的影像，那些在现代地理环境中很少能看到的，线形、矩形及圆形的幻影之地。然而它们就在那里，我们祖先沉睡的面孔仍然是大地的一部分。就像纳斯卡（Nazca）① 的巨型地雕一样，它们现在最佳的观看方式是在空中，但它们最初被建造时，曾赋予周围的土地一种力量与神圣性。

　　泰晤士河地区的堤道围墙有着共同的模式：它们在同心椭圆较宽的一侧都挖有壕沟，壕沟每一段之间都留有空间或是"入口"，并且有堤道通往举行仪式的空间；有些只有一个卵形壕沟和一个位于内部的堤道，但其余的都有数个同心圆的圆圈。一个理所当然的推测是，它们在数个世纪的时间流逝中有了改变或是发展。壕沟里发现了动物骨头、陶器及大量燧石。更值得注意的是，这里还有人骨。死者也被埋在这里。

　　这些可能是地区或部落集会的地方，在某种意义上也许标志着该

---

① 纳斯卡（Nazca）：秘鲁城镇，因公元一至六世纪刻在其周围沙漠里的巨型岩雕而闻名。

第四章 | 源　头

群体所拥有的空间或领地；非常有可能它们也拥有其他仪式或典礼功能。它们不是被用作人类的永久居所，而是偶尔或季节性地被使用。它们不是像铁器时代山上的堡垒那样的防御性军事设施，而是更开放、更暴露在外。从一定的高度来看，是观看它们的最佳方式——因此它们助长了人们对大地的无尽歌颂与敬仰。当然，泰晤士河本身就意味着界线，这一界线可能需要时不时地，或是以庆典的方式得到确认。一些场所留有建筑物及正规、成群出现的地洞的痕迹，其中有一些可能划分出了祭司或统治者之类"精英群体"的临时住所。但这些围墙好像并不仅仅是单一功能；数个世纪以来，它们可能被用作各种用途。

[61]

正对着泰晤士河的五座围墙中，位于阿宾登的那座可能是最重要的。它把河作为自身的界线之一，与河所具有的自然力量保持着沟通。如果它定期被洪水淹没——这是很有可能的——这将增加它在那些参观者眼中的神圣性。阿宾登围墙的外圈中有人类活动的痕迹，而内圈则好像被用作举行特殊的仪式或典礼，最核心处是举行拜神仪式的地方。这种经过划分的空间，可能还提供了一种特殊形式的保护，受到河的庇佑。这些人的祖先与泰晤士河的联系，一定会经过民间神话及口头流传而散播开来，甚至河本身就可能在人类起源的故事中扮演了某种角色。有什么能比在永远奔流的泰晤士河边上建一座围墙更自然的事呢？

在阿宾登的堤坝围墙附近，有一些长长的、椭圆形的坟墓，上面覆盖着泥土和垩土。在一片风景中，它们大约闪耀着白光。它们被安放在与堤坝围墙，也是与河对齐的地方。在后代看来，其中的隐喻可能很清楚，但我们不能将现代的想象模式强加于过去的祖先。我们能说的只是，死者的尸体以一种正式的方式或位置进行摆放，这可能与泰晤士河的水流及方向有关。

事实上，泰晤士河边有 25 座形状各异的坟墓。它们似乎就是为了这一独特优势——而不是其他原因——选择靠近河水的。它们通常

[62] 也位于此前中石器时期的人类活动区域，这意味着这些位于河边的场所已经被使用数千年了。它们可能是酋长或祭司的坟墓——如果两者之间有区别的话。它们中的一些，被分成不同部分，在不同时期建设完成。位于阿宾登的坟墓中，有一座分了五个阶段才建设完成。从开始建围墙到墓葬工作结束，建设及改变的过程持续了约 2000 年。这段历史与泰晤士河沿岸的氏族历史有关。在阿宾登及其他地方出现的死者墓地，还暗示了另外一种可能性：如果死者将要穿越不同的世界，就很有可能需要与流水发生关系；河流拥有通往地下世界的、数量庞大的特殊通道；在各种来源不同的传说中，死者都是通过一条河，抵达他们的新王国。我们来自，也返回——水中。

这些长长的坟墓有着用石头和木头建造的停尸房，很多还拥有石制的地板和入口。这些石头从中世纪开始就被称作"砂石板"，被认为拥有神奇的力量。这些坟墓中令人印象最深刻的一个——被后来的撒克逊定居者称作"韦兰的冶炼场"（Wayland's Smithy）——位于泰晤士河上游地区。然而还有其他一些更靠近泰晤士河的坟墓，譬如位于多切斯特、斯坦顿哈考特（Stanton Harcourt）、德雷顿和本森（Benson）的那几座。血缘关系与世代的延续在这里得到欢庆。泰晤士河就像是石头一样，可以经得起时间的考验。而这些不仅仅与古代历史有关，它对理解河流对人类历史所产生的影响也有非常重要的价值。如果我们不能理解河流与人类在过去所产生的千丝万缕的联系，也将无法理解河流的存在对今天的世界意味着什么。

在新石器时代稍晚的时候，大约在公元前 3600 年到公元前 3000 年之间，泰晤士河边出现了其他类型的大型建筑，其中最奇特的被称作"围道"。围道，最简单地来说，就是对地理景观的一种人工干涉，在地面上挖两道平行的水沟，内部是堤岸。水沟末端有的是闭合的，有的是张开的，长度从 50 英尺（15 米）到超过 5 英里不等。泰晤士河周围的山谷是这些"围道"主要出现的地方。在北斯托克城（North Stoke）、南斯托克城（South Stoke）和德雷顿（Drayton），至今还有成群出现的"围道";在斯塔德汉普顿(Stadhampton)、桑宁(Sonning)、斯坦韦尔(Stanwell)和戈灵(Goring),也都发现了围道,它们全都紧挨着泰晤士河。但在丘陵地带或科茨沃尔德山区,却没有发现过围道的痕迹,换句话说,它们与泰晤士河有着直接关系。

[63]

譬如说,在莱奇莱德(Lechlade)和巴斯考特维克(Buscot Wick)的泰晤士河源头那里,有一个非常重要的围坝综合体;在泰晤士河流经的阿宾登和多切斯特(Dorchester)地区,也有一系列围坝古迹、墓场、长坟岗和长围坝等。考古学家和古历史学家推测在这两个地方都有近两千年的、频繁的仪式活动。紧挨着泰晤士河修建的德雷顿围坝,最早修建于公元前3600年左右,公元前2000—1800年之间被青铜器早期的人们用作墓场。这是人类历史发展的一段漫长时期,在这一时期中,泰晤士河是人类举行仪式或庆典活动的中心。

它们被建在早期砂砾阶地或是特别为此而进行了清理的林地上。它们可能被用于游行、仪式召集或是比赛。在沿围道的水沟里发现了陶器、燧石以及动物骨头等沉积物。这些围道的形式与目的有着同等重要的意义。它们按照与河流对齐的样子被进行建造起来,河与跑道都是从北向南、从西向东。因此,围道是在模仿河的流向。德雷顿与阿宾登之间的那条围道,对齐的是泰晤士河的主干道,除了河本身在一处砂岩山脉那里拐了道弯,改为向东流去,一座位于围道尽头的长方形坟墓也模仿河的方向,面朝东。这是一种神圣的几何学。围道上的各个点似乎是彼此相连、一个接一个的。德雷顿那里的长方形坟墓指向了位于下游的多切斯特围道。

围道所具有的符号意义也与支流与干流的汇合有关。一些围道实际上是建在支流边上的——譬如位于多切斯特的泰姆河那里的围道——并且看起来是在"指向"河水汇流处。在奥克河和泰晤士河的汇流处,以及利奇河、科尔河和泰晤士河的汇流处,都出现了围道综合体。在莱奇莱德,还出现了一个直线形水沟,为两河汇流处做出标识。人们在河流汇流处举行祭拜仪式。这里是祭拜献纳的场所。

因此很有可能的是，人们——或是部落中被选出的一些成员——有意识地追随着河的流动来安排自己的活动，参与者将自己与河水——即生命的源泉——合为一体。"围道"代表着直线型流淌。它可能确实代表着泰晤士河，是一个象征符号，甚至是在大地上进行的对泰晤士河的描绘。就像对动物进行仪式性描绘是一种确保能够拥有充足食物的手段那样，围道也可以被认为是人们企图控制泰晤士河的一种方式。在某种程度上，它是横跨大地的一种表演，一种仪式性模仿——也可以说是一种启蒙。这是一种通过"移动"来控制人们对环境的理解的方式。围道也许还含有仪式性清洁或净化的意思，这在河流后来的用途中变得非常重要。

人们在位于德雷顿南部的围道的一个深坑里发现了 10 个人类头骨；在另一个坑里，发现了一个蜷着身子的女人、一个儿童和一个婴儿的尸骨。多切斯特围道本身穿过一处用于停放尸体的围墙。有很多证据表明，这里是举行仪式的场所。我们也许可以推测说，河边的土地同时也是丧葬或停放尸体的地方，并且泰晤士河与死亡有着密切的联系。因此对后代来说，所谓"黑水"所代表的意思也就很清楚了。

因此生者与死者不必要，也不完全是分离的。完全有理由相信，古代人居住并使用紧挨围道的土地；河两岸也都发现了家庭生活的证据。毫无疑问，沿着这神圣的标记还有供人和牲畜行走的小路。很有可能城镇——最终变成了"城市"——在死者的墓地旁不断扩大，而人类大规模定居在一起的起源可以从对祖先的崇拜中找到原因。这样，我们就可以对泰晤士河附近最早出现的城镇与定居点做出某种解释。

在更晚近一点儿的时候，围道所在的地区出现了被称作"圆石阵"的建筑物。这些基本上就是被水沟围起来的大地作品。初看起来，它们与墓葬围墙很相似，但这些圆石通常正好位于围道与河之间的位置。这块地方日后很可能会建起木制或石制的建筑物。"巨石阵"（Stonehenge）当然是其中最有名的一个例子。在上泰晤士河河谷

（Upper Thames Valley）的斯坦顿哈考特那里，有一处著名的圆石纪念碑，被称作"魔鬼的铁环"（the Devil's Quoits）。圆石阵、堤岸围墙及围道都位于河边的土地上这一事实，显著表明：数千年以来，泰晤士河都是一处神圣的，也是剑拔弩张的地方。

[65]

泰晤士之战

当尤利乌斯·恺撒在公元前 54 年所发动的第二次侵略中首次抵达泰晤士河时，他发现不列颠部落的部队已在河北岸整兵布阵。这是泰晤士河有记载的历史上，第一次被用于防御。恺撒补充道："河岸上布满了尖锐的木桩，还有一些被安放在河流拐弯处的水下。"然而罗马军队还是取得了胜利，越过了泰晤士河。有一项记载说，恺撒让人运了一头大象过河，以吓唬当地土著。如果这是真的，这是自更新世（Pleistocene era）以来，大象第一次出现在泰晤士河上。

[66]

恺撒面对着强大的敌人。在青铜器时代结束以前，泰晤士河周围的土地被部落所分割与控制，这些部落团结在一位首领或是家族领袖之下。这就是铁器时期的"酋邦制"。这一时期大约从公元前 600 年到公元前 100 年，跨越了 500 年。这些处于铁器时代的人，驾着用幼柳支条做框架、上面蒙着兽皮的小圆舟，在泰晤士河上行驶。这种小圆舟更轻，在浅水处更容易控制。公元前六世纪罗马的一位作者阿维努斯（Avienus），这样描写这些小圆舟："他们和大多数人不一样，没有用松树、枫树或是冷杉造船的工艺，相反，他们是弯出个框架——这是其奇妙之处——把缝好的兽皮蒙在上面，然后就在这样一个兽皮做成的壳子里到远海航行。"他所提到的"远海"，如果不是一种夸张说法的话，那就意味着这些早期的冒险者已经从泰晤士河口驶入了大海，然后抵达欧洲大陆。

这样一幅画面，被一些规模不大的王国聚集在泰晤士河边这一事实所强化。我们可以想象一群自认为对这片领地及领地上的居民负

[67] 有责任的军事贵族；不列颠首领和高卢（Gaul）[1]的部落首领之间，也有一种效忠或是联盟的关系。甚至很有可能，这些部落中有一些跨越了英吉利海峡。卡图维劳尼人（The Catuvellauni）[2]定居在泰晤士河北岸，他们的土地一直伸展到西面的查韦尔，其首都位于现在的圣奥尔本斯附近的费拉米恩（Verlamion）或费鲁拉米恩（拉丁语名，Verularnium）。在首领卡图维劳纳斯（Catuvellaunus）的带领下，该部落——或者该称其为"军队"，其规模可能不超过一位首领率领的士兵队伍——打败了占领河口北部地区的特里诺文特人（Trinovantes）。在比查韦尔更往西的地方，卡图维劳尼人遭遇了多布尼人（Dobunni）[3]——其首都名为"拜根顿"（Bagendon），靠近赛伦塞斯特。泰晤士河南岸是阿特雷巴特人（Atrebates），其首都名为"凯里瓦"（Calleva），现在是西尔切斯特（Silchester）的所在地。一条在克里克莱德穿过泰晤士河的道路，将拜根顿和凯里瓦连了起来。货币的发现，意味着河两岸的酋领在相对较小的势力范围内进行着争夺。泰晤士河仍然充当着部落之间的界限与前哨这一事实——譬如说，将阿特雷巴特人与卡图维劳尼人分隔了开来——只会增强它在社会及政治仪式中的重要性。

人们对恺撒在泰晤士河边第一场战役的地点有着无止境的争议。最初被认为是在谢伯顿附近一个叫考韦斯特克斯（Coway Stakes）的地方，在这里发现了一些木头桩子，据尊者比德（Venerable Bede）[4]700年后的记载，"就眼前所看到的来说，就像一个男人的大腿那样大小。"据推测，这些就是不列颠部落卡图维劳尼人为阻止恺撒及其军

---

[1] 高卢：铁器时代由凯尔特人部落所占据的西欧地区，包括现在的法国、卢森堡、比利时，瑞士和意大利北部大部分地区，以及荷兰和德国的莱茵河西岸地区。
[2] 卡图维劳尼人（The Catuvellauni）：指罗马征服不列颠群岛之前的一支凯尔特部落或不列颠群岛东南部的一个国家。
[3] 多布尼人（Dobunni）：铁器时代在罗马人入侵之前居住在不列颠岛上的部落。
[4] 尊者比德（Venerable Bede，约 672—735）：圣彼得修道院的一位僧侣，著有《英格兰教会史》，以此赢得"英格兰历史之父"的名声。

队穿越到河对岸所放置的木桩。

这些木桩现在再也找不到了，但已发现的木桩中，有一根被保存在大英博物馆，附有以下说明：

> 这根木桩于1777年10月16日被人从泰晤士河捞出，其至少5/6的长度被埋在河床之中。它与其他几根木桩竖在一起，当时（水位异常低）很容易看到。位置在距离河南岸大约1/3的距离、沃尔顿桥（Walton Bridge）1/4英里以上的地方。

有一些支持这一推测的证据。罗马人的一座营地就驻扎在河南岸现在叫"沃尔顿"（Walton-upon-Thames）的地方；附近的奥特兰兹（Oatlands）教区也发现了一些罗马时代的物品。但这些木桩所提供的证据也可能是更平淡无奇的。有人猜测它们可能是威斯敏斯特修道院早期一位男院长所建桥梁的桥柱子，或者是为家畜游泳所拦出的路线。

[68]

泰晤士河沿岸其他一些地点也被选出来承担"加快恺撒的进攻"这一"荣誉"——或者说是"负累"。这些地方包括切特西、沃灵福德（Wallingford）及金斯顿。布伦特福德已经对此进行了命名。当地河边放了一根圆柱，作为这一所谓"渡河事件"的标志。切尔西是另外一个受猜测者偏爱的地点。十九世纪五十年代，当地在建一座连接巴特西河岸与切尔西河岸的桥时，发现了很多不列颠人和罗马人的武器和人骨。在当地找到如此多的尸骨，以至于这个地方被称作"我们凯尔特人的受难地"。

但最有可能的渡河点是在威斯敏斯特，罗马人所建道路的第一条——沃特林街（Watling Street），从肯特海滨直通到伦敦以北约30英里处的费鲁拉米恩，它的南北交叉点就在威斯敏斯特。泰晤士河的潮水在威斯敏斯特这里停了下来，从南向北流的这一河段，开始沿着自己冲击形成的平原向前伸展。河中有一些小岛或是河洲。河岸很低。

当时泰晤士河的宽度大约是现在流过伦敦的河道宽度的两倍，水深要浅上14英尺（4.2米）。萨瑟克（Southwark）那里的河岸比现在要后退约300英尺（91米）。泰晤士河以"卷盘"的方式向前推动，它宽阔的拐弯处穿过一片河岸沼泽地，南岸的草地与嫩柳植被中时不时会有小溪和沼泽出现，而北岸则覆盖着矮树。很多现在已消失或隐藏于地下的支流，以及其他河流，在当时为泰晤士河带来了充足的水源。低潮时，它缓缓流过由干净的砂砾与沙子所组成的河岸。从威斯敏斯特以下，当时水中星罗棋布的岛屿，很多在涨潮时会被淹在水下。不列颠人典型的圆形住宅很有可能是在气候条件更有利的时候，建在这些岛上面的。不同历史时期，河水高度也有所波动，譬如整个罗马时期，河水的高度都在下降，直到后来数个世纪才得以恢复。罗马人所建的很多河滨区域因此后来都被淹没在上升的河水之中。

[69]

恺撒本人为入侵期间的袭击与战役留下了大量记载。不列颠人以零散突袭的方式与其军队对抗，"一支分遣队取代另一支，我们的人一直在对抗那些已经筋疲力尽的对手，却突然发现自己要面对取代前者的新锐部队。"他还评论说，他的土著敌人"穿着兽皮，所有不列颠人身上都涂抹着菘蓝，蓝幽幽的，为战争带来了凶恶的一面"。在泰晤士河周围，仍能发现大片菘蓝在生长。

大约10年以后，公元43年，另一支罗马军队也利用了泰晤士河。根据古典历史学家狄奥·卡西乌斯的说法，不列颠军队在泰晤士河支流梅德韦河那里，被罗马军团打败了。这场战争之后，不列颠军队的残部退回到"泰晤士河倾泻入海、洪水期这里会形成一个湖"的地方。这个"湖"现在已被淹没了——自那时以来，泰晤士河的水面已经上升了约15英尺（4.5米）。但最有可能的地点好像在现在河口附近的下霍普帕因特（Lower Hope Point）。英格兰历史上最重要的战场之一，现在已经不可恢复了。

第四章｜源　头

　　然而现在舞台是在为迎接克劳迪乌斯大帝（Claudius）①的到来而做准备了。他加入正在泰晤士河畔等待他的军团，跨过河流，在北岸打败了不列颠部落，然后继续向其敌人的首都科尔切斯特（Colchester）进军。他在不列颠仅待了16天，但对泰晤士河的控制确保了他对整个地区的控制。这是一次凸显泰晤士河在不列颠历史上的核心重要性的显著胜利。后来在河的更上游，似乎又发生了更多抵抗，有关于在克里克莱德和泰晤士河源头处所发生的战争的记载，但现存证据贫乏。然而英格兰的罗马化进程，在泰晤士河上游没有下游那么显著，这一点是毋庸置疑的。

　　随着恺撒入侵而来的是克劳迪安军团更为稳定的占领。在100年之内，泰晤士河及其支流附近出现了一群居住于此的罗马－不列颠农民。从河的源头到大海，都有了定居点——从克里克莱德到蒂尔伯里（Tilbury）。泰晤士河北部靠近赛伦塞斯特和多切斯特的罗马城镇附近，曾有很多别墅和大量房产。据估计，沿泰晤士河大约有600座可能属于罗马老兵或是富裕的、罗马化了的当地人的别墅。不管是什么样的所有权及使用形式，这是泰晤士河流域普遍比较富裕的一个时期。

　　在东蒂尔伯里（East Tilbury）附近的泥泞河滩上，发现了四座大型罗马－不列颠棚屋的残骸——用树木枝条搭的墙，圆锥形、方便排水的屋顶。在紧邻棚屋的地方发现了大量陶器。既然在附近并没有发现烧窑，大家便认为这里是用来储存当地器皿的仓库。棚屋位于一条一度好像通往渡口的小路旁，因此这里也是一个交叉路口。当将这些最简单的棚屋与泰晤士河边那些拥有浴室及地下取暖设施的别墅相比较时，我们可以想象出一个包含土地所有者及农奴的泰晤士村庄的

---

① 克劳迪乌斯大帝（Claudius，公元前10年—公元54年）：公元41—54年间为罗马帝国皇帝，在位期间正式开始征服不列颠之战（更早的罗马皇帝恺撒与卡里古拉对不列颠的入侵都在中途放弃）。

社会体系。这是一种将以这种或那种方式延续数百年的社会体系。棚屋所在的地方和渡口,现在都已经消失在潮涨潮落的泰晤士河的烂泥之中了。

于是理所当然地,人们就认为是罗马人创造了伦敦。然而更有可能的是,在那之前这里已经有了某种形式的不列颠定居点。"伦敦"这个名字的一个可能来源是"*Llyn-Din*",不列颠语的意思是"水池边的山"。但大家普遍同意是罗马人第一个对当地自然资源进行了彻底开发。位于威斯敏斯特的那个最初的渡河点,水流缓慢而呆滞,完全不适合作为港口,因此罗马人选了泰晤士河段中有着充足防御措施、能够充当港口,也享有潮汐便利的地方。罗马人对河有一种和我们非常不一样的看法。

河是一道有关权力的线条,既是军事的,也是商业的,是罗马帝国"直线型感知"的一部分。河在那时并未失去它连接神灵的力量——从河中所发现的罗马遗物的数量中可见一斑——但是它失去了原始的神圣性。譬如说常常会有这样的情况,罗马人的道路会直接穿过圆形的墓地和圆石阵,作为抹掉传说中它们所拥有的神秘力量的一种方式。公元52年左右,罗马人在泰晤士河上建了第一座木桥;在公元一世纪之交,建了一座永久性的桥;公元四世纪时,为守卫河岸,伦敦的城墙向外扩展。泰晤士河的本质已经变了,它需要被驯服与保卫。

[71]

在克劳迪乌斯入侵18年以后,伦敦被罗马历史学家塔西佗描述为——"虽然作为殖民地的名字并不响亮,却经常被一些商人及贸易船只提到"以后,泰晤士河很好地完成了其最基本的商业功能。从这一最初阶段开始,这座城市的命运就不可挽回地与这条涨潮的河流捆绑在一起了。就像所有具有古老血统的伟大城市一样,伦敦也是一条河的产物。一座繁华热闹的港口,就这样沿着曾是砂砾河岸及泥泞水湾的地方出现了。萨瑟克地区也被用作码头和仓库。随着河水水位的下降,罗马人不得不继续向外建设,以维持一个港口所需的全部

第四章 | 源　头

设施。

这种商业活动所留下的一些遗迹,已经在泰晤士河中被打捞上来了。1962年,在布莱克弗瑞尔斯桥附近发现了一艘平底驳船,其所运输的一部分货物是建造这座罗马城市需要使用的硬质岩石。1918年,一艘罗马货船的残骸在威斯敏斯特桥附近河岸的挖掘工程中被发现。人们对这一发现非常激动,用一辆特别制造的货车将这些木料运到了伦敦博物馆。

这座古老城市的生活日常也在泰晤士河中得以重现——在河里发现了很多钉子、针、刀、发夹、油灯和陶器。我们还可以将罗马时期看作是泰晤士河走向不健康的开始。在坎农大街（Cannon Street）的河岸上,在一座罗马时期的大厦里发现了直通泰晤士河的木制下水道。在泰晤士河的历史中,在商业发展与"河水越来越脏"之间有一种持续的关联性。当然泰晤士河仍是食物的来源。罗马时期伦敦所加工的鱼酱,证明了青鱼、鲱鱼和沙鳗当时都从河里被打捞上来。

五世纪早期,当罗马军团从不列颠撤退时,在他们的帮助下所建立起来的这一文明并没有突然坍塌。经过350年的发展,当地土著与后来搬到这里的人,都已经是同一块土地的一部分了。他们的家庭在泰晤士河边成长。这块土地仍然很肥沃,可以进行自给自足的农业生产。值得注意的是,在二十一世纪初期仍然存在的泰晤士村庄,其中有很多在公元500年以前就已形成。这些村庄经常出现在罗马人所踩出的道路旁或交叉路口,并且就在那些罗马-不列颠建筑附近。这里没有生存危机,也没有历史记载的断裂。考古学家猜测那些大房子大概是在五世纪时开始慢慢朽坏,但当地居民应该是对这些大厦所在的土地,而不是大厦本身更感兴趣。

泰晤士河口有一部分一直被称作"撒克逊海岸"。它一度被公认为是以抵抗撒克逊入侵者的军事设施而命名的,但更有可能的是,它被称作"撒克逊"海岸,是因为撒克逊人曾经定居于此。来自德国北海海边的第一批撒克逊人,可能是作为和平的交易者、商人,并在

[72]

后来成为定居者来到这里。六世纪结束以前，罗马人离开100年以后，东撒克逊人将泰晤士河北部现被称作"埃塞克斯"的这块土地占为殖民地；中撒克逊人占领了米德塞克斯；在河的南岸，西撒克逊人和南撒克逊人最终联合起来，成立了韦塞克斯（Wessex）王国。在韦塞克斯王国成立以前，泰晤士河上游地区的部落——或者称"血缘团体"——之间有一种松散的联盟，他们彼此之间被称作是"可信任的"（the Trusty Ones）——听起来很像是指军队联盟或雇佣军。他们也许是通过这种称呼来确认他们对当地弱小的不列颠居民所具有的统治身份。

泰晤士河仍然是权力与统治权的一个重要来源。在老温莎（Old Windsor）那里有一座七世纪的宫殿；金斯顿是不下于7位撒克逊国王加冕的地方，镇里的圣玛丽小教堂曾一度被认为是加冕的场所。十七世纪的古文物学家约翰·奥布里（John Aubrey）[1]，记载了那里曾有阿瑟尔斯坦[2]、艾德雷德（Edred）[3]、爱德威（Edwy）[4]、"殉道者爱德华"（Edward the Martyr）[5]和埃塞雷德（Ethelred）[6]的画像。靠近萨顿考特尼（Sutton Courtenay）的泰晤士河边也有一座七世纪的宫殿。毫无疑问，还会有其他显贵的住处等着被发现。宗教与军事力量也不一

---

[1] 约翰·奥布里（John Aubrey，1626—1679）：英国古文物学家、自然哲学家和作家，也是考古学的先驱，记载了英格兰南部众多巨石阵的情况。
[2] 阿瑟尔斯坦（Athelstane，894—939）：924—927年为盎格鲁-撒克逊国王，在征服约克后，927年成为第一位英格兰国王。并在继承了威尔士王位、得到苏格兰国王的归顺后，开创了"英格兰王室的帝国时代"。
[3] 艾德雷德（Edred，923—955）：公元946年从哥哥埃德蒙一世（Edmund I）那里继承了英格兰王位。
[4] 爱德威（Edwy，940—959）：955—959年间为英格兰国王。
[5] 殉道者爱德华（Edward the Martyr，962—978）：975—978年间为英格兰国王，遇刺身亡。
[6] 埃塞雷德（Ethelred，966—1016）：978—1013年及1014—1016年期间两度为英格兰国王。1013年丹麦国王斯维恩·弗克比尔德（Sweyn Forkbeard，即斯维恩一世）进军英格兰，埃塞雷德逃到挪威，1014年弗克比尔德死后他重返王位。

定彼此绝不相容。公元635年，韦塞克斯的第一位主教被赐予了一座位于多切斯特（Dorchester-on-Thames）的罗马人的城堡，作为辖区总部。

沿泰晤士河的撒克逊人定居点，从上游到下游都有一直保留至今的。像桑宁、雷丁、巴金（Barking）和戈灵这样的地名，都是起源于盎格鲁－撒克逊语。特丁顿的名字来自一位叫图达（Tudda）的部落首领的名字。彼得舍姆（Petersham）和特威克纳姆（Twickenham）代表着撒克逊人在河拐弯处所竖起的围墙（hamms）的意思。河口处也有一些撒克逊语的名字，譬如弗宾（Fobbing）、马金（Mucking）和瑟罗克（Thurrock）等。肯布尔（Kemble）是撒克逊语"Camele"的现代版本。"堰坝"（weir）"河洲"（eyot）等目前仍在使用的词，也来自盎格鲁－撒克逊语。撒克逊人好像已经完全占有了泰晤士河，以至于它到现在还有着撒克逊人的身份认同。十八世纪晚期所建的泰晤士河上游的村舍，与撒克逊前辈的村舍有很大的相似之处。

在数个世纪以来互相竞争、彼此侵犯的韦塞克斯王国[①]与麦西亚（Mercia）王国[②]之间，泰晤士河充当着它们之间的界线。位于库克姆的那座河边修道院，主人已多次变更。韦塞克斯在《盎格鲁－撒克逊编年史》（Anglo-Saxon Chronicle）中被称作是"泰晤士河南岸的王国"（suthan Temese）。根据该编年史的记载，双方同意"从今以后将依河划分它们的王国，将麦西亚和韦塞克斯分开。并且他们的后代应该保持这一划分不变"。但韦塞克斯和麦西亚之间虽说是零星，但持续不断的战争意味着，在公元755年以前，"泰晤士河仍然是一个麻烦，而不是快乐的源泉——而更小的河往往带来的是快乐，更大的河有时也是。"后来，在本森的泰晤士河上，一场大战在这两个国家之间打

---

① 韦塞克斯王国（Wessex）：意即"西撒克逊"（West Saxons），中世纪早期英格兰"七国时代"的七国之一，位于麦西亚王国的南部。
② 麦西亚王国（Mercia）：中世纪早期英格兰"七国时代"的七国之一，位于今英格兰中部。

了起来，韦塞克斯被迫退回到了南岸旧地。

泰晤士河同时也是从东南部到中部及南部地区的一条重要商业路线，促进了这些原本各不相干的群体的交流。其最主要的市场当然就是伦敦了。七世纪时，撒克逊人在离这座罗马城市稍微向西一点的地方建了兰登维克（Lundenwic）城，它迅速成为与欧洲大陆有着紧密贸易联系的重要港口。定居在这里的主要是东撒克逊人，这些人与易北河（the Elbe）①和莱茵河②流域都保持着商业往来。泰晤士河带来进口的木材和松香，运出玉米和羊毛。公元十世纪以前，这里就有了在比灵斯盖特（Billingsgate）收取港口税的记录——船停在码头需付4便士。沿着河岸还建了其他码头和泊船处，大多数处在伦敦的城墙保护之下。这些城墙是为保护伦敦免遭泰晤士河入侵者的侵犯而建。

公元893年，一支丹麦大军在泰晤士河入海口登陆，朝着伦敦开始了一场掠夺之旅。他们带着女人和孩子，准备在这里定居下来。这对泰晤士河确实是一种侵犯。丹麦人将精力集中在泰晤士河上，因为他们知道，控制了泰晤士河就能控制周围的土地。河还为丹麦人向散布在周围地区的各色敌人发动进攻提供了一条便捷通道。丹麦人从其河岸所在地出发，既可以向麦西亚王国，也可以向韦塞克斯王国发起进攻。但河流也让他们容易受到"还击"。公元895年，据《编年史》记载："伦敦人抢了丹麦人的船只，将所有他们不能带走的东西都砸碎，所有值得抢的东西都带进了伦敦港。"在随后的岁月中，有很多入侵行为都是以泰晤士河作为发起进攻的地点。公元1010年，维京人"高个子色凯尔"（Thorkell the Tall）③沿泰晤士河溯流而上，放火烧

---

① 易北河：中欧主要航道之一，全长1165公里，约1/3流经捷克，2/3流经德国，注入北海。

② 莱茵河：西欧第一大河，发源于瑞士境内的阿尔卑斯山北麓，西北流经列支敦士登、奥地利、法国、德国和荷兰，最后在鹿特丹附近注入北海。全长1232公里。

③ "高个子色凯尔"（Thorkell the Tall）：贵族，带有传说性质的维京雇佣兵故事中的主要角色。

了牛津。4年后,挪威国王奥拉夫(Olaf)①同样溯流而上,将绳子捆在伦敦桥的桥柱上,然后系在自己的船上用力划,就这样拉垮了伦敦桥——这就是藏在童谣"伦敦桥倒了"背后的故事。

丹麦国王克努特——也被称作"卡纽特"(Canute)——在1016—1035年间成为毫无争议的英格兰国王,主要原因就是他控制了泰晤士河。但他知道自己权力的局限性。根据一首诺曼底诗歌的记载,他向侍臣们表达了自己没有能力控制潮汐,因此尘世的统治是徒劳的——但他不是在萨塞克斯(Sussex)海边,而是坐在泰晤士河边的王位上说了这番话。卡纽特大帝的王宫建在威斯敏斯特,正是那里潮起潮落的河水提供了这个有教益的例子。"只有一位国王,"据说他曾经说过,"天空、大地和海洋皆服从于他……"泰晤士河成为神圣力量给人的伟大教化。

在数百年的征服与同化过程中,泰晤士河扮演了一个"构建者"的角色。根据公元六世纪、身为僧侣的编年史作者吉尔达斯(Gildas)②的记载,泰晤士河永远都是守护之河或边界之河。它代表着国土的边境,两种管辖权的交替地带,因此是一个各方会面、讨论及谈判的重要地方。宗教会议也常选在这里举行。金斯顿和多尼(Dorney)这样的地方,数十年甚至数百年间,都时不时地被用来召开宗教大会。《大宪章》(*Magna Carta*)③在此通过,是兰尼米德最著名的事件,但这可能只是众多选择在这一神圣——或者至少是被选中——的地方举办的众多会议之一。

---

① 奥拉夫·哈拉德森(Olaf Haraldson,995—1030):1015—1028年期间担任挪威国王,死后被罗马教皇封为圣徒。
② 吉尔达斯(Gildas,504—570):其编年史写作未受教堂的影响,在作品中表达了对同胞不反抗盎格鲁-撒克逊人侵略的批评及对无知者的蔑视。
③ 大宪章(*Magna Carta*):1215年英王约翰在一群叛乱男爵的逼迫下所签署的大宪章,此后成为英国政治生活的一个重要部分,几乎每一任君主都要对其内容进行更新,后来随着议会法律的健全在实际操作中不再具有最初的重要性。

[75]　　作为分界线,泰晤士河被各种各样的神灵保护着——水仙女、女神、男神、精灵和魔鬼,都在各种不同情形下被人们唤作河的守护神。如果你非法越过了边界,你得罪水中的神灵比得罪土地的主人更甚,但泰晤士河也因此成为圣徒的家园。

第五章

神圣之河

神圣之河

十八世纪七十年代,泰晤士河流域的一个农民在死后留下一份关于他所犯谋杀罪行的忏悔。在忏悔书中,他声称巴斯考特(Buscot)那儿的泰晤士河是"具有净化功能的河水","必须将罪孽从我身上洗掉"。用吠陀梵语写就的《往世书》(*Puranas*)[①]中宣称:"所有的河流都是神圣的,都流向大海,都如同世界的母亲,都洗刷罪过。"泰晤士河一向被人们认为是神圣的,是终极和平的一个方面。

在人类生命的最初阶段,河流已经被认为是神圣的了。古波斯人认为将河水弄脏是亵渎神明的。恒河被印度人像神一样对待。印度人在喜马拉雅山洞穴的冰锥里——恒河就流自这里——发现了湿婆神(the god Siva)漂浮着的头发。阿比西尼亚人(The Abyssinians)[②]对尼罗河就像对神一样崇拜。每年河水上升期间,埃及人会献上烧炙过的贡品与牺牲、举行有关火的仪式,来表达对尼罗河的崇拜,他们将它视作是哈皮神(the god Hapi)[③]的化身。美索不达米亚平原

[①] 《往世书》(*Puranas*):是一类古印度文献的总称,覆盖内容非常广泛,包括宇宙论、神谱、帝王世系和宗教活动。通常为诗歌体,以问答的形式写成。
[②] 现在被称作埃塞俄比亚。
[③] 古埃及宗教中每年导致尼罗河水泛滥的神,在埃及人中享有巨大威望。

（Mesopotamia）上的两条河——底格里斯河和幼发拉底河，被认为是龙的故乡而受到崇拜——这是对河水既可以是一种毁灭性的力量，也可以带来丰收这一事实的承认。在美索不达米亚平原和尼罗河沿岸村庄的传统文化中，魔法师和占卜者常常在河边施展自身的法术。在澳大利亚土著文化中，仪式庆典中的"梦幻时光之路"①是沿着河进行的。在《佐西摩斯的幻象》(The Visions of Zosimos) 这本书中，荣格(Jung)②认为，"水和灵魂常常是一体的。"

塞萨利人（The Thessalians）③崇拜佩纽斯河（the Peneus）是因为它的美丽；西塞亚人（the Scythians）④崇拜多瑙河（the Danube）是因为它的庞大；埃托利亚人（the Aetolians）⑤崇拜阿刻罗俄斯河（the Achelous）⑥是因为它的古老。据说英格兰的德鲁伊人（the Druids）⑦崇拜从西向东流的河流，其中之一当然就是泰晤士河了。这就是为什么公元六世纪，英格兰历史学家吉尔达斯认为，当地的河流"对人来说，是一种丑陋的恶习并且具有破坏性，盲目无知的人赋予其神圣的荣誉"。后来的编年史作者——来自蒙茅斯郡的杰弗里（Geoffrey of

---

① Dreamtime 是早期人类学家用来指澳大利亚土著信仰中的一种世界观，这种世界观认为人在梦中和其所有的祖先是在一起的，由此有关世界的知识得到传递与增长；因此"梦幻时光"也是一种创造性时光，世界由此诞生，知识由此传递。
② 卡尔·荣格（Carl Gustav Jung，1875—1961）：瑞士心理学家，创立了荣格人格分析心理学理论，主张把人格分为意识、个人无意识和集体无意识三层，对心理学研究产生深远影响。
③ 塞萨利地区位于希腊大陆中部，希腊神话中众神的居所——奥林匹斯山——就位于其北部与古马其顿王国接壤的地方。
④ 西塞亚人（the Scythians）：源自伊朗的游牧民族，在公元前七至八世纪时从中亚迁移到俄罗斯南部。
⑤ 埃托利亚人（the Aetolians）：古代希腊人四个主要部落之一。
⑥ 位于希腊西部的一条河。
⑦ 德鲁伊人：古代凯尔特文化中指社会地位较高的专业人士，包括宗教领袖、法律专家、医学人士及政治顾问等。

Monmouth)①，也将泰晤士河置于神圣事件的背景之中——这是勇士埃涅阿斯的孙子布鲁图斯（Brutus）②发现"新特洛伊城"（Troia Nova）③的地方。在小威腾汉姆（Little Wittenham）的泰晤士河岸附近发现了一座献给天神朱庇特（Jupiter Optimus）的祭坛；在巴布洛克海斯（Bablock Hythe）那里，挖掘出一尊用于宗教仪式的女神雕像；在雷丁修道院（Reading Abbey）的废墟旁，流淌着的是"神圣之溪"。

泰晤士河的"灵魂性"已经得到了各种各样的展示。在十九世纪的诗人弗兰西斯·汤普森（Francis Thompson）的④《非陌之土》（*In No Strange Land*）中，描述耶稣在水上行走，但"不是在加利利海上（Gennesareth），而是在泰晤士河上！"二十世纪的画家斯坦利·斯宾塞也运用了类似的形象，他声称在泰晤士河中看到了圣经文字的显示，还特别创作了一幅耶稣在一艘停在河边的船上布道的作品——河岸位于斯宾塞出生的村庄库克姆那里，整个画面沐浴在一种永恒的光线之中。在《万岁！上帝，犹太人的王》（*Salve Deux, Rex Judaeorum*）⑤一诗中，十六世纪的诗人伊米利亚·拉尼尔（Emilia Lanier）⑥呼唤道："甜蜜的库克姆，在那里我第一次从恩典处得到了恩典，而完美的恩典仍保留在那里。"对她来说，"库克姆就是天堂"。这是地

---

① "蒙默思的杰弗里"（Geoffrey of Monmouth，约1095—约1155）：英国僧侣，出生于威尔士，英国历史学发展及普及有关亚瑟王传说的重要人物，所著《大不列颠诸王史》出版以后直到十六世纪都被作为重要的历史材料，不过现在被认为内容的历史可靠性不足。
② 布鲁图斯（Brutus）：特洛伊英雄埃涅阿斯传说中的后代，不列颠岛因之而得名，传说也是不列颠的第一位国王。
③ 即后来的伦敦。
④ 弗兰西斯·汤普森（Francis Thompson，1859—1907）：英国诗人、禁欲主义者，一生穷困潦倒，死前数年其诗作开始受到重视。
⑤ Salve Deux, Rex Judaeorum：拉丁文"万岁，上帝，犹太人的王"的意思，出版于1611年，很多评论家认为这是英国文学史上最早表达女性主义观点的作品之一。
⑥ 伊米利亚·拉尼尔（Emilia Lanier，1569—1645）：第一位通过公开出版诗集确立自己专业诗人地位的英格兰女性。

球上又一受到护佑的场所。1966 年，一位来自波兰的侨民，亚历山大·沃兹尼亚克（Alexander Wozniak），提出要在泰晤士河上行走，从克里克莱德走到伦敦，以庆祝基督教在其母国诞生 1000 周年。为了这次冒险，他制造了"滑水舟"——一种滑水板和独木舟的结合体。使用这一工具，他于 7 天后抵达了威斯敏斯特码头。

泰晤士河的一位伟大歌颂者——肯尼斯·格雷厄姆，在《柳林风声》中为了展示泰晤士河的神圣性，曾一度摈弃了书中那种天真烂漫的动物生活。在题为"道恩大门的风笛手"（The Piper At the Gate of Dawn）那一章，他描写了鼹鼠和老鼠是如何带着"庄重的期待"，靠近河中一个岛屿。在它们登上这个小河洲以后，老鼠轻声说道："这就是在梦里对我歌唱、音乐向我奏响的地方。在这里，在这个神圣的地方，如果地球上还有任何地方能够发现'他'的话，我们会在这里发现'他'。""他"，是古老的河神，一个异教的神灵，部分是潘神（Pan）[1]，部分是湿婆神[2]，部分是哈皮神——一位典型的河神。面对"他"，"两只动物伏在地上，点头哈腰地致敬"。

有人声称这些神灵，不论是男是女，都是水的自然神性的一种表达。河代表着自然界一种神圣的干预力量，它是世界的完美与救赎的象征。它是自然力量中最古老的一种。神圣的河水养育生命，推动繁殖，同时也进行破坏。它们代表着自然界的神秘与仁慈。《圣经》诗篇[3]第 46 篇中写道："有一道河，这河的分汊使神的城欢喜，这城就是至高者居住的圣所。"

因此泰晤士河的守护神呈现出一种不固定的形状。他是普罗透斯（Proteus）[4]，也是潘神。有四座镀金的佛像在巴特西公园（Battersea

---

[1] 潘神（Pan）：希腊宗教与神话中田野、牧羊人与牲畜、自然山川与野兽、乡村音乐之神，半人半羊。
[2] 湿婆神（Siva）：破坏之神，印度教的三位主神之一，也是掌管个人命运的神灵。
[3] 基督教《圣经·旧约》中的一卷书，分为 5 卷 150 篇，大部分是祷告和赞美的诗。
[4] 普罗透斯（Proteus）：希腊神话中早期的海神与河神，可预知未来，会变身。

Park）里，高高俯瞰着泰晤士河。2004年，一座印度教神龛在切尔西桥（Chelsea Bridge）附近的泰晤士河边被发现，神龛上还有黄铜做的象征性符号和蜡烛。目前，英国的锡克教徒和印度教徒都在展开宣传活动，想让法律允许他们将死者的骨灰撒在泰晤士河里。犹太教新年的第一个早晨，犹太人过去常常聚在泰晤士河北岸正对海关大楼（Custom House）的码头那里，为犹太人被奴役的日子祈祷。这条古老的河，可以被看作是所有信仰的一个古老的家园。如果你注意到布莱克弗瑞尔斯桥上有几座讲道台，那并不是你想象力过度。它们是故意被放在那里，提醒过路者此处曾有过的修道院传统。

圣殿骑士团（The Knights Templar）曾经驻扎在泰晤士河边。有关他们的痕迹都湮没不见了，不过从一些名字里还能看到：沿河有圣殿水闸（Temple Lock）、圣殿宫（Temple House）、圣殿谷（Temple Combe）和圣殿磨坊（Temple Mills）。位于马洛的那个最初的过河处——现在架起了一座桥——可以被归结为与贝舍姆（Bisham）的圣殿骑士团有关。在伊恩·辛克莱（Iain Sinclair）[①]的那部有关泰晤士河的想象力丰富的作品《下游》（Downriver，1991）中，他将泰晤士河堤坝（Thames Barrier）的重重防护比作是"戴着头盔的圣殿骑士，这些骑士闪耀着各种信号、弓箭与红十字架（各种警告）"。这不是他第一次凭直觉去感知泰晤士河的"古老居民"了。

穿越泰晤士河，是朝圣者救赎旅程的一部分——或者至少是获得"罪之宽恕"的旅程的一部分。从沃尔瑟姆克罗斯（Waltham Cross）到坎特伯雷（Canterbury）[②]，曾有一条朝圣者所走的路，它从狗岛（the Isle of Dogs）无人居住的沼泽地穿过。当地河边还曾经有过一座朝圣

---

① 伊恩·辛克莱（Iain Sinclair，出生于1943年）：威尔士作家及电影人，与英国先锋诗歌的发展关系密切。大部分作品与伦敦有关，晚近的作品受到环境心理学的影响。
② 坎特伯雷（Canterbury）：英格兰东南部肯特郡的市镇，罗马天主教会在英国的最早落脚点，现为圣公会实际领袖坎特伯雷大主教驻锡之地，十四世纪乔叟的《坎特伯雷故事集》以此处朝圣为故事背景。

者小教堂,虔诚的人可以在那里祈祷自己能够成功过河。这座小教堂出现在十八世纪早期的一张地图上,周围除了几架风车,一无所有。在泰晤士河口靠近海厄姆(Higham)教区那里,还有另外一条古老的堤道,埃塞克斯的朝圣者可以从那里抵达圣徒贝克特(Becket)的神殿。中世纪英格兰朝圣者渡河的其他证据,可以在沿岸所发现的徽章及纪念品等物件中得到证明。

靠近西瑟罗克(West Thurrock)的圣克莱门特河段(St Clement's Reach)的河岸上有一座教堂,现在仍被称作"朝圣者教堂"——它保持了自身的一种声誉,虽然本质已经十分世俗化了。这是那部大受欢迎的电影《四个婚礼和一个葬礼》(Four Weddings and a Funeral)中出现的数座教堂之一。位于河边的教堂总是举办婚礼的热门场所——从这个意义来说,这部电影的表现也是恰当的。在春夏季节,这些婚礼庆典活动总是有点太多了——而这与泰晤士河所代表的丰饶魔力有着明确的关系。如果周围有桥的话,新婚夫妇还要穿过桥,到河对岸与教堂相对的地方拍照留念。这是一种"穿过不同世界"的象征,是河流所代表的众多有关"通道"的仪式之一。

在河流中接受洗礼也就是"重生",是跨越进入一种新的生命。泰晤士河上最古老的、位于莱德考特(Radcot)的拱背石桥上,还保留着一些从前洗礼仪式上所使用的石制的圣水器的残部。在克里克莱德的一座小木板桥旁边,有一个非常传统的地方,人们称它为"哈切兹福德"(Hatchetts Ford)——或者是更平淡无奇的"木板桥";二十世纪初,完整的浸礼仪式仍在这里举行。现存的一张照片显示,一个穿白衣的女人被护送到河中间,岸边有上百人聚在那里观看这一盛典。这是泰晤士河最古老的仪式之一。谢佩岛(Isle of Sheppey)过去也举行过洗礼仪式,在赛克斯伯格王后(Queen Sexburga)[①]于七世纪所建

---

① 赛克斯伯格王后(Queen Sexburga,七世纪早期—699年):肯特王国的王后,也是基督教的女修道院院长和圣徒。

的修道院附近。更晚近以来，泰晤士河上游村庄以其坚定的浸礼会地方教会而远近闻名——好像有某种隔代遗传的记忆决定了他们的信仰。科特（Cote）有一座靠近西福德（Shifford）的浸礼会小教堂，它可能是这个国家最古老的新教根据地，因为被认为与十四世纪的威克里夫（Wycliff）[①]及其"贫困的传教士"有关。重洗派（The Anabaptists）在雷丁河边的一座房子里会面、做礼拜，约翰·班扬（John Bunyan）[②]也曾来参加过。泰晤士河沿岸至少有三座教堂是献给施洗约翰的。斯坦利·斯宾塞有一幅名为"洗礼"（*The Baptism*）的画作，表现的是耶稣正在泰晤士河中受洗。

洗礼。斯坦利·斯宾塞（Stanley Spencer）真正所描绘的对象永远是泰晤士河在他生于斯死于斯的村庄库克姆（Cookham）旁流过。泰晤士河对他来说，已经成为伊甸园的象征，就像那些流过这个世界的最初的河流。

---

① 约翰·威克里夫（John Wycliffe，也作"Wycliff"，约十四世纪二十年代中期—1384）：英国哲学家、改革者、英文圣经译者（将拉丁文圣经翻译成英文版本，现称"威克里夫本《圣经》"），其追随者被称作"罗拉德教派"。
② 约翰·班扬（John Bunyan，约1628—1688）：英国作家、清教传教士，最有名的作品是《天路历程》。

隐士在泰晤士河边找到了庇护之所。在沃平附近的河岸地区有一个中世纪的隐士居所，被称作"天鹅巢"。1371—1380年，约翰·英格兰姆（John Ingram）住在那里，后来又有一些其他隐士住在那里。还有一位名叫安诺拉（Annora）的隐士，将自己幽禁在伊夫雷位于河边的圣玛丽教堂旁的小屋里。现在人们还记得，有一位隐士住在汉布莱登（Hambleden）的河边森林里，只知道他叫"审判者杰克"。泰晤士河提供隐居之所并使人类安静。

水仙女一直是泰晤士河生命中的一部分。有关她们的纪念物，今天仍随处可见。特威克纳姆那里的一条河边小路旁，就在鳗鱼派岛（Eel Pie Island）过去一点的地方，有7位趴在岩石上的水仙女石头雕像。位于河边的萨默塞特宫的三角墙上，斜倚着一位挥舞着三角戟的水仙女。在献给泰晤士河的赞歌《温莎森林》中，亚历山大·蒲伯向河水宣称：

不是所有的星星都是一场更明亮耀眼的展示
与在下面为你的河岸包上金边的美丽水仙女相比

大家都认为水仙女对旅行者来说，是疗愈者与向导，是年轻人的守护神与知识的源泉。她象征着河的自然魔力。在所有的当地神灵中，水仙女是最为人们所敬畏的。譬如，在古时，几乎每一眼泉水和喷泉都有一个小的祭坛或神龛。水仙女是强大而仁慈的灵魂，能够在其所居住的河边散布财富与收成。

十六世纪时，约翰·迪肯森（John Dickenson）[①] 在《爱丽丝巴斯和沉睡中的尤弗伊斯》（*Arisbas, Euphues amidst his slumbers*，1594）中歌颂道："可爱的泰姆西斯，众女神中最美丽的……她将时间保存

[①] 约翰·迪肯森（John Dickenson，1570—1636）：英格兰作家，以写作浪漫爱情故事为人所知。

在奔涌的透明浪花之中，随着退潮一直带到大海。"当伊丽莎白一世（Elizabeth I）[①]或是詹姆斯一世（James I）[②]举行皇家巡游穿过这些河边郡县时，会有一副"当地的"水仙女面具献给他们。这是一种表达当地的特殊品质与品性的方式，这种品质与品性受到河水和泉水的极大影响。这也是荣耀本地神灵——他们比欧洲文艺复兴戏剧中那些古典的神更为古老——的一种方式，一种保持泰晤士河最古老传统的方式。

1660年，伦敦市长大人的巡游活动沿泰晤士河举行，巡游队伍中有"四位穿着宽松白色外衣的处女，她们的眉毛上缠绕着鼠尾草，代表着常在河边逗留的水仙女"。这是一种保持了很长时间、流传很广的迷信，直到十九世纪中期才渐渐消失。然而，正如T·S·艾略特（T.S. Eliot）[③]在《荒原》（*The Waste Land*，1922）中所哀悼的，"水仙女们已经离开了。"这标志着一种巨大的改变，有关这个世界的自然宗教被抛弃了。

过去很多仪式都与泰晤士河有关。十世纪时，阿宾登的僧侣将一捆玉米和一支点燃的细蜡烛放在盾牌纹饰上，然后放进泰晤士河，以寻找有争议的土地的轮廓。1598年，一群德国游客在伊顿河边，见到当地农民抬着一捆以鲜花为冠的束状物行进时，他们惊呆了。在同一世纪的某年5月1日，一群牛津学者聚在泰晤士河的桥边，吟唱了一首拉丁文的赞美诗，以此歌颂圣母马利亚；与此同时，一只羊被烤熟，分给周围的人群。在卡姆纳（Cumner）教区一个被称作"回路巡

[84]

[①] 伊丽莎白一世（Elizabeth I，1533—1603）：都铎王朝最后一位君主，英格兰与爱尔兰的女王，1558年至1603年在位。开创英国历史上的"黄金时代"。
[②] 詹姆斯一世（James I，1566—1625）：英格兰国王，1603年至1625年在位；同时也是苏格兰国王詹姆斯六世，1567年至1625年在位。
[③] T.S. 艾略特（T.S. Eliot，1888—1965）：英国诗人、剧作家、批评家，1948年因其对当代诗歌发展的贡献获诺贝尔文学奖。《荒原》（1922）是现代派诗歌的里程碑，也是艾略特的成名作。

行"的仪式中,由泰晤士河上的船夫将总数为 6 先令 8 便士的硬币交给当地牧师。船夫将钱放在水盆中,盖上一条干净餐巾。牧师从水盆中捞出这些硬币并擦干手指以后,会将这些硬币分给周围的年轻人。这一习俗的来源已经模糊不清了,虽然船夫与死亡的联系古已有之。在河中洗手的习惯也被莱茵河沿岸的村民所重复——在圣约翰日,他们观看女人在莱茵河中清洗手和手臂,这样,"来年的可怕灾难可能会被洗掉"——按照意大利诗人彼特拉克(Petrarch)①的说法。过去在"祈祷周"中,卡姆纳的同一批村民常常坐船到对岸,手里握着河边生长的植物细枝与芦苇草,躺在地上。这可能是某种表示"所有权"的仪式,就像用"敲打"来表示"边界"一样。但它也与对地方物产的尊敬与崇敬有着某种关系。

一个类似的、有关"拥有"的仪式曾围绕着"伦敦石"(London Stone)举行。这里的"伦敦石",指的不是现在放在坎农街那里作为"伦敦守护神"的那块石头,而是立在斯泰恩斯的桥边、靠近河上游的一块。它首次竖在这里是 1280 年,标志着伦敦金融城对泰晤士河上游的管辖边界。这里的仪式包括绕着石头仪式性地走一圈和向人群撒硬币,同时为了表示对泰晤士河所具有的"人人平等"这一脾性的敬意,在仪式上,船工们可以"碰撞"任何一位来参加庆典的执法长官和参议员们。现在那里还有一块"伦敦石"的仿制品,藏在河北岸的树丛中。

占卜者和巫师在泰晤士河边聚集的习俗,至今仍在继续着,只不过是以一种"弱化"了的形式——现在流行的是水占术。水是地球之眼。如果我们对着流动着的水冥想一个形象,对该形象的过去与未来的沉思,是在一种持续的运动中进行的——这就是为什么泰晤士河会被用来进行占卜的原因之一。有一种习俗是向河水中扔三块鹅卵石,

---

① 彼特拉克(Petrarch,1304—1374):意大利学者、诗人,文艺复兴第一个人文主义者,被誉为"文艺复兴之父",与但丁、薄伽丘齐名。

观察这三块石头扩散出来的水纹的路线、圆圈的数量以及是单数还是双数,这些都被认为具有重要意义。水的"扰动",在其他仪式中也被认为具有重要意义。有的高手在河水的颜色变化中,从风暴的灰色到温和的绿色都能读出不同信息。对这些有特异功能的人来说,他们自身保持一种平静和安静的状态很重要——否则洞察力可能就要受到破坏。对水进行凝视观察还需要有一种特殊的精神状态,这种状态换句话来说,很可能就是"白日做梦"。这是一种凝视河水或水面上荡漾的微光以及突然开始闪耀的太阳光的技巧,以便能够体察从水底深处升起来的景象或形象。

2001年,人们在泰晤士河边发现了一些蜡烛和一张纸。在纸上,一个男人的名字被写了三遍,还被刻在那些蜡烛上。警察找到了这个男人,他承认这些是一场保护他免受伤害的祈祷仪式所留下的。本书作者曾在伊里斯(Erith)旁边的河墙上发现下列物品以仪式的形式摆放着:一把蓝色刀把的刀,刀刃上还残留着血;带有血迹的一件白色T恤以及一卷透明胶带。

也有很多预言和迷信与泰晤士河有关。人们认为往巴布洛克海斯渡口扔一枚硬币,就能为硬币主人带回7倍的财富;看到一条蛇在河里游泳,被认为是一个非常坏的征兆,所以如果看见一条蛇在他们船前游泳,泰晤士河边的村民会选择下船去。发洪水时,泰晤士河边会有一种说法:"下去得快,上来得也快"。——人们相信洪水不该消失得太快,因为它们只会再次出现。泰晤士河上的水手和渔夫与陆地上的人有着不一样的迷信。船上有一只黑猫,被认为是风暴来临的预兆;在船附近看见一只野兔的话,就足以取消一次出航了;渔夫们拒绝用白色的石头作压舱物,而一块有洞的石头则意味着一张有洞的网;如果捉到了一条和尚鱼①,渔夫们会将其钉在桅杆上,作为转移坏运气的一种方法。这种做法可能与人们认为僧侣和教士应该永远不

---

① Monkfish:和尚鱼,也叫安康鱼,扁鲨。

被允许在泰晤士河上乘船这一迷信有关。直到最近几年，吃完鱼肉后，人们还会将鲱鱼的脊骨和骨架扔回泰晤士河，作为给鲱鱼王的贡品。

然而人们最熟悉的与泰晤士河有关的迷信是最古老的那个。当地人将大块烤过的食物扔进河里，作为向当地水神的献礼。如果这些食物沉了下去，那就意味着水神已经接受了献礼，将重新赐予祝福；如果这些食物还浮在水面，则意味着献礼被拒绝了。水占术中有一种这一古老实践的变体：求卜的人必须心里想着一个问题走到河边，朝河里扔一块面包，如果面包沉下去了，这个问题的答案就是肯定的，如果面包漂浮着，答案就是否定的。同样的方法还可以使用木棍，木棍在水中漂浮的方向传递着不同的答案。这一原始传统可能是"维尼棍"（Pooh sticks）的先驱——A·A·米尔恩（A.A. Milne）[1]在其对河流生活的描写中解释过——至今人们在泰晤士河的众多桥上，仍然对此游戏乐此不疲。

河之圣人

[87] 人们很久以前就将圣布鲁因斯（St Birinus）[2]作为泰晤士河最早，也是最重要的圣人加以崇拜。公元七世纪时，他在萨默福德凯恩斯、塔普洛、伊文、普尔凯恩斯（Poole Keynes）和肯布尔等地的河中为第一批撒克逊人施洗，使他们皈依了基督教。他在多切斯特的泰晤士河中，为韦塞克斯王国的国王西内吉尔斯（King Cynegils）施洗；在同一河段的此后一年中，为国王的儿子施洗。泰晤士河成为他的恩典之泉。大约在七世纪早期，他就已经在赫利（Hurley）的河边，在以前

---

[1] A·A·米尔恩（A.A. Milne, 1882—1956）：英国著名剧作家、小说家、童话作家和诗人。其儿童文学作品《小熊维尼》被迪斯尼买下版权，制作成风靡全世界的卡通片。

[2] 圣布鲁因斯（St Birinus, 600—649）：多切斯特的第一位主教。因为为国王施洗，被称为"西撒克逊人最初的传道者"，在当地建了很多教堂。死后被加封为"圣徒"。

异教徒拜神的地方建了一座教堂；还在库克姆那里建了一座圣三一教堂——该教堂的墓园就是斯坦利·斯宾塞有关死者最后的救赎那幅油画取景的地方，完成于1926年。与布鲁因斯施行浸礼的职能有关，那个位于塔普洛的柏坡西水池（Bapsey Pool），至今还能在塔普洛庭（Taplow Court）的院子中看到。作为一名主教，他在多切斯特的泰晤士河边建立了自己的教区，死后被埋葬在那里的修道院里。他的祭坛在中世纪时变成了一处朝圣之所，祭坛目前仍完好地保存在教堂里，接受泰晤士河的现代朝圣者们的参观。

圣亚斐奇（St Alphege）[①]是格林尼治的守护圣人。他是十一世纪初坎特伯雷的大主教，丹麦入侵者的一支先遣队伍将他从大教堂劫持到丹麦人位于格林尼治河边的法庭。在这里，绑架者谋杀了他，用公牛骨将其打死。如今的圣亚斐奇教堂是尼古拉斯·霍克斯莫尔（Nicholas Hawksmoor）[②]在其殉难之处建起来的。有足够的理由认为，自其1012年殉难后，当地就已经建了各种祭坛来纪念他。

圣奥尔本（St Alban）[③]在谋杀他的人面前，向泰晤士河做了告别。公元304年6月20日，在他赴刑场的路上必须要穿过泰晤士河。"在那里"，根据尊者比德的记载： [88]

> 他看到众多男男女女，年龄与社会等级各异，聚在一起来参加殉道者牺牲的盛典。他们将整座桥挤得水泄不通，看起来那个傍晚他根本不可能走到河对岸。然而圣奥尔本被

---

① 圣亚斐奇（St Alphege，约953—1012年）：主教、坎特伯雷第一位殉难者。994年在国王的派遣下与丹麦人谈判，成功地使丹麦首领皈依基督教。在就任坎特伯雷大主教之后被再次入侵的荷兰人捉住，因拒绝付赎金，被鞭打至死。
② 尼古拉斯·霍克斯莫尔（Nicholas Hawksmoor，1661—1736）：建筑师，英国巴洛克风格建筑的主要带头人，设计了圣保罗大教堂等一些当时最有名的建筑。
③ 圣奥尔本（St Alban）：被认为是英国基督教第一位殉难者，对其事迹的记载始于死后数百年，认为他是为保护当时一位受追捕迫害的主教而死。

一股强烈的、完成殉道的欲望所驱动,他俯向河水,就在这时,河中出现了一条通道,让他得以过河。

在他撰写于公元六世纪的编年史《不列颠的毁灭》(*De Excidio Britanniae*)中,吉尔达斯这样写道:"有一千多名在场的人作证,他(奥尔本)在高贵的泰晤士河中打开了一道通道,河水像悬崖一样在通道两侧耸立着。"作为热切祈祷的结果,"他在河中打开了一条未知的路。"吉尔达斯在这里所类比的是圣地约旦河的故事。

人们认为是圣查德(St Chad)[①]在七世纪时将自己的名字赋予了泰晤士河河口的查德维尔圣玛丽(Chadwell St Mary)地区。现在这里仍有一口井,圣查德大概就是在这口井中为东撒克逊人施洗,使其开始信仰基督的。七世纪时,圣厄肯沃德(St Erkenwald)[②]在巴金和彻特西建了修道院,因此他也可以被看作是泰晤士河的守护神。还有圣埃德蒙(St Edmund)[③],他出生于阿宾登的泰晤士河边,有一天在河边的水草地上漫步时,突然有异象向他显现——根据凯克斯顿(Caxton)[④]在《金色传奇》(*Golden Legend*, 1483)中的记载,"突然一位身着白衣的孩子出现在他面前,对他说:'你好,独行的旅人。'"但与其说他是河的圣人,不如说是孤独漫步者的圣人,他们在流水中感到和平、安慰,可以进行安静的梦想。

当然也有很多女圣徒与泰晤士河有着密切联系——圣弗莱兹怀

[①] 圣查德(St Chad,死于672年):七世纪重要的宗教人物,有关他的大部分资料来自比德的记载,其兄弟二人被认为将基督教传播到了麦西亚王国等地区。

[②] 圣厄肯沃德(St Erkenwald,死于693年):放弃家族财产在彻特西建了一座男修道院,在巴金建了一座女修道院,675年成为伦敦主教。

[③] 圣埃德蒙(St Edmund,1175—1240):曾是牛津大学享有国际声誉的学者,后成为主教。

[④] 威廉·凯克斯顿(William Caxton,约1422—1491):将中世纪末期的"畅销书"、讲述基督教各位圣人生平故事的《金色传奇》翻译成英文出版。

德（St Frideswide）①可能是其中最著名的一位。七世纪晚期，她和自己的姐妹为了躲避阿尔加（Algar）——一位盎格鲁—撒克逊王子——的求婚而逃到泰晤士河边。在牛津附近她们遇到了一位面容像天神一样的年轻人，穿着耀眼的白衣，他让她们上船，仅用1个小时就航行了10英里，抵达下游的阿宾登。在阿宾登，弗莱兹怀德施行神迹时暴露了行踪，又溯流而上到了宾赛，在那里建了一座由墙和粗木头构成的小教堂。她在这里通过祈祷发现了一股水流，在接下来的数世纪中，这股水流变成了一眼疗愈之井。她的故事所体现的正是水仙女的故事——逃离"性"的玷污，在这一过程中，将泰晤士的河水圣洁化了。但她最主要的联系仍然是和牛津之间，到现在她还是这座城市神圣的女守护神。她在牛津建了一座修道院，后来被红衣主教沃尔西（Cardinal Wolsey）②改造成基督教堂学院（Christ Church College）③。她于公元740年死于宾赛，当地基督教堂的主座教堂中仍然可以看到她的祭坛。据说她最有名的格言是："除神以外，别无价值。"肯特郡岸边被称作"胡"（Hoo）的地区，是在圣沃布勒（St Werburgh）④的专门照看与保护之下的，她是麦西亚国王沃尔费尔（Wulphere）⑤的女儿。有

---

① 弗莱兹怀德（Frideswide，约650—727）：英格兰诸侯国公主和女修道院院长，牛津及牛津大学的守护神，她在牛津建了一处宗教场所，后来成为基督教堂，其父是麦西亚王国附属小国的国王，其领地包括西部牛津郡和泰晤士河上游。
② 红衣主教托马斯·沃尔西（Thomas Wolsey，约1471—1530）：英国政治家，亨利八世的重臣，曾任大法官、国王首席顾问；同时也是一位神职人员，历任林肯主教、约克总主教及枢机。亨利八世打算以"婚姻无效"为由与皇后凯瑟琳离婚时，命令托马斯·沃尔西说服罗马教廷。1529年，托马斯·沃尔西因教宗克勉七世迟迟不批准亨利八世的离婚而被后者革职、追收财产，最后更被指控"叛国罪"。1530年11月29日，沃尔西在回伦敦解释的途中在莱斯特病殁。
③ 牛津最大的学院之一，1525年由红衣主教沃尔西创建，与英国政治发展的渊源很深。
④ 圣沃布勒（St Werburgh，死于699年）：盎格鲁-撒克逊公主，后成为柴斯特的守护女圣徒。
⑤ 沃尔费尔（Wulphere，死于675年）：658—675年在位为麦西亚国王，是麦西亚第一位信奉基督教的国王。

关这位受庇护的女士我们所知不多，除了她很讨厌鹅这一事实。

雷丁那里的修道院曾有一样神圣的纪念物，被认为是使徒雅各（James the Apostle）①的手。实际上这块人类手骨是十八世纪晚期才在该修道院的废墟中被发现的，后来因某种原因被转移到河边的另一座教堂——位于马尔洛的圣彼得教堂。泰晤士河总是能吸引圣物。然而一个充满暗示性的事实是，葬在西班牙圣地亚哥－德孔波斯特拉古城（Santiago di Compostella）②的圣雅各的遗体，正缺少一只左手。在卡弗舍姆（Caversham）的小修道院里，也保留着很多受到人们崇拜的圣物——其中包括将耶稣钉在十字架上的矛尖。

通过这些对伴随在泰晤士河左右的圣人与遗迹的冗长描述，人们可以毫不吃惊地发现，泰晤士河是一条教堂之河。这些教堂的历史通常始于撒克逊人的木结构建筑。几乎所有泰晤士河谷的教堂都是在十一世纪以前就形成了目前的面貌。它们代表了一段有关持久忍耐、令人赞叹不已的故事。在河边那些长而狭窄的教堂之中，一些非常古老的根基确实仍然存在着。在教堂内部总是可以感觉到泰晤士河的存在——没有其他原因，只是因为很多教堂总是建在离河尽可能近的地方，在石匠和工匠力所能及的范围内。在靠近河源头的伊登堡（Castle Eaton）和肯普斯福德（Kempsford），那里的教堂几乎都建在水里。位于博文尼（Boveney）——意思是"岛上面的地方"——的圣抹大拉的玛丽亚（St Mary Magdalene）教堂，因为离河太近，只能通过一条步行小路到达。据说最初它是码头上的一个小礼拜堂，现在得到一家名为"孤独教堂之友"的组织的赞助。

贝舍姆的万圣教堂位于河岸；圣玛丽教堂伫立在亨利镇的桥边堤岸上，俯视着河水；位于卡弗舍姆的圣彼得教堂，同样是建在河边的

---

① 使徒雅各（James the Apostle）：耶稣十二使徒之一。
② 1985年入选世界文化遗产名录的西班牙古城，是西班牙西北部自治区加利西亚的首都，城里有著名的圣雅各大教堂，中世纪时来此朝圣的人络绎不绝。

一个陡岸上；斯特雷特利和戈灵两处教堂，横跨在泰晤士河两岸，彼此相对。

在祭祀礼拜与"穿越河水"之间有一种很深的联接。位于马洛的那座至少建于十二世纪的诸圣教堂，在当地一座桥边；沃灵福德的圣莱昂纳多（St Leonard）教堂，建在紧挨河和桥的地方；赫利的圣玛丽教堂，位于一处重要的、可以追溯到七世纪的要塞附近，这里很可能是史前时期重要的渡河处；桑宁的圣安德鲁斯（St Andrew）教堂，位于一座桥边。桑宁这座位于泰晤士河畔的小村庄，本身在十世纪以前也是索尔兹伯里（Salisbury）主教们的宅邸所在地。这些都再次说明了泰晤士河与宗教权力的关系。

现在去参观这些教堂，就是去感知庄严与逝去的时光。在这些教堂中，有一种可以被感知到的静止、一种永远飘荡在四周的崇拜与敬仰的氛围。它们中有很多保留着从九世纪到十九世纪风格各异的纪念物，这种时代的差异性是泰晤士河沿岸教堂的一个典型特征。这是一个连时间本身也被混合在一起，从而变得有几分困惑的地方。从莱奇莱德城外草地的高处望去，圣劳伦斯（St Lawrence）教堂的塔尖好像是从河水中升起来的，成为泰晤士河自身神圣性的一种表达。

万岁！神圣之河，慈悲之母

位于泰晤士河畔的惠特彻奇（Whitchurch-on-Thames）那里有一座圣母玛利亚教堂；雷丁那里也有一座圣玛丽教堂，是圣布鲁因斯在七世纪早期所建；沃格雷夫（Wargrave）的圣玛丽教堂，同样也很高龄。克里克莱德有一座古老的圣母玛利亚教堂，其北面的墙上有一幅圣母玛利亚与童年耶稣（the Virgin and Child）的半身壁画。莱奇莱德的圣劳伦斯教堂，最初是献给圣母玛利亚的。伊登堡的圣母玛利亚教堂里，有一幅圣母的壁画。英国最完美的一座诺曼时代的教堂，是耸立在伊夫雷河边的圣母玛利亚圣女教堂。帕特尼（Putney）那里的教区教堂是献给圣母玛利亚的；班普顿（Bampton）的也是。朗维登海姆（Long Whittenham）的圣母玛利亚教堂建在村庄的一头。泰晤士河边位于罗瑟海兹的诸多仓库之间，同样耸立着一座圣母玛利亚教堂。

位于沃灵福德集市边上的教堂被称作"大圣母玛利亚教堂"（St Mary-the-More），以示与在十四世纪与圣彼得联系在一起的"小圣母玛利亚教堂"（St Mary-the-Less）相区别。埃伊赛（Eisey）——"河中之岛"的意思——的那座古老的圣母玛利亚教堂，建在山顶处，上个世纪它因为前来敬拜的人稀少而被拆除了。位于泰晤士河口的谢佩岛上，曾有一座献给"蒙福的玛利亚"的修道院，这座修道院的教堂目前仍挺立在岛的最高处。乔尔西（Cholsey）——意即"宙欧之岛"——的圣母玛利亚教堂，最初是被建在沼泽地带的一块干地上……这些河边的避难所可能与某种神圣性是连在一起的。在仍被称作"狗岛"的岛中央，过去有一个小礼拜堂，也是献给圣母玛利亚的，是为水手的灵魂举办弥撒仪式而建；这个小礼拜堂早就不存在了。伦敦的圣母玛利亚山顶教堂（St Mary at Hill），如此命名是因为它坐落在比灵斯盖特上游的一处陡峭岸边。圣母玛利亚斯特拉德教堂（St Mary le Strand），耸立在斯特拉德街和弗利特街交汇处的一块隆起之地，与它现在堤坝环绕的状态相比，当然是教堂刚建好的时候，泰晤士河离它更近。

约翰·斯托记载道，在格林尼治对岸的沼泽湿岸上，曾有一座献给圣母玛利亚的"石头小礼拜堂的残垣断壁"，而这个小礼拜堂似乎与伦敦塔附近的圣母玛利亚恩典修道院（St Mary of Graces）有关。肯普斯福德、霍恩斯克劳斯（Horns Cross）、格雷夫森德、本弗利特（Benfleet）、科灵厄姆（Corringham）、达切特（Datchet）、汉布莱登和特丁顿等地都有献给圣母玛利亚的教区教堂。森伯里（Sunbury）的圣母玛利亚教堂坐落在一个史前定居点上；珀利（Purley）的圣母玛利亚教堂，靠近河边渡船一度开往梅普尔德汉姆（Mapledurham）的地方；斯特雷特利的圣母玛利亚教堂也位于河边；北斯托克的也是。人们称过去穿梭在库克姆和克里维登之间的渡船为"我的女神渡船"。位于商业大街（High Street）的牛津大学教堂也是献给圣母玛利亚的。莫特莱克（Mortlake）的教区教堂是献给圣母玛利亚的，汉普顿（Hampton）、巴恩斯（Barnes）、特威克纳姆、沃尔顿和泰姆（Thame）的也都是。

关于凯尔姆斯科特（Kelmscott）的朗福德教区的教区教堂是献给圣母玛利亚还是圣马太（St Matthew）[①]的，有一些争论。然而正像弗莱德·萨克在《年轻的泰晤士河》中所写道的，圣母玛利亚"绝对是这些教堂最喜欢致敬的对象"。阿宾登修道院的教堂最初是献给圣母玛利亚的，但十五世纪时又重新献给了"万圣之圣"；北斯蒂福德（North Stifford）那里的教堂是为纪念这位童贞女而命名的；查德维尔（Chadwell）的那座也是。这些都是很少有人知道的地方，但它们是一种广泛流传的信仰的一部分。巴斯考特的圣母玛利亚教堂位于河边，教堂里有爱德华·伯恩琼斯（Edward Burne-Jones）[②]设计的彩色玻璃窗。英格舍姆（Inglesham）河边小教堂南面的墙上，有一个圣母玛利亚和儿童耶稣的雕像，时间可以追溯到十一世纪早期，雕像的造型来自一个拜占庭模型。斯泰恩斯的圣玛丽教堂是在一座七世纪教堂的位置上建起来的；兰贝斯的教堂是献给圣母玛利亚的；沿河更远一点儿的地方，在巴特西那里也有一座圣玛丽教堂。

恩舍姆（Eynsham）那座现在只剩下几块石头的修道院，其命名是为了纪念圣母玛利亚；赫利的修士院是献给圣女的，被称作"女神宫"（Lady Place）；伦敦东区（East End）靠近威尔克劳斯广场（Wellclose Square）的恩典巷（Grace's Alley），是曾经坐落在河边的圣母玛利亚恩典西多会修道院留下的唯一纪念物；戈斯托的女修道院是献

[①] 圣马太（St Matthew）：耶稣的十二使徒之一，也是四福音书作者之一。
[②] 爱德华·伯恩琼斯（Edward Burne-Jones）：英国画家、图书插画家、彩色玻璃和马赛克设计师。作品有《金色台阶》《大海深处》以及《野玫瑰》等。

给"圣母玛利亚和施洗者圣约翰"的；贝舍姆的小修道院也是献给圣母玛利亚的；赛恩的布里吉特修道院（The Bridgettine abbey），同时献给圣母玛利亚和圣布里吉特（St Bridget）[①]本人。位于泰晤士河边的伊顿学院，在十五世纪初建时是作为"毗邻温莎的伊顿圣母玛利亚学院"。萨瑟克那座主教教堂，最初被称作"临河的圣母玛利亚教堂"。

莱德考特那座桥朝下游的护墙上，仍有一座壁龛，那里一度放着圣母玛利亚像，后来在内战中被毁掉了。中世纪的伦敦桥，有一个桥洞被人们称作"玛利亚水闸"（Mary Lock）；同一时期有记载提到"我们在桥上的圣母像"。桥边的圣马格纳斯教堂（St Magnus），为纪念圣母玛利亚建了一座永久性的附属小教堂，过去那里每天傍晚都吟唱《圣母颂》（Salve Regina）。

巴金有一座年代久远的修道院，其中的"伦敦圣母礼拜堂"成了圣母玛利亚的信徒们的朝圣目的地。这里的一尊圣母像，被认为拥有神奇的力量。卡弗舍姆那里有一座卡弗舍姆圣母小礼拜堂，是一座献给圣母玛利亚的大型圣祠唯一保留下来的遗迹。圣祠里曾有一尊镶嵌宝石的圣母像，也被认为拥有神圣的力量，朝圣者从全国各地来到这里进行朝拜。当王室代言人伦敦博士（Doctor London）在亨利八世下令解散修道院期间来到这里，他带着明显的厌恶写道："即使是我在那里，也吸引不了几个拿着蜡像在朝拜的人的注意力。"

当撒克逊人的国王们在金斯顿加冕时，加冕典礼是在圣母玛利亚礼拜堂中举行的。也是在这个礼拜堂，据约翰·奥布里在《萨里郡古物记》（Antiquities of the County of Surrey，1718）中记载，存有五幅撒克逊君主的画像。在河边的卡勒姆宫（Culham Court）院子里，有一

[①] 圣布里吉特（St Bridget，1303—1373）：瑞典神秘主义者，在丈夫死后投身于宗教慈善事业，著有《启示集》，1391 年被封为圣徒，是布里吉特律令的开创者，欧洲六位守护圣徒之一。

件伊丽莎白·弗林克(Elizabeth Frink)①雕像作品的复制品,名为"大步走的圣母玛利亚"。

这些名字和地点的长篇累牍,意味着圣母玛利亚和泰晤士河之间的联系绝非巧合。从泰晤士河上游到泰晤士河口的众多教堂,献给圣母玛利亚的数目远远超过献给其他圣人的。事实上,也许可以说泰晤士河是属于圣母玛利亚的河流。从七世纪到十四世纪,以她的名字命名的教堂在河两岸从源头到大海,不断伸展开来:有超过50座教堂、礼拜堂和附属教堂是献给这位上帝之母的。对一条长度仅有215英里的河来说,这是一个令人吃惊的数字。

这种联系尚未被有关泰晤士河的书所注意。然而对一条总是与可追溯到凯尔特传说之前原始信仰中的"伟大母亲"联系在一起的河来说,这种联系有着深远的意义。有一些奇怪的规则指引着这种联系。在爱尔兰神话中,布里吉特(Bridget)是丰饶女神,也是天鹅女神(Swan Goddess)。根据罗伯特·格雷夫斯(Robert Graves)②在《白衣女神》(*The White Goddess*,1948)中的说法:"在中世纪爱尔兰诗歌中,玛利亚和布里奇特完全就是一回事。"因此古代及古典传说中那些泰晤士河的伟大女神们,尤其是伊希斯,与这位"圣母女王"及"上帝之母"是有联系的。伊希斯本身就是"母性之神"(Mother Goddess),是生产的象征,重生的子宫。从伊希斯到圣母玛利亚,从信仰来说,不是一个很大的跨越。威廉·哈里森在《不列颠述要》(*The Description of Britaine*,1587)中提到雷丁的圣母玛利亚教堂时,曾有一处奇怪的记载。他提到当地人"称前面所提到的教堂为圣玛丽奥德里斯(S. Marie Auderies),或圣玛丽欧尔伊希斯(S. Marie ouer Isis),或者

---

① 伊丽莎白·弗林克(Elizabeth Frink,1930—1993):英国著名雕塑家和版画家,《泰晤士时报》在她离世时所写的讣告中提到其作品有三大主题:人的本性、马的"马性"、人类躯体的神圣性。
② 罗伯特·格雷夫斯(Robert Graves,1895—1985):英国诗人、小说家、评论家,他的《白衣女神》是一本有重大影响的有关诗歌创作的著作。

是伊斯（Ise）"。这些名字在当地似乎混为一谈或者可以互相替换。玛利亚只是所有这些河流女神中最晚出现的，也许也是最强有力的一个。在传说与迷信中，泰晤士河也与处女有着某种联系。处女们会在泰晤士河中洗澡，以求获得生育能力。这是有关泰晤士河的传说中最古老的一个——因此除了本是处女的圣母玛利亚，还有谁能更好地保佑泰晤士河？

废 墟

[95]　　诺曼人，像之前的所有侵略者一样，理解泰晤士河仁慈的一面。他们所来到的是一个基本上已经文明和稳定的社会，很多方面都比他们自己的文化先进，他们不想以任何显著的方式去改变这些。事实上，可以说是该地区将其新居民文明化了。主教区及郡县的边界都被保留下来了；泰晤士河沿岸的小村庄和村落原封不动，只不过是在新的统治者的管辖之下。他们保持了一种已经持续了一千多年——也许更长——的生活模式。很多诺曼人的以及此后中世纪的教堂都建立在撒克逊人的基础之上。偶尔会有一些村庄有名字上的改变，带上了一种法国口音，如金斯顿布朗特（Kingston Blount）和康普顿博尚（Compton Beauchamp）等，但那些古老的命名基本上是受到尊重的。

　　但诺曼人确实在某种程度上改变了泰晤士河的样子。他们紧挨着它建了宫殿、教堂和要塞。他们建了伦敦塔，象征着国王对这座城市所拥有的庄严权力。最初伦敦塔只有那座白色的塔楼，用从诺曼底沿泰晤士河溯流而上运来的卡昂石①（Caen stone）建成。他们在靠近今天的布莱克弗瑞尔斯的河边建了贝纳德城堡（Baynard's Castle）；他们在一处白垩土小山丘上建了温莎城堡，作为显示军事优势的另一个样板——1070年，威廉一世（William I）就是在这里举行了圣诞庆典。他还在周围围起了狩猎区，并将沿泰晤士河的很多地方由耕地变成了

---

① 卡昂：法国卡尔瓦多斯省的省府。

第五章｜神圣之河

伦敦塔

狩猎场。

然而很难说是诺曼人最先开始了在泰晤士河边建造王室宫殿的热情。八世纪时，奥法已经在本森的教堂附近建了一座王宫；伊维尔米（Ewelme）那里有一座利兰笔下曾描写过的撒克逊人的宫殿；在肯普斯福德，也曾有过一座撒克逊人的宫殿。克努特在威斯敏斯特也进行过建造，现在称作"老温莎"的地方，过去曾有一座礼堂。然而诺曼人可以说是首次彻底将泰晤士河与王室的力量联结了起来；是他们最早打造了从伦敦塔到温莎这一段"君主之河"。威廉一世的特许令宣称，温莎成为国王的领地是因为"那块地方对国王来说似乎很便利，离河很近，有可以用于狩猎的森林和其他很多便利条件，同样也适合国王退休以后的生活"。

这些"便利之处"也许可以部分地解释为什么王室宫殿在河边随处可见。从十一世纪到十六世纪，在温莎之后又建了另外 6 座城堡,包括汉普顿宫(Hampton Court)、里士满、格林尼治和怀特霍尔(Whitehall)。伯蒙德西(Bermondsey)有一座宫殿,是爱德华三世(Edward Ⅲ)[①]在十四世纪中期建的,现在还有几块石头保留了下来。当然还有伦敦塔。沿泰晤士河的城镇通常是作为据点或防御性居住区而设计的。牛津基本上是一个岛屿堡垒。温莎城堡建在一处古老的高地上,这处高地可能是早期防御工程的所在。克里克莱德和莱奇莱德不仅受车恩河和利奇河,也受泰晤士河的保护。沃灵福德同时受到沼泽地和河水的保护。这就是铸币厂被建在沃灵福德、牛津和克里克莱德的原因。这些地点以其安全性而著称。沃灵福德有一个古老的名字叫"Gallena",来自不列颠语"老堡垒"的意思。我们无法重现早期战争的精确状况,但是沿泰晤士河的密集定居点,意味着在发生冲突时泰晤士河总是有着至高无上的重要性。

斯诺顿的军事工程、泰晤士河沿岸与不列颠酋长安普罗修斯(Ambrosius)[②]有关的永久屯驻地、谢佩岛上全副武装的军事营地、富汉姆(Fulham)那里的维京人营地、九世纪早期在肯普斯福德所发生的贺维加斯(Hwiccas)[③]郡长伊索蒙德(Ethelmund)和威尔特郡郡长沃克斯坦(Woxtan)之间的战役、1460年约克王朝的支持者对伦敦塔的包围……这些都讲述了同一个故事。十二世纪早期斯蒂芬(Stephen)[④]和玛蒂尔达(Matilda)[⑤]之间所发生的冲突,在一定程度上也是对泰晤士河沿岸城堡所有权的争夺。泰晤士河是通往伦敦及繁荣

---

① 爱德华三世(Edward Ⅲ, 1312—1377):英格兰和爱尔兰国王,1327年至1377年在位。以军事上的成功、恢复皇室权威而著称。
② 安普罗修斯(Ambrosius):五世纪时与盎格鲁-撒克逊人有过重要一战的罗马统治时期的不列颠战争领袖。
③ 成立于577年的部落王国,628年之后成为麦西亚王国的附属国。
④ 斯蒂芬(Stephen, 1092—1154):通常被称作"布洛瓦的斯蒂芬",是征服者威廉的孙子,1135—1154年间为英格兰国王。
⑤ 玛蒂尔达(Matilda, 1102—1167):英格兰国王亨利一世之女,在其兄死后成为唯一合法继承人,但王位被堂兄斯蒂芬夺去,致使英国从1139年开始陷入争夺王位的内战之中。

兰贝斯宫

的关键一环。

　　这是为什么其他大人物也都要聚到泰晤士河边来的原因，其中包括本国的世俗及宗教领袖。位于金融城和威斯敏斯特之间的斯特拉德大街①，主教们的宅邸一个接一个排列成行。约克宫（York House）、温切斯特宫（Winchester House）和达勒姆宫（Durham House）——分别是约克郡、温切斯特郡和达勒姆郡主教的官邸——都被建在泰晤士河岸边。公元1200年为坎特伯雷大主教建的宅邸兰贝斯宫（Lambeth Palace），坐落在对岸上游不到1英里的地方。1657年，当泰晤士河边都铎王朝的辉煌已成过去，詹姆斯·豪威尔（James Howell）②在《伦

---

① The Strand，斯特拉德大街，也称河岸街。
② 詹姆斯·豪威尔（James Howell，1594—1666）：十七世纪盎格鲁-威尔士历史学家和作家，是英文写作中第一位完全以写作谋生的作家，也是第一位书信体小说家。

敦大都会》(Londinopolis)中评论道:"建在河两岸的宫殿是如此宏伟庄严,如此密集,以至于数位外国大使都声称,全世界最棒的风景(无论水上还是陆地)就是在潮水高涨时从格雷夫森德出发,直达威斯敏斯特桥那里。"稍早一些的时候,迈克尔·德雷顿赞颂斯特拉德大街——字面意思就是"沿河伸展的土地"——说,它表现了"土地的富饶与勇敢"。

这些是常见的居住模式,以至于人们通常都不会怎么注意到。然而为什么土地的首领们会希望住得离泰晤士河如此之近?这恰恰是因为从万物之初,泰晤士河就是权力的所在。显要人物住在河边是出于一种直觉,也是一种惯例。尤其是精神领袖们,好像认为泰晤士河是他们恰如其分的家。同样的模式在后来的岁月中延续了下来:议会大厦被建在河边,冒着遭受水上袭击的危险;市政厅(County Hall)位于泰晤士河南岸;大伦敦政府(Greater London Authority)目前的总部也是。伦敦主要的公共建筑物好像都很自然地在泰晤士河边找到了自己的位置。

诺曼人及其中世纪的继承者们对泰晤士河的沿岸生活有另一种显著影响,那就是宗教机构在河岸的扩张。现在这些机构都已经消失或是沦为废墟,但更早的时候它们是泰晤士河边非常引人注目的存在。它们包括位于戈斯托、贝舍姆和梅德曼纳姆(Medmenham)的修士及修女院,位于阿宾登、雷丁、多切斯特、恩舍姆、尤雷(Rewley)、奥斯尼(Osney)、斯特雷特利、彻特西和乔尔西的修道院,位于克雷克莱德和莱奇莱德的小修道院,位于伯纳姆(Burnham)和利托马洛(Little Marlow)的女修道院等。

它们中有一些早在七世纪时就已经存在,尤其是威斯敏斯特、彻特西和阿宾登的本笃会修道院[①]。这些机构在很大程度上是推动泰晤

---

① 本笃会:天主教的隐修会之一,又译为本尼狄克派,529年由贵族出身的意大利人本笃所创。他手订会规,规定会士不可婚娶,不可有私财,一切服从长上,称此为"发三愿"。

士河谷文明发展的主要力量。通过他们所掌握的财产管理技巧、对学术的投入以及与欧洲大陆知识群体的联系,本尼狄克派僧侣成为泰晤士河畔对早期撒克逊统治贡献最大的启蒙者。希莱尔·贝洛克在《历史上的泰晤士河》一书中甚至声称,撒克逊人时期所出现的新国家"实际上是本尼狄克派僧侣所打造的"。

[98]

威斯敏斯特大教堂的历史根源可以追溯到七世纪初期,当时东撒克逊人的第一位基督徒国王赛波特(Sebert)①,在这里建了一座本尼狄克派的修道院,他的坟墓至今仍长眠在这里。当时这座修道院建在被人们称为"荆棘岛"的荒地中的一处三角地带,这一遍布卵石、沼泽和荆棘的岛屿,被泰晤士河及两条流入泰晤士河的小河包围了起来。这是一处毫无希望的所在。但黑衣僧侣们以将蛮荒之地改造成繁荣之土的能力而出名。大教堂后来的历史更是广为人知,包括"忏悔者埃德蒙"(Edmund the Confessor)在1050年开始的建造工程②以及亨利三世(Henry III)③在十三世纪时所进行的重建。从那时起它一直就是一处神圣的所在,英格兰所有的国王——除了爱德华五世(Edward V)④和爱德华八世(Edward VIII)⑤——都在这里举行加冕典礼。当地可能

---

① 赛波特(Sebert):约629—634年间在位,后来放弃王位成为修士,在一次战争中拒绝使用武器被杀死。
② Edmund the Confessor(1003—1066):也作"忏悔者爱德华"(Edward the Confessor),在位时间为1042至1066年。"忏悔者"是圣徒的一种,指那些为信仰受苦、在世俗诱惑前表现圣洁,但并未殉难的人。他在1042—1052年间以罗马风格重建了位于威斯敏斯特的圣彼得修道院,作为自己死后埋葬的教堂。
③ 亨利三世(Henry III,1207—1272):9岁即位,是一位以虔诚著称的国王,他将忏悔者爱德华视作自己的守护圣人,在其统治期间以新哥特式风格重建了威斯敏斯特大教堂,即是大教堂目前的样子。
④ 爱德华五世(Edward V,1470—1483):在其父爱德华四世死后登上王位,但在位86天就被他的叔父、后来的理查三世篡位。13岁的爱德华与弟弟在被关进伦敦塔之后不知所踪,疑被其叔父谋害。
⑤ 爱德华八世(Edward VIII,1894—1972):1936年1月即位后同年12月即退位,即"爱美人不爱江山"的温莎公爵。

自传统以来一直颇具神圣性。伦敦的古文物研究者认为这个小岛上曾有一个献给阿波罗①的异教祭祠。在一份八世纪的文书中，它被描述为"可怖的地方"（terrible place）——这个形容词在这里有"神圣"或"神圣恐怖"的意思。这样的地方好像很自然的就会在河边伸展开来。

随着威斯特敏斯特大教堂的建立，泰晤士河与神奇的拜访事件也有了关联。有一个民间传说，讲述圣彼得（St Peter）②出现在泰晤士河南岸的兰贝斯那里，让渔夫划船带他到荆棘岛。在那里，圣彼得亲自主持了为神献祭的仪式。在"忏悔者爱德华"统治时期，威斯敏斯特大教堂的一位僧侣看到神圣的异象，在异象中，使徒彼得要求国王爱德华将修道院建在"我选择并喜欢的地方……承受我存在的荣耀，以我的神迹使其声名远播"。这座位于河边的教堂变成了这样一些纪念物的神圣避难所：耶稣身上流出的血、圣母玛利亚的乳汁、耶稣降生的神圣马槽的一块横板、耶稣被钉的十字架的一块碎片等。它也是英格兰的丧葬教堂，在它靠近河的一侧，近年来发掘出了大片史前墓地。

彻特西和阿宾登的两座本尼狄克派修道院，也萦绕着各种超自然能力介入的传说和故事，但它们与泰晤士河直接而亲密的关系有着更好的证明。两处修道院都是建在沼泽和湿地上，但都在泰晤士河边占了一个优势位置。阿宾登修道院建在古代一处要塞下游一英里的地方。修士们最终让河流改道，以便从修道院的墙边流过。后来，他们在河的两处架起了桥，并在两座桥之间修了一条堤道。他们非常善于利用泰晤士河的各种可能性，这也是他们最初选择泰晤士河的原因之一。这座修道院还是通往富饶河谷的一个入口，该河谷至今仍被称作

---

① 阿波罗（Apollo）：古希腊罗马神话中奥林匹斯山最重要和复杂的神祇之一，宙斯之子，太阳神和真理之神。
② 圣彼得（St Peter，公元30—64至68年之间）：在成为耶稣的使徒之前是一名渔夫，被称为"使徒中的使徒"，在很多重大事件中都可以看到他的名字。古代基督教教堂都奉圣彼得为重要圣徒。

"白马河谷"。

分布在泰晤士河谷的宗教处所，真正的巩固与扩张始于"诺曼征服"以后。威斯敏斯特大教堂、彻特西和阿宾登的修道院都进行了扩大与加固，还有一系列沿河道新出现的修道院加入了它们的队伍。在法国勃艮第（Burgundy）地区的克吕尼修会圣母院（the mother house of Cluny）①的直接领导下，这里建了雷丁修道院、伯蒙德西修道院（Bermondsey Abbey）、奥斯尼修道院（Osney Abbey）；然后是恩舍姆和尤雷的修道院，莱奇莱德和克里克莱德的小修道院，多切斯特的修道院和修士院，西恩的卡尔特修道院（Charterhouse），位于安科维克（Ankerwycke）、伯纳姆、利托摩尔（Littlemore）、戈灵和利托马洛的女修道院，位于梅德曼纳姆、贝舍姆和乔尔西的宗教机构等。这些还只是沿泰晤士河流域伸展开来、将河作为其天然属地的宗教机构中的一小部分。

宗教组织统治着泰晤士河边的大部分土地。据估计，英国最大的八大宗教团体分别拥有位于西福德、恩舍姆、南斯托克、拉德利（Radley）、卡姆纳（Cumnor）、威特姆（Witham）、博特利（Botley）、亨克塞地区（the Hinkseys）、桑德福德（Sandford）、希灵福德（Shilingford）、斯温福德（Swinford）、梅德曼纳姆、阿普尔福德（Appleford）、萨顿（Sutton）、威腾汉姆（Wittenham）、卡勒姆、阿宾登、戈灵、考利（Cowley）、利托摩尔、乔尔西、南恩汉姆（Nuneham）、沃灵福德、潘博恩、斯特雷特利和斯坦顿哈考特等地的庄园。这些地名都是来自泰晤士河上游，几乎覆盖了整个上游地区。靠近伦敦，宗教机构也对桑宁、沃格雷夫、泰尔赫斯特（Tilehurst）、彻特西、埃格姆（Egham）、科伯姆（Cobham）、里士满、汉姆（Ham）、莫特莱克、赛

---

① 克吕尼修会：以维护严格的圣本尼狄特律令为目标的宗教团体中最早成立的一个，可追溯至912年，该修会的一个显著特点是所有的分支机构都要听从位于勃艮第地区梅肯市的克吕尼修会圣母院（the mother house of Cluny）的指令。

恩、西恩、基尤（Kew）、奇西克（Chiswick）和斯泰恩斯等地进行开垦和管理。当然这些还不包括它们在伦敦城内沿泰晤士河密集分布的机构，也不包括在牛津的机构。这些宗教机构几乎就是泰晤士河的一种外摄或延伸，是栖息在河之上的一种灵魂实体。

它们成了"有组织的生活"和产业发展的中心。那些大修道院修建了至今仍横跨在河两岸的桥梁，并指导着自身所在社区的农耕活动。本尼狄克派修士对农业的丰富知识负有盛名，尤其在砍伐森林及将沼泽地改造成可耕地方面。这些都是泰晤士河两岸所必需的技能。它们也是来自全国各地的各种捐赠及遗赠的对象——事实上，宗教机构也是整个王国最大的土地拥有者。从各个方面来看，它们都居于泰晤士河流域人们生活的中心，并且为当地创造了繁荣。如果说泰晤士河谷至今仍然是英国经济与科技财富的主要所在地之一的话，在某种程度上，这应该归功于六七百年以前宗教团体的努力。在僧侣阶层抵达这里很久以前，人们就开始在泰晤士河边居住和生活，但这些伟大的宗教组织，为这里的居住与教化进程，从物质上提供了帮助。

我们可以为修道院与泰晤士河的关系提供一个工作模型：河水首先被引入谷物磨坊，在河水的推动下转动轮子磨好谷物，然后水被引到下一栋建筑物，流入被加热的、用于制作僧侣们所饮用的饮料——啤酒——的锅炉，然后被引入对布料进行缩水处理和清洗的漂洗机那里，水推动着机器上的锤子和木槌不断升降，然后流入修道院的制革厂。泰晤士河的分支和水流也被用于烹饪、灌溉和清洁。最后，在其劳作的终点，河水带走了垃圾，将一切冲刷得干干净净。泰晤士河是劳动与生产的世界中变化万千的水神。

修道院也是国家教育的中心。阿宾登的一位男修道院院长——蒙茅斯郡的杰弗里（Geoffrey of Monmouth），是英格兰早期最著名的历史学家，"征服者威廉"（William the Conqueror）有一个儿子在他那里接受教育。有未经证实的资料表明，在靠近泰晤士河源头的莱奇莱德和克里克莱德，曾经有撒克逊人建的"学院"。但河边另一个机构有着更为真实可信的历史。牛津的圣弗莱兹怀德修士院是牛津大学的先驱和它直接的"灵感来源"。它最早期的历史无法加以恢复，但在九世纪时它已经是一个知识中心。该机构最早的资助人包括国王阿尔弗雷德本人，他是英格兰学术界的赞助人。牛津被称作是"培养了诸多饱学的神职人员的大本营"①；国王阿尔弗雷德可能是整顿或是重建了该机构，因为有记载称，他所指名的教师——格雷姆鲍德（Grymbald）和修士约翰（John the Monk）——必须与这里"原来的学生"经过斗争与辩论才能获得掌控权。到十一世纪末，埃坦普的西尔博德（Theobald of Etampes）②已经直接称自己为"牛津的老师"了。我们不应该忘记，牛津几乎全部被水包围着。很多人也注意到了马克思·比尔博姆（Max Beerbohm）③在《朱莱卡·多布森》(Zuleika Dobson，1911)中所称的"温和的、有毒的空气"。正如约翰·威克里夫所宣称的，"这里被称作上帝的葡萄园不是没有原因的。它由神圣的长老们所创建，并且位于一处绝佳的所在，溪流与泉水为其提供水源，四面环绕着草地、牧场、平原和林中空地。它确实可以被称作'上帝之家'和'天堂之门'。"

但在欧洲宗教改革④及英格兰教会被解散期间，泰晤士河边组织有序的宗教生活全部被破坏了。较小的修道院是第一批被关闭的，包括赫利小修道院（Hurley Priory）、贝舍姆小修道院（Bisham Priory）、

---

① 牛津大学的确切成立日期目前仍不清楚。
② 埃坦普的西尔博德（Theobald of Etampes，约1080—1120）：中世纪校长，目前所知最早在牛津开始授课的人，被认为是牛津大学的先驱。作为早期知识分子，他对十二世纪的文艺复兴起了重大推动作用。
③ 马克思·比尔博姆（Max Beerbohm，1872—1956）：英国散文家、打油诗作者和漫画家。《朱莱卡·多布森》是其创作的唯一一部小说，以讽刺的口吻描述牛津大学的学生生活。
④ 欧洲宗教大改革，指十六世纪时由马丁·路德所领导的欧洲宗教改革，代表着新教与罗马天主教的分裂，为后来西方国家从基督教统治下的封建社会过渡到多元化的现代社会奠定了基础。

恩舍姆修道院（Eynsham Abbey）、尤雷修道院（Rewley Abbey）、戈灵小修道院（Goring Priory）、梅德曼纳姆小修道院（Medmenham Priory）、彻特西修道院（Chertsey Abbey）、乔尔西修道院（Cholsea Abbey）和安科维克小修道院（Ankerwick Priory）等。随后，执行者对更大的机构也进行了报复，包括戈斯托修道院（Godstow Abbey）、奥斯尼修道院、阿宾登修道院（Abingdon Abbey）和雷丁的托钵修会修道院，以及牛津的男修道院和修士学院。莱奇莱德和克里克莱德的小修道院、伯纳姆和利托马洛的女修道院，也都被毁坏了。数代人在河边所进行的宗教仪式与庆典，在一位既不在乎泰晤士河的神圣历史，也不在乎民族自身精神遗产的君主的挑唆下，都消失了。在这种普遍的解体与败坏中，只有多切斯特修道院和威斯敏斯特大教堂保存了下来，其余的全都遭到了抢劫与偷盗。阿宾登修道院的食堂变成了麦芽酿造所；赫利修道院的食堂变成了马厩；萨顿、贝舍姆和梅德曼纳姆的宗教场所变成了私人住宅的一部分。偶尔有墙壁或鱼塘可能侥幸得以残留，偶尔也能看到墓园和回廊的断壁残垣。在十九世纪对泰晤士河的研究文献中，有一些关于这些废墟的版画。然而现在即使是这些废墟，也大部分都消失了。

譬如说，雷丁修道院所剩下来的就是一些散落的燧石堆，上面的石头贴面都已经剥落；有一条内部通道保留了下来，但大部分都已经重建。这座伟大的、建于十二世纪的修道院，最初的样子应该与达勒姆大教堂（Durham Cathedral）很像，是河岸的一道庄严风景。它的废墟现在没有多少人去参观；雷丁居民中有多少人知道这处废墟的存在，也值得怀疑。这是亨利一世（Henry I）[1]埋葬于此的修道院，也是在这里，亨利二世（Henry II）[2]被进献了耶路撒冷的王冠；托马

---

[1] 亨利一世（Henry I, 1068—1135）：英格兰诺曼底王朝国王，1100年至1135年在位，征服者威廉的幼子。在其兄威廉二世因狩猎事故神秘死亡后即位。
[2] 亨利二世（Henry II, 1133—1189）：英格兰国王，1154年至1189年在位，他所创立的金雀花王朝是英格兰中世纪最强大的一个封建王朝。

斯·贝克特（Thomas à Becket）①在亨利二世统治时期曾在此担任圣职；"冈特王约翰"（John of Gaunt）②在这里举行了婚礼；英格兰议会在这里集结过三次。雷丁修道院的回廊中，写着英语诗歌中最可爱，也是最知名的一首歌谣——《夏天来了》（Sumer Is Icumen In）。该歌谣首创了四段体的形式，由"福恩赛特的约翰"（John of Fornsete）③作于十三世纪。这是该修道院唯一真正幸存下来的部分。

戈斯托的女修道院，有一堵墙的轮廓仍然保留着，其他那些建于十二世纪的原初结构就没什么留存下来的了。对于彻特西修道院，斯达克雷（Stukeley）④在《奇异旅行》（Itinerarium Curiosum，1724）中写道：

> 这几乎是我从未见过的全面破坏……那些人就好像连土地固有的神圣性也要打破。修道院院长、修士、名人要士……过去大量埋在教堂和回廊处的人类遗骨，现在被摊在教堂南边，在花园中厚厚地铺了一层……人们随手就可以从花园中捡起这些骨头。

修道院自身一无所存，除了一条残缺不全的通道和围墙上留下来的几块石头。

---

① 托马斯·贝克特（Thomas à Becket，约 1119—1170）：1162 年起担任坎特伯雷大主教，在保护教堂的利益与特权的过程中与亨利二世发生冲突，被其手下的人杀害，死后被封为圣徒和殉道者。
② 冈特王约翰（John of Gaunt，1340—1399）：金雀花王朝的成员之一，国王爱德华三世的第三个儿子，兰卡斯特第一世公爵，因出生于冈特获此外号。
③ "福恩赛特的约翰"（John of Fornsete）：雷丁修道院的修士，负责资料管理，被认为是《夏天来了》的创作者，但后世学者认为不可信。
④ 威廉·斯达克雷（William Stukeley，1687—1765）：英格兰古文物学家，史前建筑田野考察的先驱。

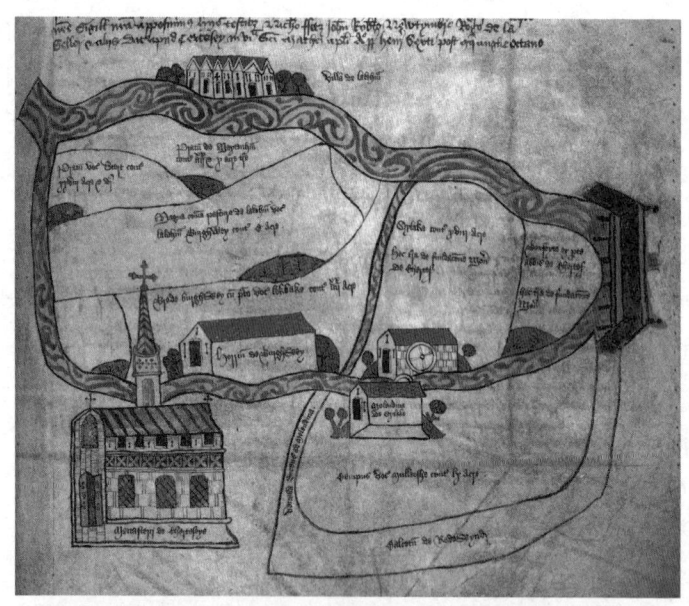

十五世纪的彻特西修道院（Chertsey Abbey）及其属下农庄。在长达数百年的时间里，泰晤士河谷曾经拥有过大量宗教团体，但几乎都在宗教改革运动中化为废墟。多切斯特修道院（Dorchester Abbey，下图）是少数幸存者。

第五章 | 神圣之河

流动的历史

十六世纪时,泰晤士河成为王室的奢华与巡游之河。这是亨利八世(Henry VIII)①——以及排场更富丽堂皇的伊丽莎白一世——以王室的庄重巡游过的河流。这是举办游行盛会的河流——镀金的豪华游船飘荡着横幅、飘带、遮阳篷和挂毯,缝着小铃铛的旗帜在清风中发出清脆的铃声,乐手们在河面上演奏着竖琴和短号,游船和大木船以金子和挂毯制成的布料包裹着。这是享乐之河,也是奇观之河;这是王国的统治者和大人物们可以用来向平民百姓展示自己的舞台。这是建在水面上的剧院。

1533 年,安妮·博林(Anne Boleyn)②穿着用金子做成的布料,沿泰晤士河顺流而下去完成自己的加冕礼,据说跟在她后面的豪华游船绵延了 4 英里。根据当时的记载,当天,"喇叭、木笛和各种各样的乐器,一路演奏着盛大的乐曲"。游船们被"华丽地用横幅、旗帜和各种奢侈的覆盖品装饰着"。打头的伦敦市长大人的官方游船,"用悬挂着各色挂毯的旗帜所装饰,挂毯上悬挂着用金银布条绑着的各种金属徽章"。就当时的场景来说,泰晤士河对自身、对那位命运不幸的皇后来说,都是一种胜利。它是奢侈与值得炫耀的财富完美的展示背景。

它也是三年后将安妮·博林载到斩首处的河流。还是同一条路线,从格林尼治到伦敦塔,但是河流变成了一条通往死亡的邪恶管道。这也是托马斯·莫尔爵士(Sir Thomas More)③及后来年少的伊丽

---

① 亨利八世(Henry VIII,1491—1547):英格兰与爱尔兰的国王,都铎王朝第二任君主,1509 年至 1547 年在位,曾娶过六位妻子,并为了与第一任妻子离婚与罗马教廷闹翻。
② 安妮·博林(Anne Boleyn,1501—1536):亨利八世的第二任妻子,后被施以斩刑。
③ 托马斯·莫尔爵士(Sir Thomas More,1478 年—1535 年):欧洲早期空想社会主义学说的创始人,才华横溢的人文主义学者和阅历丰富的政治家,以其名著《乌托邦》而名垂史册。

莎白公主①被带到伦敦塔去的河流；还是伊丽莎白女王的遗体被带到怀特霍尔宫（the Palace of Whitehall）②的河流。在《不列颠年鉴》（Annales Britannia，1615）中，威廉·卡姆登写道：

> 女王被河水带到白厅宫，
> 每划一次桨手都忍不住流泪，
> 水里的鱼儿离船越发近了，
> 哭瞎了它们珍珠般的眼睛，满目漆黑地游在船后面。

这是一条辗转流过国家大事的河流：高贵的、卑贱的、血腥的、温和的，并且是伦敦王室不可分割的一部分。这也是为什么贵族与神职人员的住所也都建在河两岸的原因——这样他们可以接近权力的源头。虽然人们对河水神圣性的信仰已经明显减少了，但是仍然保留着对水仙女和海神的祷告——不仅仅是在泰晤士河的盛大集会中——意味着人们对泰晤士河的神明，仍然保持着残存的信仰。是泰晤士河保佑了君主，而不是相反。

泰晤士河过去被看作是王国的一个缩影——这里包含了过去与现在、田园牧歌与都市生活、世俗及宗教活动的中心、体育竞技与大肆狂欢的场地。它被认为是阿波罗及其缪斯女神飞落其上的"另一个赫利孔山（Helicon）③"。在泰晤士河强有力的影响下，伦敦战胜并超越了罗马和雅典。伦敦的活力与能量就是泰晤士河的活力与能量。

---

① 伊丽莎白公主：即后来的伊丽莎白一世（1533—1603），年轻时曾被其同父异母的姐姐玛丽女王怀疑支持叛乱而在伦敦塔的监狱里监禁了近一年。1558年11月登基成为英格兰女王，是都铎王朝最后一位君主。
② 1530—1698年间大多数英国君主在伦敦的宅邸，后毁于大火。曾是全欧洲最大的宫殿，拥有1500个房间。
③ 赫利孔山（Helicon）：希腊山峰，在古典文学中作为掌管文艺的缪斯女神经常光临的地方而受到赞颂。

泰晤士河也是伦敦所有交通都贯穿的一条要道——这不仅是对划着小圆舟的渔民和来自西班牙及低地国家（Low Countries）①的商人们而言，也是对将泰晤士河作为往返伦敦最方便的一条通道的普通市民而言。他们当然会坐船从河北岸到河南岸，尤其在伦敦桥繁忙而拥挤的时候；但他们也会沿着河北岸坐船抵达河边各"台阶"处，从那里上岸继续自己的旅程。城里的街道狭窄而危险，人们通常认为走水路更安全，也更便捷。河上的各种小船、豪华游船、短途驳船、顶篷船和渡轮，在外国人看来，可以产生永不枯竭的兴趣。还有数百名船工划着船，等着被雇佣，河水随着他们划桨的动作而不停荡漾。有很多时候，船太多了，大家都动不了，就发生了被称作"交通堵塞"的情况。这就是以拥挤的码头与繁忙的水岸而为大家所知，甚至为之喝彩的泰晤士河。伦敦市民集中居住在河两岸是完全不令人吃惊的，因为直到十六世纪，大部分伦敦人还是直接或间接通过泰晤士河来谋生的。据说从远处看，泰晤士河就像是一片由桅杆组成的森林。据估计，任何时候河上的船只数量都在 2000 艘左右，另外还有 3000 名左右船工。从十六世纪中期的一张地图来看，"河岸阶梯"处——也就是上岸口——被描绘成充满了各种引人注目、肆无忌惮的举止与行为的地方。这是绘图者强调河的重要性的一种方式。

[105]

泰晤士河为伦敦带来已知世界的各种货物，包括香料、皮草和酒。这边来了威尼斯的大木船，带着来自君士坦丁堡（Constantinople）和大马士革（Damascus）的货物，随之而来的还有装满了低地国家的皮毛和木料的三桅船。然而河上也有运载着干草与燃料的大型平底船，没有它们，伦敦就无法活下去。曾有这样一个故事，有人告诉一位市议员说玛丽女王（Queen Mary）②对伦敦城感到非常恼火，想

---

① 低地国家（Low Countries）：指荷兰、比利时、卢森堡。
② 玛丽女王（Queen Mary，1516—1558）：亨利八世第一任妻子唯一活下来的孩子，1553 年成为英格兰和爱尔兰女王，信奉罗马天主教，她对新教徒的镇压使其获得"血腥玛丽"的绰号。与后来继承其王位的伊丽莎白一世是同父异母的姐妹。

要把议会和法庭搬到其他地方去。议员问道:"她的意思是让泰晤士河也改道不经过伦敦?"当被告知女王做不到这一点之后,他回答说:"那么凭着上帝的荣耀,我们待在伦敦就很好了,不用管议会会变成什么样。"

这是英国第一批探险者航行出发的河流。1553年,休·威洛比(Hugh Willoughby)[1]和理查德·钱塞勒(Richard Chancellor)[2]从德特福德启航,带着一封写给"地球上所有的国王、王子、统治者、法官和总督们"的信。他们开始的是一场探险之旅,想要找到通往西印度群岛的北方通道,但唯一一只幸存的船在俄国海边靠了岸:这是英国与莫斯科商人开始进行贸易活动的开端。在他们的船只返航以后,在靠近格林尼治时,"侍从们飞奔而来,老百姓们聚在一起,密密麻麻地站在岸边"。后来,约翰·史密斯上校(Colonel John Smith)[3]从布莱克沃尔出发,经过一段危险的旅程,在弗吉尼亚建立起了殖民地——詹姆斯敦(Jamestown)[4]。"五月花号"(Mayflower)是在罗瑟海兹启航的。当时全世界的海水好像都可以被看作是泰晤士河的延伸。后来成立的土耳其公司[5]就是这种贸易旅程的一个结果。十六世纪的最后一天,伊丽莎白女王签署了一份成立东印度公司[6]的文书。哈德逊港口公司(the Hudson Bay Company)、东印度公司和西印度公司的商人与探险者们,都是在这条河上开始了他们各自的旅程。

---

[1] 休·威洛比(Hugh Willoughby,死于1554年):英国早期北极圈探险者,1553年率领三只船向北极圈出发探险,途中遇到风暴两只船的船员全部遇难。

[2] 理查德·钱塞勒(Richard Chancellor,死于1556年):威洛比冒险之旅的主领航员,成功进入白海抵达阿尔汉格尔斯克,与俄罗斯北部港口开辟了持续了300年的贸易活动。他本人在返回伦敦过程中遇难。

[3] 约翰·史密斯上校(Colonel John Smith,1580—1631):英国士兵、探险家和作家,其所出版的书和地图对英国探索新大陆的殖民运动起了很大激励作用。

[4] 詹姆斯敦(Jamestown):英国殖民者在北美的第一个永久定居地。

[5] 土耳其公司:十六世纪与土耳其进行贸易的一家英国公司。

[6] 东印度公司(the English East India Company):是欧洲数个东印度公司中最早成立的一家,曾经拥有世界一半以上的贸易量,也是大英帝国统治印度的开始。

因此当温斯劳斯·霍拉（Wenceslaus Hollar）[1]在其著名的伦敦全景地图中描绘十七世纪三十年代的泰晤士河时，他非常恰当地描绘了河岸与台阶、摆渡船与平底货船，以及与之相关的庞大网络。与之相比，伦敦的街道与住宅似乎是被抛弃了——仿佛伦敦所有的精力与商业活动都集中在流动的泰晤士河上。为了便于辨别，码头的名字都被标记得很清楚："保卢斯码头（Paulus wharfe）……皇后码头（Queenhythe）……三吊车码头（the 3 Cranes）……斯蒂尔拉德（Stilliard）……科尔港（Cole harbour）……老天鹅码头（the Old Swan）"，河上则遍布着各种各样的船只。大型商船停驻在伦敦桥下，而商业的守护神墨丘利（Mercury）[2]正指着写有"伦敦"字样的涡轮装饰——这一场景成为后来很多地图与作品的样板，沿泰晤士河展开的伦敦风景，成为该市最重要的一个形象。泰晤士河代表着这座城市的命运——这是伦敦被人们想象的方式。

在英国内战早期，沿泰晤士河中游是保皇党人的要塞——毕竟它是古老与传统权力的源泉及所在地。正像它在过去曾经收容过信仰天主教的家庭——那些伊丽莎白女王时期的反叛者——一样，它也充当了在国王与议会的斗争中、站在国王一边的那些人的避难所。很多位于泰晤士河边及其支流的保皇党人及天主教徒的房屋都被议会军包围了——其中包括梅普尔德汉姆宫（Mapledurham House）、布朗特宫（Blount's Court）和贝辛宫（Basing House）。在雷丁和牛津有保皇党人的驻军；牛津成为查理一世暂时的"皇都"。在泰晤士河最古老的两座桥——莱德考特和纽布里奇——边上，发生过战役和小规模的冲突。1645年，在莱德考特桥附近，鲁伯特王子（Prince Rupert）[3]打败

---

[1] 温斯劳斯·霍拉（Wenceslaus Hollar, 1607—1677）：捷克版画艺术家，出生于布拉格，死于伦敦。
[2] 墨丘利（Mercury）：罗马神话中众神的信使，商业之神。
[3] 鲁伯特王子（Prince Rupert, 1619—1682）：查理一世的外甥，英国内战期间皇家骑兵的首领，战争失败后被赶出英格兰，王权恢复后返回英格兰成为英国海军的高级将领，对英国海军及在加拿大和非洲的殖民发展都起了重要作用。

了一支议会军队,双方都在争夺金斯顿作为胜利果实:先是国王的军队被议会军赶跑了,后者又被从特恩汉姆戈林(Turnham Green)战役撤退的保皇党军队赶跑了,然后一支议会军返回并占领了这里,直到内战结束。鲁伯特王子摧毁了两支驻扎在泰晤士河边的布兰特福德的议会军,很多士兵被淹死在泰晤士河里。

[107]　　这条王室的河流当然要庆祝王室利益的回归。1662年8月23日,当查理二世(Charles II)①和他的新娘——葡萄牙布拉甘萨的凯瑟琳公主(Catherine of Braganza)②,坐船从汉普顿宫前往怀特霍尔时,他是在模仿亨利八世和伊丽莎白女王的都铎盛典,努力想要复兴自己的王权——他在将自己及家人与泰晤士河的历史联系在一起。当他和新娘坐在皇家游船上时,他们是在期待着泰晤士河的祝福。他以这样一种形式得到了祝福——一位扮演伊希斯的演员,伴着音乐唱道:

> 最圣洁的一对!伊希斯(为匹配你无与伦比的爱)
> 亲吻你神圣的双脚。

这场皇家盛会被唤作"水之凯歌"(Acqua Triumphalis),根据伊夫林(Evelyn)③的记载,它是

> 泰晤士河上流过的最宏伟的胜利。想象一下用你所能想象的极致奢华的数不清的船只,更主要的是还有国王的宝

---

① 查理二世(Charles II, 1630—1685):1660年英国王权恢复后成为英格兰、苏格兰和爱尔兰国王,因其宫廷所洋溢的"享乐主义"被称为"快活王"。
② 葡萄牙布拉甘萨的凯瑟琳(Catherine of Braganza, 1638—1705):查理二世的王后,因信仰天主教而在查理二世的宫廷饱受攻击。
③ 约翰·伊夫林(John Evelyn, 1620—1706):英国作家、园艺学家、日记作者。他的日记与塞缪尔·佩皮斯(Samuel Pepys)大致同时代,记录了当时的一些重大历史事件。

座、辉煌的拱门、飨宴及其他相关之物,伦敦市长大人及其手下所乘坐的官方画舫,各种新奇的发明、面具以及在船上和岸边不停鸣放的礼炮。

对伦敦人来说,这也是一个清除他们与克伦威尔(Cromwell)和摄政派(the Protectorate)之间关系的机会——伦敦人曾聚众观看了国王的父亲被处决的仪式。对泰晤士河来说,这也是一个再度被确认为是英格兰的王权之河的机会。

这是为什么在瘟疫与大火期间,泰晤士河成为天然避难所的原因。部分是由于它作为"边界"的身份,泰晤士河被人们认为可以充当抵抗火灾和疾病的前线——或者说是防线。在丹尼尔·笛福的《瘟年纪事》(*A Journal of the Plague Year*,1722)①中,——写于所描述的事件数年之后——描写了波普勒(Poplar)②的一位船夫的故事,他为在船上安家的人充当送货员和邮差。"所有这些船,"他这样解释道,"都住着不同的家庭,有的是租户,有的是所有者。他们都将自己锁在船上,船门紧闭,因为害怕传染。"笛福估计,有上万人以这种深居简出的方式躲在泰晤士河上。河边也布满了船只,一条挨着一条。很多伦敦人还逃到河口,住在那里的荒凉沼泽地上。这些预防措施并没能阻止瘟疫的蔓延,因为瘟疫其实是通过泰晤士河传过来的,由一种被称作"大家鼠"——也有人称其为"黑鼠"或"船鼠"——的老鼠带到伦敦。瘟疫扩散到这些船上,为那些自以为安全的避难者带来了浩劫。以船为家的船夫们也未能幸免,他们被发现死在自己的摆渡船里,随浪逐流。

[108]

---

① 《瘟年纪事》:丹尼尔·笛福的小说,首次出版于 1722 年,以个人经历的角度描述了 1665 年(笛福当时五岁)的伦敦大瘟疫,对事件发生的街区、房屋及各种数据都进行了认真考证。
② 波普勒(Poplar):伦敦东部较贫困的地区,是伦敦最早有多种族居住的地区。

关于一年后的那场大火，佩皮斯（Pepys）[①]记载道，从伦敦塔那里看到大火燃烧以后，他到河边租了一条船，让船夫带他到伦敦桥。泰晤士河两岸已经触目皆是人们激烈紧张的活动。市民将家里的物品搬出来，"将它们扔到河里，或是放在尚且空着的平底船上"。穷人们一开始一直待在房子里，直到大火近在眼前，才开始"奔到船上，或是从河岸的一处台阶爬到另一处台阶"。当天更晚的时候，他是这样描述泰晤士河的："到处都是装着各种物品的平底船和小船，以及漂浮在河上的各种物品。只有我注意到，近三分之一的船并没有载着家庭用品，但这些船上通常都载着一架羽管键琴。"然而泰晤士河再一次证明了它只是一个虚幻的避难所。佩皮斯记载道："整条河上，如果你的脸暴露在风中，几乎一定会被如雨一样的火滴所灼伤。"伊夫林在他自己的日记中完成了这一画面，他记载道："泰晤士河上到处都是漂浮着的物品，各种船只上装满了人们尚有时间和勇气抢救出来的东西……噢！这悲惨、不幸的奇观！"大火所散发出的热度与烟雾越来越浓，那些原本在河面上的人被迫在南岸靠岸，逃到陆地上，或者将船划出伦敦境内。

火灾后对伦敦的重建，当然大大改变了从泰晤士河上望过去的城市景观，也改变了河岸自身的景观。被彻底摧毁或局部遭到毁坏的仓库和码头，得到了重建。从中心城区一直延伸出去的街道，也得到了重建，街道两侧的房屋现在是用赤褐色或黄色的砖石所建，在这些屋顶之上，新建的 51 座教堂的尖顶闪闪发光——它们是国王的助理核查官克里斯托弗·雷恩（Christopher Wren）[②]重修或重建的。这是一座

[①] 塞缪尔·佩皮斯（Samuel Pepys，1633—1703）：英国海军军官、议会成员，他在 1660—1669 年间写的日记记载了当时的重大事件，初版于十九世纪，为英国王权复兴时期提供了宝贵的一手资料。

[②] 克里斯托弗·雷恩（Christopher Wren，1632—1723）：著名英国建筑师，1666 年伦敦大火之后负责伦敦城教堂的重建工作，其最知名的作品圣保罗大教堂于 1710 年完工。

比其在中世纪和都铎王朝时期更为坚固与庄严的城市。这一点，在重见天日的弗利特河身上得到了最好的说明，该河在布莱克弗瑞尔斯那里重见天日，流入泰晤士河。之前它是伦敦中心城区的一条露天下水道，散发着恶臭，流过弗利特河谷（Fleet valley），但在雷恩的监管下，这条河被进行了拓宽和清理，变成市中心一条一直到霍尔本桥（Holborn Bridge）那里都可以通航的"断头河"，河面上横跨着新建的桥，岸边遍布着码头和仓库。这显示了雷恩要将伦敦和泰晤士河从过去洗刷干净的决心。

当时的国王颁布法令说，"我们已下定决心，要在所有的河边地区都建一处优良的港口或码头。"其结果是出现了一份"打造连绵不断的泰晤士河码头"的计划，一个即将在泰晤士河北岸建立的、有关效率与进步的模式——该模式将确立伦敦作为一个"贸易国度"的尊贵地位。它将取代过去河两岸那些混乱拥挤的棚屋和仓库、台阶和小巷。它将从坦普尔（Temple）延伸到伦敦塔，宽度为40英尺（12米）；它将遍布宏伟的建筑——其中新建的海关总署（也是雷恩设计的）将是一个范本；它将代表着泰晤士河整体的改变：在伦敦桥两岸，泰晤士河将被新建筑所俯瞰，这些新建筑反映了一座重新苏醒过来、焕然一新的城市的灵魂。

该计划并没有成功地实现目标。在桥下，出于火灾后立即产生的需求，私人的和未经计划的码头在公共工程开始之前就被建了起来——并不仅仅是为了给在重建初期来到这里的建筑大军提供生活所需及各种物资。重头再来好像也并不实际。雷恩向国王汇报道，桥上到处都被"尖木桩或砖墙、随意搭建的住宅和建筑物、成堆的木头、坯料、柴火捆、煤堆、很多带膳食出租的棚屋、几个大垃圾堆所包围与妨碍着……贝纳德城堡大部分被火烧毁了，但塔楼还耸立着"。

重建工作断断续续并零散进行着，但也有特殊的成就。新建了一座室内鱼贩市场；泰晤士大街被加宽了；唐盖特（Dowgate）和帕德多克（Puddle Dock）建了新的停船码头；布赖德威尔大部分都重建了；

[110] 住宅沿着河边,以一种更有秩序的方式建了起来。泰晤士大街的高度也上升了 3 英尺(0.9 米),以确保抵御水灾——而非火灾。泰晤士河沿岸宏伟建筑的长长名单还可以有所增加,其中最著名的是圣保罗大教堂,它的圆顶用波兰石建成,晶莹闪耀。雷恩像改变伦敦一样改变了泰晤士河。他在切尔西为受伤士兵设计了医院,在格林尼治为海军官兵设计了医院;从某种程度上来说,是他打造了泰晤士河的官方的,或者说是行政生活。

现在它被认为是一条平静的河流,一条不发怒、不极端,通常也不会因为精力过剩而冲出河岸的河。在这一意义上,它变成了这一新王国新天命的形象代表,反对极端主义及对宗派的热情。它与国家的神话融为一体。

第六章

基本的与平等的

生命之水

水是人们非常熟悉但又难以捉摸的,这是为什么人们会以"否定式"来对它加以描述的原因。它是无味的。它是无香的。它很少——如果说曾经有过的话——处于一种纯粹的状态之中。约翰·济慈(John Keats)[①]写在自己墓碑上的墓志铭——"这里躺着一个名字写在水上的人"——是一位相信自己已经消失无踪的人所留下的印记。水是那么神秘。有关水的形象,无论在照片中还是在图画里,从来都没有真正看起来"像"河本身的。直到相对较晚的时候,自然哲学家和科学家们还都认为水是一种不可分割的元素,直到1783年,在卡文迪什(Cavendish)[②]、瓦特(Watt)[③]和拉瓦锡(Lavoisier)[④]

[①] 约翰·济慈(John Keats,1795—1821):英国第二代浪漫派诗人中的代表人物,与拜伦、雪莱齐名。最脍炙人口的作品为《夜莺颂》《希腊古瓮颂》《秋颂》等。
[②] 卡文迪什(Cavendish,1731—1810):英国自然哲学家、科学家,他发现了氢气及氢气作为水的组成部分,将氢气称作"易燃的气体"。
[③] 瓦特(Watt,1736—1819):苏格兰发明家、机械师和化学家,1781年发明了"瓦特蒸汽机"。
[④] 拉瓦锡(Lavoisier,1743—1793):法国贵族、化学家,推动十八世纪化学革命的中心人物。他发现了氧气在燃烧中所起的作用,于1778和1783年分别发现并命名了氧气和氢气,被称为"现代化学之父"。

的共同努力下，人们才认识到水是由氢气和氧气所组成的无机化合物。然而古老的信仰仍然围绕在这种化学分析周围，水中的氧气被认为是"父亲"，氢气被认为是"母亲"。

然而水是所有生命的母体与看护人。它也许是地球上最古老的事物，在漫长的35亿年岁月里，未有任何改变。地球上的海，形成于前寒武纪时期①，在那不可思议的开端之前，地球上连一滴水也不存在。泰晤士河里的水，可能曾从蛇颈龙的后背滑落或是填满过阿基米德（Archimedes）②的浴缸。这是泰晤士河的魔力之所在；它是深厚而古老的力量，是创新的推力与动力；它的流水声是蓬勃成长的生命所发出的声音。"所有液体的世界"，正像亚伯拉罕·考利（Abraham Cowley）③所说的，"是一个被扩大了的泰晤士河"。

水在另一种意义上也是生命的第一元素。子宫里的婴儿，在水的拥抱中生存与发育，在薄膜的囊中成长。并且人体结构主要也是由水组成——穴居人（Neanderthal Man）如此，克罗马农人（Cro-Magnon Man）④也是如此。我们都是同一组织的一部分。生物化学家估测，人类细胞质中盐的成分，有0.9%来自于生命起源的远古海洋之中。我们在生命最初的水中诞生。

"人的体重有60%是水"，这一事实可能可以解释为什么河流被赋予"不可预测""猛烈"等人类特性。有什么能比用清澈透明的水来象征"纯洁"更好的方式呢？这大概也可以用来解释"水"所代表的亲密性；水就像是在血管中流淌着的血液。在"人体中的血管"与"大

---

① 前寒武纪时期：寒武纪（Cambrian 距今5.4—5.1亿年）海洋无脊椎动物大发展，是地球上现代生命开始出现、发展的时期，也被称为"三叶虫的时代"。
② 阿基米德（Archimedes，约公元前287—212年）：古希腊哲学家、百科式科学家，静态力学和流体静力学的奠基人，享有"力学之父"的美称。传说他在浴缸里洗澡时发现了浮力原理。
③ 亚伯拉罕·考利（Abraham Cowley，1618—1667）：十七世纪英国著名诗人。
④ 克罗马农人（Cro-Magnon Man）：又称晚期智人或直接称为智人，因发现于法国克罗马农山洞的化石而得名，被认为是欧洲人的祖先。

地上的河流"这种对比的协调之中,人类与流水之间也产生了一种奇怪的响应。静止不动的水代表着死亡,正像埃德加·爱伦·坡(Edgar Allen Poe)①的诗与小说所表明的。当我们凝视着自己在水中的倒影时,我们是在一种双重的意义上凝视着自己。

水也被认为是万物之母。伊萨克·牛顿(Isaac Newton)②相信"那一稀薄的物质'水',可以通过持续发酵变成更稠密的,构成动物、蔬菜、盐、石头和各种土壤中的物质"。这是为什么有关"纯洁"的传说非常重要,因为"母性"和"纯洁"在有关人类起源的传说中,是一体的。实际上,能够清洁自身是水的特性:河流通过从空气和植物中吸收氧气,以一种活的有机体的方式,来对废物进行新陈代谢,通过氧气"燃烧掉"有机废物。

但从更广泛的意义上来讲,水是一种灵魂上的纯洁。它是这个世界的更新者与保护者。它拯救丑陋。它是健康与力量的源泉。它抚慰人类的感知:碰触起来令人感到清新,看起来令人感到平静,听起来令人感到悦耳。河边的生命与风景好像有一种天然的和谐性——至少在流水和土壤的本性还没有被人类行为所取代的地方。和"白光"一样,水包容万物,是"简单"与"异质"这一对矛盾体的化身。"白光"包含着各种颜色——因此看起来什么颜色都没有;水包含着各种物质——因此看起来是透明的。它是万物之精华,也是空无所有。水可以轻松地与自己的各种变化形式相交流,不费力气就可以成为其中一部分,与之达成一致。

这样说来,水到底是什么?水被人们用来与"时间"、"死亡"和"意识"相比较,但在这一意义上,水既可以比之万物,也是无物可以与之相比较。它具有一种千变万化的外表,形状可以从水变成气

---

① 埃德加·爱伦·坡(Edgar Allen Poe,1809—1849):美国作家、编辑、评论家,以诗歌和短篇故事出名,被认为是侦探小说的发明者。
② 伊萨克·牛顿(Isaac Newton,1642—1726/27):著名英国数学家、天文学家和物理学家,"百科全书式"的天才。

体,再变成冰。无论是固体的、液体的和气体的,水永远都是令人难以捉摸的。当柯勒律治(Coleridge)①在湖区(Lake District)看到一道瀑布飞流直下,他感动地写下如下诗句:"永远变化的内容,永恒不变的形式——它是上帝与世界的一个糟糕的形象与阴影。"然而这种变化性,这种永远"成为"的状态,也是水的生命力的一部分。它也是水的能量与权力的一个方面。水能够抵抗重力向上流;它能够腐蚀并消解最坚硬的金属;它为地球创造了平原和山谷。它并不在障碍面前俯首听命,它可以将山摧毁。一滴雨滴具有2.3磅/平方英寸(0.165公斤力/每平方厘米)的力道;一场雷电风暴可以释放出一颗大的原子弹的能量。

在周围存在辐射、重力、热量与运动的影响下,水永远也达不到完全静止的状态。莱昂纳多·达芬奇在八页对开的纸上记下了"有关水的730条结论",其中有64条与运动中的水有关。他所列出的条目中有"泡沫""奔涌""潜流""汇流地带"等。在当时,他被认为是"水的大师",被防洪、能源和交通等各个领域聘作与水相关问题的顾问。他理解水的威力。

他对漩涡的形成尤为感兴趣——如果问在哪里能发现一个有关水的"小宇宙",那么就是在漩涡里了。流动的河水被称作"水循环圈"——地球的漩涡、生命的循环——的一部分,该过程直到十七世纪中期才被完全证实,它具有"简单"和"和谐"两项优点。水从海洋及陆地上蒸发,然后上升到大气层,变成雨或雪或雨夹雪落下来,为流入大海的河流及水路补充水源。据估算,每年有9.5万立方英里的水进入大气层,其中有8万立方英里是直接从大洋上蒸发的,每年返回大洋的水有7.1万立方英里,其余的降水补充到湖及河流之中或是滋养大地。树和植物当然也是这无止境的循环中的一部分。单是一棵

---

① 柯勒律治(Coleridge, 1772—1834):英国诗人、评论家和哲学家,湖畔诗人之一。他与友人华兹华斯一起发起英国的浪漫主义诗歌运动。

桦树，一天就可以蒸发约 70 加仑（318 升）的水——更大的树每天可以消耗数百加仑的水。一滴水可能在河里待上几天，或者在地下被锁上数十万年，但那滴水并没有消失。它最终将会回归。

[116]

在十八世纪的论文集 Ankographia（希腊语，1743）中，有一幅肯特的手绘地图，这张地图以一个人半跪在地上的样子，来表现河的排水系统。这是一幅令人心生恐惧的画面，这个人看起来就像当地的鬼魂或神灵那样从地面上升起，他拿着一个桶，用这个桶将水倒进海里。

水的这种循环提出了另一个神秘的问题，这问题在《传道书》1:7① 中有着最好的表达："江河都往海里流，海却不满；江河从何处流，仍归还何处。"在这里可以窥见某种神圣的崇拜意味——当人们看到某种不断被填充、应该要满溢的事物却永远有能力接纳更多。万河归一。塞涅卡曾经对河的流动进行过这样的思考："凝视着它们，我们应该对这种生命的源泉流入自身表示敬畏……简单，自我驱动，自我实现……一种超越所有知识的知识，并且总是对自身进行反思，通过自身来反思。""极乐"或是"完美"的形象，更多是在对"循环"，而非永不停歇的运动的冥想中可以找到。泰晤士河自身的运动，在奔向大海的过程中狂野而汹涌，正可以唤起这样的思索。

这是一种有益的循环；这种循环影响了人类对时间与自身命运的理解。无始无终——或者说，开始与结束都无法被明确指出；开始得无声无息，结束得也毫无痕迹。它体现了某种我们也许可以推演至宇宙自身的内部和谐。柏拉图（Plato）相信，人体就像自然一样，遵循着某种有关"循环"的通用法则。生命的过程是一种永远"成为"的状态。所有这些特点都影响着我们对泰晤士河的理解。

---

① 《传道书》：《圣经》中的一卷，以色列国王所罗门年老时的作品，感叹人生之空虚。

平衡之器

[117]　　水是所有平等之物中最伟大的。大家都知道，水寻找一种平均的高度，但这并不仅仅是一种比喻。在河的整个历史中，大家都知道泰晤士河对所有人都是免费的。在泰晤士河边通过的《大宪章》规定，英格兰的河流属于所有的男人和女人。十九世纪的一个议会委员会宣布，泰晤士河是"一条古老而免费的通衢"，公众拥有"在泰晤士河水流过的任何地方行船"的权利。英国君主并不拥有泰晤士河——虽然一些先入为主的想法会以为事实是相反的，——他们最多就和伦敦金融城政府（the Corporation of London）[①]一样，只拥有流过伦敦金融城的那段河流。事实上，泰晤士河不属于任何一个人。

　　无论贫穷还是富有，都可以使用泰晤士河里的水，不管是用来洗澡、清洁、做饭还是饮用。人们对水的需求是如此普遍，它很自然地就被认为是大家所共有的了。1600年的一个小册子，以赞同的态度引用伊斯兰教信仰中所提到的："对真主无偿赐给穷人与富人使用的水，不应该收取任何钱财与费用。"同一时期，泰晤士河成了将伦敦居民团结起来的各种节日的背景。泰晤士河出产的食物喂养着所有人。河畔也是穷人和富人共同的家——豪华官邸和小棚屋简直就是肩并肩并排着。正如1656年威廉·达韦南特爵士（Sir William D'Avenant）[②]在描述泰晤士河北岸时所说的，"这里住着一位大人，那里住着一位染工，两者之间是那些你所能想象得到的最差的地方。"在有关泰晤士河的早期作品中，特纳对沿河岸的巴洛克建筑及附近的水厂和运煤的驳船进行了对比。泰晤士河积极地反对着各种等级制度与阶

[①] 伦敦金融城政府（the Corporation of London）：伦敦历史上的中心城区及金融机构所在地的地方管理机构，即大家所说的"一平方英里"的地方，除与伦敦其他自治镇拥有一样的行政管辖权以外，还代表伦敦金融服务业的利益，其首脑是"市长大人"（Lord Mayor），它可能是全世界最古老的、经选举产生的地方政府。

[②] 威廉·达韦南特（Sir William D'Avenant，约1606—1668）：英国诗人与剧作家。

级划分，因为水是一种融汇与团结的力量，它为沿岸各种身份地位的居民都提供了工作和收益。在十九世纪晚期"划船热"的高峰，河上的水闸和堤坝共同目睹了贵族与伦敦的平民挤在一起，人群中产生了一种被观察者称为"自然而然的兴高采烈"，好像世界原有的价值，在一瞬间被颠倒了。正是河流这种固有的"平等主义"，解释了船夫为什么会用粗鄙的"水语"来对付那些看起来更富有，或是社会地位更高的乘客。

[118]

因此泰晤士河也与各种反抗运动有关。十四世纪晚期，杰克·斯特劳（Jack Straw）①带头反抗理查二世（Richard II）②的苛捐杂税及人头税，这在很大程度上是被泰晤士河河口沿岸村庄，比如马金和万特奇（Vantage）等地的渔夫的不满所挑动的。第一次骚乱在弗宾爆发，据埃塞克斯郡史记载，"全国在（这场暴乱中）牵涉最多的是沿泰晤士河地区"。泰晤士河被卷进了大部分暴力行为。在巴金和达特福德（Dartford）爆发了暴乱起义，在格雷夫森德爆发了纵火骚乱；暴乱者的一个小分队从布莱克希斯行进到萨瑟克和兰贝斯，在那里攻击了大主教的住宅。泰晤士河好像在召唤着自由的捍卫者向前进。出于同样的河的平等精神，泰晤士河上的驳船船夫们，一度被人们称作"自由之子"——虽然是以一种讽刺的口气。

十五世纪时，反对等级学说和教会腐败的罗拉德教派（Lollards）③，在泰晤士河谷很有代表性。他们在马洛、法灵登（Faring-

---

① 杰克·斯特劳（Jack Straw）：1381年英格兰农民起义的三位领导者之一。
② 理查二世（Richard II, 1367—1400）：10岁从祖父爱德华三世那里继承王位，1399年被堂弟（即亨利四世）篡位，在关押中死去。
③ 罗拉德教派（Lollards）：第一批罗拉德派以威克里夫在牛津大学的同事们为中心。1382年坎特伯雷大主教威逼牛津罗拉德派的一些人放弃他们的观点，但这一派别继续扩张。1399年亨利四世即位，标志着镇压浪潮的开始。1414年罗拉德派的一次起义很快被亨利五世打败并进行了残酷报复，标志着罗拉德派公开政治影响力的结束。1500年前后，罗拉德派开始复兴，到1530年，老的罗拉德派与新的新教徒的力量开始合并。罗拉德派的传统有利于亨利八世的反教权立法。

don)、阿宾登、巴斯考特等地都有很稳固的基础，在牛津附近的地区也很活跃。1431年爆发的罗拉德派起义，实际上是在他们最有希望获得忠诚支持的阿宾登地区失败了，但罗拉德派的理念仍然保留在泰晤士河周围地区。譬如，浸礼宗（the Baptist）[①]教徒在过去罗拉德派大本营那里，数量最多。浸礼派运动与泰晤士河的关系——不仅仅是在"洗礼"这一仪式上——体现了在对平等主义信条的拥抱中，泰晤士河所占据的分量。

　　平权派（the Levellers）[②]——十六世纪，在共和党人和民主党人内战及共和国时期所出现的一支队伍——1647年聚集在位于帕特尼河边的圣玛丽教堂，在那里进行了一场"帕特尼辩论"，起草了一份作为新社会契约的"人民契约"。两年后，在杰拉德·温斯坦利（Gerrard Winstanley）[③]的激发下，掘土派（Diggers）[④]在泰晤士河边的沃尔顿进行了一场生活实验，他们宣称自己是"真正的平权派"，并且开垦了位于圣乔治山（St George's Hill）下的公有土地；他们信奉从《大宪章》原则中发展而来的一种原始形式的共产主义。因此可以说，泰晤士河流过所有这些平权主义的运动过程。二十世纪九十年代有过一个短短的时期，一群人在巴特西的河边建了一座村庄，取名"土地与自由"，遵循公社平等及生态公正的法则——可以说他们是在响应一种古老的召唤。

---

① 浸礼宗（the Baptist）：十七世纪从英国清教徒独立派中分离出来的一个主要宗派，特点是反对婴儿受洗，坚持成年信徒才能接受浸礼，其施洗方式是全身浸入水中。
② 平权派（the Levellers）：英国内战期间出现的政治运动，强调人民主权论、扩大选举权、法律面前人人平等、宗教自由等理念，内战结束前失去其政治影响力。与掘土派的差异在于平权派不推崇共同所有权。
③ 杰拉德·温斯坦利（Gerrard Winstanley，1609—1676）：英国新教宗教改革者、活动家，掘土派的创始人之一。
④ 掘土派（Diggers）：新教徒中的一个极端团体，推崇共同所有权，想要通过建立小而平等的农村自组织改变当时的社会状况。他们自称"真正的平权派"，但同时代人称他们为"掘土派"，因为他们占领公共用地，推倒篱笆，填满沟渠，开始在上面种植庄稼。

在河上,你能感受到一种"自由"的感觉。泰晤士河好像鼓励对身份的消解。它鼓励各种形式的集体狂欢,譬如,在某些异常寒冷的时期,在结冰的泰晤士河上所举行的"霜冻节";此时伦敦各阶层及四面八方的人都在河上聚集:

> 径直走来了一个非常滑稽搞笑的人,妓女的儿子,
> 他开玩笑地将一位绅士撂倒了。

阶级差别在走向泰晤士河的过程中好像逐渐消失了,即使河是处于一种冰冻的状态之中。数个世纪以来,泰晤士河一直是自由的象征。陆地上的所有划分与区分都被冲刷和抹掉了。正如理查德·杰弗里斯在《现代泰晤士河》(*The Modern Thames*,1885)中所说的,"在泰晤士河上,人们按照自己的愿望行事,那里好像完全没有任何法律——或者至少没有权威来强制执行,如果法律存在的话。"平底船的船夫们对法律一无所知。他们认为自己跟沿河流浪的吉普赛人一样自由。各种以泰晤士河为主要活动场所的小偷小摸和走私者们,都真诚地认为他们没做任何错事——这就是为什么"河流警察"/水警的设立引发了他们的愤怒。直到今天,让河上的某人停止做某事仍被认为是一种带有冒犯意味的举动。英格兰历史上的一些最激进的举动,1797 年的水手起义——也被称作"诺尔兵变"[①]——以及 1889 年的码头工人起义[②],都在泰晤士河上发生。泰晤士河是自由的地带。

---

① "诺尔兵变"(Nore mutiny):诺尔是泰晤士河口一处可以停靠的沙岛。诺尔海军兵变是 1797 年发生在英格兰的一系列兵变中较暴力、具有较多政治诉求的一起。
② 码头工人起义:爆发于 1889 年 8 月 14 日,以十万罢工者的胜利及在伦敦码头工人中建立强大的工会组织而结束,该罢工被认为是英国劳工运动中的里程碑,标志着与原有行业工会形成对比的、以非技术型与低工资的工人为主的新型工会的成长,让大众开始关注到维多利亚时期英国的贫困问题。

第七章

工作的河流

河之舟

摆渡船、叮当船（clinkers）、货驳船、居家船和小划艇、游艇和电动船、翘尾船和双桅船、钓鱼船和钓鳗船、平底船和内河船、驳船和蒸汽船、兽皮船和独木舟……这些船过去是用橡木、桃心木和云杉木做原料，连接处是用铜、环箍处是用铁制造的。它们在泰晤士河上航行，从远古至今。

当小圆舟在印度的某些河岸下水时，要以一头羊献祭并将羊血洒在新船上。过去在马德拉斯（Madras）[①]，会将一只南瓜放在新船龙骨底下，在它下水的过程中被碾碎——南瓜在这里是人头的替代品。过去所罗门岛的岛民，习惯在每一艘新造好的独木舟的船头，放上一个被杀死的敌人的头颅。我们已经注意到泰晤士河与"头"之间的联系，因此不能排除英国也有着这一习俗的某种变体。这跟打破一瓶香槟酒的习俗可能相去不远——人们会说香槟的"脖子"被打断了；现在新船下河时，仍能看到类似的某种仪式。在它们开始自己的水上航程以前，它们接受人们的祝福与崇敬。

---

① 马德拉斯：我国称之为"金奈"（泰米尔语:Chennai），南印度东岸的一座海港城市，泰米尔纳德邦的首府，印度第四大都市。

长期以来，平底驳船是泰晤士河上航行的大多数船只的"样板"，但它们对其基本结构会有一些改动。譬如说，维京人带来一种"叮当船"样式的船只，至今还在河上使用；"叮当船"是一种外部船板交错构成的船只。大的原木船，也被称作"挖空船"，可以追溯到撒克逊人时代，其中有一些极有可能是被当作渡船使用。这样的船需要吃水浅。原木船后来发展成方头平底船，平底船扩大以后变成了大家熟悉的、在泰晤士河上行驶着的方方"西部驳船"，因此，现在在牛津和剑桥被用作交通工具、样子简单的撑篙平底船，其实是一种年代久远、人们过去工作用的船。"彼得船"也可以声称自己年代久远而神圣，它是一种打渔船，以渔夫的守护圣人"圣彼得"命名。

　　从河床上曾打捞上来大体设计差不多的中世纪船只。一艘大船和一只小"运货船"在相隔不远的地方被发现，大船载着谷物及其他物品，小运货船载着石头。很有可能它们是在一次撞船事件中沉底的。还发现了中世纪的商船——其中一些配有桅杆和船桨，另一些被称作"柯克船"，有着方形的船帆和高高的船挡。根据劳拉·怀特（Laura Wright）[①]的《伦敦英语的起源》（*Sources of London English*，1996），泰晤士河上发现了约28种中世纪的船只，有货运船和被称作"木匠船"的人们工作时用的船，有运石头用的船，有渔夫用的船，有往返于海峡间、船帆为方形的船，有商船，有运货用的、被称作"绍特"的平底船。"绍特"的名字可能来自十四世纪中期荷兰的钓鳗船，这个名字实际上直到二十世纪三十年代还在使用，显示了荷兰人对泰晤士河上船只的影响。

　　因此泰晤士河上的船从这些古老的源头漂流而来。1514年的一条法令宣称，"使用驳船或摆渡船在河上行驶，是一项值得赞赏的习惯或是古已有之的做法。""古已有之"是一种惯用语，意思是比任何人能够记得的都更久远。驳船是泰晤士河上人们最熟悉的一种船，它

[①] 劳拉·怀特（Laura Wright）：执教于剑桥大学英语系，研究伦敦方言的历史。

是那些曾经航行在泰晤士河上的史前船只的变体。它跟"平底货船"是同义的。1859 年的一项议会法案规定,驳船船夫是"在内河船、驳船、轮船及其他类似船只上工作或接受雇佣的人"。驳船是泰晤士河的役马,强健、可靠、容量大。据说以它们的吃水量,在露水多的时候它们可以航行到任何一个地方——或者任何一个鸭子可以游泳的地方。确实,在泰晤士河上游,它们常常需要与最浅的水打交道。它们甚至可以抵达靠近源头的恩舍姆那样的地方。

它们运载着各种你能想象得到的货物,从石头、小麦到黄油、肥料和火药,甚至还运载信件。船员通常包括两名成年男人和一名男童。它们中最大的可以运载 200 公吨(203 长吨)[①]货物,但其通常的运载量在 60—80 公吨(61—81 长吨)之间。根据体型大小,泰晤士河中上游流域的驳船依次被称作"西部驳船"、"小艇"和"小舟"。平底驳船被人们称作"哑驳船",可能是因为它们没有船帆的缘故。过去还有一种没有顶棚的"矮船",以及被称作"丰满美人"的、运干草的驳船,还有在河口附近航行的、被称作"大平底船"的驳船,但这个名字主要用于马盖特(Margate)[②]地区。"马盖特平底船"作为运输工具,后来变得很出名,大家都认为它的设计来自于当初抵达黑斯廷斯(Hastings)[③]的诺曼人的船只。然而并不是所有人都欣赏这些船。1637 年的一份记录这样评论道:"这些大平底船,就像坟墓一样,消灭了所有差异,无论一个人的社会地位是高是低,富有或是贫穷,疾病或是健康,都被毫无区别地混在了一起……我是不会向精致的女士推荐这种船的。"

---

① 1 公吨(tonne/metric ton)= 1000 公斤,而在英美,吨(ton)不大一样,1 吨(ton)= 1016 公斤(英)或 907.2 公斤(美)。
② 马尔盖特(Margate):英国东南部肯特郡的一个海边城镇,旅游胜地,距离伦敦 104 公里。
③ 黑斯廷斯(Hastings):英格兰南部海岸萨塞克斯郡的城镇,距离伦敦 85 公里。1066 年 10 月 14 日法国诺曼底公爵威廉在这里打败英格兰军队,开始"诺曼征服",随后于 12 月 25 日加冕成为英格兰国王。

有一些版画描绘了驳船被绳子拖着穿过空旷的河边的场景。绳子被紧紧绑在桅杆顶部,以避开河岸上的障碍物,往上游的旅程通常需要用两匹马。版画里的一些驳船还装有小型铁烟囱,可能意味着它们已经屈服于前进的脚步,开始使用蒸汽了。实际上,这些烟囱是为船夫生火做饭时冒出的烟而准备的。

伦敦渡口,1684

当时有各种各样大小不同的驳船,以应对周边不同的河流状况。但船帆颜色都是红褐色,这种色调是将鳕鱼油、红赭石、马的脂肪和海水按一定比例混合而成的,它变成了泰晤士河的颜色,在上千幅画作中都可以看到。这些驳船通常涂着华丽的油漆,通过各种颜色与装饰来强调自己的与众不同。它们以无比的坚忍走过了一千年,然后与自己船上的帆一样,渐渐与落日融为一体。十九世纪末,有大约 2500 艘驳船在泰晤士河上从事贸易活动,现在只剩下 20 艘左右。

数百年来其他为人熟悉又受欢迎的船是舢板船,以其船体之浅及拥有较宽的船尾和陡峭的船首而惹人注目。它以木板交叉的"叠式构造"法制成,通常还有可以在上面刻上船的名字的木制龙骨。从工艺上来讲,它是一种"三人划"的渡船,因为它可以容纳三个人同时划桨,但实际上划船是通常表现得傲慢无礼的船夫一个人的特权。它的长度约为 26 英尺(8 米),宽度超过 5.5 英尺(1.6 米),能够容纳 6—8 名乘客——虽然在很多情况下它都是超载的。"搭对橹"意味着由一位船夫划船,"搭对桨"意味着由两位船夫划船。除了乘客,它们也被用于运载较轻的货物，还常在河的不同地点被用作摆渡船。它们确实移动得很快，1618年威尼斯大使的秘书写道："舢板船在河上往来显得如此轻松，令大家都很吃惊。"现在只有很少的——如果确实还有的话——舢板船仍在泰晤士河上运营。

穿过泰晤士河最古老的方式是乘坐摆渡船。过去有只供乘客使用的"舱位渡船"，也有既可搭乘牲畜和货物，也可搭乘乘客的"通航渡船"。泰晤士河最古老的渡船之一——搭载着动物和旅行者从位于沃克斯霍尔的河北岸一直开到兰贝斯——至今仍被珍藏在"豪斯法利路"（意思是"一条运马的渡船所走的路"，Horseferry Road）这一名字之中。格林尼治还有一个叫"豪斯法利渡口"（Horseferry Place）的地方，船夫在那里接了乘客，送到位于狗岛的东法利路（East Ferry Road）。肯特的伊里斯和泰晤士河北岸之间的渡船，最早在十一世纪初就有记载，1933年，福特汽车公司为了它在伊里斯和达格纳姆（Dagenham）之间的汽车工厂之间的运输而收购了这条路线。位于金融城的唐盖特和对岸的萨瑟克之间，过去也曾有过摆渡路线，直到十三世纪初人们在那里用石头建起了伦敦桥。库克姆过去曾有过不少于四条的渡船路线，特威克纳姆的渡船则被人们在歌声中加以歌唱：

> 啊嘿，哎呦，谁在等渡船啊？
> （石楠木绽出花苞太阳正在下山），
> 我将为你快快地划，我将为你稳稳地划，
> 只需一便士就可以到特威克纳汉姆了。

一个便士可以走很长的路。1751年10月23日的《伦敦每日广告》（*London Daily Advertiser*）报道说，"昨天一辆四轮马车和四匹马在特威克纳姆渡口上了船，马受了惊吓跳进河里，马车被拖在后面。"

至今仍保留着的蒂尔伯里及其对岸之间的渡口，已有数千年的历史。海厄姆沼泽（Higham Marshes）所残留的堤道遗迹，显示罗马人

对当地史前居民所使用的古老通道进行了改善。从海厄姆到东蒂尔伯里的渡口，是克劳迪乌斯皇帝为了步行旅客及牲畜的方便，在公元48 年下令修建的。这条航线在十六世纪时，被一条从格雷夫森德到蒂尔伯里堡（Tilbury Fort）之间的航线所延续。这条航线被称作"短河渡"，"长河渡"则是指从格雷夫森德到比灵斯盖特之间的航线。

伍利奇至今还有免费的轮渡服务，始于 1889 年。汉普顿和特威克纳姆也都有轮渡服务。巴布洛克海斯的渡口已经有七百多年的历史了，这个名字 1279 年第一次在记载中出现时，就是被作为渡口提到的。

渡船船夫通常是很有吸引力、或是能带来安全感的角色，很多都是年纪较大的人。1605 年，曾有一项有关亨利·狄波（Henry

克利夫登渡口（Cliveden ferry），1885。
摆渡是穿过泰晤士河最古老的方式。从蒂尔伯里（Tilbury）到对岸的渡口，从史前就已经开始使用。渡船船夫本身已经成为神话般的人物。

Dible)——基尤的一位"老渡船船夫"——的记载。在弗雷德·萨克对泰晤士河的研究著作《泰晤士河通衢》(1914、1920)中,列举了135位渡船船夫稀奇古怪的名字。他们从事的是一项赚钱的营生,通常在家族内部世代相传。他们的"古老性"也许在某种程度上反映了他们曾经受到的尊敬。渡船船夫是神话中的角色。譬如在美索不达米亚传说中,一位名叫阿拉德·埃亚(Arad-Ea)的船夫带领人类的灵魂穿过死亡的河流;在埃及神话中,穿越百合湖的渡船船夫必须得到某种好处——如果一个人的灵魂想要抵达"生命之岛"的话。在希腊神话中,船夫卡戎(Charon)是夜神尼克斯(Nyx)的儿子,他将死去的灵魂摆渡穿过冥河。为了感谢他的服务,希腊人在死者尸体的嘴巴里都要放上一枚硬币。他的形象通常被表现为一位老人,愁容满面。他是神秘世界的守护人、地狱的搬运工,是带领我们穿越死亡的向导。卡戎的形象可能确实是某种古老仪式的变体——当死者的身体被放到河水中之时。泰晤士河的船夫们继承着丰厚的遗产。

愉悦的桥梁,黑暗的隧道

在拉迪亚德·吉卜林(Rudyard Kipling)[①]的诗集《河的故事》(The River's Tale,1911)中,有几节关于泰晤士河的诗句是很贴切的: [128]

> 从塔桥到基尤的 20 座桥
> 都想知道泰晤士河所知道的故事
> 因为它们很年轻而泰晤士河很古老
> 而这就是泰晤士所讲述的故事……

在泰晤士河所存在的、可以一直追溯到无法想象的过去的广袤岁

---

① 拉迪亚德·吉卜林(Rudyard Kipling,1865—1936):英国小说家、诗人,1865年生于印度孟买,1907年获诺贝尔文学奖,是第一位获得该奖项的英文写作者。

月里，这些桥确实很"新"。它们在人类占领的后期才出现在这片疆土之上。

泰晤士河上有 106 座桥。在非潮汐河段上有 76 座，高度从 7 英尺（2.2 米）到 32 英尺（9.7 米）不等；在涨潮河段有 30 座桥，其中最雄伟壮观的是位于达特福德的伊丽莎白女王二世桥，高度在 180 英尺左右（超过 54 米）。涨潮河段上还有 9 座铁路桥和 19 座供车辆使用的桥（大多数也可供行人使用）。

泰晤士河上现存最古老的桥是新桥（New Bridge），位于温德拉什河汇入泰晤士河的交汇处，大约建于 1250 年。莱德考特那里有一座桥，建造的时间比它要早 1/4 世纪左右，但那座古老的桥现在跨越的是一条支流，而不是泰晤上河本身。最新的一座桥是连接圣保罗大教堂（St Paul's）和泰特现代美术馆（the Tate Modern）的千禧桥（the Millennium Bridge），建成于 2000 年，但直到 2002 年才对公众开放。

有砖砌的桥和铁制的桥，有多拱洞的桥和单体跨越的桥，有石头砌成的桥和木制的桥，有吊桥和悬臂桥，有连接村庄的桥和连接古老道路的桥，有标志着支流汇入的桥和标志着堰坝出现的桥，有收费的桥及作为铁路连接段的桥。

伊顿有一座曾经跨越泰晤士河的桥，可追溯到公元前 1400—1300 年之间的青铜器时代。它的木头桥墩相互之间的距离超过 8 英尺（2.5 米），从桥两岸开始分布，在目前弃用的一条河道里被发现——当时这条河道曾是河水奔流的一部分。后来在铁器时代，同一地点又建了一座桥。在沃克斯霍尔的泰晤士河里发现了一段青铜器时代的木结构，被认为当初是一座桥或是码头防波堤。20 根巨大的原木柱排成两行，有一些摆成特定的角度朝向彼此。可以说，泰晤士河上的桥有着古老的根基。

在科技还没出现之前，古代的河岸居民通过搬大石头来过河。我们可以想象他们将大块岩石扔在河里，以形成过河通道。这样做有可能会激怒神灵，但自然发展的需要引领着他们向前。木桥的建造是对

目前有9座铁路桥横跨泰晤士河。位于德特福德（Deptford，上图）的格林尼治铁路桥落成于1836年。千禧年步行桥完工于2000年，于2002年向公众开放，是泰晤士河上众多桥梁中最新的一座。该桥连接着圣保罗大教堂和泰特现代美术馆。

未来有着重大影响的事件：这是反抗——或者说是"改变"——自然世界的一种方式，甚至可以说它是驯服泰晤士河的一种方式。因此泰晤士河的守护神及神灵们必须要得到满足。新桥落成的时候，人们总是要举行各种仪式并进行献祭，在桥上放置神龛、贡品和小礼拜堂——桥自身也变得神圣了。人们常说罗马人对神职人员的称呼"大祭司"（pontifex），来自词根"桥"（pons），因此神职人员是因为在桥上举行各种仪式而得名。普拉塔克（Plutarch）[1]在他的《希腊罗马名人传》（*Vitae Parallelae*, 100）中写道："他们在桥上所献祭的贡品、拉丁语称作'Pontem'的，似乎是被看作最神圣、历史最古老的。据说这些神职人员也接受人们的委托，要保持桥的完好，这是他们神圣职务中最责无旁贷的一部分。"桥还有另外一种同样灵异，但体现的是"神圣的恐怖"的意思。在成千上万的民间传说中，魔鬼与桥也有着某种关联。在瑞士有关"魔鬼之桥"的传说中，魔鬼同意帮助一个人在安德马特（Andermat）建一座跨越罗伊斯河（Reuss）的桥，如果他可以拥有在桥上走过的第一个生灵的灵魂的话——桥上走过的第一个生灵是一条狗。

十四世纪时，意大利锡耶纳（Siena）的凯瑟琳[2]，引用了当时已是众所周知的一句比喻——当进入天堂之路被亚当的不顺服所打破以后，上帝用自己的儿子建了一座桥。这座桥，所有真正的基督徒必须要穿过……它从地球上直达天堂。桥可以被用来穿越死亡，进入永恒的生命——就像在古老的异教传统中，穿过河流是一种从生命到地狱死亡之所的神圣方式一样。桥下动荡的河水被凯瑟琳看作是"艰难生命中的难处"，流水会逝去而桥仍将坚固耸立。河水是易变而自视甚高的——"河水轻快流淌，拒不服从任何人"——而桥则以基督徒的虔诚与美德坚强耸立。是凯瑟琳的天才将流传在民间的古代信仰打造成了鲜明有力的比喻，在这一信仰中，河流被认为是危险且善变的神灵的家园。

这就是为什么"造桥"被认为是一项神圣的工作。造桥者受到欢

---

[1] 普鲁塔克（Plutarch，46—120），用希腊文写作的罗马传记文学家、散文家，柏拉图学派知识分子。传世之作《希腊罗马名人传》是一部体例松散的古代史，开西方传记文学之先河，对之后两千年的西方哲学、史学和文学产生重大影响。
[2] "锡耶纳的凯瑟琳"（1347—1380）：意大利多米尼克派修女，1939年起成为意大利两位守护圣人之一，1999年起被罗马教皇宣布为欧洲六位守护圣人之一。

呼拥戴，因为他们帮助人们驯服了异教那尚未完全离开的神，造桥这一工作因此就伴随着很多放纵与虔诚的见证。在利兰 1540 年的《旅行见闻》(Itinerary)中，我们看到如下诗句：

> 另一项被祝福的事业是造桥，
> 那些桥，不经历艰难困苦的人可能不会被允许通过。

莱奇莱德的庄园主伊莎贝拉·法拉丝（Isabella de Ferrers），为那些参与造桥的人建了一座救济屋，后来这座房子变成了施洗约翰小修道院。周围地区的僧侣组织通常都会被要求承担维护离他们最近的桥梁的责任。过去有一种针对所有主要桥梁的收费机制，以保证修道院院长们，不论男女，都不会因为要承担这项任务而囊中虚空。现在只保留着两座收费桥梁，一座在斯温福德，一座在惠特彻奇，作为一种古老的——可能也是不受欢迎的——习俗的残留。十九世纪初期，每位过桥的行人要花 1 或 1 个半便士，一辆四轮马车——譬如有车篷的那种——要花 1 先令，"一条拉手推车的狗"要付 3 便士。

对桥的基督徒式的尊崇还有另外一面。虔诚而富裕的市民，常常在遗嘱里留下有关建桥的遗赠。譬如，十五世纪早期在阿宾登建的那座桥，大部分是因为遗赠而建成的。彼得·贝西尔斯爵士（Sir Peter Bessils）从他位于桑德福德的采石场捐献了建桥所需的石头，杰弗里·巴伯尔（Geoffrey Barbour）则捐献了 1000 枚苏格兰银币（marks）[1]；两人都在当地留下了一定产业，以提供维护桥梁所需要的费用。阿宾登当地的羊毛商人也捐了钱。桥上的石头小礼拜堂建成之时，也就是基督徒的奉献和敬虔终告完成之日。

在桥上兴建宗教性建筑物的习俗由来已久。实际上，有很多小礼拜堂和圣坛既是为疲倦的旅行者提供慰藉，也是为新教堂募集资金而

---

[1] Mark：旧时的苏格兰银币，面值为 13 先令 4 便士，亦作 "merk"。

设计修建的。在有些地方，桥实际上是从礼拜堂中间穿过的，以至于来做礼拜的信徒与讲道台和阅览桌之间隔了一条通道。伦敦桥（London Bridge）的小礼拜堂建在一个桥墩里，向下一直延伸到水边。在泰晤士河北岸，在这座中世纪桥梁的桥头那里，矗立着殉道者圣马格纳斯（St Magnus the Martyr）教堂，也被称作"St Magnus Ad Pontem"。雷丁桥（Reading Bridge）的中点位于河中间的一座岛上，"圣安妮桥上小礼拜堂"（St Anne）就被建在那里。位于亨利镇的那座桥旁边的天使旅店（The Angel Inn），曾被称作"桥上天使"，据说是为了纪念过去建在桥上的一座小礼拜堂。根据利兰的记载，十六世纪时，卡弗舍姆桥（Caversham Bridge）北端耸立着"一座石头砌成的古老而美丽的礼拜堂，其右面的根基因受泰晤士河水的不断冲刷而收缩了"。这里当时保存的圣物中有一段犹大（Judas）用来上吊自杀的绳子以及"杀死圣爱德华（St. Edward）①的那把匕首"。很难解释为什么一座桥上的礼拜堂会有这么多神圣的物品，在这一点上能与之相匹敌的只有伦敦桥上的圣托马斯·贝克特教堂了。很有可能除了那些最小的及最偏远的，每座桥都有自己的礼拜堂。这些礼拜堂在怀疑论盛行或是更为"革命"的年代中被推倒，石头遭周围人掠夺——"宗教改革运动"无疑也是其中一个重要原因；它们再也没能被重建。桥与"神圣性"的联系也因此长期以来被遗忘了。泰晤士河不再是一个强有力的神。桥两端各拥有一座教堂，在这一点上帕特尼桥（Putney Bridge）可能是独一无二的。

过去，很多桥中间的桥拱上往往还有一个凹槽，里面放着一个作为标记的石头十字架。这些凹槽大得足够统领整座桥，也不受人们的涂鸦及乱写乱画等行为影响。莱德考特桥（Radcot Bridge）上过去就有这样一个十字架，现在十字架已经被移除了，但凹槽仍在——直到

---

① 圣爱德华（St. Edward，约962—978）：975年继承英格兰王位，978年被谋杀，东正教、罗马天主教和英国国教都追认他为圣徒。

二十世纪早期，儿童洗礼仪式还经常在那里举行。利兰抄录了戈斯托石桥上曾镌刻着的一首诗：

> 路过并进行祈祷的人，
> 对这一象征拯救的符号祈祷并表示尊敬。

"对象征拯救的符号进行祈祷并表示尊敬"——这些诗句意味着过去这里曾有一个十字架。现在新桥落成时，人们仍举行仪式性献祭，通常是用一套新铸造的硬币。这是献祭贡品的现代版本。

桥有着某种慰藉人心的东西。它们是令人安心的。它们代表着欢迎。它们是人类行为过程与目标的代表物。它们忍受了数以百万计的脚步，因此已经被时间证明是神圣的了。在桥上休息时，人们倾向于采取同一种姿势——身体稍微向前倾，手臂放在栏杆上，朝水面看去。桥穿过空虚，鼓励流浪者继续向前；它们横跨危机四伏的水面，打造了一个庇护所。这就是为什么出现了一种被称作"桥上隐士"的传统——离群索居者住在桥洞或桥上棚屋里向人们乞讨救济。阿宾登的桥上，过去曾住着一位"隐士木匠"，负责桥梁结构的安全与维护，住在桥上小礼拜堂对面的"隐士居所"。负责照顾威特尼"新桥"（New Bridge）的隐士，住在离桥最近的斯坦德里克（Standlake）村的尽头。1462 年，这里的隐士托马斯·布里奇斯（Thomas Brigges）——这个名字的意思是"桥上的托马斯"——从爱德华四世（Edward IV）[①]那里得到了一张许可证，允许他向旅行者征讨"他们的美意与帮助"，以从事桥梁维护工作。在牛津的福利桥（Folly Bridge）附近，曾有一栋"美丽小巧的石头建筑"，隐士们花一生的时间在那里祈祷，他们的主要工作就是在永恒的盼望和对死亡的期待中，不停地为自己挖

[①] 爱德华四世（Edward IV, 1442—1483）：英格兰国王，1461 年至 1470 年，1471 年至 1483 年在位。

坟墓,挖好之后再填上。1423 年,另一位桥上隐士理查德·拉德洛(Richard Ludlow)也获许住在梅登黑德的桥脚下,过一种安静虔诚的生活,通过募集施舍来保护这座桥。这些隐士变成了一种对朝圣者及救赎的隐喻。流浪者也可以在桥那里找到安慰:他们常常睡在桥下——甚至是桥上面。十九世纪时,伦敦城里的那些桥,是数百名夜里无处可归之人休息的地方。1846 年,有报告声称金斯顿桥(Kingston Bridge)"夜里被流浪汉和最恶行恶状的人占领了"。有可能他们是在寻求庇护。

泰晤士河上桥的数量超过了任何与它差不多大小的河。出于必要,它们上千年以来都保持着同一形式——它们可能是除了河以外,河流景观中唯一没有变化的部分。譬如说,在军事堡垒已经永久消失了的地方,它们还存在着。新桥和莱德考特桥从中世纪时就已经站在那里了,并且毫发无损地保存到现在。

最早提到泰晤士河上石桥的资料是在公元 958 年,埃德威格(Eadwig)国王①赐予其手下的大乡绅埃德里格(Eadrig)"先是到石桥,然后从石桥沿泰晤士河向东直到'国王的磨刀石'(King's Hone)的居民土地边界"。"国王的磨刀石"现在的名字是"金士顿巴格皮尤兹"(Kingston Bagpuize),石桥所在地就是现在莱德考特桥的所在地。十世纪的工匠还没有掌握建造拱桥所必需的技巧,因此这座石桥很可能是将大石板搭在砖石垒成的宽大柱子上而建成的。该桥后来在十三世纪早期时被重建——应国王约翰 1208 年所下达的命令:"我们的兄弟阿尔文(Alwyn)带着人和材料负责莱德考特那座桥的修建工程。"

石拱桥的历史实际上可以追溯到十三世纪早期。它们中最早的一座——伦敦桥——建成于 1209 年,随后在莱奇莱德建了圣约翰桥(St John's Bridge)。在那之前,泰晤士河上主要是木头桥——将大柱子和树桩立在河床上,然后将大块原木搭在上面而成。冬天的洪水常常会

---

① 埃德威格(Eadwig,约 941—959 年):即爱德威(Edwy),955 年继承英格兰王位。

毁了它们，它们也几乎永远都处于一种"失修"状态之中。直到十九世纪，马洛、库克姆、温莎、梅登黑德、斯泰恩斯、彻特西、汉普顿和金斯顿等地仍都保留着木板桥。直到十九世纪中期，卡弗舍姆那里的桥还是一半用木头、一半用石头建成的。

[134]

十三和十四世纪是石头的伟大时代——对泰晤士河上游来说，尤其如此。当地本来就有很多石头。然而只有僧侣及与僧侣有关的泥瓦匠们掌握着造桥的必要技能。事实上，石桥的建筑方法与当时大教堂的建筑方法出奇地相似：将圆拱形石头摆在墩柱上，跨越墩柱之间的开口。这些桥与哥特式教堂的拱门及牧师会礼堂的拱顶都很像。

然而泰晤士河所有的桥中，最有名的一座一定是伦敦桥。它是所有桥中最常被人提起的，是伦敦城宏伟的通衢。如果我们能以澳大利亚土著人的方式谈"歌之路线"或是"梦之路线"，那么"伦敦路线"应该就是由这条过河通道所代表的。它是一条有关人性的巨大绳索。它打造了一条有关人类的巨大洪流——浓缩而无以计数——一条与泰晤士河相呼应的洪流。在这条短短的通道上，车辆和人群被海洋的潮涌带到了一起；风与尘土，车辆的声音与海鸥的叫声，被带到了一起。

不像在过去的那些岁月里，伦敦桥上目前没有任何建筑。行人被头顶的天空和脚下的河水所环绕着，他们被包裹在无限之中。他们变得脆弱而精细，仿佛是过路的灵魂所进行的一场悬置在天地之间的朝圣之旅。在桥上通过的是形形色色、彼此之间互不相干也毫无共同之处的人。他们聚在一起但各不相干，他们各自带着忍耐、欢喜、痛苦或心不在焉的表情。伦敦桥是所有桥中最能引起人们兴趣的，它在很多作家与艺术家心中唤起了幽灵或是梦一般的想象。

这里可能曾经有过一座超越了人们的记忆的桥。大家都很熟悉也经常引作"事实"的是——罗马人在这里建了第一座桥，但我们没有理由认为在那之前就住在河两岸的不列颠部落，会忽略这么一个有利位置。我们能够确定的是，在我们听说"伦敦"以前，这里已经有一座桥了。这就是说，这是一座已经矗立了两千多年的桥。它有着各种

[135] 不同的样貌。在这段河上，桥来了又去，建起来又被拆除，不堪重负又不断并被重修。无数代人从它身上走过，未曾考虑过它的前生与未来。在《荒原》中，T·S·艾略特凝视着在伦敦桥上穿行的人群，发现这是一段有关死亡的赋格曲。

　　罗马时期所建的那座桥，主要目的可能是为了运输货物或行军需要，而不是为了方便行人。它的上部结构是木头。1834年，一些体型笨重巨大的橡木桩子从河里被打捞上来，它们都"穿着"只有罗马人能够制造的、硬铁制的"鞋子"。十九世纪初，在拆除那座中世纪古桥时，发现了纵贯整个罗马占领时期的罗马钱币的样本。由此可知这座桥过去一直在被使用，并且迅速成为整座岛的商业中心及不列颠岛与欧洲大陆的交通枢纽，它是一条通道，也是一个界标，是英格兰自身的一个节点。城市围绕它开始聚集，重要的商业与交通要道在泰晤士河两岸开始出现。伦敦的发展因此是由这座桥所决定的，它代表着伦敦金融与商业生活的中心。

　　现在通常认为，先后有过三座罗马时期的桥跨过泰晤士河。第一座建于公元40年代，在目前那座桥南端的河岸，与鱼路山（Fish Street Hill）相连。然后是公元85—90年间在布丁巷（Pudding Lane）所建的一座临时性的桥；公元100年左右，第三座，也是更具永久性的桥，在第一座桥的原址被建起来，采取了更坚固的流行做法：下面是石墩、上面是木桥板；一条大路开始从桥那里一直伸展到鱼路山，沿着现在的格雷斯彻奇街（Gracechurch Street），直抵伦敦的巨大广场的入口。这座桥在倒下之前供人们使用了约230年。公元290年左右制造的一枚纪念章，展示了泰晤士河上的一艘战舰和位于这座桥两端的门楼。研究"罗马时期的伦敦"的学生认为，过去桥上还有几座神龛或是祭坛，人们在那里为河神与海神献上虔诚的祭礼。在罗马，桥梁建筑学院每年五月都会举办穿过苏尔比色斯桥（Sulpicius Bridge）、[136] 将各种雕像扔进台伯河（the river Tiber）的仪式性活动。类似的朝圣之旅在伦敦桥上举行，并非完全不可想象。

第七章 | 工作的河流

河上的桥是泰晤士河最持久的人类特征。目前有106座供行人使用的桥横跨河两岸。桥的历史可以追溯到青铜和铁器时代,在那以前,大块的岩石被扔在河里作为过河通道。上图:旧的伦敦桥,约1630年。下图:新伦敦桥落成,1831年。

我们无法准确知道撒克逊人建第一座桥的日期。公共记录中最早提到它是公元 730 年，当时有一个女巫被人们从桥上扔到河里，淹死了。公元 994 年的一份资料里，提到有一座长而低的木桥，由刀斧砍凿的厚木板搭在桥桩上而成，有可以移动的平台——这样撒克逊人的船只就可以通过它，继续朝西航行。据说这座桥曾阻挡了丹麦斯维恩国王（King Sweyn of Denmark）[①]的进一步入侵。实际上，这座桥各个阶段的历史都很不确定。伦敦的一些历史学家认为，十世纪末为先发制人应对丹麦侵略者，撒克逊人在这里建了一座桥；另外一些专家则认为是萨瑟克的牧师教士团在这里建了一座桥。

我们唯一可以肯定的是，那是一种两侧搭着一排排肮脏的棚屋、看起来并不稳固的结构。桥面足够宽，可以让两匹四轮马车擦肩而过——也就是和伦敦主街道的宽度一样——但桥上充满了各种熙熙攘攘的生命。流动小贩和商人们在桥上摆摊售卖，以至于这条窄窄的过道变成了伦敦的另外一个市场。桥上还挤着待售的牲畜和卖粮草的马车。这些景象在《盎格鲁－撒克逊编年史》（Anglo-Saxon Chronicle）中经常被提及，在与奥拉夫·哈拉德森有关的长篇史诗中也有着引人注目的描述。

1014 年，奥拉夫率领挪威舰队逆泰晤士河而上，想要帮助英王埃塞雷德和英格兰人击退已经抵达伦敦的丹麦侵略者。但奥拉夫受到丹麦军队的阻挠，他们带着武器和弹药集结在桥上。史诗记载道，桥在"顺着河流的方向"也有塔楼和木制骑墙守卫着——这证明了桥既能被用作防御工事，也能被用作交通要道。奥拉夫让人用盾牌和遮挡从上面掩护划桨手，成功使船队行进到桥底下，然后派人在桥墩上绑上很粗的绳子，在涨潮的河水的帮助下，将这些柱子拔出了河床。桥及桥上的丹麦侵略者都掉进了河里。另有一种历史记载说，奥拉夫点

[①] 丹麦斯维恩国王（King Sweyn of Denmark，约 987—1014）：卡纽特大帝的父亲。建立了丹麦北海帝国，1000 年控制了挪威，1013 年征服了英格兰。

火烧了这座桥。 [137]

early期挪威诗人——或者也可以称其为"吟游诗人"——奥塔·斯瓦特（Ottar Svarte）写下了这样一些诗句：

> 伦敦桥倒下了，
> 美德狄胜智慧昭彰。

这里我们也许可以发现《伦敦桥倒下了》这首古老歌谣的真正源头。值得在此引用全文，以考察这座桥在大众记忆中的真正价值：

> 伦敦桥倒下了，
> 倒下了，倒下了，
> 伦敦桥倒下了，
> 我的夫人。
>
> 拿一把钥匙将她锁起来，
> 将她锁起，将她锁起，
> 拿一把钥匙将她锁起来，
> 我的夫人。
>
> 我们该怎样将其建起，
> 将其建起，将其建起？
> 我们该怎样将其建起？
> 我的夫人。
>
> 用金和银将其建起，
> 金和银，金和银，
> 用金和银将其建起，

我的夫人。

我既没有金也没有银,
我都没有,我都没有,
我既没有金也没有银,
我的夫人。

用针线和别针将其建起,
针线和别针,针线和别针,
用针线和别针将其建起,
我的夫人。

别针和缝衣针会弯曲和断裂,
弯曲和断裂,弯曲和断裂,
别针和缝衣针会弯曲和断裂,
我的夫人。

用木头和粘土将其建起,
木头和粘土,木头和粘土,
用木头和粘土将其建起,
我的夫人。

木头和粘土会被冲刷掉,
冲刷掉,冲刷掉,
木头和粘土会被冲刷掉,
我的夫人。

用坚硬的石头将其建起,

坚硬的石头,坚硬的石头,
用坚硬的石头将其建起,
我的夫人。

坚硬的石头可以持久,
可以持久,可以持久,
坚硬的石头可以持久,
我的夫人。

对于这位"夫人"的身份,有过很多猜测,但该称呼很有可能指的是普罗旺斯的埃莉诺(Eleanor of Provence)①——亨利三世的妻子。她的丈夫将伦敦桥所收取的过桥费赐给了她,但她不想将这些钱的一分一毫用于桥的维护,因此落了个很不光彩的名声,在歌谣中作为绝对不想"将桥建起"的"夫人"形象出现。如果是这样的话,1263年她试图逃到温莎时,被支持蒙特福德叛乱(the de Montfort faction)②的伦敦人从桥上投掷泥土和石头、不得不退回伦敦塔的说法就有可能是真实的。我们也许可以说,在很长的一段历史中,这首歌谣吸收了有关伦敦桥的各种细节与形象,就像这座桥一样,经过数代不断重修,终于变成了一件比例均衡且和谐之物。这首歌谣还有其他版本,其中最重要的一首说的是"我的雷伊夫人",指的是在沃平那里流入泰晤士河的雷伊河。该歌谣大部分是对短暂易逝及衰败的挽歌,直到最后两段才提到用石头来拯救伦敦桥。

木桥确实不断被火所毁坏,也不断被重修着。1077年至1136年间它遭遇了八场大火。据《编年史》记载,伦敦和周围郡县的人被维

---

① 普罗旺斯的埃莉诺(Eleanor of Provence,约1223—1291):亨利三世之妻,爱德华一世之母。
② 蒙特福德叛乱(the de Montfort faction):指由第六代莱切斯特伯爵西蒙·蒙特福德(Simon de Montfort,约1208—1265)率众反抗亨利三世的叛乱。

持"这座几乎浮在水面上的桥"所征的税"痛苦折磨"着。在威廉·鲁弗斯（William Rufus）①统治时期，桥被洪水冲走了。6年后——1097年——据《编年史》记载，桥又一次"几乎被冲走了"；1130年，"巧手"杰弗里被支付了25英镑，让他为桥修两个新桥洞。1163年，人们用榆木对桥进行了重建，但也只维持了13年。

不断翻修与重建所需付出的代价，终于在十二世纪晚期说服了城里的神父们去建一座雄伟的石桥。该工程由"桥梁大师彼得"——即卡尔教堂的彼得——监管，花了三十多年时间仍未完工。石桥建在它的"木头前辈"下游几码远的地方，这样原先的木桥仍然可以使用，直到新的石桥落成。它的准确尺寸我们并不知道，据估计它有一个用肯特郡的硬质岩石建成的长900英尺（274米）的平台，宽度据约翰·斯托的说法，在30英尺（9.1米）左右——这对将要在其上展开的活动来说，有点太窄了。桥由19个桥拱组成，每个桥拱都由巨大的桥墩支撑。还附有一座木头吊桥，既可以用来防止河上的侵略，也让往上游行驶的船只可以通过。然而木头吊桥后来开始朽坏，在十六世纪中期被拆除。

卡尔教堂的彼得死于1205年——在桥最后完工的四年前。但他后来被埋在献给圣托马斯·贝克特的桥上礼拜堂的地下，因此他也在自己所建的、纪念碑一样伟大的工程中找到了安息之所。他被埋在这里也可能是出于对一种古老迷信的遵循，即在桥梁落成时，必须以人类献祭。1834年，工人在拆除旧桥时发现了彼得的坟墓，此后就再也没有了有关遗骸最终落脚点的消息。

伦敦金融城政府保留了一些中世纪的文件，其中有将土地献给"上帝与桥"的记载，因此伦敦桥是被人们以崇敬之心对待的。然而这也是一座五色混杂的桥。桥上有穷人住的木头棚屋和泥地板，还有礼拜堂石砌的祈祷室和彩色玻璃窗，以及用于军事防御的墙垛。还有

---

① 威廉·鲁弗斯（William Rufus，约1056—1100）："征服者"威廉之子，1087—1100年间为英国国王。

被称作"桥屋租赁"、被分割成很多小公寓的大型住宅区。桥上有商店、酒馆和地窖。1281年,有记载说桥上有"几乎数不清的人住在上面";十四世纪中期,桥面东边一侧有62家商店,西边一侧有69家商店。有关这座桥有很多名言警句,譬如,"聪明人走在伦敦桥上面,只有傻瓜才走在它下面";这指的是由于桥墩的影响,河水具有很大的冲击力。还有一种说法是,"你永远也不会穿过伦敦桥而看不到一匹白马",这句话的来源已经模糊不清了,但很有可能是真的。

然而它从来也不是一座真正安全的建筑。伦敦桥上的住宅主要是用木头建成的,经常会发生火灾。1213年,桥落成4年以后,在萨瑟克发生了严重火灾。大批的人从南岸挤到桥上以躲避火灾,却迎头碰上了从北岸赶来看热闹、帮忙或是趁火打劫的人。就在此时,一阵狂风突然将燃烧的木头吹到了桥北边,并在那里彻底燃烧起来。就在桥上的人拿不定主意该向哪一侧逃跑时,眼睁睁看着桥南边也起了火。最后约有3000人被烧死或淹死。这只是众多影响了伦敦桥的历史与性格的灾难之一。1280年的一份皇家文件记载道:"最近我们被告知,并且我们很难过地看到,伦敦桥的状况是如此破败不堪,如果不快速采取某种维修措施的话,我们所担心的不仅是桥会突然倒塌,桥上居住的众多人口也将遭遇不幸。"一年后,有五个桥洞坍塌了。1399年,人群聚集在桥上欢迎理查二世的年轻新娘时,"伦敦桥上有8个人被挤死了"。1437年,桥南又有两个桥洞坍塌了,随后的重修工程花了近40年。1481年,桥上的公共厕所——当时被称作"公共座位"——掉进河里,淹死五个人。

[141]

然而在十五世纪八九十年代的重建下,伦敦桥再次成为商业中心。它的两边排满了商店、摊点和住宅。根据十五世纪晚期的一份记录,桥上登记在册的公寓住宅有129处,还有"针线铺、珠宝商、餐具店、制弓匠、盔甲商、箭商、裁缝、制绳匠、金匠"等商店。它成了伦敦所有景点中最著名的一个、泰晤士河的中心。它那由拥挤的建筑、不规则的桥洞和急速的流水所组成的轮廓,让世人永远都不会搞错。桥上形成了一个市场，但最终因为交通变得太拥堵，而被挪到了萨瑟克的岸上，至今仍在那里。它是商业活动的引擎，也是中心。所有在桥上通过的交通工具和在桥下驶过的船只，都被征收"通行费"——譬如，据记载，1398年的通行费是小船半便士，"更大的船"一便士；"运木头的船要拿一根木头作通行费"。目前仍保存着一份详尽的、被用作通行费的货品清单，从"朱砂"到"铜绿"等染料，到杏仁和大蒜，都名列其中。

十六世纪时，伦敦桥获得了对伦敦人同样重要的另外一项功能——它成为城市管道送水服务的源头。过去它也一直是伦敦的洗衣机、水源处和公共厕所。但1580年在靠近金融城的桥洞那里，建起了第一架水磨坊。河水从那里被抽上来，通过木制管道运送到附近街区。这一实验获得了巨大成功，很快其他桥洞也建起了水磨坊。

在《不列颠尼亚》一书（*Britannia*, 1588）中，卡姆登强调了人们对这座桥的赞美，这种赞美"有可能拿走对欧洲所有桥的赞赏；两边都是看起来非常好的房屋，就像在普通街道上一样彼此相连"。当时桥南端有一个大门。根据《伦敦桥编年史》（*Chronicles of London Bridge*）的记载，1603年左右，桥"非常美丽，两边建有宏伟的宫殿……上面建有美丽出众的房子"。这里变成了一处时髦的住处，根据斯托的记载，上面的房子住着"富有的商人及其他有钱的市民、绸缎商和男装商"。一些房屋的屋顶建有"阁楼"或是河畔阳台。"在房屋上面"，当时有人写道，"是彼此以铁轨或碎石道相连的宏伟平台，非常宽敞和令人愉悦，可以在上面散步并享受河的上下游的美好景致，其中一些还有带小凉亭的小而美的花园。"这些平台与阁楼在当时被称作"屋顶台阶"。这里是人人都想要的地方。汉斯·霍尔拜因（Hans Holbein）[①] 和

[①] 汉斯·霍尔拜因（Hans Holbein，约1497—1543）：德国画家，被认为是十六世纪最伟大的肖像画家，1526年来伦敦发展时受到托马斯·莫尔等人文主义者欢迎，后来为宫廷绘画，并设计首饰、装饰等。又被称作"小汉斯·霍尔拜因"，以与同为画家的父亲区别开来。

第七章｜工作的河流

约翰·班扬是这里的两位居民。

　　过去桥上甚至还有一座宫殿，因其独一无二的特点而被命名为"无双宫"。这是一件精心制作，也富有想象力的作品。建造宫殿的材料全采用木头，用钉子固定在一起。宫殿配有炮台、塔楼、圆屋顶、窗户和天气风向标，所有的木头都慷慨地涂了漆并镀了金。在其朝向河水的南侧，有一个刻着"时间与潮水不为任何人停留"字样的日晷。桥上还有一座小礼拜堂，建在东边第 10 个——也是位于中间——的桥墩上。小礼拜堂是哥特式结构，长约 60 英尺（18 米），宽约 40 英尺（12 米），下面还有一个地下室。内部装饰有 14 根密集排列的柱子和 8 扇朝外伸出的拱窗。地下室可以从桥墩那里沿着一组石头台阶抵达，因此小礼拜堂是直通河水的。小礼拜堂是桥不可分割的一部分。在弥撒曲在小礼拜堂内唱响之前，桥上不允许任何人购买鲜鱼。小礼拜堂上面的房屋里住着一位服饰商——鲍德温先生，他在这里出生并住了 71 年。当他后来受命去奇斯尔赫斯特（Chislehurst）呼吸新鲜空气时，"他在那里因为想念这里的噪音而无法入睡"。他对桥下呼啸奔涌的潮水已经非常习惯了。

　　现存的很多版画，显示了伦敦桥是体现人类辛勤劳作与心灵手巧的巨大蜂巢，是一座显示建设者的活力与野心的纪念碑。它是横跨在水面上的一条巨大街道。正像迈克尔·德雷顿在《多福之国》（1622）中所写的：

> 那座造价昂贵的桥使其声名远播，
> 他因此桥而令其他河流黯然失色。

　　也是以街道的形式，桥上有商店、在建筑物墙上凿壁而成的货摊、小巷、棚屋这样一些在十六世纪伦敦最宏伟的大厦里也能看到的地方。很多建筑物一楼是商店，楼上是出租屋。有些楼上的房间能达到四层甚至五层，并且常常在屋顶彼此相连。桥上还有一间关押冒犯

[143]

者的"笼子"——或者说是小监狱。十六世纪中期,一位女性被关押在那里,被勒令"在那里冷静一下",因为她拒绝为一位刚刚去世的教皇的灵魂祈祷。

十七世纪中期,桥上有店名为"三圣经"和"阅读镜"的书店,有名为"白马"的银匠铺,名为"海豚与鸡冠"的女帽店,有做裤子的裁缝匠丘彻和克里斯蒂,店名为"羔羊与马裤",做假发的约翰·阿兰,店名为"发之锁"——销售"各种毛发,卷发或非卷发"。有卖地图的——"位于伦敦桥步廊下面的'金球'商店"。1632年,一位制针匠的女佣将一盆热灰放在主人家的楼梯下面,引发了一场大火,烧毁了桥北侧约43家商店,包括制衣铺、杂货商、布料商和制鞋铺等。出于某种原因,这些店铺在以后的12年中并没有进行重建。伦敦桥还逃过了那场著名的大火与瘟疫的肆虐。大火没能过桥是因为在大火通过的路上,房屋被快速拆除了。在传染病"探访"时期,桥上只有两名居民死亡。桥的环境被认为很健康。它朝清洁的风敞开,被潮水不断洗刷,也摆脱了在人口众多的城市里必然会有的粪坑及露天的下水道。在有关伦敦桥的图片和版画中,可以看到桥上房屋的各种窗户将水桶用绳子绑着放下去的情景。

它是皇家盛会与巡游所经过的主要通道,因此也成为杂耍与竞技表演的场所。"国王通过伦敦桥,"《编年史》这样写道,"陪伴的喇叭乐队在其前面吹奏":

> 然后我们的国王骑马走向伦敦桥。
> 游行的队伍正在那里等着他。
> 国王稳稳地走上伦敦桥。
> 站在高高的桥首那里。
> 一位充满力量的巨人。
> 吊桥两侧是高耸的塔楼。

这是见证了入侵的叛军被屠杀的桥。这是远道而来的王子们开始觐见之旅的地方。这是葬礼队伍行进的大街。这是朝圣者之桥，他们在桥上的圣托马斯礼拜堂做完弥撒之后，就开始了前往坎特伯雷的神圣之旅。这里也是乞丐与恶棍的避难所，是学徒们聚会的地方，是市民们经常造访的所在。它也是一处公墓，叛国者的头颅常常被挂在这里。就像霍尔（Hall）[①]在杰克·凯德的头被取下时所评论的，"当人逆流而行的时候，他永远也抵达不了目的地"。它是奇异景观的一个有利观测点——1661年3月21日，"晚上七八点钟之间，诸多站在伦敦桥上的人见证了在西边天空中所看到的数起神奇场面"。云层散开时，天空显现出"两支大军在向前进攻"的景象，激战之后又消失了，随后天空中出现了一座教堂，然后是一棵树，接着是各种各样奇怪的兽。

　　伦敦桥体现了这座城市自身所具有的丰富性与异质性，它的富有与贫穷，它的强大与卑微，它的悲哀与喜悦。一位名叫Z·C·乌芬巴赫（Zacharias Conrad von Uffenbach）的德国访客，1710年在穿过伦敦桥时，丝毫没有意识到自己正在穿过一座桥，以为只不过是走过了伦敦的另一条街道。约瑟夫·埃迪森（Joseph Addison）[②]笔下的一位充满爱国情怀的骑士，在1714年宣布，"泰晤士河是欧洲最尊贵的河，伦敦桥是比世界七大奇迹还要更伟大的作品。"

　　当然这些赞誉并不能让那些每天使用它的人停止对它的担心。十七世纪中期，人们开始抱怨桥上聚集了太多人，"四轮大马车、手推车和农用马车毫无规律地往来，水果贩、鱼贩和其他无所事事的人都站在桥上"。为了避免人群拥挤，桥上的房屋之间有三处彼此相

[①]　爱德华·霍尔（Ednard Hall，约1496—1547）：英日律师和历史学家，所著《兰开展与约克两个高贵与荣耀家族的结盟》在他死后第二年出版，被称作"霍尔编年名史"，影响甚大。

[②]　约瑟夫·埃迪森（Joseph Addison，1672—1719）：英国散文家、诗人、剧作家及政治家。

对的空地,在那里人们可以离开主街,朝河面眺望。1685年,穿桥而过的街道被加宽,房屋也被拆除,以便"以一种新的、有规律的方式"重新进行建造。

然而十八世纪时,桥上的交通与人群拥堵现象又一次变得很严重。伦敦桥依然是当时金融城附近唯一一条横跨两岸的桥,因为这个原因,它的被过度使用早已人尽皆知。

正如托马斯·彭南特(Thomas Pennant)[①]在《伦敦杂记》(*Some Account of London*,1790)中所写的:

> 我对伦敦桥上的街道记得很清楚,狭窄、黑暗,对要从各种车厢间穿过的行人来说,充满了危险。在沿桥而建的房屋上有用坚实的木料制成的拱门,这些拱门横跨过桥,在将这些房屋连在一起的同时,也让它们不要掉进河里。只有"习惯"的力量,让那些桥上的居民还能够入睡;他们很快就对流水的噪音、船夫的喧闹及落水的可怜人所发出的尖叫充耳不闻了。

另一位评论者注意到,"由于桥上没有通常的步行通道,因此最常见也是最安全的做法就是跟在一辆正在过桥的马车后面"。到十八世纪中期,时髦人物已不再住在桥上了——因为桥对流动商贩及城里的流浪汉所具有的吸引力已使伦敦桥变得令人难以忍受了。泰晤士河南岸早就享有恶臭而拥挤的名声,这一点正逐步跨越泰晤士河,影响着对岸。

因此到1760年,桥上所有的商店与住宅都被拆除了;桥处于一种赤裸裸的、被"剥光"的状态之中,除了还有一些供行人躲避车辆

[①] 托马斯·彭南特(Thomas Pennant,1726—1798):威尔士自然主义者、旅行家、作家及古文物学家,著有《不列颠动物学》等著名作品。

及人群拥挤的小"庇护所"。在一个追求交通速度及进城畅通无阻的时代,这是唯一的解决办法。可能值得一提的是,有三个人被雇来在桥上引导过往交通靠左行驶。这是后来在伦敦的交通运输中起了很大作用的交通指引的第一次相关记载。1811年7月的一天,桥上的交通数据见诸记录:约有89640名行人、2924辆手推车、1240辆四轮大马车、485辆两轮马车、769辆货车及764匹马。在1760年伦敦桥被重修之前,威斯敏斯特已经建好了另外一座大桥,布莱克弗瑞尔斯那里也开始了建第三座桥的准备工作。这些桥的建设引发了泰晤士河上其他桥的建设,1894年伦敦塔桥落成,使得泰晤士河上桥的建设达到了顶点。

1820年,政府正式确认了当时伦敦桥"步履维艰"的状态,通过一项法案,计划将旧桥拆除、另外建一座新桥。当时有一位不知名的人士对这座将要消失的桥表示惋惜:"唉,还可以再用20年的,你这宏伟的伦敦桥。即使你将仅仅活在人们的记忆之中,现在将要建的这座桥也会带有你的形象。"1824年,新桥的建设工程在离旧桥上游几码远的地方开始,桥基由乔治四世(George IV)①奠基。六年后,新桥正式落成,拥有五个桥洞,而不是像其前任那样拥有20个桥洞。

[146]

十九世纪时,这座新建成的桥成为各种远洋及航海船只启程远航最常见的起点。在《伦敦》(*London*,1872)一书中,布兰查德·杰罗德(Blanchard Jerrold)②记载了当船自海上而来时,所见到的伦敦桥的壮观景色:

> 那些热切的面孔挤在来自大洋的轮船的船舷边,此时伦
> 敦桥背对着地平线展示出自己的轮廓,而圣保罗大教堂在其

---

① 乔治四世(George IV,1762—1830):1820年从其父乔治三世那里继承了大不列颠及爱尔兰联合王国和汉诺威王国的王位。生活奢华,对英国摄政时期的流行时尚与品味有很大影响。
② 布兰查德·杰罗德(Blanchard Jerrold,1826—1884):英国记者与作家。

背后一点点升起，这一幕是令人难忘的。这是所有文明人都熟悉的有关伦敦的景色。"伦敦桥！"法国人欢呼着，他快活的眼睛不断快速地扫过桥身。

驳船、快艇和"市民船"在桥洞下穿过，穿过时需要将船帆和桅杆都降下来。桥栏杆那里挤满了人，他们观看着各种道别及日常出发的场景，观看着船上倒垂的三角旗、闪光的桅杆及黑色斑驳的船身。人群后面是两行不息的车流人流往来于桥上。桥的周围是为游客、搬运工、出租车司机及所有那些仍在行路的热闹人群提供服务的各色旅店，以及充斥着游手好闲之人、办事员及海关官员的马厩、院子、小巷及各种通道。

对柯勒律治来说，站在伦敦桥上的感觉，就像是"一种乞丐般的白日梦，做梦者的脑袋里除了慵懒和一点淡而无味的感性之外，一无所有"。然而对那些初来乍到的人来说，这里还是会带有挑战的意味。

这座1830年落成的桥，在130年之后，被判定正在下沉。它被以246万美元的价格卖给了一家名叫"麦克洛克不动产公司"（McCulloch Properties Inc.）的美国公司，然后被一块块拆了下来，运到亚利桑那州的哈瓦苏湖市（Lake Havasu City）进行重建。桥奠基于1963年，七年后这座重组的桥开始开放使用。新的伦敦桥——横跨泰晤士河的那座——后又于1973年春天正式开放使用，并在那些横跨这片小小的河流与土地的桥梁中，获得了自己的位置。对未来的一代人来说，现在这座桥也将成为古老的伦敦桥，并且像歌谣里所吟唱的那座伦敦桥一样，最终消失。

还有其他的过河方式。在泰晤士河下面有着比全世界任何其他河流都要多的地下隧道。早在1798年，就有过要在蒂尔伯里和格雷夫森德之间建一条水下隧道的计划，但后来放弃了，因为风险巨大。因此在沃平和罗瑟海兹之间的河底所挖的泰晤士隧道（the Thames Tunnel）成了世界上第一条水下隧道。从十九世纪初期开始，就有建这样

第七章 | 工作的河流

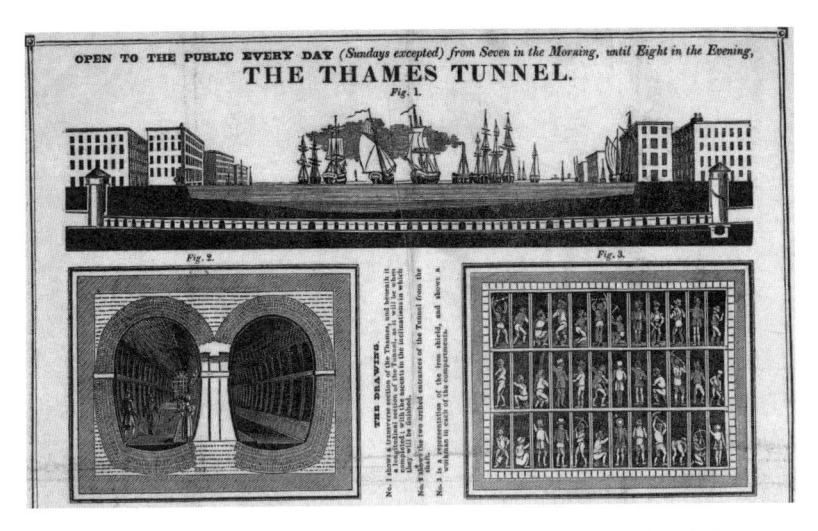

泰晤士隧道是世界上第一条水下隧道，始建于1823年，但建了20年仍未完工，因为修建隧道的每一阶段都笼罩着事故与死亡的阴影。1870年，它被改用作东伦敦铁路公司的地下隧道系统，目前该隧道连接着从沃平到罗瑟海兹的地铁线路。

一条隧道的各种计划，但最初的各种努力都失败了。河水破墙而入。1823年，议会让马克·布鲁奈尔（Marc Brunel）[①]提出一项新计划——该计划后来由其子伊桑巴德·金德姆·布鲁奈尔（Isambard Kingdom Brunel）[②] 在约 20 年后完成。但这一探索性工程的成功付出了一定的代价：发生过五次河水入侵，因不洁的工作环境所造成的死亡比淹死的人还要多。

马克·布鲁奈尔的日记中充满了对灾难的不祥预感。1838 年 5

[①] 马克·布鲁奈尔（Marc Brunel，1769—1849）：法国出生、后定居英国的工程师。其最著名的成就是修建了泰晤士隧道。
[②] 伊桑巴德·金德姆·布鲁奈尔（Isambard Kingdom Brunel，1806—1859）：英国机械师及土木工程师，被认为是"工程史上最富有天才、拥有最多作品的人物"。设计建造了船坞、铁路、轮船、桥梁与隧道等作品，创造了工程史上多个"第一"，改变了英格兰的人造景观。

月 26 日，他记载道："海伍德（一位矿工）今天早晨死了。还有两个人在生病。很明显佩奇的健康状况也在急剧恶化……这里的空气实在是太糟糕了。它刺激眼睛。在下面待了一段时间以后，我感觉非常虚弱……所有人都在抱怨眼睛疼。"他们被一种人称"隧道病"的暂时或永久性的失明而折磨着。这种病状可能是由长期浸在水里的沉积物或是岩石屑而引起的；这些物质已经不受打扰地在地下躺了数千年。

这里有关"衰弱"的比喻很能说明问题——好像工人在某种意义上仍然被河的水流及其力量所席卷。他们在河底工作，布鲁奈尔认为这意味着他们被"献祭"给了一项"反抗自然"的工程。在一次灾难发生时，罗瑟海兹的一位牧师认为，这是一种"对凡人的狂妄企图的公正惩罚"。过去造桥曾要举行很多仪式，以表达对神的崇敬与抚慰。现在在靠近河流起源的地下世界进行挖掘，又会引发多少疑虑与危险？在施工过程中，该工程成了伦敦的一个奇观，吸引了众多参观者，想要见识一下这项河底挖掘工程的进展。

最初几年，这里是一个步行通道，非常阴郁和黑暗。它长达 1200 英尺（365 米），更像是一个洞穴而不是隧道。美国小说家纳撒尼尔·霍桑（Nathaniel Hawthorne）[①] 在《我们的旧家园：一组英格兰素描》（*Our Old Home: A Series of English Sketches*，1863）中，曾经这样描述过它："一条漫长如亘古长夜的拱形走廊。整齐间隔的煤气灯提供着毫无生气的照明，两侧的墙壁抹着灰泥，脚下所踩的是石头。这里可以成为很好的监狱。"一种毫无希望和疲倦的氛围，连同监狱般的形象，似乎困扰着这里。《泰晤士报》在 1843 年隧道开通时报导道："每一堵墙都是一种冷飕飕湿淋淋的状态。"

隧道两侧过去曾有过货摊和小商店，大多由老妇人操持，但只有很少的顾客。霍桑本人在隧道里只看到了 6 位行人。这可能是因为大

[①] 纳撒尼尔·霍桑（Nathaniel Hawthorne，1804—1864）：美国小说家，著有《红字》等小说及其他短故事集。

多数人对行走在一条巨大的河流下面，感到有些不情愿与不确定——甚至有一种原始的恐惧。1870 年，它被改建成一条供东伦敦铁路公司的地下系统使用的隧道。这条隧道目前仍在使用，成为十九世纪工程技术的一座地下纪念碑。泰晤士河再也没有重访过这里。

1869 年，河底开掘了用来连接北面的塔丘（Tower Hill）和南面的图利街（Tooley Street）的伦敦塔楼隧道（Tower subway）。它的内部建筑材料使用的是铸铁，而非砖石，供公共汽车在泰晤士河下面穿行使用。这条地道没能成功。如果公共汽车因某种原因在隧道中间停下，乘客们可以清楚听到头上螺旋桨蒸汽船的声音。后来它被改成了一条供行人使用的通道，再后来就彻底被塔桥取代了。它现在是一条用来安放电缆与管道的"幽灵隧道"。在这条铸铁隧道中，仍能听见河水发出的持续不断的声响。它被称作是"伦敦最孤独的地方"之一。有一个奇怪的现象可能会让任何潜在的参观者望而却步——潮汐的运动会影响隧道的形状，河水满涨时所形成的压力会使让隧道略微变成球型或蛋型。

1890 年，第一条完全为地铁而建的隧道——后来被称作"地铁隧道"——建于威廉街（William Street）和泰晤士河南岸的斯托克韦尔（Stockwell）之间。这是泰晤士河底第一条"上行"与"下行"分开的隧道。16 年后，在查令十字街和滑铁卢（Waterloo）之间，又开凿了一条同样的隧道。最终，泰晤士河下面有了 6 条各自独立的地铁隧道：布莱克沃尔路隧道（Blackwall road tunnel）于 1896 年开通，随后的罗瑟海兹隧道（Rotherhithe tunnel）于 1908 年开通，达特福德隧道（Dartford tunnel）于 1963 年开通。二十世纪中期，罗瑟海兹隧道被描述为一条有着"气体充塞的黑暗"、能引起不适与头疼的隧道。

格林尼治与狗岛之间那条光秃秃的、令人生畏的步行隧道建成于 1902 年。走过那段路的人会知道那是一种令人紧张甚至害怕的经历——意识到那条古老的河流正在一个人头上流过时所拥有的巨大力量。在涨潮期，行人行走在水下约 53 英尺（16 米）的地方；在落潮

[149]

期，变成了 33 英尺（10 米）。隧道长 1/4 英里，永远都是一个阴冷而黑暗的地方——就像最初的泰晤士隧道（Thames Tunnel）一样。在这里所产生的恐惧是所有有关地下事物的恐惧：自然世界的力量将会闯入，征服一切并且不可阻挡。泰晤士河下面的那些隧道是受鬼魂缠绕的地方。它们向下深深钻到地球的史前时期，抵达比泰晤士河第一道河床与最初的溪流更深的地方，即使是河的神灵们也无法居住在这样的地方。这些隧道没有泰晤士河的那种生机与好动，它们是空洞、黑暗并响彻着回声的。

河之律令

[150]　　泰晤上河一直都是国家法律及惩罚的中心，也一直是权力的焦点——这些中心位于威斯敏斯特大教堂、威斯敏斯特宫、温莎城堡及伦敦塔楼。六世纪末，圣奥古斯丁（St Augustine）[①]与凯尔特人的主教们在泰晤士河边会面，商量解决一些有关宗教仪式的问题。克里克莱德和唐安普内（Down Ampney）可能是这种合作与会谈发生的地方。根据比德的记载，有一次会面安排在"一个今天被称作'奥古斯丁橡树'的地方……在赫威塞（Hwicce）[②]和西撒克逊（West Saxon）[③]的边界"。橡树在 1865 年被砍倒了，后来被放在克里克莱德的圣桑普森教堂（St Sampson's church）的后院，在那里腐烂掉了。

　　公元 747 年，肯特国王伊德伯特（Eadbert）[④]在一个叫"Clovesho"的地方召集了一次宗教大会，以决定肯特郡教堂的地位及其他一些事

[①] 圣奥古斯丁（St Augustine，354—430）：早期基督教理论家与哲学家，对西方基督教与哲学发展有着深远影响，主要作品有《上帝之城》《忏悔录》等。
[②] 赫威塞（Hwicce）：英格兰七国时期的王国之一，577 年建立。
[③] 西撒克逊（West Saxon）：即韦塞科斯（Wessex），七国时期的王国之一，位于不列颠岛南部，存在时间从 519 年直到 10 世纪初英格兰被统一。
[④] 伊德伯特（Eadbert）：在其父去世后即位为肯特王国的国王，于 725—748 年间与另外两个兄弟共同执政。

第七章 | 工作的河流　　　　　　　　　　173

温莎城堡和威斯敏斯特。

无论对宗教还是世俗世界来说，泰晤士河一直都是权力的来源。这是为什么各种修道院、僧侣院、宫殿和议会大厦都建在河边的原因。

情。这个地名被认为指的是泰晤士河口附近的克利夫（Cliffe）。后来在八世纪时，麦西亚国王奥法在他位于泰晤士河谷的宫殿与教堂举办了秋季宗教大会：781年在布伦特福德举办过一次，787年在切尔西举办过一次，那里的滨水区最近才被发掘出来。890年，阿尔弗雷德大帝在泰晤士河牛津郡岸边的西福德举行议会会议。后来有一首盎格鲁－撒克逊诗歌，描写了这次集会：

    西福德来了很多乡绅
    众多主教与饱学之士
    还有聪明的伯爵与讨厌的骑士

  那么多领主、富有智慧的主教与教士、谨慎的伯爵与令人钦佩的骑士聚在西福德——选择这里只能是因为它位于河边。附近有一个名叫"宫廷围场"的地方，据说那里保存着被称作"阿尔弗雷德之石"的遗迹。附近还有"骑士桥"、"国王牧场"以及被称作"王室路"的小路。1008年，国王埃塞雷德在河边的恩舍姆镇召集了一次国王咨询会，据史书记载，在当地的本尼狄克修道院，"他们就有关天主教礼拜仪式的恢复及联邦的修正与成长等问题进行了阐述与讨论"。可以说泰晤士河与精神权威有着紧密的联系。

  1018年，克努特大帝在牛津召集了一次议会，大家同意在泰晤士河南岸实行盎格鲁－撒克逊人的法律和习俗，在泰晤士河北岸实行丹麦人的法律与习俗。据说克努特大帝在靠近河边的古堡达克斯福德（Duxford）有一座宫殿——或者更有可能是一座拥有武装的军事堡垒。在靠近金斯顿的河中岛屿"鸦岛"（Raven's Ait），十三世纪早期，亨利三世和法王路易斯在这里签署了和平协议。此后的1305年，苏格兰人和英格兰人在"泰晤士河边的西恩（Sheane）庄园"，达成了一项协议。泰晤士河在这些事件的历史记录中，并未留下任何痕迹，但其作为背景的存在，却是始终如一、持续不断的。十五世纪时，有不少于四次的议会集会在泰晤士河边的雷丁召开。

当然在与泰晤士河有关的法律颁布中,最著名的例子与兰尼米德旁边的河中小岛相关——1215年,国王约翰(King John)[①]在这里"规定"了英国人的自由——或者至少是由高贵的男爵们所代表的那部分人口的自由。值得注意的是,《大宪章》中有一项规定是将河里的鱼坝"完全拆除"——因此英国民主的发端在根本上是与泰晤士河自身的自由联系在一起的。"兰尼米德"这个名字被分别理解为"议会草地"和"诗歌草地";不论这个词的准确含义是什么,很有可能双方是在这里的河两岸先扎营,然后在河中间的岛上会面。

河边还有很多铸币厂,英国的货币在这里生产并分发出去。在沃灵福德、牛津和克里克莱德都有铸币厂,其中最有名的是位于伦敦市内泰晤士河边、塔丘东边的那座。货币生产与流动的河水之间的关系,很容易就能被理解——至少就工业生产过程来说;不过也许还有着某种更为神秘的联系。

在法律与权力的领域,还值得注意的是泰晤士河警察是英国最早出现的常设警力。泰晤士河警察是由于商界的各种抱怨而成立的,因为河边仓库与码头的货物与财产经常被偷。1798年,曾担任沃平地区治安官的派特里克·科弘(Patrick Colquhoun),建立了第一支由中央机构领导的武装警察队伍(鲍街巡逻队拥有的是有限管辖权)。在这一意义上,"水上警察"是1829年出台的都市警察法(Metropolitan Police Act)的先驱。泰晤士河为伦敦组建调查与侦探机构提供了帮助。

科弘还在这些新码头上建立起一套规则体系。禁止码头工人及水手太过随便的打扮,不允许"罩衣、宽腿裤、'杰美斯'、烟草袋或是袋子"出现在码头上("杰美斯"是内衣的一种,前后都有口袋)。新

[152]

[①] 约翰国王(King John, 1166—1216):英格兰国王,1199—1216年间在位,其统治末期发生了男爵反叛,导致《大宪章》的签署。

成立的泰晤士河警察机构还要确保装卸工及其他码头工人能拿到工资，这样他们就完备了河上商业开发所需要的链条——当时还有码头验船师、更夫和守卫等。沃平旧台阶（Wapping Old Stairs）259号，过去曾是一家特殊的法院和监狱。现在的沃平警察局——伦敦大都会警察厅泰晤士河分局——的总部，仍坐落在这里。

然而从更广泛的意义上来说，人类如何能管理河流？泰晤士河一直在受到人类的控制，但从未被彻底驯服过。但这并未能阻止一代代的朝臣、市民领袖及工程师们想要将锁链加于泰晤士河。十世纪晚期，阿瑟尔（Asser）①——国王阿尔弗雷德的传记作者，应该也是其"同时代人"——记载说，泰晤士河当时已经在一套复杂的法律与原则体系下运作，尤其是当时已规定，可以自由出入泰晤士河，不受磨坊、鱼坝和鱼塘存在的影响。这在当时很重要，因为在上百个河段中，泰晤士河正濒临被变成"私人使用"的危险。阿尔弗雷德及其继承者们——其中最著名的是"征服者威廉"——宣布泰晤士河是一条供大家公共使用的通道。

然而在王权与城市之间，永远在进行着一场争夺泰晤士河最终管辖权的斗争。它是一条皇家河流，从一座王宫到下一座王宫的通道，还是城市的贸易之河？1197年，理查一世（Richard I）②将泰晤士河的暂时控制权割让给了伦敦金融城政府，但金融城政府的权力好像到斯泰恩斯那里为止：被称作"金融城之石"（the City Stone）的石头就放在这里，商人们对河的其余部分毫不关心。然而泰晤士河的所有权永远都是一个问题。在市长大人与王室的代表——伦敦塔楼治安官之间，就各自对泰晤士河所拥有的权利问题，有过很多争论。在亨利三

---

① 阿瑟尔（Asser，约909年去世）：威尔士僧侣，于893年写了一本关于阿尔弗雷德的传记，成为这位国王生平的主要信息来源，阿尔弗雷德生平信息的丰富程度因此远远超过英格兰的其他早期统治者。
② 理查一世（Richard I，1157—1199）：英格兰国王，1189—1199年在位，因骁勇善战被称为"狮心王"。

世统治期间,"金融城提出对河流的管辖权并获得允许"。后来在爱德华二世(Edward II)[①]统治时期,又再次宣布:"泰晤士的河水,一直到海洋,都属于伦敦金融城政府"。1613年,人们认为伦敦市长大人对"宠儿泰晤士河的保护工作",负有完全责任。

然而没有任何法律能够制止君主的贪婪与自私。十九世纪五十年代有关建堤岸(Embankments)的构想,使得王室与城市之间陷入了一场法庭上的漫长战争。为王室辩护的律师指出,"泰晤士河作为一条可以航行的河流,作为海洋的手臂,很明显是属于本身拥有特权的王室的,只要河水在流动并且有涨退。"这一法律过程持续了13年。最终大家同意君主拥有泰晤士河及海边的"河床与土壤",同时王室赐予新成立的泰晤士河管理局(The Thames Conservancy)"皇家"头衔以及河的管理权。700年前十字军国王的善行[②],最终被认为是一场空。然而维多利亚女王有可能在任何一种有意义的层面上"拥有"泰晤士河吗?她也许能够拥有它流经其上的土地,但她对流入海洋及降自天宇的水,能拥有任何所有权吗?你能拥有雨和雪吗?

数个世纪以来,人们不断地想要清除河边各种明显的障碍物、控制水闸看守者及鱼坝所有者对过往船只收费、保持河边纤道畅通,但地方土地所有者甚至磨坊主都比各种委员会或是伦敦的政府部门更有力量。第一家泰晤士河管理局成立于1695年,由当地的和平法官(Justices of the Peace)组成,他们要负责处理过路费问题,以加快通行速度,但没能取得多少成功。在他们之后是成立于1751年的泰晤士河航行委员会(the Thames Navigation Commission),该委员会于19年后正式任命了"泰晤士河专员",共计600名,但这个有点笨重的机构所做的是通过一项修建新的木头水闸和收费关卡的计划。紧随其后对泰晤士河进行管理的是成立于1857年的泰晤士河管理局。

[154]

---

① 爱德华二世(Edward II, 1284—1327):1307年继位为英格兰国王。
② 指理查一世将泰晤士河的控制权割让给金融城政府。

1908年成立了伦敦港务局（the Port of London Authority），负责管理特丁顿265英尺以下的水闸及涨潮河段，泰晤士河管理局负责特丁顿以上河段的管理工作。他们有一则启事，因所指对象宽泛而语气决绝而出名："任何使用泰晤士河及其水闸、设施和纤路的人，用后必须保持原状并自行承担风险。"管理局在1974年被撤销，其所拥有的管辖权被移交给新成立的泰晤士河水务局（Thames Water Authority），而这一令人生畏的机构，只存在了15年，就将权力移交给了国家河流局（National Rivers Authority），后者只存在了6年，1995年被现在的环境署（Environment Agency）所取代。河水则继续奔流向前。

犯罪因子

[155] 　　泰晤士河上一直都有着各种犯罪行为。1752年7月13日的一项纪录显示，纽盖特（Newgate）监狱的牧师是这样描述一名囚犯的："他确实在河上工作，这是一种非常可疑的生活方式。这些人通常被认为通过其他活动比通过劳动获得了更多钱财。"他的评论证实了泰晤士河作为"不法之地"的名声。河上的生活，在很多个世纪中都充满着各种争吵，有时候甚至非常危险——船夫反抗水闸看守，磨坊主反抗渔夫，海员反抗海关，小船桨手反抗水手……陆地上的法律在这里不被承认。

　　偷窃当然是最容易发生，也是最主要的违法行为。据帕特里克·科弘估计，有将近1.1万人是靠在泰晤士河上的各种不光彩行为谋生的。在他的《论泰晤士河的商业活动与警力》(Treatise on the Commerce and Police of the River Thames, 1800)一文中，他将泰晤士河描述成充满"贪污、诈骗、盗窃、抢劫和破坏"的特殊不法之地。泰晤士河催生了一群"具有系统性不法行为的生物，这些不法行为所产生的各种后果，展示了一种与众不同并且是前所未有的卑劣"。

　　当数百艘船抛锚停泊，等待潮水或是合适的码头时，它们不断受到小偷、河流强盗及想要伺机抢走船上所载货物的肇事者的骚扰。泰晤士河一直到入海口都有各种从事走私活动的人，他们负责搞到羊毛或其他商品，再找地方出售；还有经过武装的"河上强盗"，他们夜里砍断载着货物的驳船的缆绳，等待它们漂到河岸或是浅滩；还有"夜间盗贼"，他们是在黑夜掩护下进行偷盗的船工；有"顺手牵羊者"或是"长衫男"，专偷留在码头上的货物；有"轻马夫"，他们是检查船只和负责收税的官员中内外勾结作案的人；还有"重马夫"——谋求"第二生计"的搬运工和苦力；然后还有"泥雀"，他们是那些在涨潮时将货物扔下船的人的共犯——"泥雀"会趁潮水退去时，将这些落在河滩上的货物捡起来。"处理者"是那些负责接收被盗货物的人，在这座河流城市的大街小巷，都可以看到他们活动的踪迹。这座城市的地下充满了生命力，在上千个看起来只不过是地上的一个"洞"的地窖里，进行隐蔽是一件很简单的事。沙德维尔（Shadwell）的金戴维路（King David Lane），因其"收货者"而远近闻名，其中有一些住得离河很远。库珀先生——一位住在索霍（Soho）的圣安妮教区的烟草商，是人人皆知的鼻烟与烟草的收货人。

[156]

河的下游，靠近入海口那里，还有使用虚假灯光诱使缺少戒备的领航员将船开到泥岸上的"船只破坏者"。河口的大部分地区因为支流与沼泽众多，也为走私活动提供了便利的隐藏与运输条件。譬如，"水路走私贩"是那些利用沼泽地走私羊毛的人。很多个世纪以来，"走私"是河口地区特有的地方犯罪活动，水手们可以通过水路或是支流建立自己的通道。里卡尔弗（Reculver）和惠特斯特布尔（Whitstable）的悬崖下面的河滩，是进行这种非法营生的完美避难所。其他的走私者会溜到斯韦尔河（the river Swale）、梅德韦河或扬特莱特溪（Yantlet Creek），以躲避收税员们的注意。酒吧和教堂都是存货的方便地点，也有些货物被暂时存在沼泽地的水塘或小溪里。笛福在他的《不列颠全岛记游》（1724—1727）（*Tour through the Whole Island of Great Britain*，1724—1727）中，提到法弗舍姆（Faversham）时写道："关于这个镇子的其他特殊之处我一无所知，除了它最臭名昭著的走私贸易。"据传，在埃塞克斯，杜松子酒的供应量大到当地居民用它来擦窗户的地步。一份议会报告写道，来自东印度的货船一进入到泰晤士河沿岸的停泊地，"它们停靠的地方就变成了走私者的乐园，一个公共集市"。除了货物，还有"人"的非法运输，经营这一营生的，是十六世纪早期那些帮助叛教的耶稣会教士进出英格兰的人口贩子的直系后裔。

[157] 进入伦敦港的货物数量之大及种类之多，导致这里有着各种各样的偷窃行为。在十九世纪初防护码头建好之前，每年损失的各种收入估计在 80 万英镑左右。据估计，在码头工作的人，有 1/3 左右都从事某种犯罪行为。然而，既然大多数钱都是进了伦敦人的口袋，犯事者就认为这也是一种"公平交易"——这是大家都熟悉的，也是一种惯例。"泥雀"和"顺手牵羊者"认为他们拥有与水手和引航员一样的、通过泰晤士河来谋生的权利。对修桶匠和驳船夫来说，从大桶里偷烟草的行为被称作是"存钱"，是作为一项"老规矩"被保留下来的。很多跟河流运输有关的商人和办事员，都是这些恶棍的共犯，这是众所周知的常识。大家也都知道，有的船只和官员很容易被收买。实际上可以说，是泰晤士河在物质条件上帮助制造了伦敦城的犯罪行为。

泰晤士河既与犯罪，也与惩罚相连，这是为什么它常常被人们形容为"愤怒"甚至"残酷"的原因。泰晤士河的庞大水量本身就具有破坏性，当它发洪水时，会造成巨大破坏。看起来十分粗暴残忍。雪莱有一次对托马斯·洛夫·皮科克忏悔说："泰晤士河与上千名英雄及恶棍的血液与尸骨一起奔流，毫不奇怪河水会因为这种污染而变得酸臭。"整个泰晤士河的历史，也巩固并证实了他的观点。正如一首民谣在描写詹姆斯二世（James II）[①]的妻子 1688 年的逃跑事件时所唱的：

---

① 詹姆斯二世（James II, 1633—1701）：英格兰、苏格兰和爱尔兰国王，1685 年至 1688 年在位，是最后一位信奉天主教的英国国王。

> 他们逃跑了，穿过猛烈的冰雹，
> 穿过愤怒的泰晤士河……

泰晤士河在过去的很多个世纪中，都是残酷的水刑仪式的一部分。这种仪式在很多情况下都是致命的。"水刑"是一种很常见的惩罚仪式，至少可以追溯到中世纪早期，在公共出版物中也不时地会被提到。大家对这种惩罚太熟悉了，以至于不需要进行更多描述。这种惩罚通常被加之于女人或是"泼妇"身上——"泼妇"这一头衔被用于恶言恶语的成年妇女，经常对自己的丈夫唠叨或是恶意中伤周围的人。被认为是"泼妇"的女人会被绑在一把椅子或凳子上，连续浸入水中三次。比如在金斯顿，桥最中间的桥拱那里，曾有一根专门用于这一目的的横梁。横梁第一次被使用是在1572年夏天，造坟人的妻子唐宁夫人被浸入水中三次，"淹没了头和耳朵"。此类惩罚肯定有着持续不断的需求，因为同一年当地教堂执事就又订制了一张凳子。这张凳子最后一次被使用是在1745年春天，据4月27日的《晚邮报》（*Evening Post*）报道，"上周，在萨里的金斯顿经营'国王之尊'酒馆的妇人因恶言恶语被法庭判处水刑，在金斯顿桥那里被绑在凳子上沉入水中，当时有两三千人在现场。"那张用于执行惩罚的特殊凳子，已被使用了173年。

这一具有赎罪性质的、经常也是致命的仪式源于河水被视为一种"仪式性的净化手段"。公元三世纪早期的一位教会神父——著名的德尔图良（Tertullian）[①]，记载了一群信徒在泉水或河水中进行洗礼的场景，"想要从伪誓或背信弃义的罪恶中得到赎罪或豁免"。他还加了一句，"古人中任何犯了杀人罪的人，都会去寻找能够净化其罪恶的水源"。似乎没有理由怀疑，类似的净化仪式也会发生在不列颠岛

[①] 德尔图良（Tertullian，约155—240）：著名基督教哲学家与神学家，生于迦太基，完整阐述了"三位一体"教义，因其理论贡献被称为"西方神学理论的奠基人"。

上。这是一种存在了数百年的信仰。泰晤士河还在另外一种意义上被用来检验"有罪"还是"无罪"。有一种传统做法是让嫌犯喝井水或河水，如果嫌犯有罪的话，喝下去的水会受到污染，典型的症状是会产生水肿。如果泰晤士河是神灵们最初的家园，那么它就是一切正义的源头。1646年，克伦威尔下令将在沃灵福德进行城堡保卫战的王室官兵们全部斩首。"让他们归于河水，"据记载他这样说道，"在他们像国王腐败英格兰那样腐败了这块土地之前。"

泰晤士河上游村庄流传着很多有关女巫及其法术的故事。事实上，泰晤士河流域比英国其他地区有更多有关女巫的记录。她们的名字通常是像这样的："赌手海德"（Bet Hyde）"鹦鹉派克"（Poll Packer）"薄荷味弗雷温"（Minty Frewin）"达妈妈"（Mother Dutton）"老玛格丽特"（Old Margaret）"伊丽莎白大门框"（Elizabeth Stile）"维纳斯女神博斯维尔"（Urania Boswell）"海博米尔妈妈"（Mother Hibblemeer）"砖瓦匠简"（Brickie Jane）"潘廷婆婆"（Granny Pantin）。这些女人的故事比泰晤士河周围地区的"聪明女人"的故事有着更古老的根源。女巫与泰晤士河的联系，事实上可能反映了对环绕着泰晤士河的女性神灵的崇拜，同时，河本身也被作为"母亲"来崇拜。如果说女性神灵与泰晤士河紧密相关，那么认为女性魔鬼与恶灵也是这种关联的一部分就很自然了。

亨利、雷丁和沃灵福德过去都有着很强的女巫传统。泰晤士河谷有一种长在榆树上的真菌，十九世纪时被称作"女巫的黄油"，据说是在女巫的旋转手杖指点下长出来的。还有人声称沿泰晤士河上游的道路台阶都是铁制的，以防止女巫"闯过来"。身上带着马鞭草，作为"猫头鹰症"——因女巫咒语所引起的病症——的解药，也是当地风俗的一种。据报道，直到1946年，克里克莱德有一些年长的居民还随身携带着一个小亚麻布袋，里面装着一只鹅掌，以躲开女巫的注意。二十世纪晚期，肯布尔、阿普尔顿（Appleton）和雷丁都有过与巫术有关的报道。将这些习俗与信仰的长期存在，作为"乡野传闻"

或"夸大其辞"而不予理会是很容易的,然而传统的巨大存在并不能如此轻易地置之不理。

对女巫的审判通常由泰晤士河亲自"执行"。其中一个地点是在里士满公园一处被称作"泼妇白蜡林"的地方。这种审判的残酷性自然众所周知。有女巫嫌疑的人被绑在一起,然后被扔进泰晤士河,如果她浮上来了,就意味着河水正在拒绝她,那她就一定有罪;如果她沉下去了,就证明她的无辜。但是也有一些更明确的惩罚。伦敦桥第一次在官方记录中被提及是在《盎格鲁－撒克逊法典》(*Codex Diplomaticus Aevi Saxonici*)①中有关公元984年发生的一起事件的记载:一个女巫因为刻了一个男人的木头雕像而被抓了起来,受到众人谴责,随后,"他们将其带到伦敦桥那里淹死了"。泰晤士河是对与超自然有关的犯罪行为的一种恰当的惩罚方式。在法典中,类似惩罚多次被提到,它可能已成为那些被控使用巫术者的通常处死方式。十三世纪时,有两个女人被手脚捆绑在一起,扔进一个与泰晤士河相连的叫拜客普尔(Bikepool)(靠近现在的克里登镇)的水塘。泰晤士河与我们所称的"异端"之间,有着某种密切的联系。某些事物被保存在这里。

[160]

泰晤士河在某种意义上成了"惩罚"的神圣见证。陆地上执行死刑的两个主要地点——泰伯恩刑场(Tyburn)和史密斯菲尔德刑场(Smithfield),分别靠近泰晤士河的支流泰伯恩河和弗利特河,这样的安排可能并不是偶然的。但是还有着其他更为直接的联系。达格纳姆的泰晤士河边曾经有过一个绞刑架,1780年还在使用。在贺加斯(Hogarth)②所画的"游手好闲的学徒"系列版画中,可以看到在米

---

① 盎格鲁・撒克逊法典:剑桥大学保存的盎格鲁－撒克逊时期英格兰文书的汇编,分6卷本,在1839—1848年间首次出版。

② 威廉・贺加斯(William Hogarth,1697—1764):英国画家、欧洲连环漫画的先驱,著有"现代道德主题"系列漫画作品。许多作品经常讽刺和嘲笑当时的政治和风俗,因其影响广泛,类似的政治讽刺画被称作"贺加斯式"(Hogarthian)。

尔沃尔（Millwall）河滩，有一连串的绞刑架在延伸。格林尼治曾有过一个绞刑架，位于现在被称作"巴格斯比堤坝"（Bugsby's Causeway）的地方，其名源自"虫子"或"邪灵"，意味着这里被人们认为是"受到污染"的土地。在布莱克沃尔角（Blackwall Point）一条名叫"绞刑渠"的河边（地点目前不明），也曾有过一个绞刑架。曼彻斯特有一条远近闻名的绞刑渠，过去曾将伊克河（Irk）和艾尔韦尔河（Irwell）连在一起。死刑与流水间的关系并不仅仅局限于泰晤士河。靠近塔桥的巴特勒码头（Butler's Wharf）那里，是伦敦"消失的河流"之一——奈金戈尔河（Neckinger）——的河口，这个名字的意思是"魔鬼的领巾"，指的就是绞刑手的绳子。我们有理由猜测，这里也是一个执行绞刑的地方。

然而最有名的河边刑场是"刑场码头"（Execution Dock）——当然这里从来都不是一个真正的"码头"，除了就"死者被堆放在这里"这一意义来说。最初的绞刑架放在河边的圣凯瑟琳船坞（St Katharine's Dock）那里，十六世纪时被挪到了下游的沃平，后来沃平修建了防护墙以后，就从西边挪到了东边尽头。因此有关这一绞刑架的具体地点有点模糊不清，而至少有两个酒馆声称"荣耀归于自己"。被定罪的人——按传统通常是那些被控犯有海盗罪的人——从纽盖特或是马歇尔希监狱（the Marshalsea）[①] 被带到这里，跟随一叶小舟被押到河边，在这里，他们就被"打发上路"了——或者用住在河边的人的话来说，他们"跳了大麻抽筋舞"。尸体随后被涂上焦油放在河边的绞刑柱上。一段时间以后，这些尸体用铁链绑在一起，手腕也同样绑紧了，吊在河边靠近低水位标记的一根木桩那里。他们在这里要被吊到潮水三次漫过他们的尸体——正像恶妇们要承受三次水刑那样。"刑场码头"的绞刑一直到1834年才结束。

---

① 马歇尔希监狱（the Marshalsea）：位于伦敦瑟萨克地区的著名监狱，存在时间为1373—1842年。

然后还有那些"大船们",一场在泰晤士河上持续了近百年的邪恶景观。这些是"监狱船"——一些废弃不用的船只,改造后用于关押犯人。它们最初出现于1776年,最后一艘直到1857年夏天才被烧毁。"发现号""惩罚号""战斗号"这些船被用来安置那些因"独立战争"爆发而不幸被剥夺机会,无法被送到美洲的罪犯。数千名这样的罪犯在德特福德、伍利奇、查塔姆(Chatham)和其他一些地方服刑,被迫做港口的苦力。德特福德的码头,被人们称作"死刑犯码头"。这些犯人每天晚上返回船上,再次被铁链锁上;每层甲板上大约关着五六百名犯人。他们住在较低的甲板上——新来的犯人被安排在所有甲板最底下的一层——在那里,"铁链不停嘎嘎发出响声、触目的肮脏与寄生虫,令人难以忍受",种种情形,最好是人们自己去想象而不是被描述出来。一位犯人感叹道,"在我所看到的所有令人震惊的景象中,这是最令人不安的……只有与地狱相关的事物才能与之相比。"泰晤士河变成了地狱。犯人死了的话,他们的尸体会被带到沼泽地里,敷衍了事地埋在那里。沿普拉姆斯特德(Plumstead)和兵工厂(the Arsenal)的沼泽地长着一种开红花的荨麻,这种花一度被称作"罪犯之花"。

河边还有其他监狱。科林克监狱(The Clink)靠近萨瑟克的泰晤士河边,弗利特监狱建在离泰晤士河不到100码(90米)的地方。蒂尔伯里堡被用作监狱,米尔班克(Millbank)监禁所(现在是泰特美术馆所在地)过去是一座有名的、以"边沁主义原则"[1]组织的"现代"监狱。从空中仍然可以看到这座监狱的八角形状。亨利·摩尔(Henry Moore)[2]在泰特美术馆河边展览的一件雕塑作品——"锁链"(The

---

[1] 杰里米·边沁(Jeremy Bentham,1748—1832):英国法理学家、功利主义哲学家、经济学家和社会改革者。以功利主义哲学的创立者、动物权利的宣扬者及自然权利的反对者而闻名于世。
[2] 亨利·摩尔(Henry Moore,1898—1986):英国艺术家,以其半抽象、青铜纪念碑风格的雕塑而出名。

Locking Piece)——标志着犯人们过去登船的地点；他们在那里登上沿泰晤士河顺流而下、终点是澳大利亚的船只。泰晤士河是他们最后所能看到的有关英格兰的事物之一。

河之劳工

[162] 在劳拉·怀特具有创举性的调查工作——《伦敦英语的源头》——中，她列举了各种以泰晤士河为生的中世纪工人：从在昆恩海兹（Queenhithe）和比灵斯盖特担任海关官员的管理员，到无所不在、不可或缺的船工们。有负责维护堤岸和鱼坝的看守员，有在鱼塘和围坝里工作的鱼塘工，有以他们工作的船只种类命名的帆船船夫、驳船船夫和转运船船夫，有以其捕鱼方式命名的垂钓者，有管理河流的水警和助理看守员等。检察官在泰晤士河上巡逻，寻找非法围挡的鱼坝，潮汐员在岸边及河滩上工作——在潮水允许他这样做的时候。

所有这些职业都持续了很多个世纪，还有那些依靠河流贸易的工作——譬如存在了很长时间的仓库工人与搬运工。但自十六世纪以来，这些人的地位与就业情况开始发生了各种变化。搬运工分成装备车间搬运工、凭票搬运工、协会组织搬运工和公司搬运工——这是四个"兄弟会"，每一个都对不同货物拥有自己的垄断权。譬如说，凭票搬运工对从但泽港（Danzig）[①]进口的货物及全部的爱尔兰产品拥有垄断权。他们对这些贸易的控制，意味着他们能获得各种特权以及有时"过分慷慨"的补偿。装备车间搬运工卸下100夸脱（quarters, 1.27公吨）的麦芽酒，会收到1基尼[②]的工钱，而其他搬运工做同样的工作，能得到8先令4便士就会很高兴了。泰晤士河一直都是各种"限制性行为"的避风港。

然而对他们中的任何一个人来说，这些工作都是不容易做的。由

---

① 但泽港（Danzig）：波兰北部最大城市和最重要的海港。
② 基尼：1663年英国发行的一种金币，一基尼等于21先令，于1813年停止流通。

于码头及附近街道的地表粗糙，不适合马车或是大的手推车行驶，大多数货物他们需要自己扛着。商品通常是被装在桶里运过来的，这样每到一个码头，可以从船上推下来。如果货物分量对一个搬运工来说太重了，就会被挂在棍子上由两个人来扛。这是一种缓慢而昂贵的商业活动形式。

[163]

  同时这里面也有一种令人不解的地位上的变化。十八世纪晚期，码头工作被认为是最声名狼藉——并且绝对是最没有人想干——的一种工作。在那之前，水岸工作一直被认为是挺不错的。十四世纪时的朗兰（Langland）①认为，与河流贸易有关的劳动者"最为光荣"。十七和十八世纪早期的搬运工享有城市自由人的权利与义务，可以说是劳工中的"贵族"。但从十八世纪晚期到十九世纪早期，人们对他们的态度有了明显改变。其中有部分原因是因为他们工作的区域是东区，该地区在这一时期声誉日趋恶劣。

  实际上可以说，英国第一批产业工人是在泰晤士河周围地区成长起来的。码头工人和搬运工、工程师和仓库工人、船工和运货马车车夫、叫卖小贩和揽客者、办事员和马车夫、铁匠和装卸工……以及大量的辅助性工作，如开酒馆的和洗衣妇，卖吃的和街头小贩，开商店的和妓女，水产商店经营商和卖牡蛎的……数千名从事各种职业的人聚集在东区的一个小地方。人们曾经计算过，在沙德维尔地区，60%的男人以做海员或船工为生，10%的男人从事造船及修船工作。在泰晤士河边，可以看到比伦敦其他地区更为多样的商业活动。因此，大概除了塞文戴尔斯（Seven Dials）②地区以外，东区同时也是伦敦人口最多的地区。狗岛在十九世纪时，完全被威廉·丘比特（William

---

① 威廉·朗兰（William Langland，约1332—1386）：被认为是中世纪通俗头韵诗《农夫皮尔斯》的作者，以口语、符号和绘画的形式讲述农夫也能看得懂的宗教主题。
② 塞文戴尔斯（Seven Dials）：伦敦西区考文特花园附近一处圆形的、七条街道汇聚的地方，也指附近地区。

Cubitt)①为工人及其家庭所建造的小房子占据了。

也是在那个世纪,码头工作被认为是工资最低、最没有技术含量、雇佣最不稳定的工作。实际上这些大众印象都是不准确的。码头工人比城里的搬运工挣得更多,对能够胜任的人来说,工作也很多。然而码头工作也被认为是粗糙而肮脏的工作,属于工人中较低等级的或是找不到其他工作的人才做的工作。河岸工作区的整体气氛是充满了灰尘与烂泥、脏臭与烟雾。一些码头工人的脸,因为搬运靛青染料而变成了蓝色,或者因为煤灰而变成了黑色。他们的衣物也沾染上所搬运货物的碎屑。这一印象与船夫和驳船工通常所享有的坏名声也有些关系——泰晤士河代表着"特许"与"不文明的语言",代表着走私与盗窃,因此不管是在河上工作还是以河为生,这条河都已经声名狼藉了。

这是另一个世界,拥有自己的语言和法律。从莱姆豪斯(Limehouse)②鸦片窝里的中国水手,到河口区疟疾肆虐的公寓房里的走私犯,在河上工作的人不属于任何文明管辖的一部分。河的异化世界影响了他们。这种异化在码头俚语中也得到了体现——这些俚语基本上是逆拼俚语或是对普通词语的反用。这种逆拼俚语也影响了伦敦腔的押韵俚语的形成,因此可以说伦敦人所使用的语汇,直接受到与泰晤士河有关的生活的影响。

其他一些俚语来自河本身。米尔沃尔码头(Milwall Docks)的谷物仓库工人被称作"脚趾布"——因为他们在靴子外面还要再套一层麻袋布,这个词后来就被用来指"被瞧不起的人"。在伦敦港工作的驳船船夫称其在下游工作的同事为"垩土人"或是"啃胡萝卜的人"。工作在萨里码头(Surrey Docks)的装卸工,被人们以西班牙语"赶牲口的人"来命名。

---

① 威廉·丘比特(William Cubitt, 1785—1861):英国著名工程建筑师。
② 莱姆豪斯(Limehouse):伦敦东部区名,过去以贫穷肮脏而著名。

十九世纪的媒体报道显示了码头工人千姿百态的世界，其中"临时工"从早上 7∶45 就开始在码头大门口等工作，包括身无分文的难民、破产者、年老的士兵、不走运的绅士、被解雇的仆人及犯有前科的人。伦敦码头有四五百名拥有稳定工资的固定工人，他们被认为是码头工人中的"贵族"，而轮班工作还需要雇佣 2500 名左右的临时工。亨利·梅休（Henry Mayhew）[①]在《伦敦劳工与伦敦贫民》（*London Labour and the London Poor*，1849—1850）一书中，对那些聚在码头入口处等待被选去工作的人有着这样的描述："有的穿着做工粗糙、胳膊肘开线的外套，脏衬衣都露了出来；有的穿着油腻腻的运动夹克，脸上长着红丘疹；还有一些衣衫褴褛，但是很有教养。有些人身着锈迹斑斑的黑色衣服，还有些人以夸张的方式戴着两侧折成代表'小偷'的弧线的帽子"。他们要互相竞争的工作是更加令人不愉快的。譬如，蒸汽动力不能用于起重机，因为有起火的危险，因此起重机是用脚踏车发动的，由 6—8 个男人躺在一根木圆筒里，握着绳子，通过踩动让轮子转起来。他们可以将 20 英担[②]（1 公吨）的货物平均抬高到 27 英尺（8.2 米），一个小时内这样抬 40 次。这是那些只看到泰晤士河美丽一面的人，所不知道的河流生活的另一部分。

河边还有一些从事其他营生的人。有捕捞船夫或是"搜河者"，他们在水中寻找商船进出泰晤士河时从船上掉落下来的货物。那个带有讽刺意味的词"清理"，来自"清理者"们的行为，他们是一群在河中打捞漂流之物（漂在河中、归属不明的物品）和被丢弃物品（为减轻有沉船危险的船只的重量而被扔到河里的货品与物品）的船夫们。然后还有在河滩上工作的"泥雀"们，其中很多是年纪很小的儿童或

[①] 亨利·梅休（Henry Mayhew，1812—1887）：英国社会研究者、记者、剧作家及社会改革推动者，《笨拙》（*Punch*）杂志联合创办人之一。《伦敦劳工与伦敦贫民》是由其发表在报纸上的新闻特写结集而成，对伦敦穷人的生活状况进行了前所未有的调查，产生重大影响。
[②] 英担（Hundredweight）：重量单位，在英国一英担等于 112 磅，在美国等于 100 磅。

是上了年纪的妇人,他们以在肮脏的河水中寻找煤块、铁块或是漂流木度日。他们先是在台阶那里等,直到潮水退得足够低以致露出了河岸,然后就是他们的天下了。

亨利·梅休描写了他们默默弯向脚下烂泥的情景:"带着一种悲惨的迟钝表情,他们啪啪踩着烂泥,在急切地四处窥视时,身体也向前弯着。"他们是悲惨的、住在河边穷街陋巷里的穷人。"他们当衣服穿的、难以描述的破烂之物几乎遮不住半边身体,身上沾着河里的烂泥,破旧的衣服上也沾着各种烂泥,硬得像硬纸板。"他们是泰晤士河的子民。

泰晤士河上还有很多古老的职业。譬如说,泰晤士河的历史,部分而言也是水手的历史。他们的职业数百年以来没有什么大的变化,虽然外表的改变比较明显。在撒克逊人时期,水手的衣服颜色是红色或蓝色的(丹麦水手身着黑色);到中世纪时,他们穿的是紧身皮大衣及粗毛毡服装;十五世纪时,他们穿的是棉夹克衫和皮质胸铠甲,还有皮头盔;十六世纪时,他们穿的是白色或天蓝色的短外套及宽松的马裤,戴皮帽子而不是头盔,像朝圣者一样;十七世纪晚期,水手们的时尚穿着是条纹裤子、短夹克和系扣的鞋子。小约翰·菲尔丁爵士(Sir John Fielding)①在其《新伦敦观察》(*New London Spy*,1794)中,这样描写住在沃平的水手:他们的"日常生活、说话、举止、穿戴、做事的方式如此自成一格",形成与其他人相当不同的一个群体。十九世纪早期,他们的穿着是喇叭裤、马甲、领子敞开的条纹套头衫,最后配上紧身短上衣和黑色丝绸领巾。

在河边丰富多彩的人文传统中,有着更为特定的"泰晤士河传统"。这里有搬运工、装卸工、甲板水手和各种各样的其他工种,但其中尤为特殊的是在歌谣与故事中作为这条河流缩影而广为人知的泰

---

① 小约翰·菲尔丁爵士(Sir John Fielding,1721—1780):英国著名治安官、社会改革者,也是著名作家亨利·菲尔丁同父异母的弟弟,业余期间与哥哥一起学习法律。

晤士河水手的形象,"他"给人们的印象是野性、无教养、粗暴和说话粗野。

水手同业公会成立于1555年——当然这一职业的存在要早得多。一份1293年的文件曾记载伦敦与格雷夫森德之间的河上水手,因过度收费而被起诉,"他们确实违反行人意愿向他们收取了不公平的费用"——收了1便士而不是通常的半便士。对水手的这一抱怨,持续了很多个世纪。在"伦敦没钱"(*London Lackpenny*)这首十五世纪早期由不知名作者所写的歌谣中,一位旅行者来到伦敦:

> 我想要到比灵斯盖特鱼市场
> 河边一位船夫喊道"到我这儿来"
> 我祈祷看在上帝的分上他不会很贵
> 但是他说
> "少于两便士你别上我的船"

除此以外,还有过度拥挤问题。十四和十五世纪,有很多船夫因为船上搭载超过三个人而被起诉;他们也被禁止在南岸停泊,以防"小偷和坏人"抢了他们的船——这清楚显示了河两岸在人们心目中的不同印象,而河充当了界限——正像它过去曾是交战的不列颠部落各自的前线一样。还有一些更晚出现的限制,譬如十七世纪中期,礼拜天禁止使用河上交通;任何一个在"主日"①自水上而来的客人都被认为是"渎神"的,两岸都安排了士兵,以逮捕任何亵渎者。有趣的是,为什么自水上而来而不是自陆地而来,会被认为是渎神的?因为这个原因,十九世纪时,水手、船夫和在河上工作的普通人成立了一个"宗教推广协会"。

然而河上的船工之间有一个重要区别。船夫(Watermen)过去

[167]

---

① 指星期天。

是——现在也是——关注"人的运输"的人,他们用的是驳船或是摆渡船,而驳船船夫(bargemen)关心的是用驳船来运货物。就像大多数的河上营生一样,行船的技术也是由父亲传给儿子的。他们需要学习有关潮汐的知识、泰晤士河不同河段的变化、风的影响、河流改变航向的地方,以及——估计任何特定地点的水深。

十六世纪末,据估计泰晤士河上大约有 3000 名船夫,但到十八世纪初,这一数字上升到 8000 名;十八世纪末,这一数字进一步上升到 1.2 万名,其中有 2000 名是学徒。一些有权威机构认为这一数字还要高——他们声称十六世纪时,泰晤士河上有 2 万名船夫,十八世纪时有 4 万名左右,但这些数字都是估计。只有在显示河流交通与运输的重要性时,这些数字才是重要的。伦敦城及整个国家的能量,来自于泰晤士河的能量。然而十九世纪,当新的交通方式出现在泰晤士河上,新的桥梁在两岸架起时,这些数字开始出现下降。滑铁卢桥在 1811—1817 年间建起;1850 年,梅休清点了一下河上船夫的数量,当时是 1600 人。

为了容易被认出来,他们需要在胳膊上佩戴徽章,但他们的短夹克和帽子也很显眼。他们中最著名的代表——"水上诗人"约翰·泰勒(John Taylor)①——承认,"我们公会中有很多粗鲁、不文明的家伙",同时为其言行找理由,说是被乘客惹的。那位"咆哮男孩"或是时髦男人不会"善罢甘休,而是发出一批新打造的毒誓……他的怒吼就没停过,吵吧,吵吧,吵吧,愿上天惩罚你的吵闹……当他终于抵达目的地时,他跟我说我必须等他,他会很快回来"。当然他从来没有。

船夫们还面临着其他危险。十七十八世纪时,他们很容易成为

---

① 约翰·泰勒(John Taylor, 1578—1653):一生大部分时间是泰晤士河上的一位摆渡船船夫。行会成员,出版了 150 部作品,文中所引作品记载了 1641—1642 年间船夫中发生的一次想要民主选举行会领袖的纷争。

第七章｜工作的河流

海军"强制征兵"或是强迫服兵役的对象，因为大家认为他们拥有的与河流有关的技能很有用。十八世纪晚期，查尔斯·迪布丁（Charles Dibdin）①写了一首著名的歌，有关船夫的悲惨命运：

> 再见了我整洁的小船
> 再见了，船桨、外套和徽章
> 我再也不会出现在切尔西渡口了
> 如果你的托马斯要休息了的话

然而无论他们的命运有多悲惨，泰晤士河上的船夫通常被人们认为是下等的、该受谴责的。托马斯·罗兰德森（Thomas Rowlandson）②有一幅创作于1807年的著名版画，名为《伦敦的苦难》，展示了一群贪婪的船夫——从其帽子和徽章中可以看出——在沃平古台阶那里骚扰一位老妇人。在罗兰德森的画笔下，他们喊着："前桨，尾桨，尾桨，前桨，前桨。"

在公众的想象中更应该受谴责的是河上的驳船船夫。他们操作着那些也被称作"运河船"、"猴子船"和"胆小鬼"的驳船，曾有一段时期，他们也住在船上。他们以好斗和刻薄的幽默而出名。据说《忧郁的解剖学》（The Anatomy of Melancholy）的作者，容易伤感的理查·波顿（Richard Burton）③，只有在特意造访牛津的福利桥、聆听驳船船夫的对话时，才会被逗笑。据牛津的一位编年史作者所言，"最终再也没有什么能让他笑起来，除了到牛津的人行桥那里去听驳船船夫们互

---

① 查尔斯·迪布丁（Charles Dibdin，约1745—1814）：英国作曲家、音乐人、作家及演员，有六百多首歌曲归于其名下，其中很多首他既是词曲作者，也是表演者。
② 托马斯·罗兰德森（Thomas Rowlandson，1756—1827）：英国艺术家、漫画家，出生于伦敦。
③ 理查·波顿（Richard Burton，1577—1640）：牛津大学学者，《忧郁的解剖学》是其最著名的作品，据说是为了使饱受抑郁之苦的自己摆脱抑郁而作。

相指责、大光其火和彼此诅咒;这时他会将手放在身体两侧,大笑不止"。驳船船夫还很精于一些罕见的钓鱼方法,他们挑选和搭配草药的技巧也很出名,他们非常熟悉沿岸能够发现草药的地方,并将这些草药在路过的城镇中进行销售。他们所驾驶的船通常色彩鲜艳,船身用俗丽的色彩画着河岸风光——这些画被人们称作"木刻画"。就像过去沿泰晤士河扎营的吉普赛人一样,驳船船夫也是一个具有排外性质的独立团体,其成员保持着内部通婚。他们很少跟泰晤士河沿岸村民往来;事实上,他们互相好像都看不起对方。村民们实际上将驳船船夫与吉普赛人归为一类,认为他们做事不规矩并且是小偷——譬如偷鸭蛋。1600年,驳船船夫被人描述为"一群醉醺醺、像乞丐一样的家伙"。

关于他们凶暴的恶名并不完全是平白无故的。当雷丁进行水闸工程建设时,1725年,河流管理部门的一位成员收到了一封恐吓信,信是这样结尾的:"在还不算太晚之前接受警告,否则你的人都会被淹死。如果你们敢来的话我们就会那样做——来自微不足道的船夫。"他们并不常出现在历史记录中,然而此后再次出现是在1804年,泰晤士河委员们通过了一条条例,处理"在河上游览或进行其他娱乐活动的绅士及其他人"对来自驳船船夫的威胁、阻拦或辱骂的投诉。

事实上,河上的劳工经常被人们作为"野蛮人"加以谴责。正像杰罗姆·K·杰罗姆所说的,"在陆地上脾气最温和的人,到了船上也变得暴力和嗜血了"。1884年讨论《泰晤士河保护法》(*Thames Preservation Act*)时,一份议会委员会的会议记录,显示了当时公众对泰晤士河的普遍看法:

主席:你上述所指的人所占比例是多少?
吉尔伯特爵士(Sir Gilbert):这是我一直想知道的。这些人是天生的野蛮人,还是因为到了河里而变得野蛮?
主席:在使用泰晤士河的人当中,有多大比例是你所说的野蛮人?

吉尔伯特爵士：我想说清楚，我指的并不是劳工阶层。……我认为这是由一群专门胡作非为的野蛮人所组成的阶层。这样的人正在逐年增多。

沿河的关卡收费员和水闸看护人也是公众感兴趣和评论的对象。桥上的关卡收费员，尤其要受那些不想付钱过桥的人数不清的侮辱。过桥费最初是非周末半便士、周日一便士。在黑夜的掩护下，他所收到的可能是满手烂泥或是鹅卵石。某位流浪汉可能会付半便士，要求将门打开，而门一打开，躲在一旁的一群流浪汉就会冲过来，闯进大门。关卡收费员从来都不是什么受欢迎的角色，而汽车的出现更是增长了他被"围困"的感觉。有一次，当一辆汽车驶过梅登黑德桥（Maiden-head Bridge）靠近梅登黑德那一侧，拒绝付 8 便士的过路费时，收费员从车里抢了一只靠垫，随后卖了 3 先令——减掉一定费用后只还给靠垫主人 3 便士。这是最后的导火线。1913 年 10 月 31 日午夜，有 500 人聚集在桥上，鼓励梅登黑德镇的工人们拆掉这一令人痛恨的大门。伦敦城里的桥上收费员被称作"小费法警"，他们的岗位一直被保存到 1879 年，直到最终大多数的桥被宣布："永远向公众免费开放。"

不像关卡收费员，水闸看护人的职位一直保存到现在。从泰晤士河源头到特丁顿，在非涨潮河段共有 45 个水闸。第一批筑坝拦水的水闸（水闸的侧面是用草皮覆盖的）于 1635 年在伊夫雷、桑德福德和斯威夫特迪奇（Swift Ditch）等地开始修建。当时有一种对公共设施及"发展与探索"的强调，尤其在商业流通领域。泰晤士河完全没理由不能在同一套原则指导下被组织起来，因此其他水闸也被建了起来。

任何通过水闸的人都要付过路费，这一费用引起人们的巨大不满。有关上帝和大自然是否将河水"免费提供给众人使用"这一长期争论又被提了起来。这些水闸后来被人们称作"泰晤士河收费关卡"。

十八世纪七十年代，沿河的几处地点又开始了修水闸的热潮。新修建的筑坝拦水的水闸中，1772年投入使用的博尔特斯水闸（Boulter's Lock）是第一个。这些水闸据说是由汉弗雷·金斯伯格（Humphrey Gainsborough）[1]——画家[2]的哥哥——设计的。如果真是这样，这位哥哥对泰晤士河景观的影响要超过他那位更出名的兄弟。

水池水闸，正像其名字所暗示的，是两边有门的封闭水池，有时也被称作"水箱水闸"。这是一种现在仍在使用的系统——虽然其设备已经全部现代化。水闸的门必须足够坚固，能够拦住上千吨的水。在此类水闸中，巴斯考特是规模最小的，特丁顿是最大的，博尔特斯是最忙的。在特丁顿的泰晤士河南岸那里——非潮汐河段的第一个水闸——有小型帆船水闸（也叫"棺材板水闸"）、汽艇水闸和驳船水闸的样本。泰晤士河可通行的这一河段的交通非常繁忙，这些水闸几乎处于不停歇的使用状态之中。

在过去的两个世纪中，水闸看守人——不像他们在关卡收费站的伙伴们——通常被认为是令人愉快、和蔼可亲的人。他们所处的环境——水闸小屋往往被令人感到亲切的鲜花所环绕着——看起来美如画。在人们的印象中，他们与摆动的闸门所发出的声响及慢慢上升或下降的河水相互拍打和汩汩流淌所发出的声音是连在一起的。埃尔斯佩斯·赫胥黎（Elspeth Huxley）[3]的《锡卡的火焰树》（*The Flame Trees of Thika*，1962）中，有一个角色被问了一个与此相关的问题。"他有一次被问到，在他心灵深处，他最想成为什么人？想了一会儿，伊

---

[1] 汉弗雷·金斯伯格（Humphrey Gainsborough，1718—1776）：英国工程师及发明家，是画家托马斯·金斯伯格的哥哥。

[2] 托马斯·金斯伯格（Thomas Gainsborough，1727—1788）：英国肖像画及风景画家，英国皇家学院创始成员之一，曾为英国皇室绘制过许多作品，被认为是十八世纪英国风景画派的创始者。

[3] 埃尔斯佩斯·赫胥黎（Elspeth Huxley，1907—1997）：作家、记者、环境保护者，其最出名的作品《锡卡的火焰树》取材于年轻时在英国殖民地肯尼亚咖啡农场的生活经历。

恩回答说他真正想成为的是泰晤士河上的水闸看护人。'在那里我将会站在我的夹竹桃和金鱼草中间，观看生命以一种有秩序的方式穿过。'"

他们是泰晤士河的守卫者及看护人，负责保持河流的秩序，遏制其律动。对他们的记载可追溯到十八世纪，被提到的名字通常像"汉布莱登的卡莱布·古尔德"（Caleb Gould at Hambleden）及"坦普尔的乔治·考德利"（George Cordery at Temple）等，其中还有一些女性，如"卡勒姆渡口的寡妇翰威特"（Widow Hewitt of Cullum ferry）及"惠特彻奇的寡妇沃尔特斯"（Widow Walters of Whitchurch）等——毫无疑问她们是已故水闸看守人的遗孀。1831年3月，政府颁布了一项法令，规定女性不许继续担任水闸看守人的职位，但大家好像并没有怎么理会这一法令。

卡莱布·古尔德（Caleb Gould）是泰晤士河的一个传奇人物。他在住处后面设了一个大烤箱，卖面包给过路的驳船船夫。他穿着一件有很多纽扣的长外套，每晚吃一碟洋葱麦片粥做晚餐。他可能是《柳林风声》开篇几页中，鼹鼠所说的那个奇怪的词的灵感来源——"'洋葱酱！洋葱酱！'他嘲弄地评论着……"十九世纪八十年代，斯普林克水闸的看守人——我们只知道他叫塞德勒先生（Mr Sadler）——是一位养蜂专家、观赏性蜂巢的制作者及玫瑰花种植专家。他也是一位诗人，创作的主题是蜜蜂与玫瑰，还写作有关泰晤士河生活的散文。他是这样描写周围河岸的风光：

这里离雷丁镇只有一块运动场那样的距离，
该镇出产的饼干、种子与酱料广为人知。

有一些水闸看守人在执勤的过程中被淹死。至少有一位水闸看守人后来被送进了精神病院。

过去还有堰坝看守人。自从人类开始使用泰晤士河水，河上就

[172]

开始有了堰坝。有一首英文古诗,其中有"像堰坝里的水一样令人疲倦"的句子,表达了长期"处于一地"的疲倦感。河岸居民倾向于将其发成"线圈"(wire)的音①。堰坝本身就具有危险性。它在本质上是为拦住水流而建的水坝或围栏,可以用于调节水流或是引导河水改变方向。最早的堰坝是用原木和柴枝建成的,是一种原始的、立马提升上游水位的障碍物;后来,这种障碍物会被平行建两排,中间填上垩土或是石头;再后来,堰坝采取木桥的形式,一块大原木或者是"基石"被放在河床上,在桥和基石之间放上垂直的木板,就组成了一个水坝。当有船只希望通过时,木板会被移开,此前被拦住的水流就会汹涌而出。这些堰坝看守人也向游船或货船收取过路费,然后才会放水让这些船只下行。他们很快成为河上最遭憎恨的人。

还有其他用途的堰坝。有为磨坊而建的堰坝,以制造一股可以冲向机械装置、推动轮子转动的强劲水流。还有用来捕鱼的堰坝,被称作"鱼篱笆",看起来像个存水湾。为磨坊主或渔夫所建的堰坝,实际上是泰晤士河最早阶段最常见的堰坝形式,但从一开始它们就对航行造成了威胁,因此一直为历代国王所谴责。理查一世统治时期,曾有文书下达给伦敦金融城政府,其中写着:"泰晤士河上所有的堰坝都要被清除,不管位于哪里。"18年后的《大宪章》,也禁止在河上设堰坝。在该文件的第23条,与泰晤士河一起被签署的,是这样一道命令:"从今以后,泰晤士河、梅德韦河及整个英格兰的堰坝都要被彻底清除,除了位于海边的那些。"这些公告发布的频率,意味着在河上建堰坝从来都不是什么光彩之举。理查二世统治时期,也下了一道命令,要求清除泰晤士河上的所有堰坝,但是又一次,该法律并没有被遵从。1405年,当时的伦敦市长大人约翰·伍德考克爵士(Sir John Woodcock)下令拆除了斯泰恩斯以下的所有堰坝,但很快它们又出现了。它们的无处不在,显示了人们的生活对筑坝拦水的依赖程

---

① "线圈"的英语发音比"堰坝"口型要更大。

度。亨利六世颁布了一项法令:"任何人都不可以在河上拦网进行捕捞";爱德华四世对堰坝主人施行100马克①的罚款……所有这些手段都没什么效果。泰晤士河有一种深度的保守主义。

在上游较温和的水流中,堰坝常常独自存在;而在较下游的流域中,它通常与水闸相伴而生。十八和十九世纪,堰坝附近常常会有一间小屋供看护人使用——虽然这个住处常常会被作为旅馆,提供给等待过河的疲倦旅人。这些地方通常还建有简单原始的、供行人使用的过河桥梁。最终堰坝变得不合时宜了,很多不必要的堰坝在十九世纪时被拆除,也有很多被水闸取代了——虽然直到今天,水闸和堰坝仍然常常毗连出现。人们用来过河的步行桥,过去也常建在"蓄水堰坝"那里。

堰坝是泰晤士河上如此常见之物,以至于人们给它们起的都是延续了数世纪的名字:老人坝(Old Man's Weir)、老妇坝(Old Nan's Weir)、灯芯草坝(Rushy Weir)、肯特坝(Kent's Weir)、十尺坝(Ten-foot Weir)、维尼韦格坝(Winnie Weg's Weir)、诺亚方舟坝(Noah's Ark Weir)、剥皮坝(Skinner's Weir)……卡弗舍姆曾有一个堰坝被称作"响板坝",但沿泰晤士河最著名、最残忍的堰坝被称作"皮鞭",位于牛津和伊夫雷之间的桑德福德,因为淹死了很多人而出名。在它旁边有一座石头方尖碑,纪念那些淹没在湍急水流中的人。洪水急流中,树木、破桥、残骸甚至水泥块都会不停地在水流中打转。

磨坊主经营着泰晤士河上另一项巨大而重要的经济活动。在牛津和斯泰恩斯之间的泰晤士河上,有28座磨坊,其中15座在《末日审判书》(*Domesday Book*)②中有所提及,其余的也都差不多是同样的

[174]

---

① 货币单位,最初出现于十世纪,由丹麦人引入。1马克最初相当于100便士,诺曼征服(1066)之后,1马克等于160便士、2/3英镑。
② 《末日审判书》(*Domesday Book*):在国王"征服者威廉"的命令下完成于1086年,是对英格兰及部分威尔士地区的人口、土地拥有权及欠税等情况进行调查的手稿,因其所记载的资料在当时具有不容更改的决定性,被称作"末日审判书"。

设在伦敦郊外的捕鳝笼。　　　　　　　　牛津郡的堰坝看守人；

梅普德汉姆磨坊（Mapledurham mill）

磨坊和堰坝一直都是泰晤士河流域的一个鲜明特征。它们在河上已经存在了如此之久，以至于中世纪有一句谚语："就像堰坝里的流水一样疲惫不堪"。然而磨坊主和堰坝看守人并不总是受到船夫欢迎：他们拦截了水流，并且在人们经过其水域时进行收费。

高龄。这是泰晤士河"善于保存"的又一证明。水磨坊本身是一种古老的装置,对它的使用记录最早可追溯到公元前85年,帖撒罗尼迦(Thessalonica)的安提帕特(Antipater)[①]所写的一首诗。人们所能猜想到的、英格兰最早的水磨坊出现在公元五世纪的某个时候,这座"快乐磨坊"(merrie miller)为当地人服务了近1500年。然而它并不是受所有人欢迎,因为它为了自身利益要做出各种改变水流方向及围坝拦水的努力。这些做法对通航造成很严重的威胁,并且磨坊主在放水之前向人要钱也并非闻所未闻。过去曾有一句古老的阿拉伯谚语:"我们如何能强迫甜蜜的流水去转动磨坊?"因此,磨坊主利用纯洁的泰晤士河的做法,可能被人们认为是不得体或不道德的。或者,正如一位佚名的泰晤士诗人所写的:

> 那人如何能算作是一个好人
> 为了个人使用阻止河水的流淌?

据计算,泰晤士河上过去约有40座磨坊,这似乎是一种低估,但目前未见更可靠的数据。泰晤士河沿岸从上游温莎开始的几乎每个村庄,《末日审判书》都记录了一座磨坊。在马洛、汉布莱登、梅普尔德汉姆、赫利、坦普尔和马什(Marsh)等地,都有着起重要作用的磨坊。德特福德和兰贝斯有谷物磨坊。巴特西的霍维斯(Hovis)、皇家码头(Royal Docks)的斯贝勒家族(Spiller's)、狗岛的麦克杜格家族(McDougall's)等,都通过磨坊创造了一番事业。

拖船技术可能跟以河谋生的人有一样久远的历史。一帮人在码头或防波堤等着,在属于自己的河段为驳船或其他船只提供拖船服务,

[①] 安提帕特(Antipater):生卒年代不详,古希腊著名短诗作者,被其保护人封为帖撒罗尼迦总督。他写于公元前20年—公元10年之间的一首诗中,提到对水磨坊的使用。

是一种古已有之的惯例。他们会拖着船一直行进到自己这一侧的尽头，然后将这一重担交给河对岸的另一帮人。拖船的路径称作"驳船路"。这些队伍有的多达80人。他们赤着脚，习惯于腰部以下都浸在泰晤士河冰冷的河水中，肩上扛着一条可能重达一吨的缆绳。这些缆绳的长度可能达到400或500码（365米或455米），即1/4英里，用于拉和拖拽。

这项工作辛苦而毫无舒适可言，被人们称作"拉夫"、"拖夫"，有时也称作"浑水摸鱼者"。拖船工们的名声也丝毫不值得羡慕。大概在刚开始有货物在泰晤士河上运载时，就有拖船工出现，而直到十八世纪下半叶，这些人才逐渐被马队及（偶尔的）驴队所取代。就像其他以河流为生的人，拖船工被认为有着傲慢、不配合、污言秽语的毛病。很多时候，他们被沿岸居民描绘为"令人恐怖"。很自然地，他们饮酒无数，展示了泰晤士河所有的粗野品质。他们也是泰晤士河的子民。

拖船工及在河上干活的人作为一个整体，尤以语言粗俗出名。有关驳船船夫，据说十八世纪一位法国游客曾经说过这样的话："他们使用特殊而不常见的名词，通常非常粗俗和肮脏，我没办法将它们解释给你听。"船夫的咒骂与性俚语从中世纪开始出名，直到他们在河上的掌控权结束的那一天。这种语言变成了一种传统——在《牛津英语词典》中，"水上语言"一词被解释为"船夫所使用的粗野语言"，后面跟的参考词语是"水上幽默"。实际上，"幽默"基本与这种语言无关。

[176] 粗俗的语言实际上一直与泰晤士河相关联。过去有一个用来指"言语上的冒犯与猥亵"的词——"比灵斯盖特"①，就是指在比灵斯盖特工作的搬运工与"渔家婆"所使用的语言。"比灵斯盖特渔家婆"是人所共知的、喜欢进行卑俗咒骂的角色。

---

① 比灵斯盖特（Billingsgate）：伦敦桥附近的一个鱼市。

不良语言后来也成为公共法律所关注的议题。1701年，船夫法人社团宣布"对乘客及彼此之间使用放肆的、猥琐的和下流的语言"为非法，"因为这对所有神志清醒的人来说都具有冒犯性，尤其会导致年轻人的放纵与堕落"。对"诅咒或咒骂"的罚款是2先令，对"乘客恶语相向"的罚款也是2先令。但这并没能停止污言秽语的飘荡。直到1773年，还有人对在河边所听到的"不得体的对话"和"可怕的咒骂和诅咒"进行投诉。十九世纪初，当一位河岸居民责怪一位试图将船系在小平底船泊船位上的驳船船夫时说，"他回答说如果他能选择的话，他可能会将船绳系在我家临街大门的门栓上。这个人所使用的语言很不适合被家里的女士听到"。

船夫并非是唯一在河上使用具有冒犯性语言的人。理查德·杰弗里斯，十九世纪中期的自然主义者与小说家，在一篇名为《现代泰晤士河》(The Modern Thames，1885)的随笔中写道，人人都感到在泰晤士河上可以随意进行诅咒。"在泰晤士河上，你可能仅仅因为一阵风吹来就开始诅咒——这个名单你可以随便列。你可以在诺尔河口就开始诅咒，一路向上直到克里克莱德。这个可以任意诅咒的100英里是个美好的受保护区：这是我们文明的奇迹之一。"在泰晤士河上雇汽艇或小船展开探险之旅的旅行者及无所事事的人，过去也常因语言问题受到投诉。众所周知，他们常常喝得酩酊大醉，所说的话也常常是"无礼"或"野蛮的"。而泰晤士河码头工人的咒骂不断，以至于语言的下流都不是大家关注的重点了。河边产生这种像洪水一样无边无际的不敬语言的原因，可能并不难找到——这一定与泰晤士河因其自身的悠久历史所带来的自由与平等的感觉有关，或者像杰罗姆·K·杰罗姆在《三人同舟》中所写道的，"当一个人在河上思考某事时，他会脱口而出。"

"原住民"

泰晤士河能进入人的血液。一些现在还从事河上工作的家族谱系 [177]

可以上溯很多代，譬如亨利镇的霍布斯一家（the Hobbses）、金斯顿的特克斯一家（the Turks）、帕特尼的考伯斯一家（the Cobbses）、汉默史密斯的菲尔普斯一家（the Phelpses）、沃平的墨菲一家（the Murphys）、巴金的库斯一家（the Coes）、格林海兹的克劳奇一家（the Crouches）、格雷夫森德的卢普顿一家（the Luptons）、莱姆豪斯的费舍尔一家（the Fishers）、牛津的沙尔特一家（the Salters）等。任何一个人口众多的泰晤士河段都有其占主导地位的船工家庭。

博瑟姆（Bossom）家族从十八世纪开始在梅德利（Medley）和沃灵福德与泰晤士河产生关联，这种关联终结于二十世纪六十年代。1754年，查尔斯·博瑟姆在文书中作为"驳船船夫"被提到；而1878年，威廉·莫里斯记载他从梅德利到凯尔姆斯科特的旅程："博瑟姆和另外一个人将我们的船一直拖到新桥（New Bridge）。"博瑟姆家族有一张在牛津附近的船坞拍的照片，1880年由泰晤士河的一位著名摄影师亨利·陶特（Henry Taunt）[①]所摄。这个船坞至今仍在。泰晤士河岸边的萨金特兄弟（Sargent Brothers）经营领航、水位图绘制等与河流有关的生意，他们在伍利奇的生意可以回溯到三个世纪以前——托马斯·萨金特是十八世纪时伍利奇造船厂的一位造船工人，他们的总部现在仍位于伍利奇。"特丁顿好兄弟"从十九世纪初开始在泰晤士河沿岸活动。这些都是泰晤士河似乎在"精心培育"的持续性，在永远奔流的河边保持不变的工作与居住方式。

弗利博迪家族（the Freebodys）最早在十三世纪中期的一份文件中，作为"摆渡船夫"和"驳船船夫"被提到。约翰·弗利博迪（John Freebody）是十七世纪早期赫利的一位驳船船夫。彼得·弗利博迪（Peter Freebody）现在仍在赫利拥有与船只相关的生意，并且因为对传统手工艺的建树而受到人们称赞。还有其他一些与泰晤士河有着密

[①] 亨利·陶特（Henry Taunt，1842—1922）：居住在牛津的一位专业摄影师，作品主要以牛津市、牛津郡以及泰晤士河为主。

切关系的家族，譬如最早作为砾石挖掘工或驳船船夫，出现在泰晤士河上的布什奈尔家族（the Bushnells）、伍顿家族（the Woottons）、帕洛特家族（the Parrotts）和库柏家族（the Coopers）等，他们一直保持着与河的这种关系，现在他们经营的是造船或游艇旅游的生意。格雷夫森德和伦敦的李维特家族（the Livetts），可以一直追溯到十八世纪早期，当时第一位"李维特"作为法国水手，来到了伯蒙德西。过去的150年中，李维特家族一直从事的是拖船生意，但现在克里斯·李维特在泰晤士河上所从事的是一项非常繁荣的游客生意。他自己与船夫的女儿结了婚，并且培养自己的儿子和女儿都加入了这一行。珀丢家族（the Purdues）在谢伯顿生活了500年，虽然现在好像已经离开那里了。

[178]

人们声称泰晤士河也对工作、生活在上游和河口的人，在性格上造成了不同的影响。那些拥有地形学想象力的人，倾向于认为沿河各个地区在某种程度上也反映了泰晤士河的性格。上游地区的人被认为是沉静好思，甚至有点倦怠，入海口地区的居民则被认为是敏捷而警觉，甚至有点恶作剧。这些可能只不过是被想象出来的。然而泰晤士河边没有任何一个区域或社区不受到它独一无二的影响。如果一个河岸家族可以将自己的历史回溯七八代之久——很多家族都能做到这一点——那么泰晤士河就是其家族的遗产之一。

泰晤士河上游的人口数量直到近年都保持着相对的稳定。十一世纪之后，该地区就没有发生过大规模的人口迁入。由于缺少大的城镇与城市（牛津是一个例外），当地缺少中世纪及现代商人所具有的创新与变革精神。实际上，直到第一次世界大战爆发，泰晤士河上游地区 4/5 的居民据说都是在离他们出生地 10 英里以内的范围生活和老去。当然对很多乡村地区来说，人们的生活就是如此，但泰晤士河谷相对而言的"隔绝性"，使得这种"与世隔绝"更加显眼。

在有关当地的记载与历史中，最有名的是阿尔弗雷德·威廉姆斯的《泰晤士河上游环行记》（*Round About the Upper Thames*，1922）和

《泰晤士河上游民歌集》。这两本书对当地居民的描写，仿佛他们具有某种属于"部落"的力量或灵魂。在书的第一部分，威廉姆斯将泰晤士河作为当地最主要的守护神。"这里的生活由泰晤士河掌管，公开或秘密地，以上百种不同的方式，它决定着所有的事，并且其决定是绝对的以及不可撤销的。"他追溯了当地从最早的定居点到他写作时的历史，在这一过程中，他触及了河流世界最具有当地性、最详尽的一些细节——从笼罩在周围的独特的迷雾与水汽，到在泰晤士河谷的村庄中很受欢迎的鳗鱼派。书中还有鬼故事、埋在河边的女巫的故事，以及当地一种用长耳朵的白母猪下的死胎做的特殊馅饼的故事。

[179]

据说泰晤士河谷的居民曾经异乎寻常地喜爱唱歌，就好像潘神还在那周围的芦苇丛里忙活着。住得离源头越近，这些居民的声音就越尖锐刺耳。在《泰晤士河上游民歌集》中，阿尔弗雷德·威廉姆斯描写了在泰晤士源头举行的"酒宴"，这些生机勃勃的游戏与舞蹈，令人类学家非常感兴趣。常识告诉我们，这是一些非常古老的仪式所残留下来的部分。威廉姆斯抄录下有关泰晤士河源头的那首歌，并且注意到，"除了在泰晤士河源头，我还没在其他地方听到过"：

> 现在敬公牛和它的长角；
> 愿上帝给我们的主人一个好收成！
> 好的谷物收成，再加上干草，
> 让我们度过冬天的寒风。

威廉姆斯在河畔地区记录了两百多首民歌，对这样一个相对来说面积较小的地区来说，这已是很多了。这些歌谣中有《当清晨翘首以待》《我曾拥有很多百里香》《生命的滑坡》《农夫与男仆》等这样一些威廉姆斯注释说"在肯布尔、萨默福德凯恩斯和奥克西（Oaksey）等泰晤士源头所在地"非常流行的歌谣。有些歌谣只局限于一个村庄，甚至只有一位歌手会唱。因此现在会有《播种者之歌》《莱奇莱德的麦凯夫人所说的话》这样一些歌：

> 古老的土地赏心悦目
> 覆盖着闪闪发光的红色与绿色：
> 犁痕清新，这一年正如
> 过往的许多年一样。

[180]

如果说在有关泰晤士河的民歌中有什么连续性主题的话，那就是永恒以及永无止境的更新。这些主题与这块土地的本性是意气相投的。这些民歌中有一些很朦胧晦涩，另外一些很猥琐下流，但它们都散发出一种与当地有关的强烈精神。令人奇怪的是，这些民歌并没有采用方言的形式。威廉姆斯认为方言民歌是十九世纪中期"人为的产物"，他所收集的这些民歌都是以可被称作"简单撒克逊英语"的形式流传的。

威廉姆斯猜测，在泰晤士河流域曾经流传着数千首民歌，"我常常碰到一些人向我保证说，他们知道某某人能唱两三百首这样的歌"。在酒馆里为他举行的歌唱比赛，比的不是谁唱得最好，而是谁唱得最多。通常是一个人"向整个村庄或附近地区发出挑战，宣称自己能够，也愿意不间断地唱上 12 个小时——从早到晚——每一首都不重样"。这样的比赛会持续两天。

在这一背景下，威廉姆斯提到了英格舍姆的伊利亚·埃尔斯（Elijah Isles）——他所唱的歌"通常幽默而机智"；以及威廉·沃伦（William Warren）——南马斯顿（South Marston）的一位盖屋顶的手艺人，擅长唱"浪漫的及有关历史事件的歌"；还有"歌唱家族"，譬如莱奇莱德的佩凌泽家族（the Pillingers）和巴斯考特的威勒斯家族（the Wheelers），家族里的人都能唱歌并且将唱歌的天赋一代一代传了下来。在莱奇莱德，学校里也教孩子学唱这些民歌。有些村庄因为唱歌而出名，包括斯坦德雷克和伊登堡。在教堂管风琴诞生以前，当地每个小村庄及村落都有自己的小乐队，由小提琴、古提琴、短笛、木箫、短号、喇叭以及人们称作"马腿"的一种乐器组成。二十世纪初，泰晤士河谷最著名的卖唱者是一对夫妇，男女各只有一只眼睛。

然而音乐还是消失了。也许这种音乐注定是要消失的，就像威廉姆斯所说的，"乡下人从不在陌生人面前唱歌"。真正的衰退好像从警察禁止周围地区的小酒馆聚众歌唱开始，渐渐地，这些传统就消失了。民歌随着它最后一位演唱者的去世而消亡。我们不应该认为泰晤士河地区是唯一将这些传统保持了数个世纪的地方，然而正像威廉姆斯所注意到的，这里享有"大概是英格兰最沉闷的地方……与那个伟大世界的中心全然无关"的声誉，在这里产生了能够鼓舞周围居民人心与情感的歌谣。认识到这一点，对我们是有教益的。通过长期浸淫在当地、当时那种与世隔绝的生活之中，威廉姆斯为我们保存了这一今天看起来格格不入、好像无比遥远的文化传统。这一文化传统对公共情感的表达以及具有竞争性的歌唱比赛，也许是理解早期泰晤士河沿岸生活的关键。

[181]

譬如说，涨潮河段的原住民与泰晤士河上游居民之间，有很多令人吃惊的相似之处。他们都有唱歌的天分。过去在新年前夕、新年更替的前几分钟，沃平和罗瑟海兹的居民常常聚在自己这边的防波堤和码头，开始唱歌，河上的船只和拖船会鸣笛作为回应。在河流与歌谣之间有什么深层次的联系吗？泰晤士河伦敦河段的人也与他们上游的堂兄弟们一样，有在当地内部通婚的习惯。《早邮报》(*Morning Post*)二十世纪初曾报道，在鲍溪——当时被称作"烂泥岛"(Bog Island)——一所学校的出席率登记表中，160名儿童中有100名"赖敏"(Lammins)，其余的几乎不是"斯坎伦"(Scanlans)就是"杰弗里"(Jeffries)。

住在码头附近的人，在地理位置上与其邻居是隔绝的，因此他们过去表现出一种很强的集体精神，甚至各码头区的内部也有很多不同。平转桥和几道大门将狗岛和罗瑟海兹的居民分隔开来，他们彼此之间有着非常强的敌意。1970年3月，狗岛的居民封锁了自己那边的桥，宣布成立一个人口为1.2万人的独立共和国。这一实际上是表示抗议的举动只持续了一天。罗瑟海兹大街——大家称其为"市中心"——与附近的伯蒙德西和萨瑟克也有很大不同。但它们与泰晤士河的联系是相同的。这是他们的主要工作——大部分是临时性的——也是他们主要的、难得的娱乐。它是他们的交通工具，也是他们公用的下水道，是他们生活的中心。他们所修建的道路将他们带到河边，各种大街小巷也纷纷通向码头、河岸台阶，还有各种通向河滩与黑水的偏僻小径。儿童捡拾煤块与漂流木来为家里生火。可能对旁观者来说，绝大多数住在河边之人的生活可以用黑暗的房子和黑暗的街道来概括，但是，当上千座这样的房子聚在一起时，从中可以嗅到的就是冒险与奇迹的气息。

[182]

对泰晤士河过去的习俗在当代的影响感兴趣的人，可能不如去研究河畔吉普赛人的生活习惯，反而能有更多收获。十九世纪和二十世纪早期，吉普赛人以其高超的捕鱼技巧而出名——虽然他们几乎不具有跟"钓鱼"有关的任何知识。他们使用木棒与矛的老式方法，偶尔用木剑这样的钝器来击打水中的鱼。他们用柳条来制造像独木舟这样的简单船只。可以看出，他们的技巧有着非常古老的起源。

河岸居民的住处就像它们的主人一样，毫无吸引力。泰晤士河村民狭小而不卫生的农屋，从来没有人认为值得一评。马洛和亨利镇的码头管理员和驳船船夫们（驳船船夫从未完全住在驳船上）住在成排的、狭小而潮湿的排屋里，身份更尊贵的城镇居民从来不踏足那里。伦敦城沿河岸地区的状况，总是被作为"令人恐怖"的描述对象。在沃平和罗瑟海兹，街道衰败，散发着黑暗与恶臭的气息，偶尔有玻璃已经破碎的煤气灯支架高高挂在潮湿的墙上。高低不平的鹅卵石街道，从"墙洞"（the Hole-in-the-Wall）酒馆附近的图利街一直延伸到德特福德码头（Deptford Docks），也从塔楼街（Tower Street）沿着沃平大街（Wapping High Street）一直延伸到莱姆豪斯和狗岛，两侧到处都是酒馆、当铺、妓院和租给水手的廉价房屋。也许这些住处——尤其是那些随时要随船入海之人的——永远都会有一种"临时"与"凑合"的感觉；这里不是用来爱的——船是用来爱的——而是用来忍受的。夜晚，那些名字叫马拉巴尔街（Malabar Street）、广东街（Canton Street）、厦门街（Amoy Place）和北京街（Pekin Street）的街道一团漆黑，偶尔才被遥远而微弱的灯光所打破。这些房屋是如此相似，有人将其比喻成从水中长出的礁石；它们就好像是珊瑚虫的增殖。这里的人及其住处，已经完全被周边的河水所定形。奇怪的是，在这些地方，泰晤士河反而很少出现在人们的视线之中。它是这些穷街陋巷背后不可见的存在。

最轻松而又最逼真地描写了河畔地区生活的书是托马斯·伯克（Thomas Burke）① 出版于1917年的《莱姆豪斯之夜》（*Limehouse Nights*, 1917）。它在当时引起轰动，很大一部分原因是它深入描写了以前无人敢去探索的一个地方的恶习与惨状。这是一个"阴暗与寂静并散发着恶臭"的世界，辛辣的味道弥漫在空气中，"每个角落都被一只无罩煤气灯的暗淡光线半明半暗地照着，似乎是在为邪恶之物提供着掩护；人们每迈出一步，都有一种危险的感觉"。这一画面也许有点夸张，但同时也被伯克更为平静的观察所平衡——譬如"占据了每一个角落的炸鱼商店"，以及有着各种破烂、不能用的烙铁和一盆盆厨房垃圾的"日用"商店等。

泰晤士河有一种特殊的语言。在阿尔弗雷德·威廉姆斯的书中，有一段对泰晤士河谷当地语言的记录，看起来好像是乡村土话的变体。"Ef thee'st a kipt thi eye and that owl'elm yander, same as I telled tha, thee'st a'ed un right."我估计它的意思应该是：如果你能把注意力

---

① 托马斯·伯克（Thomas Burke，1886—1945）：英国作家，其作《莱姆豪斯之夜》以描写伦敦莱姆豪斯区底层人民的生活而著名，所描写的很多故事以一个中国角色"Quong Lee"为叙述者。

和那棵古榆树都放在那边的话——就像我曾告诉你的那样,你早就会有权力了。值得注意的是,他们以"v"代替"w",这种用法是否有可能沿泰晤士河传了下去,直到十九世纪中期被借鉴进了伦敦方言?当陆地被洪水淹了,当地人形容其为'goggy'或'patey',"机智"被称作"积极",蜗牛壳被称作"咯咯"。在当地的这种语言中,也许可以发现长久无人使用的最早的语言的痕迹,可能是韦塞克斯人和麦西亚人所使用的语言。

事实上,人们有时声称"英语"是在泰晤士河边最早的居民之间产生的,该语言后来被非常熟悉沃灵福德和法灵顿(Farringdon)方言的阿尔弗雷德改造成了全国性语言。这其实并不是一个异想天开的猜想。在河流与语言之间有一种深层的关联,书面语言在两河平原美索不达米亚出现就是一个例子。第一批城市是在河边建立的,公共表达的紧迫性因此也在与流水的关联中出现了。在早期神话中,河流被称作"上帝之音";在古典文献中,修辞学的精华被描述为"言语之流"——因此我们所谈的是"流动的和谐"。水是引导流动或液体的语言、不间断的语言、自由联想的语言、有韵律或和谐的语言的神灵。这一比喻经久不衰,因为它是以一种古老的连接为基础的。罗斯金(Ruskin)[①]曾经这样说过特纳与泰晤士河的关系——"他理解它的语言。"

泰晤士河的灵魂通过河畔的一位居民得到了表达。道格拉斯·柴洛(Douglas Chellow),1790年出生于罗瑟海兹的高木街(High Timber Street),终其一生,他居住和漫步在泰晤士河周围从切尔西到绍森德(Southend)之间的地方。一天,他在布莱克弗瑞尔斯桥那里碰到作家和杂志编辑查尔斯·怀特海德(Charles Whitehead)[②],后者后来

[184]

---

① 约翰·罗斯金(John Ruskin,1819—1900):英国维多利亚时期文艺批评领袖,在其1843年出版的《现代画家》第一卷中,拥护特纳的作品,提出艺术家的首要角色是"忠于自然"。

② 查尔斯·怀特海德(Charles Whitehead,1804—1862):英国诗人,小说家,剧作家。

这样描写那次奇怪的会面:"他双手紧搓,仿佛认为一切都毫无希望;然后会突然安静下来,面带微笑与关切。看起来他好像只想对任何愿意聆听的人表达他对这条河的热爱,我饶有兴趣地听他讲了好多次。"

柴洛会谈论征服了泰晤士河的罗马人和撒克逊人,谈论乘船穿过伦敦的中世纪商人,谈论在河边建立了自己的修道院的僧侣们。他还谈到乔叟和起义者泰勒,以及在冰冻的河上举行的壮观的"霜冻节"。1878 年"爱丽丝公主号"沉船灾难①发生后,他沿着河边走来走去,带着一个写着如下文字的标语牌:

> 我们能掌控海洋吗?
> 如果我们都不能保证一艘游艇在泰晤士河上不沉。
> 河流已经报仇了。

当时的警局记录显示,他还带着同样的标语牌去临时停尸房和验尸官法庭那里进行过示威。

这确实是他的信仰——泰晤士河是一位古老的神灵,有时仁慈有时固执,我们必须要服从它。他印了题为"对泰晤士河所犯下的罪行"的大字报,控诉对象是河流的强盗与奸商,就仿佛泰晤士河本身是受伤的一方。在生命快要结束时,他在格林尼治河边(Greenwich Reach)为自己建了一座小棚屋。据阿兰·维克斯(Alan Wykes)②在《凝视泰晤士河之眼》(*An Eye on the Thames*, 1966)中的记载,他每

---

① "爱丽丝公主号"是泰晤士河上的一艘载客轮船,1878 年 9 月 3 日夜里返航时撞上运煤船,导致超过 650 人丧生。这是泰晤士河上因船只失事丧生人数最多的一次事故。

② 阿兰·维克斯(Alan Wykes,1914—1993):英国作家、记者,涉猎广泛,生前出版了 38 本书。

天早晨都要向泰晤士河表达自己的崇拜之情,"将胳膊举起,然后向前伏在河边,呼唤着伦敦这条河的名字,宣称自己是其追随者"。一天早晨,退潮时,他的尸体在河滩上被发现。

第八章

贸易之河

世界的贸易

在《不列颠全岛游记》(1724)这本书中,丹尼尔·笛福计算得出,任意一天在泰晤士河上都有 2000 艘左右的船只。但他的主要兴趣在这条河所能产生的"利润",或者说是"收入"上。对他来说,"银色的泰晤士河"确实是"银色的"——是流水般的钱币穿过伦敦的心脏。泰晤士河一直是一条贸易的河流。它的潮汐所及,从诺尔到伦敦及其郊区,一直都在努力工作。泰晤士河浸染着汗水、劳作、贪婪、贫穷和泪水。它的船坞、码头和工厂一度是帝国的宏大机器,但它重商主义的历史要比那久远得多。

十二世纪时它已是一个古老的港口。有关那个世纪有一些现存的诗句,作者是威廉·费兹史蒂芬(William Fitzstephen)[①],在他所写的托马斯·贝克特的传记《圣托马斯的一生》(*Vita Sancti Thomae, Cantuariensis Archiepiscopis et Martyris*)的前言中,描写了商人从海上所带来的商品与财富:

  来自阿拉伯的金子,赛伯伊的调料及香料,

---

① 威廉姆·费兹史蒂芬(William Fitzstephen,约 1191 年去世):圣徒托马斯·贝克特的私人助理与行政助手,在贝克特被杀害后撰写了有关其一生的长篇传记。

> 塞西亚的锋利武器及
> 来自巴比伦的富饶土地上的棕榈油,
> 尼罗河的珍贵宝石,
> 挪威的温暖毛皮,俄罗斯的昂贵貂皮,
> 塞拉的各式服装,还有高卢的美酒,
> 都被送到这里来了。

[188]

当时已经有了装卸小麦、黑麦、酒、亚麻、大麻及亚麻布料的码头。十三世纪时有一个靠近伦敦塔的码头,被称作"大船码头"——因为每年威尼斯商人来伦敦时,都要将他们的大木船停在这里,由一队弓箭手保护着。当时英国最重要的出口货物——也是被装上威尼斯人的大木船,以交换糖、香料及丝绸服装的——是生羊毛。到了十四世纪,据估计每年有十万麻袋的羊毛被运往海外。十四和十五世纪时,贸易活动已经如此频繁,在沙德维尔、罗瑟海兹和德特福德都建了一些主要的造船及修船中心——它们在那里运作了 400 年。随后的十六世纪,位于布莱克沃尔的大造船厂也建成了。这些码头的出现,意味着河两岸将随之迎来箍桶匠、修帆工等手艺人,他们将加入搬运工及各种劳工的行列,直接从泰晤士河获得赖以为生的收入。图利街那里住着做饼干的点心师和商店发货人,沃平住着船具商,莱姆豪斯住着颇有名气的制绳匠。其他的河流贸易在十六世纪以后开始兴旺起来。都铎王朝时期(Tudor),火药在罗瑟海兹的磨坊工厂里生产,后来搬到格林尼治和伍利奇的河边进行生产。大炮和铅弹也是在泰晤士河边制造的。

十七世纪时,有人宣称,"在海上航行的最伟大的船来到伦敦,在其最中心的地方卸货";这些船只,"或者带来货物,或者带走货物,都是这个世界所能给伦敦,或者伦敦所能给这个世界的,最好的商品"。商业活动总是很繁荣。1606 年,詹姆斯一世赐予伦敦金融城政府向所有沿河而来的货物,如煤、谷物、盐、苹果、梨、李子等征税的权力。三年后,这一权力被扩展到油、啤酒花、肥皂、黄油和芝士。大约过了七年,又颁布了第三项法令:所有的煤都要被卸在法定码头。当时"人尽皆知",泰晤士河对维持伦敦的生活是如此"方便、必要且实用"。确实,十七世纪末期,伦敦的码头已在处理英国 80% 的出口贸易、69% 的进口贸易。一位外国旅客——《英格兰之旅》(Travels in England,1669)一书的作者马格洛蒂公爵(Count Magalotti)①——观察到有 1400 艘大船停在伦敦桥和格雷夫森德之间,"此外还有其他各种较小的船,几乎数不清,它们不停地来来去去,覆盖了整个河面"。有人告诉他,"有超过 60 万人睡在河上"——这应该是当时欧洲住在河上的人口的最高数字了。然而并不是所有的货物都在伦敦开始和结束自己的旅程。有一些吃水浅的船逆流而上,把货物一直运到牛津及更远的地方。"西部驳船"——人们这样称呼它们——全年在伦敦和牛津之间穿梭着。

在 1637 年出版的《运输者全志》(Carriers Cosmographie)中,河流诗人约翰·泰勒写道:"公牛码头(靠近昆恩海兹那里)确实每周都有往返于伦敦和金斯顿之间的大船到访两到三次,并且那里也常有一艘来自考尔布鲁克(Colebrooke)的船……去雷丁的船每周可以在昆恩海兹乘坐。"莱奇莱德的一位船主留下了一份 1793 年他运到河下游的货物清单,包括"铁、铜、锡、黄铜、粗锌、枪支、芝士、钉子……和弹药壳"。为了让船只和货船能有自由出入上游的空间,泰晤士河位于阿宾登和克里克莱德之间的河道进行了疏浚与清洁。据估计,每年有 3000 吨(超过 3000 公吨)芝士从牛津运往伦敦,当然,还有为伦敦的马匹所准备的大量干草,它们为城市提供了真正的能量。

---

① 马格洛蒂公爵(Count Magalotti,1637—1712):意大利哲学家、作家、外交官和诗人,出生于罗马贵族家庭,著有《荷兰之旅》《英格兰之旅》《西班牙和葡萄牙之旅》等描写其旅行生活的书籍。

泰晤士河所进行的贸易活动改变了其河岸的外观。达勒姆宫被推倒了，代之以货币交易所及拱廊商店。索尔兹伯里大厦（Salisbury House）被拆除了，土地被用作新的住宅开发。阿伦德尔大厦（Arundel House）也是同样的命运。埃塞克斯伯爵的儿子罗伯特·德弗罗（Robert Devereux）名下的埃塞克斯大厦（Essex House），1674年被地产投机商尼可拉斯·巴本（Nicholas Barbon）买下后，大部分被拆掉了，拆下来的石头被用在巴本在原地所建的住宅上。巴本利用了伦敦大火后人们对"标准化住宅"的需求。在他的直接影响下，斯特拉德大街和泰晤士河之间形成了由狭窄的街道与住宅所构成的网络，偶有小餐馆或客栈出现。河岸自身也为了利润与商业需要而进行了重建。过去一直伸展到河边的贵族花园的那一带，建起了供酿酒商和木材商人使用的码头和防波堤。这是河流生活发生改变的信号。

一位外国观察者J·H·梅斯特（J.H. Meister）在《信件》（Letters，1791）中写道，这里的港口已经成为"令所有人既困惑又崇拜的对象"。他同时极力奉劝旅行者"乘船顺泰晤士河而下，观看这条承载着上千艘船的高贵河流……然后你会承认这是你从未体验过的、由人类的勤勉与劳作而带来的高贵而愉悦的感受"。

如果说十八世纪是进一步扩大，并需要大量投资的贸易时期，那么伦敦的第一份报纸在此时出现，就不是一种巧合。《每日新闻》（The Daily Courant）①创办于1702年，从一开始，这份报纸的目的就是为城里的商人提供海外贸易新闻——以及有可能影响贸易的各种事件。办报地点所在的弗利特街，离河很近。成立于1734年的《劳埃德船舶日报》（Lloyds List）②，主要关注驶入伦敦及其他地区的船只动态。

---

① 《每日新闻》（The Daily Courant）：英国第一份日报，最初出版于1702年3月11日，由伊利莎白·马利特（Elizabeth Mallet）在其位于伦敦弗利特桥附近的家中出版，后被售于他人，1735年与其他报纸合并。
② 《劳埃德船舶日报》（Lloyds List）：世界上最古老的持续出版的报纸之一，2013年开始停止印刷，只出数字版。

成立于 1785 年的《每日环球记事报》(The Daily Universal Register，现在变身为《泰晤士报》)，正像其名字所暗示的那样，主要是海外新闻的文摘。当时威尼斯的里亚尔托(Rialto)[①]也并不比泰晤士河沿岸更繁忙或是信息更发达。

在他的《游记》中，笛福强调了通过泰晤士河运到城里的木材、麦芽酒和食物的数量之巨。对他来说，泰晤士河是供给英格兰生命的血液——伦敦的码头，"近乎无限，彼此之间处于一种相分离的状态，数量又那么多，让人很难知道从哪里开始才好"。在更下游的地方，他注意到有三个湿码头、二十二个干码头和三十多个造船厂。河面上挤满了船，甚至有可能沿着船甲板，从河的一岸走到另一岸。笛福自己就是这一"河流贸易"的一部分，他在靠近格雷斯(Grays)的泰晤士河边拥有一家瓷砖加工厂。十八世纪的泰晤士河不再激起人们有关水泽仙女的诗歌灵感，而是有关贸易的创作灵感。因此《四季》(The Seasons，1726—1730)的作者詹姆斯·汤姆逊(James Thomson)[②]，在诗歌中歌颂的是与泰晤士河有关的这样一些事实：

> 忙碌的商人，建好的大仓库，
> 高高举起的大吊车，堵塞了满是外国商品的街道，
> 泰晤士河，你的水流，
> 巨大、温柔、深沉、庄严，你是洪流之主！

泰晤士河也打造了其他商业活动。沿河两岸建起了磨坊厂及其他工厂，还有声名狼藉、建在远离人口中心但能够就近使用泰晤士河奔腾的能量(及排水口)的"恶臭产业"(stink industries)。在兰贝斯和富

---

① 里亚尔托(Rialto)：威尼斯的中心城区，也是其经济与金融中心。
② 詹姆斯·汤姆逊(James Thomson，约 1700—1748)：苏格兰诗人和剧作家，英国著名歌曲《统治吧！不列颠》的词作者。

用之不竭的河水将很多产业吸引到河两岸，尤其是位于河边的数百家啤酒厂。仅在沿河的雷丁一地，就有21家啤酒厂、104家酒吧。上图：泰晤士河边的摇头风车磨坊；下图：兰贝斯，图中所展示的是高丁新狮麦芽酿酒厂、富勒钢铁厂和沃克炮弹厂。

汉姆那里有各种陶器工坊,在切尔西、鲍和莱姆豪斯有瓷器工厂,在沃克斯霍尔和萨瑟克有玻璃厂,在沙德维尔和德特福德有油漆、墨水和染料加工厂,在拉特克利夫(Ratcliffe)和怀特查珀尔(Whitechapel)有炼糖厂。伯蒙德西的制皮业与酿醋技术很出名,两者都是气味难闻的产业,使得当地直到二十世纪初期还有着不佳的声誉。当然还有酿酒厂——泰晤士河最古老的商业活动之一。杜松子酒和啤酒制造商在皮姆利科和萨瑟克可以找到,在罗瑟海兹、兰贝斯、莱姆豪斯、米尔安德(Mile End)和更上游的旺兹沃思、奇西克和莫特莱克都有酿酒厂,啤酒花交易所(The Hop Exchange)①建在萨瑟克那里,该建筑现在仍能看到。

载着啤酒花的船,加入了过去5个世纪以来一直从英国东北角往伦敦运煤的驳船,这些煤来自海上。这些驳船就像大船一样宽敞,很多都能容纳200吨(超过200公吨)的货物。再一次借用汤姆逊的说法,"煤烟熏黑的大船缓慢地驶来"。煤实际上是泰晤士河上最重要的商品。在任何一个时刻,都有700艘左右的运煤船往来于泰晤士河上,为上百万户人家提供燃料。伦敦大火之后,是煤炭进口缴的税为伦敦建新教堂提供了资金,因此实际上是河流贸易承担起了伦敦城的建设与发展。煤灰形成永久的云层,悬浮在港口上方,这是城市所依赖之物肉眼可见的象征。

广大之河

泰晤士河的奇观之一是码头系统。伦敦第一座专门为货物而建的码头——布兰斯维克船坞(the Brunswick Dock),落成于1789年。其旁建了一座桅杆厂,约有120英尺(36.5米)高,多年以来,都是伦敦海洋贸易与权力的象征,俯瞰并统领着该地区——它也是已经宣称

---

① 啤酒花交易所(The Hop Exchange):英国二级历史保护建筑,1867年投入使用,在1920年的一场大火后改为办公楼。

泰晤士河归他们所有的商业之神的"五朔节花柱"①。这第一座码头当然与河有着紧密的联系，是在比灵斯盖特和昆恩海兹的古老遗址上发展而来的。在罗马人和撒克逊人统治时期，这里都曾经是港口。罗马人的仓库是用石墙和木地板建的，非常坚固，建筑物被分成不同的"单元"，以方便储存。码头附近的土地，几个世纪以来都被称作"罗马地"（Romeland），虽然名字的起源人们并不太清楚。

中世纪时的港口由主要的深水港比灵斯盖特和昆恩海兹组成，后来再加上更上游一点的唐盖特。1170年，德国商人在唐盖特为自己建了一座大厦——也可以称作是他们的"居住区"。当地因用来称商品的秤杆而被称作"秤杆地"（Steelyard）。很有可能弗利特河（也被称作"布赖德威尔"）也是十二或十三世纪发展起来的。当然大多数进入伦敦的船会停在河中间，商品被驳船载到岸边。

后来有一个主要变化改变了港口的性质。费兹史蒂芬表示，十二世纪末，将城市与泰晤士河隔开的城墙已经年久失修，变成废墟；这使得紧邻河岸的地区被打开了，新建的拱廊商店和仓库为繁荣的市场创造了条件。在接下来的500年中，这里以没有人能够预料，也无人管束的方式在不断增长。渐渐地，这里的贸易活动发展得需要向下游扩张，离开了那20个被称作"合法船埠"的地方。所谓的"合法船埠"，建于伊丽莎白一世统治时期，位于伦敦桥和伦敦塔楼之间，都在河北岸。船埠（Quays），意味着轮船可以在这里合法地卸货与装货。码头（Wharves），最初是被设计用来从驳船上装卸货物，但后来也供商船使用。拉特克利夫和波普勒变成了新的泊船处，被称作"默许码头"；而东印度公司则开始使用布莱克沃尔的码头。伯蒙德西的"默许码头"，实际上是建在中世纪的谷仓所在地，因此其中有一种连续性。伊丽莎白女王时期的另一个禁令是禁止在河边建私宅，以方便

---

① 五月一日是英国传统的"五朔节"，罗马时代即已存在的一个古老节日，这一天人们在村庄草地上竖起高高的"五月柱"，围着它跳舞，庆祝春天的回归。

泰晤士河供商业目的使用。这体现了"商业"在泰晤士河历史上的主导性。

船坞（Docks）基本上是伸入河岸的小型开放港口，每种船都可以使用。第一次提到泰晤士河上的"船坞"——至少是以一种我们所熟悉的样子——是在查理二世统治时期。佩皮斯在他1661年1月15日的日记中记载道，他坐船去布莱克沃尔时，在那里看到了一个新船坞和一个"放着一艘崭新的、很快要下海的商船"的湿船坞。在佩皮斯写下这句话的五年之后，伦敦的那场大火可能就将伦敦港的各种成就与创举，都置于"毁于一旦"的危险之中。那场大火实际上是始于港口附近——在布丁巷，仓库里放的货物——包括白兰地、硫磺、树脂、松香等易燃物质——从物质上助长了大火的燃烧。就像在第二次世界大战中所发生的那样，伦敦的海上贸易加速了城市的毁灭。然而泰晤士河已经有数千年之久的商业活动并没有被摧毁，它在大火之后继续得到了增长——并且持续在增长。1696年，议会通过了一项在罗瑟海兹建大船坞的法案，该船坞后来被人们称作"豪兰湿船坞"（Howland Great Wet Dock），占地10英亩（4公顷），可以蓄水约288712吨（292700多公吨），可以毫不吃力地容纳120艘当时最大的商船。该船坞帮助巩固了伦敦港下游的发展机遇，后来被更名为"商业码头"。

然后在十九世纪刚开始的时候，政府通过了《西印度船坞公司法案》（West India Dock Company Act），泰晤士河伦敦河段的整个景观都被改变了。从某种程度来说，问题在于拥堵。据计算，1800年，有1775艘船在使用一段只适合容纳545艘船的河段，并且附近还停着大约3500只驳船。结果当然是严重的耽搁。这些船可能要等上一个星期，甚至两周，才能找到一个空出来的泊位。此外还有安全问题。那么多值钱的货物在河上等候，这些船是"河流强盗"、"顺手牵羊者"和其他能够随心所欲偷盗、走私和卸载货物之人的目标。此外还有存储空间不足的问题。存放糖的仓库加起来只能容纳3.2万桶，而每年

[194]

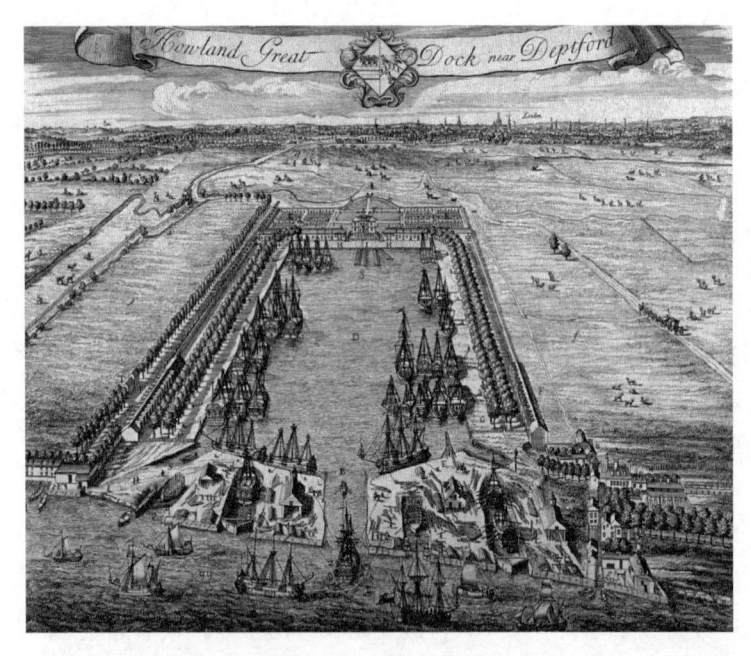

位于罗瑟海兹（Rotherhithe）的豪兰湿船坞（Howland Great Wet Dock），空中俯瞰图。一座位于草地与沼泽地之间的巨大人工湖，四周种着作为挡风屏障的树，面积为10英亩，可以容纳120艘船。

位于布莱克沃尔（Blackwall）的派瑞船坞（Perry's Dock）。

糖的进口量在 12 万桶。在理想情况下,这一容量可能被认为是足够的,但实际上所有的糖都集中在三个月中同期到达。

商人与船主对此的抱怨和在伦敦水面上为船只寻找安全避风港的需要是一致的。八项有关疏浚加深河流及建运河网的计划,放在了议会委员会的面前,但这当然会遭到希望通过维持现状而带来利益的人的反对。抗议来自在岸上工作的搬运工和车夫,来自负责从停在河中的船上卸载货物的驳船船夫,来自会丢掉很多生意的"合法船埠"和"默许码头"的所有者,甚至来自伦敦金融城政府——他们声称任何侵入城里建船坞的行为都是对金融城古老的权利与特权的一种侵犯。

但是反对意见被驳倒了。1800 年 5 月 23 日,政府通过了一项在沃平和狗岛建船坞的法案,这标志着泰晤士河作为一条新兴河流的开始。这也改变了城市本身的发展——从十九世纪第二个十年开始,伦敦已经成为世界上独一无二的经济中心、政府与大港的所在地。彼得格勒(Petrograd)、里斯本(Lisbon)和阿姆斯特丹(Amsterdam)在这些方面都无法与伦敦相比。

作为新发展的直接结果,威斯敏斯特桥和格林尼治之间的泰晤士河开始被称作"伦敦河"。泰晤士河还有一块地方被称作"伦敦塘"——"上水塘"是从伦敦桥到塔桥,"下水塘"是从塔桥到伯蒙德西。位于狗岛北端的西印度船坞,很快有了位于沃平的伦敦船坞、位于布莱克沃尔的东印度船坞和位于罗瑟海兹的萨里船坞的加入,形成了世界上最大的"湿船渠联合体"。1820 年,在莱姆豪斯修建了雷金特运河船坞(the Regent's Canal Dock),货物可以通过现有的运河网络进入内陆。随后的 1828 年又修建了圣凯瑟琳船坞。这项工程的选址是颇有争议性的,因为必须要拆掉古老的圣凯瑟琳医院及其附属的、位于伦敦塔旁边的圣凯瑟琳教堂。在建设过程中,很多老街也被拆掉了,包括一些很不健康的河岸场所,如"黑暗入口"(Dark Entry)"猫洞"(Cat's Hole)"铁锹巷"(Shovel Alley)"贫民窟"(Rookery)"柳

[195]

刑胡同"(Pillory Lane)等。这些名字已经足以展示在泰晤士河边能够长出什么样的"黑暗世界"了。

新船坞所产生的影响是即刻而深远的。船在三四天之内就可以卸完,与之前所需要的一个月时间形成鲜明对比。安全问题成为头等大事,在继续往上游航行之前,所有船的舱口都会在格雷夫森德被钉死或封住。手推车和搬运工都不允许进入这些新港口,以防止偶尔或系统性的偷窃行为发生。货舱里散落的糖甚至也被捡起来,销售所得归货主所有。新船坞的围墙都高达20英尺(6米)。正如我们已经看到的,一只新的警察队伍——英格兰第一支法律意义上的警察队伍——也被组建起来,负责保护河上交通。

为了连接这些船坞与金融城所新建的一条高速公路,也被恰当地命名为"商业公路"。西印度船坞的奠基石上刻着这样一段箴言:"这是一项在上帝的保佑下,应该为大不列颠商业的稳定、增长与繁荣做出贡献的事业。"它的建设也是由英国的商业机构投资的,这项宏伟的计划后来成为英国历史上最大的一项私人投资。饶有趣味的是,伦敦船坞的"后来者们"——被人们称作"船坞区"的宏大发展计划——现在声称要挑战该成就。正如笛福数个世纪以前所注意到的,泰晤士河具有吸引资金的能力——它仍然是液体的银流。

人们以一种广大无边的精神创造了这些船坞。泰晤士河岸最初出现的砖结构的仓库大如宫殿,固如城堡。它们的主要设计者丹尼尔·艾瑟尔·亚历山大(Daniel Asher Alexander)①,最有名的作品可能是为英格兰设计的监狱——譬如梅德斯通(Maidstone)和达特穆尔(Dartmoor),但船坞本身就是对安全性有着很高要求的地方。然而泰晤士河也是一个充满想象力的地方,在《乔治亚时期的伦敦》(Georgian London,1946)一书中,约翰·萨默森爵士(Sir John

---

① 丹尼尔·艾瑟尔·亚历山大(Daniel Asher Alexander, 1768—1846):英国建筑师与工程师,出生于伦敦。

东印度船坞，使用时间为1790到1967年，建于大片被淹没的地下森林之上。

位于沃平（Wapping）的船坞。那里的烟草仓库被称作"除了埃及金字塔以外，在同一屋檐下覆盖了最多面积的土地的公共建筑"。

Summerson)①将亚历山大的设计作品与皮拉内西（Piranesi）②富有想象力的幻想作品进行了比较——当柯勒律治向年轻的德·昆西③描述皮拉内西发挥狂野想象的罗马石版画时（后者在吸食鸦片的过程中感受到那种皮拉内西式的狂热），亚历山大将这些有关牢狱的印象打造成了监狱和仓库。

位于沃平的烟草仓库以"除了埃及金字塔以外，在同一屋檐下覆盖了比任何公共建筑或项目都更多的土地"而著称。伦敦船坞的围墙，比一度围绕伦敦的城墙还要更长、更高。人工湖也建了起来，可以容纳 300 英亩的水。狗岛上的沼泽地也被排干了。

两个世纪以来大量生产的雕刻与蚀版画、石版画、水彩画等，讲述着这些船坞的成就与自豪。《圣凯瑟琳船坞的开幕，1828 年 10 月 28 日》(*The Opening of the St Katharine Docks, October 28, 1828*)描绘了大船、旗帜与人群的全景，画面中的很多人向空中挥舞着自己高高的帽子，位于池水边的高大仓库的阳台上则挤满了人。《豪兰湿船坞，罗瑟海兹，1700》(*Howland Great Wet Dock, Rotherhithe, 1700*)从空中展示了位于田地与沼泽之间的一个巨大的人工湖，两侧是一排排的林荫树——不是为了美观，而是作为防风林设计的。《布莱克沃尔的布兰斯维克船坞，1803》(*Brunswick Dock at Blackwall, 1803*)是威廉·丹尼尔（William Daniell）④所创作的一幅宽幅河畔风景画，作品展示了船坞的广大：大约有三十多艘桅船排列成行，泰晤士河在远处蜿蜒流向大海。

丹尼尔一个人完成了很多有关新船坞的铜版画，全都是大尺寸

---

① 约翰·萨默森（John Summerson, 1904—1992）：二十世纪英国建筑历史学家的领袖人物。
② 皮拉内西（Piranesi, 1720—1778）：意大利艺术家，以其有关罗马及充满想象力的"监狱"版画而出名。
③ 托马斯·德·昆西（Thomas De Quincey, 1785—1859）：英国散文家、文学批评家。为缓解神经痛，开始吸食鸦片，著有《一个吸食鸦片者的自由》(1821)等作品。
④ 威廉·丹尼尔（William Daniell, 1769—1837）：英国风景画家、版画家。

的；他也被人们称作是当时商业革命的艺术家。他的作品《新船坞与仓库，竣工前夜，1802，靠近莱姆豪斯的狗岛》(*New Docks and Warehouses, On the Eve of Completion, 1802, on the Isle of Dogs near Limehouse*)，描绘的是一个微观城市，有威尼斯那样大小；他的《伦敦船坞景象，1808》(*A View of the London Dock, 1808*)描绘的是一个伟大的"城中之城"，河面上与船坞里有着同样多的船只。他是一位精细的制图员，关心细节与透视，但其宏伟的理念也是毫无疑问的。那些希望强调新港口所展示的物质与精神上"双重祝福"的人，经常引用《以西结书》(Ezekiel)①里的一段话："你居住在海口，是众民的商埠，你的交易通到许多的海岛……你的境界在海中，造你的使你全然美丽。"任何与泰晤士河有关的事物，都能唤起一种宗教性的回应。

因此也出现了女士船坞（Lady Dock）和俄罗斯船坞（Russia Dock）、阿尔比恩船坞（Albion Dock）和薰衣草塘（Lavender Pond）、绿地船坞（Greenland Dock）和橡果塘（Acorn Pond）、加拿大船坞（Canada Dock）和魁北克塘（Quebec Pond）等。最令人惊叹的可能是，从河面上看，这些都是看不见的——它们藏在高高的仓库、工厂和烟囱后面，看起来好像是城市自己吞下了这些船只。但是建于十九世纪第一个十年的这些船坞并不够用，深海航行所使用的蒸汽船需要建更大、更深的船坞。最大的帆船可能重达1500吨（1524公吨），但1838年完成从大西洋到美洲"处女航"的蒸汽船"大西部"（Great Western），重量已经达到2300吨（2337公吨）。1855年，一座新的船坞综合体——"维多利亚船坞"——在布莱克沃尔河段和加隆河段（Galleons Reach）之间的沼泽地上落成了；13年后，又建了米尔沃尔船坞（Millwall Dock）；1886年，新的船坞又在蒂尔伯里开张了。那些更老的船坞必须为容纳更大的船只而进行重建或扩张。1904年，新的"绿地船坞"作为萨里船坞的组成部分被建了起来。维多利亚船

---

① 以西结书（Ezekiel）：《圣经》中旧约书卷之一。

在伦敦船坞所进行的贸易,规模是全世界最大的。据说这里有足够可以灌醉整个英格兰的朗姆酒,足够可以令整个泰晤士河变甜的糖。上图:卸酒桶,1930年代;下图:泰晤士河在各种意义上都象征着力量。劳茨路发电站(Lots Road power station)直到2002年还在运行。这张照片由乔治·伍德彬摄于1931年11月26日。

坞在自身落成约 25 年以后，又有了皇家阿尔伯特船坞加入——在长达 1 英里、水域面积为 87 英亩（35 公顷）的地方，它可以容纳体积达 12000 吨（12192 公吨）的船只。它们是平静水面上的"大平原"，来自全世界的舰队与商船们随着潮汐来来去去的"湖泊之城"。这是一个桅杆与烟囱、船帆与索具的世界。它是一座宝库也是一个避难所，是一座碉堡也是一项产业。

十九世纪时，进口的朗姆酒多得可以让整座城市喝醉。西印度船坞的朗姆码头上，一个大桶就可以容纳 7800 加仑（35450 升）的酒。这里有足够的糖可以让泰晤士河变甜，足够的靛蓝染料可以将河染成蓝色。被捆在一起锁在仓库里的，有成本就达 1000 万英镑的胡椒、2300 万英镑的烟草及 5100 万英镑的茶叶。还有橡胶、咖啡、肉桂、椰枣和各种肉罐头。皇家阿尔伯特船坞的单个冷藏室，就能容纳 25 万只羊；萨里船坞可以容纳 100 万吨木料，西印度船坞的存酒处可以容纳近 100 万加仑（超过 450 万升）的红酒。

[198]

建了这些船坞以后，伦敦的贸易活动变得更庞大、更有异国情调了。从殖民地进口的有小象獠牙与小鸵鸟羽毛；从西伯利亚的冰冻废墟中挖出来的猛犸象的巨大獠牙，也被运到了伦敦的象牙市场；来自鲸鱼肚子里的龙涎香及液体芦荟，被泼在猴子皮上，制成标本。

作为这种贸易活动的结果——其中很多非常特殊和罕见——原先的码头与港口在这些大船坞的阴影下依然保持了繁荣。虽然船坞的所有者希望能保持其贸易垄断权，但泰晤士河的自由开创精神却是一种更强大的力量——它一直是一条能够起到调节作用的河流。驳船船夫被允许在新建的船坞工作，当垄断性船坞的"存货期"过后，原先的码头的业务量也都翻了番。布兰特福德和格雷夫森德之间的泰晤士河沿岸有 1700 座码头。在伦敦桥和伦敦塔之间的短短河段上，有 34 座码头——北岸的码头从"新鲜码头"（Fresh Wharf）到"酿酒者之钥"（Brewers Key），南岸的码头从陶平斯码头（Toppings Wharf）到哈特雷斯码头（Hartleys Wharf）。

它们的名字——及一些框架——仍保存在河两岸的大型公寓之间。位于沃平的奥利弗码头（Oliver's Wharf）和奥里安码头（Orient Wharf），在当地的新旧建筑物之间，其建筑外观至今仍如幽灵一般耸立着。更远处的圣约翰码头（St John's Wharf）、太阳码头（Sun Wharf）和天鹅码头（Swan Wharf），更几乎丝毫未变。一些船夫所使用的年代久远的台阶——譬如位于河岸警察局旁边的沃平古台阶——目前仍在。

整个船坞的所在也是诗人、画家和小说家的领地，正如它们是水手和商人的领地一样。作为水手长，对船坞有着第一手了解的约瑟夫·康拉德（Joseph Conrad）[①]，于1904年写了一篇题为《伦敦河：英格兰大动脉》（"London River: The Great Artery of England", 1904）的散文；他将码头的"大量聚集"比喻成"由罗列在河边的建筑物杂乱而成的丛林……伦敦，所有河港中最古老与最伟大的，虽然其前沿水岸并不拥有哪怕是100码那样大的开放船坞。

《船坞内部》，格斯提夫·道雷（Gustave Doré）
十九世纪的泰晤士船坞代表了当时最伟大的建筑与工程成就。它们的大小就像一座座小城市，有巨大的内湖。诗人、艺术家、商人及水手都对这些船坞表示赞赏与歌颂。

---

① 约瑟夫·康拉德（Joseph Conrad，1857—1924）：波兰裔英国作家，被认为是英语世界最伟大的小说家之一，早期现代主义作家，代表作有《黑暗之心》《吉姆老爷》等。1878年加入英国商船队，1886年加入英国国籍。

夜幕降临后，它拥抱黑暗而刀枪不入，就像是森林的脸——这就是伦敦的水岸"。他描写了"没有照明的墙壁"如何看起来好像是从"驳船搁浅的烂泥中伸展出来的"。码头对他来说，是一件"生长出来，而不是制造出来"的事物，代表着一种遵循了自身生长与变化规律的有机生命。从这一意义来说，泰晤士河反映了——或者说是"映照"了——它所流过的城市的状况。

　　对他来说，每座船坞都有自己的生命与性格。圣凯瑟琳船坞代表着"舒适"与归隐，而伟大的伦敦船坞则"庄严而带有一种'旧世界'的氛围"；他相信这些地方"就像它们所服务的河流一样浪漫"，而这主要是因为它们分享了泰晤士河的古老。"由于那些诞生于城里、通过河流开始走向全世界的冒险企业所组成的长长链条"，它们在人们的想象中已经变成了独一无二的所在——因此泰晤士河所拥有的神圣意味甚至能赐福于众船坞所打造的"巨大的丑陋"。对于康拉德来说，即使是这些船坞当中当时最为"现代"的蒂尔伯里船坞（Tilbury Dock），"位于埃塞克斯沼泽地的遥远与隔绝"，也使其具有了某种难以定义的魅力。泰晤士河是"一条有着重大历史价值的河流"，一直在其两岸的生命与事业上"施展魔咒"。"船坞很难描绘，"魏尔伦（Verlaine）①于1872年写道，"简直难以置信！这些船坞是泰尔（Tyre）②和迦太基（Carthage）③的结合体！"J·K·胡思曼（J.K. Huysmans）④的小说《格格不入》（*A Rebours*，1884）中的主人公，在遐想中看到，"无边无际的码头伸展到远远超过目所能及的地方，码头上堆满了吊车、绞

[199]

---

① 保尔·魏尔伦（Paul Verlaine，1844—1896）：法国诗人，是"颓废派"诗歌运动及十九世纪"世纪末诗歌"中的代表人物。
② 泰尔（Tyre）：黎巴嫩西南部港口。
③ 迦太基（Carthage）：古代北非奴隶制国家，在今突尼斯境内，公元前146年被罗马所灭。
④ J·K·胡思曼（J. K. Huysmans，1848—1907）：法国小说家，最著名的小说《格格不入》集中描写主要人物的内心世界，标志着他从"自然主义"到"颓废派"的转变。

盘和大捆的货物……在一片桅杆的森林中，高大的仓库浸泡在想象中的泰晤士河污秽的黑水之中。"当波德莱尔（Baudelaire）[①]看到惠斯勒（Whistler）[②]描绘塔桥和沃平之间的码头与船坞的蚀版画时，他评论说，它们显示了"一个巨大都市的深刻而复杂的诗意"。这也是泰晤士河的诗意。

正如笛福在他有关十八世纪泰晤士河的描写中表达了商业活动的诗意，十九世纪的作家们以描写船坞的广大无边展开彼此间的竞争。受泰晤士河的神秘与传说影响，这些商业活动的严酷与悲惨，在一种对其"伟大"与"神奇"的普遍赞美中被消耗掉了。泰晤士河在人类历史上所具有的神圣性，也影响了人们对其所进行的贸易活动的理解。对这些活动的描写，往往带有一种模糊的、但也堪称明显的宗教性。

多雷（Doré）[③]在《伦敦：一次朝圣之旅》（*London: A Pilgrimage*, 1872）中所作的有关伦敦河岸的版画中，主要表现以"狂野而古老的神仙形象"出现的泰晤士河之父，其长发像河流一样从后背垂落。他统领着一个由劳作与献祭所组成的黑暗世界，码头工人是其追随者；渺小而无名的人群，组成无边无际的队列，穿插在高耸在他们之上的桅杆和仓库之间。他们密密麻麻，在昏暗的轮廓中好像有一种运动的旋律。他们被画家以一种明暗对照的手法加以捕捉，纠缠在阴影与时断时续的光线之中，而占据前景的是由帆、桅杆和烟囱所组成的密密麻麻的网络。河水在可见之处是黑色的——因为煤尘、制皮业或烟草而发黑。《船坞——夜景》（*The Docks-Night Scene*）描绘了一个行动狂

[①] 查尔斯·波德莱尔（Charles Baudelaire, 1821—1867）：法国诗人，象征派诗歌先驱，现代派奠基者，代表作包括诗集《恶之花》及散文诗集《巴黎的忧郁》。

[②] 詹姆斯·惠斯勒（James McNeill Whistler, 1834—1903）：美国艺术家，主要活跃在英国，追求唯美主义，以其艺术观念及与著名艺术家与作家的关系，对当时的艺术界和文化领域产生影响。作品有铜版画《法国组画》、肖像画《母亲》及组画《泰晤士河》等。

[③] 格斯塔夫·多雷（Gustave Doré, 1832—1883）：法国版画家、插画家及雕塑家。

乱的世界，背景是层层桅杆，好像是某种在梦中出现的黑暗森林。

因此伦敦带着它永远的、如光环一样的烟雾，带着灰尘、噪音与气味，在河岸显现。十九世纪末，世界上第一座高压电厂在德特福德的泰晤士河边落成，随后在巴特西、富汉姆和班克赛德（Bankside）也建了发电站。还有其他有关未来世界的代表。1880年，第一批美国产的石油在泰晤士港（Thames Haven）靠岸，在一艘帆船上寄售，它是后来将出现在泰晤士河口两岸的大型炼油厂的先锋。

二十世纪初期，人们好像感觉河流上的贸易活动会永远持续，只要大洋与潮水还在。1909年，伦敦港务局（the Port of London Authority）被创建起来管理这一持续进行的工程；在其第一个工作项目中，设想了在西印度码头、米尔沃尔码头和阿尔伯特码头兴建新的码头与蓄水区。一项对伦敦码头进行整体扩展与提升的计划被通过。到1913年，该港口每年能处理2000万吨（超过2000万公吨）货物。1921年，国王乔治五世船坞（the King George V Dock）在锡尔弗敦（Silvertown）投入使用，进一步扩大了这一散布在彼此相连的234英亩（94.6公顷）水域上的码头综合体。皇家阿尔伯特船坞自身有一个长达一英里的蓄水池，因此在某种程度上看起来，这里像是一个内海。蒂尔伯里的船坞包括106英亩（43公顷）的封闭水源和4英里长的码头线。1930年时，伦敦的港口和船坞为10万人提供了工作机会，他们大多数住在泰晤士河的周边地区，负责处理它700英亩（283公顷）河岸帝国中的3500万吨（3550万公吨）货物。

[201]

二十世纪刚开始时，泰晤士河沿岸的工业实际上在以一种当时看起来值得警惕的速度在发展着。布兰特福德地区的泰晤士河已经完全工业化了，在兰贝斯、九榆（Nine Elms）、巴特西、旺兹沃思和富汉姆也都有了工厂和磨坊加工厂。在艾尔沃思（Isleworth）有肥皂厂和橡胶厂，在特丁顿有卷帘制造厂，在汉姆（Ham）有汽车制造厂，在皮姆利科有锯木场——这里成为木材贸易的中心之一。包括码头工人、装卸工、驳船夫和水手在内的10万劳动大军，全将自己的生计交付给了泰晤士河的潮水。

1931年,弗吉尼亚·伍尔夫(Virginia Woolf)[1]写了一篇题为《伦敦的码头》(The Docks of London)的散文,描写泰晤士河两岸如何"成排耸立着昏暗、看起来破破烂烂的仓库。它们挤在满是平坦而粘滑的烂泥地面上……桅杆和烟囱后面,是一座凶险而低矮的、由工人住宅组成的城市。前方,吊车和仓库、脚手架和储气罐一起在岸边组成了一副建筑物般的骨架"。对她来说,这是一幅"忧郁阴沉的景象",而她未能理解贸易的必要性也许能得到人们的谅解。

二十世纪的法国小说家路易-费迪南·塞利纳(Louis-Ferdinand Céline)[2]在《木偶乐团》(Guignol's Band, 1944)中,以一种更加充满热情与庆祝的笔调,对下列事物进行了描述:

> 幽灵般的仓库,货物堆成的城堡,鞣制过的羊皮堆成的小山足够臭到堪察加半岛(Kamchatka)[3],数千堆捆得像芦笋一样的红木森林,堆成金字塔的形状……足够覆盖月球与整个世界的地毯……足够吸干泰晤士河水的海绵!足够闷死整个欧洲的毛料……可以填满大海的鲱鱼!堆得像喜马拉雅山一样高的糖粉……

然而在随后的两代人之间,这些全都消失了。在该世纪前50年

---

[1] 弗吉尼亚·伍尔夫(Virginia Woolf, 1882—1941):英国作家,二十世纪现代主义代表作家,是两次世界大战期间伦敦布鲁姆伯里知识分子社交圈的中心人物,著有《到灯塔去》《达洛卫夫人》《一间自己的房间》等小说、散文作品。

[2] 路易-费迪南·塞利纳(Louis-Ferdinand Céline, 1894—1961):法国小说家、医生,发展了一种口语化的写作风格,推动法国文学的现代化。最著名的作品是发表于1932年的半自传体小说《长夜行》(Journey to the End of the Night)。《木偶乐团》描写一位流亡在伦敦的法国医生的故事。

[3] 堪察加半岛(Kamchatka):位于俄罗斯远东地区的半岛,东临太平洋,西临鄂霍次克海。

还无法想象的大型集装箱船获得了发展，货物现在可以直接从船上运到货车上，不需要仓库，而且这些船本身也太大了，现有的码头设施容纳不了。世界上其他地方出现了大港口，伦敦船坞工人在工作中受到限制，这些都加快了结束的进程。船坞开始变得萧条。东印度船坞在存在了 160 年之后，于 1967 年关闭；伦敦船坞和圣凯瑟琳船坞也在两年后关闭了。西印度船坞苟延残喘到 1980 年，存在了 178 年——当时泰晤士河的贸易已经衰落到无法挽回的地步。最后一批船坞——皇家维多利亚、皇家阿尔伯特和国王乔治五世——在 1981 年关闭。到二十世纪末，那些船坞全都消失了，消失得好像它们确实只是一场梦一样——存在于泰晤士河两岸的有关劳作与苦难的梦。

官方出版的《伦敦港的历史》(History of the Port of London，1921) 一书的作者，约瑟夫·布鲁德班克爵士（Sir Joseph Broodbank）在书中某处提出，"除了少数例外，一旦某个大型社区在某处建立起来，该地就永久成为人群扎堆停留之地。"毫无疑问，他指的是伦敦港区将一直会是各种商业与投机活动的中心，他认为这一点"就像是任何一个人类组织的未来一样确定"。但这一点的正确性其实是在另一种意义上的。港区再一次成为"人类拥挤"的地方，但并非与贸易有关。它成了一座新城，以新开发的"泰晤士门户"项目来进一步扩大社区。被人们遗弃的船坞在付诸野草与废墟 10 年之后，这里竖起了闪亮耀眼的大厦和重新翻修的仓库。这是继二十世纪早期的"郊区发展"之后，伦敦最重要的一项扩张。该故事需要在有关泰晤士河历史的另外一章中讲述。

蒸汽与速度

蒸汽船第一次出现在泰晤士河上是 1801 年，当时它主要被用来拖拉更大的帆船。第一艘蒸汽渡轮的出现，于 1815 年 1 月 23 日在伦敦报纸上进行了预告："请周知，新的伦敦蒸汽渡轮'马杰里号'（Margery）在船长考第斯（Captain Cortis）的率领下，将于 23 日星期一早上 10 点钟准时从靠近伦敦桥的沃平古台阶处出发。"它的目的地是格雷夫森德，然后在第二天一早同一时间返回。水手同业公会——可以理解其对成员生计的关心——开始了针对考第斯船长的诉讼活动。然而地球上没有任何力量能够阻挡这种变化。1830 年左右，泰晤士河上大约有 57 艘蒸汽渡轮。它们的到来预告了后来在河面上无所不在的"一日游"的出现。便宜的蒸汽船开始被人们称作"河上公共汽车"。

绍森德是人们最喜欢前往的港口之一，后来也确实被人们称作"海上伦敦"。那里有音乐船，船上有驻船乐队，逆流而上开往里士满、基尤或是汉普顿宫，人们会嘲讽这些音乐船上的游客，他们是渔夫的坏脾气和那些认为泰晤士河上游是自己的"特殊领地"的中产阶级艺术家们所攻击的对象。

游客可以乘蒸汽船抵达普利茅斯（Plymouth）、南安普顿和兰兹角（Land's End）。建防波堤的唯一目的就是为这些新出现的船只服务。到十九世纪三四十年代时，"繁荣"已经指日可待：每天大约有 17 艘蒸汽船往返于伦敦和格雷夫森德之间，每位乘客收费 1 先令。到格林尼治要花 5 便士，从伦敦桥到威斯敏斯特要花 1 便士。1846 年，出现了从亨格福德码头（Hungerford Pier）经查令十

在泰晤士河漫长的历史中，廉价交通的发明宣告了泰晤士河迎来了其在历史上最受大众欢迎的时代。"一日游"的游客成为泰晤士河的新君主。

字街抵达金融城的"半便士蒸汽船"的固定航线。但这些新涌现的乘客也可以走得更远：这里有开往法国多佛和布伦港（Boulogne）的船，有来自莱茵河和比利时港口奥斯坦德（Ostend）①的船。河上的交通量非常大。一家蒸汽船公司估计，他们每年在泰晤士河上运载的乘客在 25 万名左右。

　　到马盖特和格雷夫森德的船从圣凯瑟琳码头和伦敦桥那里出发，竞争对手公司的船竞相向下游驶去，引发了很多抱怨；船只争流所导致的浪涌，冲刷了河岸并淹没了沿岸的码头。泰晤士河里的水变得更狂野了。在水手与蒸汽船公司之间曾有过公开的战争，他们互相指控对方故意高速行驶和设置障碍。还发生过锅炉爆炸、起火和各种事故，但蒸汽船的发展是不可阻挡的。

　　在使用笔名"博兹"发表的早期散文《河流》（The River，1835）中，年轻的查尔斯·狄更斯（Charles Dickens）描绘了在"蒸汽船码头"，乘客们爬上"格雷夫森德渡轮"或"马盖特渡轮"时的混乱场景。他们上错了船，或是找不到舒服的座位，或是行李放错了地方。"拥有季票的长期旅客到下面去用早餐，买了晨报的人让自己沉浸到报纸中去，而以前没有坐过船的人，都在想船和河都是从远处看要更好一些。"到了布莱克沃尔，柳条编的手提篮被打开，为乘客提供油腻腻的三明治及瓶装的白兰地和水。某人拿出随身带的竖琴，开始演奏舞蹈音乐。狄更斯甚至记下了乘客之间的一些懒洋洋的对话：

　　　　"蒸汽太棒了，先生。"
　　　　"啊，确实是，先生。"
　　　　"伟大的力量，先生。"
　　　　"非常巨大——非常巨大。"
　　　　"蒸汽能够解决很多问题，先生。"

---

① 奥斯坦德（Ostend）：比利时港口城市。

"啊！你可以那么说。"

"他们说仍然处于婴儿期，先生。"

蒸汽是未来，蒸汽是进步，在为赢得泰晤士河而进行的斗争中，蒸汽将会赢。

[205]

然而另一种蒸汽的力量也已经到来了，它将所有有关船只运输的计划都打乱了。1834年，一项野心勃勃的计划——在伦敦、雷丁和布里斯托之间为新发明的火车铺设铁轨的"大西部铁路计划"——被提了出来，担心河流交通前景的泰晤士河委员们宣称："所有住在泰晤士河边的人，不论他们是被河的美丽、健康还是实用所吸引，都会为阻止议会通过像大西部铁路这样毫无用处的项目提供帮助。"然而十九世纪的所有力量，在它对能量与速度的专注中，在它对发展与创新的追求中，在它对"激动人心"的理解及对"改革"的需求中，正在全速向前进。伦敦与雷丁之间的铁路线在1840年完工，4年后，在伦敦与牛津之间又建成了一条支线，伦敦到温莎及亨利镇之间的铁路线随后也被建了起来。

"铁马"——这是世人给火车所起的绰号——进入了白马河谷。这是伊桑巴德·金德姆·布鲁奈尔所推动的，1833年他第一次有了建这条铁路的想法。随后他筹备了宣传计划，第一步就是对泰晤士河谷做彻底的调查。27岁的他开始着手来摸清这一区域。1833年9月，他在日记中写道："早上6点开始……检查了旺蒂奇（Wantage）周围的地况……在斯特雷特利用了早餐……返回雷丁。"他在头脑中计划了他最终想要建造的铁路的每一个分支，每天花上20个小时，努力将头脑中的想法变得更完美。

通过从父亲手中接过完成泰晤士隧道的工作，他已经对泰晤士河有了一些了解；在泰晤士河冲垮了他正在建设的工程并夺去了其手下工人的性命以后，他也知道了河的力量。可能他有一种通过围绕泰晤士河打造现代化的铁路与车站，以驯服河的能量与权威的欲望？他为这项计划所投入的精力是无止境的，令人五体投地。他在议会委员会面前做出保证，还协助起草合适的法律——甚至在感兴趣的机构面前充当起了募捐人。他对这条铁路的本质与发展进行了最细微的计划，考虑了隧道与坡谷、车站与高架桥、棚屋与桥梁等种种细节。

伴随着大西部铁路而来的，是直接对泰晤士河造成影响的类似项目。伦敦与格林尼治之间的铁路开通于1838年；一年后，伦敦与南安普敦（Southampton）之间的铁路也开始运行；随后在1841年，伦敦及布莱克沃尔铁路公司（the London and Blackwall Railway Company）沿泰晤士河北岸，在米诺雷斯（Minories）和凡彻奇街（Fenchurch Street）之间铺上了铁轨。1848年，第一条跨河铁路建于里士满的桥旁；第二年，在巴恩斯建了第二条跨河铁路桥。第一条穿过市中心的铁路位于皮姆利科，1860年开始使用。这是巨大的发展，对泰晤士河的商业与旅客交通也产生了巨大影响。泰晤士河谷本身已经变得面目全非。位于河畔的城镇如雷丁和阿宾登都有了巨大的人口增长，它们已经从河岸城镇变成了铁路城镇。

[206]

然而还有另外一种将会导致社会革命的变化，在特纳的《雨、蒸汽与速度——大西部铁路》(*Rain, Steam, and Speed – the Great Western Railway*, 1844)中得到了最好的体现。这幅画当然是一种对力量的表现，画面上是一个蒸汽火车头在梅登黑德桥上快速驶过泰晤士河。这座由布鲁奈尔所建的桥，本身就是一项工程奇迹，是当时欧洲跨度最大的砖石建筑物。很多人都认为这座桥完成不了——或是建好之后也不能持久。它的两个桥拱横跨泰晤士河，中间的拱梁落在河中间的一个小河洲上。最初的承包商因为这项工程所存在的种种问题而心烦意乱，要求解除合同，担心木头脚手架一旦被拆掉，拱门就会垮掉。然而布鲁奈尔坚持了他最初的设想。在过去170年中，桥上的小红砖一定是承受了接近其所能承受的最大限度的压力，然而它们挺了过来。

特纳的画，在某种程度上是对"速度"的赞歌，而布鲁奈尔的桥位于"力量"巨大更新的中心。该画作洋溢着一种光辉,色彩与光线都十分灿烂,显示了特纳对这一相对较新的力量的前景,有一种发自内心的激动。作为艺术家的特纳,其实是在向布鲁奈尔这位深具远见的人致敬。然而这里还缺了某种元素。这幅画的视线是向东,朝向伦敦,伴随着通常被认为是来自城东、由"灰尘"和"疾病"所交织的云雾。在十九世纪中期,任何来自"城东"的东西都会被认为是可疑的。在画布一侧,在色彩与光线迸发的区域之外,有人在河里泛舟,附近的田里有一位农民在劳作。这些是一种古老的存在及泰晤士河所养育的古老生活方式的象征——而这一切似乎都即将被铁路所终止。在特纳的画中,有一只野兔从奔驰的火车头即将开过的路上逃开——代表了"自然世界"从"机械制造"那里撤退。

但还有另外一项十九世纪的发展与创新,对泰晤士河也许产生了更重要的影响。这些"改善工程"——人们如此称呼该工程——后面最主要的人物是土木工程师约瑟夫·巴尔扎盖特(Joseph Balzagette)①,他在十九世纪六十年代唯一的野心就是筑堤防护及控制泰晤士河。当然,过去也有过想要控制河流航向、保护河岸免受潮汐侵蚀及洪灾天气影响的努力。譬如,大家都认为格雷夫森德的围墙是由撒克逊人所建的,罗姆尼沼泽(Romney Marsh)也是。

十二世纪时,伍利奇周围筑有堤岸保护;十三世纪时,普拉姆斯特德那里也被加固,以免遭流水侵蚀;在雷纳姆沼泽(Rainham Marsh)、西哈姆(West Ham)和莱姆豪斯,也都建有海墙。十四世纪时,在布莱克沃尔有新建的堤岸,在斯特拉特福和达格纳姆也都有防御工程。十六世纪,沃平从"一片水湾荒地"中被改造而成——虽然从1324年就有海墙建在那里;也是在十六世纪,采自珀弗利特(Pur-

---

① 约瑟夫·巴尔扎盖特(Sir Joseph Balzagette, 1819—1891):十九世纪英国土木工程师,作为伦敦大都会工程委员会的首席工程师,为应对1858年伦敦所发生的恶臭事件,在中心城区重新修建了下水道工程,减轻了霍乱的传播,同时开始了对泰晤士河的疏浚与清理。

1860年代在约瑟夫·巴尔扎盖特（Joseph Bazalgette）的坚持下修建的沿河堤岸，改变了泰晤士河的健康状况。在宽敞的石头人行道下面，他修建了巨大而错综复杂的下水道系统，将不洁之物运送出伦敦。

fleet）悬崖的垩土被用于西瑟罗克防御墙的建设。十七世纪，坎维岛由荷兰工人筑墙围了起来，他们被认为对此有特殊专长。

西瑟罗克那里沿墙建了一座小礼拜堂——这是很多建在堤岸边、作为一种"神圣保护"的小礼拜堂中的一个。这些小礼拜堂大多孤独地位于荒野之中，前去祈祷的人会被教堂派去从事一些保护及维持防御工程免遭海水侵蚀的工作。事实上，人们认为"再造土地"的过程是一项神圣事业。从潮水那里将富饶的土地抢救出来，在一度波涛翻滚的地方种植庄稼，这是一种近似于让大地从大海中浮现的创造。

河水向前奔涌，一路上被人们开凿运河进行引导。在领地被人为逐步减少的同时，泰晤士河也变得更深、流得更轻快了。十七世纪时，在河边建住宅的需求旺盛，当然这意味着一部分河滩已被改造利用；1757年，坦普尔花园（Temple Gardens）前面的河滩上建起了堤坝；1772年，皇家阿德尔菲平台（the Royal Adelphi Terrace）作为第一

[208]

个河岸公共平台出现；萨默塞特宫的屋顶人行漫步道，也在4年后完工了。

然而在巴扎尔盖特的积极努力下，十九世纪才是真正的变革世纪。1863年，一项新的议会法令被通过，以加快他为泰晤士河修建新堤坝的进展。他将打造一个巨大而错综复杂的下水道网络，将垃圾和腐败物运出伦敦，同时在下水道上面，他将在河两岸打造宏伟的石头人行道，作为泰晤士河的新景观。这项工作首先从在威斯敏斯特和坦普尔之间修建维多利亚堤坝开始，在建造过程中，有约40英亩（16公顷）的河滩被改造。然而巴扎尔盖特只是在辅助一项更为平常的发展过程——在泰晤士河的历史中，从凯尔特人时期到现在，威斯敏斯特那里的河流宽度已经从750码（686米）减少到250码（228.6米）。

维多利亚堤坝很快有了随后建造的阿尔伯特堤坝和切尔西堤坝的陪伴。它是十九世纪最大的土木工程之一，包括一个地下铁路系统的建造。在维多利亚堤坝，有一座为巴扎尔盖特而建的纪念碑，上面刻着一句带有传奇色彩的话："他为河流戴上了锁链。"这是法老们及古代"河流之国"的统治者们的古老夸口。如果这听起来很"自大"，那么到目前为止，还没有神灵来惩罚——因为"惩罚"意味着需要像《圣经》里的"大洪水"那样规模的泛滥，而这在现在很显然被认为是不可能的了。

对一些人来说，这些条状花岗岩可以看作是泰晤士河在城里河段的边界——或是屏障——将河流与一些一度是其一部分的地方分开；对另一些人来说，这些花岗岩是抵抗泰晤士河"任性"本性的必要预防及防范，为交通工具和行人都再造了用途巨大的土地。为了市民的享受，新建的堤岸上也修建了花园，河两岸的景观得到很大提升。堤坝还具有额外的好处，可以隐藏排废水的下水道——单就这一点来说，巴扎尔盖特的工作也应该被认为是有益的。他所开创的事业在当时被认为是人类世界的新奇迹之一，是对遍布河岸地区的难看的烂泥河岸、荒芜的建筑物及破烂不堪的码头——有生活在那里、通常被人们厌弃地称作"河岸居民"的声名狼藉的原住民——的一项受人欢迎的改善。

二十世纪初,上一个世纪所实现的河岸的巨大发展,似乎到了享受成果的时候。船坞得到了前所未有的充分利用。伦敦作为一个世界级帝国的心脏,意味着泰晤士河本身就是一条帝国的河流,一个世界各地的商人表达敬意的巨大市场。二十世纪早期的作品,譬如约翰·阿德考克爵士(Sir John Adcock)[①]三卷本的《伟大的伦敦》(Wonderful London,1920s)、F·V·莫利(F.V. Morley)[②] 的《泰晤士河》(River Thames,1926)和 H·M·汤姆林森(H.M. Tomlinson)[③] 的《伦敦河》(London River,1925),这三本书及其他一些作品,实际上都是对泰晤士河的生命与事业居于世界河流之巅的赞颂。过去曾有很多有关船坞的日常生活及停泊在那里的巨大船只的照片,还有表现码头区广大无边的航拍镜头,以及对为打造这一切做出贡献的商业与工业力量的赞颂。在汤姆林森作品的结尾,记载了一艘巨轮驶入河口的过程,她的桅杆"从建筑物的顶部升起来,直指天空,使得她像是一段突然出现的伟大音乐那样高贵而矜持。这是我们的船,我们领地的一部分"。

H·G·威尔斯(H.G. Wells)[④] 的小说《托诺邦盖》(Tono Bungay,1909)中有一段对二十世纪初的泰晤士河最好的描写。在这部小说中,他描述了一段从汉默史密斯桥顺流而下,到布莱克弗瑞尔斯和金融城的旅程。从河上看过去,巴特西和富汉姆都是"泥泞的郊区

[①] 约翰·阿德考克爵士(Sir John Adcock,1864—1930):英国小说家和诗人。
[②] F·V·莫利(F.V. Morley,1899—1980):英国作家。
[③] H·M·汤姆林森(H.M. Tomlinson,1873—1958):英国作家和记者,以反战和旅行写作著称,尤其是与海上生活有关的作品。
[④] H·G·威尔斯(H.G. Wells,1866—1946):英国作家,在小说、历史、政治、社会评论等诸多领域都著作甚丰。目前最广为人知的作品是科幻小说,他亦被称为"科幻小说之父"。

和泥泞的草地",既不是城市也不是乡村,而出现在那里的运煤船,则是泰晤士河正在流向的城市生活的象征。从帕特尼开始有了"新发展";这种所谓的"新发展",威尔斯指的是——"左右两岸第一批出现的低劣住宅区,然后是南岸昏暗肮脏的工业主义"。这是兰贝斯成为河岸工坊和加工厂"大本营"的主要时期。

然而,在抵达兰贝斯宫和国会大厦以后,威尔斯笔下的叙述者的热情开始增长了。在它们下面,是威尔斯称作"伦敦核心"的地区,那里的查令十字火车站(Charing Cross Railway Station)被他称作"世界的心脏"。当时,泰晤士河两岸都是"崭新的宾馆"及"位于南边的大型仓库和工厂、烟囱、制弹塔和广告"。这是二十世纪帝国的繁荣之河——并非洁净之地,甚至不是一个能令人感到愉悦或健康的所在,而是一条被深深卷入当时的各种重大发展的河流。

当叙述者继续朝下游驶去、路过萨默塞特宫和坦普尔时,他开始对伦敦的历史及无所不在的泰晤士河感到亲近;他也感受到了"天然本真的英格兰"的存在。也许会令社会历史学家们感兴趣的是,在二十世纪早期,泰晤士河及其领地确实仍保持着"古老过去"的样子。虽然出现了新建的堤坝,这里仍然以二十一世纪以后不可能再有的形式,保持着一些能让人明显想起十八十九世纪伦敦的事物。自那以后变化良多。这座城市及其河流目前好像再次"活在当下"了。它们不再受岁月的影响。然而 1909、1910 年间所拍摄的河岸地区的照片,可以毫不费力地将你带回到狄更斯,甚至约翰逊(Johnson)[1] 和菲尔丁(Fielding)[2] 时期的伦敦。同样的大街小巷,同样的码头和码头酒吧——粗衣粝食的人们也是同样的。

---

[1] 塞缪尔·约翰逊(Samuel Johnson,1709—1784):英国作家,其创作在英国文学史上具有重大影响,主编的《英语词典》(1755)对现代英语产生了深远影响。

[2] 亨利·菲尔丁(Henry Fielding,1707—1754):英国小说家、戏剧家,以幽默与讽刺而著称,代表作为《汤姆·琼斯》。在英国法律发展史上也占有一席之地,推动了伦敦第一支警察力量——鲍尔街巡警——的建立。

第八章｜贸易之河

威尔斯的叙述者继续着他的旅程。在布莱克弗瑞尔斯桥边，他看到了泰晤士河上第一只海鸥。在"一片喧嚣粗野的仓库"上面，浮现着圣保罗大教堂的巨大穹顶——它在当时的天际线上独一无二，俯瞰着河面上蒸汽船和驳船的各种活动。对现在来说，这就像是十六世纪拥挤在河上的平底船和西班牙大帆船一样的古老景象。随后，这位叙述者继续了解"这首伦敦交响乐最后的伟大乐章"——一个由"大得惊人的吊车"、"巨大的仓库"和"大型轮船"所组成的世界。这是"世界之港"。

好像就这样过了很多年。第二次世界大战开始之前，每年进入伦敦港的货物吨数在 5000 万（超过 5080 万公吨）左右，远远超过世界上任何一个港口。然而即便是在当时，也有一些令人不安的信号

战时的庞然大物：埃里克·莱维勒斯（Eric Ravilious）的《防空拦阻气球》（*Barrage Balloons*）

存在。在 J·H·O·邦吉（J.H.O. Bunge）①有关泰晤士河的报告《未来伦敦的无潮泰晤士河》（*Tideless Thames in Future London*，1944）中，描写了"泰晤士河岸的荒废景象"及从威斯敏斯特桥到格林尼治间"无人打理的破烂"的情景。报告中也提到了圣保罗大教堂，但与 H·G·威尔斯笔下的情绪有很大不同，它被描写成——"压抑的、用看不出形状的砖石砌成的肩膀高高耸立，看起来黑暗而肮脏，完全不想伪装自己具有任何'现代'的风格，就那样从漆黑狭窄的街道中间生长出来"；它还被一些"看起来愁苦而吝啬的房屋"遮挡住了。因此，二十世纪三十年代的泰晤士河就已经隐藏着"衰退"甚至"终结"的种子。这份报告的一个章节标题列举了"人口、食物、燃料、污水、货运与旅客运输、防汛、防火、河畔资产、繁荣发展与生活福利"等问题——这份名单看起来已经很全面了。在某种程度上，泰晤士河的命运似乎已经被提前预告。

第二次世界大战为泰晤士河的角色与地位投射了一道更为暴力的光芒。作为交通要道的泰晤士河，又一次被侵略者用作进入伦敦中心城区的通道。它变成了一条火与血之河，一条比冥河和阴间更为黑暗、更为危险的地狱之河。在它的整个历史之中，泰晤士河一直都是一个最具吸引力的目标。二十世纪三十年代末和四十年代早期，河的两岸是汽车工厂、石化设施、各种工厂与发电站。它包括"金融城"和"威斯敏斯特"两个世界，政治权力和金融权力联合组成了泰晤士河上的巨大拱门。战争甫一开始，泰晤士河及其两岸就开始实行非常严格的"宵禁令"，但德国轰炸机仍然将磁性水雷扔进了泰晤士河。

1940年9月7日，专门用于对付港口的火弹被扔了下来。所有的船坞和仓库——除了蒂尔伯里——都在大火中熊熊燃烧。轮船和驳船都着火了，并且随着潮水危险地朝防波堤和码头漂去。伦敦没有足

---

① J·H·O·邦吉（J.H.O. Bunge）：一位建议在伍利奇拦一道水坝停止潮水涌动的英国工程师，想法与目前的泰晤士水闸类似。

第八章 贸易之河

够的消防员来终止这场"地狱之火",燃烧的火苗如此明亮,在 12 英里之外都能清楚看到。沿岸大火产生了另外一个效果——它充当了火炬,引导第二天晚上接着赶来的轰炸机。

9 月 8 日晚上 8 点 30 分,入侵者编队来到正在燃烧的河流上空。这里好像不再是泰晤士河,而是来自未知火源的流动的火山岩浆。德国轰炸机瞄准了前一天晚上没有被摧毁的船坞与仓库,火焰与硝烟再一次占领了泰晤士河。河面上覆盖着一层燃烧着的汽油薄膜,辛辣的烟浪从河岸各个角落喷涌而出。朗姆酒燃烧着落在河面上,存放羊毛的仓库变成了燃烧着的炉子,石蜡也在熊熊燃烧。伦敦塘变成了火光之湖。兰贝斯和罗瑟海兹这些地方也沐浴在像白天一样明亮的火光之中。

[212]

当天及随后几天的晚上,入侵者攻击了船坞区附近的居民区和城镇。伦敦东区大部分都被毁了,房屋在烟尘中倒下。敌人对泰晤士河及其居民的袭击不间断地持续了 57 个晚上。12 月 8 日,伦敦港务局总部被直接击中了,位于珀弗利特的油罐也烧了起来,蒂尔伯里的登陆码头着火以后烧得完全失控。一列火车在通过查令十字桥时被击中,很多停在泰晤士河上的轮船被击沉。根据战后估计,约有 1.5 万枚高能炸弹、350 枚降落伞地雷、550 枚飞弹和 240 枚火箭弹落在了泰晤士河及其港区上;共有约 1400 次袭击。敌人可能认为摧毁泰晤士河就是在摧毁英国,然而泰晤士河和英国还是挺过来了。

然而二十世纪四十年代晚期和五十年代,因为一些更日常的原因,泰晤士河逐渐关闭了。它的市民不再使用它。十九世纪的度假者、邮轮旅行者及通勤者都消失不见了。它变成了一条沉默的河,人们将其描述为一条"宽阔、白色而空洞的通道"。人们对它失去兴趣与关注的原因是多样的:有通达性的问题——一些港口和台阶现在都已经弃置不用了;有因为忽视而变得死气沉沉的问题——当然还有令人愤怒的下水道问题。南岸(The South Bank)已经成为"绝望与耻辱的代名词"。问题的关键是没有人真正关注有关泰晤士河的问题。伦敦人中很少有人知道这一位于城市中间的巨大港口，对船坞的性质与范围有所了解的人就更少了。泰晤士河已经变成了一个不为人知的领域。伦敦朝它背过身去。

本书前面的一章已对船坞的衰败进行了记载，但需要注意的是，这种衰败与重工业撤离泰晤士河流域有着密切关系。过去在兰贝斯和九榆、巴特西和旺兹沃斯都有工厂和磨坊厂，在富汉姆有各种加工厂，在艾尔沃思有肥皂加工厂，在斯泰恩斯有油布加工厂，在伯蒙德西有制革厂，还有制作果酱、饼干和巧克力的工厂。但这种与工业及制造业有关的"世界"开始消失了。沃克斯霍尔汽车最初确实是在沃克斯霍尔生产的，制造飞机的肖茨（Shorts）也是在巴特西开始起家；费朗蒂（Ferranti）①和西门子的工厂一度都位于格林尼治，那里被有些人称作是"电器生产的大本营"，但这些公司都搬走了——或者用当代术语来说，"重新布局了"。从事金属加工业的摩根坩埚厂（Morgan Crucible）于二十世纪七十年代搬出巴特西。电缆厂、造纸厂和工程机械厂都逐渐撤到更有吸引力、更方便的地方，身后只留些许痕迹。泰晤士河流域目前仍有一定的工业项目——尤其是在伦敦与河口区之间，但是规模已经缩小了。

然而河水与"能量"之间的关系并没有减弱。富汉姆和劳茨路（Lot's Road）的发电厂仍在运作。对铁路乘客来说，迪德科特发电站（Didcot Power Station）的6个巨大冷却塔是再熟悉不过的了——它们从泰晤士河取水，然后再还给它。巴特西发电站的四根巨大烟囱，已经成为河边最宏伟的奇观之一。它于1933年夏天开始供电，到1983年结束使用之前，被人们称颂为"现代电力神殿燃烧的祭坛"。它很快将被改造成一个集酒店、商店、电影院和公寓为一体的综合体。泰晤士河里的水一度被用来冷却位于哈韦尔（Harwell）的核能研究机构

---

① 费朗蒂（Ferranti）：英国电器工程与制造商，主要从事国防电器，成立于1885年，1951年将第一批商用计算机推向市场，1993年宣布破产。

的核反应堆,河水在萨顿考特尼被抽上来,在卡勒姆被重新"还"回去。在卡勒姆还有一家名叫"欧洲联合环"(JET)的机构,从事有关"磁约束核聚变"的实验,希望能找到可替代的能量来源,其实验反应堆被称作"托克马克"(Tokamaks)。该项目被创建人称作是"全世界最大的核聚变研究机构"。因此泰晤士河这一小块地方——以萨顿考特尼、卡尔汉姆和迪德考特为代表——实际上是"能量"的中心。河上古老的磨坊和堰坝,被更宏伟、更高效的能量机构所取代——但这里面有一种持续性。

但是泰晤士河已经变成了一个更安静的地方。有人计算过,如果把现在河上的船乘以 10 倍,这条河仍不会比它在一个世纪以前更忙。十九世纪八十年代,有 6000 艘蒸汽船和 5000 只帆船在使用这条河,现在河上最吵的声音是海鸥的叫声。朝河口驶去的旅程,就好像是穿过被遗弃的河水。十九世纪时,人们将河面的喧嚣与其"安静的过去"相比,那种安静,已经重返泰晤士河的大部分河段了。

[214]

反过来说,这里有了新的复苏形式。1981 年 7 月至 1998 年 3 月之间,一个名叫"伦敦港区发展公司"(London Docklands Development Corporation)的机构成立,致力于之前被船坞所覆盖的 8 平方英里河岸空间的改造与更新之中。该地区包括萨瑟克、陶尔哈姆莱茨和纽汉姆。一度遍布矮树与野草、由旧船坞摇摇欲坠的墙或是有倒钩的铁丝网所守卫的荒地,上面建起了新的建筑与住宅。港区一度在物理空间上与伦敦其他地区是隔开的。对大多数市民来说,这是一个未知领域。新开发者的首要任务之一,就是采用新的公共交通方式,将泰晤士河与伦敦其他地区连起来。新的道路与地铁线路被开发出来,鼓励公共交通,还推出了新的穿越两岸的服务。人们通常认为"很不幸"的狗岛,被重新规划为"创业区",以吸引投资者与新企业。泰晤士河似乎得到了来自城市生命力与能量的"充电"。

"发展",以一种有时是"偶然"的姿态在向前推进,更多地服从于"利润"原则而不是公共利益,但这就是"城市"的故事,这也是贯穿泰晤士河整个历史的故事。新开发的第一个项目是位于贝克顿（Beckton）和萨里船坞的住宅和花园，但人们很快就发现河本身可能是最重要的。譬如，仓库可以被改造成当时很流行的"顶层"公寓，直通泰晤士河。"河景"又一次变得有趣了。刚开始时，"需求"跟不上"供给"，在仓库之间经过翻新的狭窄街道上——过去是搬运工和推着手推车送货的男孩们工作的地方——现在更多的是房地产中介，而不是商店。当地居民的利益常常被忽视；他们要求能更多地参与到各种发展计划中来；他们当然也要求自己最关注的一些问题——譬如工作岗位与住宅等——能够得到解决。一项有关住宅与翻修建设的长期过程开始了，到现在也还没结束。

[215]

在现在通常被称作"金丝雀码头"（Canary Wharf）的地方，新形成的金融区改变了周围地区的经济与社会生活。该项目恰好与"金融城"对市场的"放松管制"相符，因此成了"变化"的一个象征。它推动了一个被称作"港区轻轨"的新铁路网的发展，作为朱比利地铁线（Jubilee Underground）的延伸及新的港区高速公路发展的一部分。在

金丝雀码头（Canary Wharf）已经成为河岸地区复兴的一个象征。它像一个信号灯或是灯塔一般挺立在东区一侧，指引着向前的路。

第八章 | 贸易之河

这一过程中,泰晤士河两岸都变得更加有活力了。在一度是废弃码头的地方,现在是大型的公寓楼社区;过去为船坞所开凿的运河,现在变成了游艇码头。以过去"挤"在伦敦塔下方的圣凯瑟琳船坞为例,现在那里是购物中心、公寓楼、公共住宅和人行道。该船坞于1968年关闭,之后一直处于破烂荒废的状态,直到作为都市生活的"新中心"得到了复兴。从某种意义上来说,河岸地区是在重新恢复其对生命与能量的"古老感觉",重返其居民与住宅在被十九世纪的船坞取代以前的生存状态。

1937年,伦敦港务局让人拍了一些泰晤士河及其两岸的全景照片。将这些黑白照片与这条现代的河流相比,就好像看见一个"新世界"在"旧世界"之上浮现——并不一定更有趣或更优雅,但现在的明亮与清洁是过去所无法相比的。一些地标与建筑物仍然相同,但烟雾与煤尘已经消失了。别致的驳船与拖船再也看不到了,但河水好像更新鲜,也更清澈了。树木与开放空间也更多了。那种灰色调及河岸生活的阴暗不见了。有很多新建筑也令人失望,看起来也并不和谐——有很多只是功能性的,但它们只是持续发展过程中的第一步。泰晤士河的精神从未离开,它只是以不同的方式呈现。

从泰晤士河那里汲取美学灵感的新建筑也在慢慢出现。河岸建筑物永远在某种程度上是反映着河的天性,即使只是因为它们是在当地取材。牛津有石灰岩,伯克郡低地有垩土和燧石。但更晚近的建筑以更"直接"的方式向泰晤士河表达了敬意:有的公寓楼改建自仓库,也有建筑被设计成模仿十九世纪早期仓库的样子。这种做法也许会被称作是"模仿",但也可能代表着一种以新的姿态出现的地方特色与精神。有些建筑从侧面来看,令人想起乘风破浪的轮船。自由贸易港曾经所在的拉特克利夫,现在看起来像是一个大洋班轮形状的巨大综合体。设计狗岛抽水站的约翰·奥特勒姆(John Outram),曾经说他的设计是"模仿一条河流和一片风景,而巨大的水流就从那里流出"。切尔西港的建筑师雷·默克斯雷(Ray Moxley),从华兹华斯在

[216]

《写于威斯敏斯特桥》(Composed upon Westminster Bridge)一诗中所称颂的"轮船、塔楼和穹顶"中,汲取了灵感。

泰晤士河沿岸还有一些具有法老及埃及风情的建筑,以纪念认为泰晤士河是伊希斯女神"化身"的传说。金丝雀码头那里的摩天大楼——位于加拿大广场的卡伯特大厦(Cabot House)——据其设计师恺撒·佩里(Cesar Pelli)说,是"按照传统形式的方尖碑、一个带金字塔尖顶的四方棱型"建造起来的。这一充满力量感、"护身符式"的建筑,目前已是泰晤士河的地标之一。在港区的新建区域还有其他埃及式的设计与图案,但早在1926年,泰晤士河边就已经有了一处"新埃及风格"的办公区——阿德莱德大厦(Adelaide House);这也是一种持续性。与埃及法老的关联,也许引发了人们对"浩瀚"的联想:格林尼治那里的储气罐是全世界最大的;同样位于格林尼治的大穹顶——人们称其为"千禧穹顶"——由全世界最大的屋顶所覆盖,同时也是世界上最大的织物建筑。泰晤士河曾经拥有过的船坞,到目前为止还是全世界最大的船坞。巴特西发电站是全世界最大的砖石结构建筑之一……还有其他一些例子。

位于南岸的建筑——包括1976年建成的国家剧院(National Theatre)——具有一种人们称之为"流动"的韵律。国家剧院的建筑师丹尼斯·拉斯顿(Denys Lasdun)说他想打造一种感觉:"观众——像河流的潮水一样——流入观众席,然后,潮水退潮,观众们退场进入那些由阳台组成的小空间——就像潮水涌入溪流。""阳台",当然是泰晤士河最古老的特征之一。也许不完全是巧合,两位目前仍在世、在伦敦有着巨大影响力的建筑师诺曼·福斯特(Norman Foster)和理查德·罗杰斯(Richard Rogers),他们的公司都紧临泰晤士河。事实上,福斯特目前已晋身为贵族,封号为"泰晤士河岸勋爵"(The Lord Foster of Thames Bank),罗杰斯也同样被封为"河畔勋爵"(The Lord Rogers of Riverside)。两位建筑师都以泰晤士河来表明自己的身份。

第八章 | 贸易之河

在斯特拉特福举办的2012年伦敦奥林匹克运动会——以及伦敦东区其他地方，将在物质上推动泰晤士河作为城市主要资源的发展与修缮。目前已经开始有新产业及"新形式的产业"在其两岸集聚的迹象，尤其是很多高科技电子公司已经集中出现在泰晤士河谷，河边也有很多产业园区入驻。

还有其他一些项目。"泰晤士河门户发展计划"的目标是确保一直到泰晤士河水闸（the Thames Barrier）的河北岸未来整修计划的成功。"东泰晤士河走廊"（East Thames Corridor）项目将沿河口区推进城市的发展，一直到埃塞克斯的蒂尔伯里及肯特的谢佩岛。规划机构已经在考虑将达特福德、格雷夫森德和梅德韦那里的城镇及泰晤士米德（Thamesmead），列入有可能进一步发展的目标。还有新的连接两岸的计划，以及建设港区轻轨延长线、在锡尔弗敦和格林尼治半岛之间建一座新桥或新的地下通道的计划。

然后伦敦就会再一次成为一座"河流之城"。城市建设的"东移"是违反历史发展趋势的，"重返河流"这一举动，本身也被很多人认为不符合历史发展规律。在都市规划者眼中，这并不符合城市的需要——河流作为一种"交通工具"是没有未来的。然而如果新的城市将沿着泰晤士河发展，那么新的河流交通工具将会不可避免地在下一个世纪中出现。泰晤士河将再一次成为国家的主干道。

第九章

自然之河

"你好！风与雨"

泰晤士河打造自己的气候。因为与大的水体相连，这种气候当然以普遍存在的潮湿、湿气与黑暗为特色。沿泰晤士河的空气于是成为河自身的一个"维度"，装点着泰晤士河上游及伦敦的沿河街道。十九世纪时，人们对这种空气的描述是"河流湿气"——这种"湿气"距离作为河岸风光特点的"雾气"，只有一步之遥。泰晤士河有一种独特的、柔和而缠绵的雾气。

在泰晤士河上游，雾可以作为对当天天气的一种预告：如果雾气萦绕着山峰，意味着当天会下雨；如果雾气在山脚下，则意味着当天不会下雨。白马山谷的雾被人们称作"白色奥斯的浆果"——或是"烟"。山谷里的雾也被认为与夏季雷暴天气的多发有关。低地地区有名的"露水池塘"，每天晚上被夏季的雾气所补充，被认为永远都不会干枯。附近的一位自然主义者在《泰晤士河的自然主义者》(*The Naturalist on the Thames*，1902) 一书中，记载了在附近海拔较高的丘陵地带，夏季浓雾是非常普遍的——这些雾"湿度非常高，一个人如果在早上 4 点到山上去的话，可能会发现衣服都会湿透。每一棵树都在滴水"。就好像是泰晤士河暂时"占领"了这里。在夏季最干或最热的时候，泰晤士河散发的水蒸气飘浮在田野与草地上，包裹与滋润着那里的一切事物，于是天气就会变得非常闷热或是潮湿。然而晚秋和冬季泰晤士河所散发出来的湿润迷雾，被十九世纪晚期的游客认为"具有危险性"：它们能够引发"寒颤"或"疟疾"，在极端情况下可能会致命。在隆冬季节，这些浓雾可能冻得人身体发僵，这对没有留意的游客来说，是一种真正的危险。

[222]

各种雾气从一开始就有记载。塔西佗在他有关恺撒入侵的记载中提到了它们。在随后的全部岁月中，人们都将它们作为河流的"天然伴随物"进行了描述。很多位于河附近的地区——譬如威斯敏斯特和兰贝斯——都是建在湿地上的，这里所散发的湿气与雾气，比伦敦山地更为明显。威斯敏斯特的雾气一度非常出名。在某些冬天，伦敦河边的树可以从周围人气中"蒸馏出"一个个小水湾。河口区的雾气尤其浓重。1807年，一位去埃塞克斯的旅人对躲在那里的"浓重而恶臭的雾气"进行了抱怨。但那些是来自自然的雾气，来自沼泽地与湿地，而不是来自工业与垃圾。

十九和二十世纪时，这些雾气却确实变成了阴沉如地狱的浓雾。十九世纪末，伦敦港常被浓雾笼罩这一点已经非常有名，浓雾吞没了船坞和码头，让水上交通模糊难辨，河流所发出的声音也变得沉闷起来。汽笛、铃声及各种声音，在某种程度上都消失在浓雾所制造的"广大无边"之中。有很多行人——以及马和马车——因为看不清道路而掉进河里。在褐色及褐绿色蒸汽的搅动下，河变得很难看得清。这是狄更斯在《荒凉山庄》（*Bleak House*）的开篇所栩栩如生描绘的浓雾：

> 到处都是浓雾。在河上游，浓雾飘浮在绿色的河中小岛和草地上；在河下游，浓雾在众多轮船及这个伟大（而肮脏）的城市的岸边污染物中席卷而过，被弄脏了。浓雾飘在埃塞克斯的沼泽地上，浓雾飘在肯特的高地上。浓雾偷偷爬进运煤的双桅横帆船的厨房里；浓雾在船帆上铺开手脚，悬浮在大船的索具上；浓雾垂在驳船及其他小船的船舷上。

这是作为"浓雾"存在的泰晤士河。它并不流动。它像雾一样漂移。它驻留在伦敦河谷就像浓雾驻留在山洞中。它由雾气组成,而河面所有的船只也都被浓雾所装点。这是十九世纪泰晤士河的真正魅影。它存在的时间比任何人所能想象得都要长。直到二十世纪六十年代,泰晤士河平均每年还是要被浓雾所封锁、覆盖及笼罩约237个小时。

有一种特殊的风穿过泰晤士河。伦敦最常见的是西风——滑铁卢桥上好像有一种永不停止的西风。然而泰晤士河上的风似乎主要是西南风——这是为什么顺流而下要快得多的原因之一。1710年,一位德国旅行者——Z·C·乌芬巴赫,注意到伦敦河面上有一股持续不断的风,把男人的假发搞得一团糟。"西南风"以其强劲及如铁一般的"寒冷"而为人所知,虽然冬季还有另一股来自东北方向的冷风。所有的一切在风中都不得安宁——灯芯草、野草、河水、天鹅,甚至是周围牧场上的奶牛。风有时可以持续很长时间——1703年11月,一场持续数日的风暴在泰晤士河上制造了一场浩劫,一些船从河面上被吹走,乱七八糟地堆在沙德维尔和莱姆豪斯之间的某处——其余的都被吹上了岸。有500只平底货船不见了——一些沉到了河底,一些彼此撞成了碎片;有60只驳船被毁掉了,还有60只沉没了。没办法估计在河上折损的生命,但约有1.8万人死于船上。据估计,一场夏季风暴所发出的能量相当于一枚110千吨当量的原子弹,而它在河面上所造成的影响还要翻倍。

风雨相随。当水落入水中,有一种特殊的抚慰效果。观看雨落在河上,就像观看大火中的火苗——这是观察一种力量与其"自身"相融合的愉悦感,甚至在泰晤士河被人们称作"雨之暴怒"的暴雨所影响、变得汹涌动荡时也是如此。这种动荡可能还有其他原因。公元前三世纪,泰奥弗拉斯托斯(Theophrastus)[①]观察发现,"河流表面冒

[①] 泰奥弗拉斯托斯(Theophrastus,约公元前372—约前287):古希腊哲学家、自然科学家。

出大量水泡，是下大雨的征兆"。大气层气压的降低释放了水中活跃的气体。河上还有奇特的"水旋涡"现象，一位泰晤士河居民将其描述为"身材苗条的精灵们在宽广而微波荡漾的泰晤士河上翩翩起舞"。它们可能确实来自与泰晤士河有关的神话，但就本质而言，它们是出现在河流表面，由河水所形成的小旋涡。大量研究并没有找到这些小旋涡的本质与起源。

[224]

雨水对河流的补给来说很重要。泰晤士河谷每年的平均降雨量在下游的29英尺和上游的25英尺之间变化，这使得它位居英国降水量最少的地区之列。然而自然的力量是如此伟大，这一相对来说堪称"匮乏"的降雨量，平均每天能制造43.5亿加仑的巨大水量。这些降雨中，有一半被蒸发或是被植物吸收了，其余作为"落雨残余"或是"自然流水"汇入河中。

雨是导致洪水突然出现的原因之一，虽然人们应该留意到来自东方或西北方的雨，不像来自南方或西南方的雨那样容易导致洪水。洪水是泰晤士河永远要面对的状况。泰晤士河第一次有记载的洪水是在公元9年——虽然还有无数的洪水与河水泛滥在我们祖先有记载的历史中无法找到。随后在公元38年的一场大洪水中，死亡人数被认为在一万人左右。公元50年记载了另一场洪水泛滥。考古学家发现在公元360年左右，伦敦及其周围地区的人类活动减少了。有证据显示，这10年中人类活动衰减是大量洪水频繁爆发的结果。

这是一个涨潮与不涨潮的泰晤士河段都不断被侵袭的故事。1332年，塔普洛完全被洪水摧毁了；1768年，雷丁那里的河水在半小时之内就升高了2英尺；1774年，亨利镇的桥被洪水冲走了；1821年，泰晤士河旁边的道路因洪水变得无法通行；1841年，伊顿的商业大街被淹在水里了；1852年和1874年的大洪水都发生在11月17日。泰晤士河非涨潮河段发生的最大一次洪水是在1894年，当时在不到一个月的时间里，集中了年降水量的1/3。正如我们所看到的，泰晤士河容纳不了那么多的水，因此多出来的水会到处乱流，并且在所到之处制造灾难与混乱。1947 年，彻特西以下的河水宽达 3 英里，梅登黑德被淹没在水下 6 英尺 (1.8 米)。事实上，梅登黑德周围地区一直都很容易受到洪水影响；为减轻这种影响，本世纪初人们在那里修了一条运河。

发生洪水的时候，人们希望泰晤士河能够逐渐接纳这些洪水，而不是像古老的格言所说的那样，"落得快，升得也快"。过去，冬天的洪水并不会产生重大影响，除非它波及犁好的田地及近河的村舍。在泰晤士河上游的平地或沼泽地区，冬季里当地居民可能会被困住好几个月这样的情况，并非闻所未闻——这就是为什么上游地区的住宅往往都是用坚墙厚石建造的。现在，新住宅在地势平坦地区大量建造以及人们对在河边拥有一套房产的向往，已经使得数千个家庭置身于危险之中。在农耕地区，夏季的洪水也会给位于低地的草地和庄稼带来巨大损害。

令人好奇的是，洪水的发生好像永远都是出人意料的。洪水会被人们遗忘，直到再一次发生。现在大家有一种奇怪的假设，认为泰晤士大坝 (the Thames Barrier) 将会在某种程度上防止河水继续造成侵害。除了大坝下游的河段及河口区的数英里地区没办法受到大坝保护这一明显事实之外，大坝对泰晤士河非潮汐河段的洪水也并不具有防护效果——而该河段眼下与历史上任何一个时期同样容易受到洪水袭击。2003 年年初，该河段有 550 座房屋被洪水淹没；梅普尔德汉姆水闸 (Mapledurham Lock) 的水位仅比 1947 年发生灾难性大洪水时低 12 英寸。

让我们试想一下，特丁顿堰坝 (Teddington Weir) 平均每天的流水量为 4500 加仑，每年有一两次可以达到日流水量 55 亿加仑——这被认为是"满岸"状态或是处于洪水暴发的边缘。1947 年洪水暴发时，特丁顿堰坝的日流水量急升到 135.72 亿加仑；1968 年，日均流水量达到 11404 加仑；1988 年，为 7650 加仑。这些巨大的水量代表了泰晤士河所拥有的力量及潜在的破坏力。

[225]

然而最恶劣的洪水还是发生在涨潮河段。在那里，极端天气状况与潮水的突涨可以联合起来形成巨大的水墙。1090年，伦敦桥被骚动的泰晤士河摧毁了；9年后，《盎格鲁－撒克逊编年史》记载道："圣马丁节当天，海浪涨得如此之高、造成如此大的损害，在人们的记忆中，前所未有。"这场发生在1099年的洪水，有另外一个意料之外的后果：古德温伯爵（Earl Goodwin）的一处房产被决堤的泰晤士河水淹没，此后再也没能恢复干燥——那里变成了一处沙丘，被称作"古德温沙丘"，现在还是渔夫和水手所担心的地方。1236年的洪水规模是如此之大，据斯托所说，沃利奇"完全变成了一片汪洋"，平底货船被冲到了威斯敏斯特大厅中央。马修·帕里斯（Matthew Parris）[①]记载道，这场洪水"将轮船通通从港口处冲走，船与锚分离，淹死了很多人，毁了大批牛羊，将树连根拔掉，房屋被掀翻，海滩都消失不见了"。巧的是，这场洪水发生在11月2日，也是圣马丁节当天，跟137年前发生的那次洪水一样。1242年，泰晤士河在兰贝斯那里漫堤，洪水淹没了周围6英里地区；1251年，泰晤士河卷起的浪潮比往年要高6英尺（1.8米）；1294年，为防范洪水，河岸被增高了4英尺（1.2米）——"考虑到大海的怒涛"；1313年，爱德华二世在一项法令中宣布，"在那些地区，海洋的狂暴比以往更凶猛了"；1324年，圣凯瑟琳教堂和沙德维尔之间的10万英亩土地，被淹没在水下。

每个世纪都有导致灾难的"怪潮"发生。1641年2月4日，据当时一个小册子记载，"在一个半小时之内，伦敦桥那里发生了两波巨浪，后一道浪来得非常凶猛和声势巨大"，甚至连水手都"感到害怕"。在这两道反常的巨浪之间，泰晤士河有一个半小时停止了移动，看起来就好像"睡着了，或者是死了"；然后第二道浪开始"以一种愤怒的姿态翻滚、咆哮和冒泡，令所有目睹这一切的人都感到恐

[①] 马修·帕里斯（Matthew Parris，约1200—1259）：圣阿尔本修道院的一位僧侣，英国十三世纪历史写作的重要人物。

惧"；这是"一种奇观——连最年长的人也从未看过或听说过这样的事"。然而这个记载稍微有点夸张，因为 18 年前——1623 年 1 月 19 日——就有一次，在 5 个小时内接连发生了三波巨浪。1663 年 12 月 7 日，佩皮斯在其日记中写道："昨晚泰晤士河发生了一次英格兰所能记得的最大潮水，怀特霍尔全部被淹了。"沿泰晤士河曾有一道著名的"缺口"，就在达格纳姆村附近，这道口子是在 1707 年被撕开的，有 100 英尺（30 米）长，曾经有长达 7 年的时间就那样敞开着。1716 年 9 月 14 日，一股巨大而持久的风阻止了洪潮抵达目的地，泰晤士河水变得非常浅，据斯特莱普（Strype）[①]对斯托的《伦敦与威斯敏斯特调查》（Survey of London and Westminster，1720）的修订记载，"数千人步行过河，既在桥上也在桥下"。

1762 年，泰晤士河的河水涨得如此之高，"人们不记得还有同样的事发生过"。在不到 5 个小时的时间里，河水涨了 12 英尺（3.6 米），很多人被淹死在城市的主干道上。十九世纪有 6 次大洪水——1809、1823、1849、1852、1877 和 1894 年——导致了生命与财产的巨大损失。当时住在河边的人最熟悉的喊声是："洪水来了！"1881 年，巨浪在威斯敏斯特那里达到了 17 英尺 6 英寸，据《泰晤士报》（The Times）报道，"人们看到了最令人心碎的景象"。

1927 年 12 月，潮水达到 17 英尺 3 英寸的高度，然而转年就高涨到 18 英尺 3 英寸。米尔班克那里的河岸被冲毁了，淹死了 14 个人。1928 年 1 月 6 日，来自北海（North Sea）的风暴所导致的巨浪，让泰晤士河水的高度达到了最高纪录。泰晤士堤坝的防护墙在汉默史密斯和米尔班克那里豁开了，有 14 个人被淹死在威斯敏斯特的地下室里。另一次大洪水发生在 1947 年 3 月。泰晤士河大多数水闸的两个高水位记录，都来自 1894 年和 1947 年的洪水。

所有灾难中破坏力最大的一次，发生在 1953 年 1 月 31 日夜里，

[①] 约翰·斯特莱普（John Strype，1643—1737）：英国僧侣，历史学家，传记作家。

来自北海的大潮淹没了泰晤士河口。那是一个寒冷的夜晚，狂风咆哮，凌晨 2 点钟时，一个巨大的"水壁"形成了，并且稳步向前推进。据报道，有三百多人死亡，2.4 万处住宅被摧毁，16 万英亩的田地被淹，12 座煤气罐和 2 座供电厂被洪水毁坏；坎维岛被淹，很多岛民撤退了，但还是有 83 人失去了生命。这是自"二战"以来最大的一次灾难。如果堤岸没有被摧毁、河水没有溢出到埃塞克斯和肯特的农田，灾难就会抵达伦敦，导致不可想象的严重后果。

[228]

这样高的潮水与水位所带来的威胁，意味着泰晤士河对伦敦的危险也在增加。伦敦有 60 平方英里（155 平方公里）左右的土地位于高潮位线以下；在高潮位线时，城市的某些部分可能会被淹没在 10 英尺（3 米）深的水下。如此大的水量若冲进地铁系统，伦敦的交通将会瘫痪很长时间，生命丧失的可能性也非常大。

泰晤士大坝法案（*The Thames Barrier Act*）于 1972 年通过，泰晤士泄洪大坝约 11 年后完工。大家预计大坝每年会被关闭三次，以降低不利天气的影响，但 2001 年的前 4 个月，就有 14 次需要关闭；2003 年的头一个月，大坝被关闭 18 次，以缓和潮汐的影响。当时大坝被拉起以免受接连而来的 14 次潮汐的侵害——这是对泰晤士河能够变得多么危险以及具有破坏性的确切证明。

大坝每秒钟能挡住 5 万吨的流水，但这对未来的泰晤士河来说，并不足够。人们认为就实际效果来说，泰晤士大坝到 2030 年左右就会变成冗余——或是变得不够用：潮汐每 100 年的高度约增加 2 英尺（0.6 米）；随着冰川融化，伦敦自身也在以每 100 年 8 英寸的速度沉入海底——很快就会需要新的、更精巧的防洪设施。已有计划提出，从肯特郡的希尔内斯（Sheerness）到绍森德，建一个 10 英里长的堤坝，在堤坝上修建大量闸门，以保证对潮水的有效控制。

还有另外一种特殊天气状况，对泰晤士河的生活与本性也造成了重大影响。泰晤士河过去有一种底部结冰而上面的水依然在流的脾气。水手们称底部的冰为"冰糕"——这种冰像蛋糕一样，常常带

《泰晤士大坝法案》(*The Thames Barrier Act*)于1972年通过,水闸本身直到11年后才完成。然而水闸虽然巨大,仍然不够用。泰晤士河水正在越涨越高,很快就需要建一个新的水闸来拦住它。

着碎石和石头升上河面。在河上开始建桥以前,在天气非常冷的时候,河面会完全结冰,这对周围居民来说,意味着"欢庆",而非"奇观"——此时泰晤士河会变成人们称作"霜冻节"的各种娱乐活动与售卖五花八门商品的大本营。据记载,第一个这样的节日在公元695年举行,人们在冰上搭起货摊,建起了市场。在七世纪和十七世纪之间,泰晤士河分别发生了11次霜冻,最严重的一次是1434、1435年间的冬天。从11月24日到2月10日,泰晤士河被冻住了,行人可以从伦敦桥出发,在河上步行到离格雷夫森德1英里的地方。据霍林斯赫德记载,1565年,"一些人在河上踢球,就像在平地上一样大胆,每天在泰晤士河面上的不同地方竖起球门,变化着射门方式"。1683年,一位不知名的小册子的作者谈到冰冻的河流上所建起的"前所未有的公共集会场所"——一排排的帐篷、货摊和商店,冰上滑行着雪橇、大篷车、马车和货车,在临时搭建的竞技场中,人群在为"狗咬

[229]

牛"和"狗咬熊"的比赛加油叫好；咖啡、麦芽酒、白兰地和红酒与煎好、煮好和烤好的肉食一起出售。河上有甜点师、厨师、肉贩、理发师和妓女，有卖报纸的报贩、卖水果的货郎和卖牡蛎的渔妇；还有"几起奸情、私通、欺骗与戏弄"，好人被抢而坏人得利。出租马车生意兴隆，6匹马拉的马车沿着从怀特霍尔到伦敦桥之间的这条白色通道行驶；冰上甚至还有猎狐活动。这是建在18英寸（20.3厘米）厚的冰上的一座"小城"，被认为是第二个"巴瑟罗缪节"（Bartholomew's Fair）①，人们称其为"冰土节"或"毛毯节"，所卖的肉食被称作"拉普兰羊肉"②，有人作诗来纪念这一奇观：

  看一看眼下的奇观，
  一条著名的河变成了一个大舞台：
  不要质疑我所要说的话，
  泰晤士河既是游园会也是市场。

  河水变成了土地，洪水变成了道路。人们可以看到鱼悬在水中。这一人们尚不太习惯的"自由"所带来的快乐感受——在水上行走确实是一件不可思议的事；能够步行穿过宽广的泰晤士河，这一事实本身就值得庆祝。泰晤士河本身所固有的全部特点——平等主义精神及在这种平等主义中所显示的特权——在这里达到了一种极致。

  然而这种快乐并不是每个伦敦人都能享有的。那些依靠河流为生的人，只能保持最低的生活欲望。渔夫们特别沮丧，水手们倒好像开始利用这一情况，向来游园的人收费。在码头和船坞工作的劳动大军，也都失去了工作；因为他们和家人买不起在冰上烹饪的各种肉

---

① 巴瑟罗缪节（Bartholomew's Fair）：伦敦夏季法定节日之一，从1133年到1855年每年夏天在金融城外的西史密斯菲尔德举行，吸引了各个阶层的人。
② 拉普兰（Lapland）：斯堪的纳维亚半岛最北端地区。

食，他们也没有了食物。煤炭对穷人来说也是太宝贵了，享受不起。很多人饥寒交迫而死。

1715—1716年的冬天，又一场冰雪将泰晤士河冻住了，一座用帆布搭成的"城市"，很快出现在冰冻的河面上。据1月14日的《道克斯新闻通讯》(Dawkes' News Letter)报道，一家"名厨开的商店在河面上开业了"，"绅士们就像去其他地方一样，经常到那里用餐"。4位年轻人决定沿着河中间一直往前走，不使用迄今为止标出的任何路线。《伦敦邮报》(London Post)对这一事件有着这样的记载："他们还是大胆地向前走了，从那以后，再没有人听说过他们的消息。"不清楚寒冷的天气及河流，是否已夺走了这几位年轻人的性命。

事实上，从1620到1814年之间，泰晤士河分别有过23次冰封事件。但积雪融化也会来得很突然。冰在几个小时之内就会破裂。当大量的冰破裂融化时，它们顺河而下，摧毁沿途船只，对阻止其流向的桥梁造成严重破坏。一些不走运的人，只好趴在那些冲向下游的浮冰上，其他人则跳到仍然冻在冰中的驳船上。

1814年的霜冻节，人们在冰上标出了一条被称作"城市大道"的主干道——这是最后一次举办霜冻节。1831年，伦敦桥被拆除，标志着"冰冻嘉年华"的结束。桥墩及其周围所积累的各种障碍物都被清除，这加快了潮汐与河流的日常流动——泰晤士河不会再变得"动弹不得"。沿岸所建的堤坝也加速了河流的流动。人们认为这条有着潮汐起伏的河，永远不会再结冰。

古老的树

1790年，人们在修建东印度船坞时，发现了一大片保存完好的地下森林。这些树不是分散或胡乱放的，而是以一定的顺序躺在那里。令人好奇的是，树的顶部都朝南，好像它们被来自北方的自然伟力所席卷了。其他被淹没的、最早来自上一个冰川期末期的森林，也在格雷斯、西瑟罗克和希尔内斯等地被发现。佩皮斯在1665年9月

[231]

的日记中记载，布莱克沃尔那里"在开凿一个新船坞时，往地下挖了12英尺以后，发现了泥土覆盖下的保存完好的树木，坚果树的枝杈和坚果还挂在树上"。斯通尼斯灯塔（Stoneness Lighthouse）周围的河段，因为河中的"地下森林"，被称作"树根"。在萨瑟克那里发现了成长于5000年前左右、茂密的紫杉树和赤杨树。什尔奈斯的工人，必须要"烧掉"那些来自史前的树干与灌木丛，才能继续向前施工。

泰晤士河是树木之河。树木是河的每一张全景照片的一部分，是河畔风景的一个内在组成部分。它们是河的古老性，也是河的神圣性的代表。伯克郡的兰尼米德河边有一棵古老的紫杉树，被人们称作"安科维克紫杉"（Ankerwycke Yew），据估计，已有两千多年的树龄；1826年，当乔治·斯图拉特（George Strutt）[①]为其《不列颠尼卡之树》（Sylva Britannica）一书进行勘测时，所量得的树的直径是超过27英尺（8米），现在树的直径是31英尺（9.4米）。伊夫雷教堂旁边的紫杉树，据说比这座罗马建筑物本身还要古老，大约种植于公元700年左右，当时河边同一个位置上可能还有一座撒克逊人的教堂。库克姆的圣三一教堂（Holy Trinity Church）的北边也有一棵古紫杉树。塔普洛那处位于河边的墓葬岗的顶端，有一棵直径为29英尺（8.8米）的紫杉树，可能是撒克逊士兵为纪念埋在这里的国王而种下的。温莎那里的一些橡树，被认为有1000年的树龄。

相对于河的标准来说，这些树当然算不上古老，但任何走进过原始森林的人，都会知道树的力量。这是为什么这些树与泰晤士河是不可分开的。克里维登河段（Cliveden Reach）那些随波浪翻滚涌现的木头，是一度覆盖了河岸大部分地区的原始森林的后代。生物分析已经证实，在史前时期，泰晤士河谷生长着橡树、赤杨木、山楂树、白蜡树、紫杉、柳树和很多其他树种。在萨瑟克已经发现了可以追溯到约5000年以前的赤杨木和紫杉的遗骸。

---

① 乔治·斯图拉特（George Strutt，1790—1864）：英国风景画家和版画家。

第九章｜自然之河

　　分享着河岸景观的丰富性，泰晤士河沿岸花园里种的是低垂的柳树和山毛榉、马栗树和金合欢；周围乡村的森林和杂树林里生长的是橡树、悬铃木、伦巴第白杨木和榆木。白垩山丘与悬崖被山毛榉所覆盖。被修剪过的垂柳，树梢轻盈地顶着银色的叶子，沿河岸成群聚集。松树和杉木、白蜡树和赤杨木，也都生长得十分茂盛。繁茂的榆树，似乎已做好与其沉甸甸的树叶相分离的准备。五月，山楂树将自己的花瓣洒得到处都是。那些绿色的岛屿——也被称作"河洲"或是"河心岛"（这个名字可能是从"小岛"而来）——盛产柳树、山楂树、榆树和西克莫槭树。

　　白杨木已经成为泰晤士河边最为典型的树种之一。它为周围的自然环境增添了一种仪式感——譬如在布雷（Bray）那里，同样高的白杨木站成一排，彼此间保持着同样的距离。它们在泰晤士河边生长的时期比较晚，亨利镇下面的伦巴第白杨木，可能是这种树第一次在英格兰种植，始于十八世纪中期。橡树在泰晤士河的一些河段是如此常见，以至于在十九世纪时，它们获得了"伯克郡野草"的称号。

　　然而与泰晤士河联系最紧密的树，一定是柳树。它们是古老的树种，是最古老的树之一，在化石中与蕨类植物一起出现。匍匐柳，在间冰期繁茂生长于泰晤士河谷；矮柳和纯叶柳，在更新世时期生长在泰晤士河地区；垂柳实际上是一种更晚近的品种，它来自中国——而非巴比伦，于1730年首次种于特威克纳姆的泰晤士河边。有关亚历山大·蒲伯第一个将垂柳引进泰晤士河的土壤——他将在西班牙食篮上发现的一段嫩芽插进了土里——的故事，是伪造的，然而这个故事延续了诗人与河的联系。威廉·莫里斯最受欢迎的壁纸作品之一《柳树枝》，来自于他在凯尔姆斯科特的家中对河边柳树的直接观察。

　　白柳热爱河岸，垂柳和裂柳也是——这两种树垂在河上，就好像那喀索斯（Narcissus）[①]在凝视自己水中的倒影。垂柳，尤其仿佛是代

[233]

[①] 那喀索斯（Narcissus）：意为"水仙"，是古希腊神话中极度自恋的少年，河神刻菲索斯与水泽神女利里俄珀之子。

表了河流流动及"飘拂"的形象。在《约伯书》中，这些树被称作"溪旁的柳树"；在《以赛亚书》①中，被称作"溪水旁的柳树"——它们与水有着一种尤为"亲密"的联系。一棵大柳树每天从河中汲取约1500加仑（6820升）的水，每天向空气中蒸发5000多加仑（2.28万升）的水。奥菲利亚（Ophelia）②在投河自尽之前，唱了一首有关柳树的歌："所有的人都歌唱道，一株绿柳一定是我的花环"，因此柳树与河水所带来的悲哀与死亡相连。它的枝条好像因悲伤与怜悯而低垂——据说这种树会哭。这是一种水分很多的树，但它像水一样持久。

被称作"藤柳"的柳树，过去在泰晤士的"河中岛"上种植，为人们提供柳枝或柳条——砍柳条的人会将它收割回去，用于制作捉鱼和捕鳗的陷阱，制作围栏、篮筐和各种容器——甚至用作河岸的防护。柳条在3月份被砍下来，此前一直在被称作"保护点"或是"城镇"的花坛上生长，然后被放在水沟中，当春天到来，活力增长时，它们就开始发芽开花；到了5月，它们就开始长出新的根。这时，砍柳条的人开始剥掉树皮，抽出柔韧的柳条。铁器时代，住在湖边的人在罗马人到来以前，用柳条编织篮子，没有理由怀疑河边的早期居民，也会拥有这种编篮筐的技巧。十八世纪和十九世纪早期，柳条是泰晤士河上最重要的商品之一，但这一商业活动现在已经不在该地区了。

现在仍能看出泰晤士河与树木之间那种天然的和谐：它们都流动而弯曲，都被风"所动"。紫杉树暗沉的绿色与山毛榉的明亮都在流水中得到映照，这些树从水中获得生命与湿度，然后回报以浓荫与阴凉。无法想象泰晤士河的两岸没有树的存在的样子。特纳所画的任何一幅有关泰晤士河的作品中——除了那些描绘河口景色的——都有树的存在。树木常常为特纳有关河岸的构图提供活力与焦点，以明亮的

---

① 以赛亚（Isaiah）：公元前八世纪的希伯来先知，《圣经》中的"以赛亚书"就是以其命名的。
② 奥菲利亚（Ophelia）：莎士比亚悲剧名作《哈姆雷特》中的女主角，哈姆雷特王子的恋人，因父亲被哈姆雷特误杀而投河自尽。

大片浓荫倒映在水中；从浅色的白蜡树到深色的橡树，它们的枝条被不同的绿色所覆盖。白杨木和柳树的叶子朝上的一面是绿色的，背面是发白的，这使得特纳的画色彩表面都闪着一种"微光"。他的画作有时也通过光线及色彩的变幻，制造出一种令人愉快的斑驳感。在他所画的草图中，树的流动与神态通过其手下的铅笔或钢笔得以再现；树干、树枝和树叶，都有一种精致的流动线条——就好像它们在与河流一起流动。用罗斯金的话来说，特纳理解泰晤士河及其周围景色的"语言"。树成了泰晤士河的主导"灵魂"，是宛如士兵一样站在河岸的守卫者。

河畔的树荫似乎有一种特殊的凉爽与"隐居"的气质，就好像它们既是泰晤士河的"圣殿"，也是其"守卫者"。它们加深了河流自身所具有的那种遥远而与世隔绝的气氛。雪莱——另一位泰晤士河诗人——尤为赞颂河畔树木的粗壮枝桠下所隐藏着的巨大静谧和"与世隔绝"。在他写于马洛的一首有关泰晤士河的诗中——《伊斯兰人的反抗》(*The Revolt of Islam*，1818)——他描写了那些神圣的场所：

……在树木构成的凉亭处
互相交织的枝丫交错、相遇。

罗伯特·布里奇斯(Robert Bridges)[①]在一首以"在泰晤士河边有一座山"开头的诗(1890)中，也描写在河畔：

笔直的树木到处都是，
它们浓重的树冠互相交织，

---

① 罗伯特·布里奇斯(Robert Bridges，1844—1930)：1913—1930年间英国"桂冠诗人"。医生出身，生命后期才获得文学声誉，其诗歌反映了虔诚的基督教信仰，是很多著名赞美诗的作者。

> 下坠的枝丫将美好的叶子
> 垂在泰晤士河流水潺潺的脸颊上

这里所表达的是一种"朦胧"的隐退,在那里,树木与河水是和谐的,从而打造了一块和平而安静的"飞地"。它可以是一个秘密所在,也可以是一个与世隔绝的地方,还可以代表着一种"逃避"。对一些人来说,树木与河水的出现,可以引发一种对人类世界"入侵"以前,那些更早的、已被遗忘的世界的感觉,一种永远无法被真正找回的乡村与原始状态。

对泰晤士河的远古居民来说,树与水同样神圣。一份早期的基督教文本宣称:"没有人应该到树或井那里……或者其他任何地方——除了上帝的教堂以外——在那里发誓或解除誓言。"离泰晤士河很近的里士满公园中的"泼妇白蜡树",是女巫被审判的地方,但它也因自身所具有的治疗效果而受人尊敬——至少直到十九世纪中期,有的母亲还会带着生病的婴儿在日出之前来到这棵树下,在它的树枝下等待,直到太阳升起。

泰晤士河边还有具有宗教意义的树林存在。肯布尔的教堂旁边曾经有过一个小树林,在早期盎格鲁-撒克逊的文书中被提到,被认为是进行活人献祭的地方。周围地区的交叉路口,过去曾放着一个古老的十字架——也许是清除这种远古仪式影响的一种方式。现在还有些树林的名字叫"霍凯特"(Hockett)"福尔特尼斯森林"(Fultness Wood)"尹柯堂森林"(Inkydown Wood)。位于库克姆溪谷(Cookham Dene)河边的采石场森林(Quarry Wood),是肯尼斯·格雷厄姆的《柳林风声》中"野树林"的原型——甚至书的名字也暗示了作者的灵感来自于古老树林所发出的声响。在格雷厄姆的故事中,这片森林过去曾是一座伟大城市的所在地,建造者认为它会永远存在,然而它却倒塌了,被风雨慢慢消磨,直到其全部踪迹都被森林里的树木、荆棘和蕨类所淹没。就像泰晤士河一样,森林抹掉了人类存在的痕迹。

在泰晤士河上游的多切斯特，人称"威腾汉姆树林"（the Wittenham Clumps）的树丛之中，竖着一根被人们称作"诗歌树"的山毛榉的树干。1844年，有人在树皮上刻了一首诗，将近两个世纪以后，诗已经变得无法辨认了。这首诗歌颂了河畔风光的古老及人类居民的消失：

[236]

> 这就是时间的历程，
> 命运及可怕的死亡为尘世的伟大所带来的毁坏。

这可能并不是多么出色的诗歌，但它已经成为英国文学，也是泰晤士河风光的一部分。诗中的诗句相当于古代萨满教巫医为分享树的神圣而在树皮上刻下的记号。

有些树对住在河畔的数代居民来说都是地标，它们的名字与地址被保留在像九榆、梨树码头（Pear Tree Wharf）、沙果树船坞（Crab Tree Dock）、果园台阶（Orchard Stairs）、柳树码头（Willow Wharf）和樱桃园码头（Cherry Garden Pier）这样的地名之中。有几座河畔村庄的名字也来自于那里的树，譬如，"班普顿"在撒克逊语中的意思是"树围栏"。令人好奇的是，直到二十世纪早期，它仍被人们称作"树镇"（tree town）——这说明即使语言发生了很大的变化，古老的"联系"仍然还被保留着。过去在特丁顿的河边有一株老榆树，人们称其为"独树"，就伫立在河向城里流去的拐弯处的高岗上。在莱奇莱德下游的泰晤士河南岸，一处高岗上有一片高高的树林，被人们称作"法灵登蠢货"（Faringdon Folly），据说国王阿尔弗雷德就死在这里。

它们成为地标是因为人们认为这些树永远不会衰败，其生命就像泰晤士河一样长。但这在某种程度上只是一种想象。"古树被毁"一直都是有关泰晤士河的文学创作中人们抱怨的对象，好像所有的自然生命都因为古树的突然倒下而被冒犯了。杰拉德·曼利·霍普金斯（Gerard Manley Hopkins）[①]最著名的诗作之一——《宾赛白杨木》（Binsey Poplars）表达了这一主题：

> 我亲爱的白杨木，它通风的笼子平静下来，
> 平静或是在离开西斜的太阳中接受淬炼，
> 所有掉落的，掉落的，都掉落了，
> 即使是新生的；顺着折好的队列
> 谁也不能幸免，没有人
> 戏弄一个穿着凉鞋的阴影，
> 游动或沉没
> 在草地、河边以及清风徐徐、野草萋萋的河岸。

[237]

这些是牛津上游河岸的树，这些再一次被诗人将其与"退隐"和"浓荫"相连的树，倒于1879年。

"追随万物，天鹅死于夏日"

[238] 天鹅是属于泰晤士河的鸟类。它们也生活在很多其他地方，在像新西兰和哈萨克斯坦那样遥远的地方也可以看到天鹅，但它们的真正领地一定是泰晤士河。它们在这里被歌颂与纪念了数百年。"沉默的天鹅"这一形象，在弥尔顿、华兹华斯、布朗宁（Browning）和济慈笔下都曾经描绘过。这是以两种形式漂浮着的"天鹅"——天鹅及其倒影，它们一起构成了泰晤士河的梦幻之歌。天鹅弓形的长脖子是力量与超拔不群的象征。在泰晤士河上滑行时，永远有一种"威严"的感觉环绕在天鹅周围。对天鹅最有名的赞歌，一定要数埃德蒙·斯宾塞的《祝婚曲》（*Prothalamion*，1596），其中有这样的副歌："甜蜜的

---

① 杰勒德·曼雷·霍普金斯（Gerard Manley Hopkins，1844—1889）：英国诗人，耶稣会神父，其诗歌创作在死后享有盛名，自然与宗教是其创作的两大主题。

泰晤士河！轻轻流吧，直到我停止我的天鹅之歌。"在诗中，天鹅从当时还很优美的一条支流向泰晤士河游去：

> 就那样，我看到两只优美的天鹅，
> 沿着里河轻柔地游过来；
> 我从未见过比这更美的两只鸟：
> 洒满品都斯山顶（Pindus）①的雪，
> 也不会比这更白……
> 它们是如此洁白，
> 甚至承载它们的温柔的河水，
> 对它们来说似乎也不够美好，
> 它们祈祷它不要打湿自己绸缎般的羽毛，
> 以免自己美好的羽毛
> 被不那么美好的河水
> 弄脏。

在这里，天鹅是"纯洁"与"无辜"的象征，这与泰晤士河在古代作为"洗礼与清洁的力量"的古老概念很相配。斯宾塞的这一描写并不完全是出于诗意，这一点在更早的、1496年威尼斯驻伦敦大使馆的秘书所写的一份报告中得到了证实："看见一千或两千只驯服的天鹅出现在泰晤士河上——就像我和大人所看见的——是一件真正美丽的事。"

事实上，天鹅并不真的"温顺"，然而它们也不能被称作"狂野"。它们有时可能非常凶恶，尤其在保护自己的窝或领地时，但有关它们可以用翅膀折断一个人的手臂的流行说法是没有根据的。实际上，它

---

① 品都斯山（Pindus）：位于希腊北部和阿尔巴尼亚南部，长约160公里，最高峰为2637米。

们可以被往它们身上"洒水"这样一个小动作吓跑,好像水并不真正是它们生活的一部分一样。

它们的庄严仪表可能来自于——通过某种神秘的"联接"——人们以法令的形式将其宣布为"王室之鸟"这一事实。1295年以前,英国的最高统治者就已经任命了一位"天鹅主管"——或称"皇家天鹅管理人",其职务是保护及管理泰晤士河上的天鹅。他的责任包括将每一只天鹅都记录在册,因此有了每年7月第三个星期举行的、至今仍在庆祝的"数天鹅"节——或称"天鹅普查"。这一节日可能算得上是泰晤士河最古老的仪式之一。事实上,属于王室的天鹅并没有被做上记号,被标记的是属于染工行会(the Dyers')和酒商行会(the Vintners')的天鹅;这两个行会受一位异常慷慨的君主赐予,有拥有天鹅的特权。酒商行会在天鹅身上做的记号是两块"斑点",鸟嘴一侧一个,这解释了一度很流行的酒馆招牌"双脖天鹅"或是"双斑天鹅"的来由。

在伊丽莎白女王时代,天鹅的数量达到了威廉·哈里森在《不列颠述要》中所描述的——"每天在河上可以看到的数不清的天鹅"。当时有不少于900个机构或个人,各拥有一定数量的天鹅,其中大部分天鹅被用于烹饪。就像乔叟在《坎特伯雷故事集》(*The Canterbury Tales*)的总序中所写的:"在所有的烤肉中,他最喜欢的是烤肥天鹅。"它们现在很少被食用——英国人餐桌上的火鸡已取代了天鹅作为"美食"的地位——现在,它们被人们珍惜而非被吞食。在亨利镇附近的莱蒙汉姆(Remenham),当地教区长的花园中,有一座简陋的坟墓上刻着如下碑文:

> 挚爱追忆
> 逝于1956年4月26日
> 克劳迪恩
> 一只天鹅

一群天鹅在英语中被称作"一队"天鹅。从它们第一次出现在泰晤士河上，它们就被各种规定与惯例所包围。其中一个关于天鹅来源的故事是说，它们是理查一世在定期往返圣地①的旅程中，从塞浦路斯（Cyprus）带回来的。最早的时候，只有财产相当于5马克的人，才被允许拥有一只天鹅。对偷天鹅的人有一种奇怪的惩罚：被偷走的鸟，把喙扎起来吊在房子中间，"偷天鹅的人要付给天鹅主人足以覆盖这只天鹅那样多的谷物作为赔偿。"

它们在泰晤士河的小岛上做窝，但令人好奇的是，它们并不一定追求"退隐"。它们好像很清楚自己在河上所享有的特权。已经多次证实，天鹅总是能在任何洪水到来之前，将自己的窝挪到入侵水流的高度之上。它们有很强的领地感，会以最凶猛的举动保护自己的领地。人们一度传说它们可以活上300年，但在当下更为讲求实际的年代，其寿命经过计算，已经减少为30年。

有一则令人好奇的关于天鹅的故事——它一定是传说，而非史实。一位名叫尤利西斯·奥卓万德斯（Ulysses Aldrovandus）的意大利人，在十六世纪时写道："在英格兰，没有比听到天鹅唱歌更平常的事了……每一只从遥远国度返回的船队，都受到天鹅的迎接。它们欢迎他们回来，用响亮而愉快的歌唱，向他们表示欢迎。"这是一个美丽的故事，但好像并不符合天鹅通常的习性。

然而随后又有了约翰·迪肯森在《爱丽丝巴斯与沉睡中的尤弗伊斯》中的描述，他描写"可爱的泰晤士河"，是"众多天鹅的快乐家园——这些阿波罗的、会唱歌的鸟儿们，它们歌颂奇迹，用各种不同的声音——甜蜜、愉悦、热情、高昂、可爱——歌唱欢乐……"这里所描写的有可能是大天鹅，或者更有可能的是比威克天鹅吗？疣鼻天鹅飞行时，翅膀一齐拍打所形成的响声是非常惊人的。

---

① 指耶路撒冷。

在文学中，天鹅也代表着裸体女人的形象；裸女在河中沐浴因此也成为泰晤士河最基本的代表形象之一——以人们对河流女神的崇拜为基础。对炼金师来说，天鹅是水银的象征。因此天鹅与变动的元素及复合物相关——譬如河里的水。

天鹅也与光线、与光线的属性相连。它们增添了河面上那种独特的冷光的魅力，正像罗斯金所说的，"如果读者想要完美体会那种发光表面的可爱之处，让他近距离观察日落前五分钟一只翅膀完全张开的天鹅"。在"发光表面的可爱之处"这句短语中，罗斯金道出了泰晤士河自身光辉灿烂的瞬间魅力，因此真的可以说——天鹅是河流存在的一部分。

有其他鸟类加入大鹅的队伍——虽然天鹅好像倾向于忽视这些鸟。在多切斯特地区，人们发现并记录了200种不同的鸟类。十六世纪时，英格兰被称作是"鸣鸟家园"，但这一称号可能用在泰晤士河身上更合适。譬如说，这里有大量的莎草莺，还有不那么常见的芦苇莺。十八世纪晚期，伦敦桥旁边的道路几乎被数千只死椋鸟的尸体堵住了——这些鸟多年来将伦敦桥当作了自己的家。十九世纪时，食腐肉的乌鸦是泰晤士河上最常见的鸟类，它们成群占领了牛津郡和伯克郡的河岸。这里有一件值得注意的事实：属于大海的鸟儿并不唱歌，属于河流的鸟儿才唱歌；这也许是因为它们在模仿河水流动的声音，也许是因为它们在对着河流歌唱。海鸥并不对着大海歌唱。

当然也有谦卑的——或者说是常见的——鸭子，也被称作"绿头鸭"。就像伦敦的麻雀一样，它们好像是当地景观不可分割的一部分。这里还有绿头鸭的亚种，譬如说艾尔斯伯里鸭（Aylesbury Duck）、鲁昂鸭（Rouen Duck）、绒毛鸭（the Tufted Duck）、拉布拉多鸭（the Labrador）——或者也称"加拿大鸭"（Canadian Duck）。但也有其他品种的鸭加入了这支队伍。满洲里鸭（Mandarin ducks）从被关押的地方逃了出来，现在沿河就可以看到它们。泰晤士河是群鸭之河，这些鸭子喧嚣吵闹、精力充沛而脾气易变。它们仿佛是泰晤士河的孩子。

二十世纪早期,人们相信这些鸭子处于泰晤士河河畔那些人家孩子的特殊保护之下。

还有一些更具有异国情调的鸟类。近几年来,人们在泰晤士岸边看到成群的绿鹦鹉——尤其在基尤花园和特丁顿那里,但它们来自何处还不为人知。人们曾在斯万斯孔布角(Swanscombe Point)附近,看到过一只羽毛光滑的朱鹭,在雷伊河谷(Lea Valley)看到过一只麻鸦。有些鸟在消失了 40 年以后,又返回了泰晤士河——受其近年来相对纯净的水质所吸引。有那么几年,沿泰晤士内河(Inner Thames)完全看不到任何鸟类——除了靠浮在水上的垃圾为食的各种鸥鸟。大约在 1960 年至 1970 年的 10 年间,河水被进行了清洁治理;之后约有 1 万只野禽和 1.2 万只鸬鹚返回了泰晤士河。到 1968 年年底,人们在沃利奇发现了成群的红头潜鸭——它们在二十世纪初就从泰晤士河上消失了。伦敦城里的泰晤士河——就像这座城市一样——有能力进行自我更新,重现活力。既然泰晤士河里又有了可吃的食物,吃鱼的鸬鹚也回到了这里。让红风筝重返奇尔特恩的活动也很成功,现在风筝们又重新飘荡在亨利镇的上空。

海鸥能够从大海向陆地溯游多远,是一个有争议的问题。过去有人曾说,看到天鹅和鸭子在特威克纳姆为它们让路,事实上,海鸥在彻特西和彭顿胡克这样更上游的地方也能看到。它们在逐渐向上游移动——第一次出现在伦敦的桥边是在 1891 年。它们在那一年的寒冷冬季抵达,用面包屑和一便士一盒的小鱼喂它们,很快变成伦敦人周日的一项休闲活动。现在海鸥也回来了——并且是成倍返回,向内陆飞得更远。

1658 年,一条大鲸鱼在靠近格林尼治的南岸被捉住了。这一事件在同一年被约翰·德莱顿(John Dryden)① 在《英雄的史诗,献

---

① 约翰·德莱顿(John Dryden, 1631—1700):诗人、文学评论家、翻译家、剧作家,1668 年当选为英国第一位"桂冠诗人",在王朝复辟时期的英国文学界居领袖地位。

给……护国公奥利弗①》中记载了下来：

> 首先海洋作为献礼派遣了
> 它所有海洋大军中的巨人王子

当年的报纸报道："据说是因为饥饿。约 58 英尺长，12 英尺厚。它最初在布莱克沃尔附近被发现，被水手们的叫喊声所惊吓与追赶，先是被一只渔夫的锚所打中，那是被一只大胆的手扔过去的……"在 6 月 3 日的日记中，约翰·伊夫林记载道："它最初在低潮时出现在格林尼治下游那里——潮水高的话，它会毁了所有的船——但现在只能躺在浅水里，被船只包围着；经过一段很长时间的斗争，它被人用鱼叉杀死了……在发出一声令人恐怖的叹息之后，它几乎冲到了岸边，然后就死了。"一个更易感伤的年代，见证了鲸鱼的另一次抵达。2006 年 1 月，一只来自北方的瓶鼻鲸出现在泰晤士河中，它向上一直游到切尔西，所有试着拯救它、送它重返大海的努力，都因鲸鱼受惊过度、突然死亡而功亏一篑。

泰晤士河还有其他一些具有异国情调的生物。理查一世从圣地回来时，带回一条鳄鱼，这条鳄鱼一到伦敦塔，就很快溜进了泰晤士河里。皇室豢养的熊，一度也曾被赐予到河边的权力，它们被人用锁链拴着，可以在河里捉鱼。十九世纪时，人们曾经在河岸上看到过臭猫。海豹曾在远至里士满和特威克纳姆的上游被人看见过，它们在那里的河岸上休息。一只海豚曾在议会大厦旁边的河里一跃而过。2004 年的夏天，一只海马在河口处被发现。

在猛犸象、巨熊、野猪和狼一度游荡的地方，现在生活着狐狸、

---

① 指奥利弗·克伦威尔（1599—1658），十七世纪英国资产阶级革命中，资产阶级新贵族集团的代表人物、独立派的首领。曾逼迫英国君主退位，解散国会，成立资产阶级共和国，自己出任"护国公"。

蝙蝠、水田鼠、水獭、水貂和鹿。水獭的数量正在再次增加,但河狸全都消失了——虽然威尔特郡曾经有过"河狸之乡"的美誉。然而,泰晤士河的物种在更大范围内的变化有着更深远的意义。这是一个一度宏伟壮观的河流——有时充满热带风情,有时流过冰雪平原——屈服于它眼下为人所熟知的、令人着迷的狭窄边界的故事。它曾经让人害怕并且具有征服性,现在却已经变得蜿蜒而隐蔽。

第十章

愉悦之溪

尽情畅饮

在伦敦桥的古老桥拱被拆除、酒神巴克斯（Bacchus）[1]的头像在河里被发现时，加深了人们认为泰晤士河与"欢迎"和"好客"等仪式之间有着某种联系的看法。直到近年，游船和蒸汽船还不需要遵守那些在陆地上必须遵守的有关营业执照的法律——这是为什么"醉气熏天"一直是泰晤士河的显著特点的原因。

正如格林尼治因其杜松子酒制造而出名，泰晤士河也因其麦芽制造而出名。十八世纪初，在雷丁有21家酿酒厂和104家酒馆；塔桥东边的豪斯里唐恩台阶（Horsleydown Stairs）那里，有一家"铁锚酿酒厂"（The Anchor Brewery），因其酿酒能力而出名；它过去每年能生产20万桶高浓度的"波特啤酒"。莫特莱克和亨利的酿酒厂同样广为人知。福乐斯酿酒厂（Fuller's brewery）仍然位于奇西克，它从十八世纪时就开始在那里经营。

泰晤士河上游有一种古老的饮料，由同等分量的朗姆酒和牛奶勾兑而成，被认为具有"滋补作用"。过去还有一种用泰晤士河水酿造的啤酒，被认为是高品质的啤酒；1657年一位小册子作者写道："用

---

[1] 酒神巴克斯（Bacchus）：罗马人的酒神，相当于希腊神话中的酒神狄俄尼索斯。

泰晤士河水酿造的啤酒在海外很多地方享受与葡萄酒一样的价格。"乔治·奥威尔（George Orwell）[①]在《上来透口气》(Coming Up for Air, 1939)一书中，评价说这种酒有着"像粉笔水"一样的味道。

泰晤士河与酒最明显的关联可能是大家所熟悉的河畔酒吧。它们为人所熟知是因为历史悠久。自从第一批旅行者朝河岸走去，河边——或者更准确地说，桥边——就已经开始有了喝酒的地方。毫无疑问，泰晤士河边最早开始举行仪式时就已经在使用酒精饮料，第一批朝着布里吉特和弗莱兹怀德的河边神殿进行朝圣之旅的朝圣者们，也会在附近酒馆中寻找"避难所"。对位于斯坦德雷克的契克斯酒馆（Chequers Tavern）来说，其周围地区的"神圣性"是早经证实的。正是在这里，村长会站在一个啤酒桶旁进行传道，以纪念这里曾是一个宗教场所——而那个酒桶的位置则标志着古老圣坛的所在。

萨瑟克地区的大熊酒馆，过去就位于伦敦桥脚下，在十七世纪晚期的一首诗中，该酒馆已经被称颂为"古老的"。事实上，在泰晤士河的庇护下发展起来的萨瑟克，整个地区都因小酒馆的数量与密度而闻名。譬如，海豚酒馆紧挨着大熊酒馆。十七世纪早期，托马斯·德克（Thomas Dekker）[②]对始于伦敦桥的商业大街的描述是："全都是酒馆，看不到一家商店。"

莱奇莱德的圣约翰桥（St John's Bridge）那里有一家"鲑鱼酒馆"（the Trout Inn），源自一家以前被称作"施洗约翰的头颅"（the Signe of St John Baptists Head）的酒馆，后者的前身是位于同一地点的圣约翰小修道院下属的救济院。伊登堡的那家红狮酒馆（The Red Lion），是在古堡旧址上建起来的。在乡村节日期间，一座临时的桥会在该酒馆

[①] 乔治·奥威尔（George Orwell，1903—1950）：原名埃里克·布莱尔（Eric Blair），英国小说家、散文家、记者、评论家。作品以反对极权专制与社会不平等而著称，代表作有《1984》《动物庄园》等。
[②] 托马斯·德克（Thomas Dekker，1572—1632）：英国伊丽莎白女王时期的剧作家与散文家。

与河边草地之间搭起来。这是很少有的、酒馆先于桥出现的例子之一。这个酒馆目前仍在。格雷夫森德那家目前仍在营业的"三寒鸦酒馆"（Three Daws public house），曾被从埃塞克斯过河到坎特伯雷的朝圣者们用作客栈。这个酒馆过去被称作"三只康沃尔红嘴山鸦"——红嘴山鸦是出现在坎特伯雷教区武器徽章上的鸟类。该酒馆被认为是肯特郡最古老的酒馆；在后来几个世纪中，该酒馆有了更"世俗"的用处——在河两岸忙个不停的走私者们将其用作赃物储藏室。泰晤士河上最古老的桥——莱德考特桥——被建好的那一天，桥边就开始有了一家小酒馆；这个小酒馆现在被称作"天鹅酒馆"——泰晤士河无数"天鹅"中的一只。在沃灵福德有羔羊酒馆（the Lamb），在斯特雷特利有大锤和楔子酒馆（the Beetle and Wedge），在桑宁有白赤鹿酒馆（the White Hart），在戈斯托有鲑鱼酒馆（the Trout），在奥斯蕾（Ouseley）有铃铛酒馆（the Bells），在库克姆有渡口酒馆（the Ferry

莱德考特桥（Radcot Bridge）是泰晤士河上最古老的桥——公元958年有一份撒克逊人的文书提到了它的存在。今天它被归属为泰晤士河的一条侧流。

Inn)……它们全都有着古老的由来，到现在也都还在使用。十分具有意义的一点是，它们过去全都位于人们通常使用的道路的交叉路口。酒馆也常常出现在堰坝附近——譬如"铁锚酒馆"（the Anchor Inn），就位于伊顿堰坝。现在这两者都消失不见了。伊顿堰坝在1936年被"征用"，小酒馆则被大火烧掉了；它们的命运有一种"对称性"。现在在堰坝原先所在的地方，建了一座小小的人行桥。小酒馆则只有根基还在。

很少有附近没有桥的酒馆，在一些受欢迎的地点，桥的两头都有酒馆。在纽布里奇，复活玫瑰酒馆（the Rose Revived）位于桥北岸，山楂酒馆（the Maybush）位于桥南岸。当伯克郡和牛津郡的酒馆执行不同的关门时间时，当地居民只要跨过桥，就可以不受干扰地继续喝酒。

当然泰晤士河还有另外一种提神饮料——它的水。河水一直是一种资源。中世纪时就有大家很熟悉的"背水人"的形象，他们被组织起来，成立了运水人公司；十七世纪初，有4000名这样的人，每天从事与伦敦城和水有关的交易，人们喜欢称他们为"短腿马"。与其他从事河流相关职业的人一样，他们也以"好斗"和"性格粗野"而出名。没有人阻止市民自己从河里取水喝，但有时河水有一种难喝的、发咸的味道。

1582年底，一位叫彼得·莫里斯（Peter Morice）的荷兰人，在伦敦桥最北面的桥洞那里建了一架精巧的水车——也可以称作"磨坊"，通过这个装置，他可以把河里的水抽到金融城居民的家里。霍林斯赫德的《编年史》（Chronicles，1577）记载，金融城的管理机构在莱登霍尔（Leadenhall）建了一个水泵站，"水分成四股流出，以充足的水量供附近居民使用"。这些水源"也清洁了街道上的水沟"。然而这种供水已经开始招来人们的抱怨。水是"一种伟大的商品"，但是"如果前面所提到的水可以保持不断地流动的话，会伟大得多"。

伦敦桥的泵水站，直到伦敦大火之前，一直都在使用；在大火中，它的水车车轮着火了，之后重建。十八世纪时，它的四个最靠近金融城桥洞处的车轮，每天大约可以泵 1 百万加仑（450 万升）的水。这个水站直到十九世纪还运作良好，每天负责输送 4 百万加仑（1800 万升）的水。直到旧的伦敦桥在十九世纪三十年代被拆除时，它才停止使用。当时已经有很多水务公司在争夺从泰晤士河取水的业务，包括东伦敦水务公司和西米德赛克斯水务公司。其他一些水务公司也直接从泰晤士河中取水，譬如查令十字街附近的约克水务公司。

[250]

对河水的健康性与安全性的抱怨不断，但各大公司的管理者都重复着同一种说法——这是由一些药剂师在更早的时候所提出的——因为某种原因，泰晤士的河水具有"自我洁净"的能力。刚从河里取出的时候，水很"肮脏"，但给它一些时间去沉淀，水就会变得非常清澈，"比其他任何水源所能提供的水都好"。这似乎是一种用来安慰消费者的、便利的谎言。然而人们对泰晤士河水的圣洁性好像还保留着一些残余的信仰。1805 年，一位宣扬"河水神圣"的人称，"泰晤士河的河水在木制容器里放了几个月以后，会变得腐臭……散发出难闻的气味，但即使是这个时候喝它，也从来不会致病。因此对那些不顾气味难闻，仍决心要饮用河水的人来说，河水不会致病或致害，是一件明摆着的事

FARADAY GIVING HIS CARD TO FATHER THAMES;
And we hope the Dirty Fellow will consult the learned Professor.

十九世纪初，伦敦的全部垃圾都流入泰晤士河。河水的恶臭惊人。河是传染病和流行性疾病传播的中心。

实。"这只是在制造神话——或者说,是对早期神话的重复。然而《哲学学报》(Philosophical Transactions, 1829)上也有一篇论文声称,在长途旅行中,从泰晤士河里取出的水,被其自身因不洁而产生的酵素"清洁"了。被污染的水与霍乱之间的联系,在同一世纪的晚些时候,才被建立了起来。

十九世纪初,虽然伦敦的供水有一半是来自泰晤士河,但供给仍然是断断续续的。它通过木制的管道从河里被汲取出来——金融城不同地区被分配了不同的"供水日",当天会供给水源。水流入私人住宅的地下室,余下的被泵到公共水箱里;男男女女的市民,拎着皮质水桶到那里去打水。蒸汽能源及铁铸管道的出现,从物质上为水的运输提供了帮助;但直到十九世纪最后10年,水的运输效率还是众所周知地低效。

[251] 随着排放到河里的城市垃圾和污水数量随着城市人口的增长成比例地上升,泰晤士河水的质量在十九世纪也逐步恶化了。

有一幅1827年的著名漫画,名为"人称'泰晤士河水'的怪兽汤",画着一滴透过显微镜所见的泰晤士河水,各种各样的"九头蛇、戈耳工[①]和可怕的喀迈拉[②]"在里面游动着。顾客们发现它是"淡褐色"的,在其自然状态下(或者说"不自然状态下"),非常难喝和不卫生。河水实际上是一个"杀手",正如十九世纪伦敦的各种疾病所表明的。它导致了在怀特查珀尔、沙德维尔、莱姆豪斯和其他一些地方具有传染性的常见发热症状的扩散。河水又一次复制了它所流经的城市的状况。当老伦敦桥还在时,它的桥墩充当了"屏障",或者说是"防疫线"——上游新鲜的河水与下游涨潮河段的臭气与污染,形成了鲜明对比。1855年政府宣布禁止"从特丁顿以下的泰晤士河的任何地方"

---

① 戈耳工(Gorgons):希腊神话中三个蛇发女妖,面貌丑陋可怕,任何人一见她们的面容,即化为石头。
② 喀迈拉(Chimeras):希腊神话中狮头、羊身、蛇尾的喷火妖怪。

取水以后，整个伦敦的健康状况开始有了提高。

1902年成立的大都会水务委员会（Metropolitan Water Board），创立了一个有关"清洁与高效"的管理系统，开始建造大量蓄水池，其中最有名的是1928年建成的玛丽女王蓄水池（the Queen Mary Reservoir）。它能容纳67亿加仑的水，从拉勒安姆（Laleham）那里的泰晤士河直接抽取，蓄水池的水面面积达707英亩（286公顷）——曾是世界上最大的蓄水池。1991年，泰晤士河地下环形主管道（Thames Water Tunnel Ring Main）开始修建，该管道围绕伦敦形成了一个深40米（131英尺）的圆环，从荷兰公园（Holland Park）到瑟比顿（Surbiton），分布着16个巨大的垂直井道，每天为近600万名居民——或者说"消费者"——提供平均流量为2.84亿加仑的水。这意味着每人每天约使用47加仑（213.6升）这些宝贵的物质。这些水直接取自泰晤士河。它仍然是伦敦的守护者和哺育者。

[252]

弗利特河的下水道

溯河而上

1555年，阿宾登的一位商人组织了一次到牛津的河上旅行，乘客们可以观看主教拉迪默（Latimer）[1]和里德利（Ridley）[2]在火刑柱上遭受火刑——这是泰晤士河上最早有记载的一次"赏心之旅"。十七世纪时，成人女性和女孩在"三一礼拜日"[3]之后的星期一，会划船到罗瑟海兹，她们会带着响炮和喇叭，庆祝河上领航员为大家所提供的服务。泰晤士河为人们提供了土地以外的自由，一直被认为与快乐与娱乐相连。

伦敦人口在整个十九世纪的增长，更是加快了将泰晤士河变成一条"休闲"与"运动"的河流的速度。在该世纪之初，泰晤士河的上游几乎被人们遗忘了，只有商船才会到那里；但几十年之后，泰晤士河的命运就发生了彻底的改变。1855年颁布的《泰晤士河保护法案》（The Thames Preservation Act of 1855），认识到河的这种新发展，宣布泰晤士河"很大程度上被用作公共娱乐与休闲的场所，将其作为公共休闲场所进行管理并提供资源是有利的"。如果泰晤士河对每一个人都是"免费"的，那么它所提供的安静享受也应该对所有人开放。

这一改变的发生，可追溯到相当具体的时间——在1878年和1879年之间。到十九世纪八十年代中期，泰晤士河已经变成了一个"度假"目的地，数千名通过便宜的铁路交通去亨利镇、里士满和特丁顿河段旅游的人蜂拥而至。这是划船爱好者或钓鱼爱好者可以雇一只钓鱼平底船，在自己最喜爱的河段"消磨时光"的年代。十九世纪

---

[1] 休·拉迪默（Hugh Latimer，1487—1555）：剑桥大学的学者，曾任伍斯特主教，国王爱德华六世的专职教士，1555年信奉天主教的玛丽女王掌权时，遭受火刑，成为当时牛津的三位英国国教殉难者之一。

[2] 尼古拉斯·里德利（Nicholas Ridley，约1500—1555）：伦敦与威斯敏斯特主教，因其对王位继承人简·格雷夫人（Lady Jane Grey）的教育与支持而遭受火刑，牛津的三位英国国教殉难者之一。

[3] 基督降临节之后的第一个星期日为三一节，每年五、六月间举行。

八九十年代之间的几十年,是泰晤士河在其漫长的历史中,最受人们欢迎的时期。

1888年的一个平常夏日,有6768名乘客以"往返3先令6便士"的车费,乘坐大西部铁路从伦敦到亨利镇。当时一位泰晤士河的观察者注意到,"因数百台蒸汽发动机和各种各样浮在水面的船只前进和移动而引起的水浪,使河流处于一种持续的不安与动荡之中"。河上的船包括轻巧的橡皮筏、独木舟及无所不在的"船屋"。好像每个人都想待在河上——一种前所未有的"返祖"运动。这在很大程度上一定与伦敦正在变成"世界第一"的国际大都市有关——与之相伴而来,在市民中产生了一种所谓"重返自然享受"的需要。那句"溯河而上"的短语,变成了音乐厅的歌曲演奏与画家草图的"保留曲目"。

[253]

这是平底舟比赛和宴会、河畔野餐和狂欢节的年代,有焰火表演、音乐会和各种各样的巡游活动。十九世纪九十年代在亨利镇所拍的一些照片,记录下泰晤士河上覆盖的大量船只——这条宽大的水上通衢,就好像是一条流动的、"高峰时间"的皮卡迪利大街。一只船上是两位撑阳伞的女士,一位穿海军衫的绅士正在为她们划船;另一只船上是一位抽烟斗的男人和他的狗;第三只船上是穿着划艇比赛背心和裤子的划艇选手。在干旱时期,泰晤士河仍被用作娱乐场所——1885年那个非常干旱的春夏之交,人们在特威克纳姆的泰晤士河河床上举行了棒球比赛。

当时还有规矩严格的"河上时尚"。绅士们只有穿着白色裤子、白色法兰绒衬衫、草帽和条纹法兰绒外套,才能出现在河上。维多利亚时期的女性在河上出现,晚礼服或是哔叽裙是最基本的要求;海军蓝和黑色被认为是最恰当的颜色,然后配上长长的山羊皮手套和最精致的帽子。内裤、紧身胸衣、衬裙和鲸骨裙撑等配件也建议最好是毛织品。然而有趣的是,佩戴首饰是不允许的。在船上佩戴钻石,被认为是"坏品位之首"——也许人们认为闪烁的珠宝所代表的"人工性",与在河上度过一天的"自然性"不匹配。出于同样的想法,大量的鲜花被认为是维多利亚船屋装饰的一个基本部分。1892年6月25日的《泰晤士河潮汐与时尚报》(*Thames Tide and Fashionable River Gazette*)，推荐在甲板上放三排植物并悬挂植物篮筐、窗台花箱及大花盆，以取代"昂贵的家具或值钱的古董"。舍弃"文明"的痕迹，追求鲜花装饰的"自然感"，结果一些船屋看起来就像是浮动的花园，而这正是船主想要的效果。

[254]

这种对"自然"的拥抱，不管有多强烈或有多大的理论性，正是那些热爱河流的人对蒸汽船普遍表示痛恨的一个背景。狄更斯的儿子公开抨击它们是"泰晤士河的诅咒"。杰罗姆·K·杰罗姆在《三人同舟》(*Three Men in a Boat*)中宣称："我确实讨厌蒸汽船，我猜每一位划船的人都恨它；我还从没见过一艘蒸汽船，但我感觉我愿意将它引到河上的某个偏僻角落，在那里的寂静与孤独中，掐死它。"这些新出现的船，被人们称作"河流魔鬼"和"冒烟的恶魔"，它们将大批属于下层阶级的伦敦人，带到了泰晤士河自然风光相对保持完好的地方。它们所制造的噪音受到人们的谴责——这些噪音不仅来自发动机，也来自船上的乐队和饮酒作乐的人；蒸汽船在河面上所制造的接连不断的波浪，也影响了钓鱼者，对河岸造成很大破坏。但人们不喜欢它的主要理由是十九世纪的发动机与机器进入了泰晤士河的古老风景之中——蒸汽船完全就是大都市派到"城市尚未踏足之地"的使者，它名副其实地带来了"烟雾"——伦敦的"标志"之一——这是它不受欢迎的原因。

泰晤士河沿岸所举办的节日，一度是其标志性特色。在比有历史记载更早的时期，毫无疑问，也会有为纪念守护河流与海洋的众神而举办的节日；到了现代，这些古老的仪式变成了各种各样的盛会、平底舟比赛和划船比赛。泰晤士河上第一次正式举行平底舟比赛是在1775年6月23日，就在切尔西河边的拉内拉夫花园（Ranelagh Gardens）前。《年度报道》(*Annual Register*)有一篇报道记载：

在爱德华时代，泰晤士河变成了休闲与时尚之河。从伯爵到伦敦东区的工人，大家都喜欢在河上玩耍。泰晤士河成为一条平等主义的娱乐之河。上图：庞博恩（Pangbourne）的游览船；下图：戈灵水闸（Goring lock）。

> 一到下午，从伦敦桥到米尔班克的"轮船酒馆"之间的河面上，一只只船都满怀喜悦……
>
> 一些船停在河中，售卖饮料酒水和其他小食……
>
> 通往威斯敏斯特桥的大街上摆满了赌博桌……
>
> 6点一过，鼓、横笛、喇叭、小号等等就在几个桥洞下组成了数场小型音乐会。

感觉就像是一场狂欢节——这也是河流那些主要节日的本质。

第一场平底舟比赛举行两周后，第二场比赛又在韦布里奇附近的奥特兰兹举行，这场比赛由王室成员主持。这些早期的划船比赛后来成为河岸地区如穆勒斯（Molesey）和库克姆等地的居民主要的夏季节日活动。这些节日活动包括平底舟和橡皮筏比赛、在船上举行的竞技项目如拔河比赛、"走杆"比赛等；夜晚通常举行焰火和音乐娱乐表演。游客和村民、业余选手与专业人士都混在一起，水果小贩们推着手推车从伦敦赶来，带着马上要沿街叫卖的果篮。划船比赛被认为是从威尼斯人那里学来的，但真正的起源并不确定。好像更可信的是，这些十八世纪以后的河流节日，代表着在"清教徒联邦"（Puritan Commonwealth）期间①被废弃的河边盛会及节日活动的复兴与再现。

河上一直有着各种各样的体育活动。费兹史蒂芬十二世纪时对伦敦的描述，记载了当时在泰晤士河上作为"古老体育运动"存在的投矛比赛：靶子被绑在树干上竖在河中间，一位持矛的年轻人站在船首，数位桨手快速划着船——同时也得到水流的帮助——带他抵达目标位置，这时他要将手中的矛插向河中间的靶子。如果他成功击中目标并且将矛折断，他会得到人们的欢呼；如果他没有击中目标，他的矛也没有折断，他就要在聚集于伦敦桥及附近河岸的围观者的哄笑

---

① 清教徒联邦（Puritan Commonwealth）：指1649年至1659年英国作为共和政体存在的时期，当时的统治者克伦威尔是清教徒，也是英国历史上清教徒得势的时期。

中，被扔进河。这里的潮水有时会很凶猛，因此还有两只船在附近准备好去营救那些不成功的"挑战者"。船夫中间也有一种投掷比赛：两只平底船对开，每只船的船首站着一位挑战者，手里各拿着一根前端平坦的棍子，他们用这根棍子去捅对方，最后两个人中会有一个落水，或是两个都掉进水里。这种比赛至少持续了500年。

还有其他比赛。牛津和剑桥之间举行的"大学划船比赛"已经够有名的了，但它过去在普通公众中的流行程度可能已经被遗忘了。比赛最初是在1829年，在汉布莱登水闸（Hambleden Lock）和亨利镇之间举行；这场首次举行的比赛，促成了后来亨利皇家赛艇会①的形成。比赛后来移到威斯敏斯特和帕特尼之间的泰晤士河段，然而在几年之内，聚集在威斯敏斯特的观众人群就变得太庞大了。1845年，比赛河道移到上游的帕特尼和莫特莱克之间——这一路线保证了比赛的长期成功。到十九世纪中期，该赛事已经变成了伦敦人的一个节日——这对一场最初是在"有钱人"之间举行的赛事来说，大概足够令人吃惊的了。在比赛举行的四月初的某个早晨，每一位伦敦人——尤其是工人阶级年轻人——都似乎不是在支持"浅蓝队"（剑桥），就是在支持"深蓝队"（牛津）。这一天变成了一个公共假日，深浅不同的蓝色飘带，被系在小贩的驴脖子上、垃圾桶上、出租马车车夫的鞭子上——或者被卖火柴的男孩及其他"捡破烂的孩子"作为领巾系在脖子上。这一幕被称作"蓝色狂热"。

河面上挤满了蒸汽船、驳船和汽艇，上面坐着热情的观众；河岸的拉纤路上，挤满了机修工、店员、沿街小贩及其他伦敦生活所需的"全部工作群体"。有关铁路与行人天桥的素描与油画作品显示，观众多得到了有点危险的地步——胆子大的看客骑坐在水面上的栏杆与桥拱处。这项比赛成了一项非常受欢迎的仪式活动——在泰晤士河上

[256]

---

① 亨利皇家赛艇会（Henley regatta）：始于1839年3月26日，现在每年7月第一个周末举行，持续5天，有国际选手参与。

举行的中世纪"投矛比赛"的战斗性,演变成这种大学之间的"竞争"。这是十九世纪所谓"人生的战斗"的一部分,这一战斗没有什么理由不应该在泰晤士河上展开。

还有一项与之"方向相反"的比赛——从莫特雷克到帕特尼的 4 英里的比赛,被称作"河首争先赛"。该比赛于每年 3 月初举行,400 多艘"八人单桨"赛艇,以彼此间隔 10 秒的速度离开比赛起点,该赛程通常在两小时左右完成。它实际上是世界上规模最大的划船比赛,虽然伦敦人很少知道这个比赛。随着数百艘船栖息在水面上,泰晤士河以短暂的"中场休息"的方式,重返以前的古老生活。

4 个月后,"德盖特的外套与徽章比赛"(the Doggett's Coat and Badge Race)①,将继续划船比赛这一传统。该比赛由爱尔兰演员托马斯·德盖特(Thomas Doggett)② 在 1715 年创立,纪念乔治一世(George I)③ 继位。德盖特本人与水手打过很多交道,他们经常替他划船,载着他在河两边的剧院之间来来往往。这是世界上最古老,也是持续时间最长的比赛,再一次强调了二十一世纪的泰晤士河与过去的连续性。6 位来自水手同业公会的船夫,在从伦敦桥到阿尔伯特桥的 5 英里距离内,逆流而上,与潮水争战。他们的奖品是行会的猩红色制服和一块银质徽章。

还有一些单独取得的成绩。1822 年夏天,纽里勋爵(Lord Newry)和他的 5 名仆人,用了 18 个小时,一口气从牛津划到伦敦。

---

① 德盖特的外套与徽章比赛(the Doggett's Coat and Badge Race):由爱尔兰演员德盖特在 1715 年发起,在出师未满 12 个月的水手学徒之间举办的划船比赛,被认为是持续举办历史最久的比赛。比赛获胜者的奖品是一件传统的船夫黄外套,外加别在袖子上的白马图案、上书"自由"二字的银徽章。
② 托马斯·德盖特(Thomas Doggett,约 1670—1721):戏剧演员,出生于爱尔兰都柏林,1691 年登上伦敦戏剧舞台,在同时代人中很有名。
③ 乔治一世(George I,1660—1727):英国和爱尔兰国王,1714 年登基直到去世。英国汉诺威王朝的第一位君主,在其统治期间,王室的权力逐渐缩小,英国开始向由首相统领的现代内阁制转变。

第十章｜愉悦之溪

泰晤士河上的各种运动与比赛有着悠久的历史。十二世纪有在河上举行长矛比赛的记录。德盖特的外套与徽章比赛（Doggett's Coat and Badge Race，上图，约1820年）是河上现存的最古老的比赛活动。1721年，爱尔兰戏剧演员托马斯·德盖特（Thomas Doggett）设立了一项由外套和银质徽章组成的奖金，颁给从伦敦桥到切尔西的划船比赛获胜者。该比赛每年以6位船夫为一队，在不同队伍间进行。1900年代的亨利赛舟会（下图）。1829年举办的第一届亨利赛舟会，实际上也是在牛津和剑桥之间举办的第一次大学划船比赛。

1880 年夏天，河上举行了一场人与狗之间的游泳比赛，路线是从伦敦桥到伍利奇。据《伦敦画报新闻》（the Illustrated London News）报道，"人和狗在 3 点半时跳入水中，大批围观者为其加油。他们顺流而下，数千名看热闹的人在热切观看着"。那条名叫"今如何"（Now Then）的狗，很快就领先了。和狗比赛的那个人，在莱姆豪斯放弃了比赛——当时狗大约比他领先半英里。狗主人赢了 250 英镑的赌注。

血腥的运动也一度与泰晤士河相关。"射击派对"是泰晤士河沿岸过去经常举办的一项活动，曾有一个时期，任何"移动之物"都在"可射杀"的行列，因此不乏人类牺牲品。"赤拳搏击赛"过去也常在泰晤士河两岸举行。泰晤士迪顿（Thames Ditton）那里有一个臭名昭著的地点——一块被称作"摩尔赛赫斯特"（Moulsey Hurst）的公有地，有时拳击比赛的双方会造成死亡事件。"狗咬牛"和斗鸡比赛是克里克莱德的体育项目。"长矛比武"也在伦敦桥上举行过。

持续时间最长的河流节日之一——直到它被移到陆地上以前——是伦敦市长大人巡游（the Lord Mayor's Pageant）①。这是伦敦宣告它对泰晤士河的统治权的一种方式。最早有记载的巡游活动发生在 1422 年，但之前一定已经有了性质差不多、时间更早的仪式活动。在那次巡游中，新上任的市长大人威廉·沃尔德恩阁下（Sir William Walderne），从水路上被人从布莱克弗瑞尔斯送到威斯敏斯特，在那里向先王亨利五世献礼。法律还同时规定："市议员及行会成员应该乘坐没有乐手的画舫，跟随市长大人到威斯敏斯特，接受其指令。"然而在接下来的 30 年中，金融城的各大行会都建造并装备了自己的画舫——还有在船上表演的乐手——以一种尽最大可能"表现奢华"的方式。

---

① 伦敦市长大人巡游（the Lord Mayor's Pageant）：1215 年国王约翰被说服签署皇家法令，允许金融城选举自己的市长。"金融城市长大人"一职一直保留到现在，每年经选举产生，是金融城的行政代表与管理者。

人们通常概念中的"市长大人巡游",最早发生在 1453 年,当时的新市长约翰·诺曼勋爵(Sir John Norman)自己花钱装饰了一座画舫,船上插满了旗帜与飘带。他"乘坐此画舫,由船夫用银质的桨——市长大人自己花钱买的——将其划到威斯敏斯特"。根据哈利父子所收集的文献(the Harleian MSS)①记载,"今年骑马到威斯敏斯特的旅程停止了,坐船前往的旅程开始了"。由这一事件,诞生了一首著名的平底船夫之歌——《划好你的船,诺曼》(Row thy boat, Norman)。"公民仪式"变成了"奇观展示","开支与花销"很快就急剧上升,因为这些行会开始就庆典画舫的奢华程度彼此展开竞争。1624 年,制衣商们在行会画舫上花了前所未有的一大笔钱——1000 英镑。

[258]

一位 1660 年巡游活动的观察者——约翰·泰瑟姆(John Tatham)②——在《皇家蛋糕》(The Royal Cake)中有着这样的描述:"这些画舫用飘带和横幅装饰着,扛锄男孩、圆号、鼓和小号各就其位……一路上,市长大人接受 20 门大炮的鸣炮致礼,两岸发出娱乐与欢庆的巨响。"他还注意到各种寓言与神话人物的出现,譬如"被认为是海洋之神与河流之父"的俄亥阿诺斯(Oceanus)③——这种对水神的崇拜具有某种"返祖性",仿佛人类最早的一些仪式,到现代早期还没有完全被遗忘。然而古老的信仰与节日为什么不能在人类历史的不同时期重新出现呢?

市长大人巡游仪式存在了四百多年,直到 1857 年泰晤士河管理局接管了所有与泰晤士河有关的事务。各大行会所拥有的画舫,或者被"放了起来",或者卖给牛津大学各学院的划船兄弟会。位于奇西克、被称作"金融城画舫"的小酒馆,是以市长大人的画舫冬天停泊

---

① the Harleian MSS:指十七十八世纪之间由牛津公爵哈利父子收集的大量文稿及图书,该批文稿 1753 年由英国议会买下,现存于大英图书馆。
② 约翰·泰瑟姆(John Tatham,活跃于 1632—1660 年之间):十七世纪中期英国戏剧家,1657—1664 年间曾负责 7 届伦敦市长大人的巡游活动。
③ 俄亥阿诺斯(Oceanus):古代希腊罗马神话中的海洋之神。

威斯敏斯特桥,市长大人巡游典礼正在进行中。卡纳莱托(Canaletto)将自己故乡威尼斯的光线与生活赋予了泰晤士河,使得泰晤士河成为庄严的象征。

于此而命名的。直到今天,市长大人在每年的巡游活动中还有一位穿制服的水手陪伴,以代表他仍享有"伦敦港海军上将"这一头衔。

还有其他作为"习俗"在河上或河边举行的节日和游园会。十九世纪晚期,英国人突然爆发了一种对张灯结彩的船只的热情。这种爱好不知从何而来,消失得也同样迅速。马洛曾经举办过以各种明亮灯光照明的船和"彩色的火苗"慢慢沿河顺流而下的巡游活动,当地乐队也加入其中。在布雷,一艘用漂亮的灯光或"深红色的灯"装饰起来的纵帆船,在河上航行;在迪顿(Ditton),一座"埃菲尔铁塔"顺流而下;在达切特,一座装点着彩灯的"中国宝塔"顺流而下;在伯恩安德,一艘汽艇被伪装成"月球上的男人"……这是属于海神普鲁透斯的河,他用魔法唤来一千种不同的形状。同时,它也是对水与火"相遇"的庆祝——这两种元素,在节日期间取得了令人心醉神迷的和谐。在库克姆,当地消防队手持燃烧的火把,站在一只巨大的平底船上,旁边是他们工作用的手动消防引擎和木马。还有充满音乐的夜晚。一只放着钢琴的驳船停在河中央——这样两岸观众都能听到船上男高音或是女高音的歌声。在河边能听到《爱丽丝,你在哪里?》《哦,请擦干眼泪》或是《失去的和弦》等歌曲。还常常有舞蹈表演,譬如舞蹈表演的常规曲目《疲倦的天鹅》等。

泰晤士河沿岸还有各种游乐集会。伯克郡和牛津郡那些位于泰晤士河畔的村庄里,常常举行各种"守夜"和"狂欢"活动,如著名的格林尼治市集,就在"复活节周一"和圣灵降临周[1]举行。这是泰晤士河周围地区最著名的游乐集会,也是伦敦人最喜欢去的休闲所在。它被认为是古罗马的"农神节"[2],在市集期间,河流所拥有的自由与特权,也扩展到俯视着河水的山丘与河岸上。有超过10万人坐着四轮马车或蒸汽船来参加市集。在狄更斯写作生涯的早期,他对该活动进行了这样的描述:"每一家小酒馆的阳台上,都挤满了抽烟或是喝酒的人,私人住宅有一半变成了临时茶点铺,对小提琴手的需求巨大。"年轻男女也有一项深受他们喜爱的消遣方式:从格林尼治"孤树山"的山顶,手脚并用地滚下来。"孤树山"上的那棵树在1848年夏天被风吹倒了,但这种节日活动并没有停止。

泰晤士河也一直与色情行业有关。仅在萨瑟克附近,就有街道被命名为"荡妇洞""妓女窝"及更委婉一些的"处女巷"和"爱巷"。河畔的奇西克村,一度被称作"荡妇洞";梅登黑德被称作"伦敦的处女膜"——因为有众多未婚情侣聚在那里。亨利·沃灵顿·沃克(Henry Wallington Wack)[3]在《泰晤士乐园》(*Thamesland*, 1906)中,描述了在河流隐蔽地带,"爱的调情在空气中飘荡,到处都是含混的话语、亲吻和爱抚"。男泳者常常会脱得精光,当着女士的面跳到水里。一

---

[1] "圣灵降临日"指复活节之后的第七个星期日,纪念圣灵降临在耶稣的门徒身上。"圣灵降临周"指其后的一周。
[2] 农神节:古罗马的狂欢节,每年12月份举行。
[3] 亨利·沃灵顿·沃克(Henry Wallington Wack, 1875—1954):著名美国律师和作家。

位当时人将其描绘为"卡律布狄斯漩涡"①:"50个赤身裸体的坏蛋,在河中骚扰女性,他们带着恶魔般的快感,胡作非为和叫骂着。"泰晤士河鼓励了"性"的进攻与对"性"的展示。

泰晤士河边有一个与"性"有关的著名节日,在罗瑟海兹旁边的"绿帽地"举行。直到十九世纪中期,那里还有一根作为标志的柱子,顶端安着一对角——"角"是暗指"被妻子戴绿帽子的男人"的古老符号。用来解释这一"不忠"符号的传说,与约翰王的调情生涯有关:他侵犯了格林尼治一位磨坊主的妻子,作为补偿,他同意将磨坊主沿同一个方向所能看到的所有土地都赏赐给他,而磨坊主需要做的就是每年头戴一对山羊角,一直走到这块地的边界。视力很好的磨坊主一直看到了查尔顿山(Charlton Hill)。

从这个美丽传说而延伸出来的各种节日,可以一直追溯到十三世纪,最终形成了恰如其分的"绿帽集会"。据观察者说,那是一个充满了奇怪吵闹和狂野乐趣的地方,可以买到像"煮锅""角做的容器"这样一些东西。这些东西是用来迎接新婚夫妇的粗野"小夜曲"的通常道具,因此其中的"性"关联是很明显的。

"绿帽集会"的游行从"绿帽地"开始,穿过德特福德和格林尼治,最后抵达位于查尔顿(Charlton)的一个集会。参加活动的男性戴着一对枝丫分开的公鹿角,自认为有权力对一路上碰到的任何女性采取进攻。一位在1700年参加过集会的人这样写道:"在绿帽地,我们进入一家酒馆——那是'快乐王八团'经常会合的地方;我们手拿铁铲、铁锹或鹰嘴锄,头戴有角的头盔,从那里排队出发,加入绿帽集会。"在集会上,男人会打扮得像个女人,在头上或身上戴着一个角,或者拿着角吹。该集会后来被政府认为是"不可容忍的胡闹",于1768年被终止了,但地点和柱子保留了下来。该集会后来又复活了,直到1872年,再次被政府下令终止。然而一切并不都是白费劲。

---

① 卡律布狄斯(Charybdis):该亚与波塞冬的女儿,荷马史诗中的女妖。

目前该集会在查尔顿的豪恩凡尔公园（Hornfair Park），每年又开始重新举办。这里也有一根柱子，代表着"绿帽地"，俯视着莱姆豪斯里奇（Limehouse Reach）的泰晤士河。

还有不太被宣扬的、在泰晤士河中游泳的乐趣。十七世纪时，这是住在河边的斯特拉德大街的绅士们的一项常见运动。有一次，一封信被寄给"彭布洛克伯爵（the Earl of Pembroke），在泰晤士河中，正对着怀特霍尔那里"；但普通市民对水并不是特别感兴趣，不太可能追随这一举动。过去，泰晤士河主要被认为是"水上通道"和"食物来源"，在河里游泳这种想法，自然不会被认真对待。十九世纪早期，拜伦从兰贝斯出发，一直游过两座桥——威斯敏斯特桥和布莱克弗瑞尔斯桥，距离约达3英里。他当然是个特殊人物，并且也可能得到了潮汐帮助。

二十世纪中期泰晤士河的一位狂热爱好者A·P·赫伯特（A.P. Herbert）①，过去常在河中游泳，但他在《泰晤士河》（*The Thames*，1966）一书中表示，他发现泰晤士河的"泥浆水"令人疲倦。他注意到在滑铁卢，那里的河水"完全没有浮力，不仅没有给游泳者以浮力支撑，反而好像一直在将他拽向泥泞的河床"。这确实是泰晤士河的特点之一，在伦敦境内的河段非常不可靠和危险。赫伯特回忆道，他在威斯敏斯特桥那里向目的地游去时，他的整个身体"好像受某种不断要把他拽向河床的磁性力量所控制"。这也是自杀者所体会到的——泰晤士河有一种将人向其深处拽去的"胃口"。赫伯特还注意到，"河水有一种我不知道是什么的浓重味道"。因此泰晤士河从未被真正认为是游泳者的朋友。但造成阻碍的远不止是人们对其污染的担心，而是对其本性的某种深层次的恐惧，这种恐惧阻止了人们使用它。直到今天，看到有人在泰晤士河里游泳仍是一件令人吃惊的事。泰晤士河太危险了，不是适合游泳的环境。

---

① A·P·赫伯特（A.P. Herbert，1890—1971）：英国小说家、剧作家、诗人、政治家。

乐之花园

[262] 沃克斯霍尔、拉内拉夫（Ranelagh）和克里蒙（Cremorne）等地的休闲花园，在十七十八世纪时沿河发展起来。它们的魅力与受欢迎，很大程度上是因为它们位于河边。泰晤士河又一次为大众所应享受的"权利"创造了一种"氛围"——或者说是"背景"。它们中的第一座——库柏花园（Cuper's Gardens），位于河边当时被称作"兰贝斯沼泽"的地方——就是现在的滑铁卢桥的南面。花园在十七世纪三十年代开放，包括花园、滚木球草地和步行曲径，还有一间助兴的小酒馆和餐厅。1708 年，《伦敦新貌》(A New View of London)的作者爱德华·哈顿（Edward Hatton）①，将这里描述成——"该镇西面很多地方的人，夏季常去度假的地方"。十八世纪三十年代，这里又建了一座音乐大棚，开始在众多观众面前表演音乐。还有焰火表演。这就是河畔休闲的主要内容：食物与饮料，音乐与烟火。然而库柏花园也是小偷和盗贼常去的地方，他们猖獗的程度使得该场所在 1753 年被有关方面停发执照。7 年后，花园被关闭了。

新泉花园（The New Spring Garden）靠近巴特西，在 1750 年威斯敏斯特桥落成之前，要从河更时尚的那一侧过来的话，只能乘船。花园恰好是在 1660 年"王政复辟"②之前完工的，寄托着人们对美好时光的期待。1785 年，其名改为沃克斯霍尔花园（Vauxhall Gardens）。十七世纪时，该花园以凉亭、乐队、滑稽歌手、悬挂在茂密树木的大树枝上的装饰性灯光、贪得无厌的服务员和昂贵的酒水而出名。佩皮斯 1667 年参观了这座花园，他在日记中记载："听夜莺和其他鸟类唱歌，这边是小提琴演奏，那边是竖琴；这边是犹太人的口琴演奏，那

---

① 爱德华·哈顿（Edward Hatton, 1664—1733）：伦敦一家火险公司的调查员, 1708 年匿名出版了 8 开本的《伦敦新貌》，提供了大火之后伦敦街道、生活与建筑的重要记载。

② the Restoration：指 1660 年克伦威尔死后英国查尔斯二世的王政复辟。

边在欢笑；优雅的人们在漫步。这一切，令人感觉很放松。"然而他对那些成群结队到花园寻找女伴的年轻男人的放荡举止，感到不快。正如一首民谣所唱的：

[263]

> 女人尖叫，男人喝醉倒下，
> 这是沃克斯霍尔的甜蜜享受。

同时代的另一首歌，对伦敦市民的这些作为，表达得更隐蔽一些：

> 胜利地航行在河之通衢之上，
> 聆听泉园的小提琴手在演奏。

十八世纪时，花园进行了翻修，增加了餐厅、人造废墟、水景及大得足够容纳50位音乐家的乐队表演舞台。亨德尔（Handel）① 所作的《皇家焰火音乐》（*Music for the Royal Fireworks*），在这里为1.2万名观众进行表演。后来花园入口处放了一尊亨德尔的雕像。花园中还建了一个圆形大厅，直径为70英尺（21.3米），设有摄影室。人们实际上一直在猜测，正是沃克斯霍尔的穹顶，在结构上影响了1951年巴特西公园中所建的"节日花园"（the Festival Gardens）的建筑样式——因此泰晤士河的沿岸景色，也可以被看作是"自我增殖"的。

罗兰德森在1784年完成了一幅有关该花园的铜版画，上面有很难被认错的塞缪尔·约翰逊正在靠近舞台的用餐室里"自得其乐"的

---

① 亨德尔（Handel，1685—1759）：著名作曲家，出生于德国，但职业生涯的大部分时期是在英国。与巴赫生于同一年，被认为是巴洛克音乐时期最伟大的作曲家之一。代表作有《皇家水上音乐》《皇家焰火音乐》、清唱剧《弥赛亚》等。

形象。当古德史密斯（Goldsmith）①将这些五花八门的景色描述为"乡村的美丽与宫廷的庄严"合体之时，他也许是在评论为这一切提供了可能，在其进程中结合了这两方面的泰晤士河。然而人们到沃克斯霍尔来，并不仅仅是因为这里的文化表演，这里还经常举办走钢丝、烟火表演，还有新出现的、人们对"热气球"的狂热。人们在河边欢庆"火"与"空气"的新成就。但这里的食品被认为分量少得可怜——据说这里一位能干的侍者可以把一块火腿切成能覆盖 11 英亩（4.4 公顷）土地的薄片。

泰晤士河北岸有两座知名的休闲花园，位于切尔西附近，一座被称作"克里蒙花园"（Cremorne Gardens），一座被称作"拉内拉夫花园"。拉内拉夫花园位于现在的切尔西医院花园东边的位置。1742 年，它变成了一座商业性的休闲花园，靠着提供河边的"惯常食谱"——音乐、气球、焰火、食物和饮料——生存了 61 年。花园里曾经建了一座比罗马万神殿还要大的圆形建筑，后来还请了卡纳莱托（Canaletto）②来为建筑物内部作画。这是一个休闲娱乐场所，中间有一个巨大的火炉，专为那些"热爱饮食、饮酒、看热闹和在人群中挤来挤去"的人所准备。这里曾经有过一座中国凉亭，还有一支莫扎特年轻时曾经加入过的交响乐队。这是超越了沃克斯霍尔的"沃克斯霍尔"，在斯莫莱特（Smollett）③的《汉弗莱·克林克》（*Humphry Clinker*，1771）中，书中人物莉迪亚·梅尔福德（Lydia Melford）④是这样描述它的："来自天才之手的魔法宫殿，装饰着最精美的绘画、雕刻与金

---

① 奥利弗·古德史密斯（Oliver Goldsmith，1728—1774）：爱尔兰小说家、剧作家和诗人。
② 卡纳莱托（Canaletto，1697—1768）：即乔凡尼·安东尼奥·康纳尔（Giovanni Antonio Canal），意大利画家，以描绘十八世纪威尼斯主题作品而知名；1746—1756 年在英格兰期间创造了很多有关伦敦的作品，很受当时的英国人欢迎。
③ 托比亚斯·斯莫莱特（Tobias Smollett，1721—1771）：苏格兰诗人与作家，以"流浪汉小说"而著称，对后来的作家如狄更斯等产生影响。
④ 莉迪亚·梅尔福德（Lydia Melford）：《汉弗莱·克林克》一书的主要人物之一。

饰作品，被可以与正午阳光相媲美的一千盏金灯照亮着。"这是泰晤士河沿岸众多的休闲穹顶大厅之一。河岸所带给它的魅力并没有完全消失，现在，它是每年切尔西鲜花展举办的地方。

克里蒙花园更靠近河上游一点，位于现在大部分被劳茨路发电站（Lot's Road Power Station）所占据的河岸那里。它在十九世纪四十年代正式开放——在拉内拉夫花园寿终正寝差不多半个世纪以后。花园里有一家剧院、一间宴会厅、一个跳舞台和一个保龄球沙龙，还有河畔休闲所必不可少的"凉亭""藤架""假山洞穴"。1848年，第一架"蒸汽式飞机"在这里起飞，在撞上一块帆布障碍物之前，飞机飞了约40米（131英尺）。这里也有焰火和氢气球的升空表演——以及其他更为可疑的娱乐活动。詹姆斯·格林伍德（James Greenwood）① 在《伦敦的七重诅咒》（*The Seven Curses of London*，1869）中，在"季节"一章是这样描述克里蒙花园的：

> 10点以前，老人和小孩——那一天有很多这个年纪的人——已经累了，玩得筋疲力尽，留下榆树、草地、天竺葵花坛，小卖铺、寺庙、"怪兽平台"及克里蒙花园的"水晶环"在上千盏煤气灯中闪烁，给跳舞的人带来享受。平台上和平台周围有上千人在跳华尔兹、悠闲漫步或享用各种食物，其中约有700人是上层或中层阶级，剩下的不言而喻，差不多都是妓女。

花园被当地浸礼会小教堂的牧师斥为"培养各种恶习的温床"。花园主人将经营者告上了法庭，但只获得了很少一点钱弥补其损失。

---

① 詹姆斯·格林伍德（James Greenwood，1833—1929）：英国作家，作品数量多，题材广，大致有三类：一类写英国水手在热带地方的探险；另一类写趣味动物；第三类也是最多的，写伦敦贫民窟居民的悲惨生活，其中最著名的是《流浪儿》。

[265]　1877年，为配合维多利亚女王中期的诚实简朴风气，这里被关闭了——剩下的只有一小块绿地，仍然叫同样的名字。还有一些小的休闲场所，譬如十七世纪时位于罗瑟海兹的"樱桃花园"。樱桃花园后来被"茶园"所取代——后者在十九世纪末也被关掉了。然而樱桃树现在在这里成长了起来。

河面上也有着某种形式的休闲花园。十九世纪时，泰晤士河中有个岛屿——因为满是树木而被称作"胡桃木岛"——被改造成一个休闲娱乐岛，在上面建了一座宾馆和一座音乐厅。该岛被剧院经理弗雷德·卡尔诺（Fred Karno）①买下，重新命名为"卡尔西诺"（Karsino），并称其为"河岸居民的宇宙中心"——但它没能挺过第一次世界大战。后来该岛又被打造成"泰晤士河滨度假胜地"（Thames Riviera），试图赋予其新生命，并且安排了从南岸到这里的轮渡，但还是没有成功。在河上开一间"浮动餐厅"的设想，从十七世纪开始就有了。1636年，约翰·鲁克斯（John Rookes）②向国王建议，在泰晤士河上"开放一艘船，像酒馆和食品商店那样，提供各种物品和必需品，尤其是在夏季"。这一设想的结果如何，我们不知道，但在泰晤士河上开浮动酒馆或餐厅的做法，一直不是很成功。

泰晤士河上还有过一艘供休闲娱乐的船——一艘很大的驳船，或者说是"船屋"，停在河流拐弯处现在立着"克里奥佩特拉之针"方尖碑的地方，它被人们恰当地称作"胡闹之舟"。它正式开放于十七世纪，有一幅它庄严可敬地停在河中间的版画。船是用木头造的，分成很多独立的房间，供白天或夜间的娱乐活动使用。船顶是一个配有栏杆的大阳台，客人们可以到这里呼吸一下新鲜空气。最初来这里的都是时髦男女，女士们穿着丝绸做的蓬圈裙，等人用船将其从岸边送

---

① 弗雷德·卡尔诺（Fred Karno，1866—1941）：英国戏剧制作人、喜剧演员，十九世纪九十年代为躲避舞台审查制度，发明了一种无对话的喜剧小品表演形式。
② 约翰·鲁克斯（John Rookes）：英国东印度公司水手，第一个发现澳洲大陆的英国船队的船长。

过来。当时的一位道德家是这样描述它的:"为上流社会提供音乐表演的夏季休闲屋,男人和女人在这里可以互相认识和调情。"1688年4月13日,佩皮斯来到这里,在日记中,他记下自己在这里花了一先令。然而就像大多数河岸场所一样,它最终获得了卖淫嫖娼和"层次不高"的名声——一种男女不分的舞蹈是其特色。汤姆·德乌尔法伊(Tom D'Urfey)①1719年写了一首民谣,名为《感受泰晤士河》(A Touch of the Thames),其中记载着:

[266]

> 布料商自鸣得意的学徒们,
> 带着快乐的妓女,
> 在商店关门以后,
> 他们就可以驶向"胡闹之舟"。

同世纪的一位德国游客记载道,"那里有数不清的妓女,熟客们可以带她们到朱庇特花园"。"朱庇特花园"成了对岸"库柏花园"的常用名。"胡闹之舟"就这样逐渐衰败了。这艘驳船最后被拆掉,劈成了烧火的柴火。

对这些河畔花园最常出现的抱怨,反映了泰晤士河本身的一个特点。来这些地方的人被认为是"太五花八门"了,社会"上等阶级"与"下等阶级"这种不稳定的搭配,有时会导致争端——甚至骚乱。范妮·伯尔尼(Fanny Burney)②在《艾薇丽娜》(Evelina,1778)中是这样描述沃克斯霍尔的:"总是有骚乱——有人在狂奔乱跑——尖叫与骂街声非常刺耳。"之前,我们已经观察过泰晤士河的"自由主义"及

---

① 汤姆·德乌尔法伊(Tom D'Urfey,1653—1723):英国作家,诗歌、戏剧、幽默喜剧及笑话作者,对英国民谣歌剧的发展做出了重要贡献。

② 范妮·伯尔尼(Fanny Burney,1752—1840):英国小说家、日记作家和剧作家。《艾薇丽娜》是伯尔尼匿名出版并获得成功的第一本小说,全名为"艾薇丽娜或一位年轻女士踏入社会的历史",至今仍被认为是写给年轻人看的经典之作。

"民主"——这也是在河边所举行的各种娱乐活动的特征——在这里，伦敦"较粗野的部分"，与高贵阶层处于一种相对来说较平等的状态，是后者为这种"融合"状态提供了资助与保护。一位观察者写道："有上至受尊敬的格拉夫顿大人，下至来自弃婴医院的儿童，从高贵的汤森德夫人到小猫……"

一些花园——以及"休闲花园"——好像很自然地就在泰晤士河两岸出现了。其中有一些很有名，包括切尔西医院的那几座花园及附近的切尔西药物花园。南岸的巴特西公园，沿河岸伸展开来；为周围穿上"绿装"的锡安大厦（Sion House）花园对面，是基尤花园——它一度是里士满花园的一部分，以"荒凉"和"自然"而为人称道。一位德国观察者——基因斯曼基格伯爵（Count Kielsmanegge），留下了这样的记载："你穿过绿草如茵的草地、一块玉米地及一块点缀着金雀花和荆豆的荒地，这块荒地为野兔和野鸡提供了绝妙的栖息地。"伊拉斯漠斯·达尔文（Erasmus Darwin）①在《植物园》（*The Botanic Garden* (1789–1791)）中，这样评价基尤花园：

  它带着植物的荣耀登基而坐，
  基尤大帝，在泰晤士河闪闪发光的岸边
  从未知王国驶来的船
  轻快地为她带来
  不知名的春的后裔。

这里所描述的，是从大英帝国海外殖民地带到基尤来的那些珍贵的植物种子。出于同一种精神，在兰贝斯的泰晤士河边，有一座花园历史博物馆现在仍在。

---

① 伊拉斯漠斯·达尔文（Erasmus Darwin, 1731—1802）：英国物理学家、自然主义作家、废奴主义者，是《物种起源》作者查尔斯·达尔文的祖父。

第十章 | 愉悦之溪

基尤花园（Kew Gardens）：宝塔和桥。理查德·威尔森（Richard Wilson）的油画展示了一条理想化的河流，一个可能与现实并不一致的审美版本。

沿泰晤士河，在伦敦与特丁顿之间，曾有大量为伦敦提供水果与蔬菜的商业菜园，譬如覆盆子和草莓就曾经是艾尔沃思的特产。更令人好奇的是，十八世纪时，泰晤士河南岸曾有一片很大的葡萄园——离现在的滑铁卢桥不远——据塞缪尔·爱尔兰（Samuel Ireland）[①] 在《泰晤士河美景》(Picturesque Views of the River Thames，1801) 中的记载，这里是"世上所能拥有的最富饶和品种最丰富的葡萄园"，"从级别较低的波特酒到特等的托考伊葡萄酒"都有生产。

自古以来，泰晤士河一直是丰饶的源泉。它提供了永不贫瘠的、富饶的冲积土壤——当然，除了这些土壤被强力送到了"不应该去"的地方以外。泰晤士河沿岸的乡村，一年四季苍翠如春。威尔特郡北部的草场之肥沃，令其获得了"蒙上帝恩宠"的声誉。十七世

[①] 塞缪尔·爱尔兰（Samuel Ireland，1744—1800）：英国作家与雕刻师。

纪时,托马斯·富勒(Thomas Fuller)①"从可靠的人那里听说,泰晤士河沿岸的土壤是如此肥沃,春天时,一根光秃秃的树枝放在地上,一夜之间,就会被新长出来的绿草覆盖"。用迪伦·托马斯(Dylan Thomas)②的话来说,这就是"从绿意中迸发出花朵盛开的力量"。

泰晤士河中一些绿色小岛的名字来自撒克逊人。靠近彻特西的"内特尔岛"(Nettle Eyot)和达姆西——或达姆赛——灌木丛,是这种古老"命名术"中的两个例子。位于谢伯顿的"狗岛",其名字也是差不多的古老。河中甚至最小的岛也有名字——海德派尔河洲(Headpile Ait)、樱桃树河洲(Cherry Tree Ait)、弗莱格河洲(Flagg Ait)和特恩特尔河洲(Teynter Ait)……这些都是河里像补丁大小的、露出河面的土地,靠近塔普洛那里。这些小岛也被人们称作"小树林"或"小村庄"——这样的名字所指的对象总是最难确定的。一些小岛已经变成了公共性质的公园,还有一些仍归私人所有。它们一直是娱乐活动的中心和休闲之所,既被身处恋爱中的情人所光顾,也被隐士们所青睐——它们是脱离尘世的所在。

十六和十七世纪的河畔花园,在伦敦的命运发展中扮演了一部分角色——其中最著名的一定是托马斯·莫尔爵士位于切尔西的那座。就是在那里的河边,莫尔爵士关上了花园的边门,永别了他的家人,顺河而下,到兰贝斯去面对其审讯者。在那里,他被命令到河边花园里去再想一想他拒绝服从国王命令的后果。

红衣主教沃尔西在伦敦的住宅"约克宫",过去曾有几座很棒的花园,一直伸展到河边,但现在只剩下汉普顿宫的花园,作为对其曾

---

① 托马斯·富勒(Thomas Fuller, 1608—1661):英格兰最早能够靠写作谋生的作家之一,教士,历史学家,死后出版的《英格兰的美德》(*Worthies of England*, 1662)是其最广为人知的作品。
② 迪伦·托马斯(Dylan Thomas, 1914—1953):威尔士诗人,其诗热情奔放,1950—1953年间曾三次前往美国,与美国"垮掉的一代"诗人有着密切交往。鲍伯·迪伦因为喜欢他的诗而将自己的姓改为"迪伦"。

经的统治的"青翠纪念"。伦敦桥上的桥屋,过去曾连着一个面积很大、装饰华丽的花园。而从十三世纪中期开始,伦敦塔里就已经开始建有皇家花园。在伦敦塔的高墙之内,过去还曾有过一个果园,种着葡萄和各种果树。布赖德威尔的花园很早就不在了,护国公萨默塞特(Lord Protector Somerset)[①]所建的花园也不见了踪影。里士满皇宫的花园据说是"最美好和令人愉快的","皇家图案形状的通道上种满了葡萄藤、各种果实和大量奇怪的水果。"过去还有很多属于教堂的花园,譬如萨瑟克那些属于温切斯特主教的花园。事实上,过去在泰晤士河与斯特拉德大街之间,完全被主教花园所占领——譬如埃克塞特主教官邸、巴斯主教官邸和诺里奇主教官邸。从河面上看过去的风景,就是这些后花园。当然富汉姆宫和兰贝斯的大花园目前还在。这些花园在设计的时候,就考虑到从河面上观看的感觉,以作为身份与地位的一种"象征"。同时它们也主要作为私有的、作为私人讨论与自我反思的休憩空间。花园中的座椅与凉亭,是让人们"能够看到全景、欣赏花园整体美"——喷泉、高高的花坛与平整的小路——的通盘考虑中的一部分。它们为"知性"与"文明"提供"消遣"——这是为什么位于河边的地理位置对其取得成功非常重要的原因。

汉姆宫(Ham House)的花园,按照原先十七世纪的风格重新整修过了——马布尔山(Marble Hill)别墅耸立在花园之中。巴什伊(Bushy)和里士满的公园一直朝泰晤士河伸展过去。沿泰晤士河这一部分——大体上在里士满和汉普顿之间——实际上有很多著名的英式花园,其设计者是亚历山大·蒲伯[②]、查尔斯·布里奇曼(Charles

---

[①] 护国公萨默塞特公爵(Lord Protector Somerset, 约 1500—1552):萨默塞特公爵一世,1547—1549 年在其外甥爱德华六世在位时担任护国公,是亨利八世第三任妻子简·西摩的长兄。
[②] 1719 年起,蒲伯在泰晤士河畔的特威克纳姆别墅定居,经常招待朋友,以文会友,并写了一些关于建筑和园林设计的文章。

Bridgeman）①、威廉姆·肯特（William Kent）②——当然还有"超能布朗"（"Capability" Brown）③。河岸的地理优势与肥沃土壤确保了它们能够长期存在。

威廉·贺加斯在《美的解析》（Analysis of Beauty，1753）一书中所勾勒过的那些流动的或是蜿蜒曲折的线条，一直都是英国人美学的一个本质体现。它被称作"美的曲线"，弯曲或翻卷——就像是泰晤士河自身所具有的那种蜿蜒曲折的优雅。从十八世纪开始，河岸花园景观都在一种"独特的、好像是在反对扭曲及直线条的弯曲线条"的影响下变得柔和了，成为对泰晤士河的运动方式的一种反映。赛恩宫（Syon House）、草莓山、里士满、艾尔沃思和特威克纳姆这些地方的花园里都出现了"波浪型线条"——这是泰晤士河的线条。

污秽之河

[270] 泰晤士河被不同的人描述为褐色的、肮脏的、煤黑色的、乌黑的、烟气呛人的河。这些不仅仅是十九世纪的绰号——它一直都是这样。在罗马人侵略与占领时期，它首先被用作城市的公共下水道。坎农街的大型罗马建筑物地下的木头管道，证明那时污水就已经被排到河里了。1357年，爱德华三世宣告称："粪便和其他脏东西在河岸各处不断堆积……废气和其他令人作呕的恶臭从那里散发出来。"伦敦桥上的公共厕所将排泄物直接冲到下面的河里，而泰晤士河所有的支流都建有公共厕所，这些又全都流进泰晤士河。黑修士和白修士④经

---

① 查尔斯·布里奇曼（Charles Bridgeman，1690–1738）：英国朝向自然主义景观设计的重要人物，但因风格不够明显，名气被后辈设计师压倒。
② 威廉姆·肯特（William Kent，1685–1748）：英格兰著名建筑师、景观设计师和家具设计师，最先提出自然主义的园林打造理念。
③ "超能"布朗：（原名Lancelot Brown，1715、1716—1783），被认为是英格兰最伟大的设计师，设计了超过170座公园，大多数至今仍在。其绰号来源是布朗对大多数客户说他们的花园"有进一步提升的可能"。
④ 单独行动、靠乞讨为生的宗教信徒，黑、白是指衣服颜色或外表特征，以之来区分不同的团体。

第十章 | 愉悦之溪

常抱怨他们受墙下流过的河流散发出的臭气所毒害——泰晤士河所散发的"腐烂气息","导致了很多兄弟"的死亡。甚至连弗利特街上所关押的囚犯也进行了请愿,痛诉他们正在被周围的流水"缓慢杀死"这一事实。一位僧侣记载了 1471 年 5 月他在河上的一次旅行,从伦敦到彻特西,散发着"一股像死亡一般强烈的气味,但它不负责埋葬"。

1481 年,有人对码头也发出抱怨,那里"河水每次退潮,都留下大量动物内脏、各种脏东西和腐肉"。河里的"脏东西",根据性质不同,用不同的词来表达:腐肉、残渣、粪便、内脏、废物、废水和垃圾。这些脏东西所造成的影响,有时是地区性的,并且界限分明——就像 1422 年的一封投诉信中所写的:"来自三一巷和加勒海兹以下的考德万纳街的污垢,流到约翰·哈瑟利商店和里克·惠特曼商店之间的小巷,在那里,这些粪便必须被排进泰晤士河。"我们也许可以想象一下:由粪便和尿液所组成的洪流,散发着令人恶心的气味,在哈瑟利先生和惠特曼先生的商店那里,流进了泰晤士河。在帕德多克、怀特弗瑞尔斯(Whitefriars)和昆恩海兹,过去都曾经有过"粪山巷"(Dunghill Lanes);三吊车码头(Three Cranes Wharf)前面,曾经有一个"粪山台阶",大量粪便堆成的"小山",从那里被掀进河里。十五世纪,在修士巷(Friar Lane)的尽头建了一间两排、64 个坑位(既供男人也供女人使用)的"方便室"——也叫"长屋",那里的排泄物最终都依靠河里的潮水冲走。

1535 年,议会通过了一项法律,禁止往泰晤士河中排放粪便和其他垃圾,因为"直到现在,各种有不良倾向的人还是习惯性地往河里排放粪便和脏物"。这与斯宾塞在《祝婚曲》(*Prothalamion*)中所歌颂的"甜蜜的泰晤士河",处于同一个世纪,由此显示了有关泰晤士河的"传奇",要比每天的"日常现实",更有力量。十七世纪时,"河流诗人"约翰·泰勒对河里的垃圾进行了一通冗长的叙述,包括"死猪、死狗、死猫、被剥了皮的马"和"马厩里的粪便、动物内脏和垃圾"。"布丁巷",不是根据某种可口的食物而命名的,而是指从那里

[271]

被卸装到河上"粪便船"上的"粪便布丁"。同一世纪的一位意大利旅行者奥拉齐奥·布西诺（Orazio Busino），评论泰晤士河"是那样令人不快、浑浊和污秽，它的臭味，也许从在河里洗过的亚麻布上就能闻到"。

因此泰晤士河可以模仿和体现城市的各种不同状况，其中也包括了十八世纪伦敦更为黑暗与肮脏的一面。譬如说，沃平附近的泰晤士河是一个肮脏而臭气熏天的地方，对不注意的人来说，具有危险性；根据亨利·菲尔丁在《里斯本旅行》(The Journal of a Voyage to Lisbon, 1755) 中的记载，那里可以听到"水手、船夫、渔妇、捕牡蛎的女人等住在两岸的那些大嗓门居民的'甜蜜'声音。这里是"法外之地"，不在伦敦市的管辖之下。但这里也是行刑码头的所在地——那些在"公海"上犯了罪的人，在这里接受最后的惩罚。这里是妓院与"下等"小酒馆、公寓房与恶臭的街巷、流浪者、穷水手及失业的劳工们所待的地方，对他们来说，泰晤士河可能是一种诅咒。

十八世纪还有一些其他的记载，反映了泰晤士河不那么有益健康的一面。十八世纪的旅行者托马斯·彭南特，留下了一本他于1787年春天从坦普尔台阶到格雷夫森德的旅行日记。他注意到南岸靠近狗岛的绿地船坞，是"以离首都较为适宜的距离烧煮鲸鱼脂的地方"；对沃利奇，他的记载是："看到很多拴着锁链的囚犯在从事运土的工作，8人拉一辆车"。

1771年，托比亚斯·斯莫莱特在《汉弗莱·克林克历险记》(The Expedition of Humphry Clinker, 1771) 中抱怨道：

> 如果我需要喝水，我必须吞下来自泰晤士河的水，里面全是来自伦敦与威斯敏斯特的各种污秽，'人类粪便'是这堆东西中，最不令人讨厌的了。它包括了在机械制造和生产中所使用的各种药物、矿物与毒物，加上动物和人正在腐烂的尸体，搅拌上从洗东西的盆里、狗窝和公用下水道中排出来

的各种污垢——这些全都在致死原因名单上。

"致死原因名单"每周在城里各教区发布,详细列出每个死者的死因,作为对瘟疫开始流行的预警。但人们的死亡原因,在某种程度上是因为泰晤士河水所普遍具有的"毒害"。莱姆豪斯河岸有一个公用下水道,十八世纪时——毫无疑问,之前的很多个世纪也是同样——被人们称作"黑水沟"。

但到十九世纪中期时,情况变得更严重了。伦敦所有的下水道都在流入泰晤士河,在城市居民中间滋生了流行性疾病。因为生产煤气的过程需要使用水,无数的小型煤气加工厂在河两岸建了起来,生产过程中所产生的废弃物,则被排进了泰晤士河——副产品包括使用过的石灰、氨、氰化物和碳酸等,这些对任何海洋生物来说,都不是有益的。

世界上最大城市的粪便和垃圾,流进了泰晤士河。300万人使用过的污水在潮汐中冒泡——泰晤士河变成了一条巨大的、敞开的下水道。议会大厦的窗户上挂着浸着氯气的窗帘,但这样也起不了什么作用。按照当时一份报告的描述,财政大臣"一只手拿着很多纸,另一只手将手绢紧紧掩在鼻子上,半弯着身体,感觉很不适地匆忙从这有毒的气味中离开了",身后留下一屋子处于混乱之中的委员们。用那位财政大臣——本杰明·迪斯雷利(Benjamin Disraeli)[①]——本人的话来说,泰晤士河已经变成了"散发着无法形容、难以忍受的恐怖气息的地狱之河"。一次,当维多利亚女王和阿尔伯特亲王想要在河上开始一趟休闲之旅时,几分钟之内,难闻的气味就逼得他们重返岸边。甚至连在靠近海边的河滩那里,也遍布屎尿。在特丁顿水闸这样的上游地方,据说污水有6英寸(1.5米)厚,"黑得像墨水一样"。

---

① 本杰明·迪斯雷利(Benjamin Disraeli,1804—1881):政治家、作家,两次出任英国首相,是推动英国保守党的主张形成的中心人物。

河水自身是肿胀而黑暗的,并且因为像小山一样的油污被一堆堆倒进河里,而变得黏黏的。它的强烈气味,可以从任何对1858年的"恶臭事件"的描述中轻易感受到。那是因为氧气从水里消失而产生的氢化硫的味道,同时也导致了河水因金属硫化物的沉积,而变成黑色的结果——而这就是市民们用来泡茶的水。当时的一份出版物——《桨手指南》(*The Oarsman's Guide*),描述泰晤士河是"动物界、植物界和矿物界的泥泞妥协",而十九世纪的河上风景通常是这样的:"来自云气遮蔽的太阳的微弱光线,在一片朦胧中闪着微光,在浑浊的洪流上斑驳闪烁。"对维多利亚中期的人来说,这是"一个新的、更暖的世界所带来的恐惧"的先兆。河因自身内部化学反应所造成的异常温暖,预示着一个多灾多难的未来。

1858年,《笨拙》(*Punch*)① 周刊将泰晤士河描述成"一个巨大的排水沟",城市所产生的垃圾都被扔在那里——就当时的年代来说,这些垃圾包括了沃克斯霍尔的石灰、兰贝斯的骨头沉积物,还有怀特查珀尔的屠宰场。泰晤士河一直都有被堵塞的危险——当烂泥冲积到一定程度、开始影响水流时。这也是"保存"所导致的危险——或者说河在多大程度上"抓住"自己的"内容"不放。如果你在伦敦桥那里扔下一块木板或是一个油桶,它需要花上3—11周的时间,才能游完40英里的路程,抵达开阔的海面。这曾经也是被困在河两岸的垃圾们的共同命运。

泰晤士河的"黑色",一度被认为是"不自然"和"贫瘠"的象征。亨利·詹姆斯(Henry James)② 在《英格兰时刻》(*English Hours*,1905)

---

① 《笨拙》(*Punch*):1841年开始在英国出版的一本刊登讽刺与幽默文章的周刊,推动了"卡通"一词作为"幽默插图"的诞生;二十世纪四十年代杂志发行量达到顶峰,随后逐渐下滑,1992年停刊,1996年又重新开始发行,2002年再次停刊。
② 亨利·詹姆斯(Henry James,1843—1916):出生于美国,后定居英国,被认为是十九世纪现实主义文学的代表人物,以一系列描写美国人遭遇欧洲和欧洲人的小说而著称。是哲学家、心理学家威廉·詹姆斯的兄弟。

中对此进行了描述：一种"看起来湿乎乎而显得很脏的黑色，是通常的色调。河水几乎是黑色的，上面停着黑色的驳船。在黑色屋顶那里，从那些远远伸展开来的船坞和水湾之间，升起了暗淡而狂野的桅杆。"黑色的河水仿佛是"真正的河水"的对立面，它是令人不安、生硬、腐臭和狂躁的。这也是伦敦的形象——就好像伦敦已经将自己浸在河水深处，而它的一双"盲眼"正在从河里向上看。河是酸臭的，带着位于它身体某个部位的金属与工业的酸臭气。它没办法为你解渴。它闻起来像是某种湿乎乎的、被遗忘的事物。

[274]

十九世纪曾经有过四次霍乱大流行：1832、1849、1854 和 1865 年，每次都有数千人因从城里各处的水管取用被污染的水，致病而死。1849 年底，就有约 1.4 万名伦敦人因被传染而死亡。约翰·斯诺医生（Dr John Snow）[①]作为第一位证明了"霍乱"是通过被污染的水而传播的肠道疾病，名声大噪——1854 年流行病爆发时，他通过索霍的布罗德街（Broad Street）拐角处的饮用水管 250 码（230 米）半径范围内的死亡率，证明了自己的观点。那根水管直通泰晤士河。很多人认为，1861 年阿尔伯特亲王就是死于温莎城堡下面瘀塞的河水所传播的伤寒。在以 1890 年为背景的《濒死侦探的历险》（*The Advanture of the Dying Detective*）中，夏洛克·福尔摩斯（Sherlock Holmes）被认为接触了"致命的传染病"，仅仅是因为他走过靠近河边的罗瑟海兹的一条小巷——他的眼睛变红了，嘴唇也生疮结痂。

再后来，沿河建的发电站排出的污水，进一步影响了泰晤士河及其健康状况。河水温度因为人为原因而升高，开始不断失去氧气——这种情况直到二十世纪中期都没有得到改善。大多数人宁愿走人行地道，也不愿意面对沃利奇渡轮在河上行驶时所搅起的难闻味道。二十

[①] 约翰·斯诺医生（Dr John Snow，1813—1858）：英国医生，医疗卫生学的先驱，因其在 1854 年伦敦霍乱大流行中对霍乱原因的揭示，推动了伦敦及其他城市水系统及卫生状况的改善。

世纪五十年代晚期，人们常常可以看到河面因水下甲烷的释放，好像在喘气，并不断冒出泡泡。水中的毒素将船的螺旋桨"咬"出一个个洞；行政人员制服上的镀金纽扣，在两、三个小时之内就会变黑。

即使是在二十一世纪，泰晤士河也不能完全否认它刚刚过去的那段历史。即使只是中等程度的降雨，仍然会有未经处理的污水，定期被排进泰晤士河；而在雨水多的季节，会有数千吨的雨水和污水，从位于切尔西、汉默史密斯和劳茨路那里的泵站排出。2004年夏天的一次反常风暴，意味着一百万吨未经处理的污水被排到了河里，导致上万条鱼死亡。河上的桨手被劝告，4天之内不要到河上去；4天以后又被告知，在进入河面之前，要将身上的刀伤、擦伤等伤口都包扎起来。那一年8月，500万吨污水被排放到泰晤士河上游河段。从2001年年初到2004年年底，约2.4亿立方米未经处理的污水，被排进了河里——有人因此呼吁建一条新的"拦截隧道"，来帮助处理伦敦现有的下水道分布。泰晤士河永远不再是纯净的了。

都是活的！活的！活的！

自从有人类居住以来，泰晤士河一直是周围居民的主要食物来源。中世纪时，泰晤士河是生长着各种鱼类的大水库，是"比目鱼、斜齿鳊、鲮鱼"等鱼类居住的地方。蛤蜊，也在这里被人们大量捡拾。鳗鱼可能是食物的主要来源，有六种不同种类的鳗鱼。还有白杨鱼、梭鱼、斜齿鳊、三文鱼、胡瓜鱼和鲤鱼，以及鳕鱼、鲈鱼、鲽鱼、鳎目鱼和牙鳕鱼。这些还可以在河里找到。其他中世纪品种的泰晤士河鱼——譬如七鳃鳗和鲟鱼、大比目鱼和马鲛鱼，现在河里很少能看到了。

十三和十四世纪时，坎维岛上曾有过一个鱼类加工点。十六世纪时，威廉·哈里森问道：

我该如何描述那些每天从河里捕捞上来的甜蜜肥美、数量众多（在胡瓜鱼的季节过后）的三文鱼呢？欧洲没有哪条河能够超过这里。杠铃鱼、鲑鱼、河鲈、胡瓜鱼、淡水鳊鱼、斜齿鳊、鲦鱼、比目鱼、虾等也很常见……这条著名的河，对其物产没什么可抱怨的了，但它提供得越多，人们想要的也越多。

然而他谴责"渔夫无法得到满足的贪得无厌"，感慨道："如果这条河能有一年禁止下网捕鱼或是其他捕捞活动就好了！当然喽，那样很多穷人就会被饿死了。"

十八世纪的威廉·梅特兰（William Maitland），详细记载了这些鱼的价值：

> 这些只有这条河里才有。它的三文鱼真是太好了！那些又大又好的比目鱼、胡瓜鱼、小鱼群、鲑鱼、河鳟鱼［这里跟着一个长长的名单］……（太多了，数不过来），这些都是从伦敦桥上游捕上来的……而且，还有很多生活在咸水里的鱼……还有些贝壳……这些是在桥下游捕上来的，甚至在伦敦金融城的管辖范围之内！

[277]

1746 年，一位水警在一篇随笔中写道："虽然我们一些北方郡县有着和泰晤士河里一样肥大的三文鱼，但是味道没有这么细腻美味。"

中世纪的渔夫喜欢在查令十字街的河岸居住和劳作，但随着周围地区越来越"精致化"、对居民也越来越挑剔，他们搬到了对岸的兰贝斯——十八世纪时，那里被认为是一个非常脏乱的渔村，实际情形也确实如此。当时，渔夫已经占领了伦敦各大市场周围的大部分河岸。据记载，1798 年，约有 400 名渔夫在德特福德和伦敦桥之间谋生。

最主要的市场当然是比灵斯盖特——伦敦所有市场中最古老的一个。当地对船只进行收费的最早记录，可以追溯到1016年："小船"收半便士，大一些、"有桅杆的"船收一便士。然而，当地的市场在比那更为久远的时候，就已经形成了。鳗鱼和鲱鱼很可能在人类定居的最早时期，就已经被捕捞上岸。泰晤士河最显著的特点之一——甚至在其都市化的快速发展之中——是一些特定场所的持续性与"不屈不挠"。这里的名字可能来自"贝利纳斯"（Belinus）——一位凯尔特人的神，这也就意味着在铁器时代这里就有一个卖鱼和其他物品的市场。"门"（gate），指的是罗马人城墙内的两座门之一——另一座是"唐盖特"（Dowgate）。这里在十七世纪末变成了一个"免费"市场，不再对船只收费。它的繁荣兴旺持续了很多个世纪，最主要的原因是它位于伦敦桥下这个有利位置，并且直到1982年，才最终搬离；其长达一千多年所处的中心位置，证实了泰晤士河里的鱼对伦敦人的餐桌

比灵斯盖特（Billingsgate）是伦敦所有市场中最古老的一个。那里对船只的收费纪录最早可追溯到1016年，但毫无疑问的是，当地早在那以前就已经有了一个鱼市。

及城市经济的重要性。数百年来，它一直是河边的一块开放的空间，散布着货摊、棚屋及一排木头房子，其西边是一个广场。直到十九世纪中期，这里才为渔夫和商人建了一个码头，在那之前，他们不得不用两块搭板连接船与岸之间的距离。

[278]

十九世纪时，这里每天售卖的鱼平均数量大约为500吨（超过500公吨）。该市场甚至星期天也被允许经营——马鲛鱼可以在教堂礼拜仪式开始之前进行减价处理。目前仍保留着大量来自那个时期的报告，记录了该市场在清晨五点钟营业以后的混乱与喧闹。脚夫、小贩、商人和渔夫——还有他们所使用的各种运输与盛载工具——聚集在这个离泰晤士大街（Thames Street）和鱼市山（Fish Street Hill）不远的小地方，叫卖着招徕顾客、招揽生意。亨利·梅休抄录下了一些在千年中任何一个时期都有可能被不断重复的叫卖声——"鳕鱼！市场上最好的！""吆，吆，这是为你准备的上等熏鲱鱼！""给你，给你，绝棒的牙鳕鱼！""大比目鱼，大比目鱼！都活着！大比目鱼！""上等鳗鱼，呦，呦！""喂喂，看这里，多棒的龙虾，既好又便宜！""谁要买鲆鱼，鲆鱼？""上等比目鱼！哦吼哦吼！"其中最有名的是被伦敦人拿来做口号的叫卖声——"都是活的，活的，活的！"这是泰晤士河工作时的声音。

"渔苦力"以及"渔妇"，是此地的原住民。他们头顶装在稻草篮子里的产品，穿着厚实的长外衣和中间絮了棉花的衬裙，抽着粘土做的烟袋，吸着鼻烟；还有头戴兽皮头盔的运鱼的搬运工；还有卖鱼的人——他们在最恶劣的天气里，也只戴着用稻草做的帽子。

十九世纪初，切尔西、富汉姆、奇西克和彼得舍姆都有物产丰富的渔业，在相应季节就可以捕到三文鱼。在布莱克沃尔，渔夫可以捕到很多鲜美的胡瓜鱼。钓鱼者在伦敦桥上钓鲈鱼和斜齿鳊鱼。当时人们对钓鱼有很大兴趣，桥边的克鲁克特巷（Crooked Lane），过去曾有很多制作钓鱼滑轮的手艺人。斜齿鳊在坦普尔花园长满灯芯草的河底，还有威斯敏斯特桥旁边的一个地方可以捕到。船坞也是渔夫们经常喜欢去的地方。伦敦吸引了大量的鱼来。过去泰晤士河还有一种人称"鳗鱼集"的现象，河里会出现一道由鳗鱼苗所形成的明显黑线。人们会带着筛子和网来到河边，捕捉这些小东西，做一种特殊的鱼饼。十九世纪时，"彼得船夫"——河上最古老的交易活动之一——会去钓藏在烂泥里的鳗鱼，然后周日早晨到位于布莱克弗瑞尔斯台阶的"鳗鱼市场"售卖。泰晤士河有如此多的龙虾，以至于政府出台了管理条款，用于规范对龙虾的捕捞。

[279]

然后所有的一切都变了。十九世纪下半叶，在涨潮的河水中——就是特丁顿以下河段——捕鱼这样的活动，几乎彻底结束了，能够捉到的只有小银鱼和小虾。河的中游和上游，还保持着鲈鱼、斜齿鳊、鲤鱼、鲦鱼、触须白鱼、淡水鳊鱼和其他一直生活在泰晤士河里的淡水鱼，然而涨潮河段的鱼，因为大量污染而濒于灭绝。三文鱼消失了。龙虾不见了。比目鱼死光了。鲱鱼和胡瓜鱼再也看不到了。在十九世纪晚期河流污染的顶峰，理查德·杰弗里斯在其小说《伦敦之后》中，发出了悲哀的警告，认为泰晤士河将变成：

> 一块巨大浑浊的泥潭，没有人敢踏足，因为死亡将会是它不可避免的命运。从这一大块烂泥中散发出来的气体有着如此致命的后果，没有动物能够忍受它。黑色的河面上漂浮着褐绿色的渣滓，河床底部腐败变质的烂泥不断冒出泡沫……没有鱼，鳗鱼也不能生活在这种烂泥里，蝾螺也不能。河死了。

实际上，就其所描述的全部意图与目标而言，这一预言在二十世纪中期都被实现了。没有鱼能在这样的河里存活，鸟类也不再飞来。

泰晤士河在这种可怕的状态中持续了一百多年。二十世纪五十年代的报道认为，泰晤士河从格雷夫森德到基尤河段都没有鱼了，这段距离约有48英里。然而六十年代晚期和七十年代早期，因为采取了更有效的中和及净化垃圾的手段，泰晤士河的污染程度有了明显下降。1976年，人们在特丁顿堰坝（Teddington Weir）上面的河段发现了一条三文鱼，这是140年以来在非潮汐河段发现的第一条三文鱼。接下来的一年，在谢伯顿发现了一条三文鱼，然后在博尔特斯水闸也发现了三文鱼——人们在那里最后一次捉到三文鱼是在1824年。这些都是局部、不起眼的例子，但它们代表了一种巨大的改变。泰晤士河又一次重返生机。从二十世纪七十年代早期开始，胡瓜鱼也大量重返泰晤士河。比目鱼在消失50年后也重新出现了：第一条比目鱼在1972年10月底，在格林斯特兰德（Strand-on-the-Green）①被发现。鳗鱼和海鳟鱼也大量被发现。泰晤士河口现在是英格兰最大的鳗目鱼产卵的地方。泰晤士河最令人好奇的新访客，是一条模样吓人的水虎鱼——这里离它位于亚马逊的故乡有数千英里远。很明显，它是被一只海鸥从空中扔下来的，死去没多长时间。不知道它是怎么来到这相对寒冷的泰晤士河的——据猜测，它很可能是被一位担惊受怕的主人放进河里的。没有其他类似发现被报导过。

中华绒螯蟹②在二十世纪七十年代早期开始出现在泰晤士河里，现在它们的数量已经急剧增长，到了对当地动植物种群造成威胁的程度。这些蟹喜欢挖洞的习性对河岸造成了破坏；它们吃别的鱼孵的卵，与当地小龙虾形成了直接竞争。现在它们是如此常见，在伦敦沿泰晤士河堤，随手就可以抓到一只小蟹。但泰晤士河的历史也是一部"同化"与"接纳"的历史——似乎没有什么能够阻止这些蟹增长的趋势，除非它们变成中餐馆的"食材"，被大量捕捞。这样的话，它们就可以与其竞争对手"小龙虾"争夺"河中美食"的地位了。

事实上，现在河里有118种自然生产的鱼类。斜齿鳊生活在干净的砾石上，鲤鱼生活在深水里，鲦鱼生活在浅水中，白杨鱼生活在河

---

① 位于伦敦西部奇西克的一个地区，位于基尤桥东面泰晤士河北岸，以风景优美而著称。
② 指河蟹等蟹类。

底,鲑鱼和芦苇蒲棒生长在堰坝水塘里,鲈鱼和梭子鱼生长在静止水湾处。宽吻海豚在布莱克弗瑞尔斯被看到过,海豚在沃平被看到过,灰海豹在格林尼治和罗瑟海兹被看到过,长鳍鲸在绍森德被看到过——甚至连害羞的海马也返回了河口区。它们的出现当然也伴随着野禽及其他鸟类的回归,从而打造了一条重新被认为是"活着"的河流。泰晤士河现在也是一条比历史上任何一个时期都要干净的河流。事实上,据称泰晤士河是世界上最清洁的都市河流。这是一个重返青春的奇迹。已经死去的又活了过来。这种复苏有时候采取了一种令人意想不到的形式。泰晤士河沿岸现在有了更多植物。对特纳的素描的研究显示,在艺术家生平时期,河岸风景中所出现的树,要比现在少得多。现在河岸的拉纤小路常常被树和灌木遮得看不见。近年来,一些路段已经因为植物蔓生,无法通行了。

[281]

有另外一种捕鱼方法,就像职业渔夫一样古老和值得尊敬——这是一个人在河岸上所享有的乐趣,一个在泰晤士河每个河段都能看到的、带着鱼竿和网、好像在与河水进行"秘密沟通"的孤独身影。他或她(是的,虽然不符合大家通常的印象,但确实有女性钓鱼者),以另外一种方式来理解泰晤士河。以其最基本的状态而论,这一定是工业社会中仍然存在的最简单、也最古老的采集食物的方式——并且千年以来,其所采取的技术手段也并没有多大改变。它是"古老"的象征——或者说,它代表着古老的习俗仍在延续、没有发生根本改变这一事实。将这些与泰晤士河联系在一起是恰当的。在基督教时期,"吃鱼"被认为是一种苦修与净化的行为,因此在大斋节禁食期间,鱼仍随处可见。泰晤士河的物产分享了河水所具有的宗教仪式上的"纯洁性"。

非常有可能的是,泰晤士河沿岸最早的定居者——至少可以追溯到1.2万年以前的中石器时期——使用鱼钩、鱼线和鱼网来捉河里的鱼。也一定出现了最早的"堰坝"——或者通过从中间截断水流,来捕鱼或引导鱼流进小水塘和布满网的栅栏。后来,这些被称作"鱼

第十章 | 愉悦之溪

The Royal Recreation of Jovial Anglers.

Proving that all men are *Intanglers*,
And all *Professions* are turn'd *Anglers*.

To the tune of, *Amarillis*. [1663. See vol. vi. p. 113.]

捕鱼者一直都热爱着泰晤士河。他们已经在其河岸上或坐或立了上万年。数千年以来，他们也一直使用着钓鱼竿与鱼线。

梁""篱笆""站点"的设施有时会被君主认为是非法行径。十一世纪时，它们被认为对河流交通产生了妨碍——它们确实产生了妨碍——"忏悔者爱德华"（Edward the Confessor）下令将它们都拆除。稍后，爱德华一世（Edward I）[①] 推出了一系列保护三文鱼苗免遭捕捞的法

---

① 爱德华一世（Edward I, 1239—1307）：英格兰国王，1272年至1307年在位，又称"长腿爱德华""苏格兰之锤"。

律。网和网眼的尺寸要按法律规定的大小。1588年可以捕捉的最小三文鱼的尺寸是16英尺。还有其他各种有着最古老起源的捕鱼设备，包括鳗鱼篮——或者叫"巴克斯"——捕鱼笼、捕鳗笼或是"小鳗笼"——"小鳗"是泰晤士河沿岸对鳗鱼的称呼。

有很多有关泰晤士河里的鱼的故事。有些沿岸居民，对鳗鱼有一种奇怪的厌恶。一些人认为它是从烂泥或腐败动物的残渣中长出来的，另一些人则认为它是在马的鬃毛浮在水中时，被创造出来的。但很多个世纪以来，它依然是伦敦人餐桌上的日常食物。虽然现在人们不那么常吃它了。触须白鱼过去主要是卖给伦敦的犹太人，原因已不可知。人们过去认为斜齿鳊聚在泰晤士河的马洛河段，在秋天河水被雨水增添了"色彩"时，最容易捕捉。十九世纪早期，大家认为在伦敦桥那里，用手就可以捉住黑线鳕鱼——因为这种鱼被那里的迅疾水流所产生的冲击力与泡沫搞得晕头转向，"看不清自己正在朝哪儿游去"。丁鲷被认为有着非同寻常的、坚韧的生命力。鲈鱼被认为很合群，因此一条被捉住时，其余的也会跟来。艾萨克·沃尔顿在《钓客清谈》中写道："它们和世人一样，不懂得害怕——虽然伙伴与同胞就死在眼前。"鲤鱼被认为是从中国进口来的，但这很可能只是从它们金色的鱼鳞而来的一种推理。它们很容易就能被驯化，能够区别熟人和陌生人。

垂钓者一定对鱼和河水都有着很深的同情。这里面有一种亲近感在起作用——这是为什么泰晤士河的垂钓者倾向于重返他们曾经钓过鱼的老地方。他们是泰晤士河的崇拜者，是其安静与和平的守护者。在她的《猎鹰、捕鱼与纹章学专论》(1496)中，索珀韦尔(Sopwell)修女院院长朱莉安娜·伯纳斯夫人(Dame Juliana Berners)[①]赞美了泰晤士河垂钓者的爱好，既然"最低限度，他享受了有益于健康的步

[①] 朱莉安娜·伯纳斯夫人(Dame Juliana Berners，生于1388年)：据说是《圣徒阿尔本斯之书》的作者，内容是有关纹章学、猎鹰、打猎和垂钓，她也被认为是英语世界中最早的女性作家。

行，乐得逍遥，闻着使他腹中感到空虚的草地野花的清香，听着鸟儿在婉转歌唱，看着年轻的天鹅、苍鹭、野鸭，还有很多其他鸟类，带着自己刚孵出来的小鸟。"

有一本迷人的书——A·E·霍布斯（A.E. Hobbs）[①]的《泰晤士河的鳟鱼》(*Trout of the Thames*，1947)。表达了对泰晤士河及其有时难以捉摸的居民的一种轻松的熟悉感。该书讲了很多与钓鱼者有关的故事与记忆，这些钓鱼者构成了和下游的渔夫一样触手可及、清晰可见的群体。"我们知道有一条大鳟鱼住在水池非常深的一个地方，"霍布斯写道，"我们多次看到它追逐一条大鲦鱼或是一条斜齿鳊，但还没有机会接触到它。"这些钓鱼者对鱼有着"个体性"的了解。"对他或她——为了方便起见，我们就称其为'他'——我们是不会搞错的，因为他一只眼有着角膜白斑。"

钓鱼俱乐部最好的时光无疑是在十九世纪最后几十年，据估计，当时伦敦约有3万人是会员。这些"伦敦的户外运动爱好者们"——更传统的钓鱼者轻蔑地这样称呼他们——乘着西部铁路公司的火车来到他们最喜欢的河段。据《水闸时报》(*Lock to Lock Times*)报道，他们中的一些人，"在受到打扰时非常容易骂骂咧咧，因为他们通常会对其所钓的鱼的重量押钱打赌……他们口吐污言秽语，如果有女士在一起的话，是很不令人愉快的"。这种语言被称作"水上秽语"。

在沿岸主要居民区如马洛和亨利那里，也有俱乐部在当地举行钓鱼比赛。晚上捕鱼及用网捕鱼是不被允许的，然而鳗鱼笼、柳条笼等都是泰晤士河沿岸所常见的。钓鱼者是一个群体，不过他们基本上只靠单打独斗就导致了河中水獭的暂时性灭绝。当时的人认为，水獭是"大害虫"，也是吃鱼者。钓鱼者一看到它们，就将其作为"眼中钉"杀死。十九世纪晚期，每只被证明是在河边被杀死的

[①] A·E·霍布斯（A.E. Hobbs，1871—1857）：出生并埋葬在英国伯克斯郡的沃灵福德，根据自身钓鱼经验写了《泰晤士河的鳟鱼》一书，深受钓鱼者喜爱。

水獭，可以得到 10 先令的奖励。

当然还有逮捕或罚款都不能吓退的偷猎者，这些人是"泰晤士河不属于任何人"这一古老信仰的信徒。他们中的一位对水警说："这些鱼不是既属于你也属于我吗？否则要这些鱼做什么？"十九世纪末，在捍卫自己对河段所有权的私人业主与大众垂钓者之间，还有过一次漫长的争端。相关事宜从未获得最终解决，各种争端都是通过赔偿或调解被平息了下来。一些深层次的法律争端，体现在泰晤士河渔业保护基金（the Thames Fishing Defence Fund）的建立和当时流行的一首诗中：

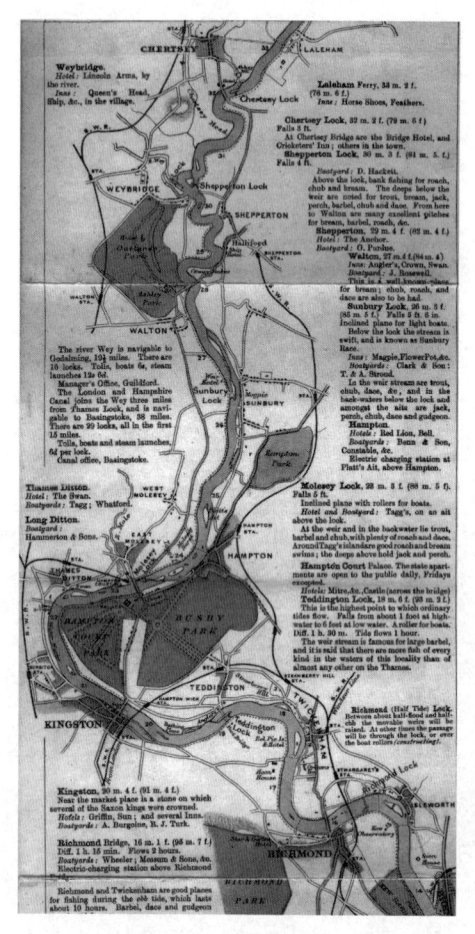

1893年的船夫与钓鱼者地图，河两岸标注着各种旅店与小酒馆。

> 如果男人或男孩因为从泰晤士河中捕鱼
> 而被法律惩罚
> 那么这个人该吃什么呢？
> 又是谁将水从鱼儿那里夺走了呢？

第十一章

治疗之泉

疗愈之水

泰晤士河一直与"治疗"相连，是"抚慰"与"重生"之河。既然它习惯性地与"洗礼"及其他"净化"仪式相关，它所具有的更新力量，就很容易被人们转移到与健康相关的领域。有什么比纯净的水更能赋予人以健康呢？水是营养素，是母亲般的液体，是大自然的牛奶。既然河水是健康的守护神与保卫者，泰晤士河自身也就变成了一处"疗愈"的所在。它也是一处治眼睛的地方。自从圣奥古斯丁在克里克莱德的泰晤士河那里施行神迹，令盲人复明，河边的井水和泉水都被认为具有治疗眼部疾病的功效。青光眼被俗称为"眼中有水"的疾病。泰晤士河边有26处人们认为具有疗愈效果的泉水——当然还有更多的泉水，在"怀疑倾向"较严重的时代，从人们的视线中消失了。

泉水可能是所有自然现象中最纯洁和明亮的一种。它永远新鲜、永远不断更新，就像生命的源泉一样，从地下深处涌出来。在任何一种文化中，将泉水"弄脏"的人都被认为是应该受到诅咒的。古代世界的神灵们，聚在泉水周围，每一眼泉水都有自己的守护男神或女神。那些过去献给坦女神（Tan）①的泉水，现在都被改名为"圣安妮之

[287]

---

① 坦女神（Tan）：古代迦太基象征母性、养育与丰饶的女神。

泉"或"圣凯瑟琳之泉",但古老的传说仍然保留了下来。正如早期一位基督教主教"布拉加的马丁"(Martin of Braga)[①]所说的——"……将面包放在泉水中,除了是在向魔鬼献祭还能是什么?"

泰晤士河边有一眼永远长青的泉水,位于斯诺顿山山下的森林里。一座献给泰晤士河最早的基督教圣徒之一——布鲁因斯——的祭坛立在这里,人们到此为生病的牲畜进行祈祷。克里克莱德的泉水位于泰晤士河北岸的草地上,数个世纪以前,格洛斯特郡和威尔特郡的人常常会到那里,用瓶子去装珍贵的泉水。据附近的人说,这里的水"对眼睛好"。然而在1910年左右,它不再被作为"有疗效"的水了。这眼泉水现在被水泥封了起来。过去有一眼被人们称作"艾森登之泉"(Assenden Spring)的泉水,在亨利镇那里流入泰晤士河,人们认为它所含有的二氧化碳具有医疗效果,但这眼泉水现在已经消失或是被遗忘了。靠近潘博恩那里,曾经有过数眼泉水或井水(在过去的记载中,很难分清写的是"泉水",还是"井水")。在弗利尔山姆海兹(Frilsham Heath)那里,有过一眼献给另一位泰晤士河圣人——弗莱兹怀德——的泉水。这里曾有一个很奇怪的迷信:恋爱中的男男女女会来到这里,喝古井里的水。如果男方对女方的心意不是那么纯洁高贵的话,一只癞蛤蟆会出现,并朝他吐口水。

过去紧挨着泰晤士河,当然也有很多井。河畔很多村庄的名字证明了它们的存在——布莱特井与索特井(Brightwell-cum-Sotwell)、甜井(Sweet Well)、伊维尔米(意思是"很多井")、蒙治维尔(Mongewell)等。井,一定是人类最早发明的设施之一,印度河谷(the Indus Valley)那里的井,有的可以追溯到公元前3000年。在拥有众多大河的苏美尔人的象形文字手稿中,一个圆形符号被认为

[①] "布拉加的马丁"(Martin of Braga,约520—580):指布拉加的主教、传教者、修道院建造者马丁,他也是一位多产的作者。布拉加是葡萄牙的一座城市,旧名"加里西亚"。

代表着"一口井"。伦敦的井,来自那些流入泰晤士河的支流——克莱门特之井(Clement's Well)、克拉肯维尔(Clerkenwell)、拜格尼治之井(Bagnigge Wells)、圣潘克勒斯之井(St Pancras Wells)、塞德勒之井(Sadler's Wells)、斯金纳之井(Skinner's Wells)、法哥斯之井(Faggeswell)、僧侣井(Monkwell)、圣阿格妮丝·克莱尔之井(St Agnes Le Clair,后来变成"Anniseed Clear")——还有"圣恩玛丽之井"(Blessed Mary's Well)(宗教改革时期改名为"黑玛丽之井"或"黑玛丽之穴")。

关于是"查德维尔"(Chadwell),还是"沙德维尔"(Shadwell),人们有些困扰,包括河下游的查德维尔·圣玛丽村。大家可能猜测这个名字是为了纪念圣徒查德(St Chad)——那位十七世纪的主教——但他是斯塔福德郡(Staffordshire)的地方守护圣人,而不是泰晤士河地区的守护圣人,以外地圣人命名是不常见的。"查德-维尔",可能仅仅是"冷泉"的意思。不管怎样,在沙德维尔那里,就在沃平旁边,十八世纪时有一眼富含矿物质、被称作"沙德维尔温泉"(Shadwell Spa)的泉水,据说该泉水富含硫磺、硫酸、铁、锑等对治疗皮肤病很有效的成分。通过沃平新台阶对面的井巷(Well Alley),可以抵达这里。这条小巷的背面,过去曾是老天鹅酒馆(Old Swan Tavern Fields),那条以矿物质著称的泉水,就位于这里。

伦敦还有其他神圣的泉水。切尔西和兰贝斯的水厂,并非巧合地,被建在"沸泉"(Seething Wells)那里。"圣布莱德之井"(St Bride's Well)——或者称"圣布里吉特之井"(St Bridget's Well)——后来当然变成了"布赖德威尔"。这些一度被视为"神圣"的井水,直接与横穿伦敦城的泰晤士河相连。过去塔丘上有一眼人称"暗泉"的、富含矿物质的泉水。在离布莱克弗瑞尔斯河边几码远的维多利亚女王大街的北边,过去曾有一眼泉水,以及与之相伴的几口井,并且发现了罗马人的献祭品。在南岸的萨瑟克的几口井里,也发现了供品。罗马的一眼大理石喷泉旁边,曾有一句刻在石头上的名言:"此为水仙

[289]

女之地——请饮用、清洁并保持安静。"

最著名的井水之一位于宾赛，在牛津城外的河边。这口井也和泰晤士河的女守护神，也是基督教的圣徒弗莱兹怀德有关，据说，"是她通过祈祷，让井水出现"。这口井被称作"圣玛格丽特之井"（St Margaret's Well），就位于公元 730 年弗莱兹怀德建在这里的小礼拜堂的西边。井上面过去有着石头井盖和玛格丽特——也就是弗莱兹怀德——的雕像，常有鲜花相伴。这处井水以能行"奇迹"而闻名，恩舍姆、泽奇瓦（Jurkiva）和利尔达（Rilda）三姐妹中瞎眼的两位，据说到这里朝拜以后，重见天日。它的名声与效果是如此显著，以至于这里的水能够以一夸脱（1.1 升）一基尼的价格进行售卖，而位于附近的村庄塞克沃斯（Seckworth），很快就变成了一座拥有 24 家为神父和朝圣者提供服务的旅店及 11 座教堂的大镇子。弗莱兹怀德礼拜堂祈祷室的墙上，挂着被井水治好的人留下的拐杖和绑带。

然而到十九世纪中期，井水消失不见了。塞克沃斯这个城镇在十二世纪就消失了，身后只留下几间小农舍，现在它们也消失在草场之中。十九世纪末，"弗莱兹怀特之井"得到了重建，并以另外一种姿态走进了英国文学。有治疗效果的东西的古代用语是"蜜糖"，对宾赛非常熟悉的刘易斯·卡罗尔，在《爱丽丝漫游奇境》中创造了一口"蜜糖井"——弗莱兹怀德的神圣井水，以一种奇特的、非直接的关系，再一次获得了传奇的地位。

在戈灵的泰晤士河边，过去也有一眼具有治疗效果的泉水，被人们称作"泉井"（Spring-well）。十七世纪时，人们认为它对皮肤病、溃疡和眼部不适——又是眼部不适——具有治疗效果。十八世纪早期，这里的水被装瓶以"戈灵泉水"及对各种小病"有特效"的名义在市场上售卖。然而后来其声誉没了，疗效也没了。在莫尔斯福德（Moulsford）附近的河岸，也有一眼有名的泉水，靠近皮壶旅店（the Leather Bottle Inn）——该旅店的名字，很可能来自从泉水中取水的工具。在彻特西那里，也有一眼具有疗愈效果的泉水，被称作"圣安妮之井",旁边曾有一座古老的小礼拜堂。关于这眼几乎是"隐藏不见"的泉水,有一幅创作于十九世纪的版画,展示了断壁残垣围着它浅浅的水湾的画面。兰贝斯井(Lambeth Wells)过去也被认为具有疗效。在卡姆纳的泰晤士岸边的树丛中,现在仍隐藏着一眼过去的"疗愈之井"。在靠近格雷夫森德的肖恩村(Shorne),过去有一眼富含铁质的泉水,含有人们认为对治疗败血症有特效的铁盐。在同一河段的西蒂尔伯里(West Tilbury),过去也有一眼泉水,它所涌出的"金黄色的水",过去被用来治疗糖尿病和内出血——十八世纪时被装在瓶子里,以"蒂尔伯里水"进行售卖。雷丁的泰晤士河边,过去也有一口神圣的井水——"在一块名叫'蒙特'的草地和一条名叫'教士巷'的小巷之间"。井边过去还有一棵大橡树,也受到大家的敬拜。泰晤士河下游还有一眼有治疗效果的矿泉,被称作"里士满之井"。

在伊斯特里奇特维尔村(Eastleach Turville),过去曾有一眼有着强烈"腹泻效果"的矿物质泉水。班普顿那里过去也有一眼"圣泉",治疗眼部疾病的功效曾众所周知。在北奥肯顿(North Ockendon)的圣抹大拉的马利亚(St Mary Magdalen)教堂墓园的西北角,现在仍有一口被认为与圣徒柴德(St Cedd)[①]的洗礼仪式有关的井,当时他在东撒克逊人中间传教。一个普遍的说法是,这里的泉水源自肯特,流入河底后,在埃塞克斯又冒出头来。这个村庄在更久远的时候,被称作"北奥肯顿的'七眼泉'",但泉水很早就消失不见了——它们也许可以与被认为是泰晤士河另一个源头的"七眼泉"相比。

泰晤士河的河水曾普遍被认为具有"半神奇"的性质,尤其是具有"自我净化"能力。汉普顿宫附近的泰晤士河水,过去也被认为具有"药效",1794年,有人对其曾经有过这样一段描述:"对肾结石有治疗效果,非常适合饮用和清洁物品,但不适合烹饪使用。"——因

---

① 圣柴德(St Cedd,约620—664):来自诺森布里亚王国的盎格鲁-撒克逊僧侣和主教,英国国教、天主教和东正教都尊其为圣徒。

[291] 为它会使蔬菜变黑。汉普顿宫确实享受了长达数世纪、令人羡慕的美誉。人们普遍认为在汗热病、瘟疫、天花和猩红热等流行疾病肆虐时,这里逃过了疾病的侵犯。这种"免疫力",被归于泰晤士河的"保护"。

马洛那里的河水,也享有"可以减轻痛风症状"的声誉。斯特雷特利周围的河畔地区,也被认为对健康有好处。事实上,泰晤士河的上游和中游,几乎没有哪一个河段不具有或真或假的治疗效果。1568年,耶稣会的乔治·内皮尔(the Jesuit George Napier)被处绞刑,尸体被分成四块,在牛津那里被扔进了泰晤士河。但河水将分离的尸体又合了起来,当到达桑德福德时,整个尸体又合为一体了。这仅仅是个故事,是对泰晤士河的一种迷信,但这些故事的流传是受到"身体浸在泰晤士河中会变得完整"这一古老信仰的影响。

过去有很多医院建在河边,仿佛与河的"治疗功效"暗通曲款。阿宾登过去有一家古老的医院,是亨利五世在位时,在过去一座古老修道院的位置上建的,这座修道院是献给"神圣十字架"的——如此选址暗示了"虔诚"、"河流崇拜"与"疗愈"之间的关系。亨利三世统治时期,一座"献给施洗约翰(St John)"的医院,被建在克里克莱德,至今圣桑普森(St Sampson)教区还有一部分地区为纪念这座医院被称作"济贫医院"。泰晤士河边还有很多其他有关这些古老设施的例子,但是审视其更晚近的化身,也许更能说明问题:一次顺河而下的旅程——沿着二十一世纪泰晤士河的伦敦河段——将会遇到切尔西那座一度被称为"河畔小医院"的切恩医院(Cheyne Hospital)、位于切尔西桥边的里斯特医院(the Lister Hospital)、圣托马斯医院(St Thomas's Hospital)、国王学院医学院(King's College Medical School)和伦敦桥医院(the London Bridge Hospital)。这种联系依然存在。

一些精神病院——也叫"收容所"——也位于泰晤士河边。靠近泰晤士河,在斯旺斯孔布那里的教堂,曾有一座以能治疗精神病而在整个地区都很出名的祭坛,过去有很多遭受精神疾病折磨的朝圣者,被朋友带到此处。在桑宁的河边,在宗教改革之前,也有一个礼拜堂享有"能够治疗精神失常者"的美名。就像利兰所描述的,"圣萨里(S. Sarik)教堂东边有一个古老的礼拜堂,直到很晚的时候,还有很多人到这里来朝圣,治疗精神失常"。新石器时期,这里曾有过一个举办宗教仪式的围场,这中间可能有着某种遥远但显著的联系。这个教堂至今仍在。位于泰晤士河畔的奇西克宫(Chiswick House),过去曾是一个私人救济院。距离莫尔斯福德村不远,靠近泰晤士河那里,在近几年之前都是伯克郡精神病院(the Berkshire Mental Hospital)。在利托摩尔的泰晤士河边,过去也有一家精神病医院,曾属于约翰·亨利·纽曼(John Henry Newman)[①]所管辖的教区。泰晤士河现在流过的希金森(Higginson)的公园与宅邸,曾是精通精神病治疗的威廉·拜迪医生(Dr William Battie)[②]的住宅。泰晤士河的一些支流也反映了它的这种能力。在金斯顿流入泰晤士河的霍格斯米尔河,紧挨着埃普瑟姆(Epsom)过去那座由五座精神病院组成的综合体,其源头在尤厄尔(Ewell)——那里曾有一座尤厄尔精神病医院(the Ewell Mental Hospital),是1903年作为癫痫病患者疗养院而建的,但在1930—1962年之间成了精神病院。

杰拉德(Gerarde)[③]的《草本志》(Herball,1597)中,有很多关于泰晤士河边所能发现的花朵的描述,包括"喜欢生长在偏僻的草场之中及积水的壕沟里"的紫草科植物及"生长在小溪和流水边、水沟边

[292]

---

① 约翰·亨利·纽曼(John Henry Newman,1801—1890):英国国教牧师、诗人、宗教理论家,后皈依天主教成为红衣主教,是十九世纪英国宗教史上重要而有争议的人物。
② 威廉·拜迪(William Battie,1703—1776):英国医生,1758年出版了第一本有关精神疾病治疗的长篇著作——《疯癫的治疗》(A Treatise on Madness)。
③ 约翰·杰拉德(John Gerarde,约1545—1612):植物学家与草药学家,在伦敦有一座很大的草本花园。

及河边"的水苏属植物。从他这本书的书名，就可以看出这些河畔花朵被认为具有医药及治疗的功能——它们分享了在流水周围所具有的那种"清洁"与"净化"的感觉。事实上，泰晤士河边的很多植物与花，至今仍被用作一些常用药的替代品，譬如黄色的蓬子菜被用于脚部感染，万寿菊对眼睛和皮肤很有效。河畔之花，就像河一样，可以对人起到治疗作用。紫色和黄色的千屈草，享有从古代流传下来的、可以驯服动物和让野兽们平静下来的美誉——因此，泰晤士河的平和与安静，也被它所养育的植物们继承了下来。生长在泰晤士河中的芳香的莎草，被人们放在家里和教堂的地板上，以使其香气充满那里。

泰晤士河还生长着具有特殊疗效的植物。小米草，可以被认为是泰晤士河的"守护植物"，据流行歌谣《小米草令盲者复明》所唱：

[293]

> 全心赞美上帝
> 因为他创造的植物令病眼复明。

另一种在泰晤士河边被大量发现的植物——"绣线菊"——有着与其相类似的功效。十七世纪，植物学家尼古拉斯·卡尔佩珀（Nicholas Culpeper）① 在《草本全录与英格兰医生》（The Complete Herbal and English Physician，1653）中写道，"从其中提取的水对眼部炎症有好处。"在此我们也许还可以提一下坐落在河边的切尔西药物花园，那里曾种着用来做草药和药膏的各种植物。它是由药材公司（the Company of Apothecaries）于1673年专门为种植药用植物而建的一座植物园，直到十九世纪末，药剂师们才放弃使用这里。该花园选择建在这里，完全是因为它离泰晤士河很近。人们认为这是因为河水所提供的"微气候"对草药的生长有利，但其中也可能有着更古老的

---

① 尼古拉斯·卡尔佩珀（Nicholas Culpeper，1616—1654）：英国植物学家、草药学家、星相学家。

第十一章 | 治疗之泉

联系。健康、"医药"与泰晤士河,一直有一种紧密的联系。

还有很多其他的河流植物。水大黄(water dock)被人们认为具有治疗作用,十八世纪时,人们广泛使用它那具有收敛作用的根茎来作为药物。圣约翰草对抑郁具有治疗作用;夏虫草是一种镇静剂;紫草科的植物被用于辅助治疗溃疡;装饰河岸的芦花,其头部被认为可以减轻因肝气失调而脾气暴躁的人的症状。常见的蓍草——泰晤士河居民称其为"千叶草"——因能够愈合伤口及防止肿胀和发炎而出名,被容易受伤和发生擦伤的驳船船夫广泛用作止血药。另一种河边植物——龙牙草,被用做止痛药。泰晤士河沿岸村民也把艾菊作为治疗痛风和肠道蠕虫的良方,这种草在药店里以"不死草"的名字进行售卖——用的是与希腊文对等的、意思是"不死"的拉丁文。艾菊(Tansy)与一种被称作"Argentaria"的植物,可能是同一种,抑或是有关联。在《不列颠述要》中,威廉·哈里森写道:大量Seraphium在肯特郡的河边生长,简直太壮观了……他在这里将"Argentaria"称作"Seraphium"。

柳树对河与河岸来说,是很常见的。它的树皮和叶子曾被用做收敛剂,树皮被碾碎或制成粉末,用于治疗过去被称作"疟疾"的疾病。因为疟疾在过去的泰晤士河谷的沼泽地带——尤其是河口地区——频频光顾,所以这成了"本地植物"为河岸居民提供"本地药方"的一个例子。泰晤士河沿岸的居民,确实喜欢用本地植物来治疗一些经常出现的疾病。泰晤士河的吉卜赛人——现在已经消失了的、沿泰晤士河流浪的一群人——很喜欢饮用一种用土大黄制作的饮料。对风湿病和其他小毛小病,他们用生长在河边的橡树皮来治疗——将树皮煮沸当茶饮用。泰晤士河边常见的、树梢被修剪的白蜡树的树皮,也被用于制作有利于肝脏健康的调剂品。湿地锦葵可以治牙痛。当然,这些花草和植物并不是泰晤士河所独有的,但它们是泰晤士河一度被人们认为拥有"疗愈力量"的不可分割的一部分。

[294]

这种"疗愈"的光辉,也吸引了医生——还有"蒙古大夫"——

来到河边。十九世纪中期,位于里士满和金斯顿之间的萨德布鲁克公园(Sudbrook Park),提供后来很著名的"水疗"。十八世纪七十年代,一位名叫詹姆斯·格雷厄姆(James Graham)的医生,在新建的阿德尔菲大厦(Adelphi)①附近的河边,建了一座"健康神殿","神殿"的墙壁以满心感谢的病人扔掉的拐杖、支架及各种骨科设备作装饰。而就在河上游的汉默史密斯,艺术家及"偶尔为之"的"疗愈者"菲利普·劳森伯格(Philippe de Loutherbourg)②,建了一座治疗各种疾病与"抱怨"的诊所。他采用人与人之间灵性影响的方式,将手放在病人身上,同时进行祈祷来进行治疗。通过这一简单方法,他自诩治愈了各种疾病。此外,也许并不令人感到奇怪的是,十八世纪早期,特丁顿的居民斯蒂芬·黑尔斯博士(Dr Stephen Hales)③在血液循环的研究上,取得了重大进步。

然而还有一些其他类型的"诡计多端的家伙"——这是那些具有探索性的思考者曾经获得的"称号"——他们也住在泰晤士河边。这是一项令人好奇的事实,或者仅仅是一种巧合,在兰贝斯的泰晤士河边,不同时期住过约翰·特兰德斯坦(John Tradescant)④、弗兰西斯·莫尔(Francis Moore)⑤、西蒙·福尔曼(Simon Forman)⑥、埃利阿

---

① 阿德尔菲(Adelphi):伦敦威斯敏斯特自治镇的一个街区,英国皇家艺术委员会总部位于那里,以一座拥有24间新古典主义风格的连体住宅阿德尔菲大厦而得名。
② 菲利普·劳森伯格(Philippe de Loutherbourg,1740—1812):法裔英国画家,以大型海洋题材作品及为伦敦剧院所创作的精美布景而出名,对灵性疗愈也感兴趣。
③ 斯蒂芬·黑尔斯博士(Dr Stephen Hales,1677—1761):在植物学、化学与生物学领域都做出了重大贡献,是第一位成功测量血压的人。
④ 约翰·特兰德斯坦(John Tradescant):有两位约翰·特兰德斯坦,是父子,都是园艺家,此处应指父亲(约1570—1638),他将在旅行中收集的各种物品展示在兰贝斯一座名为"方舟"的大房子里,此处也成为英国第一座向公众开放的博物馆。
⑤ 弗兰西斯·莫尔(Francis Moore,1657—1715):出身贫穷、自学成才的医生和星相学家,服务于查尔斯二世的宫廷,出版有《老莫尔年鉴》(1697)。
⑥ 西蒙·福尔曼(Simon Forman,1552—1611):神秘学家、术士、草木学家,伊丽莎白女王和詹姆斯一世统治时期活跃于伦敦。

斯·艾什莫尔（Elias Ashmole）[1]以及一位被称作"巴伯上校"（Captain Bubb）的星相家。西蒙·福尔曼是伊丽莎白女王时期的一位星相学家和医生，他的日记揭示了十六世纪人们的迷信程度。在他众多深奥隐晦的日记中，有一本这样记载着："这是我让魔鬼亲手在兰贝斯草场上写下的，我记得是1569年6月或7月。"兰贝斯草场当时紧挨着泰晤士河。福尔曼死后，被埋在河边的兰贝斯墓园。他的同时代人巴伯上校，徘徊在兰贝斯沼泽那里，"根据占星术来解决疑难问题"。莫尔是一位星相家，也是初版于1697年的那本著名预言集览《老莫尔年鉴》的作者，这本书后来一直被不断地补充再版。他曾住在凯尔科特巷（Calcott Alley）的东北角。约翰·特兰德斯坦和埃利阿斯·艾什莫尔，是具有探索精神的思考者以及自然界各种奇怪之物的收集者，在他们的藏品中，有凤凰羽毛、火蜥蜴和2英寸（25毫米）长的蛇。

在更上游的莫特莱克那里，住着著名的约翰·迪伊（John Dee）[2]。迪伊博士既是魔法师也是数学家、化学家和地理学家，他似乎也喜欢与泰晤士河及其神灵经常进行的交流。他住在河边的一幢房子里，就在教堂西面。据他自己说，就是在这里，天使乌列（Uriel）[3]出现在他书房的窗口，给了他一块半透明的石头，于是他开始用这块石头——或者说是神奇的水晶——召唤其他天使并与其对话。他在莫特莱克为自己建了一间实验室，并建了一座全国最大的私人图书馆。他被人们称作是"泰晤士河的魔术师"。莫特莱克——就像兰贝斯那样——变得与魔法甚至"黑魔法"有了紧密联系。这里还住着弗兰西斯·帕特里奇（Francis Partridge）——一位十八世纪早期在公共出版

---

[1] 埃利阿斯·艾什莫尔（Elias Ashmole，1617—1692）：英国著名古文物学家、政治家、星相学家、军官、炼金术学习者，热衷于收藏，后将大量藏品捐献给牛津大学，打造了艾什莫尔博物馆。

[2] 约翰·迪伊（John Dee，1527—1609）：英国数学家、天文学家、星象学家、神秘主义哲学家，伊丽莎白女王一世的顾问，鼓励英格兰进行帝国扩张，通常认为"大英帝国"（British Empire）一词即为其发明。

[3] 乌列是犹太人被放逐到巴比伦后的希伯来传统的大天使之一。

物上传播各种预言的魔术师及星相家。帕特里奇死后被埋在莫特莱克的教堂墓地中,而迪伊则长眠在教堂高坛下的某处。

在兰贝斯上游一点的地方,与泰晤士河相连的巴特西草场,曾经发生过一件奇事。"神灵"将一位后人只知道名叫"观星者伊文思"的人悬起在半空中,沿泰晤士河一直飞,直到巴特西大道那里,才将他放了下来。之所以会这样,好像是因为他没有供奉足够的焚香,惹恼了那些神灵。但它们选择巴特西来展示自己的惩罚,令人很费解。

在沃尔顿附近的萨里河岸,住着当时被人们视作是"狡诈之徒"的星相家威廉·里利(William Lilly),在后人眼里,他最伟大的成功是预言了伦敦大火:

> 黑暗的预言中
> 有关月亮的言说
> 拥者甚众

他出生于1602年,在伦敦收获了名声与财富以后,搬到了沃尔顿教区,在这里住了45年,随后搬到附近的小村庄赫舍姆(Hersham)。他是泰晤士河的一位常客。甚至在他早年住在伦敦时,他的主要工作就是"拿着大桶从泰晤士河里取水,我一个早上帮忙运了18浴缸的水"。然而退隐河畔以后,很多人还是来拜访他,想要获得有关未来的消息,甚至连下议院也向他咨询过意见。1644年春天,他以"小莫利纳斯·安格里克斯"(Merlinus Anglicus Junior)的名字出版了一本年鉴。他是否知道梅林(Merlin)[①]通常也被认为是住在泰晤士河边的呢?他向周围地区施加魔法。他曾写道,他告诉了一位朋友那句神奇的口诀:"O Micol! O tu Micol! Ergina pigmeorum veni",当

[①] 梅林(Merlin):英国一部魔幻冒险电视剧里的主人公,亚瑟王传说中与亚瑟王同时代的魔法师。

他的朋友重复这句口诀时,众仙女的女王,立马出现在里利位于沃尔顿的房子后面的小树林中。她是如此光芒万丈,里利不得不叫她赶快离开。她也许是以另一种形式出现的泰晤士河的女神之一。在沃尔顿的圣玛丽教堂,现在还有一座纪念里利的纪念碑。

也许饶有深意的是,十六世纪的散文家、自然哲学家弗朗西斯·培根(Francis Bacon)[①],曾想要在河边的特威克纳姆公园(Twickenham Park)内买一处房子,供自己研究时使用。他写道:"经实验发现,那里的情形非常有利于他对哲学思考的结果进行检验。"看来,河流"近在眼前",被认为是一个有利条件。在这一点上,他有很多著名的前行者。在圣凯瑟琳医院沿河的一套居室中,炼金术士和赫尔墨斯主义者雷蒙德·吕利(Raymond Lulli)在十四世纪早期,就做着从黄铜和铁中炼出黄金来的努力。更下游一点的地方,在伦敦塔的房间之中,"塔拉戈纳的雷蒙德"(Raymond of Tarragona)也在从事着同样的炼金术实验。"银色泰晤士河"真是名不虚传。

但是住在泰晤士河畔的最著名的自然哲学家毫无疑问是罗杰·培根(Roger Bacon)[②]。培根修士的书房——一座十三世纪的塔楼,人们认为他在里面进行了各种实验——位于格兰德庞特(Grandpont)的一侧,这里也被称作"南桥"(South Bridge),是福利桥的前身,横跨在牛津的泰晤士河上。人们认为培根修士就是在这里与魔鬼对话,打造了那个能够预言的黄铜头颅。该头颅吐露了一些魔鬼所说的话:"时间是""时间曾是""时间已逝"。但更有可能的是,培根运用自然科学的原理,也能够制造出这样的声音效果。他的塔楼一直伫立到1779

[297]

---

① 弗朗西斯·培根(Francis Bacon,1561—1626):英国文艺复兴时期最重要的散文家、哲学家、政治家、实验科学的创始人,被称为"经验主义之父"。
② 罗杰·培根(Roger Bacon,约1214—1294):英国方济各会修士、哲学家、炼金术士。他学识渊博,著作涉及当时所知的各门类知识,并对阿拉伯世界的科学进展十分熟悉。提倡经验主义,主张通过实验获得知识。对早期语言的通用语法进行了探索,也是欧洲第一位记载火药配方的人。

年才倒下。有这样一个传说，如果有一个比培根更有智慧的人从塔楼下走过，塔楼就会倒下。它在培根死后毫发无伤地耸立了 500 年，被看作是一座高耸着的、对牛津大学学生智慧能力的"呵斥"。但当大学新生入学时，牛津大学对他们会有一个警告："走路时不要离修士塔太近。"

虽然培根被普遍认为是火药和放大镜的发明者，但这些声称值得商榷。在 1627 年出版的《培根修士的名望史》(*The Famous Historie of Fryer Bacon*) 中，据说他预言了"四轮车将可以以一种无法言说的速度快速移动，不需要任何活物去推动它们"，"同样也可以制作一种装置在空中飞翔"。他还做了这样的笔记："通过人工可以制造出一种装置，人可以通过这种装置在海底或河底行走。"他同时也仰望星空。培根在河边书房的主要活动之一就是爬到管道顶端，检视夜空的状态。事实上，泰晤士河边的天文台之多，令人吃惊。我们在这里可以记下一种早期的范式：史前人类举行仪式活动的河畔地点，可能在某种程度上是根据天空中的固定星座和"流浪"的彗星的运动来设计与建造的。至少所有傍河而居的"奸诈之徒"，从老莫尔到吕利，都借鉴了天空中所出现的图案。

天文学与泰晤士河之间有着某种持续性的联系，位于泰晤士河南岸一座小山上的格林尼治天文台可能最能说明这一点。它建于 1675 年，在首位皇室天文学家约翰·富莱姆斯蒂德 (John Flamsteed)① 的执掌下，这里成为恒星与行星观测中心。富莱姆斯蒂德的主要作品——《不列颠星相史》(*Historia Coelestis Britannica*, 1725)，在其去世 6 年后出版，提供了当时最准确的星象图。格林尼治还因为是子午线的起始点而广为人知，这里是所有经线刻度的起点。从第一道堤坝围墙和跑道纪念碑在河边竖起开始，泰晤士河就与丈量时空发生了关联。

---

① 约翰·富莱姆斯蒂德 (John Flamsteed, 1646—1719)：英国首位皇室天文学家，为三千多颗星星进行了编目。

第十一章 | 治疗之泉

《东方专制主义》(Oriental Despotism, 1957)的作者卡尔·魏特夫(Karl A. Wittfogel)[①],研究了东方河流文明中祭司与通灵者的角色。这些人与河水的联系,是因为他们服务于他称作是"水利政权"的美索不达米亚平原或是尼罗河河谷的那些依赖水利的政权,因此

> 对时间的划分及科学的衡量与计数手段,是由"官方大人物"或依托于水利政权的祭司(或民间)中的专家进行的。借助魔术、星相学并保持一种"意义深远"的神秘姿态,这些有关数学及星象的活动,成为提高水利出产及巩固水利政权统治者优势地位的双重手段。

因此所有的一切都取决于河流在人们心目中所具有的"力量"——这是衡量新石器时期的遗址及格林尼治的天文台和子午线这些事物的价值最恰当的背景。

泰晤士河沿岸还有其他一些天文台。罗杰·培根在那里"绘制群星坐标"的那座天文台已经讲过了。在皇家造币厂旁边,也有一个观察星象的天文台,位于泰晤士河北岸伦敦塔上游一点的地方。在基尤那里,现在仍有一个天文台,位于河南岸的古鹿公园(Old Deer Park)内,它也被称作"国王天文台",因为在建好的时候,恰好赶上1769年6月国王乔治三世(George III)在这里观察金星。这有点像是尼罗河畔的法老对星星的祭拜。该天文台实际上是建在过去一个修道院的位置上,这就保存了它与泰晤士河的某种有关"仪式"的联系。天文台的空地上,有三座方尖碑,其中一座位于通往布兰特福德的拉纤路上,被各种天文设施用作子午线的标记。这里还曾经为伦敦"划定时间"。这个天文台曾一度衰败,后来又因"维护位于基尤的地磁观察

[①] 卡尔·魏特夫(Karl August Wittfogel, 1896—1988):德裔美国历史学家、汉学家。出生于德国汉诺威。他所提出的"东方专制主义"理论引发了很大争论和影响。

台"的原因而再次复兴。现在这里被用于研究天气变化。

在基尤的那座仍被称作"荷兰宫"的建筑物旁，还有一个天文台，过去归牛津大学萨维里天文学教授①詹姆斯·布莱德雷（James Bradley）②使用，他在这座位于泰晤士河边的建筑物中凝望星空的位置，现在被放了一块日晷，以示纪念。布莱德雷在这里做出了两项重要发现：光行差及地轴的偏移。

也许泰晤士河与天文学之间最令人意想不到，并且一定是最少有人知道的联系，发生在斯劳镇（Slough）③。威廉·赫歇尔爵士（Sir William Herschel）④和妹妹卡罗琳·赫歇尔（Caroline Herschel）⑤，就是在这里建起了他们自己的观测台。之前他们在达切特的一座小房子里——也是位于河边——观察过苍穹，因此他们一定是发现了靠近泰晤士河能够获得某种"确定性"，或是更多的帮助。哥哥会报出从望远镜里获得的数据，妹妹则记录下观测的准确时间。威廉·赫歇尔在这里发现了天王星，并观察了银河所形成的"岛屿宇宙"；卡罗琳·赫歇尔则是在达切特第一次观察到三块星云的存在，并发现了八颗彗星。就某些方面来说，他们认为泰晤士河的天气令人很不舒服。威廉·赫歇尔写道："不仅我的呼吸在望远镜的这一侧哈气成冰，并且我还不止一次发现自己的脚冻在了地板上。"然而某种奇特的吸引力获胜了。

---

① 萨维里天文学教授（Savilian Professor of Astronomy）：该席位于1619年由牛津大学莫顿学院（Merton College）院长亨利·萨维尔爵士（Sir Henry Savile）设立，同时设立的还有几何学教授席位，以鼓励相关学科在英国的健康发展。
② 詹姆斯·布莱德雷（James Bradley，1693—1762）：英国天文学家、神父，1742年起被任命为皇室天文学家，其对光行差及地心轴线倾斜的发现被认为是开启了现代天文学的大门。
③ 斯劳（Slough）：英国伯克郡一个有相当规模的城镇，位于伦敦西部34公里处。
④ 威廉·赫歇尔爵士（Sir William Herschel，1738—1822）：德裔英国天文学家和作曲家，出生于汉诺威，19岁时移民英国。
⑤ 卡罗琳·赫歇尔（Caroline Herschel，1750—1848）：德国天文学家，主要贡献是发现了数枚彗星，是第一位获得位于伦敦的皇家天文学会金质奖章的女性。

泰晤士河之光

泰晤士河是什么颜色的？河的上游有绿色的河岸，零碎而不单调；河中总是有接续不断的色彩与明暗，其微妙的变化起伏就像是安静流动的河水一样——从最浓郁到最清淡的绿色。这些色彩如波纹一样荡漾，缓缓展开、分离，又消融在彼此之间。河岸的绿色夹杂着金黄色的苔藓、山柳菊星星状的黄色花朵、野生的天竺葵和草莓，还有云兰的硫磺色、并头草的蓝紫色。河岸花朵最主要的颜色是黄色和蓝色，譬如岸边到处都是的飞蓬和悬钩子所开的花。

春季和秋季，泰晤士河的岸边喷涌着黄色，并且有一种柔和的白光覆盖着一切。春天，岸边的树木似乎也因自身花朵的重量而不断发出叹息。泰晤士河边的草地是白色与黄色的，而河水就在鲜花盛开的两岸，不停地流过。夏季，柳兰和珍珠菜的粉紫色通常占了主导地位——这可能将河流的情绪下意识地由"乐观"变为"沉思"，但给人的整体印象仍然是一种自然的协调。在大自然中没有不和谐的色彩。悬钩子的深蓝色、飞蓬黄色的脑袋，比任何画家所能画出来的蓝色与金黄色都更能令人感到一种深沉的满足。

泰晤士河还有其他色彩。在拂晓或日落时的河口，可以看到一层银色的薄膜，那是穿过云层洒在平坦的风景之上的阳光。河水自身也有各种不同的颜色。它可以是最深的绿色，也可以是最浅的银色。在较冷的季节里，河水可以变得非常清澈，而较深的河段则会有一种像泉水一样的蓝绿色的色调。河水有时也会变成一种浑浊、泥泞的棕色。在桥的影子下，河水有时好像变成了蓝色。但从远处看，泰晤士河看起来又好像是一条"白线"。河水的颜色有时候可以通过对比产生：在有些地方，当一条支流汇入泰晤士河时，河水支流的颜色要比泰晤士河自身深很多。

每个地方也会有所不同。牛津那里的河水是深绿色带点棕色，到了河下游的拉德利，河水变成了深蓝色。从帕特尼往下，河里取出的水是一种浑浊的颜色。在伦敦河段，河水可能是黑色的，或者有时是深铜色、烟灰色的。当然河水是世间颜色的一种反映，它反映着河面上的事物的颜色——蓝色的帆，或是一艘驳船的生锈的朱红色。当风暴云层从它上面经过时，它会变成最深的灰色以及和木炭一样的颜色。河水的颜色永远是悄无声息地随着风、天空、日光和疾掠过的云彩而变化。在夏日，它可以泛着丝绸一样的绿色，而在春季则是蓝色的。但也有一些时候，天空非常明亮，泰晤士河却好像是身处阴影之中。

任何河流都有可能变成黑色，但泰晤士河不是黑色，而是——黑暗。它一直被称作"黑暗的泰晤士河"，但"黑暗"不是一种颜色，甚至也不是"无颜色"。也许泰晤士河什么颜色也不是，这就好像在说，如果它具有了所有的颜色，那么它就可能是"无色"的。有时，泰晤士河上游的河水可以达到一种绝对的清澈，展现出一种令人惊讶的品质："像牛奶一样甜蜜，像玻璃一样清澈"——就像"河流诗人"约翰·泰勒在 1640 年所写的。在河水安静的时候，通常上面是清澈的，中间是浅黄色，底部则是一种灰褐的橄榄色。而当船底溅起的河水好像是琥珀色，但在岸边又变成了深绿色的时候，你会叫它什么颜色？在这两种颜色之间的是什么颜色？它不是琥珀也不是绿色，不是黑色也不是灰色，甚至也不是猫眼石的颜色——这是一种没有人能够说得出的颜色。有人称它为包裹一切的"死亡之色"。这，也许是一种有关"遗忘"或"湮没"的颜色——或是"非颜色"。就像白色光线是所有光线的"总和"，河水的透明代表着万物的精华，它是这个世界的一种自然状态。它是独一无二的，但它并没有自己的身份，它变成了它所承载之物。

在海洋或陆地上永远无法看到河流上那样的光线，这是一种能够改变沿岸景观的光线。黄昏时，河流是一种柔和的灰光，一种湖泊所发出的光芒，有时濡染着落日的橘黄色。深水处与浅水处所发出的光芒也不同。在某些时候某些地方，泰晤士河可以呈现出一种清晰辽阔的色调，而在另外一些时间与地点，其光线则是朦胧而混乱的。有

第十一章 治疗之泉

时,泰晤士河口的水面好像铺着一层磷光,当表面的平静被打破时,明亮的河面就变成了闪耀的上千个光点。

泰晤士河的艺术家们,我将会在下文中进行介绍,但值得在这里重复的是,他们都对泰晤士河上的活跃光线,保持着经久不衰的兴趣。斯坦利·斯宾塞的《库克姆墓园的复活》(The Resurrection in Cookham Churchyard),所画的地方就在泰晤士河边,是一曲对光线的礼赞。对斯宾塞来说,教堂墙上的光芒,就好像是他在水下游泳时所看到的光芒。在他的另外两幅作品《清点天鹅》(Swan Upping)[①]和《耶稣在库克姆赛舟会上的布道》(Christ Preaching at Cookham Regatta)中,泰晤士河上的光线被赋予了一种神秘的意义。这是对河的本质与神圣性的呈现。斯宾塞曾有一次试图回答在《清点天鹅》中是什么令度假者们感到激动:"对他们来说,天堂的'顶点'就在于河流转弯处那洒满阳光、一望无际的湿润草地。"

在《河上日落》(Sunset on the River)及其他有关泰晤士河的油画中,特纳表现了一种日光在天空中"徘徊"的强烈印象:它是泰晤士河在天空中的一种"延续"——或者不如说,泰晤士河自身是那种代表着"创造力"的灿烂天光,在大地上的一种延续。在特纳的画中,没有一条河不与天空一起出现。这两种光线的来源,以上千种难以捕捉又容易消失的方式,彼此映照着。对特纳来说,泰晤士河是对光线的一种探索——或是"研究",这是他被它强烈吸引的原因,这也是为什么泰晤士河是特纳艺术创作的一个主要对象的原因。"光线"是泰晤士河的核心。特纳艺术创作的目的之一就是要表现它,进而歌颂它。

然而如何来描绘河水呢?这是特纳冥思苦想的一个问题。它就

[①] "清点天鹅"是泰晤士河上每年举行的一项传统盛事,三家拥有天鹅的机构——英国女王、制酒商协会和染料商协会——派专员到河上清点各自所拥有的天鹅并检查其健康状况,通常在每年7月的第三周举行,历时5天。

像移动的光线一样，因此在画布上不能被处理为固定、不动的。水看起来"很像"是在"运动"，然而当它被画下来时，它又变成了另外一种东西。这个问题，只有在特纳将"世界"置于棱镜之中、散乱成色彩的迷雾、其花环不断改变着色彩与色调以后，才得以解决。当"光线"成为其画作中"超然"的一部分，他所画的河流就获得了一种自然的力量。与河水一样，泰晤士河的光线也可以用"纯洁"来看待。1802年，当多萝西·华兹华斯（Dorothy Wordsworth）[1]站在威斯敏斯特桥上，她在日记中写道，"太阳以一种纯洁的光芒如此耀眼地照耀着"，令她感到一种沉醉与狂喜。在这里，也是河水令光线变得纯洁。

　　随着它一路前行，与伦敦相伴而生，它成了城里最有趣的光线。夜晚，随着无数光线在河面上反射，它开始有了生命——然后就产生了"河面微光"的现象：水面上所独有的、飘缈而难以捕捉的"发光"现象。"银色泰晤士河"会变成"流动的银子"，洒在其起伏不定的银色表面上，下面是直抵河床的光线明亮的水流；其效果与夜晚天空中的星星或星座是一样的。对于一些人来说，这是一种冷光，一种遥远的光芒，就像河自身的深度一样冰冷。这种光线，就深度与质地来说，都与泰晤士河上游的温柔光线有很大不同。河面闪烁的微光，是"不要走得太近"的一种警告。

　　但是在夜晚，泰晤士河也可以变成一潭"沉睡"的黑暗。一旦它失去那些银色的光芒，就会变得像墨一样，漆黑且黏稠。它沉默不语，像死亡之河一样静止。在中游那里，它有一种绿色的色调，其余部分则是紫色或黑色的。河边建筑物的倒影，带来另一种黑暗，但这种黑暗在城市里开始减弱，消失在迷茫的夜色之中。这就是泰晤士河——至少它曾经这样存在了很多个世纪。现在，站在二十一世纪之

---

[1] 多萝西·华兹华斯（Dorothy Wordsworth, 1771—1855）：英国作家、诗人、日记作家，是浪漫派诗人威廉·华兹华斯的妹妹，两人关系亲近。

第十一章 | 治疗之泉

初,在蜿蜒流过伦敦的过程中,泰晤士河再也不曾是完全的黑暗。街灯和无数建筑物上所闪烁的光芒,令其不断被照亮。在下游河口那里,污水处理厂和炼油厂明亮的灯光闪耀,就像巨大的火把一样,照亮了泰晤士河通往海洋的道路。只有在泰晤士河上游,还有沿着沼泽的某些河段,河流仍保持着那种完美的黑暗。只有在那些地方,泰晤士河才仍旧是黑暗与沉默的。

泰晤士河的声音,就像自然与人类世界的声音一样,纷繁不同。它在河口地带可能有一种"不正常"的安静。在一度充满了形形色色的人和各种活动的河上,现在很少有人类活动在进行。它在某种程度上变成了一条空荡荡的河流,这赋予了它一种安静的"幻觉"。但还是有油轮和马力不大的船只,像水甲虫一样缓缓穿过平静的河面,带来一种令河流惊醒的骚动。更上游一些,在格林海兹和蒂尔伯里地区,泰晤士河发出的是叮当作响声和巨大的哀鸣声,吊车和其他机器所发出的声音,夹杂在河水的拍打声和海鸥刺耳的叫声中,混作一团。

[304]

在其上游,泰晤士河呈现出静默孤立的水源所常有的那种平静与安然。在那种状态下,它就像是一剂镇静与补充元气的"良药"。梭罗(Thoreau)[①]相信通过凝视河水——"大地之眼","观者是在测量他自己本性的深度"。这是理解所谓"河之沉默"的一个背景。河是供内在省思之所,但它永远不可能是彻底的安静。周围世界的声音围绕着它——数不清的鸟鸣、悬浮在水面上的树枝间的微风浮动、偶尔一条鱼拍打河面的声音……所有这些声音,在人类诞生以前,已经伴随着泰晤士河,流过了一个又一个千年。如果我们因为某种神奇的感应,可以返回那个已经超越了我们想象的年代,这些声音会是我们唯一熟

---

① 梭罗(Thoreau,1817—1862):美国作家、哲学家、超验主义代表人物,也是一位废奴主义及自然主义者。其思想深受爱默生影响,提倡回归本心,亲近自然。1845年,在瓦尔登湖畔隐居两年,自耕自食,以此为题材写成长篇散文《瓦尔登湖》(1854)。梭罗一生共创作了二十多部散文集,被称为自然随笔的创始者。

悉的东西吗?

　　一旦太阳下山,夜晚之声就包围了河流。鱼跃出水面的声音听起来更像是枪响——而不是泼水声;树叶落在河岸上,发出清脆的声音;风声听起来更响了;夜晚出动的爬行动物发出的声音,好像近在眼前。

　　在人类活动频繁的河段——以及那些流经伦敦的河段,有着永不停息的声音,不管这种声音是否仅是河水有节奏地拍打古老的码头与船坞所发出的。在伦敦河那里,也有潮水拍打河岸所发出的声音。在船坞业务繁荣的时候,各种商业活动所发出的模糊不清的声音从来没有停止过,夜以继日,这些声音萦绕在这条主要作为工业活动通道的水面上。当时,对泰晤士河的赞歌是——卸货包所发出的蓬蓬声、蒸汽机所发出的嘶嘶声、打磨及铆接龙骨所发出的声音,以及夜里飘荡在船坞上空的各种指令声。在堤岸街(the Embankment)那里,过去常有雾天信号灯所发出的低沉而响亮的声音、汽车含混的轰鸣声、火车的鸣笛声及金融城教堂的钟声混合在一起。这些都是萦绕着泰晤士河的声音,就好像泰晤士河本身,已经成为伦敦的"回音室"。

　　如今,人们有时已经忘了位于市中心的泰晤士河曾经是多么吵闹。在以前的夜里,这些声音在大多数街道的房子中都能听到。乔治·博罗(George Borrow)① 在其小说《拉文格罗》(*Lavengro*,1851)中,详细描述了泰晤士河上那些"刺耳"的声音:

　　　　桥上有一阵巨大的喧嚣几乎震聋了我的耳朵。但如果说桥上混乱的话,那么桥下就有着10倍的混乱……真正巨大的是向下游流去的河水的咆哮声,以及河里巨大的漩涡所发

---

① 乔治·博罗(George Borrow,1803—1881):英国作家,根据自己在欧洲的游历创作小说和游记。

出的怒吼,这些漩涡将河水暂时吞噬,然后又将它们翻滚着、泛着泡沫地从其令人恐怖的子宫中吐出。

泰晤士河变成了"咆哮的深渊",就像是围绕着它的城市所发出的巨响。同一时期,亨利·梅休在《伦敦劳工与伦敦贫民》一书中,选择听到的是泰晤士河那些更令人感到安慰的声音:与船上"四次工铃"[①]相伴随的是"远处送货人的叮当铃响"——送货人是一位在河上工作的啤酒供应商,将啤酒卖给船上的水手与劳工。梅休还听到"锚链松开时所发出的咯咯声""众水手抬起缆绳时所唱的号子",以及——"某人在岸边,用手做喇叭咒骂他河上伙伴的嘶哑嗓音"。这是泰晤士河上人的声音。泰晤士河的河水似乎是巨大而"可怖的",然而以其为生及居住在附近的人,发出了更容易引起共鸣的声音。

泰晤士河在十九和二十世纪,能闻到更多味道——其中有些味道至今仍在:有退潮时暴露在前滩的、强烈而刺鼻的烂泥味道,有烟的味道——或者说,是从港口往上游飘去的、充满了烟的水蒸气的味道。对能够体会人类的各种产物的人来说,这不是一种令人不快的味道,它令人想到生命的能量与劳作,还带点野外篝火的那种令人忧伤的愉悦。当人们经过伦敦桥或是威斯敏斯特桥,从外地返回伦敦时,伦敦以他们所熟悉的带着烟气的味道,欢迎他们回来。还有总是令人联想到轮船的焦油味——这是托马斯·卡莱尔(Thomas Carlyle)[②]刚搬到切尔西时所注意到的气味。在船坞周围,焦油的味道与麻绳及纤绳的味道混在一起。还有永远飘在空气中的啤酒的味道,(也许我们应该说是大麦、麦芽和啤酒花的味道?)从位于泰晤士河边的大型酿酒厂

[①] "四次工铃"指的是船上一天在上午2点、6点、10点和下午2点以铃声敲响4次提醒水手休息。

[②] 托马斯·卡莱尔(Thomas Carlyle, 1795—1881):苏格兰哲学家、讽刺作家、历史学家及教师,被认为是当时最重要的社会评论家之一,在维多利亚女王时期举办了很多讲座,认为"历史只不过是伟人的传记"。

中散发出来。这种味道现在在旺兹沃斯还能闻到。还有一些难以捕捉的气味聚集在萨瑟克那里的南岸，就像是一种古老造物的"幽灵"。

泰晤士河船坞是汇聚了大量气味的所在。烟草的辛辣味，紧挨着朗姆酒具有催眠效果的香气；一些地方的空气中充满了兽皮或是满箱兽角的恶臭，而另一些地方则散发出咖啡的香气或是肉豆蔻与肉桂的味道。肉桂码头（Cinnamon Wharf）——现在是住宅综合体——的一些角落，至今仍有那种味道隐隐浮现。针叶木的气味来自萨里商业船坞，而从沙德泰晤士大街（Shad Thames）①上传来的，则是狗饼干和塞尔维亚橘子的味道。狗岛的北码头，过去弥漫着糖的味道，南码头则是椰枣和茶的味道。还有酒及其各种"变身"——如雪利酒、波特酒和白兰地——的味道。也有麻絮和羊毛的味道。

与之相反，泰晤士河上游所散发的，则是代表着"创造力"的香气。泰晤士河上游的岸边，散发着草与草地的气息，融合着河边草地所独有的一种湿润的丰富性。那是一种令人陶醉的、令人想到"水分"和"生长"的气息。这里也能闻到甜莎草的香气和味道更强烈的柳树皮的气息。

泰晤士河有自己的味道吗？如果它有的话，那就是古老的味道。水本身是没有味道的，但是与泰晤士河有关的一切具有它们自己独特的气味——这也许就是过去的古老事物的气味。它闻起来像是烂泥、野草及被遗忘的事物。它闻起来像是霉菌和真菌。它闻起来像是正在腐烂的木头。它闻起来像是发动机的机油。它闻起来像是金属。它有时闻起来很刺鼻，有时也令人耳目一新。它闻起来像风又像雨。它闻起来有暴风雨的味道。在某些地方它闻起来仿如大海。它闻起来像是包含了所有的事物。它闻起来又空无所有。

---

① 沙德泰晤士大街（Shad Thames）：紧挨伦敦塔桥的一条历史性街道，也指临近的河岸地区。

第十二章

艺术之河

泰晤士河的艺术

很早以前,艺术家就已来到泰晤士河。有一幅十五世纪的版画,描绘了塔楼那里的泰晤士河,背景是伦敦桥。它实际上是最早的有关伦敦的版画之一,其对动荡河水的表现——上有大大小小的船只——是对河流城市的各种表现的先行者。没有泰晤士河就没有伦敦,于是伦敦的第一批艺术家,纷纷将泰晤士河放在其作品的中心。1558年,安东尼·凡·德·韦恩加德(Anthony van der Wyngaerde)[①]以南岸为视角,完成了他的全景画,表现了伦敦从弗利特河到伦敦桥的景致。但可能意义更为显著的是,这幅版画以各种和谐的线条,将南岸与北岸连了起来,看起来伦敦就好像是在与泰晤士河一起流动。全景画中画着船夫和渔夫,还有在斯达盖特豪斯轮渡码头(Stargate Horse Ferry)的台阶处等待船只的游客。十六世纪六十年代的"布劳恩与霍根伯格"地图(The Braun and Hogenberg map),描绘了一群有代表性的、都铎时期的伦敦人望向泰晤士河的画面,各种小船与货船以一种自然排列的方式漂浮在河面上,而城市街道的线条,好像再次体现了

[①] 安东尼·凡·德·韦恩加德(Anthony van der Wyngaerde,1525—1571):多产的佛兰德地形图艺术家,描绘了荷兰北部、法国北部、英格兰、意大利、西班牙很多城市与城镇的全景图。

对河水流动的模仿。这是对这座城市的"河流本性"的最好表现方式。

现存的一件由阿布拉汉姆·绍尔斯（Abraham Saurs）创作于1608年的木版画，也将河流作为最主要的表现对象：一艘三桅大帆船正在从下游朝上游的伦敦桥驶来，周围跟着许多小船。1616年，尼古拉斯·维斯切尔（Nicholas Visscher）[①]完成了一幅以萨瑟克为视角的伦敦作品，他也选择泰晤士河作为其构图的基础。事实上，没有任何一张有关伦敦的作品或是全景图，会不向泰晤士河所具有的权威性屈服的。这些全景图中最著名的一幅，是由温斯劳斯·霍拉在十七世纪中期完成的，他将泰晤士河表现为伦敦各种活动与能量的中心——泰晤士河成为一条将各部分构图连在一起的巨大光带，赋予这座城市以一种"力量"与"纪念碑"的气质。

十八世纪时，像理查德·威尔森（Richard Wilson）[②]和威廉·马洛（William Marlow）[③]这样风格迥异的艺术家们，都从泰晤士河汲取过灵感。威尔森描绘了里士满和特威克纳姆附近的泰晤士河景观——大量诗人汇聚在那里，还完成了一幅描绘正在建设过程中的威斯敏斯特桥的风景画。他的作品展示了一条理想化了的河流，与当时盛行的乡村诗歌的主旨相同。他大概可以被称作是"伦敦学派"最主要的艺术家，该学派似乎也可以另外起名叫"泰晤士河学派"，包括了其他十八世纪的画家如塞缪尔·斯科特（Samuel Scott）[④]和马尔罗等。斯科特有一幅有名的作品——《弗利特河入口》（*The Entrance to the Fleet River*），这幅作品将所有有关"优美"与"和谐"的原则，赋予了一块实际上狭小而不卫生的地方。摆渡船与驳船，以透视的方式在河上排

---

① 尼古拉斯·维斯切尔（Nicolaes Visscher, 1618—1679）：荷兰版画家、制图家及出版商。
② 理查德·威尔森（Richard Wilson, 1714—1782）：有影响力的英国风景画家，威尔士人，是英国将风景画树立为独立审美对象的先锋之一。1768年英国皇家学院的创始成员之一。
③ 威廉·马洛（William Marlow, 1740—1813）：英国风景画家、海洋画家及蚀刻师。
④ 塞缪尔·斯科特（Samuel Scott, 1702—1772）：以河岸风光与海洋风光著称的英国风景画家。

列,船桅杆投影在微波荡漾的河面上。画中有隐秘的商业活动的痕迹——有几包羊毛正在运往河下游,但整体的气氛,体现出一种平静的愉悦感。这也是理查德·斯蒂尔(Sir Richard Steele)爵士[①]的泰晤士河,他在1712年为《观察者》(Spectator)杂志所写的文章中,详细描述了河流贸易的愉悦感,"两岸都有很多人,岸边种植的宜人植物增添了河岸的美丽——就像地球上任何一个地方一样。但是满载着沿岸出品的商品的泰晤士河,为周围景色增添了很多风味"。

马尔罗和斯科特的作品,都在某种程度上受到威尼斯油画大师卡纳莱托的影响,是他将他所出生城市的光线与活力,"赋予"了泰晤士河。在伦敦居住的大部分时间里,他都住在位于怀特霍尔的里士满公爵的家中,并在那里画了很多泰晤士河沿岸的风光。他将泰晤士河变成了有关"优雅"与"高贵"的、明亮耀眼的象征,一种可以与台伯河和塞纳河(the Seine)相媲美的、推动文明发展的力量。十八世纪四十年代他所画的两幅画——《萨默塞特宫台上望去的泰晤士河,威斯敏斯特在远处》(The Thames from the terrace of Somerset House, Westminster in the distance)和《萨默塞特宫阳台上望去的泰晤士河,金融城在远处》(The Thames from the terrace of Somerset House, the city in the distance)——已经成为平静与清澈、庄严与高贵的化身。这两幅作品基本上是一种去除了商业及贸易活动"较可恶一面"的审美景观,但却为蒲伯在《温莎森林》中那种充满田园牧歌的赞美,作出了一种恰当的说明:

  没有大海如此富饶,如此欢乐,不见岸边,
  没有湖泊如此温柔,没有泉水如此清澈。

超过了同时代任何一位艺术家,他将泰晤士河的形象固定在了

[①] 理查德·斯蒂尔(Sir Richard Steele,1672—1729):爱尔兰作家、政治家,是著名期刊《闲谈者》(The Tatler)的两位创办者之一。

十八世纪的想象之中,并且他的影响力至今仍未消失。当代建筑设计师希尔·克劳西比(Theo Crosby),曾经希望能够重新打造萨默塞特宫那里的、被他称作"卡纳莱托之轴"的伦敦河岸景观。卡纳莱托奠定了泰晤士河作为"文明的源泉"的概念,将其描绘成一条优雅、和谐、同时被两岸的宏伟建筑所感染的河流——这是一条经过审美"驯化"的河流。

人们对泰晤士河的这种理念,在"风景如画的泰晤士河"这一热潮中可以看得很清楚。该潮流由那些出版名为"泰晤士河之旅"或"泰晤士河风光"等画册及订阅本的出版商们所推动。十八世纪下半叶,有三本非常流行的有关泰晤士河的风景图片集:博伊德尔的《风景选集》(Collection of Views,1770)、爱尔兰的《泰晤士河美景》(Picturesque Views on the River Thames,1792)以及博伊德尔的《泰晤士河历史》(History of the Thames (1794–1796),这几本画册都主要聚焦于伦敦桥以西的河流景色。这个区域的一部分由雷恩进行了重建,也受益于十八世纪伦敦自身的复兴发展。

塞缪尔·爱尔兰的《泰晤士河美景》,内容是优美画作配以平淡无奇、没有什么文学或历史价值的文字,是当时一件足够有代表性的作品。当时,恰逢去欧洲各地的"大旅行"失去吸引力,这种对自然环境的研究,推动了新一代英国旅行者对泰晤士河展开探索。欧洲在十八世纪九十年代和1805—1815年间,实际上对英国游客关上了大门,因此在这一期间,本土风景所能给大家带来的愉悦享受就更突出了。"欣赏泰晤士河及其沿岸风光",成了理解正在蓬勃发展的"民族认同"的一部分。十八世纪晚期和十九世纪早期有关泰晤士河的画作的流行,是"描绘英国自然风光"这一相对来说较新的想法中最重要的一个层面。泰晤士河甚至可以说是英国艺术史上"自然主义"的先驱。

人们可能无法指责威廉·贺加斯为泰晤士河添加的"虚假魅力"。与河流的世界相比,他与城市的联系要更紧密,但他选择住在泰晤士河畔的奇西克,并且死后被埋在那里的教堂墓园里。他描绘的是伦敦中下阶级河流的污言秽语与各种惩罚。他的系列版画之一——《勤勉与懒惰的后果》(The Effects of Industry and Idleness, 1747), 描绘出一位泰晤士河船夫, 带懒学徒去东边的沃平, 看位于泰晤士河北岸的行刑码头的奇观: 一具海盗的尸体被挂在铁链上, 等待潮汐的到来。作为对船夫的回敬, 这位学徒——"懒虫汤姆(Tom Idle)"——指向岸边过去被称作"王八港"、现在被称作"王八角"的地方。

贺加斯对十八世纪那个更为吵闹的泰晤士河的热爱, 是完全符合其个性的。他曾和三位朋友一起, 从比灵斯盖特到格雷夫森德, 进行了一次河上远足, 大概是喝酒比赛的延伸。他们坐在一只翘角船上, 顺河而下, 大声嚷嚷、喝酒、与船夫交换各种笑话, 用各自喉咙所能发出的最高音唱着不得体的歌……可以很公平地说, 这些举止是一幕有代表性的泰晤士河河上景观。托马斯·罗兰德森也属于这一传统, 他对船夫的素描, 尤其表现出具有粗野、豪爽之名的泰晤士河船夫的形象。

康斯坦布尔(Constable)[①]这个名字, 通常并没有与泰晤士河连在一起, 但他完成了至少一幅有关泰晤士河的油画, 画的是1817年滑铁卢桥落成时的泰晤士河景致。但泰晤士河最优秀的艺术家仍然是特纳, 他的大量作品都在描绘泰晤士河多变的面貌——从上游的平静安详到入海口处危机四伏的河水。泰晤士河几乎没有一处, 他没有画过: 福利桥、伦敦塘(the London Pool)、南恩汉姆考特尼(Nuneham Courtenay)、兰贝斯、阿宾登、斯泰恩斯、温莎、沃灵福德……整个泰晤士河都在他的视野之内。他在船上作画。住在艾尔沃思的渡口宫(Ferry House)时, 他造了一艘私人小艇, 用于探索泰晤士河。再一次引用约翰·罗斯金对特纳的评论——"他理解泰晤士河的语言"; 这是他作为画家的职业生涯的语言。

[①] 康斯坦布尔(John Constable, 1776—1837): 英国浪漫主义画家, 出生于萨福克(Suffolk), 以描绘戴德姆溪谷(Dedham Vale)的风景而出名, 当地现在被称为"康斯坦布尔之乡", 画家对当地倾注了非常深厚的情感。

特纳终身都住在泰晤士河附近。他出生于 1775 年，就在斯特拉德大街边上的美登巷（Maiden Lane），从那里慢悠悠走一小段距离就能来到河边。在《现代画家》(*Modern Painters*，1843–1860) 一书中，罗斯金描述特纳的青年时代是生活在"黑色的驳船、打着补丁的帆及各种各样的雾天……桅杆的丛林、太阳照在帆上的大船、手拿烟袋站在船舷上缘的红脸膛的水手"之间。从他早年起，特纳就理解了与泰晤士河相关的人类生活与劳作。这是为什么在他对泰晤士河劳工及两岸农民的描绘中，在人物与风景之间，有一种深沉的共鸣。即使在他最早期的习作中，他已经开始试着描绘泰晤士河那种也许可以被称作是"包罗万象"或是"平等主义"的特点。他也注意到大厦与自来水厂、游艇与运煤船、"银色"泰晤士河与煤灰之间的对比。

他在切尔西的一栋河边住宅里去世。在那以前，他在布兰特福德、艾尔沃思、特威克纳姆（Twickenham）和奇西克等地，不断变换着居住地点。他最早的一位传记作者肖恩巴瑞（Thornbury）①写道："在泰晤士河岸边，特纳开始了他的艺术生涯；在泰晤士河岸边，他倒下，死去。"他确实是在河边开始了其艺术生涯。他最早的一幅公开展示的作品，1790 年在皇家学院展出，题为《主教宅邸风光，兰贝斯》(*a View of the Archbishop's Palace, Lambeth*)。他在生命后期，常常坐在位于切尔西的房子的屋顶上，观看清晨日光及暮色中的泰晤士河。东边的风景，他称之为"荷兰风光"；西边的风景——河的上游，他称之为"英格兰风光"。

他爱这条河，但更为重要的是，他需要这条河。它是他表达想法的一个工具，也是他灵感的源泉。特纳为流动的水及水中的种种反射而着迷；他在自己的画布上，将那种好像是从泰晤士河自身发出的、不同地方的光芒，永远地固定了下来。他作品中那种"发光"的特性，经常受到评论——很有可能是他早期有关河流的经验，帮助他形成了

---

① 肖恩巴瑞（George Walter Thornbury，1828—1876）：英国作家、记者，同时写作诗歌、小说、艺术评论及流行的历史、地理梗概等。

艺术成熟期的感受。日暮之前一小时——被画家称作是"黄金时间"的光线，是他最想要捕捉的。

他有关泰晤士河的水彩素描，看起来就好像被泰晤士河所散发的光线"浸染"过一样，好像河水将整个画纸都清洗过一遍，并将自己的光辉留了下来。他也成功捕捉到河水流动的速度与质感，一朵从太阳面前飘过的云朵，一棵在微风中簌簌作响的树。自然界的流动性——他画作的流动性——重现了河流的流动性。在这一意义上，泰晤士河成了一种"连接"的力量，连接了艺术家与风景。在他的一些素描中，有的除了泰晤士河在素描本上熠熠生辉以外，其他什么也没有——那是一种宁静而纯洁的形象。人们经常说，特纳在他对河的艺术浸染中，被"重新洗礼"了——而他确实在自己的速写中探索了泰晤士河与"精神高贵"间的古老联接。

他的油画作品通常具有更庄严宏伟的气质：《英格兰：里士满山——作于摄政王子生日》(*England: Richmond Hill, on the Prince Regent's Birthday*)，将泰晤士河作为"民族和谐"与"无限和平"的象征来表现。从他与泰晤士河的接触中，他获得了一种历史感。他天生就有一种热爱古老事物的倾向，迷恋废墟和古老的石头。随着泰晤士河近在眼前，他得以窥见历史的轮廓。泰晤士河在他心中唤起了对过去的想象——这是为什么他将狄多①和埃涅阿斯②置于泰晤士河的岸边的原因。有时候，他甚至以"伊希斯"来称呼泰晤士河，以表达对那位古老神灵的尊敬。但他其实走得更远。在他的一些素描作品中，泰晤士河似乎重返史前状态，到处都是沼泽和古老的树木。

[314]

---

① 狄多（Dido）：据古希腊和古罗马史料记载，狄多曾是古迦太基女王，迦太基城的建立者。最使她出名的当属古罗马诗人维吉尔在《埃涅伊德》中的记载。埃涅阿斯与狄多相爱，但因为要去建立未来的罗马，不得不离开迦太基，狄多心碎自杀。不过根据记载埃涅阿斯与狄多相差一百年之久，不可能相遇。

② 埃涅阿斯（Aeneas），也译作"伊尼亚斯"，特洛伊英雄，宙斯7世孙，安基塞斯王子与爱神阿芙洛狄忒（罗马神话中的爱神维纳斯）的儿子。维吉尔的《埃涅伊德》描述了埃涅阿斯从特洛伊逃出，然后建立罗马城的故事。

因此特纳对泰晤士河有一种深层次的、直觉性的理解。当他在泰晤士河边画上水仙女时，他正出于直觉，追随了有关泰晤士河的原型之一。水仙女一直都是泰晤士河的灵魂力量——或者说是"神灵"——被希伯来人、雅典人和罗马人所崇拜。泰晤士河"神话"与"自然"的不同方面，指引着画家的铅笔与画笔，使他可以看到事物的本质。在河边，他拥有了梦想与想象力。

十九世纪早期的大部分时间里，威廉·埃蒂（William Etty）[①]都住在白金汉街（Buckingham Street）角落的一栋房子里，他常常俯瞰着泰晤士河，而他最有名的画作之一，就是描绘切尔西的泰晤士河。他为某次到意大利的旅行而忏悔，说自己"无法忍受离开像父亲一样的泰晤士河"。他对泰晤士河有一种能感动沿岸居民的热爱。"我爱看它的潮涨潮落，"他有一次说道，"它与生命有一种联接。"但那难道不就是生命本身吗？十九世纪有无数其他画家同样描绘了泰晤士河——柯林斯（Collins）[②]、考尔科特（Callcott）[③]、斯坦菲尔德（Stanfield）[④]以及整个"航海派画家"——这些画家从伦敦桥及其周围所聚集的大大小小的船只中，获得了特殊的灵感。

其他画家不一定画泰晤士河，但也会受其吸引而住在两岸。佐法尼（Zoffany）[⑤]住在基尤附近，大家认为他在画"最后的晚餐"这一题材时，是以泰晤士河上的渔夫来作使徒模特的。内勒（Kneller）[⑥]退休

[①] 威廉·埃蒂（William Etty，1787—1849）：英国画家，以擅长创作裸女而闻名。他在身为著名画家的叔叔指导下开始了自己的创作，代表作有《景中裸女》等。

[②] 威廉·柯林斯（William Collins，1788—1847）：英国风景画家，十九世纪末期其作品甚至比特纳和康斯坦布尔还要受欢迎，并得到了更高评价。

[③] 奥古斯都·沃尔·考尔科特（Sir Augustus Wall Callcott，1779—1844）：英国风景画家。

[④] 斯坦菲尔德（Stanfield，1793—1867）：英国著名海洋风光画家。

[⑤] 约翰·佐法尼（Johan Joseph Zoffany，1733—1810）：英国皇家美术学院创建人之一，出生于德国，曾在德国和意大利学习绘画，28岁时来到伦敦，主要活跃在英格兰。他擅长描绘人物众多的风俗画，偶尔也画肖像画。

[⑥] 戈弗雷·内勒（Sir Godfrey Kneller，1646—1723）：十七世纪晚期和十八世纪早期英国肖像画的领军人物，是从查尔斯二世到乔治一世的英国君主的宫廷画家。

后回到了特威克纳姆；霍尔曼·亨特（Holman Hunt）[1]在泰晤士河边的小村庄桑宁度过了晚年。在泰晤士河边度过晚年、死在永不停歇的流水旁，对画家来说似乎是一种非常恰当的选择。托马斯·金斯伯格（Thomas Gainsborough）从未在泰晤士河边居住过，但他要求人们将其葬在基尤的泰晤士河边上。

拉斐尔前派兄弟会[2]——但丁·加百利·罗塞蒂（Dante Gabriel Rossetti）[3]、约翰·艾佛雷特·米莱（John Millais）[4]和爱德华·伯恩琼斯——都在其艺术生涯的某一阶段，在泰晤士河边居住过。但在那一代人之中，只有詹姆斯·惠斯勒可以被认为是一位"河流艺术家"。在《夜景画》（Nocturnes）系列中，惠斯勒将混乱的暮色笼罩于伦敦的河水之上。他笔下的泰晤士河，是神秘之河，是能激发十九世纪及二十世纪早期的小说家对其魔力展开想象的河流。这是一条能引发沉思和梦想的河流，赋予伦敦以一种若有若无的冷光。然而在他的蚀版画系列《泰晤士河组画》（Thames Set）中，惠斯勒选择了一种典型的低角度，来表现泰晤士河岸的忙碌生活，就好像他正站在河滩上或是坐在摆渡船中，体会着泰晤士河商业生活的全部肮脏与刺激。从这一角度来看，这是一个烂泥、船板、大货包的世界，在查尔斯·波德莱尔的描述中，"索具、桅杆和绳索完美地互相纠缠着"。惠斯勒实际上是受到了波德莱尔想要为城市艺术打造"新的河流艺术"的想法的激

---

[1] 霍尔曼·亨特（Holman Hunt，1827—1910）：英国青年画家团体拉斐尔前派兄弟会的创建人之一。其画作注重细节，颜色鲜艳，富有象征性。

[2] 拉斐尔前派兄弟会（Pre-Raphaelite Brotherhood）：是1848年开始的一个艺术团体（也是艺术运动），由3名年轻的英国画家约翰·艾佛雷特·米莱、但丁·加百利·罗塞蒂和威廉·霍尔曼·亨特所发起，目的是改变当时机械论的风格主义，以写实的传统风格为主。

[3] 但丁·加百利·罗塞蒂（Dante Gabriel Rossetti，1828—1882）：英国诗人、插画家、画家、翻译家。其作品影响了欧洲象征主义艺术家，是审美主义运动的先驱。

[4] 约翰·艾佛雷特·米莱（John Millais，1829—1896）：英国画家、插画家。十九世纪五十年代中期以后米莱的作品一改拉斐尔前派的风格，加入了新鲜有力的现实主义，取得了巨大成功。

惠斯勒描绘沃平的河岸生活为"一个被烂泥、木板和捆包包围的世界"。然而在其职业生涯后期,他以夜晚与黄昏的朦胧景色歌颂着泰晤士河。上图:小水塘;下图:棕色与银色。

发。波德莱尔说这句话时,他指的是塞纳河,但是对惠斯勒来说,都市之河的原型是泰晤士河。

惠斯勒在切尔西的河边住了很多年——在不同的地址。不过他刚到英国时,是住在罗瑟海兹和沃平的水手与码头工人中间。他画当地的码头装卸工人和妓女,因此他可以说是在十九世纪的伦敦以外,打造了一个完全不同的"河岸世界"。泰晤士河也改变了他的风格——从《泰晤士组画》(十九世纪六十年代)的现实主义到《夜景画》(十九世纪七十年代)中的唯美主义。据说为了画出唯美主义的画作,他会让人划船把他送到泰晤士河中某个他认为合适的地点,在那里观看河上风光,记住景物的构成,然后回到工作室,开始工作。他和威廉·贺加斯被埋在奇西克河边同一个墓园之中,这一点,也许是饶有深意的。

泰晤士河自身,也可以被认为是一件"艺术品"。十八世纪的一位德国旅行者卡尔·菲利普·莫里兹(Karl Philipp Moritz)[①]发现,泰晤士河两岸"令人着迷",而令这种河岸风光"如此神奇地美丽"的是——"每件事物所构成的都是一种和平的景致;两岸没有一处不是眼睛热切地想要加以凝视的"。在《泰晤士河的历史》(*History of the River Thames*, 1794—1796)一书中,威廉·库姆(William Combe)[②]写道,泰晤士河风光中的山丘,"不是朝天空中的云彩高耸,而是沉降到草场之中,或是在令人愉悦的远景和诱人的阴影之中,互相追逐……"格林尼治和伍利奇之间则是"险峻的起伏地带"。十九世纪有专门的研究,推荐旅行者站在一些事先安排好的位置那里,以获得最佳观赏效果——譬如说,某道水闸可能和堰坝"配在一起很合适"。泰晤士河沿岸的村庄,也因"优美如画"而出名。很多职业画家靠画

[316]

---

① 卡尔·菲利普·莫里兹(Karl Philipp Moritz, 1756—1793):德国作家、编辑、散文家。
② 威廉·库姆(William Combe, 1742—1823):英国一位多才多艺的作家,他前半生是一位冒险者,后半生则主要待在监狱里。

泰晤士河"风光"而过着绰绰有余的生活。当然还有成群结队的业余艺术家,利用假期在泰晤士河岸边画素描或油画。有些地点——譬如斯普林克水闸——被各种各样的人画了一遍又一遍。一位较早就开始拍摄泰晤士河的摄影师亨利·陶特认为,斯普林克那里"景物的构图是绝佳的"。人们绝对有理由认为,泰晤士河是全世界被人画得最多的河流。

自十九世纪以来,泰晤士河被专业摄影师在镜头里多次"捕捉"。有关水的照片,很少有看起来像"水"的——液体的本质无法在时间中被"凝固",因为那样它就失去了自身最基本的特点。然而,水所能产生的映像,对影像的再生产青睐有加;河流的"平静",支持着这种再生产;其静止,则保持着这种再生产。

泰晤士河所唤起的情绪之一是"忧郁"——或者说是"怀旧",因此可能并不令人惊奇的是,很多有关泰晤士河的照片选集,题目在某种程度上都带着一种渴望,譬如《被遗忘的泰晤士河》《伦敦被遗忘的河畔景观》,或者更乐观一点的——《伦敦河畔景观的失落与重现》……直到现在,人们对维多利亚时期的泰晤士河的照片仍很感兴趣。这些照片中有着早就被拆除的木头水闸、在河上举行的"射击派对"、古老的堰坝及一个多世纪以前就废弃不用的磨坊。当然,泰晤士河那时候被使用得更频繁、污染得更厉害,从河上可以看到无数的船只——然而一种因"持续性"而带来的深沉愉悦感依然存在。泰晤士河有很多河段的风景,到今天仍保持着当初的样子——那些横跨泰晤士河上游的古老桥梁的照片,最能证明这一点了。

泰晤士河还被人比作一座风景优美的"剧院",阿宾登和南恩汉姆那里的一些河畔景色,被认为非常像二十世纪早期的一些舞台"布景"。查尔斯·哈珀(Charles Harper)[①] 在《泰晤士河谷村庄》(*Thames*

[①] 查尔斯·哈珀(Charles Harper, 1863—1943):英国作家、插画家,创作了很多由他自己创作插图的旅行书籍。

Valley Villages，1910）中认为，这些河畔景观，几乎是"毫无可能地美得像一幅画"，给人一种其背后可能"仅仅是一块帆布或一副镜框"的幻觉。从这一角度来说，泰晤士河所具有的"美学效应"，可说是使其脱离了真实的自己。

[317]

二十世纪画过泰晤士河的艺术家数不胜数——从莫奈（Monet）[①]到柯克西卡（Kokoschka）[②]，到帕斯莫尔（Pasmore）[③]。有些当代艺术家完全不画其他任何题材。十九世纪晚期，一位专画泰晤士河的画家沃尔特·格里维斯（Walter Greaves）[④]曾这样说过："我好像以前从未对绘画有过任何想法，是泰晤士河让我开始这样做的。"保罗·纳什（Paul Nash）[⑤]被俯视着泰晤士河、人们称作"威腾汉姆树林"的两座山丘给迷住了——如果我们不使用"迷恋"一词的话。他写道："从我能记得它们以来，这两座山丘对我来说，就有一种特殊的意义。我在了解它们的历史以前，就感觉到它们的重要性……它们是我小小世界里的金字塔。"他第一次画它们是在 1912 年，后来一直持续在画。这两座山丘出现在这样一些作品中：《夏至日风景》（*Landscape of the Summer Solstice*）、《春分日风景》（*Landscape of the Vernal Equinox*）、《下弦月风景》（*Landscape of the Moon's Last Phase*）。他相信位于河边的威腾汉姆地区是一个"美丽的、具有传奇色彩的国度，那些早已被

[①] 克劳德·莫奈（Claude Monet，1840—1926）：法国印象主义绘画运动的奠基人，"印象主义"一词即来自于其作品题目《印象·日升》，该作品于 1874 年首次于巴黎展出。

[②] 奥斯卡·柯克西卡（Oscar Kokoschka，1886—1980）：奥地利艺术家、诗人和剧作家，以具有强烈表现主义风格的肖像和风景画而著称。

[③] 帕斯莫尔（Pasmore，1908—1998）：英国艺术家、建筑师，二十世纪四十至五十年代领导了抽象艺术在英国的发展。

[④] 沃尔特·格里维斯（Walter Greaves，1846—1930）：英国画家、版画家、地图制作者，他的父亲曾经是画家特纳的船夫，1863 年画家惠斯勒带领他见识了泰晤士河的美，他成为惠斯勒的助手和学生，两人保持了长达二十多年的友谊。

[⑤] 保罗·纳什（Paul Nash，1889—1946）：英国超现实主义画家、战争艺术家、摄影师、作家及设计师，在英国现代主义艺术的发展中扮演了重要角色。

人们遗忘的古老神灵们,仍在其中游荡",并感到那里有一种"潘神的诱惑"。

然而在二十世纪的所有艺术家中,斯坦利·斯宾塞是与泰晤士河关系最为密切的那位。他持久不变的创作对象是库克姆——一座位于马洛和克里维登之间的、泰晤士河岸边的小村庄。圣三一教堂第一次矗立在这里是 1140 年,在一块撒克逊人建造的地基上;一个名叫"龙与铃铛"的小酒馆出现在十五世纪早期;一座木桥建于 1840 年,但于 1867 年被一座铁桥取代了。斯宾塞对这里有着如此强烈的认同,以至于在斯莱德美术学院(the Slade School of Fine Art)读书时,他的绰号就是"库克姆"。他借用泰晤士河的另一位艺术家威廉·莫里斯的话,将库克姆附近地区称作"人间天堂"。泰晤士河变成了"伊甸园"的象征,就像全世界所有那些古老的河流一样。

斯宾塞也是泰晤士河那些体现出深刻的平等主义特点的艺术家中的一员——不是威廉·莫里斯那种社会主义的,或是特纳那种伦敦佬式的"好斗",而是一种也许可以被称作是谦卑的"精神民主主义"。他对人类的形体有一种近乎"布莱克式"[①]的崇敬,并且能够理解"造物"的神圣。这在某种程度上也是得自泰晤士河。他在提到自己年轻时的经历时曾说:"我们在河里游泳,越过灯芯草朝岸边看。我沿着阳光照耀的路线游着。回家吃早餐的路上,我一边享受着白日如初的美好,一边想着:早上我获得了灵感,然后一整天我都沉浸在那种灵感之中。"这里所提到的"阳光",肯定了斯宾塞后来对光的本质的关注。他的一些画作,就像特纳的一样,浸染着"光"的神圣性。河流散发出光线——既是作为一种"物质",也是作为一种智慧的"能量"。光赋予自然界以繁殖力与形状;它也象征着理解。河流就是光线,它

[①] 威廉·布莱克(William Blake, 1757—1827):英国诗人、画家、版画家。生前并未获得广泛承认,其与众不同的见解被同时代人认为是"疯狂",但身后获得盛誉,被认为是浪漫主义时期诗歌与视觉艺术发展的重要人物。2002 年 BBC"100 位伟大的英国人"的评比中,他名列第 38 位。

是流动着的光。对斯宾塞、特纳及其他"河流艺术家"来说，泰晤士河是代表着"永恒"的光环。

他浸没在河水中、浸没在阳光照耀的水中之路的经历，唤醒了他对神圣的感觉。人们很正确地意识到，通过创作与观察，斯宾塞正在重返基督教信仰的某些异教源头。但除了泰晤士河之外，还有其他更恰当地拥抱了前基督及基督教各种仪式的中介物吗？他写信给买下他1914年所画的《库克姆》(Cookham)的爱德华·马什（Edward Marsh）[①]，说自己理解了"英国的'英国性'的一种新的、个体的价值"——他在泰晤士河边的生活，唤醒了那种感觉。

斯宾塞总是在回想他在河边所度过的童年生活。他的画作《清点天鹅》(Swan Upping at Cookham)描绘了泰晤士河的一项古老仪式，好像有一种童年记忆所特有的透视感与明亮。他自己在提到这件作品时说："当我想到人们在那一刻朝河边走去时，我脑海里对它的想象，就好像大家是在去教堂。"于是泰晤士河变成了一座教堂，正像它作为"神圣的所在"，在斯宾塞的一些画作中所表现出来的那样，如未完成的《耶稣在库克姆赛舟会传道》(Christ Preaching at Cookham Regatta)，以及表现耶稣在这条神圣的河流中接受洗礼的《洗礼》(The Baptism)。他最早期的一幅作品，画的是一位仙女坐在河中睡莲的一片叶子上的情景。他的姐姐回忆说，画中选择的背景，是斯宾塞家的孩子们曾经玩耍过的河岸。他儿童时期的记忆在作品中保留了下来。

在《复活，库克姆》(The Resurrection, Cookham)中，画面左上角，可以看到作为"光的集合体"出现的泰晤士河——"一块金条"，借用威廉·布莱克（William Blake）的话来说：在这种金色之上，一群旅行者正在朝落日驶去。对那些坐在汽艇上的游客，斯宾塞曾说

[①] 爱德华·马什（Sir Edward Marsh, 1872—1953）：博学多才，身为翻译家、艺术资助人和众多诗人的好友，也是政府公务员，曾经担任过多位有影响力的英国首相的私人秘书，包括丘吉尔。

过:"天堂的顶点,就在于河流转弯处那洒满阳光、一望无际的湿润草地。"这很像是他沿着"光的路径"在河中游泳的童年记忆,显示了与泰晤士河有关的经验在很大程度上影响了他成熟期艺术思想的形成。那么什么是他作品的本质呢?他将一种梦境般的夸张感、视觉上的简洁性及"超时间感"结合了起来。所有这些,都是由泰晤士河引发的。艺术家伊萨克·罗森伯格在谈到斯宾塞时曾这样写道:"他的画有一种永恒感,一种我们在所有杰作中都可以发现的无始无终的感觉。"在这里,罗森伯格也可能是在为"泰晤士河"自身下定义:没有开始,也没有结束。两者之间的一致性,意味着泰晤士河既是斯宾塞灵感的形式,也是其内容。

像格里维斯和斯宾塞这样的艺术家,和其十七十八世纪的同行们一样,与泰晤士河有着紧密的联系。如果说泰晤士河能够代表哪一种"持续性"的话,它代表着灵感的"持续性"。在所有的表现形式中,它都是同一条河流,可以清楚地看到同样的河岸、同样的维度。然而在这些表现之中,它又是如此变化多端。就像海神普罗透斯一样,它在不改变自己本性的基础上,变化着自己的身份。似乎艺术家透过泰晤士河的流水,看到了一种真正的反射。

河流的语言

有关泰晤士河的文学创作非常多。有的轻率而异想天开,有的很深刻。有很多受泰晤士河的灵感启发的书,是明确或隐秘地写给儿童的——又一次地,河流与"天真"相连。河流引发梦幻般的叙事,它也鼓励有关"开始"与"分离"的故事,当然,它也唤起有关时间、命运与梦想的主题。在散文作者中似乎有一种倾向,他们在描写泰晤士河的过程中,会转换成一种诗一样的语言,就好像泰晤士河自身会引发一种并非平淡的反应。有关河流之旅的描述,实际上比泰晤士河平静的表面更波澜起伏、有更多意义,在这一意义上,泰晤士河成为一条"文字之河",由旅行其中的作者们不断地"打造"与"重造"。

第十二章 | 艺术之河

二十世纪早期的作者，时常以泰晤士河为对象，评论时间给泰晤士河所带来的破坏及其早期价值的衰落，虽然这个他们所痛恨的"现代社会"，现在已经变成了我们为其逝去而感到遗憾的、受到祝福的"过去"。在《泰晤士河谷村庄》第二卷，查尔斯·哈珀呵斥了当时影响了米德塞克斯岸边的平静的一些声音，如"琴键所发出的声音、小贩的叫卖声或是电车转弯时车轮所发出的吱嘎声"。哪一位二十一世纪的居民不愿意听到这些声音呢？风掠过树林的叹息声、水拍打岸边所发出的声音，这些都保持着原样，没有改变。相比之下，来自另一个时代的声音只会令人感到激动。泰晤士河在与时间玩着奇怪的游戏。

有关河流的散文写作，有着非常古老的历史。第一本完全以"河流"为对象的书，好像是科特西亚斯（Ctesias）①——阿塔塞克西斯·门农（Artaxerxes Memnon）②的宫廷医生——写的，他的写作时间是公元前四世纪初。300 年后，第一本中文的、有关河流的研究出现了，这本书后来被称作《水经注》(the Waterways Classic)③。当公元六世纪人们对其重新进行修订时，这本书已经变得无比之长。

然而英语世界中对河流的记载，可以追溯到十六世纪和十七世纪早期几位作者——利兰、卡姆登和哈里森——的作品。那之前的编年史作者，譬如比德、吉尔达斯等，对泰晤士河偶有提及，但并没有认真或持续的描述。约翰·利兰大概可以被称作是"第一位职业旅行者"，他所写的《旅行见闻》一书，对其同时代人来说，是一个范本，

[321]

---

① 科特西亚斯（Ctesias）：希腊医生和历史学家，著有数本有关河流的论文，曾于公元前 401 年作为医生陪着波斯国王门农出征其弟的叛乱。
② 阿塔塞克西斯·门农（Artaxerxes Memnon）：波斯国王，其名字的意思是"他通过真理进行统治"，在位时间为公元前 404 年到公元前 358 年。
③ 《水经注》是中国古代地理名著，共四十卷。作者是北魏晚期的郦道元。《水经注》因注《水经》而得名，《水经》一书约一万余字，《唐六典·注》说其"引天下之水，百三十七"。《水经注》看似为《水经》之注，实则以《水经》为纲，详细记载了一千多条大小河流及有关的历史遗迹、人物掌故、神话传说等，是中国古代最全面、最系统的综合性地理著作。

也是一种启发。1542 年春天,他沿泰晤士河谷出发,沿路留下了对河畔城镇梅登黑德、雷丁、法灵登和沃灵福德的观察与记载。他的记载属于"趣闻轶事"和"漫游"的类型,是对笔记的辑录,而不是连贯的叙述。不管怎么说,他为那些对泰晤士河的历史感兴趣的人,提供了他们极为感兴趣的材料:

> 在穿过伯恩河(the River Burne)两到三英里之后,我来到梅登黑德的泰晤士河上的一座木桥上。在这一侧的桥上游一点的地方,我看到有一座长满灌木的悬崖俯瞰着河面。我推测那里过去曾是某个古老建筑的所在地。在桥的西侧,有一个很大的、为装卸原木和烧柴而建的码头……

有人认为利兰是"现代英国历史之父",但他也是以《天鹅之歌》(*Cygnea Cantio*,1545)[1]打造了"河流诗歌"的第一位英国诗人。他希望能通过诗歌,打造一条在神话、文学和历史等层面共存的河流。在这首诗中,泰晤士河被描述为"nympharum gloria prima"——传承自赫西奥德(Hesiod)[2]和荷马(Homer)[3]时代的,"水仙女中最光辉美好的"。

这是为什么他在《旅行见闻》中对泰晤士河的介绍,不仅仅是一种"偶然观察"的产物。在"解散修道院运动"(the Dissolution of the

---

[1] 一首很长的河流诗歌,通过泰晤士河中从牛津游向格林尼治的天鹅之口来赞美国王亨利八世,伴有详细的评论文章解释诗歌中所提到的地名与地理位置。

[2] 赫西奥德(Hesiod):古希腊诗人,研究者认为他活跃于公元前 750 年至公元前 650 年之间,与荷马同时代。通常被认为是西方传统中第一位进行书面诗歌创作的人,其作品成为学者研究希腊神话、农业科技及早期经济思想的重要资料。

[3] 荷马(Homer,约公元前 9 世纪—公元前 8 世纪):古希腊盲诗人,相传记述了公元前十二世纪至公元前十一世纪特洛伊战争以及关于海上冒险故事的古希腊长篇叙事代表作——史诗《伊利亚特》和《奥德赛》,是由他根据民间流传的短歌合编而成。

Monasteries)①之后,他成为亨利八世的宫廷古文物学家,负责保管已被摧毁的历史残片与记录。也许就是因为这一点,最终导致了他的疯狂。他对泰晤士河作为一种历史与文学资源的特殊的爱与重视,使得他对与泰晤士河有关的事实与进展,都赋予了重大而具有象征性的意义。对他来说,泰晤士河是保存至今的历史景观,它流过废弃的修道院与教堂,保持着王国的身份与认同。泰晤士河是濒临被"完全毁掉"的过去的见证。

这些促使了他在《旅行见闻》中,对泰晤士河进行更有力量、更尖刻的描写:

> 泰晤士河伯克郡岸边的梅登黑德三英里以上,是贝舍姆小修道院(Bisham Priory),再往上游一英里是赫利,一个附属于威斯敏斯特大教堂的小修道院。在白金汉郡这一侧的利托马洛(Little Marlow),过去有一个修女住的小修道院,在梅登黑德再往上两英里的地方……贝舍姆往上游一英里的地方,白金汉郡这一侧,是梅德曼纳姆——一个附属于贝德福德郡的沃本修道院(Woburn Abbey)的小修道院。

贝舍姆小修道院后来被"解散"了,赫利小修道院也被废止了,利托马洛最后一位女修道院院长——玛格丽特·弗农(Margaret Vernon),在十六世纪四十年代早期就不见了踪影。沃本修道院于1547年被赐给了约翰·罗素爵士(Sir John Russell)②。正如利兰所观察

---

① "解散修道院运动"(The Dissolution of the Monasteries):发生在1536至1541年间,由亨利八世下令,在英格兰、威尔士和爱尔兰解散天主教修道院和教堂等机构,僧侣们被解散,其收入被剥夺,用于亨利八世的军事战争。
② 约翰·罗素爵士(Sir John Russell,约1485—1555):第一代拜德福德公爵,都铎时期的英国皇家大臣,"解散修道院运动"之后得到亨利八世诸多赏赐,也是英国哲学家伯纳德·罗素的先人。

与描述的,泰晤士河边这些神圣宏伟的建筑正在被摧毁、另作他用或是被掠夺。只有泰晤士河提供了一种持续性。

利兰的记录,因其精神失常而未能完成,后来被约翰·卡姆登和威廉·哈里森所继承。哈里森在《不列颠岛概览》(*Description of the Islande of Britayne*,1587)、卡姆登在《不列颠尼亚》中,以一种更深入、篇幅更庞大的方式,继续了利兰的"地形学"工作。《不列颠岛概览》的第11章,起名为"对泰晤士河及其支流的描述"。有关泰晤士河,哈里森这样写道:"我确实为自己的这些观察感到满意,因为这些或者是来自我自己的经验,或者是来自对他人写作的不断收集。"与利兰相比,他的相关记载明显要拘谨得多,侧重于观察而避开了神话传说的复杂性。他对传说和波利多尔·弗吉尔(Polydore Vergil)[①]那样的"纸上谈兵的地形学家"的作品都忽略不计。他的写作,在很大程度上依赖于事实。譬如说,哈里森是第一个对泰晤士河的"双潮现象"进行准确记录的人。他还添加了一些偶然的细节,并且因为明显的"随机性"而增加了可信性——"在水淹没了河岸之后,在伦敦桥下,你可以用手捉到黑线鳕鱼,它们漂在水面上,眼睛因为河水的浑浊而什么都看不清,也不知道自己在哪里"。他描写了"在河上每天都可以看到的、数不清的天鹅",还发布了一些有趣的信息,譬如在泰晤士河上有2000艘平底货船和各种小船,为大约3000名穷船夫提供了生计。他是泰晤士河第一位准确的记录者。

卡姆登在《不列颠尼亚》中,在陆地风景、河畔风光和历史之间腾挪移动,让这些都服务于泰晤士河是一个"连接中心"这一核心观点。他的叙述充满了历史及历史性的参考资料。在利兰几乎毫不隐藏地表现为"消解"与"沮丧"的地方,卡姆登会借助大量信息,证明"过去"在"现在"的轮廓里,仍然得到了尊敬与重视。因此他会写

---

① 波利多尔·弗吉尔(Polydore Vergil,约1470—1555):意大利人文主义学者、历史学家、神父、外交官,一生中大部分时间都住在英国。

道:"穿过泰晤士河,返回河之源头及塞文河河口时,应该去拜访曾经占据过眼下的格洛斯特和牛津郡的多布尼人。"他在将泰晤士河与英国古老的过去联系在一起。正像它是英国地形学的一个重要方面一样,泰晤士河也代表着英国历史发展的一条基本脉络。

很难从卡姆登那种具体而密集的叙述中进行引用。其所引用的资料,在当地的古老部落、亨利五世或是爱德华三世的统治、城镇名字的来历和当地牧场的质量之间,快速转换着。它是一本百科全书、一个大纲、一本文选,而不是一本地形学作品,但它有一个明确的主题——泰晤士河是包裹这一切的巨大连接力量,它使得事物之间有了联系。

泰晤士河也是叙述的线索。卡姆登沿着它的航线,从一个郡到另一个郡,以便能够重新"排演"那些发生在岸边的事件。泰晤士河带领他向前,激发他表达自己,记录过往。就像很多写过泰晤士河的作家一样,卡姆登在其散文叙述中也插入了韵文,在某一部分还写了一首名叫"泰姆与伊希斯的婚礼"的诗。在这首诗中,卡姆登的缪斯女神从雷丁来到温莎,从里士满来到肯特,从格洛斯特来到牛津——这在地理上并不准确,但就卡姆登对自然发展与历史变化的关注来说,在想象中是准确的。利兰和卡姆登都混合使用散文和韵文来阐述泰晤士河的意义,这一事实本身就很有趣,它意味着他们的作品可以同时涵盖"想象的诗意"与"历史的叙述",而泰晤士河自身有足够的"圆满"与"重要",来同时拥抱这两个概念。"想象之河"与"历史之河"因此化作同一条河,流过他们的著作。

[324]

从他位于伦敦塔的监狱窗前,沃尔特·雷利爵士可以一直看到布莱克弗瑞尔斯台阶那里,以及从台阶到他的监禁地之间的河段。自从 1603 年被判刑① 以来,12 年里,他与泰晤士河近在咫尺。在这

---

① 1603 年伊丽莎白女王一世去世后,沃尔特·雷利因阴谋反对詹姆士一世的罪名被关进伦敦塔 13 年。1616 年被释放后,率队去南美寻找"黄金城"。

种长期、被强制的亲密关系之中，他完成了《世界史》(History of the World, 1614)，而泰晤士河成了他整体构思的一个"中心点"。在其研究之初，天堂里的四条河是对"分离"及从"源头"——或是"伊甸园"——开始堕落的一种隐喻，然而流动的河水也是历史命运或是后来所谓的"历史必然性"的一种象征。奔流的河水，代表着命运的形象。在他对历史的叙述中，人类的进步就是河流的进步。《圣经》里的宁录（Nimrod）①告诉其追随者说："到河边去休息并在那里互相帮助。"世界上最早的城市都是在河边建立起来的，因此"尼尼微（Nineveh）②、查兰（Charran）③、勒舍夫（Reseph）④、干尼（Canneh）⑤、迦勒底（Chaldea）⑥王国的乌尔城（Ur）⑦，以及其他最早开始人头熙攘的城市，都是在这些可以通行的河边及其支流边建立起来的。"这是一种深刻的直觉，这一直觉后来被证明是正确的。战胜了大洪水的挪亚（Noah），是后来"安全地住在河边"的后人们的榜样——或者说是"原型"。河流因此成为人类历史的一个重要元素。可以说，在方舟中的挪亚和在牢狱里眺望泰晤士河的雷利也有几分相像。雷利8卷本的皇皇巨著只写到公元前130年，但是在这些卷宗中，他描绘了历史的走向。

---

① 宁录（Nimrod）：是圣经《创世记》中一个人物的外号，是挪亚的曾孙，总是跟上主作对。这个人的真实姓名圣经里没有提及。
② 尼尼微（Nineveh）：亚述帝国的首都。亚述为古代西亚奴隶制国家，位于底格里斯河中游，其历史上最强盛的时期是从公元前八世纪中叶到公元前612年，雄踞亚洲一个多世纪。首都尼尼微是当时的世界性大都市。
③ 查兰（Charran）：美索不达米亚西北部的一个城市。
④ 勒舍夫（Reseph）：一个被亚述人征服的城市，位于幼发拉底河以西25英里。
⑤ 干尼（Canneh）：圣经《以西结书》中与哈兰和伊甸一起提到的一个地名，是一个商业城市。
⑥ 在《旧约圣经》中，迦勒底是新巴比伦的同义词。大约在公元前625年，迦勒底人夺得巴比伦尼亚的王位，建立了迦勒底王朝，亦即新巴比伦王国。
⑦ 乌尔（Ur）：古代美索不达米亚南部苏美尔的重要城市。以前是个港口城市，位于幼发拉底河口和波斯湾附近，因为海岸线抬升，目前已变成内陆城市。

第十二章 艺术之河

伊丽莎白一世给他起的绰号是"水"[①]。当住在达勒姆宫俯瞰着泰晤士河时，他曾经梦到过金色美洲的河流。对他来说，泰晤士河可能已经变成了奥里诺科河（the Orinoco）。[②] 对雷利来说，十六世纪的泰晤士河就是人类命运与现代生活的象征。除了君主、旅行者、探险家和商人，还有谁会到这里来？因此泰晤士河作为生活的"高速公路"的形象，深深烙在他的想象之中。这里有一个具有讽刺意味的事实——河流以一种高度"个人化"的方式，影响着雷利自身的命运。因为没能在奥里诺科河找到黄金而再次被监禁以后，1618年，雷利试图从塔楼水闸那里顺流而下逃到海上。但他或是他的水手算错了潮汐，他们无法抵达格雷夫森德，只好返回格林尼治。他们在河岸挣扎的时候被人逮捕。他被泰晤士河打败了。

泰晤士河与文学界也有很多零零散散的联系。塞缪尔·理查森（Samuel Richardson）[③] 住在帕尔森格林（Parson's Green）河边的一座房子里；菲尔丁在特威克纳肯汉姆河边的霍利街（Holly Road）完成了《汤姆·琼斯》（*Tom Jones*）的写作，而弗朗西斯·培根1593年住在最初的特威克纳肯汉姆公园（Twickenham Park）内。R·D·布莱克莫尔（R.D. Blackmore）[④] 写作《洛娜·杜恩》（*Lorna Doone*）时住在特丁顿，盖伊（Gay）[⑤] 写作《乞丐的歌剧》（*The Beggar's Opera*）时住在汉

[325]

---

① 在英语里，"水"（water）与其名字"沃尔特"（Walter）谐音。
② 奥里诺科河（the Orinoco）：南美洲第三大河，仅次于亚马逊河和巴拉那河。哥伦布在1498年8月1日首次发现奥里诺科河河口，其河口地区是重要的石油和沥青产区。
③ 塞缪尔·理查森（Samuel Richardson，1689—1761）：十八世纪英国作家、出版商，以三部书信体小说而出名：《帕米拉》（1740）、《克拉丽莎》（1748）、《查尔斯·格兰迪森爵士的一生》（1753）。
④ R·D·布莱克莫尔（R.D. Blackmore, 1825—1900）：十九世纪下半叶最著名的英国小说家之一，被称作"最后一位维多利亚人"，其小说目前只有《洛娜·杜恩》还在持续出版并受到读者欢迎。
⑤ 约翰·盖伊（John Gay，1685—1732）：英国诗人、剧作家，其最有名的作品《乞丐的歌剧》，是英国曾经盛极一时的讽刺民谣歌剧唯一流传至今并仍受欢迎的作品。

姆(Ham)。爱德华·吉本(Edward Gibbon)[1]在帕特尼的泰晤士河边出生,他上学的地方是在帕特尼和位于泰晤士河边的金斯顿。

虚构类作品中的一些人物——譬如马格维奇(Magwitch)[2]和傅满洲博士(Dr Fu-Manchu)[3]这样一些被社会所放逐的人——也在泰晤士河岸边居住和谋生。对傅满洲这个人物,萨克斯·罗默(Sax Rohmer)[4]在《傅满洲的故事》(*The Book of Fu-Manchu*,1929)中写道,泰晤士河是"他的通道,他用来传递其神奇力量的交通线……他总是将自己的指挥部建在泰晤士河上"。人们通常记不起布莱姆·斯托克(Bram Stoker)[5]的通俗小说《德古拉》(*Dracula*,1897)中的一部分内容也是安排在泰晤士河口那里发生的。德古拉在无法进入他位于珀弗利特的家中以后,为了去伯蒙德西,他从河口这一水位较低的河段穿过。如果不是回不了家的话,他会从家中很快走到珀弗利特台阶下面,趁低潮坐渡船在凌晨1点之前抵达南岸。当然对这个吸血鬼来说,"他只有在低潮或发洪水时,才能穿过流动的河水"。珀弗利特台阶不久前还存在着,在靠近皇家旅馆(Royal Hotel)那里。

斯多克从河口那里的位置,对这位"不死者"的居所进行了描述:这座房子带着——"伦敦落日所具有的那种美妙的、烟熏火燎的美

---

[1] 爱德华·吉本(Edward Gibbon,1737—1794):英国历史学家、作家、议会议员。其最著名的作品《罗马帝国的衰落与毁灭》(*The History of the Decline and Fall of the Roman Empire*)在1776—1788年间以6卷本出版,以其写作水准、讽刺手法、对一手材料的使用及对宗教的公开批评而著名。
[2] 马格维奇(Magwitch):狄更斯写于1861年的小说《远大前程》中的一个虚构人物。
[3] 傅满洲博士(Dr Fu-Manchu):是英国推理小说作家萨克斯·罗默创作的傅满洲系列小说中的虚构人物。1913年在《傅满洲的谜团》(*The Mystery of Dr. Fu-Manchu*)一书中首次出现。
[4] 萨克斯·罗默(Sax Rohmer,1883—1959):一位多产的英国小说家,其最有名的作品是以犯罪头目傅满洲博士为主人公的系列小说。
[5] 布莱姆·斯托克(Bram Stoker,1847—1912):爱尔兰作家,其最有名的作品是讲吸血鬼故事的哥特小说《德古拉》;在其生活的时代,他作为著名演员亨利·埃尔文(Henry Lrving)的私人助理以及吕西昂剧院(Lyceum Theatre)的业务经理而为人所知。

丽,带着火红的光芒、墨染的阴影及各种来自被污染的云端和被污染的河水的神奇色彩"。乔纳森·哈克(Jonathan Harker)[1]在珀弗利特那里为伯爵找到了一处房子,位于侧马路上,被"一道采用古老结构的巨石高墙"围了起来,院子里有很多树和一处"看起来很深很暗的水塘——或者说是小湖泊,很明显,下面有泉水在供给水源"。这实际上是泰晤士河口附近的景观。

事实上,泰晤士河一些最伟大的作者来自十九世纪。我们可能需要克制一下,不要将皮尔斯·伊根(Pierce Egan)[2]也置于他们的行列,虽然他的《泰晤士河的朝圣者》(Pilgrims of the Thames, 1839)一书,在他还活着时就非常受读者欢迎。它是散文与诗歌的混合体,就像我们已经看到的那样,这是泰晤士河不可避免的"文学伴奏形式"。在伊根充满活力而又带有传奇冒险色彩的风格映衬下,该书完美地迎合了十九世纪早期的公众口味。对他们来说,"泰晤士河——古老的'父亲之河',及其隔壁邻居——大洋,构成了能够吸引和愉悦最冷漠的旁观者的各种事物。但对一位'伦敦佬'来说,对一位出生在伦敦的人,可能更好的表达是——无以言表的愉悦与满足"。

为了了解十九世纪的真实状况,我们必须转向该世纪最具有象征性的伟大小说家——查尔斯·狄更斯。对狄更斯来说,泰晤士河基本上是一条"泪水之河",一条"黑暗之河"。在他早期所写的新闻报道之中,他实际上是在模仿当时流行的都市作家如皮尔斯·伊根等人的风格,他描写了泰晤士河所提供的各种乐趣,如蒸汽船旅行和各种与河流有关的恶作剧。但他对泰晤士河的实际经验,实际上超过了那些一厢情愿的乐观主义,要更为丰富和黑暗——他是在泰晤士河边失去了一切希望。12岁时,他被送到河边一家炭粉厂工作——位于亨格福德台阶30号的沃伦炭粉厂,这幢后来他在一份私人回忆录中描述

[326]

---

① 乔纳森·哈克(Jonathan Harker):《德古拉》一书中的人类男主人公。
② 皮尔斯·伊根(Pierce Egan, 1772—1849):英国记者、体育题材作家,也写作与流行文化有关的题材。

为"疯狂、摇摇欲坠、当然还挨着河边的老房子",说它"纠缠"着他的想象并不过分。它在《尼古拉斯·尼克贝》(*Nicholas Nickleby*)①中,化身为泰晤士河码头边一座快要倒塌的房子;在《老古玩店》(*The Old Curiosity Shop*,1841)②中,它变身为俯瞰着泰晤士河的避暑别墅,"被老鼠暗中破坏"着;在《雾都孤儿》(*Oliver Twist*,1838)中,它变成了比尔·赛克斯(Bill Sikes)③在伯蒙德西附近的雅克岛(Jacob's Island)上的避难所。

泰晤士河流过狄更斯的创作,正像它流过伦敦城。他在散文《逐潮而下》(*Down with the Tide*,1853)中,这样描写过泰晤士河:"拍打着桥墩、桥柱和系船的铁环,在烂泥里隐藏着各种奇怪之物,以午夜葬礼所不应该有的速度带走自杀者及意外落水者的尸体……这条河看起来是如此广阔与巨大,如此黑暗与沉默,如此像是存在于这座伟大的城市中的一个'死亡'意象。"之前没有任何一位作家,如此准确地抓住了泰晤士河悲哀而又令人恐惧的一面。这是秘密之河,雾与霾之河,夜晚之河——因此也是神秘之河。在《荒凉山庄》中,泰晤士河"有着一副令人恐惧的外表,如此阴沉而隐秘,在两岸低低的水平线之间,以飞快的速度,爬行着离开。河水及各种阴影所带来的难以辨别的奇怪形状,令人感觉如此沉重,如此像死亡,如此神秘……"它将伦敦"拴"在自身的某处,如此巨大,如此黑暗,如此狂野。在描写城市阴暗面的随笔性挽歌《夜行》(*Night Walks*,1860)中,狄更斯对"伦敦的巨大阴影,好像压迫性地倾倒在泰晤士河上"的各种表现,

---

① 《尼古拉斯·尼克贝》(*Nicholas Nickleby*,1838—1839):查尔斯·狄更斯的一部幽默教育小说,最初以连载的形式出版,为狄更斯第三本小说;讲述尼古拉斯·尼克贝的生平和事迹。尼克贝的父亲去世后,他必须照顾他的母亲和妹妹。

② 《老古玩店》(*The Old Curiosity Shop*,1841):狄更斯的长篇小说。1841年狄更斯迁居到朴茨茅斯大街(Portsmouth Street),认识了老古玩店的老板,并开始创作这部小说。这家古玩店如今仍在英国展示。

③ 比尔·赛克斯(Bill Sikes):狄更斯长篇小说《雾都孤儿》中的主要反派角色,是犯罪团伙的成员,抢劫犯和杀人犯。

进行了描写。

很难想出有哪一部狄更斯的小说，里面没有泰晤士河出现，这显示了作家对它的迷恋程度。然而他对河的本性也有一种亲密的了解。你可以肯定，他总是知道潮水前行的方向。这是《远大前程》（1861）中的一个重要情节。他有一次写道，他很关注呈现"熟悉事物的浪漫一面"，但他对泰晤士河的想法其实是超越了"浪漫"或"通俗"的界线。不知是出于直觉，还是迂回感知，这一想法与泰晤士河作为"墓地"及"献祭之所"的古老历史直接相连。

在这一背景之下，在他与河流有关的小说中，最有力量的是《我们共同的朋友》（*Our Mutual Friend*，1865）①，故事始于萨瑟克桥和伦敦桥之间的泰晤士河上。盖福尔·海克斯姆（Gaffer Hexam）②和女儿丽兹（Lizzie）③，坐在一只"看起来肮脏而破烂不堪的船上"——女孩在划船，她的父亲在寻找淹死者的尸体。河水表面覆盖着"烂泥和分泌物"。河水是黑色的。丽兹带着"担心和恐惧"，朝它望去。这是原始的河水，与人类的生活格格不入。狄更斯可能是在描写冥河或是阴间地狱。在他的另一篇散文《沃平济贫院》（*Wapping Workhouse*，1861）中，他描写了一位年轻人，在沃平古台阶那里朝河的远处凝视，"脸色浮肿而灰黄，样子肮脏、衣着磨损而令人不快，他可能是他肮脏的老父亲——泰晤士河最年轻的儿子。"对狄更斯来说，这个人好像是一个"幽灵"，而他确实与从河里打捞上来的死者，有很多相似之处。"幽灵"已经变成了河流的"卫士"——或者说是"追随者"。《我们共同的朋友》也是一个有关"复活"的故事——尤其是从泰晤士河的河水中"复活"。有人迷失在其深处，有人重又浮上水面。狄更

---

① 《我们共同的朋友》（1864—1865）：狄更斯最后一部长篇小说。
② 盖福·海克斯姆（Gaffer Hexam）：狄更斯小说《我们共同的朋友》中的人物，船夫，依靠抢劫从泰晤士河上发现的尸体的财物为生。
③ 丽兹（Lizzie）：狄更斯小说《我们共同的朋友》中的主要人物，盖福·海克斯姆之女，心地善良，富有自我牺牲精神，最终获得了圆满结局。

斯对泰晤士河的理解的价值,在于他将古老的神话与都市的现实结合了起来,在十九世纪河水严重污染、产生大量毒气的背景下,以富有表现力的现实性,赋予泰晤士河原有的力量(可能是狄更斯在儿童时期所感受到的)。

十九世纪晚期和二十世纪早期,他唯一的继承者是能够理解泰晤士河较黑暗一面的约瑟夫·康拉德。作为职业水手被雇佣了好多年,他对泰晤士河有一种"职业"上的了解。对康拉德来说,泰晤士河守护着古老的秘密。正如《黑暗之心》(The Heart of Darkness,1899)中的马洛(Marlow)①,在格雷夫森德那里,望着泰晤士河所说的:"这,也是地球上的黑暗所在之一。"这是泰晤士河一个持久的记忆。在一本较晚近的小说《下游》中,伊恩·辛克莱描写了"烂泥中的树桩。变成废墟的防波堤。潮水正在转向:一条泥泞结块的肮脏大道,涂抹着污垢与河水中的沉积物,向格雷夫森德流去。他常常夸口说——没有多少根据——马格维奇从遇难船上逃了下来,在这里蹒跚而行,被人带上了岸"。对那些小心而谨慎的旅行者来说,泰晤士河的这一部分,萦绕着由康拉德、狄更斯和那些能感受到泰晤士河"黑暗面"的作家们所打造的危险而有害的形象。

在康拉德的小说中,马洛和同伴们望着泰晤士河,"不是以永远来了又去的那种短暂之光,而是以一种由萦绕不去的记忆所带来的凌冽光芒"。格雷夫森德上空的空气是"黑暗,更远处看起来仍是凝结着一种令人悲哀的昏暗"。这种"昏暗"停留在伦敦上空,化作人们对城市的印象。尽管如此,"在埃塞克斯沼泽地的上空,迷雾像是一块透明发亮的薄纱,悬挂在长满树木的内陆高地那里,同时精致地叠成几叠,覆盖在低低的岸边"。

在《海之镜》(The Mirror of the Sea,1906)②的"记忆与印象"卷,

---

① 马洛(Marlow):康拉德小说《黑暗之心》的故事叙述者和主人公。
② 《海之镜》:康拉德一部自传性散文的选集,所选散文大多在1904—1906年间发表在不同的杂志上。

第十二章 │ 艺术之河

康拉德花了很多篇幅谈论他在泰晤士河口的经历。对他来说，河口地区唤起一种"奇怪的神秘气息"，而这是与其历史有关的：那里是罗马人的大木船最先看到的地方，也是那些最近才被"分离"的欧洲大陆的首批来访者最先看到的地方。在河口区的岸边，康拉德看到一些"微微拱起的圆屋顶……好像这里是非洲中部的一个小村庄，只不过那些棚屋，是用铁皮建起来的"。这里也有一种对《黑暗之心》的暗示，暗示泰晤士河仍然有其"原始"或"远古"的一面。在小说中，马洛继续探讨着"黑暗"。

他想象着有一位罗马公民，沿着泰晤士河开始了第一次航行。对他来说，泰晤士河就好像是"世界的尽头，一片铅色的大海，一片烟色的天空……砂石岸，沼泽地，森林和野人"。通过这些词语，他将泰晤士河及其周围，描述成一个令人感到"恐怖"的世界，"令人难以理解并感到憎恶。并且它还有一种能够影响他的'魔力'，一种'憎恶'所具有的'魔力'——想象一下一种不断在增长的遗憾，对逃避的渴望，自己无能为力的厌恶、屈服与憎恨。"泰晤士河那种"格格不入"的本性，从未比这更有力地被"唤起"过。这几乎像是一条人类记忆开始之前的河流。

[329]

康拉德认为，在大不列颠的所有河流中，泰晤士河是"唯一一条我认为能让人产生浪漫感觉的河流"。在他所生活的时代，河下游的两岸，大部分都被荒弃了，在人们心中唤起一种"由岸边形态而引起的神秘而广大无边的感觉"。考虑到在不超过25英里远的地方，就坐落着当时地球上最大的城市，这种感觉会变得更加强烈。这种感觉现在还可以被感受到——如果你在清晨或是夜色的笼罩下，坐船从格雷夫森德向大海的方向驶去的话。在泰晤士河口的那种广大无边之中，康拉德注意到，"港口的繁忙交通"以及水面上的众多船只都"变得不那么重要了"。更为晚近的时候，当河面交通已经减少到令人认不出时，那种空旷的感觉更是无以言表。有时候——尤其是在夜深之时，你会以为你是坐在河上唯一的一条船上。

仿佛她也是被河所驱逐的、等待腐败与毁坏的被遗弃物的一部分,我们所跟随的女孩离开大道,来到河边,站在这幅夜晚图画的中间,孤独而僵硬地望向河水……在她狂野的举止中有着某种东西,让我无法确认但却相信她会在我眼前沉入河底。《大卫·科波菲尔》

交易淹死者的尸体:"女孩划船,她毫不费力地划着一对短桨;男子保持着老鹰般的警戒眼神。他的手里没有网、钩或是线;他不可能是一位渔夫。"《我们共同的朋友》

第十二章 ｜ 艺术之河

其他维多利亚时期①及爱德华时期②的泰晤士河的记录者——或者说是"崇拜者",感受到的是一种"神秘感",而不是"野蛮"或"恐怖"的感觉。这可能部分是因为在当时的大众心目中,泰晤士河所扮演的新角色是"休闲场所",而不是"贸易大道"。但在更大程度上,这种印象的产生,一定是因为肯尼斯·格雷厄姆、刘易斯·卡罗尔和杰罗姆·K·杰罗姆及其所写的书。杰罗姆当时已经从河口和伦敦塘那里,搬到了河上游——带着前面二者的阴影。

杰罗姆基本上是一位由《笨拙》(Punch)杂志所打造出来的漫画作者,但他一生都与泰晤士河有关联。他一生的不同时期,住在泰晤士河的不同河段。譬如十九世纪六十年代,他住在莱姆豪斯的奈罗街(Narrow Street),然后搬到巴特西桥(Battersea Bridge)北面一栋新建的公寓大楼里。他在回忆录中写道:"我生命中的大部分时间都住在泰晤士河附近。"确实,他是那些需要与泰晤士河保持"紧密联系"的人当中的一个。他让人将他的骨灰埋在伊维尔米的教堂墓地中——那是牛津郡一个离泰晤士河不太远的小村庄。

《三人同舟》(Three Men in a Boat,1889)③最初是想写成一本有关泰晤士河的地理与历史指南,但在不知不觉中——或是通过"有意设计",它变成了一部喜剧杰作。三位旅行者从金斯顿出发,向上游驶去。然而,虽然这主要是一段充满了闹剧与肢体动作的旅程,其中仍有着像梦幻赋格曲一样的元素——当杰罗姆对着河流的过去与灵

[330]

---

① 维多利亚时期:维多利亚女王(1819—1901)自1837年登基成为大不列颠和爱尔兰联合王国的女王,直到其逝世;1876年她被授予"印度女皇"的头衔。她在位的63年被称作"维多利亚时期",期间英国的工业、文化、政治、科学和军事力量都发生了巨大变化,海外扩张也取得了巨大进展。
② 爱德华时期:指维多利亚女王的长子爱德华七世(1841—1910)统治时期。爱德华七世于1901年继位,正是一个新世纪开始,其时英国的社会与科技发展有了进一步的巨大变化。
③ 《三人同舟》(Three Men in a Boat,1889):描写了从金斯顿到牛津再返回金斯顿的两周的河上旅行,最初是想作为一本严肃的旅行指南,但其中幽默想象的元素占据了上风。书中的笑话与幽默对今天的读者仍很有吸引力。

魂沉思时。雨落在水面上,"就像一个女人在黑暗的祈祷室中低声哭泣";河边的树林,"就像站在边缘的鬼魂……这是一片被灵魂所缠绕的河水,流过空留遗憾的土地"。对他来说,有些河段充满了"消失了的形式与脸庞"。就是这样一种带点遗憾的气息、一种闲淡而感伤的怀旧情调,不断打断着故事中那种明显的欢乐气息——这是为什么在整部书中,大人通常都表现得像"儿童"一样。

童年常常与泰晤士河相连。水仙女琉科忒亚(Leucothea)①,也是分娩之神。在查尔斯·金斯利(Charles Kingsley)②的《水孩子》(*The Water Babies*,1863)中,泰晤士河变成了儿童永远的乐园,不断重复着"在我身边玩耍,在我怀里洗澡,妈妈和孩子们"的副歌。在泰晤士河早期的照片中——尤其是伦敦河段——似乎总有儿童在河滩上玩耍、在河里游泳,或者在寻找着什么。1937年伦敦港务局(the Port of London Authority)委托专业人士拍摄的泰晤士河全景图中,在枪支码头(Gun Wharf)、老鹰码头(Eagle Wharf)、代工码头(Foundry Wharf)和斯诺登码头(Snowdon's Wharf)那里,都可以看到儿童的身影;在沃平新台阶(Wapping New Stairs)那里,好像有一只极小的"泥雀"在搜检着泰晤士河。只要有能通往河边的地方,儿童就会聚集在那里。过去在塔桥边上,有一处供儿童玩耍的沙滩,孩子们常常到那里玩。低潮时,萨瑟克的加百列河段(Gabriel's Reach)也会露出一段沙滩来,孩子们也可以到那里碰头玩耍。

当然河边也很危险。到二十世纪早期,绝大多数通过古老的船夫台阶走到河边的通行方式都被禁止了,因为担心儿童会失足滑进有时会变得很危险的泰晤士河。在一些台阶顶端,现在仍能看到一张告

---

① 琉科忒亚(Leucothea):意为"白仙女",希腊神话中帮助海上无助水手的海神。
② 查尔斯·金斯利(Charles Kingsley,1819—1875):英国国教牧师、大学教授、社会改良主义者、历史学家和小说家。所著长篇小说《酵母》和《阿尔顿·洛克》描写雇农和手工业者的困苦处境。还著有历史小说《向西方》和儿童读物《水孩子》等。

示:"儿童禁止在台阶处玩耍"。伊顿有一个传说,每三年会有一个男孩淹死在泰晤士河中。儿童的尸体也常常被扔到河里。纯真以及"纯真之死",是泰晤士河故事的一部分。

幼儿期被认为与人类潜意识记忆的回归相连。这是为什么"追忆之河"同时也是"童年之河"。在卡罗尔、杰罗姆和格雷厄姆笔下,这是"童年主义"的河流,是重返其早期魔力的河流。如果我们可以借用一下十九世纪晚期的语言:它是一道通往遥远世界的"大门"。在河流附近,成人可以重新变成"儿童"。泰晤士河变成了"保姆",或是"妈妈",在其怀抱中,老去的人可以幻想重新得到"祝福"。因此,在1862年7月4日那个凉爽而潮湿的下午,当查尔斯·路特维奇·道奇森(Charles Lutwidge Dodgson)① 带着利得尔院长(Dean Liddell)② 的三位小女儿,在泰晤士河上划船时——从牛津到戈斯托,逆流而上——他开始即兴讲述一个叫"爱丽丝"的小姑娘在地下冒险的故事。与他平日里习惯穿的牧师的黑袍不同,他那天穿着白色的法兰绒裤子,就像T·S·艾略特笔下的普鲁弗洛克(Prufrock)③ 一样。

这次旅行的同伴罗宾·达科沃斯(Robin Duckworth)——当时道奇森划前桨而他划后桨——后来回忆道:"这个故事实际上是越过我

[331]

---

① 查尔斯·路特维奇·道奇森(Charles Lutwidge Dodgson,1832—1898):刘易斯·卡罗尔(Lewis Carroll)的原名。英国数学家、逻辑学家、童话作家、牧师、摄影师。生性腼腆,患有严重的口吃,但兴趣广泛,对小说、诗歌、逻辑、儿童摄影等颇有造诣。毕业于牛津大学,长期在牛津大学任基督教堂学院数学讲师。童话作品《爱丽丝漫游奇境》(1865)与《爱丽丝镜中奇遇》(1871)为其代表作,通过虚幻荒诞的情节,描绘了童趣横生的世界,亦揶揄十九世纪后期英国社会的世道人情,流传与影响甚广。
② 利得尔院长(Henry Liddell,1811—1898):牛津大学基督教堂学院的院长(1855—1891),著有《罗马史》(1855),并与罗伯特·斯科特联合编撰了里程碑式的《希腊-英语大词典》,刘易斯·卡罗尔的《爱丽丝漫游奇境》最初为利得尔院长的女儿爱丽丝所作。
③ 普鲁弗洛克(Prufrock):T·S·艾略特于1915年首次公开发表的诗作《阿尔弗雷德·普鲁弗洛克的情诗》中的主人公,该诗末尾有一句:"我该穿着白色法兰绒裤子,走在沙滩上。"

《水孩子》：汤姆和蜻蜓

《爱丽丝漫游奇境》：泪水之塘

《三人同舟》：在泰晤士河上

《柳林风声》：田鼠和鼹鼠

狄更斯对泰晤士河的潮汐与水流很熟悉。童年时他曾在河岸的一家碳粉厂中工作过，他知道泰晤士河是一条黑暗与自杀之河。后来的小说家较少像狄更斯那样将泰晤士河视作是一条邪恶之河。刘易斯·卡罗尔和肯尼斯·格雷厄姆将泰晤士河作为幻想与游戏的背景。查尔斯·金斯利和J·K·杰罗姆的作品，也都充满了河流世界的自由与幼稚主义。

的肩膀,边编边讲给爱丽丝·利得尔(Alice Liddell)听的。""这是你即兴发挥的一个故事吗?"达科沃斯问。"是的,"道奇森答道,"我就是边赶路边想的。"道奇森和孩子们有时会在泰晤士河中间的一个小河洲——洛克伍德岛(Lock Wood Island)——上野餐,有时也会在南恩汉姆公园(Nuneham Park)那片河边树林中野餐。爱丽丝·利得尔后来解释道:"道奇森先生的大多数故事,都是在到南恩汉姆或戈斯托的河上旅行中,讲给我们听的。"在这些地方,"午餐之后,我们会听到可以将我们带到仙境里的故事"。如果她对有关泰晤士河的神话有所了解的话,那么她会知道,她已经身处其中了。

故事是这样开始的:"爱丽丝开始对坐在岸上、坐在姐姐旁边,感到厌烦了……"《爱丽丝漫游奇境》(*Alice's Adventures in Wonderland*)的最初版本——一份名为"爱丽丝在地下的历险故事"(Alice's Adventures Under Ground,1864)的手稿,对其起源有着更明确的解释。第一章中,爱丽丝的"泪塘",通过某种奇怪的"转换过程",在某种程度上变成了泰晤士河,一条"河边长满灯芯草和勿忘我"的河——正像戈斯托那里的泰晤士河一样。因此我们大概也可以称泰晤士河为"泪水之河"。

在最初版本的结尾处,爱丽丝在想象中看到了牛津的泰晤士河,"她看到一座古老的城市,一条安静的河流沿着平坦的草地在它附近蜿蜒地流着。一条船缓缓地向上游划去,船上坐着一群快乐的孩子,她能听到他们的欢声与笑语就像音乐一样飘荡在河面上……"河流与天真、河流与纯洁之间的关系,没有比这更好的表达了。但河上这副景象,也被一种遗憾与怀旧的情绪所濡染。"小船缓缓地向外划着,在明亮的夏日阳光之中,载着船上欢乐的人群与欢声笑语,直到划过河的众多拐弯中的一个,然后她就再也看不到它了。""古老的城市"这一提法,为读者理解这是一条"时间之河"埋下了伏笔。时间已逝,时间正在流逝……因此在这种对童年记忆的珍藏之中,有一种对"年龄"与"经验"的暗示。儿童已经消失不见了。

[332]

泰晤士河也是书的摇篮。我们在其中——就像弗吉尼亚·伍尔夫所指出的那样——必须变成"儿童"。在河上,道奇森本人就可以再一次变成"儿童"——就像他经常希望的那样:他顽固的口吃消失了,他作为成年人的"逻辑"被超越了。《爱丽丝漫游奇境》(1864)和《爱丽丝镜中奇遇》(*Through the Looking-Glass*,1871)① 这两本书,是有关梦游、想象和荒谬的故事。泰晤士河所拥有的魔力之一,是一种从时间中"逃脱"的希望。作家曾这样回忆道:"上面蓝天无云,底下水平如镜,小船毫无目的地划着,只有划船时水滴溅落的声音……"这是一条静止的河流,一个被保存在永恒的灵感之中的、宛若天堂的时刻。泰晤士河还有另外一种特殊之处。威廉·莫里斯有一次描写了他在河上泛舟的经验:"每样事物在尺寸上的微小、短小的河段及河岸的快速变化,给人一种'到某个地方去'的感觉,一种正在与不同寻常的事物进行接触的感觉,一种我在更大的河面上从未感受过的、有关'冒险'的感觉。"这难道不是对爱丽丝的"探险之旅"的恰当描述吗?泰晤士河似乎很容易让人产生一种梦中常有的被"缩短"了的透视感以及一些古怪的细节:

> 我们划船回家,一群快乐的人,
> 在西落的太阳下。

同样的怀旧与梦幻,也充斥着肯尼斯·格雷厄姆的《柳林风声》② 一书——另一本表面上为儿童而写、后来成了"成人读物"的书。它是斯坦利·斯宾塞最喜欢的一本书。巧的是,格雷厄姆儿时曾被送

---

① 《爱丽丝镜中奇遇》:英国作家刘易斯·卡罗尔于1871年出版的儿童文学作品,也是《爱丽丝漫游奇境》的续作。作品中有大量关于镜子的主题,同时包含了许多国际象棋的要素。
② 《柳林风声》:肯尼斯·格雷厄姆于1908年出版的儿童小说,讲述了四个拟人化的动物在田园牧歌般的环境里的故事,结合了神话、冒险、道德及友情的主题,并以其对泰晤士河谷的描述而为人称道。

到库克姆那里，与其祖母一起生活。他 6 岁时，就探索了那里的河岸，观察了住在河边的水獭和其他动物。他的叔叔是库克姆教长教堂的助理牧师，常常带他划船到贝舍姆及其他河岸场所。40 年后，格雷厄姆带妻儿返回库克姆，受这里的环境激发，开始给自己的孩子讲有关"蛤蟆"和"獾"的故事。然而，就像泰晤士河一样，从一个小小的开端，故事开始不断生长，生长。儿子自杀以后，格雷厄姆离开了库克姆，幽居在上游数英里处的潘博恩，直到生命结束。在他的葬礼上，当地孩子用从河边采来的柳条装饰教区教堂。他的墓碑上刻着这样几行字："献给美好的肯尼斯·格雷厄姆——埃尔斯佩斯（Elspeth）之夫，阿拉斯泰尔（Alastair）之父，他于 1932 年 7 月 6 日离河而去。"他会同意自己笔下的"河鼠"对泰晤士河的赞美："这是我的世界，而我不想要任何其他世界。它所不具有的不值得拥有，它所不知道的不值得知道。上帝啊！那些我们曾一起度过的时光！"

[333]

在《柳林风声》中，没有"爱做梦的孩子"爱丽丝，但有另外一种"爱做梦"的生物。鼹鼠和水獭都住在明显可以辨认得出的河边。贝舍姆森林（Bisham Woods）的旧冰库，普遍被认为是蛤蟆地堡的原型；伯恩安德河段（Bourne End Reach）的爱德华七世式的船屋，被认为是蛤蟆船屋的原型；蛤蟆宫，是以梅普尔德汉姆河边的水磨坊为原型的——或者是以鲁尔布鲁克庄园（Lullebrook Manor）为原型。小说中的"野森林"（Wild Wood），毫无疑问是伯恩安德河边的采石场森林的再现。在格雷厄姆的想象中，这座森林的所在地，过去是一座以"永存"为目标而建的、伟大而有权势的城市，然而其居民"自愿"或是被迫离开了，而城市本身也被"强烈的风与不断的雨"慢慢抹平了。我们在前面已经注意到，泰晤士河"鼓励"——如果不是它实际上"激发"了的话——对消失的城市与文明进行沉思，就好像是过去住在其两岸的人们所打造的文化——那些跑道遗迹和石头坟墓——在人类意识中留下了自己的"痕迹"。就像格雷厄姆在小说第一章中所写到的，"河流仍然在不断向其诉说，一个全世界最好的故事正在咿呀成型；

故事来自地球深处,最终要告诉那听个没够的大海"。格雷厄姆已经听到了神圣的泰晤士河的召唤。

河流之歌

[334]　1717年7月17日,一艘皇家画舫载着乔治一世及其随从,从兰贝斯到切尔西,举行了盛大的庆祝活动。还有另一艘坐满了乐手的画舫伴随左右,演奏着一首专门委托亨德尔创作的乐曲。这首乐曲的名字叫《水上音乐》①,毫无疑问是与泰晤士河有关的最著名的一首乐曲。在某种程度上,它变成了泰晤士河专属的音乐。7月19日的《每日新闻》报道说,国王非常喜欢这首曲子,以至于

> 他让它在往返的过程中被演奏了超过三遍。11点钟的时候,国王在切尔西上岸,在那里用餐,并举行了另一场非常好的音乐会,一直持续到下午两点。之后国王登船从原路返回,音乐一直演奏到他们抵达岸边。

后来常常有人表示,"演奏音乐"是为了盖住泰晤士河船夫的污言秽语,他们的种种"平等主义"倾向,被泰晤士河的传统所"神化"了。但实际上,这并不是创作《水上音乐》的理由。《水上音乐》的创作,是为了给来自汉诺威的乔治一世提供一种与英格兰的身份与权力之源的联系。事实上,泰晤士河与这首音乐所形成的联结是如此强有力,在汉弗莱·詹宁斯(Humphrey Jennings)②的战时电影《战争之声》(*Words for Battle*, 1914)中,这首音乐被用作前奏。泰晤士河的神

---

① 《水上音乐》(*Water Music*):巴洛克时期作曲家亨德尔的著名管弦乐组曲,具有庆典和皇家宴会般的愉快节奏,也是早期开始大量使用铜管乐器的管弦乐作品之一。
② 汉弗莱·詹宁斯(Humphrey Jennings, 1907—1950):英国电影人,同时也是摄影师、文学批评家、舞台设计人、诗人、画家和现代艺术理论家。1950年在为电影取景时,不慎滑落山崖意外去世。

话,已经深深地融入了民族的心理结构之中。

还有另外一种有关河流的音乐。泰晤士河之歌是什么？其无尽的旋律,可以在各种有关它的、充满诗意的传说与神话故事中被感受到。这里是英格兰很多与时间及历史有关的故事的发源地——譬如作家斯宾塞的《仙后》、德雷顿的《多福之国》,以及蒲伯、弥尔顿、马维尔(Marvell)[①]和雪莱等人的作品。

在斯宾塞的作品中,泰晤士河代表着国家身份与认同,它将文学的各种类型与形式整合在一起,以完成一种彻底的叙述。它代表着和谐与团结,它是天真、仁慈与繁荣昌盛的象征。它是对诗歌自身的隐喻。因此泰晤士河总是有自己的诗人,有自己的一首诗。水的"名字"与"本质",都是流动性的,由带有"流动性"的音节所打造：water – aqua – apa – wasser – eau。"水"是流动的语言的女主人——一种从未被打断、未曾被中止过的语言。在河流流向大海的过程中,人们认为它在"歌唱"。它承载着雪莱在《伊斯兰的反叛》(*The Revolt of Islam*, 1818)中所称的"一种像众人私语般的甜蜜声音"。

泰晤士河的第一位诗人是有争议的、十四世纪的约翰·高尔(John Gower)[②],据说他出资修建了位于河南岸的圣玛丽教堂(St Mary Overie)(现在的萨瑟克大教堂),他自己死后就埋在那里。他是最早提到泰晤士河的诗人——在《一个情人的忏悔》(*Confessio Amantis*, 1386—1990)[③]的序言之中。他也解释了他是如何在泰晤士河上遇到

[335]

---

① 安德鲁·马维尔(Andrew Marvell, 1621—1678)：英国玄学派诗人、讽刺作家和政治家,在1659—1678年间担任众议院议员,作有许多政治讽刺诗和小品文,是弥尔顿的同事与朋友。
② 约翰·高尔(John Gower, 1330—1408)：英国诗人,与乔叟为友,并得到亨利四世的庇护。作品内容主要是道德伦理上的讽喻说教。作品有法语诗《沉思者之镜》(1376—1379)、拉丁语诗《呼号者的声音》(1382)、英语诗《一个情人的忏悔》(1390)。
③ 《一个情人的忏悔》：保留着高尔特有的道德训诫风格,但与前两部作品相比,痛苦与恐怖的风格有所减轻。

理查二世的:

> 当我靠近时
> 在我的船外,他看见我
> 命令我到他船上去。

　　但在那个世纪,泰晤士河真正的诗人,一定是杰弗里·乔叟。他出生在河边,住在河边,并且以泰晤士河为生。他的房子位于温特里(Vintry)选区的一条与泰晤士河平行的街道上。人们想到乔叟时,总是离不开"泰晤士河"这个背景。在伦敦的每一天,他应该都能看到和听到泰晤士河。他选择住在河边及河附近,直到去世。退休以后,他最初住在格林尼治或是德特福德,随后搬到威斯敏斯特。他在《坎特伯雷故事集》(1392—1400)[①]"长官的故事"的序言中,提到了最初的这两个河岸:

> 看,德特福德,现在是上午 7:30
> 看,格林尼治,这个有很多无赖的地方!
> 你早该开始讲你的故事了。

　　乔叟当过伦敦港海关事务督察,在其职权范围之内听到了很多河流与海洋的故事。他是那些"命中注定"是泰晤士河一部分的诗人中的一员。这条河从他们生命中流过,其影响之巨,就像它从伦敦流过

---

① 《坎特伯雷故事集》是一部诗体短篇小说集,叙述朝圣者一行 30 人会聚在泰巴旅店,这些朝圣者中有骑士、僧尼、商人、手工艺者、医生、律师、学者、农夫、家庭主妇等当时英国社会各个阶层的人士,他们准备前往坎特伯雷去朝拜圣托马斯。店主爱热闹,自告奋勇为他们担当向导,并提议在往返圣地的途中每人来回讲两个故事,以解旅途中的寂寞,并由店主做裁判,选出讲得最好的人,回到旅店后大家合请他吃饭。众人接受了店主的建议,次日一同踏上朝圣之途,并开始讲故事。

一样。

伦敦的诗人和作家与泰晤士河的关系确实有点不同寻常。我们可以想象乔叟、莫尔（More）、弥尔顿和蒲伯，出没在同样的河岸街道上——他们曾在不同时期，住在离彼此不过几百码远的地方，并且在生命的晚年，都住在河边。还有画家特纳，那位伟大的伦敦人和伟大的河流观察者。就"泰晤士河"这个主题，我们能够找到特纳引用蒲伯、蒲伯引用弥尔顿、弥尔顿引用乔叟的痕迹。这里面有一种"持续性"，由泰晤士河所激发，并且加以保持。

在神圣的伦敦的陪伴下，我们也可以瞥见威廉·布莱克的样貌，对他来说，泰晤士河是永恒之河。他住在兰贝斯河边的赫拉克勒斯大楼（Hercules Buildings），可以越过沼泽地看到河水。他每次进城时，都要穿过新落成的滑铁卢桥，并且总是要特别提到途中会路过的阿尔比恩磨坊（Albion Mills）[1]——它们变成了其诗歌中的"黑色磨坊"。他也死在河边——在斯特拉德街旁边的清泉宫（Fountain Court）。去那里参观他的住处的人，都会注意到在小巷尽头处闪闪发光的泰晤士河。布莱克自己描绘说，它就像"一块金砖"。二十世纪诗人乔治·巴克尔（George Barker）[2]，得知布莱克在河边的活动以后，在《卡拉米太尔》（Calamiterror，1937）中，记下了这样一种想象：

威廉·布莱克的形象，巨大而明亮
悬挂在桑宁的泰晤士河上

泰晤士河还有一位早期诗人——威廉·但巴尔（William Dunbar）。在《致敬金融城》（*In Honour of the City of London*，1501）中，他把泰

---

[1] 阿尔比恩磨坊：位于瑟萨克北部、布莱克弗瑞尔斯桥东南方的一座由蒸汽驱动的谷物磨坊，建成于1786年，1791年毁于大火。
[2] 乔治·巴克尔（George Barker，1913—1991）：英国诗人，支持以神话及超现实主义主题反对二十世纪三十年代的现实主义的新启示运动。

晤士河作为一种"胜利",加以欢迎:

> 你的河流拥有超越其他河流的特权,
> 美丽的河水,轻快而明亮,
> 从你的山谷中流出,
> 羽翼漂亮的天鹅在河中游泳;
> 众多驳船划桨而行,
> 停泊的船只收起风帆。

[337]

泰晤士河充满诗意的神话故事在这里进行了第一次"彩排"——它绿宝石颜色的水流、它的名声、它的天鹅、它与王室的关系。这是一条被诗意的想象所"神圣化"了的河流。

十六世纪晚期,有关泰晤士河的诗歌有点过剩。这是班克赛德——泰晤士河的地标之一——成了英国那些最伟大的诗人的描写对象,或是以其为背景进行创作的年代。莎士比亚与泰晤士河的关系,通常会被忽视,但它是他通往其创作的一条"高速公路"。他住在河边,先是在萨瑟克,后来在布莱克弗瑞尔斯。他不停地需要过河,它成了他最基本的交通手段。他的作品在河边演出——不是在环球剧场,就是在布莱克弗瑞尔斯的室内剧院。当他写到潮水、商船时,他所想到的是泰晤士河的生活。"啧啧,兄弟,我的意思是他们将要错过洪水了,错过了洪水,就错过了旅程。"潘西诺(Panthino)在《维洛那二绅士》(The Two Gentlemen of Verona,1592)①中这样说道,但他指的是泰晤士河的潮汐节奏,而不是阿迪杰河(the Adige river)的。泰晤士河是莎士比亚非常熟悉的一个"粗糙摇篮"。

在这一话题中,埃德蒙·斯宾塞在不同地方都被提到过,理由

---

① 《维洛那二绅士》:莎士比亚创作的一部喜剧作品,出版于1623年。潘西诺是剧中男主人公之一普鲁透斯的父亲的仆人。

很充足——因为他是泰晤士河最主要的歌颂者。他是"富有的泰晤士河"和"流着银色水流的泰晤士河"的歌唱者。实际上,他可以被称作是十六世纪的"河流诗人"。1579 年,他想要创作《泰晤士河颂歌》(*Epithalamion Thamesis*)的打算,进一步证明了他对泰晤士河的认同。他用泰晤士河来表达有关"伟大"的概念和英国历史的进程,使其开始与"挽歌"及"预言"相连,与自然和艺术相连。这是一个被迈克尔·德雷顿所重拾的主题——在他为《英格兰的赫利孔山》(*England's Helicon*,1600)① 一书投稿时。在书中,他呼唤道:"银色的泰晤士河,你是最清澈透明的洪流。"十六世纪的泰晤士河,确实在诗歌与历史性传说中,作为银色的泰晤士河、透明的泰晤士河和甜蜜的泰晤士河,保存至今。据说在那个世纪,伦敦船夫的船桨在"按照长笛的旋律"划动时,有可能与水莲缠绕在一起。有关英国前程"光明远大"的神话,在童贞女王②的庇护下,与泰晤士河作为"壮丽之河"的种种表现,彼此之间有着深深的关联。这是一种在后代诗歌中不断被重复的形象——譬如赫里克(Herrick)③ 的"银脚泰晤士河"和蒲伯的"银色泰晤士河"。

[338]

十七世纪和十八世纪时,特威克纳姆和里士满河段,是诗人们常去的地方。在有关泰晤士河的古董级指南书中会出现诸如"考利在这里写道""蒲伯坐船到这里享受新鲜空气""汤姆逊死后被埋在这里""德纳姆在构思那首经常被人们引用的对泰晤士河的美丽赞歌④时,就是站在这里";"国王威廉(King William)⑤ 在这里向斯威夫特

---

① 《英格兰的赫利孔山》:约翰·弗拉斯凯特(John Flasket)选编的一本伊丽莎白女王时期田园诗歌的选集,初版于 1600 年,1614 年再版时扩充了内容。
② 指伊丽莎白一世,她终身未婚,被称作"童贞女王"。
③ 罗伯特·赫里克(Robert Herrick,1591—1674):十七世纪的英国诗人、牧师,其最有名的作品是诗集《金苹果园》,写有不少清新的田园抒情诗和爱情诗,《樱桃熟了》、《快摘玫瑰花苞》等英国诗歌中的名作被谱曲传唱。
④ 指德纳姆创作于 1641 年的《库珀的小山》。
⑤ 国王威廉,指威廉三世(William III,1650—1702):1672 年登基成为荷兰共和国的君主,1689 年成为英格兰、爱尔兰和苏格兰国王。

（Swift）①展示，如何以荷兰人的方式砍芦苇"。泰晤士河变成了新的"赫利孔山"，它是缪斯女神所宠爱的家园与天堂。

然而人们的下列说法，在某种程度上也是真的：还没有一首真正伟大的诗歌，是献给泰晤士河的。它还没有一位属于自己的游吟诗人。有过这样一些努力，其中就包括约翰·德纳姆的《库珀的小山》。它实际上是德纳姆最著名的一首诗，自第一次出版以后，就无数次被引用、收入各种选集。作为一首情绪舒缓、拥有无与伦比的技巧性的诗，它被认为是英语诗歌的一个典范，其节奏柔和、用词严谨、想象力节制而情感充沛。泰晤士河被描述为轻柔而宽广，既是财富，也是自豪感的源泉。就贸易来说，它包括"我们的东西印度殖民地"，它"公平的胸怀考虑的是全世界的贸易"——以此强调泰晤士河在十七世纪最重要的价值。这首诗恰巧在英国前所未有的"骚乱"——"内战"——爆发前出版了，因此可以被读作是对"平静"与"节制"的祈祷。泰晤士河自身被描述为"温和"而"宽大"，从来不会走极端，从不冲动和做不可预测的事。因此泰晤士河成了一个大家都希望"我也能那样"的典范。在十七世纪四十年代的战乱期间，这首诗可能被人们理解为是向一个和平的黄金时期带有怀旧色彩的致敬。在接下来的几十年里，它被解读为是对英国人的核心原则"节制"与"公正"的一份文采飞扬的"再声明"。它具有一种"护身符"般的神奇品质，并且因为将泰晤士河作为"良好秩序"的一个象征，更加吸引了人们的注意：

噢，我能像你一样流动吗？将你的水流作为
我尊贵的榜样，因为它就是我模仿的对象；

---

① 乔纳森·斯威夫特（Jonathan Swift，1667—1745）：英国讽刺作家、散文家、诗人、政论家、神父，后来成为都柏林圣帕特里克大教堂的主持牧师。小说《格列佛游记》为中国读者所熟悉。

虽然深，但是清澈；虽然温柔，但并不沉闷；
强壮而不易怒；圆满，而不溢流。

在同一年代，罗伯特·赫里克为泰晤士河写了一首催泪的挽歌——《泪别泰晤士河》(*His Teares to Thamasis*, 1648)。在诗中，他因为要搬到乡下的牧师居所，而要向泰晤士河道一声"永别了"。他将自己最甜蜜的吻抛向泰晤士河，为再不能乘船到里士满或是金斯顿而感到遗憾：

也不能在夏日的甜夜里
去河中洗澡（像成千上万其他人那样）……

这是泰晤士河被"数千名"市民用来"游泳或洗澡"这一显然的事实，少数能够找到的文字证据之一。他哀叹自己要离开"我热爱的威斯敏斯特"，解释说他是在泰晤士河边"金灿灿的齐珀塞德大街（Golden-cheap-side）①"出生的。那些在泰晤士河边出生的人——特纳出生在美登巷、弥尔顿出生在布莱德大街（Bread Street）——都声称与它有一种特殊的亲密关系。

约翰·弥尔顿的一生，很明显地体现了这一点。当时伦敦每一位市民，也都是泰晤士河的"市民"。正像弥尔顿在《达蒙的墓志铭》(*Damon's Epitaph*, 1639)中所写的，"我的泰晤士河高于其他一切"。大学毕业后，从1632年到1638年，他住在霍顿（Horton）②，靠近科尔恩河与泰晤士河交汇的地方。在这条支流的岸边，他创作了《沉思的人》(*Il Penseroso*)、《快乐的人》(*L'Allegro*)、《利西达斯》(*Lycidas*)和假面剧《酒神科马斯》(*Comus*)。在《酒神科马斯》中，他提到某个

---

① 齐珀塞德大街：伦敦的一条街道，曾以珠宝及黄金交易而闻名。
② 霍顿（Horton）：伯克郡的一个村庄，在温莎和斯泰恩斯之间。

地方：

> 在满是灯芯草的岸边，
> 长着潮湿的柳树与柳条。

在《利西达斯》中，似乎同样有某种被河流所激发的记忆：

> 山谷低垂，温和的细语汇集
> 影子、嬉戏的风与奔涌的溪流。

十七世纪时，霍顿整体来说是个多水的地区。很多小溪沿着灯芯草和各种水生植物，流过那里的草地；道路两旁的壕沟里，也缓缓流动着溪水，十九世纪时，里面还能看到小鱼。弥尔顿——就像雪莱一样，他对水的喜爱到了泰晤士河大概可以被认为是其想象力的主要源泉的地步。当他在构思一首不列颠史诗的主题时，他求助于泰晤士河，将其看作是一条具有"文化记忆"的河流："我的泰晤士河"——暗示了一种一度亲密，但最终变得无法区分"认同"与"据为己有"的举动。它表达了一种近乎幼儿般的亲近。

当博斯韦尔（Boswell）[①]和塞缪尔·约翰逊（Samuel Johnson）一起划船去格林尼治时，"我们很享受观赏沿途停泊的那些数量众多而各种各样的船，以及两岸美丽的乡村景色"。一次，在他们抵达目的地以后，博斯韦尔从大衣口袋里拿出一首约翰逊写的诗——《伦敦》（*London*，1738），开始朗读起来：

[①] 詹姆斯·博斯韦尔（James Boswell，1740—1795）：苏格兰传记作家、日记作家，为同时代的作家塞缪尔·约翰逊作传而出名，《塞缪尔·约翰逊传》被誉为英语世界最伟大的传记。"博斯韦尔"在英语中成为"持续的陪伴与观察者"的代名词，福尔摩斯就曾经称华生为"我的博斯韦尔"。

在泰晤士岸边在安静的思绪中我们站着；
而格林尼治在朝这银色的洪流微笑。

这是那条神话般的河流，一条风景如画、十八世纪的河流。通过"联想"与"传统"的力量，它仍保持着"经典"的范式——而实际上，当时泰晤士河正在发生着重大变化。

定居河岸的生活方式，在亚历山大·蒲伯的一生中表现得最为明显。他一生都与泰晤士河挨得非常近。他出生在过去伦敦的市中心，在泰晤士河的视线与水声影响范围之内。后来，他在巴特西有了一间朝向泰晤士河的书房，在那里他写了《人论》(*An Essay on Man*)。然后他住在温莎森林的边上，再后来，又在河边的奇西克短期居留。但他最有名的河岸住所是在特威克纳姆，他在那里的"别墅"花园，从地下一直伸展到泰晤士河北岸。他于1718年购买了此处住宅，之后一直住在那里，直到1744年生命走到终点。

他在这里所喜爱从事的一项工作，是在河边建洞屋。在写给朋友布朗特（Blount）[①]的信中，他描述了洞屋中的景象：

> 从泰晤士河上，你穿过我的拱门，可以看到一条小路在野花野草中通向一座完全开放的圣殿，整个用贝壳，以粗糙的手工方式垒起来。从那里，在圣殿下面，你透过由树木构成的倾斜拱廊向下看，可以看到河上的船帆突然出现又消失不见，就像是通过望远镜所看到的景象。

他认为泰晤士河是一个神圣的地方，值得建一座"圣殿"，以表达对其神灵的尊敬，并在洞穴中镶上玻璃碎片和磨光的贝壳，让它像

---

① 玛莎·布朗特（Martha Blount, 1690–1762）：与文学界人士有着诸多交往的英国女士，其中关系最为密切的是蒲伯。

"圣像"一样,在岸边闪耀。他还为此题词:

> 你们这些将要踏上泰晤士河半透明的波浪的人
> 这波浪为黑暗的洞穴提供了一面宽广的镜子,
> 矿物质的屋顶渗出了缠绵的水滴,
> 带尖的水晶击穿了波光闪闪的溪流……

在马洛礼(Malory)[①]《亚瑟之死》(*Mort Darthur*,1469–1470)[②]的第 18 本书中,兰斯洛特(Lancelot)[③]退隐到温莎森林,继承了那里一座位于泉水边的修道院。这座修道院是蒲伯决定到宾菲尔德(Binfield)他父亲的房子那里居住的文学"先导",那里靠近温莎森林和泰晤士河的支流洛登河,围墙里有一棵树,上面刻着"蒲伯在这里唱过歌"几个字。他无法离开泰晤士河,他必须住在它的身旁——就像那些需要以希腊河流的平静对自身加以安抚的古典神话中的神灵。他有一次宣称:"没有所谓'天堂的风景'及令人快乐的'树荫',能和泰晤士河岸边的那些相比。"泰晤士河就是他的阿卡狄亚(Arcadia)[④],一处乡村休养地,他将它当作是他的"缪斯女神":

> 美丽的泰晤士河,从这眼神圣的泉水中缓缓流淌
> 西西里的缪斯女神们在岸边歌唱……

---

① 托马斯·马洛礼(Sir Thomas Malory,约 1415—1471):英国作家,《亚瑟之死》(最初的名字为"亚瑟王和其圆桌骑士之书")的写作者或是编撰者。十九世纪晚期以后,其身份被普遍认为是沃里克郡的一位爵士,这位爵士是一位骑士、地主和议会议员。

② 《亚瑟之死》最初由威廉·卡克斯顿(William Caxton)出版时分为 12 册,1—4 册出版于 1485 年。而整个作品分为 21 本书,507 个章节,描写了 8 段罗曼史,主要是对当时流传的亚瑟王及其圆桌骑士的故事的整合。

③ 兰斯洛特(Lancelot):亚瑟王圆桌骑士中最出色的勇士,王后格温娜维尔的情人。

④ 阿卡狄亚(Arcadia),古希腊的一处山区,据记载那里民风淳朴,生活愉快。

赐予泰晤士河两岸最耀眼的美丽
在这里喂养我的羔羊，不再寻找远方。

伦敦城——巴特西——温莎——奇西克——特威克纳姆：这就是亚历山大·蒲伯一生的流浪与冒险——沿着他从未偏离的泰晤士河的河岸。他真正是泰晤士河的产物。

泰晤士河还有其他的崇拜者。著名作家、有"十八世纪田园牧歌'圣经'"之称的《四季》（1730）一书的作者詹姆斯·汤姆逊，也将泰晤士河纳入其广阔的视野之中。他在汉默史密斯的泰晤士河边，完成了那部自然主义史诗的一部分，地点是德芙咖啡厅（Dove Coffee-house，现在是德芙酒吧）。在这部史诗中，我们能发现这样一些诗行：

慢慢地，让我们沿着泰晤士河那无与伦比的溪谷
如此美好——蜿蜒而上，直达缪斯女神常去的地方……

在克里维登河畔，他写下假面剧《阿尔弗雷德》（*Alfred*），单是其中的《统治吧，不列颠尼亚》（*Rule Britannia*!）这首歌，就足以令这部作品脱颖而出。他经常造访泰晤士河，在河边生活、死去，并最终埋在那里。可以说，是泰晤士河杀死了他——汤姆逊坐着敞篷船从伦敦到基尤，在路上着了凉，再也没恢复过来。

我们大概可以将托马斯·格雷的名字，与汤姆逊放在一起。在他的《伊顿公学远眺》中，他问"父亲般的泰晤士河"：

谁现在最愿意去披荆斩棘
用你如镜波涛的柔顺手臂？

对此，唯一的回答一定是：你和你旧时的伙伴。又一次，泰

[342]

威廉·布莱克画了这幅有关"泰晤士河老父"的水彩画来修饰托马斯·格雷的《伊顿公学远眺》。布莱克总是被古老的神灵所吸引。

晤士河唤起有关"时间"与"记忆"的问题。在人们心中唤起一种忧伤的感觉,好像是泰晤士河更为持久的一个特点。

但是像蒲伯这样的"河流诗人"的真正继承者、真正被泰晤士河所"缠绕"的诗人,一定是珀西·比希·雪莱。河水"流进"了他的脑袋,他的诗歌随着河水而流淌。他在泰晤士河边长大,在艾尔沃思的赛恩宫学院(Syon House Academy)、伊顿和牛津接受教育,这种早期与河流的接触,似乎影响了他的命运。终其短暂的一生,他都是一位热爱河流及歌唱河流的诗人。他效仿蒲伯,1815年夏天住在温莎森林边上,在这里享受他最喜欢的消磨时光的方式——在泰晤士河上划船。他坐着一只小船探索了从温莎到克里克莱德的泰晤士河流域。他还有过一次到泰晤士河源头的"朝圣之旅"——他一直划到了英格舍姆,在那里被河里的植物和蔓生的野草拦住了去路。这是常有的事。这里是泰晤士河浅得几乎未及牲畜蹄子的地方。

在这次旅行中,陪伴他的是当时已经写了《泰晤士河的天才》的托马斯·洛夫·皮科克,他们是"河流诗歌"一派。皮科克童年时住在彻特西,死后被埋在谢伯顿,生命的开始与结束都与泰晤士河连在一起——这是一种"统治"了很多人的模式。皮科克就这次旅行在小说《奇异城堡》(*Crotchet Castle*，1831)① 中为雪莱留下了一幅"画像"——"菲尔波特先生"(Mr Philpot)，他"会独自躺上几个小时，听着船头的水声，偶尔会用'蒸汽机在河上航行会给整个世界带来什么样的巨大影响'这样一些话题，启发同行者……"

他们途中在莱奇莱德停留了两晚。那里一条位于教堂与泰晤士河之间的小路，至今仍被称作"雪莱步道"——因此可以说，河流诗人确实对周围环境产生了影响。受这座十五世纪教堂的激发，雪莱创作了一首《夏日夜晚的墓园》(*A Summer Evening Churchyard*)。泰晤士河的多变与多样，也许妨碍了一首伟大的诗歌以它的名义"诞生"。它由很多像莱奇莱德墓园那样精巧的景致与形象组成，但无法激发出一种"英雄"的尺度——或是"崇高"的感觉。它激发着有关阴影与隔绝、休息与归隐的诗行，但这些都不是"史诗"的主题。

然而从莱奇莱德回来后，雪莱创作了诗作《阿拉斯托耳，或孤独的灵魂》(*Alastor, or the Spirit of Solitude*，1815)。在诗中，他描写了泰晤士河上游的风景：

> 交叉的树枝与纠缠的叶子
> 在诗人走过的小路上编织着暮色……

在这首诗中，他将诗人真正的"朝圣之旅"，比作"逆河而上"的旅行。回到过去、进入想象力最深处的旅行，就是一次"河上之旅"。河流在这里变成了一位敏感的神灵。"河流不像道路，"他在给皮科克的信中写道，"后者是人类双手的产物，河流就像是人类的思维，随心所欲地在无路可走的沙漠中漫游，流过自然最可爱的幽深处。"人类的存在，就像"一条不断快速向前流淌的河流"。因此对雪莱来说，

---

① 《奇异城堡》(*Crotchet Castle*，1831)：托马斯·洛夫·皮科克的第6本小说，通过对一群怪人的描写，幽默地讽刺了当时的社会。

河流代表着人类的意识活动——它尤其代表着雪莱作为诗人的一个主要特点,那就是一种有关"存在"的流动性。这就是为什么威廉·赫兹利特(William Hazlitt)①是这样描写雪莱的:"他灵活而富有弹性的写作形式,好像不会特意去抓住什么,不会与其周围的世界展开搏斗,而是从其身边滑过,就像是一条河。"这可能是对人与河之间的"共鸣"最清楚不过的描写了——尤其是对一位总是想要待在河边、河流代表了其一部分"存在"的人来说。泰晤士河令雪莱感到安宁。

在他与皮科克的"河流朝圣之旅"的三年后,雪莱在白金汉郡泰晤士河边的大马洛(Great Marlow)租了一栋房子,在那里写了《伊斯兰的反叛》(The Revolt of Islam, 1818)。在这里,他曾多次到他最喜欢的河段去游览,去贝舍姆和梅德曼纳姆,去亨利和梅登黑德。他在贝舍姆森林那里——以及乘坐一艘名叫"瓦加"(Vaga)的小船在河边的山毛榉森林的阴影下漂浮时——完成了《伊斯兰的反叛》的大部分写作。那首诗中的形象,与泰晤士河有着直接的联系。有的诗行,能立即让人想到创作背景:

> 瀑布在荒岛的丛林间飞跃,
> 为我的孤舟打造了一次孤独的退隐
> 在长满苔藓的树木与野草之间……

这是属于泰晤士河的风景。玛丽·雪莱认为,这种风景有一种"奇异特殊的美"。

在一封信中,雪莱提到了"场所"对人所具有的"独裁性"。他抱怨说,有的地方,你以为你已经离开了,但你仍然"身在其中";在

---

① 威廉·赫兹利特(William Hazlitt, 1778—1830):浪漫主义时期英国大散文家,与兰姆齐名。他重感性和想象,张扬个性,反对权威和陈规陋习;主张多样和宽容,反对狭隘和专制;支持进步和革命,反对保守和停滞,是十九世纪浪漫主义运动中的一位重要代表。

它们不在的地方,你仍然经常"造访"它们。这似乎是他对泰晤士河周边地区的一种真挚回应。在他的诗歌节奏中,可以发现"河水流动"的痕迹。叶芝(Yeats)[①]对雪莱的诗曾说过这样一段话:"某种意象会一遍一遍地回来找他,一种船在宽广的河面上随波漂流的意象……对每一个人来说,都有某一幕场景、某一次探险、某一幅画面,代表着他生活的秘密。"雪莱死在开阔的海上,葬身于他为之奉献一生的"水"这一元素之中。

威廉·莫里斯[②]出生在沃尔瑟姆斯托——泰晤士河北部沼泽的边缘,而他的一些最著名的设计作品,是以泰晤士河支流的名字命名的,譬如"伊文劳德""肯尼特""旺德尔""韦伊"。但他一生大部分时间住在凯尔姆斯科特庄园(Kelmscott Manor)——离牛津的泰晤士河不远的一个地方,以及位于汉默史密斯的泰晤士河边的凯尔姆斯科特宫(Kelmscott House)。他经常划船往来于这两处住宅之间,就像中世纪的船夫。这两个地方之间的水流速度很缓慢,一次旅程通常要花上6天左右。他所往来其间的这"两个世界",他曾在《尘世天堂》(*The Earthly Paradise*, 1868–1870)中,在为"六月"的故事所写的介绍性诗句中,进行了评论:

> 我们如何能发现比这更好的地方呢
> 在这不知道海洋存在的甜蜜流水旁
> ——也未曾猜想过城市的悲惨,
> 沿着它的小村庄几乎没有名字,

[345]

---

① 叶芝(William Butler Yeats,1865—1939):亦译作"叶慈"、"耶茨",爱尔兰诗人、剧作家,神秘主义者。叶芝是爱尔兰凯尔特复兴运动的领袖,也是艾比剧院的创建者之一。
② 威廉·莫里斯(William Morris,1834—1896):英国艺术与工艺美术运动的领导人之一,世界知名的家具、壁纸花样和布料花纹的设计者兼画家。他同时是一位小说家和诗人,也是英国社会主义运动的早期发起人之一。

泰晤士河那遥远的、孤独的母亲？

华兹华斯①给予泰晤士河的崇敬几乎与他给予湖区和阿尔卑斯山的同样高。有关威斯特敏斯特桥的那首十四行诗已经足够出名了，但他还有其他诗歌，同样展现了对泰晤士河的想象力。在1790年所写的一首有关里士满的泰晤士河的诗中，他提到了河岸所赐予他的"可爱的风景"：

> 直到我们所有的思绪永远流淌
> 就像你深深的河水正在流淌那样。

在这首诗中——以及那首关于威斯敏斯特桥的十四行诗中，他都提到了泰晤士河的"平静"。它拥有一个既庄严又安详的"安静的灵魂"。在十九世纪早期伦敦各种"机械"与"人为"的混乱中，他将泰晤士河视作是与"自然界"的一个重要连接——也许也是自然生活在这个大都市中的唯一残留。

然而对华兹华斯来说，泰晤士河同时包含着开始与结束、发源与终止，因此可以成为"永恒世界"的象征。但这可能是"太过简单"的一种说法。在《有关墓志铭的随笔》（*Essay upon Epitaphs*，1810）中，他评论道：

> 起源与趋势是不可分割、互相联系的两个概念。从未有一位儿童站在流水旁，心中想着是什么力量导致了这无止境的流水、这些水是由什么永不疲倦的源泉所提供的，但他接

---

① 威廉·华兹华斯（William Wordsworth，1770—1850）：英国浪漫主义诗人，与雪莱、拜伦齐名，代表作有与柯勒律治合著的《抒情歌谣集》（*Lyrical Ballads*）、长诗《序曲》（*Prelude*）、《漫游》（*Excursion*）。桂冠诗人，湖畔诗人之一，文艺复兴以来最重要的英语诗人之一。

下来一定会不可避免地想到另外一个问题:"它在流向何种深渊?什么样的容器能够容纳这巨大的水流?"

这里有着诗人对黑暗与"非存在"的兴趣。华兹华斯有一首关于达登河(the river Duddon)的诗,创作于1820年,诗中提到泰晤士河是一条更大、更强有力的河,然而这两条河都不可避免地要流向"深渊",在那里,它们将失去自己的名字与本质。有什么可以从这一"非存在"的过程中打捞出来的吗?——除了泰晤士河所提供的"商业的运输或是胜利的战争"?历史进程因此被自然的进程所平衡,"成就"紧挨着"失去"的深渊——以一种极不稳定的平衡态势。这是对泰晤士河的一种更加令人不安的描述:它注定是一场永远的失败,而时间的"残骸",就保存在其两岸。

马修·阿诺德① 观察了泰晤士河沿岸生活的方方面面——"谁了解它们,如果不是我的话?"他的诗作《色希斯》(Thyrsis)②,描写了在泰晤士河上游的水草地中,大自然所赐予的白色与紫色相间的贝母。他主要是"泰晤士河上游"的诗人,曾在诗中提到韦奇伍德(Wychwood)和卡姆纳。在《吉卜赛学者》(The Scholar Gypsy, 1853)一诗中,他还记载着如下地点:

在巴布洛克海斯穿过年轻的泰晤士河
你的手指在凉爽的河水中打湿。

阿诺德出生于、最终也被葬在几乎可以听得到泰晤士河流水声

---

① 马修·阿诺德(Matthew Arnold, 1822—1888):英国诗人、评论家、学校督察。是著名的拉格比公学校长托马斯·阿诺德之子。曾任牛津大学诗学教授(1857—1867)。主张诗歌要反映时代的要求,追求道德和智力"解放"。代表作有《评论一集》《评论二集》《文化与无政府主义》、诗歌《郡莱布和罗斯托》《吉卜赛学者》《色希斯》《多佛滩》等。
② 《色希斯》:阿诺德1865年为纪念诗人朋友阿瑟·休·克罗之死所作的一首田园诗。

的拉勒安姆。他生命中的最后 15 年住在河边。他的婚礼也是在河边举行的——因此可以说他生命中最神圣的仪式都是在泰晤士河边举行的。对他来说,泰晤士河象征着永恒:

生活就像闪闪发光的泰晤士河一样快乐奔流,
在"现代生活"这种奇怪的疾病出现以前……

无论是以十八、十九还是二十世纪的方式,无数与泰晤士河有关的作家,对"现代生活"做出了"负面评价",这一点,确实令人吃惊。1745 年的河流旅行者,可能和 2007 年的河畔漫步者一样在诅咒着"进步"。也许泰晤士河会催生一种怀旧情绪——为那些从未实现过、也永远不可能到达的事物。它促使漫游者产生了一种对时间与未来的不同感觉——如果不是在河边的话,漫游者可能永远不会有这种感觉。因此泰晤士河需要为一些"错觉"及毫无缘由的"感伤情绪"负责。

我将最奇特的泰晤士河诗人留在了最后。约翰·泰勒,生前被称作"河流诗人"(The Water Poet),是一位渴望不朽的泰晤士河船夫。他是自我"任命"的泰晤士河的守护神与缪斯、泰晤士河的"但丁"。他于 1580 年出生在塞文河边,在当地的格洛斯特语法学校读书,但未取得任何值得注意的成功。他来到伦敦,成了船夫的学徒,后来被强征加入海军。十六世纪九十年代末期,他服完兵役回来,在泰晤士河上重操旧业,开始了在两岸之间摆渡的长期生涯。泰晤士河占据了他的身心。就像他的很多诗歌界前辈那样,他最初的灵感在"泛舟水面"上时出现。一天傍晚,他正斜靠在自己的船上,背诵马洛(Marlowe)[①]的河畔诗歌《海洛和利得安》(Hero and Leander),突然

[①] 克里斯托弗·马洛(Christopher Marlowe,约 1564—1593):英国剧作家、诗人、伊丽莎白女王时代的翻译家,对同时代的莎士比亚的创作有重大影响。

间灵感显现,泰晤士河的缪斯女神在呼唤着他。从那时起,他变成了"河流诗人"。他的诗集最终以 8 卷本的形式出版。他还撰写河流日志、酒馆报告及政治辩论议题等。他甚至写了一本参考书,名为《运输者全志》。大约有 200 本书被安在他名下。蒲伯称他为"泰晤士河的天鹅"——虽然带有嘲讽的意味。泰勒曾经这样说过自己:

> 有人出于无知,有人出于恶意,
> 说我既不能读,也不能写。

他在河上组织露天盛会及王室战争表演,为运往上游的酒收税;有关方面还让他为清洁和疏浚泰晤士河提供方案……他成了伦敦城里的名人。据罗伯特·骚赛(Robert Southey)[①]所言,"国王与王后们降尊纡贵地青眼于他,贵族与主教们邀请他到家中做客,市长与商人们按照社会上'受人尊敬的人物'接待他"。他代表着当时在泰晤士河周围发展起来的、有关泰晤士河的流行文化。他代表着泰晤士河的"世俗之声"——这种声音既可以是一种"平衡",也可以制造混乱。他一会儿是"下流"的,一会儿是"幽默"的。他是其他诗人的戏仿者,也是一位擅长急中生智的冒险者。他的打油诗,代表着伦敦河岸那些比较粗糙的品质。

他还组织了一系列在现代社会会被称作"宣传噱头"的活动。他用牛皮纸制造了一只小船,和另一位船夫一起,试图用这只小船从伦敦顺流而下,划到梅德威。纸船由 8 只充气的猪膀胱支撑着,船桨用加固过的鱼干充当:

> 纸浸入水中之后

[348]

---

① 罗伯特·骚赛(Robert Southey,1774—1843):英国浪漫派诗人,"湖畔诗人"之一,1813 年起为英国的"桂冠诗人"。

一个半小时以后开始烂掉。

在充满英雄气概的 36 小时漂浮之后,他们蹒跚上岸,手中拿着纸船的残渣。他晚年写了一首寓言诗,起名为"泰姆 – 伊希斯"(*Thames-Isis*),并开始称自己为"水缪斯"(Acqua-Muse)。《泰姆 – 伊希斯》一部分讲历史,一部分讲旅行见闻,以迈克尔·德雷顿有关地形学的诗《多福之国》及约翰·利兰的一首拉丁诗《天鹅之歌》作为模仿的样本——他试着将自己的作品置于"河流史诗"的传统之中,并相信自己属于那里。退休后,他在朗阿克(Long Acre)旁边的凤凰巷(Phoenix Alley),管理着一间咖啡馆,但他在陆地上不是那么成功。他死于 1653 年,有一份报告说他是饿死的。在温斯坦利(Winstanley)[①]的《诗人们的一生》(*Lives of the Poets*,1687)中,给他的墓志铭是这样的:

> 这里躺着河流诗人,诚实的约翰,
> 他在赫利孔山的河上划着船;
> 尽管有各种岩石与危险,
> 他最终抵达了天堂的港湾。

[①] 威廉·温斯坦利(William Winstanley,1628—1698):英国诗人、传记作者。

第十三章

阴影与深度

河流之梦

刘易斯·卡罗尔以一段在某种程度上是被他的牛津泰晤士河之旅所激发的叙述,结束了《爱丽丝镜中奇遇》这本书,其中有一段副歌:

> 也曾顺流而下——
> 徘徊在金色的微光中——
> 生命,如果不是梦又是什么?

泰晤士河激发梦幻——或者我们也可以称之为"沉思"。十九世纪早期住在泰晤士迪顿的西奥多·胡克(Theodore Hook)[①],写诗庆祝他在河边所体验到的"平静的、令人清醒的梦"。加斯东·巴什拉(Gaston Bachelard)[②]在《水与梦:论物质的想象》(*L'Eau et Les Rêves*,1993)中写道:"我无法坐在河边而不陷入深沉的遐想之中,不回头审视自己快乐的理由。"

---

① 西奥多·胡克(Theodore Hook,1788—1841):英国作家、作曲家,以恶作剧而出名,是以喜剧手法描绘英国上层阶级出现的"银叉子"小说流派的创立者。
② 加斯东·巴什拉(Gaston Bachelard,1884—1962):法国当代哲学家、科学家、诗人,代表作《梦想的诗学》等。

还有一首无名诗人的诗，描写"两岸遍是若有所求的柳条"的河水：

> 为什么那样快地想要抓住那个梦？
> 忍不住想要知道故事的结局？

在《尘世天堂》(1868—1870)中，威廉·莫里斯重新回顾了自己在凯尔姆斯科特河边的梦：

> 以及有关伦敦的梦，纤巧、白色、洁净，
> 清澈的泰晤士河流过它绿色的花园。

因此泰晤士河并不仅仅是制造梦想，它也在梦想中出现。它是一种古老的存在。在澳大利亚土著艺术中——在与沃尔比利（Walbiri）圆圈有关的设计中——同心圆是"水"或"水洞"的象征，梦在其中浮现，或者进入其中。水和梦拥有同样的元素，这是为什么在J·K·杰罗姆的《三人同舟》中，桑宁是泰晤士河边一个"想象过去的日子、消失的形状与脸庞，以及原本会不一样的事物"的地方。在河边，特纳梦到古典而传奇的过去，他的一些素描表现的是画家在"白日做梦"时所捕捉到的、介于"是与不是"之间的事物那种细微而多变的线条。狄多和埃涅阿斯出现在里士满的河边，诉说着永恒的道别；波西亚（Portia）[①] 在艾尔沃思悲惋着布鲁图斯（Brutus）[②] 的离去；泰晤士河的水面上有着古罗马的大战船，两岸是精心打造的宫殿……这些是庄严宏伟的梦。

---

① 波西亚（Portia，约公元前70年左右—公元前43、42年）：布鲁图斯的第二任妻子，与其情感深厚。
② 马尔库斯·尤利乌斯·布鲁图斯（Marcus Junius Brutus，公元前85—公元前42年）：罗马共和国晚期的一名元老院议员，后来组织并参与了刺杀恺撒的活动。

第十三章 │ 阴影与深度

而谁能将"梦想"与"念头"分开呢?华兹华斯非常了解河流的力量,在写于里士满河边的那些《诗行》(Lines,1790)中,他写道:

> 轻轻滑行,就这样永远滑下去,
> 啊,泰晤士河,其他游吟诗人可能
> 从侧面看见你可爱的形象
> 像我现在一样。美丽的河!来到我身边。

对河流流向海洋的展望,催生了很多想象性的概念。水上的灯光、跨过水面的桥(给人带来满足的桥),成为这种想象的"中介"。泰晤士河能令清醒的意识变得模糊,能令记忆消失。就好像是一种与水有关的"麻醉剂",河水以自己的声音与运动,令人类的观察力暂时停止运作。它也可能是想象力的源泉。这是为什么二十世纪的人通常将它与"潜意识"相连。是河水自己在做梦。

就"反思的本质"进行反思,这些思考令人对"影子"与"本质"之间的界限感到好奇。当天鹅在水面上浮动时,就好像是在"双双浮动"——天鹅,以及仿佛是"其他天鹅"的它的身影。在傍晚的安静时分——通常是在日落以前半小时——河岸上的所有景物,都被完美地倒映在河面上。这种"反射"——或者说是"影子"——常常看起来比"景物自身"还要显著和分明。在这种情况下,"现实"好像脱离了实际事物,将自己的力量投射到"非实在"的事物中去了。在这一过程中,最熟悉的事物会变得陌生与奇特。在旁观者看来,看着这一切,就好像是在观察一个"新世界"。

河水并不是在这一意义上变成了一面"镜子"。它比镜子更温柔、更广大、更诱人。它以自己的深度,将投映其中的事物"自然化"和"理想化"了。它令被反射的世界变得更深沉了——可能比水面上的"实际事物"还要更为深沉。从这一意义上来说,"映像"要比"现实"更为真实。然而这可能也会导致困惑和某种程度上的"眩晕"。当你望着这"倒转"的影像时,你可能会害怕迷失其中——害怕被这深沉的、"下面"的世界所吞噬。

诗人和神秘主义者托马斯·特拉海恩(Thomas Traherne)[1],是特丁顿的圣玛丽教堂的院长,住在离河很近的地方。在《水中阴影》(*Shadows in the Water*)这首可能是创作于十七世纪七十年代早期的诗中,他对河流倒影的"本质",进行了冥想:

> 通过人类颠倒的脚步
> 我偶然发现了另一个世界;
> 虽然它看起来不过是一个
> 幻影,但它确实是一个世界;
> 在那里,天空在我们下方闪耀,
> 大地因人工而神圣
> 一张脸在下面出现,
> 人们的脚对着我的脚
> 走开。

泰晤士河充满了这种奇怪的颠倒与"结伴"。它鼓励事物的"倍增"。它还可以代表一个"上下颠倒的世界"——一个用来表示"暴政下的自由与平等力量"的古老用语。我们会发现,泰晤士河所有的一切都与自由相关。

莱奇莱德那里的古堤道,有一个值得注意的特点。这里较小的堤道,与位于河对岸巴斯考特维克的一条更大的堤道复合体是平行的。这里似乎有一种"配对"的努力,而泰晤士河充当着这两项工程间一

---

[1] 托马斯·特拉海恩(Thomas Traherne,约 1636—1674):英国诗人、神职人员、神学家,生平不详,其目前最广为人知的作品是《默想的时代》(*Centuries of Meditations*),内容是他对基督徒的生活、使命及哲学的思考。

个自然形成的边界。这一现象在沿泰晤士河的其他地方也能看到,譬如多切斯特那两处毗邻的古跑道。它还神奇地预告了后来在泰晤士河两岸出现的"双胞胎镇"——斯特雷特利和戈灵、潘博恩和惠特彻奇、雷丁和卡弗舍姆、帕特尼和富汉姆。这些城镇的"成对"出现,有可能与古代工程所在地的史前根源有关吗?这是人类在凝视河水时所产生的一种"返祖"冲动吗?这里面有一种与河水的"反射"本性相关的"双倍"概念。

[354]

还有更神奇的例子。梅登黑德的河上通道,因能产生强有力的回声而出名。过去在特威克纳姆的拉纤小路上,有一个名叫"芳香手臂"(the Barmy Arms)的小酒馆的招牌,画的是《爱丽丝漫游奇境》中的女公爵发怒时头朝下的样子。既然《爱丽丝漫游奇境》的故事本身,是由卡罗尔在河畔逗留的时光激发而来,同时又被安排在一个"颠倒"的世界里,那么这家店的招牌,大概可以作为真正的"泰晤士河版本"而加以喝彩。人们在泰晤士河畔看到过很多"鬼魂",但也许河水里有着事实真相——以及与"反射"有关的本性。在特拉海恩的诗以外,我们还可以加上蒲伯的诗——在他的《温莎森林》中,有关于泰晤士河"倒影"的诗句:

> 常常在她的酒杯中沉思的牧羊人在窥探
> 倒立的山丘与向下的天空,
> 倒垂的森林在水中的风景,
> 茫然的树木在洪水中颤抖;
> 在清澈蔚蓝的闪光中鸟儿群集,
> 飘动的森林将河里的波涛染绿。

河流的传说

关于泰晤士河,有很多当地传说。过去人们认为河底下仍然有城镇存在,譬如更早期的蒂尔伯里,就被认为还存在于河口的水底

[355]

下。当地人认为，达格纳姆旁边的地区就是圣经里"大洪水"的发源地。河岸还有神奇的"石树"的故事。其中有一棵，位于戈斯托那里，是一位修女"成神"的象征。她曾指着一棵树说，当她进入天堂与圣人们在一起时，这棵树将变成石头。直到十六世纪早期，朝圣者们还在敬拜这棵树。人们现在当然认识到，在泰晤士河边或河里确实存在着石树，但对它们的"石化"则有着另外的解释。在临近英格舍姆的法艾尔福德（Fairford）那里，有一次，青蛙与癞蛤蟆突然向当地法官的住宅发起了进攻。据1660年的一本小册子记载："它们分成明显的两支队伍，有秩序地朝前面提到的法官住宅出发，有的从墙上爬进了窗户和卧室。"当法官与镇上的非国教信徒达成妥协后，这些生物"奇怪而又出人意料地消失了"。在库克姆和伯纳姆比奇斯（Burnham Beeches）这两个地方，都有着有关"黑魔法"的传言，并且都与梅德曼纳姆修道院的"地狱之火俱乐部"有关联。

卡勒姆那里的泰晤士河边，有很多很深的洞，其中一个叫"格兰迪之洞"。当地人相信有一个名叫"格兰迪"的渔夫掉进洞里淹死了，他临死时吐的气泡升上水面，爆破时变成了大声的诅咒。宾赛附近有一个被当地人称作"黑约翰的深坑"的小岛，据说有一个专门将孩子的头按到水下去的小精灵在这里窜来窜去。这些故事很明显，都与人们对"被淹死"的恐惧有关，但也许也和大家担心掉进存在于河道下面的那个由峡谷和洞穴组成的"陌生世界"有关。这是在远古崇拜中，人们所认为存在的"另一个世界"，在从未彻底消失的当地故事中，又复活了。

泰晤士河南岸有一块地方，位于威斯敏斯特和亨格福德之间，十七世纪时被称作"小贩之地"。这块土地归一位小贩所有，在他死后留给了兰贝斯的圣玛丽教堂。据说他曾受过这座教堂的庇护，死后将土地托付给教堂，条件是教堂需要以彩色玻璃窗的形式纪念他和他的狗。那座教堂里确实有一块画着一个小贩和他的狗的彩色玻璃窗，上面贴着一张说明："根据传统，这扇窗户代表了一位在1500年左右

第十三章 | 阴影与深度

捐给此教堂一块后来被称作'小贩之地'的捐赠人,其条件是他的形象要出现在教堂内并保持完好。此窗于1608年进行过修缮,1703年进行了翻新,1884年移到本礼拜堂,1941年被毁,1956年新制。"对这一传说,我们没什么好反对的。一块刻着"小贩之地边界1777"的界石,在当地建县议会大楼时,在地底下被发现。该议会大楼目前仍伫立在这块古老的土地上。

也许完全符合人们的期望或是在"意料之中",在远古时就已经是"灵魂的力量来源"的泰晤士河,后来也应该与"超自然"的事物建立起一种更为"约定俗成"的联系。关于这一方面的表现确实有很多,有些甚至是以完全可以"预料"或是"可笑"的方式。有关泰晤士河的"鬼魂",已经写了很多书。在温莎和斯劳、梅登黑德和牛津,都有人们见到鬼魂的报告。在亨利有所谓"鬼魂"的传言。在赫利的莱德宫(Ladye Place),有灰衣妇人的传说。有人在贝舍姆修道院(Bisham Abbey)看到了霍比夫人(Lady Hoby)的鬼魂。据报告说,一位"白衣女人"纠缠着位于多切斯特河边(Dorchester-on-Thames)的乔治旅馆的一个房间,而一位小妇人经常在伊顿那家建于十五世纪的"斗鸡酒馆"的空中玩耍。肯普斯福德有一个鬼魂,从那座废弃修道院的窗户向外看。在多尼宫(Dorney Court),有一位身着灰衣的小妇人,经常坐在一间卧室里哭泣。可以预料的是,僧侣的鬼魂,也在多切斯特那座古修道院中被人看见过。很多这样的故事,永久地被保存在了当地的传说之中。

泰晤士河谷及沿河的城镇与乡村的每一种历史,都有与"超自然"的拜访者有关的传说。库克姆那里似乎有很多这样的幽灵,据最新计算有7个,包括出现在库克姆迪恩(Cookham Dean)的一位穿紧身皮大衣的年轻人、出现在斯特兰德沃特尔(Strande Water)的一位小女孩。泰晤士河边有两条大道,实际上是以其"幽灵行者"命名的——梅德曼纳姆的"僧侣路"(Monks Walk),和库克姆的"白衣女人巷"(Whiteladyes Lane)。还有人说,沿着白衣女人巷下去,在黑暗的

[357]

晚上，可以看到一辆由无头的马拉着的"幽灵马车"。在库克姆周围，还可以发现"猎人赫恩"（Herne the Hunter）在周围游荡。他是凯尔特传说中的一个人物，半人半兽，数百年以来都停留在大众的想象之中。人们还说在白衣女人巷那里也看到了他，以"白色牡鹿"的形状出现。在传说中与"赫恩"齐名的"白衣女人"，披着流水般直垂的头发，有人说，她在陪着狂野不羁的赫恩狩猎。类似地，据说赫恩也驾驶着一辆马车。因此古老神话的所有元素：白衣女人、长角的神、马车……在同一个故事的"变体"中，变成了"鬼魂"出现。它们实际上并不是"鬼魂"，而是被人们所遗忘的信仰中的形象。这就是人类想象力工作的方式。

也许还值得注意的是，在人们的描述中，这些幽灵大多带着白色或是半白色的氤氲。譬如，位于泰晤士河边的下巴斯尔登（Lower Basildon），有着关于一个"银色物体"和一个"白色的、像雾一样的形体"的不同报道。在贝舍姆那里，据说有一个鬼魂"以一种稀薄的、白色的迷雾的形式铺在河面上，如果有谁想要穿过它，那就意味着死亡"。在桑宁那里，有一位"灰衣女人"飘过桑宁巷。另一位"灰衣女人"走过丹尼斯菲尔德（Danesfield），来到赫利的河边悬崖上。在斯特雷特利，一位"白衣女人"穿着"睡衣"被人看到；在马洛，"一位穿着斗篷的女人……全身衣服都是灰色的"，被人们看到。在阿宾登，根据一项古老的证词：

> 可以绝对肯定，有一个以"基督徒"的形象行走的、人们看得见的鬼魂，很有可能是以"女人"的形体出现……白天看起来，就像是一个有着长头发的女人头漂在水面上，晚上她不断穿过河上的桥。它全身都是白色的……发出嘘嘘的、像是蛇或鹅的声音。

一个"无头的白衣女人"，常常在克里维登的一条长满榆树的大道上出现。这些可能都是水雾的集结,从水面上升起的迷雾形成幽灵般的形状——或者是被当成是"人类形状"的水蒸气。这一现象通常被描述为幽灵的"哭泣",或是"叹息"。在卡弗舍姆,人们会听到肉眼看不见的、划桨的声音。我们也许可以假设,这些都是河流所发出的、自然的声音。这些故事至少证明了人们认为泰晤士河仍然拥有力量。泰晤士河仍然被其过去所缠绕着。

[358]

第十四章

死亡之河

"供 给"

泰晤士河是一个圣骨匣。它曾经容纳着死者的尸体,这些尸体现在早已消解在河水之中。河里面仍然保存着各种武器、住宅和装饰品。河水是永恒的,河水也是解构性的——万物都回归其深处。装饰物与珠宝、刮胡刀与小镊子、镰刀与凿子、长剑与斧头、大剪刀与肉钩,这些都在河里被发现过。一只古代特洛伊人的杯子——公元前1000—700年之间制作的一只无柄的希腊饮水杯——被两位疏浚工人在靠近汉默史密斯桥的巴恩埃尔姆斯(Barn Elms)那里发现;公元前二世纪的一只希腊角杯——用来"醒酒"的一种曲状容器——在比灵斯盖特那里被发现;公元前六世纪的一只提水罐,在巴金溪那里被发现。还发现了来自塞浦路斯和迈锡尼(Mycenae)的物品。将前罗马时期的部落想象成"非文明的",将是一个错误。他们的文化,无疑与任何一个在泰晤士河边繁荣发展的群体一样,丰富而复杂。

其他有价值的考古发现,都与泰晤士河直接相关。一个显著的事实是,泰晤士河流域超过一半以上的青铜时代的矛头,都是在泰晤士河里发现的。金属制品的分布沿泰晤士河聚集,带有插槽的斧头、青铜凿、剑、普通的矛枪头和单侧打眼的矛枪头……这些都是在泰晤士河里或河边发现的。这种"集群"似乎完美模仿了也是在泰晤士河里所发现的"新石器轴心"的模式——尤其在雷丁和斯泰恩斯之间,这暗示着,泰晤士河又一次成为各种仪式活动的中心。

这些武器不太可能是被意外留在那里的。它们数量太多,"堆积成群"的方式太明显,这么说很难解释得通。因此似乎可以总结说,它们是被作为安抚河神的手段、作为奉献的礼物,而被扔进奔流的河水中去的——可能有时候因为发洪水,需要进行"神圣的调解"。这一时期,泰晤士河的整体气候条件要更为湿润。同时有证据表明,出现了可能影响河水高度的、周期性的洪水。这是人们猜测当时发生了从对"大地与天空之神"的崇拜转为对"水神"的崇拜的原因。同时也有一种可能:将武器及其他物品扔进流水中,是为了增强河流作为"边界"这一角色的威力。人们已经注意到,在这一人口增长及居住更为集中的时期,"边界"与"领地"开始有了更大的重要性。泰晤士河是本地区能够找到的最明显的"自然边界",很有可能它作为"领地保护者"的角色,被人们用礼物和献祭进一步给"神圣化"了。

数千年以来,"仪式性献祭"一直是泰晤士河生活的一部分。它们被认为在中世纪后期消失了,然而有证据显示,那些仪式并没有全然消失。"河流崇拜"是人类社会的一个普遍现象。阿喀琉斯(Achilles)将他的一个发结扔进斯佩尔希额斯河(the river Spercheios),作为一种献祭;古代特洛伊人一开始将活马扔进斯卡曼德洛斯河(Scamander),后来在河岸的祭坛上,以动物进行献祭;阿岗昆印第安人(The Algonquin Indians)①将烟草扔进自己领地的瀑布中,作为对神灵的一种抚慰与献祭;希腊人割断动物的喉咙,将其悬挂在河流上空,让血与流水混在一起,以此献祭。

泰晤士河最早的沉积物——燧石碎片和动物骨头——来自旧石器时代晚期和中石器时代早期。它们意味着对河流的崇拜——如果确实

---

① 阿岗昆印第安人(The Algonquin Indians):是北美人数最多、分布最广的拥有自己语言的原住民,说阿岗昆语,历史上他们主要住在大西洋沿岸、内陆的圣劳伦斯河和五大湖区附近。

第十四章 死亡之河

是如此的话——是非常古老的事物。也发现了很多来自新石器时期的人工制品，包括燃烧过的圆形燧石、陶器及用燧石制成的工具。在泰晤士河里发现了一堆来自新石器时期的斧头，而在河口地区也发现了一堆出自同一时期的康沃尔斧头。河里还发现了大量权杖。在30年前进行的一项有关泰晤士河的调查中，列出了368件来自新石器时期的斧头，它们保存完好，看起来完全没有被使用过。如果石头制成的武器是"权力"的象征的话，那么将它们大量丢在一起，可能就是一种惹人瞩目的、能增强这么做的人的权威与特权的方式。它们可能是作为"祭拜"或"抚慰"的礼物，或者是代表死者提供的祭品。

[363]

向河里抛掷物品，似乎是青铜器时代最重要的一项仪式活动，因此该时期也是泰晤士河沉积物发现最为丰富的一个时期。不同类型的人工制品，都有着自己的位置：工具被放在陆地上，武器则被放在河里——这可能意味着更昂贵、工艺更为完整的人造物，是被"委托"给河流而非陆地的。河流中有关骨头、武器和装饰品的祭品是被分得清清楚楚和分开保存的。有可能是因为泰晤士河每个河段的神灵有不同的功能吗？譬如说，在伊顿河边发现了大量头骨，并且令人惊奇的是，没有发现任何金属制品。金属制品在其他地方被大量发现。人们也猜测，泰晤士河某些河段主要抛掷与女性有关的物品，其余河段则抛掷与男性有关的物品。

十九世纪的收藏家托马斯·莱顿（Thomas Layton）[①]发现了28把青铜器时代中期的长剑、33把青铜器晚期的剑、34只矛头和6把青铜镰刀——似乎有人能够通过对场所的感应，算出河里哪里有藏品。可能莱顿只是幸运，也可能他是像其前辈那样，从下列现象中获得了启发：突然出现的湍流、两河相遇处——或者是通常"混流"的河水中所出现的一块安静地带。现在在河滩那里仍能看到很多寻宝的

---

① 托马斯·莱顿（Thomas Layton，1819—1911）：英国古文物学家，布伦特福德当地政府的公务员，参与了很多城镇建设工作，死后将其收藏的2万多件藏品捐赠给当地。

人——他们被称作"泥雀"。潮水退下之后,他们翻检着岸边所留下的一层层垃圾与残骸,寻找里面可能藏着的宝贝。泰晤士河寻宝人协会(The Society of Thames Mudlarks)有大约 70 位成员,每位成员都好像与这条河流有一种近乎"直觉"的联系,他们也常常得到河的特殊眷顾。一位寻宝者发现了一尊孔雀像的一小块青铜制的尾巴,一年后,他在河的另外一个地方发现了余下的整尊雕像。其他有关"发现的巧合"的故事也非常多。这是泰晤士河最典型的特点之一。它可能可以使"破碎的"重新被愈合。

人们对扔在河里的青铜时代的武器,有很多联想。一种理论是说,这是一种表达"崇拜"的行为,武器被回归"本源"——"水"是武器冶炼过程中进行淬火锻造的一个重要元素。亚瑟王传说中,"王者之剑"从被施了魔法的湖面上升起的形象,是一度广泛存在的对水的崇拜的重要标志。或者,这些武器是作为给祖先或地下神灵的祭物而被扔进河里的;或者,随着"沉没"或"消失"在河水中,这些武器被象征性地"消灭了",以表达一种赎罪,或是感谢。在泰晤士河里还发现了五把用骨头雕成的青铜时期匕首的仿制品。

人们将和水有关的仪式与在河边或沼泽边发现的木头平台及堤道联系在一起。在彼得伯勒(Peterborough)①的弗莱格沼泽(Flag Fen),发现了一座巨大的、用木桩和木板架起来的堤道。牛津郡的泰晤士河有一处河道,有一个用石头和木头垫起来的浅滩,下面发现了金属制的贡品。但最重要的河流遗址还是位于泰晤士河上的沃克斯霍尔地区。在其南岸,现在还可以看到一块匾,上面写着在公元前约 1400 年左右,远古居民在那里建了一条通往河中的堤道。它可能是充当典礼活动的平台,以便参与者可以将贡品扔到河流的更深处。因为该建筑还通向河中的一个小岛,因此它也被视作是一座"桥"。它由 20 根

---

① 彼得伯勒(Peterborough):位于伦敦北部 121 公里处的一座城市,靠近流入北海的内尼河(the River Nene)。

大木桩排成两行,形成一条通向河中的通道。如果它确实可以被算作是桥的"雏形"的话,那么它可能称得上是泰晤士河上出现的第一个此类建筑。在它的木头堆里,发现了两个矛头。

还有更晚期的祭品。一把铁器时代的剑鞘和短剑,在库克姆的泰晤士河中被打捞上来。有关铁器时代人们对河流崇拜的证据,来自公元前一世纪的高卢地区,那里居住着与英国相似的原始部落。斯特拉波(Strabo)[①]曾写道:"是湖泊赐予了这些珍宝不可侵犯性,人们因此向湖里大量地扔各种金银器物。"当时被用作货币的硬币与铁块,也被扔进了泰晤士河里,并显示出一种与"部落边界"相关联的特征。一件铁器时代的木制耳杯,有着青铜的把手与套子,在河里被打捞了上来;还发现了一只铁器时代的碗,底部有一个小小的圆洞。具有启示性的是,这些东西通常都是在泰晤士河一段不长的固定河段中被发现的,譬如布伦特福德和巴特西之间,或是特丁顿和特威克纳姆之间——这里恰好也是新石器时代和青铜器时代的各种制品被发现的地方。

迈向铁器时代晚期,有一个人类活动的昌盛期。有关这一时期的发现包括一件华丽的带角头盔、几把剑和一些富有装饰性的马饰。在巴特西的河床上发现了一件铁器时代的盾牌,上面刻着富丽的浮雕,饰以红色珐琅质的饰扣。在那里还发现了一些锅具、作战用的斧头和一件用凯尔特人的"双龙符号"装饰的铁制刀鞘。在汉默史密斯桥附近的河里,发现了一件类似的、带有龙饰的刀鞘。对河流崇拜的增长,在某种程度上可能与罗马军团朝西边岛屿进发所带来的危险,以及人们对这一危险的认知增长有关——在一个充满战争或是战争传言的世界里,人们以回到"最古老有力"的神灵身边来寻求安慰。

---

① 斯特拉波(Strabo,公元前64或63年—约公元24年):古希腊历史学家、地理学家、哲学家,出生在现在土耳其的阿马西亚(当时属于罗马帝国),著有《地理学》17卷。

但罗马人自己也对河流有一种崇拜。其献祭供品可以追溯到罗马人在泰晤士河定居点时期，数量之巨，足以证明他们采取了——或"模仿"了——其所征服的古代不列颠部落的风俗。已发现的物品中有胸针、灯、青铜器的小雕像和从萨摩斯岛进口来的红色器皿，其中有一些大概可以被归为"遗失"或是"损坏"，但无论如何不可能全都如此。所发现的罗马武器，经常是被"对折"或是扭得变形了，这样，它们在被托付于河水之前，就可以被认为是"无用"的了。这是一种强调它们在人类世界的使命已经"终止"的方式。

同样地，从河里打捞上来的青铜雕像，也被故意搞得残缺不全。它们的四肢被截断了，或者是脑袋被切了下来。在桥那里发现了一尊右手被斩断的墨丘利雕像，还有一个阿波罗雕像，腿也被截断了。这是泰晤士河沿岸一个令人费解的现象。有人猜测说，在这些异教神像被扔进河里之前，早期基督徒故意将其搞得残缺不全——在他们的神话体系中，泰晤士河及与之相关联的地下世界，本身即已是"地狱"。因此，根据他们的理论，泰晤士河会把这些异教的偶像，送到魔鬼的世界中去。但"河流崇拜"这一行为本身就包含着"将神像交付给河流"之意，与这一假设相悖。将神灵交付水中的信徒们，肯定不是在否认这些神灵的力量及其存在——除非他们将泰晤士河本身看作是一个更伟大的神，这些神灵一旦投身其广阔的怀抱，就再也无法返回现实世界。这些物品在被扔进河里之前，可能是被"仪式性"地杀死，就像在更早的时候进行人类献祭所做的那样。这是另外一种增强泰晤士河所具有的力量的方式。

[366]　在对伦敦桥进行各种挖掘与整修的过程中，有大量罗马人的制品被发现。伦敦桥是投放献祭物品的主要地点，我们可以假设，这里也是那些寻找泰晤士河守护神灵的人喜欢来的地方。当人们记起"桥"本身是对神灵的一种"冒犯"时，就需要一种"双重"抚慰。在老桥墩旁，发现了各种雕像与小塑像、灯和瓦罐、铃铛和刀、纺锤、玻璃和珠宝。在正对着现今这座桥第二个桥洞的地方，发现了数百枚硬

币——这意味着当初的桥上,有一个神龛或祭坛。

还有其他复制人类形体的沉积物。在伦敦桥的一侧,发现了一个人头形状的青铜灯具。1834年,在同一个地方发现了一尊哈德良皇帝(Hadrian)①的黄铜头像。桥边还发现了一尊女人的大理石头像,而在鱼市山街(Fish Street Hill)②靠近河的那一侧,发现了一尊女孩的青铜头像。河里也发现了别的宝藏。一座带有守护神灵雕像的祭坛,在巴布洛克海斯的泰晤士河里被发现。在格林尼治的泰晤士河边,发现了一盏带公羊头和人类面具的灯;一块献祭用的匾,雕成祭坛的形状,在泰晤士河里被发现。在伦敦桥边,发现了一只青铜制的、献给"母亲的守护神"西布莉(Cybele)③的、祭祀用的医用镊子。这些是数个世纪以来的一些偶然发现,但它们都证明了一种持续不断的、对献祭与礼拜的兴趣。

撒克逊人和维京人在河岸周围留下了很多自身存在的证据。印有阿尔弗雷德大帝(Alfred the Great)头像的硬币,在昆恩海兹的泰晤士河的烂泥里被发现;河里还发现了斧子头、矛尖、剑和矛等物。在布雷、温莎和梅登黑德附近都发现了很多撒克逊人的物品。早期撒克逊人所使用的矛尖,在不同的地方都有所发现,譬如克里维登和旺兹沃思;而晚期撒克逊人所使用的武器,则在泰晤士河各个河段都很常见。这些证据确实再一次支持了有关仪式活动的理论。在史灵福德桥(Shillingford Bridge)上游的泰晤士河中,发现了一把撒克逊人用的剑,尖端被切掉,作为一种仪式性的"杀死"——也许是在其主人死去的时候这样做的;还发现了很多维京人作战用的斧头、矛尖和剑。最后一次的统计数据——从泰晤士河打捞上来的维京人用的剑是24

---

① 哈德良皇帝(Hadrian,76—138):罗马帝国的皇帝,在位时间为117—138年,他下令修建的"哈德良长城"是罗马人在不列颠岛统治时期北部疆域的标志,被认为是一位具有人文主义思想的好皇帝。
② 鱼市山街:泰晤士河北岸一条通往伦敦桥的主街。
③ 西布莉(Cybele):古代小亚细亚人崇拜的自然女神。

猛犸象的牙齿。

史前的匕首与刀鞘。

哈德良大帝的黄铜头像。

泰晤士河一直都是物件的宝库。其中有一些是被人遗失的，一些是出于献祭的目的被投到河里，还有一些是漂流而来。泰晤士河因此成为历史的一个巨大"纲要"。

把。泰晤士河的胃口是无止境的。

中世纪时，人们对泰晤士河的崇敬程度并没有缩减。那些虔诚的人，从坎特伯雷或其他神殿的朝圣之旅返回之后，有一个习俗是将朝圣的徽章①扔进河里。布莱克弗瑞尔斯桥东面的河滩上有一小块地方，位于一个看起来曾经是"防波堤"的地方旁边，在那里发现了约250枚锡镴做的徽章，其中有圣凯瑟琳教堂（St Catherine）的轮子徽章、孔波斯特拉圣雅各教堂（St James of Compostella）的扇贝壳徽章，以及圣陶乐西教堂（St Dorothy）的玫瑰徽章。泰晤士河里还发现了木制的圣骨匣和青铜制的小雕像。朝圣者们也许是在祈求圣人的保佑，但这一仪式也意味着，他们对泰晤士河所代表的异教神灵的兴趣也不小。在泰晤士河里发现了头部被拿掉的耶稣受难像；朝圣徽章上的圣人雕像，有很多头部也被拿掉了。人们在沃平那里发现了一个黄铜做的圣骨匣，是设计用来装一个人的头颅的。这可能是"感应魔法"的一种，用以保护献祭者

---

① 朝圣的徽章：中世纪罗马天主教徒在朝圣时所佩戴的徽章，通常是盖章或由便宜金属模制而成，朝圣者将其佩戴在外套、帽子上或是挂在脖子附近，以显示他们曾经去过哪些地方朝圣。

的头和脖子,但它也保持了那种古老的献祭仪式的精神。

两枚亨利一世时期的银便士,在比灵斯盖特的河滩附近被发现——它们被人以一种具有象征性的意味折在一起,类似于对武器的"仪式性损毁"及对献祭人像的"截肢"。数百枚中世纪小酒馆的代币,从河里被打捞上来,全都被弯折得变了形。一枚精巧美丽的朝圣徽章,上面是圣母玛利亚和圣子耶稣,在被扔到河里之前被折了数次。一只铅制的圣瓶——或者只是一个小容器——上面刻着托马斯·贝克特受难的场景,在陶平斯码头那里被发现;还发现了数百枚圣餐"用券"。它们都是神圣的贡品;它们的"被毁坏",是为了证明已经将它们从一种"自然的使用状态"中移除了,但这些贡品是献给谁的呢?

在泰晤士河里发现了很多十二至十六世纪间的短剑、矛、剑和其他武器,很多都被以和青铜器时代献祭的武器同样的形式被弯曲和破坏;一些上面刻着对不知是何种神灵或是神秘力量的题词:万岁,朋友;看啊,爱德华……用锡镴制成的武器小模型,就像铁器时代用骨头制成的武器那样,被扔在了河里。还发现了微型的大炮和枪、水罐和煮锅。一只中世纪的小炒锅,上面刻着小鱼图案,也从河里被打捞了上来。这些都被归为"中世纪的玩具",是某位不幸的孩子在顺流而下的旅程中掉进河里的——但泰晤士河的历史学家们,在接受这样一个结论时可能会有所犹豫。它们有可能根本不是玩具,而是实物的仿制品,要用于另外的目的。

[368]

泰晤士河的这些习俗如何能留存三千多年?它没有被写进中世纪任何有关"实践"的书中。它们一定是被保留在与泰晤士河有关的传说与记忆之中。甚至直到十九世纪,别针在被扔到河里之前,还要被弯折一下——这是有关习俗与仪式的"顽固性"的绝佳例子。同样具有显著意义的是献给泰晤士河的动物祭品。在特里戈巷(Trig Lane)一个十四世纪码头的地基处,一只绵羊的下巴被分成两半,顺着一个木头横梁摆放着——这是保护该建筑物免遭河水毁坏的一种方式。十八世纪六十年代建成的布莱克弗瑞尔斯桥,在其第二个桥洞的地

圣克里斯托弗和其他中世纪徽章。

泰晤士河被认为是神圣的,是拥有巨大力量的众神被供奉与取悦的家园。因此人们将朝圣路上的徽章扔到河水深处。这条神圣的河流也被作为对"罪有应得"者实施惩罚的工具。此图为对泼妇施以水刑。

基那里，也发现了一批动物和人的骨头。旧的习俗好像并不会完全消失，十九世纪时，船长们仍然习惯性地要往河里扔上一便士，以便——"买好风"。

泰晤士河这些神圣的或与魔法有关的行为，被一种更奇怪的、被称作"贝拉明水罐"①——或"女巫的瓶子"——的物品所证明了。十六和十七世纪时，这些水罐被用来预防巫术，里面装着铁钉子、碎布片、烧了一半的煤炭及其他小东西。这些水罐在保罗堤坝码头（Paul's Pier wharf）和斯坦普尼（Stepney）、威斯敏斯特和兰贝斯、格雷夫森德和奇西克都有所发现——并且一定还会有更多水罐等着被发现。它们是泰晤士河与"超自然世界"之间紧密联系的实际证明。这是一种自中石器时代以来就没有被打破的联系。

泰晤士河似乎保存着世界所留下的"残片"——鸟笼和尿道注射器，手表和木头板凳，管子、小药瓶和假发卷发器……德国陶器躺在威尼斯玻璃上；一把燧石做的手斧，可能与十六世纪的陶罐和十九世纪的自行车轮子分享着同一段河床；一颗德国炸弹，可能躺在一个骑兵枪的微缩模型旁；一尊罗马雕像的残片，可能躺在被伦敦大火烧黑的残骸旁；一把中世纪木匠用的斧头，可能与一口罗马人烹饪用的锅和一个十九世纪的储蓄罐躺在一起。在这条古老的河流中，所有的时间都可以被重新"召唤回来"，"过去"与"现在"在一种亲密的联结中悬浮在一起。泰晤士河公然"挑战"着时间。河水中厚厚的烂泥与泥沙所导致的缺氧，可以防止有机物腐烂。河中发现的铁制品经过清洗之后，可以恢复得与刚生产出来的那一天同样闪亮；青铜和黄铜在河流深处仍在闪亮；一件在前滩发现的十九世纪的陶土烟枪，看起来好像是在几分钟之前才被扔在那里。泰晤士河是"过去的生活"的一个绝佳存放场所。它仍然是曾在其两岸繁荣发展的、各种已逝文化的家园。

---

① 贝拉明水罐：十六十七世纪时欧洲出产的饰有男头像、细颈圆肚的石制大水罐，尤其盛产于前西德地区。

"河流的头颅"

[370]

在泰晤士河与被割下来的头颅之间，有一种奇怪的联系。挂在伦敦桥上进行展示的头颅，当然是这一联系最明显的象征，但它们只是一个古老现象相对较新的展示。从最早的时候开始，头颅就被扔进河里。最近的研究证实，河里发现了约300只头颅，年代从新石器一直到铁器时代，而且它们是以一种"剥掉皮肉"的方式放在那里的。这意味着头上面的血肉是被"物理性地"剥掉——或者更有可能的是，它们被放在某处进行腐烂，直到血肉都掉了下来。它们中只有十四个有下颚骨。但这些只是一种似乎是"大规模的实践"中有记录的一小部分。泰晤士河边已经发现了存放着新石器时期头骨的地窖，其中有一个，位于萨顿考特尼，放着10个人类头颅。有些头颅的下颚，在被埋在那里之前就被拿掉了。在斯泰恩斯发现的一个头盖骨，上面的痕迹显示它是在较早阶段从身体上砍下来的。最近的挖掘还发现了一些从青铜器时代到铁器时代的人类头骨，也是被故意放在河边的。这到底是为了表示惩罚，还是为了表示崇敬，尚无人知道。

从凯尔特人①或早期不列颠人②所生活的时代开始，大量罗马人和不列颠人的头骨，在切尔西桥下的泰晤士河中被发现。也许我们可以猜测说，这些仅仅是一场非常血腥的战争所留下的产物，但这并不能解释为什么仅有头骨被发现了。更有可能的是，它们在被扔进泰晤士河之前被从尸体上割了下来。巴特西桥那里的泰晤士河曾被称作"凯尔特人墓地"——一个头骨的所在地。早在1857年，就有一篇公

---

① 凯尔特人：欧洲最早学会制造和使用铁器和金制装饰品的民族，在公元前700年左右控制了大部分欧洲中心地区，公元前480年以前出现在不列颠岛上，成为统治不列颠岛的部落民族，直到公元一世纪左右罗马人开始在不列颠岛上定居，在西部和北部与罗马人形成对峙局面。今天居住在苏格兰北部和西部山地的盖尔人仍然使用凯尔特语。

② 早期不列颠人时期：指罗马军团在公元410年开始撤离不列颠岛之后，当地人建立本地领导机构的这一时期。

开发表的论文，题目是《论伦敦附近凯尔特头骨的发现》。二十世纪二十年代晚期，在斯特兰德格林那里，有一百多件人类头骨被发现。在基尤和汉默史密斯那里有着类似的发现。这些头骨主要来自史前稍晚的时期。我们大概可以得出结论，在历史上某个时期，泰晤士河在某种程度上是被当做尸骨存放地。这些头骨大多是在伦敦和牛津之间被发现的，在里士满和莫特莱克之间的河段，尤为集中。这也许反映了泰晤士河畔当初的人口分布模式，但或许只是因为这些地方是近年来被疏浚得最彻底的河段。

在泰晤士河中也发现了仪式性的头颅，其中最引人注目的可能就是被扔在伦敦桥附近的哈德良皇帝的头颅。一个大理石做的女人头，也在那个河段被发现。在靠近鱼市山的河滩那里，发现了一个青铜做的女孩头像。然而还有另外一种现象，在泰晤士河的河水中，雕像的头被故意从身体上拿掉了。有些在河里发现的小青铜雕像就没有头。这是某种与地下灵魂或是泰晤士河的神灵们进行交流的方式吗？

人类头颅的重要性与神圣性，毫无疑问是古老的不列颠祭祀崇拜的一部分。不列颠人认为人的灵魂居于头脑之中，而不是在心脏里；有可能通过献上头颅，献祭者也在将"灵魂"献给另一个世界——而河流是这个世界的一个代表。塔西佗曾在书中讲述，撒克逊人在殖民不列颠很久以前，就常常把敌人淹死在河里，作为献给内尔瑟斯神（Nerthus）①的牺牲。和撒克逊人一样，在将头颅扔进水中以前，凯尔特人会为了仪式的需要，将敌人和同胞的头都砍下来。然而这不仅仅是一种异教的实践——数不清的圣人雕像也被发现没了头。十九和二十世纪，也有被砍下的头或是无头尸体在泰晤士河中被发现。

凯尔特人的民歌中有一个故事与这一现象有关。故事讲的是一位名叫"里亚赫"（Riach）的英雄，他在一口井上建了一座"房子"——

---

① 内尔瑟斯神（Nerthus）：在日耳曼人的异教信仰中，涅萨斯是掌管生产与养育的神。

或者说是"圣殿"——将在战争中死去的战士头颅放在里面;这些被砍下的头所产生的气味——或者说是"具有的力量"——令井水变得非常"激动",乃至于十分危险;里亚赫不得不在井上建了一个更坚固的建筑来罩住它。然而这样做并没有效果,井水朝他冲了上来,他被淹死了。这个故事明显是将战士被砍下的头颅与"圣水"的出现联系在一起——水好像是对头颅所具有的"神力"进行了回应。这个故事是在为人类将头颅扔进泰晤士河这一仪式提供古老的解释吗?卡姆登认为,"梅登黑德"这个名字来自对一位不列颠少女的崇拜,据说她是 1.1 万名与圣厄苏拉(St Ursula)① 一起在莱茵河畔被杀害的少女之一。

还有其他有关头颅的传说,与泰晤士河的关系甚至更为紧密。凯尔特人的神"贝利纳斯",被委以将献祭的头颅送到地下世界的任务。早已有人在猜测,位于泰晤士河边的市场"比灵斯盖特",是以"贝利纳斯"的名字命名的。这一语源学的分析可能仅仅是一种想象,但它是具有启发性的——如果贝利纳斯确实被认为是泰晤士河古代的神灵之一的话。有关泰晤士河的另一个传说也同样有趣。在一场与爱尔兰人的战斗中受了致命伤的不列颠巨人布伦(Bran)②,命令手下将他的头带回泰晤士河,安放在塔丘的河边,作为对抗侵略的"堡垒"。在船夫顺流而下的途中,这个被割下来的头对不列颠岛的命运作出了预言。远古的诗歌宣称,亚瑟王(King Arthur)③ 下令移除了巨人的头颅,认为不列颠除了他本人,不需要别的保护者——这是为什

---

① 圣厄苏拉(St Ursula):相传是英国西南地区一个王国的公主,在与未婚夫相聚的途中与随行的 1.1 万名女仆在德国科隆被匈奴人所杀。据传其被杀的时间在公元 383 年左右。
② 布伦(Bran):威尔士民间传说与神话中的巨人国,布伦是巨人中最受人们喜爱的一位,据说其体形大得没办法进入任何房间或宫殿。
③ 亚瑟王(King Arthur):中世纪历史及传说中的英国首领,率领英国在五世纪末、六世纪初反抗撒克逊人的入侵。有关这位首领的故事主要在民间传说和文学作品中出现,现代历史学家对他是否真实存在有所争议。

么伦敦,还有英格兰后来都成为罗马人入侵的牺牲品。"布伦"在现代威尔士语和古代布立吞语(Brythonic)中还有"乌鸦"的意思,因此查理二世将乌鸦引入塔楼,只不过是在重返一种古老的传统。

另一项相对较新的发现,确认了这一仪式性杀戮的模式。在迈向二十世纪晚期时,泰晤士河的支流之一、在坎农街附近流入泰晤士河的沃尔布鲁克河里发现了 48 个人类头骨;在泰晤士河另一条位于伦敦境内的支流雷伊河中,也发现了 10 个人类头骨;毫无疑问,还会有更多的头骨被发现。在沃尔布鲁克河中发现的头颅,一度被认为是公元 60 年布狄卡女王(Boudicca)①入侵伦敦时的受害者——或者是罗马人和不列颠人之间其他战争的牺牲品。但问题仍然存在——为什么只有头骨?这些头骨是壮年男性的,更为关键的是,它们在被扔进河里之前,都被剥去了血肉。它们的下颚骨也都不见了。

伦敦桥上所挂着的头颅,因此位列于一段漫长的传统之中。从很多个世纪以前开始,它们就被放在那里;有时这些头颅被涂上沥青,有时是斩首以后被留在那里。它们被挂在矛或柱子上,经过太阳暴晒或是雨水浇注而慢慢腐烂。当十四世纪初开始有对这些头颅的记载时,它们是被放在桥北面靠近伦敦城的塔楼或是大门上。第一个众所周知的案例是威廉·华莱士爵士(Sir William Wallace)②的头。再后来,没有留下记载,地点被换到河南岸靠近萨瑟克的大石门那里——这里开始被称作"叛国者之门"。1598 年,一位德国旅行者留下的记载是:约有 30 个头颅挂在那里;1597 年的一张地图显示,这些头挤

[373]

---

① 布狄卡女王(Boudicca,33—61 年):是英国东英吉利亚地区古代爱西尼部落的王后和女王,其丈夫普拉苏塔古斯(Prasutagus)是爱西尼人的统治者。普拉苏塔古斯去世后,罗马人抢去了布狄卡的土地,她自己遭受毒打、国民要交重税、两个女儿被罗马人强奸,她因此奋起反抗,领导不列颠诸部落反抗罗马帝国占领军的统治,后在惠特灵大道战役惨败后去世。
② 威廉·华莱士爵士(Sir William Wallace,死于 1305 年):苏格兰骑士,后来成为苏格兰独立战争的主要领导者;在战争失败被擒以后,英格兰国王爱德华一世下令将其绞死、将尸体浸水并分成四块。

在一起，就像是一串葡萄。实际上，"头"并不是唯一被放在那里的"人类成员"，腿和叛国者被"四等分"的"躯干"等，也被展示在那里。因此人们说这个石门就像是屠夫的屠宰场。然而，那些参与了这些可怕行为的人，实际上是在参与一项远比他们所能想象的更为古老的仪式：他们可能不是在惩罚死者，而是在将其灵魂奉献给另一个世界——那就是泰晤士河。

死亡之河

[374]　　2004年的春天，伦敦的泰晤士河南岸举办了一个展览，备受公众关注。展览的题目为"消失"，展出了八十多位突然消失了的人的照片。对这样一个展览来说，再也找不到更恰当的举办地点了。泰晤士河是失踪者的河流。在国家失踪人口署（the National Missing Persons bureau）的记录中，首批登记的80具无名尸体，有14具是在泰晤士河中或河边发现的："在靠近伊里斯的泰晤士河中发现……在千禧轮（Millennium Wheel）附近的泰晤士河中发现……在罗瑟海兹那里的泰晤士河中发现……在汉默史密斯桥附近的泰晤士河中发现。"如此这般，没完没了。在泰晤士河的历史中，这没什么不寻常的。

　　有某种力量——也许是狄更斯所称的"厌恶所具有的吸引力"——到现在还在召唤着很多人来到河边。总是有流浪汉和乞丐住在桥下或是在那里睡觉，或是在桥上的高台或通道处挤作一团。众所周知，男人和女人中最可怜的被遗弃者，几乎在维多利亚堤坝刚一建好时，就占据了从威斯敏斯特桥到布莱克弗瑞尔斯桥之间的位置——他们对泰晤士河持久不变的兴趣是值得人们思考的。这会与对时间流逝——感谢上帝——的展望有关吗？会与投身其中的可能性有关吗？或者它代表着一种更世俗的、一种靠近与自己同样不幸与不适的人的需要？泰晤士河可能向绝望与孤独的人发出了自己的呼唤，因为它一直与汗水、劳作、贫穷与眼泪相连。孤独者与流浪汉被同样的孤独与需要所打动。泰晤士河是一个有关"苦难"的巨大漩涡。

第十四章 | 死亡之河

泰晤士河的黑暗，意味着在人们心目中它与魔鬼相连。在十六和十七世纪的露天盛会中，有人打扮成魔鬼，在穿过泰晤士河面时，从嘴里吐出红色与蓝色的火焰。"他们是可怖的、野兽般狂野的人，"斯托写道，"发出令人厌恶的噪音。"在靠近巴金的沼泽地那里，有一座河边建筑，紧挨着盖连恩斯河段（Gallions Reach）的河滩，十八世纪末被称作"魔鬼之屋"。它很早就处于废弃的状态，被用作牲口的庇护所。莱德考特上游有一段河流被称作"地狱拐角"，为什么这么叫，还不清楚。

[375]

从很多方面来讲，泰晤士河是死亡之河，它拥有伤害与杀戮的力量。泰晤士河小船桨手的形象，以及在兰贝斯、格雷夫森德和其他一些地方的河面上摆渡的船夫，很像是来自冥府的"渡神"卡戎。沃平那里有一个台阶，被称作"死人台阶"，由于潮汐与水流的缘故，刚被淹死的人的尸体很容易聚集在那里。狗岛和德特福德之间的河流，有一个 U 形拐弯，溺亡者的尸体在通向大海的过程中，很有可能在那里受阻。它一度被称作"死人船坞"——因为在那里修建船坞时，发现了大量尸体。如果有一具尸体错过了这些关键性的"节点"，在一种腐烂的状态中继续向下漂流，那么在过了"希望河"下游（Lower Hope Reach）之后，就没有"希望"了——尸体会永远消失。还有一个"死人岛"，位于河口的泰尔尼斯沼泽（Tailness Marsh）那里，起这个名字，是因为过去因霍乱死去的人的尸体被埋在这里。尸体被用"监狱船"或是拿破仑战争期间①停在河口附近的"大废船"运到这里。更为晚近的尸体也在这里被发现，其中有一具，据当地一位船夫的说法，"有小虾从他的眼睛、嘴巴和鼻子里跳出来……"

它一直都是一条危险的河流，在其平静的外表之下，隐藏着沉默

---

① 拿破仑战争（Napoleonic Wars）：指拿破仑称帝法国期间（1803 年—1815 年）爆发的一系列战争，它促使了欧洲的军队与火炮发生重大变革，特别是军事制度。法国迅速崛起，雄霸欧洲，但在侵俄战役惨败后国势一落千丈。拿破仑建立的帝国最终战败，让波旁王朝得以在 1814 年和 1815 年两度复辟。

运转着的暗潮和危险的水流。人掉进河里以后下沉的速度是令人吃惊的,就像是被一只看不见的手"抓"了下去。在旧码头区那里,河水有时会突然出现,台阶和码头随之消失,没有防备的行人不得不快速后退,以免被淹没其中。

泰晤士河一直对自杀者有着一种吸引力,但有些河段好像特别受欢迎。十八世纪晚期,法国作家皮埃尔·让·格劳斯雷(Pierre Jean Grosley)① 以解释的口吻写道,泰晤士河两岸遍布码头和工厂,为的是将它和那些"天生具有自杀倾向的英格兰人,尤其是伦敦人"隔开。就在最近,还有一位年轻女子从巴黎过来,想在泰晤士河投水自杀。

以其短暂易逝的外表,水确实是一种令人忧郁的元素。河水消解万物并且绝不停留,正是"绝望"可以使用的"材料"。人们总有一种感觉,流水可以促进"休息"与"遗忘",然而如果那种休息与遗忘是无止境的呢?如果隔离与退隐的代价,是将自己与旋转着的黑色河水捆绑在一起呢?这就是自杀者所走过的道路。

中世纪时,泰晤士河曾有过数起自杀事件,虽然"自杀"在当时被认为是应该"下地狱"的凡人之罪——这是为什么自杀者总是被认为"发了疯"的原因。譬如,爱丽丝·韦恩威客(Alice de Wanewyck),"在精神不健全的情况下,在唐盖特港口附近溺亡"。其他泰晤士河的自杀者,也被认为是"处于一种并非是他自己正常的思维状态下"。当然也有很多中世纪的居民从河里得到"解脱"是因为别的原因——很多人是被杀,然后被扔进河里;还有喝醉了的伦敦人滑下台阶、掉进河里的情况。

大多数泰晤士河的自杀者都是无名无姓,也无人哀悼——这可能正是他们选择在这里自杀的首要原因——但历史文献也记载了几起个案。在1666年2月24日的日记里,佩皮斯记载道:"过桥的时候,

---

① 皮埃尔·让·格劳斯雷(Pierre Jean Grosley,1718—1785):启蒙时期的法国学者、地方史专家、旅行作家及社会观察家。

第十四章 | 死亡之河

我的船夫告诉我说,位于桥脚下的'大熊'酒馆的老板娘,最近自己跳进泰晤士河里自杀了……好像她很早就有着很重的哀愁,已经试着自杀过好多回了。"十七世纪八十年代,当时的战争部长威廉·坦普尔爵士(Sir William Temple)[①]的儿子,雇了一名船夫去"闯桥"——换句话说,就是在退潮的潮水在桥洞那里形成激流时,从伦敦桥下通过。正在船穿过一个狭窄的桥洞时,坦普尔纵身跳进了河里,马上沉了下去。后来发现他的衣服口袋里装满了石头,但这样做几乎毫无必要。数百吨河水将他的身体席卷到波浪翻滚的河底,继而抬上来,然后再一次将其打在河底。如果能够逃过那种沉降的话,他毫无疑问也会陷在河底的烂泥里,这些烂泥对落在它上面的人来说,就像是沼泽一样。如果这还没有杀死他,那么河水的冰冷也会在六七分钟之内毁了他。在伦敦的犯罪史上,还没有任何记录显示有罪犯想要通过跳进泰晤士河逃避追捕——它是太令人心生畏惧的一个障碍物了。

河水本身是黑色的,就连现代潜水者,在河水中也会迷失方向——因为完全看不见。坦普尔跳下去的地方被称作"大漩涡",尤其在中间的桥洞附近,那里根据乔治·博罗在《拉文格罗》里的记载,是"一个可怕的水池,拥有超级多的恐惧感,令我很感兴趣。天知道也许我该跳进去——我听说过这样的事情……"河水的黑暗与骚动,对没有足够戒心的人来说,有一种令人激动不安的影响。因此你很可能像已经发生过的那样,因为"直觉"与"冲动"而去自杀,而不是因为怀着某种决心。如果伦敦城里的河水是清澈的、令人愉快的,那么人们就会觉得很难跳下去。

人们常说,深而幽静的河水为那些想要自杀的人,提供了一种具有强烈吸引力的想象。在世界早期的时候,静止或是停滞的水被认为是魔鬼的"居所"。在泰晤士河那些安静的河段,可能有足够多这样

[①] 威廉·坦普尔爵士(Sir William Temple,1628—1699):英国政治家、散文家,出身于贵族家庭,在其生活的时代在外交和政府建制领域影响重大,并深受朋友的爱戴。

的魂灵徘徊左右,引诱那些不够警觉的人去拥抱死亡。自杀者通常并不希望被人看到,或是被发现,他们希望能够从这个世界"退场"。自杀是一种"消失"的方式,最好能不留下任何痕迹,甚至也没有痛苦。我们可以想象跳河自杀在某种程度上是"不舒服的",但难以想象的是其痛苦性。有人说,那是一种安静的死亡方式,但他们又怎么可能知道这一点呢?据说女人淹死后,尸体浮在水面上是脸朝上,而男人是脸朝下,但这无疑只是河边居民的一个传说。

1756 年,史蒂芬·达克(Stephen Duck)①——一位成为人们嘲讽攻击对象的乡村诗人,在雷丁的布莱克酒馆(the Black Inn)后面,纵身跳入泰晤士河——也许是他的"姓"②,引他走向了泰晤士河。另一位十八世纪的诗人威廉·考珀(William Cowper)③,也曾想要选择同样的路走向遗忘。后来他吐露说:

> 不太清楚是否要服毒,我决定投河。为此我坐上马车,让车夫往塔楼码头(Tower Wharf)开,想要在海关总署码头那里投河。我在塔楼码头那里下了车,抱着再也不回来了的决心。当我抵达码头时发现水位很低,还有一位搬运工坐在那里的一堆货物上,好像是为了阻止我。这条通往无底深渊的"路"仁慈地对我关上了门。我返回了马车那里。

"无底深渊"这个词,对泰晤士河在伦敦的那一河段,是一个很

---

① 史蒂芬·达克(Stephen Duck,1705—1756):英国诗人,出身于贫穷之家,靠自学开始写诗,其创作同时反映了十八世纪英国"奥古斯丁诗歌时期"对"自然"的兴趣及对"无阶级差别社会"的反对。斯威夫特和蒲伯都曾经攻击及讽刺过其作品。
② 其姓"达克"(Duck),在英文里是"鸭子"的意思。
③ 威廉·考珀(William Cowper,1731—1800):英国诗人,赞美诗学者。作为同时代最受欢迎的诗人之一,考珀通过描写日常生活及英国乡村风光,改变了当时自然诗歌的发展方向,在很多方面被认为是"浪漫派"诗歌的先驱。四十多岁时开始遭受精神失常的困扰,常出现幻觉。

第十四章　死亡之河

好的形容。

十九世纪是英国自杀最为盛行的时期。赫利有一位年轻男仆，因其兄弟溺水而亡而郁郁寡欢，在他自己跳河自杀以前，他换下了所有的衣服，穿上了一件浴袍——这样他的衣服就可以留给亲戚们了。他选择以同样死亡的方式，寻找兄弟的陪伴，仿佛河流是遗失的灵魂的港湾。赫利还发生了另一起自杀事件——一位年轻人在跳河之前，在脖子上绑了重达56磅（25公斤）的物品。有时候，一些最简单的物品就是死亡的象征。当一位退休文具商的帽子在布雷那里被人看到顺河而下时，大家都担心发生了最糟的事。后来有人报告说，他的尸体很"舒服地"躺在一间小酒馆里。一位面包师的儿子的帽子在布雷堰坝那里被发现，但尸体三周后才被找到。

十九世纪的报纸新闻，提供了很多类似的故事。一位啤酒商的雇工欠了雇主13英镑，因此站在马洛冬季的河水之中，直到冻死。另一位工人失去了自己的孩子，不知道用什么方法，他把自己的手和脚都捆了起来，然后投身河中。温莎的泰晤士河那里，曾有过两起间隔时间很短的自杀事件，一位是剧院的前任经理，另一位是男管家。一家伦敦洗衣店的经理，在跳进温莎附近的泰晤士河（他的尸体后来在一个被称作"猴岛"的温莎小岛那里找到）之前，曾对女儿说过："看着我的眼睛，在那里，你可以看到死亡。"这与河中的"投影"似乎有点相似——当你朝河水望去时，你也许可以看到死亡。

温莎对那些希望去死的人来说，是一个很受欢迎的地方。有人在温莎看到一位年轻女人冲向泰晤士河，嘴里喊着"威廉！"和"上帝保佑我！"其他自杀者所说的话，也被记了下来——"别管我！我想死！我疯了！""让我去死！让我去死！没有人要我。我死了不碍别人的事才好！"

"看着我的脸，你永远不会再看到它了！"很多意图自杀的人，都对自己被救感到非常沮丧，常常想要马上再次投河。泰晤士河能激起那些想要去死的人的浓厚兴趣。有些人会一次又一次地跳河——如果

[379]

每次都被救上来的话。船夫中,有一些关于被淹死者的歌谣,尤其是描述不幸或被背叛的恋人的命运的。这些歌谣中的感情与灵感,会因地区而不同。

奥菲利亚带有"范式"意味的死亡,强调了投河自尽的"诗意性"。而那些投向泰晤士河寻找死亡的人,在某种程度上好像都受到了"传统"的指引。也许加入由自杀者组成的"泰晤士河自杀军团"这一想法可以带来某种安慰:在某种程度上,那种"个体死亡"所带来的可怕的"被遗忘感",可以因为这种"联系"而获得"许可"——或者被"神圣化"。即使是在对"泰晤士河之旅"的漫画式的描写中,J·K·杰罗姆在《三人同舟》中,仍忍不住要转述当时一个被称作"不幸女人"或"堕落女人"的故事,并描写了她最终在泰晤士河的死亡:

> 她整天都在河边树林里徘徊,然后,当夜幕降临,灰色的暮光将其暗淡的长袍在河面上铺开时,她向知道她的痛苦与欢乐的、安静的河水,伸出了手臂。这条饱经世事的河流,将她抱在自己温柔的手臂之间,将她疲倦的头放在自己胸口,安静地带走了所有的痛苦。

对杰罗姆来说,这似乎是一种经过虔心祈祷才获得的命运,似乎死在泰晤士河里可以带来某种舒适与安慰。也许真是那样。千年以来,泰晤士河就已经被作为死者通往最终之旅的门户,谁知道我们是不是仅仅是在追随祖先们的脚步呢?

用无所不在的海报上的话来说,那些"被发现溺亡"者的尸体,被带到泰晤士河岸边的"停尸房"那里。据估计,每周会发现三到四具尸体,虽然有些死因是否是意外或外部原因(而非本人执意如此),都是有待讨论的问题。在伦敦船坞(the London Docks)那里——靠近圣彼得教堂,位于老碎石巷(Old Gravel Lane)旁边——过去有一座平转桥,因为桥上自杀者众多,这座桥也被称作"叹息桥"。这些"自我消灭"发生在这里,并没有什么明显的理由——除非是因为"榜样"的力量。自滑铁卢桥在 1817 年夏天开通以后,人们赋予了它各种各样的名字:"情人跳""自杀拱廊""叹息桥""忧伤桥"。它有时是一个相对隔绝的地方——桥两侧的便士收费站拦住了很多行人。十九世纪中期,每年在这里自杀的人的平均数量为 30 人。十九世纪后期,桥边停了一艘特殊设计的"打捞船",船尾装有滚轴机,以帮助打捞跳水者。这是很有必要的预防措施,因为"打捞"这一行为本身就很有危险性。在水中挣扎的自杀者,有可能会将施救者一起拽到水下。这艘船后来被一座浮动警哨取代。

事实上,有人曾说过,在泰晤士河周围地区有一种氛围——或者说在滑铁卢桥上有一种气氛——鼓励"自杀"这一行为。德国诗人海因里希·海涅(Heinrich Heine)[①]曾于 1827 年的一个傍晚来到这里。后来,他记下了自己当时所感受到的情绪——"傍晚时分我站在滑铁卢桥上,朝下看着泰晤士河水时向我袭来的黑暗情绪","同时最忧伤的故事也涌上了我的记忆"。这也许是对"黑色泰晤士河"的影响力的一个证词。他继续写道:"我变得如此脆弱,滚烫的泪水不可抑制地从我眼中流了下来。它们落入泰晤士河,流向吞噬了人类如此多泪水的广阔、无情的海洋。"

查尔斯·狄更斯对沿河发生的自杀事件很感兴趣,尤其是对在滑铁卢桥上发生的。在他作为一名"非商业旅行者"——或者说是作为一名"漫游者"所写的散文《夜间漫步》(Night Walks,1860)中,他走过滑铁卢桥,发现从那里看过去:

泰晤士河看起来很糟。两岸的建筑物都被黑色的寿衣裹

[①] 海因里希·海涅(Heinrich Heine,1797—1856):德国诗人、记者、散文家、文学批评家。因政治思想激进,其很多作品在当时被德国当局所禁,生命的最后 25 年自愿作为流放者生活在巴黎。

得发不出声，河面上反射的光芒，仿佛是来自河底深处，仿佛自杀者的鬼魂正拽着它们，以显示自己下沉的地方。狂野的月亮和云朵，就像魔鬼的良心在一张抖动的床上那样放肆。而伦敦的广大无边所产生的阴影，则好像被拘禁在河上。

[381]

对狄更斯来说，泰晤士河与他对死亡的"意识"，不可避免地纠结在一起。

令人好奇的是，查尔斯·狄更斯的大儿子，也对泰晤士河自杀者的数量及其原因很感兴趣，他将滑铁卢桥的收费员作为这方面的专家，对其进行了采访：

这是最好的位置！如果有人从桥上护栏把手中间跳下去，他们不会被淹死，而是会被摔死，可怜的笨蛋，就是这样……但如果你从护栏边跳下去，你肯定会滚到桥洞底下去……你需要做的是搞清楚怎么跳进去。

正像《我们共同的朋友》开篇所言，打捞死者尸体也是一门堪称繁荣的生意。盖福尔·海克斯姆夜间划着自己的小船出去，去发现任何一个"和被裹住的人体形状相似"的东西，从那些"轻快地"浮在莱姆豪斯的黑暗河水上的尸体和衣服中，他寻找着可能的战利品。正如狄更斯对都市的描写所一贯体现出来的那样，这一描写也是绝对符合现实的。十九世纪晚期，萨里沿岸的地方政府为每具打捞上来的尸体付5先令（1克朗），而米德塞克斯的地方政府仅付半克朗，因此大部分尸体都被带到萨里去了。在这里，它们先是被拍照，然后被送到本教区的"死人屋"，而不是警察局。无人认领的尸体，在验尸官下令埋葬以后，它们的衣服会被保存起来，以便日后有人来辨认。

在离"死人台阶"几码远的沃平河流警察总局那里，可以找到

第十四章 ｜ 死亡之河

"死人簿"——或者叫"事件册"，里面登记着从河里打捞上来的尸体。1966年7月2日一栏，有这样一份目击者报告：

（我）注意到有一位年老的、穿着体面的男人在码头那里……几秒钟后再看时，正来得及看到那个男人扑向河里，顺着退潮的潮水漂了下去……这个男人在水里期间，这些救人者一直在看着他，但没看到他挣扎，也没听到他喊叫。

[382]

1948年5月26日，在"自杀事件"的标题下，一条目击者报告写道："我听到有人喊'再见！'我朝四周看去，看到一个男人的腿消失在港口一侧。"一位河流警察补充记录道："我放下救生艇试着去救他，但在我抓住他的时候，他猛烈挣扎，挣脱了我的手。我试着再去抓他，但他沉了下去。"他并不希望被救。过了一会儿，人们看到一顶"绅士的棕色软毡帽漂了过去"。有些特殊的日子令自杀频发。1986年的最后一天，两起自杀事件彼此只隔了几小时：上午8：34分，警察"在南岸河滩处发现了一位女死者的尸体"；下午13：15分，他们"在巴特西河段的伏尔肯码头（Falcon Wharf），发现了一具已无生命体征的男性尸体"。

因此二十世纪自杀者的数量并没有减少。他们开始被称作"跳水者"——一个对"自杀"这样重大的举动来说显得非常轻飘的词。在二十世纪中期，他们也被称作"尸首"。然而在长期污染的泰晤士河中，那些跳水者不仅可能会被淹死，也可能会中毒——"洗胃器"是落水者的救援设施中常规必备的一项。2002年，皇家国立救生艇协会（the Royal National Lifeboat Institution）加入河流警察署及女王海岸保卫队（HM Coast-guard）①，共同救援那些跳进泰晤士河自杀及失足

---

① 女王海岸保卫队（Her Majesty's Coastguard）：英国海洋及海岸保卫署的一个部门，负责英国管辖范围内海洋搜寻及解救活动的发起及合作。

落水的人。一年之中，就有近 400 起这样的事件发生。选择冬天自杀的人，比夏天更多。一个令人好奇的事实是：大部分在泰晤士河中发现的死者——那些身份已经得到确认的——来自伦敦以外的地区。斯特里特姆（Streatham）一位年轻自杀者的母亲，在 2004 年 12 月对《卫报》的一位记者说："他没有理由出现在那里。泰晤士河闹鬼——它把人拉进去了。"

上个世纪的自杀者中，也有一些很不寻常。一位男性自杀者，被发现在胸口绑了 3000 英镑，以便为自己的葬礼付费；在另一起事件中，一位男性的尸体是用一本词典及价值近 200 英镑的硬币，来增加分量，以确保身体下沉。另一起事件中，一位在身上绑了东西的男人，在河边烂泥上留下一系列抓痕——他想要改变主意，但是已经做不到了。两位年轻女孩——是两姐妹，在跳河以前将彼此绑在一起——没有人知道她们为什么要自杀。几位年轻人在泰晤士河边打闹玩耍，将其中一位扔进了河里，掉进河里的年轻人抓住了他所能发现的第一个物体——那是一具尸体。这些"性命攸关"的细节，是我从近年来有关泰晤士河最有趣的书之一、罗尼·霍恩（Roni Horn）[①]的《另外的水域》(*Another Water*, 2000) 中得来的。

尸体被捞出来以后，会腐烂得更快，头发和皮肤会变得尤为脆弱。它们在涨潮河段也很容易受到攻击——它们会被船只碰撞，被海鸥袭击。狄更斯注意到，淹死者的尸体是干枯褐色的，就好像它们是火而不是水的牺牲品。

当验尸官被要求对淹死者的死因发表结论时，他们会倾向于做出"开放性的"判断——有些情况永远没办法确定死者是否是想自我了结。不管怎么说，这是一种必要的谨慎，因为河里不仅有自杀者的尸体，它还一直负责"运载"谋杀事件的牺牲品。这里有过古代战争

[①] 罗尼·霍恩（Roni Horn, 1955—　）：美国视觉艺术家、作家，《另外的水域》是一本通过大量照片及脚注来探索泰晤士河的书。

的大规模屠杀——据十四世纪的一位编年史作者记载,泰晤士河被血染成了红色。从最早的时候开始,泰晤士河就是处理尸体最方便、最快捷的一种方式。中世纪的城市记录中,有很多在泰晤士河中发现死者尸体的案例。十六世纪时,有这样的记载:"雷丁附近发生了很多抢劫与谋杀案,在泰晤士河中,发现各种各样的人被杀死或淹死。"十七世纪时,拦路抢劫的强盗经常光顾从豪恩斯娄海斯(Hounslow Heath)到科恩布鲁克(Colnbrook)之间的大道,并将达切特那里的河流作为抢劫杀人后的抛尸地:尸体被装进麻袋,放上重物,扔进河里。这一河段因此被当地人称作"科恩布鲁克墓场"。从河中的烂泥里,曾发现了一具完整的人类骨架。

十八世纪时,泰晤士河及其伦敦支流已经成为臭名昭著的处理尸体的地方。当时有一个俯瞰弗利特河——或者说是"弗利特下水道",这是它事实上变成的样子——的小酒馆,有一个罪犯团伙聚集在这里。这里的地下室有一个活动板门,打开以后就是河面;那些被引诱到这里后被杀害的人,其尸体就在这里被抛掷。十九世纪早期,河流犯罪团伙成员的尸体也经常在河里被发现;有一年,在泰晤士河中发现了13具犯罪团伙成员的尸体。

〔384〕

这些犯罪行为中的绝大多数,都没有查出结果——毫无疑问是因为泰晤士河本身充当了犯罪动机与实施地点的"消解剂"。然而,作案者很少被抓住这一事实,可能导致了某种非理性的、认为泰晤士河应该负某种责任的怀疑。十九世纪的新闻报道中,在有关罪恶与犯罪的各种故事中,泰晤士河常常被描绘为一种"恶意"的存在。在维多利亚时代的中晚期,出现了很多书名为"泰晤士河的秘密""神秘的泰晤士河谋杀案"等利用泰晤士河那怪异可怕的名声的廉价流行读物。其中较晚近的一本——艾略特·奥唐纳(Elliott O'Donnell)[①]的《泰晤

[①] 艾略特·奥唐纳(Elliott O'Donnell, 1872—1965):在其生活的时代以写"鬼故事"而著称的英国作家,很多故事以纪实手法表现,但掺杂了很多虚构的浪漫想象。

士河重大谜案》(*Great Thames Mysteries*, 1928)，记载了在帕特尼周围发生的三起肢解案。作者表示，"作案者对当地有某种特殊的迷恋"。对靠近达格纳姆的泰晤士河的另外一个河段，他写道："夜幕降临以后，河边常常传来跟谋杀有关的惨叫，那些听到的人如果是独自一人的话，只会全身发抖，赶快走开。"

泰晤士河谋杀案的凶恶名声，也建立在这样一个事实上：很多在河中发现的尸体是被"肢解"了的。1828年的几份报告表明，在沙德维尔发现了一个人头；1873年，在巴特西发现了一具被肢解的尸体；接下来的一年中，两具同样被肢解的尸体，部分地在帕特尼和沃克斯霍尔桥那里找到了——这些发现令很多市民感觉这条河糟透了。正像奥唐纳所说的那样，"在此之前，没有任何与泰晤士河有关的神秘传说能给它带来更邪恶的名声、更令人害怕，这种恐怖，会在人们的记忆中保留很长时间"。凶手——或凶手们——被认为显示出"一种对泰晤士河的可怕迷恋"。这条大家所熟悉的河，这条之前被称为"银色"的泰晤士河，已经成为人们害怕及怀有一种迷信式恐惧的对象。它可能正在复活其古老的力量。

[385] 其中最有名的案件之一——其实是"系列案件"——是分别发生在1887年、1888年、1889年（当年发现了两具尸体）和1902年的碎尸案。第一具尸体在埃塞克斯境内的雷纳姆（Rainham）河墙那里被发现，被肢解的头和四肢被卷在一个粗糙的麻袋里，尸体的其余部分在坦普尔防波堤（Temple Pier）和巴特西那里被发现。根据1887年6月8日的《埃塞克斯时报》(*Essex Times*)的记载，"维多利亚堤坝那里群情激昂"——河上谋杀案确实会引发"激动"，即使仅仅是因为在"死亡"与"流水"之间，有着某种直觉性的联系。翌年，一只女人的胳膊在皮姆利科附近的河下烂泥里被发现，紧接着发现了尸体的其余部分——一份报纸将其描述为"血腥狂欢节"。1889年，来自两具尸体的不同部分在圣乔治台阶（St George's Stairs）、阿尔伯特桥、巴特西、旺兹沃思和莱姆豪斯那里被找到，在沃平发现了一块"小小

第十四章 | 死亡之河

的肝脏"。只有一名受害者的身份得到了确认。当时有传言说,这些罪行是那位人称"开膛手杰克"(Jack the Ripper)①的杀手所为,但这一传言从未被证实过。这一传言也和"开膛手"已经淹死在泰晤士河里的说法自相矛盾——这可能再次证明了泰晤士河是如何被本能地与更黑暗的犯罪形式联系在一起。在阿尔弗雷德·希区柯克(Alfred Hitchcock)的电影《狂凶记》(*Frenzy*, 1972)的开场镜头中,一位被掐死的年轻女性的尸体,漂浮在泰晤士河上。

二十世纪有很多著名的河流谋杀案。1964年初,有两位妓女的尸体在汉默史密斯桥附近的河面上被发现了;稍后,在陆地上也发现了受害者——但也是在河岸附近,分别在奇西克和布兰特福德。2001年,河里发现了一具人类躯干的残骸,后来发现是一位年轻的非洲男孩——警察给男孩起名叫"亚当"。这些案件的凶手都没有找到,但男孩被认为是因为某种形式的巫术而被害。警察在同一时期发现了7只烧了一半的蜡烛——裹在一幅白床单里——被河水冲上了南岸。不太有人知道的是,仅仅九个月前,有另外一具被肢解的躯干在河里被发现,是一位名叫凯西·丹尼斯(Cathy Dennis)的年轻女人。另一位被害者的肠子和腿,在锡尔弗敦附近的河里被发现。在近年的一起事件中,一个男人的头和四肢——而不是躯干——在泰晤士河中被发现。1999年7月8日,一个人头在娄尔塘(Lower Pool)的烂泥里被发现;为了不被认出受害者是谁,人头被剥了皮;尸体的其余部分——包括躯干——在河的其他地方被发现。泰晤士河总是对被割下的头颅有一种特殊的感情。

河里还有其他形式的死亡。有意外落水淹死的。泰晤士河边的亨利教堂(Henley Church)的教区登记册里,记载着这样一些事故:

---

① 开膛手杰克(Jack the Ripper):1888年7月7日到11月9日期间,在伦敦东区怀特查珀尔一带以残忍手法连续杀害五名妓女的凶手的化名。犯案期间,凶手多次寄信到相关部门挑衅,却始终未落入法网。其犯案手法经媒体一再渲染,引起当时英国社会的恐慌。

"1563年4月8日,一位陌生的游客[①]。下葬……。1601年5月24日,约翰·史密斯,一位陌生人,溺亡。下葬……。1611年4月30日,詹姆斯,驳船船夫,人称'甜苹果',被淹死了。下葬。"泰晤士河岸边每一座教堂的登记册里,都会对泰晤士河所具有的危险性做出类似的证明。1585年,在马洛水闸(Marlow Lock),"那里的水流如此凶猛,河水沉闷地落下,很快就夺去了四个人的性命——其中有三位是被淹死的,第四位的脑浆被砸了出来"。这是对河水的巨大力量与残暴的一个明显提醒。这个河段的水流如此之快,人称"马洛激流"(Marlow Race),一位诗人如此抱怨道:

> ……让很多孩子哭泣。
> 他们的妈妈挨家乞讨,
> 他们的爸爸已经淹死在洪流之中。

泰晤士河可以是一位既残忍,又动荡的神。

1647年的一本小册子有着冗长但颇具描述性的题目:"令人感到悲伤和凄惨的、来自牛津郡和巴克郡的新闻:关于六十多位男人、女人和儿童在乘船从戈灵到巴克郡的斯泰特雷(Stately)时,在牛津郡的戈灵水闸处被淹死的真相与悲剧。"大概是船夫把船开得离堰坝太近了,被那里的水流吸了过去,翻了船。即使是以泰晤士河的标准,这也是巨大的生命损失。在被救上来的人当中,有一位这样描述当时的状况:落水的人中,有一些在河床上"像青蛙一样到处乱爬着";其余被淹死的人好像一点儿也没有挣扎,被发现时背朝下躺在那里,就好像睡着了一样。

1763年——

[①] 原文为拉丁文。

第十四章 │ 死亡之河

一艘坐着 10 个人的船，在穿过伦敦桥准备顺河而下时翻了，有三个人溺亡……周二晚上一艘驳船，装了很多木头，在穿过伦敦桥时碰上了桥墩上的分水桩，船员约翰·赫伯特（John Herbert）因船只剧烈摇晃而不幸落水，溺亡。

[387]

四年后，"周一晚上，10 点不到一点儿，一只船坐着三个女人、两个男人，在过伦敦桥的时候船翻了，全淹死了"。这样的例子可以不断举下去。据估计，十八世纪时平均每年有 50 人左右淹死在伦敦桥下面。这主要是因为——或者完全是因为——"赶上了"正在退潮的潮水。将这些早期数据汇总在这里有点儿意思，不仅是因为——就像 A.J. 丘奇（A.J. Church）[①] 在《伊希斯和塔梅西斯》（Isis and Tamesis，1886）中所写道的——"英国人非常喜欢通过一种危险的体验来增强愉悦感……当看到有一种被淹死的危险时，河水能让他产生最大的兴趣"。这与那种认为英国是一个"自杀者的国度"的想法很吻合，同时也解释了泰晤士河为什么会以"死亡"为主题，出现在英国人的民族生活之中。打油诗、诗歌和民谣，都对这一点进行了表现，正如爱德华·李尔（Edward Lear）[②] 在他的《胡闹之书》（Book of Nonsense，1846）中所写道的：

埃姆斯（Ems）那儿有位老人，
不小心掉进了泰晤士河，
当他被发现以后，

---

① A.J. 丘奇（A.J. Church，1829—1912）：英国古典学者，毕业于伦敦大学国王学院和牛津大学林肯学院，曾做过伦敦大学大学学院的拉丁语教师。与人合作翻译过塔西佗的作品，编辑普林尼的信件，并将维吉尔和荷马的古典作品改写成适合青少年阅读的英语作品。
② 爱德华·李尔（Edward Lear，1812—1888）：英国艺术家、插画家、音乐人、作家及诗人，以在诗歌与散文领域打造"胡闹文学"而出名，五行打油诗也因为他的创作而广受欢迎，作品有《胡闹之书》等。

> 他们说他被淹死了，
> 那位不幸的埃姆斯老人。

十九世纪时，还有很多其他原因而导致的溺亡。当时划船是所有与运动及休闲有关的娱乐活动中最受欢迎的一种。女士们的长裙子令她们尤其容易受到水流的影响。此外，有人因将撑杆插进了洞里而跌出船外，还有人喝得太醉了，站都站不稳；还有人吃得太饱了，突然抽筋了；有人被河流之美"致命性"地捕捉了——他们在河上逗留得太晚，直到雾气与夜色笼罩着他们，在他们兴高采烈的时候船翻了，或者只是因为他们不了解表面上看起来平静的泰晤士河所隐藏着的危险。1896年6月，《每日邮报》(*Daily Mail*)采访了一位水闸管理员，他在工作期间看到过多起落水事件，包括"一整船人在月色下翻了船，尸体一个接一个地浮了上来，在水闸处漂着"。

甚至河上的专家们也并不安全。库克姆的一位渡船船夫，在1881年的一场雷暴雨中翻船淹死了；1893年，史灵福德（Shillingford）的渡船船夫和妻子也被淹死了。赫利、惠特彻奇、品客希尔（Pinkhill）、阿宾登、卡弗舍姆、斯普林克和汉布莱登，这些地方在1871—1890年间，都有水闸管理员被淹死的事件发生。这对那些在本质上应该是泰晤士河"看护者"的人来说，是很高的死亡率。这令我们重又想起了以赛亚的那句话："守望的啊，夜里如何？"然而在河边居住与谋生的人，占淹死者的很大比例，这也许并没有什么好奇怪的——与河水太过亲近，被它"捕捉"的危险一定会增加。然而这种死亡率之高，也确实体现了泰晤士河的危险性，以及"不可预测性"。坦普尔水闸和坦普尔磨坊（Temple Mills）那里似乎尤为危险；在那里工作的水闸管理员，有两个人的女儿和一个已经20岁的儿子都是在那里溺亡的。

那个世纪泰晤士河最大的灾难发生在1878年9月3日。一只游览用的划桨汽船"爱丽丝公主号"，当天黄昏时从格雷夫森德返回伦敦。当它转入克劳斯尼斯(Crossness)和玛格丽特角(Margaret Ness)之间的河湾,在现在被称作"泰晤士米德"的盖连恩斯河段顺流而下时,迎面来了一艘运煤船——"拜韦尔城堡号"(Bywell Castle)。可能对"路权"及彼此发出的信号有着不同的理解,两艘船就那样撞上了。人们只听到"爱丽丝公主号"的船长在大声叫喊:"停下来!停住!你在往哪儿走啊?上帝啊,你在往哪儿开啊?"运煤船冲向汽船,像耕地用的犁一样,将汽船"犁"开了。一位幸存者说,当时它就像"半边仓库一样",倒在了比它小得多的驳船上。

　　随着船尾和船舷升在半空中,"爱丽丝公主号"开始下沉。四分钟之内,她就完全沉到了水下——除了少数几名船员与乘客,其余的人都淹死了。一位被派下去调查船只残骸情况的潜水员报告说,通往酒吧的门那里,挤满了乘客的尸体,大多数仍然站立着,紧紧地挤在一起。事发时在附近的一艘船的船长表示,"除了将这些人比作一群在水里的绵羊,我想不出更好的比喻";"爱丽丝公主号""就像是一片云,刚刚还在这里,随后就消失得无影无踪。河里几乎全都是溺水的人"。据说泰晤士河当时"就像是一具石棺"——这不是它历史上第一次这样。

　　那些原本有可能游上岸的人,实际上是被泰晤士河的污染击倒了。在两艘船相撞之前一小时,约瑟夫·巴尔扎盖特在克劳斯尼斯和巴金新建的污水排放站,刚刚往河里排放了 7500 万加仑(3.41 亿公升)的污水。根据一位化学家在撞船事件发生后在《泰晤士时报》(The Times)上发表的文章,排入的污水中包括"两股不断流入的、腐烂发酵的污水,像苏打水一样发出嘶嘶的气泡声,散发出有毒的气息。这些水的颜色是如此黑,使得河水一直到数英里以外还是黑色的,并且散发出停尸房的腐烂气息"。当天下午,泰晤士大街还发生了一起火灾,因此排进河里的还有石油、松节油和煤油等。人们注意到,从河里打捞上来的尸体,身上都覆盖着某种粘液,洗掉后还是会再次出现;衣服都变了颜色,并且很快开始腐烂;遇难者的尸体出现了不自

[389]

然的肿胀，需要特制的棺材才能放得下——并且这些尸体腐烂的速度非常快。有的幸存者后来因为未知的原因而死亡。两周后，据报道说，被救上来的人中有 16 位"现在已经去世了，还有更多人……处于一种危险的、不确定的状态之中"。

据后来估计，大约有 700 人遇难——这是和平时期泰晤士河上所发生的最大一次灾难。约有 160 具尸体，从未有人认领——后来这些尸体被埋在沃利奇公墓的一个集体墓地中。幸存者中有一位名叫伊丽莎白·斯特莱德（Elizabeth Stride）的年轻女人，后来声称（可能并非是真的）在事故中失去了丈夫和三个孩子。但她自己并非是被河水害死的——她成了"开膛手杰克"的第三位牺牲品。有人说，她后来做了妓女是发生在河上的家庭悲剧直接导致的。

近年来唯一能与之相比的事件，是 1989 年 8 月 20 日发生在萨瑟克桥（Southwark Bridge）和坎农街桥（Cannon Street Bridge）之间的、"侯爵夫人号"（*Marchioness*）游船的沉船事件。她与"博拜尔号"（*Bowbelle*）挖泥船相撞，后者是 1457 吨（1498 公吨），而游船只有 90 吨（91 公吨）。当时有 51 人落水溺亡。当时法务大臣威廉姆斯勋爵（Lord Williams）①在对事故的质询中问道："如果大家早就知道在泰晤士河上有发生严重撞船事件的危险，这样的事为什么还会发生？"

十九世纪的作者，与他们二十世纪的同行不同，似乎喜欢描写死亡与悲剧的发生。《我们的河流》（*Our River*，1881）中的 G·D·莱斯利（G.D. Leslie）②，就是众多不能拒绝对目睹的溺水事件进行描述的河岸旅行者中的一员。他回忆了他在场的一起事故，当时一位浸信会牧师的儿子，掉进了堰坝背面河水回流的地方；莱斯利描述了"那位可怜的父亲，衣衫不整，围着堰坝不停地走着，喊着孩子的名字，时不

---

① 威廉姆斯勋爵（Lord Williams）：担任法务大臣的时间为 1999—2001 年；1989 年担任法务大臣一职的应为帕特里克·梅休爵士（Sir Patrick Mayhew），但对这一撞船事件的调查与处理到 2001 年才结束。

② G·D·莱斯利（G.D. Leslie，1835—1921）：英国画家、插图家及作家。

时高声祈祷着"。当孩子的尸体终于被一位渔夫用拖网捞出水面后，莱斯利觉得，尸体好像"在死亡中显得很美，一点儿都没受到损坏或是受伤"。儿童在死亡中看起来"很美"，他保持了自己的纯洁性，没有被损毁。确实，那种纯洁性，因他在河流中的过早死亡而得到了强化。

事实上，在维多利亚时期的文本中，儿童、泰晤士河与死亡之间，有一种引人注意的联系，就好像这一"三位一体"，代表了维多利亚时期人们对"童年"与"天真"模棱两可的态度。甚至在他们将儿童置于城里的工厂与不健康的街道这样的"死境"之时，他们也在哀叹儿童所丧失的"童年"。在豪尔夫妇（Mr and Mrs Hall）所写的《泰晤士河之书》（The Book of the Thames，1859）的开头，有一个令人感到奇怪的故事，是他们所听说的、有关小艾米丽拒绝穿过肯布尔和伊文之间的一座木桥的故事。她哭喊着说她很害怕。原来她和祖母过这座桥时曾经掉进了河里，艾米丽被救了而"奶奶"——据家人说她是"一个胖嘟嘟的、快乐的人"——再也没有被找到。

此后如果艾米丽朝泰晤士河上望去，"她说她看到河面上闪动的，全都是奶奶的脸——奶奶的脸正向上看着她"。纯真的儿童被尸体肿胀的外表及泰晤士河所隐藏的危险所威胁，甚至连心灵都受到影响。这对一本有关泰晤士河的书来说，可能是一个有点奇怪的序曲。几页之后，书中又写到一位名叫杰拜兹·劳埃德（Jabez Lloyd）的船夫之死，他脸朝下跌落在一片水莲上，在被人从"金杯状的花朵及其宽大的叶子所组成的网上"打捞起来时，已经死了。死亡可以在美好中出现。在维多利亚时期有关泰晤士河的文学中，在河中淹死总有一种道德上的训诫性——即使这一点被悄悄地隐藏在写作的表面之下。

库克姆教堂有一座献给艾萨克·波考克爵士（Sir Isaac Pocock）[①]

[391]

[①] 艾萨克·波考克爵士（Sir Isaac Pocock，1751—1810）：美国独立战争时担任英国海军长官，退役后在北安普顿郡担任地方长官，深受当地人爱戴。1810年在泰晤士河上划船时，因心脏病突发而离世，葬在库克姆教堂。

的奇怪的浮雕纪念碑，完成于十九世纪早期，雕刻着他从平底船掉进泰晤士河的过程中被一位天使救起来的画面，旁边刻着一行字："在家附近的泰晤士河上泛舟时，他突然被从这个世界召唤到一个更好的世界中去。"也许他是斯坦利·斯宾塞那幅有关库克姆墓园的画中，那些从死中复生的人当中的一个。

还有那个奇怪的短语——"把泰晤士河点着"。一个解释是与筛面粉的筛子有关。人们相信一位勤劳能干的工人，通过让筛子与面粉桶不断摩擦，可以把面粉桶点着；而对一位不那么能干的工人，人们会说，"他永远不会让筛子起火"。这一理论听起来如此平常，因此带有几分真相。但泰晤士河也因为"闪电"而与死亡相关——在河的上游，可以看到被闪电袭击过的树木。在斯诺顿山的山顶，就有这样一棵树——这样的树通常被认为是神圣的。人们认为白蜡树尤其容易着火。在《泰晤士河之书》中，有这样一个故事：一位渔夫耐心地坐在河边，直到"一道闪电夺去了他的视力"。十七世纪时，罗伯特·普罗特博士（Dr Robert Plot）[①]回忆起一场巨大的闪电袭击事件，在牛津的泰晤士河面上，两位沃德海姆学院（Wadham College）的学者，被闪电从船上打落水中，"其中一个很明显是死了，另一个像木桩一样插进烂泥里，脚朝下"。在莱德考特下游一点的地方，有一棵被闪电打过的树，现在仍立在泰晤士河岸边。火与水，不一定就是不相容的。

[①] 罗伯特·普罗特（Robert Plot，1640—1696）：英国自然主义者，牛津大学第一位化学教授，世界上第一座大学博物馆——牛津的阿什莫林博物馆（The Ashmolean Museum）的第一任馆长。

第十五章

河之尾声

河之下游

这是一个神秘而模棱两可的地方。河流终于何处而大海始于何处？河口区是一个咸水地带，盐水和淡水的含量是相等的，或者在比例上有所差异。这一地区仍有大部分地方不为人知，也无人探访。河流在这里改变了自己的本性。它离大海越来越近——而大海总是对人类怀有"敌意"。河口区有一块倾倒伦敦制造的垃圾的地方，现在仍被称作"黑色深渊"（Black Deep）。这里的水流可以变得非常凶险，已知的波浪高度可达7英尺。这是一条更深，也更黑暗的河流。约瑟夫·康拉德认为，这里对"一个具有冒险想象力的心灵"来说，非常具有吸引力。

河口整个面积为250平方英里左右，长度为30英里，从格雷夫森德一直到诺尔，泰晤士河在后者那里摇身一变，变成了北海（North Sea）。在变化发生的地点，河口的宽度为10英里。从海上进入河口区，主要有三条通道，其中之一就是"黑色深渊"。还有20条被起名为"经线"或"钱包"的附属通道。那些随着潮水倾斜和摇摆的空载船，被称作"老鼠""舌头"或"甲虫"。这是河流之诗。沙岛和浅滩都被起了诸如"疱疹""颤栗之岛""魔咒""炉子"等这样一些名字。"沉沙岛"位于"黑色深渊"和"古坟深渊"之间，但这个名字有点欺

[395]

骗性：所谓"沙子"，一部分是粘土，一部分是黑色发粘的烂泥。

　　河口沼泽地带是边缘很模糊的地方；它们既不是水域，也不是干燥的土地。它们参与了两种"现实"，从这一意义上来说，它们是有福的。这是为什么泰晤士河的河口区，总是被认为是一个神秘而有魅力的地方。低潮时，沙岛和浅滩变成了内陆，带有一种"避风港"的假象。在盎格鲁-撒克逊人的诗歌中，这里是梦魇之地。"平原"沉闷而单调地向四周扩展着，较低的地表沟壑纵横。这里的天空好像更广大，离地面更近。海浪冲刷过的、由烂泥形成的平地，反射着光线的变化。很多个世纪以来，这块土地大部分无人居住，也不适合居住。这使它表现出一种原始的、到目前看来仍然具有"威胁性"的力量——它离那个伟大的城市如此之近，而令这一切显得越发孤独与怪异。

　　傍晚时分，这里有一种令人感到奇怪与忧伤的感觉。查尔斯·狄更斯对此有着透彻的了解。他在《远大前程》中写道："墓园后面黑暗平坦的旷野，上面交叉着堤坝、土堆和关口，还有零零散散的家畜在上面吃草——这是沼泽地；而那些低低的铅灰色的线条，风在它们后面猛刮的，那就是大海。"马格维奇可以藏在这里，秘密地沿着一条隐蔽的、铺在烂泥平地及流沙上的木板路来到这里。这是从大海那里抢救出来的土地，因此有一种"暧昧"的身份。泰晤士河的部分地区，不管是在下游河段还是上游河段，经常被人们认为是"狂野"而"不友好"的；陌生人在那里是不受欢迎的。即使现在已经是二十一世纪初期，独自走在入海口的岸边时，人们仍有可能感到一种巨大的恐惧——害怕孤独，害怕被抛弃，害怕泰晤士河所代表的那种"异质性"。这可能也是一种对远古的泰晤士河的害怕。

　　这里有威尔伯恩沼泽（the Whalebone Marshes）、豪尔斯托沼泽（the Halstow Marshes）、达格纳姆盐碱地（Dagnam Saltings）及格里恩和万圣沼泽（the Grain and Allhallows Marshes），低平地横在地平线那里。这里有"盐碱沼泽"及含有少量盐的"淡水沼泽"，后者可以用来放牧。现在这些牧草沼泽地,有一些已被用于种谷物。这里没有树木,因为没有扎根深的植物能够在沼泽地上生长。很难想象还会有比这里更为荒凉的地方。然而,随着其上方光线的不断变化,它也有自己的美丽。这里是海洋薰衣草和金海蓬子及漂浮着的盐沼地草的家园;这里的小溪与水塘边,点缀着海紫菀;这里有无数热爱沼泽的孤独的鸟类,如野鸭、苍鹭、鹅、麻鸦、矶鹬、珩鸟和红脚鹬等。

住在沼泽地的群体,总是比那些住在更坚硬的土地上的群体,规模要小一些,互相之间也更隔绝。位于泰晤士河和梅德韦河之间的百胡(the Hundred of Hoo),人们称其为"上帝打造的最后一块土地——但他从未完成"。附近地区的一位神父有一次写道:"这里被认为是一个人迹罕至的地方,一块蛮荒之地,除非被逼无奈,人们是不会住在这里的。"它确实是蛮荒——或者不如说,它带着蛮荒的气息。这不是大自然的蛮荒——而是一种"与世隔绝"的荒凉;这不是一个人类之所。你可以沿着百胡的河墙,在河流与草地之间走上数英里,却完全不会碰到任何人。这里过去是臭名昭著的、走私犯猖獗的地方。根据十八世纪古文物学家爱德华·哈斯特德(Edward Hasted)[①]的说法,这里的万圣村,"处于一种极端死寂沉闷的状态"。十九世纪时,没有什么人到格里恩岛(the Isle of Grain)和谢佩岛来。格里恩岛的居民——潘内尔人(the Pannells)、威尔森人(the Willsons)和弗莱人(the Frys)——认为自己是一个单独的种族。圣玛丽胡(St Mary's Hoo)的居住人口,在整个十九世纪只增加了 4 个人。东蒂尔伯里半岛及偏僻的坎维岛上的居民,一度过着与我们认为"普通"的生活方式完全不同的生活。住在河口区的人,通常被认为"守旧"或是"古板"。能够坚持生存下来的城镇,譬如格雷夫森德和格林海兹、格雷

[397]

---

① 爱德华·哈斯特德(Edward Hasted, 1732—1812):英国重要的郡史著作《肯特郡历史与地理调查》(*The History and Topographical Survey of the County of Kent, 1778—1799*)的作者。

斯和伊里斯等，能够生存下来是因为它们建在附近较为坚硬的土地上。在格林海兹地下有垩土层，在艾利斯地下有砂砾岩。

这里有另外一些似乎代表着某种返祖记忆的名字，某种对古老而如今已被遗忘的过去的纪念。这里的村庄的名字，如弗宾、科灵厄姆、马金和瑟罗克等，已经存在了上千年。从梅德韦运河（the Medway Canal）入口处到肖恩那里的一段河流，过去被人们称作"普利维斯河"（the Priveys）；从肖恩到海厄姆之间的那段河流，过去叫"洞流河"（Down the hole）；从格雷夫森德到蒂尔伯里之间的水域，过去被称作"碉堡"（the Blockhouse）或"蠢人屋"（the Jerkhouse）……这些名字从何而来，我们并不清楚，但其中一些名字的意思是足够清楚的。泰晤士河从格雷夫森德和蒂尔伯里那里流向大海的宽广河面，被称作"希望湾"。靠近西瑟罗克的那片远古时期就已经存在的水下森林，过去被称作"根林"。在一个很少有变化的地方，古老的名字就徘徊着，不肯离开。"Havengore"（海文格）来自盎格鲁－撒克逊人表示"三角形"的词根"gore"，意思是一块三角形的土地。"马普林"（Maplin）的名字来自一种被称作"马普尔"的树枝，过去用它来制作扫帚；"神圣港湾"（Holy Haven）经过数个世纪以后变成了——"深渊港湾"。

这里一直是一块病痛之地。据估计在十七和十八世纪，这里有近一半的人口受疟疾或是当时被称作"打摆子"的疾病的折磨。正如威廉·兰姆巴德（William Lambarde）[①]在《肯特漫步》（The Perambulation of Kent, 1576）中所写道的："'胡'来自远古英语中表示'悲伤'或是'疾病'的'胡'，一个对这百来号称不上'健康'的人很合适的名字。"在《大不列颠岛环游记》（Tour Through the Whole Island of Great Britain, 1724—1726）中，笛福写道，在沼泽地带，对男人来说有过

---

① 威廉·兰姆巴德（William Lambarde, 1536—1601）：英国古文物学家、以法律为主要研究对象的作家、政治家，所著的《肯特漫步》是英国第一本地方郡史。

第十五章 | 河之尾声

"从5、6位到14、15位妻子",并非少见——但这是因为高死亡率导致的后果,而并非是因为轻浮放荡。沼泽地的男人们在这种不健康的环境中长大,"习惯了当地环境",但从"高地"来的女人们,就没有那么幸运了。"当她们从自己生长的环境中来到充满迷雾与湿气的沼泽地时,她们的身体状况很快发生变化,开始打摆子,很少有能坚持半年以上的。"库灵墓地(Cooling Churchyard)那里的13块排成两排的小墓碑——《远大前程》开篇那一幕凄惨场景的灵感来源——毫无疑问代表着因疟疾而死亡的儿童们。十八世纪时,在这一弥漫着"发烧的狂热"的地方,居民们的脸色被描述为一种"昏暗的黄色";据报道,"看到一位可怜的男人及其妻子和五六个孩子,全家人俯在茅屋的火堆上,同时因为'打摆子'而不停颤抖。这样的场景并非少见"。大人们为让儿童免遭伤害,给他们吸鸦片,使得孩子变成了"废物"——或者是"瘦得像猴子"。而大人们则过量享用着被称为"精神灵药"的烈酒。

过去有很多人为了打野禽而来到泰晤士河口,但他们"常常带了埃塞克斯的'摆子'回去,而他们发现这比打下来的野禽重多了"。十九世纪,当地人见面时,彼此最常问的问题是"今年春天你打过摆子了吗?"一个成立于1864年的议会委员会断定感染源是沼泽地的浑水湾所繁殖的、无所不在的虐蚊。这些蚊子所携带的寄生虫,现在已被鉴定为"间日疟原虫"。这种解释可能并不比以前人们认为是雾气蒸腾的沼泽地所散发出的"酒精性瘴气"所导致的,更容易理解。

同样令人忧伤的是,泰晤士河口过去也是瘟疫船和检疫船停泊的地方。十七世纪时,那些死于瘟疫或是黄热病的人的尸体被放在停靠在死人岛(Deadman's Island)旁边的船上,该岛位于北肯特郡沼泽车特尼的北面——岛的名字当然就来自于埋在那里的尸体。在《泰晤士河之变》(The Thames Transformed, 1976)中,杰弗里·哈里森(Jeffery Harrison)和彼得·格兰特(Peter Grant)写道:"直到今天还是这样——只要涉水穿过'牧羊人之溪'(Shepherd's Creek)抵达死人

[399]

岛，就能毫不费力地捡到死人的骨头；令人惊讶的是，很多死者的骨头上有骨髓炎的迹象，这是一种慢性的骨头感染。"人们原本想在岸边——车特尼山谷（Chetney Hill）——建一座瘟疫医院，后来发现这里的土地不是很稳定，工程被终止了。这里是地球上的黑暗所在之一。然而有关注在，也就有"治愈"的希望。十八和十九世纪，医生们经常来到这里，从周围地区丰富的水蛭群中采集样本。

很多个世纪以来，巴金和格雷夫森德之间的地区都是荒废的——除了一些零散出现的、为沿泰晤士河的旅行者提供服务的村舍、教堂、农场、河畔小酒馆等。沼泽地与牧场上，有经常被人走过而形成的路。这里是饲养田间野兽的好地方。众所周知沼泽地区"对牲畜友善"，最受喜爱的肉类是"沼泽羊肉"。河口北部现在成排耸立着炼油厂、煤气厂、污水处理厂等，还有水泥厂和石油化工厂。这里的工业建筑规模很大，宛如尼尼微或巴比伦城一般，在河岸升起——而它们也将很快成为历史的一部分。泰晤士河口过去是电力站的摇篮——十九世纪末，塞巴斯蒂安·德·费朗蒂（Sebastian de Ferranti）[①] 在德特福德那里修建了第一座长途电力运输站。有一天，这些建筑——如果被允许继续存在的话——会像当地其他建筑一样，被人们根据年代久远的程度来进行判断。

两岸都有人居住——这里一直有人居住，但现在这里作为朝欧洲延伸的"泰晤士走廊"，搬到这里的移民浪潮，要比以往大得多。像瑟罗克和格雷夫森德这样的城镇，都有新的发展计划。下游地区在泰晤士河的整体更新发展中，也有了起色。然而还是有些地方被遗弃了：古老的防波堤、码头和港湾，都被扔在那里等着自行腐烂；还有沉没或废弃的船只所留下的庞大废墟。目前，这里仍然一处是粘滑的石头在烂泥里出现，旧的靠岸装置和古老的、没有屋顶的建筑物渐渐

[①] 塞巴斯蒂安·德·法兰蒂（Sebastian de Ferranti, 1864—1930）：英国电气工程师、发明家，父亲是意大利人。

和水与沙土融为一体的所在。这里的沼泽地,仍然散发着一种未曾改变过的、被荒弃的古老味道。

然后就是海洋。变得广大而欢欣的泰晤士河,给人的感觉是在"奔向"大海的怀抱。标志它们交汇的是"乌鸦石"(the Crow Stone),立在绍森德往西一英里处的查克韦尔(Chalkwell)的河滩上。它与放在扬特莱特海峡(the Yantlet Channel)入口处的"伦敦石"(the London Stone)通过一条想象中的直线相连。这是官方所规定的、泰晤士河必须终止而海洋从这里开始的地方。从"伦敦石"那里,船只开始了朝向诺尔的灯塔及大洋的波涛驶去的旅程。泰晤士河之歌终止了。

[400]

康斯坦布尔(Constable)的《清晨——风暴之夜过后》,泰晤士河入海口,河流之歌在此结束,泰晤士河自此入海。

另一种地形学,从源头到大海

肯布尔(Kemble):一度被称作"肯米尔"(Kemele)或"卡米尔"(Camele),意思是"边界"。然而其出处可能是来自古老的不列颠神灵卡姆洛斯(Camulos)[①]。泰晤士河在此汇聚了一些蜿蜒流过地表的小溪、小河,并开始成型。哈里森说这条年轻活泼的河,"首先接受了肯米尔那里被称作'库艾'(Coue)的溪流水源"。当地的早期居民是不列颠的多布尼人,其土地后来被罗马人所占。这里发现了一处罗马人的墓地,墓地的地点在盎格鲁-撒克逊国王们的文书中被提到,最早可以追溯到公元682年。还发现了两处撒克逊人的墓地。过去在靠近教堂那里有一片小树林,十九世纪一位古文物学家认为它代表了"该种族奇特的献祭仪式的景观"——到目前为止,这一判断还没有任何证据证明。这里的教堂曾在1834年被雷电击中。教堂院子里的紫杉树,是村里现存活得时间最长的有机物,并因身上长满水毛茛而出名。这里可以看到泰晤士河上的第一群鸭子。泰晤士河过去被当地人称作"小溪"——就很多方面来说,确实如此:它是微小的,带着悦耳的叮咚响声。在"现代生活"到来以前,该村庄每年组织一次

[401]

---

① 卡姆洛斯(Camulos):凯尔特人的神,相当于罗马神话中的战神马尔斯(Mars),是早期不列颠人和高卢人的一位重要神灵。

人称"水道工俱乐部"的节日。过去还有一种"守夜"活动，举行活动时，人们抬着一头公牛雕像，围着村庄游行。周围地区没多少人，沿着河两岸走的时候，很少能碰到人——如果说确实有人在当地活动的话。从肯布尔通向附近村庄伊文的桥，因为是泰晤士河上的第一座桥而出名——从地理位置上来说。肯布尔的小酒馆是由"扫兴者"亚当管理的，他是一名木犁制作匠。他所卖的啤酒质量是如此臭名昭著，以至于当地一群男人去把酒桶偷了出来，将啤酒倒进了河里。泰晤士河上游村庄的名字有一种特殊的魅力，一位美国散文家评论道："一种带有传奇旋律的氛围，遍布了整个大地。"然而这里最古老的传奇是有关战场及与之相邻的领土的。过去这里是极度血腥之地。卡姆洛斯自己就是一位"勇士之神"，常常和战神联系在一起。有贸易的地方就有权力，有权力的地方就有斗争。当地整个历史都留下了人类冲突的印记。泰晤士河上游的田野与草地，经常被认为是不列颠人各部落之间、撒克逊人与不列颠人之间、罗马人与不列颠人之间进行战争的地方。

伊文（Ewen）：这个名字可能来自"Aewilme"，意思是"泉水"或"源泉"，然而这只不过是为泰晤士河令人困惑的"起源之谜"增加了另外一个困惑罢了。作为泉水的源头，它在人们心目中是神圣的。在十八世纪的地图上，它的拼写是"Yeoing"——当地人的发音是"伊尔文"。这里的河水每年清理两次，以保持处于"幼年期"的泰晤士河畅通无阻。当地以拥有"百岁老人"的数量而出名，也因此被认为环境非常有利于健康。这里居民的好胃口和长寿都很出名。一位名叫科尼利厄斯·阿泽尔（Cornelius Uzzle）的居民，在野鸭酒馆（the Wild Duck Inn）狂吞了12磅咸肉——6磅生咸肉，6磅煮得半熟。野鸭酒馆现在还在，并以美食出名。从肯布尔到伊文这顺河而下的整个地区，对考古学家来说收获丰富：在这里发现了旧石器、中石器和新石器及后来相应各个时期的遗址。泰晤士河上游实际上可以称为不列颠群岛最古老、人类持续居住时间最长的地方。可以比较肯定地说，泰晤士河上游所有的城镇和村庄，都是以不列颠人和撒克逊人最初的活动为基础的。它们建在渡口或古道旁，或是以"守卫"的姿态，坐落在边境的土地上。

萨默福德凯恩斯（Somerford Keynes）：发音应为"肯恩斯"。夏季时这里所出现的一个渡口，足够说明一切了。该名字的其余部分来自拉尔夫·德·凯恩斯（Sir Ralph de Keynes），他在约翰国王统治时期，拥有周围所有的土地。当地教堂有一个撒克逊人的"巨石"门廊，是当地最早的建筑物遗留下来的。这里还有一尊维京人所刻的、表现两条龙在玩耍的雕像。据推测，这座撒克逊人教堂是圣奥尔德海姆所建——远在拉尔夫·德·凯恩斯到来之前，他是当地的地主。在早期基督教时代，泰晤士河上游是一个相对来说人口较多的地区。当地过去曾经有过五座磨坊，意味着河水在这片沉睡的土地上，曾经流得比现在快得多。事实上，这里的村庄直到今天仍然会受到洪水的影响。周围的一些小村庄，激发了威廉·莫里斯那句"那条围绕村庄几乎没有名字的小河"的诗句。这里是——或者说"曾经是"——农业生产劳动繁重的地方。正像二十世纪初农村方言还保留着的时候，一位乡下人所说的："在祖莫沃德村（Zummerverd）除了不停地辛苦干活，别的什么也没有。"

阿什顿凯恩斯（Ashton Keynes）：这个名字来自盎格鲁－撒克逊语代表"灰烬"的"*esc*"和代表"地方"的"*tun*"，因此可能指的是白蜡树旁边的定居点。周边地区曾经发现了新石器时期的斧头。威廉·科贝特（William Cobbett）[①]在《乡村骑行记》（*Rural Rides*，1830）中，称其为"一个奇怪的地方"——因为它的几条街道都是平行的，并且被流入泰晤士河的小溪"十字交叉"地穿过。村庄里有20座桥，每座桥都通向一处小房子。泰晤士河在村庄的中心点，与这些溪流汇合，向

---

① 威廉·科贝特（William Cobbett，1762—1835）：英国散文作家、记者、政治活动家、政论家、议会议员，为英国政治制度的民主化及解决社会贫困问题而进行斗争。

下流过几座拱桥，然后消失在一片山毛榉之间。河里的第一批鱼开始在这里出现。这里一度是一个重要的集市城镇，现在还留有旧时修道院的痕迹。沿村庄的公路上，仍然可以看到四个十字架，最早的一个始于十四世纪；人们认为这些是布道十字架，但这些十字架的真正目的，还未得到合理解释。玛奇·帕特森（Madge Patterson）和厄尼·沃德（Ernie Ward）为该村庄所写的传记，充满暗示性地起名为"阿什顿凯恩斯：一个没有历史的村庄"（Ashton Keynes: a Village with No History）。

普尔凯恩斯（Poole Keynes）： 该名字的起源未知。但这里可能是泰晤士河上游人类最古老的定居地——在这里发现了旧石器时期人类居住的残留物，这就意味着大约 175 万年之前，这里就有人类居住——因此建于十四世纪的教堂也只能算是晚近的产物。人类在这里居住的历史如此漫长，让其近年来前进的冲劲有所减缓。

克里克莱德（Cricklade）： 泰晤士河边出现的第一座城镇，离位于泰晤士源头的水源 10 英里左右。这个名字可能指的是"位于山边的渡口"——这里的"山"指的就是西边的豪斯唐恩（Horsey Down）；也有人认为这个名字来自两个不列颠名词"*cricw*"和"*ladh*"，意思是"有很多石头的土地"。或者它有可能指的是"*Cerrig-let*"？意思是"车恩河在此流入泰晤士河的多石的土地"。有些古文物学家认为，这个名字是"Greek-lade"的变体，意思是"一群有学问的学者和僧侣"。在僧侣编年史中有记载说，公元前 1180 年，特洛伊城的幸存者布鲁图斯带着自己的同胞来到这里，在早期不列颠人中间建起了一座大学。塞缪尔·爱尔兰及其他人也认为这里是英格兰第一所大学的所在地，但是是由麦西亚王国的潘达国王（Panda）[①]在公元 650 年所建，因此要早于下游的牛津大学。这里还发现了一座撒克逊人的围墙。德

---

① 麦西亚王国的潘达（Panda）：在公元 655 年与诺森布里亚王国的一次战役中战死，据史料记载是一位开明、有能力的国王。

雷顿曾为这座城镇发出了如此欢呼：

> 克里克莱德，盛哉其名，
> 在尚未被饱学之士夸赞之前，
> 神圣的缪斯在这里
> 首先为大不列颠唱响了赞歌。

越是对这些"起源"进行审视，它们就越发变得模棱两可和难以确定。该镇的两座教堂中，有一座是献给古代凯尔特圣人圣桑普森的。在位于教堂屋顶的塔楼南面的底座上，有一座刻着一条龙和一位骑士的雕塑。在当地过去的传说中，确实有一条龙扰乱当地，直到被沃里克的盖伊爵士（Sir Guy of Warwick）①赶走。教堂里有一座石质的、不知道是谁的雕像，据说是一个从塔楼上掉下来摔死的人，并且这座雕像不是用手雕刻出来的，而是在这个人死去的地方，自己长出来的。圣奥古斯丁在这里举行过宗教会议，也曾有不信国教②的群体在这里居住过。直到十九世纪末，该镇郊区一座名叫哈切兹（Hatchetts）的乡野小桥那里，还在举行洗礼仪式。罗马人所建的一条叫"厄尔敏大街"（或"厄敏路"）的街道穿过该镇，横跨泰晤士河。阿尔弗雷德大帝在该镇周围建了一道围墙。克努特大帝领导的丹麦人后来洗劫了这里——但在十二世纪时，一座木制城堡还是在这里被建了起来。这里曾经有过一个造币厂，周围几个地方都曾出土过"克里克莱德硬币"。为了报答当地人对其母莫德（Maud）的保护，亨利二世赐给该镇居民一项特权：允许他们在王国内任何一个地方从事商业活

---

① 沃里克的盖伊爵士（Sir Guy of Warwick）：十三至十七世纪在英国和法国流传的浪漫故事中的一位传奇性英国英雄，在故事中他与龙、巨人、褐色母牛和野猪都进行过搏斗。
② 指不遵从英国国教的新教教徒，包括接受宗教改革信仰的基督徒及浸礼会派、卫理公会派基督徒等。

动。正如一首不知作者是谁的古老诗歌中所写到的:

> 轻骑兵笑着快速走过,
> 罗马大道的哨兵;
> 你会活着笑到最后吗?
> 古老有智慧的克里克莱德,
> 你,还是他们?

智慧可能有很多不同的表现方式。该镇在十八世纪和十九世纪早期时,以居民在普选中的"唯利是图"而出名。科贝特曾这样评论过:"我从未看到过一个比这里更无赖的地方。这里的劳工看起来贫穷而悲惨,住处比猪圈好不了多少,他们的样子表明,他们的食物可能还赶不上一头猪。在我的一生中,还从未看到过与这类似的惨状。"克里克莱德居民举行葬礼的方式也颇不寻常——他们将棺材放在邮政马车前面。现在该镇已经甩掉了这一可疑的名声,但周围仍然散发出一种安静与保守的气息。据查尔斯·狄更斯的儿子所言,一直到十九世纪末,"这里从未发生过任何值得一提的事件"。它早期的历史更具有冒险性。还有别的小镇能吹嘘它与布鲁图斯、圣奥古斯丁、阿尔弗雷德大帝和克努特大帝的传奇事迹都有关吗?——此外还有一条龙。这里的北部草地上盛开着一种少见的、开着美丽花朵的泰晤士植物——蛇头贝母。

伊登堡(Castle Eaton):有时也被称作"伊顿梅西"(Eton Meysi)或"伊顿尼"(Ettonne),是一座城堡的所在地——正如其名字所表明的那样。这里位于伊顿的西北部,"伊顿"的意思是农庄或河岸定居所;"*ey*"是指岛屿,"*tun*"是指住处或定居点。这里过去有一座城堡,被利兰描述为"伊尔顿城堡,威尔士郡一座伟大建筑的残骸,伊尔顿宙斯大人的城堡"。这座城堡没有留下任何遗迹。这里的教堂来自罗马人时期,在一个石头角楼内,有一口唱赞美诗的钟,边缘覆盖着鲜花。《诺斯兄弟》(*The Lives of the Norths*，1890）的作者罗杰·诺斯（Roger North）[1]，声称泰晤士河这一河段"比我能够想象的其他任何事物都更接近完美的生活"。在这里发现了一座铁器时代的圆房子，而教堂钟声发出的声音是"神圣！神圣！神圣！"

肯普斯福德（Kempsford）： 最初被称作"奇恩米尔斯福德"（Kynemeresforde），意思是"奇恩米尔的浅滩"——或者是"一片大沼泽地的浅滩"。撒克逊人在这里的渡口处建了一处防御性岗哨。公元800年1月16日夜里的第二个时辰，据《盎格鲁-撒克逊编年史》记载："这时月亮开始慢慢变黑……郡长伊索蒙德带人从赫威赛王国位于肯普斯福德的交叉路口骑马杀过来，郡长威尔斯坦（Weohstan）带领威尔特郡士兵在等着他；一场大战爆发，两位郡长都死于战场；威尔特郡人赢了。"在伊登堡和肯普斯福德之间，仍有一片被称作"战场"的草甸。这片平静的土地曾经被用于杀戮。人们传说，兰卡斯特伯爵亨利在这里捅死了自己的情妇，将尸体扔进了泰晤士河；据说她的鬼魂经常在从墓园到河边、两边都是紫杉树的大道上游荡。亨利的孙子在这里的河边溺水而亡。孩子的父亲因为悲痛而永远离开了肯普斯福德。在他离开时，他的马掉了一只马掌，村民们将其保留下来，钉在教堂北门的门闩下面——到现在还有一只马蹄铁在那里。W·H·赫顿（W.H. Hutton）[2]将肯普斯福德描述为"几乎是泰晤士河沿岸最美丽的村庄"。这里可能与乔叟也有点关系。据说"冈特王约翰"为了纪念死去的妻子布兰奇（Blanche）[3]，在这里建了那座教

---

[1] 罗杰·诺斯（Roger North, 1653—1734）：英国律师、传记作者、音乐爱好者。《诺斯兄弟》为其最著名的作品，在其去世后出版。

[2] W·H·赫顿（W.H. Hutton, 1860—1930）：英国历史学家、国教牧师，1919—1930年间掌管温彻斯特教堂。

[3] 布兰奇（Blanche, 1345/47—1368）：金雀花王室成员之一，当时英国最富有的贵族家庭的女儿，"冈特王约翰"的第一任妻子，亨利四世的母亲，约翰对其年纪轻轻死去哀吊不已。

堂。乔叟是冈特的熟人，为其写了《公爵夫人之书》(The Book of the Duchess)来纪念布兰奇，其中还写了一些与泰晤士河有很大关联的诗句：

> 我看到一座开满鲜花的花园，
> 在河边草地上，
> 带着永恒的甜蜜，
> 那些白色、蓝色、黄色与红色的花朵；
> 冰凉的、活泼的河水，
> 耀眼的鱼儿在轻快游泳，
> 鳍红鳞白。

肯普斯福德至今仍是格洛斯特郡和威尔特郡之间的界线。

英格舍姆(Inglesham)："因嘉(Inga)的草地"——或者说，"因根(Ingen)的河边草地"；它也可能来自撒克逊语的"inga"——一口人们将针扔进去以求好运的圣井；或者指的是国王伊尼(King Ine)①——"立法者"和韦塞克斯七世纪时的君主。该村庄因为拥有一座非常小的教堂而出名："施洗约翰"教堂——一座根基是撒克逊人、却奇怪地以拜占庭风格为样本的教堂。教堂院子里有一个撒克逊人的布道十字架。然而它最有名的是位于南边走廊的、从古代传下来的圣母玛丽亚和圣子耶稣的浅浮雕。墙上有一块牌子，上面写着："该教堂于1888—1889年间在威廉·莫里斯的努力与帮助下得到维修，他非常爱这座教堂。"也是在英格舍姆，雪莱和同伴放弃了划船到泰晤士河源头的想法——这一半途而废的旅行启发了托马斯·洛夫·皮科

---

① 国王伊尼(King Ine)：688年继承了韦塞克斯王国的王位，694年颁布了肯特以外盎格鲁-撒克逊国王颁布的第一份法律，接受基督教信仰，于726年退位去了罗马，相传是为了将王国"留给年轻人"。

克创作《奇异城堡》。

莱奇莱德（Lechlade）："莱奇"（Lech）或"利奇"（Leach）河边的港口或渡口——"莱奇"是在这里流入泰晤士河的一条小河。这条河的名字叫"莱奇"——即不列颠语"石头"，因为河水很冷或者是具有使物体"石化"的特质。这里是四个郡交汇的地方。利兰在十七世纪时将它描绘为"一座美丽的古镇"——它拥有一切可以令人感受到"古老"的印记。从英格舍姆往回折返后，雪莱在这里的教堂墓地中徘徊踯躅，写下了《夏日傍晚墓园之诗》（*Stanzas in a Summer Evening Churchyard*）

> 风儿静止，或是教堂塔楼上的干草
> 在其穿过时未觉其微。

草并不像诗人想象的那样干燥。人们认为这里的墓园受河流影响，非常潮湿，比埋在这里还糟的就是埋在海里了。一度被献给圣母玛利亚的圣劳伦斯教堂的尖顶，在数英里以外，还能被沿河的旅行者望见——它也是河岸上的人们最常看到的景观之一。从某些角度来看，它好像正在从河中升起。对此，雪莱在同一首诗中写道：

> 包裹在天堂的色彩之中暗淡而遥远的尖顶，
> 在越来越小、渐渐消失不见的它的周围
> 聚集着星星和夜晚的云彩。

这一教堂尖顶的景致是那句古话的起源："就像上帝在格洛斯特郡一样确定。"这里并不是总是如此和平与安静。

莱奇莱德标志着泰晤士河商业活动的真正开始。这里的特色产品是芝士，尤其是鼠尾草芝士，从这里顺河而下，运到牛津和伦敦。圣保罗大教堂穹顶所用的石头，也是在这里装船。1793年，一位莱奇莱德的驳船船长记载了他运到伦敦的物品:"铁、铜、锡……枪支、芝士、钉子、各种铁制品及弹壳。"他带回来的是木头、生活用品、煤炭和火药。这里有两座桥:圣约翰桥(St John's Bridge)和半便士桥(Halfpenny Bridge);前者的特殊性在于它(也许)是泰晤士河上最古老的桥——而圣约翰水闸也是泰晤士河上的第一个水闸。古老的泰晤士河神雕像,一度被放在泰晤士源头那里,现在放在这里。十三世纪时的圣约翰小修道院的收容站,现在变成了"鲑鱼酒馆"(Trout Inn)。周围地区曾发现了多布尼人的圆形小屋,以及一座六世纪盎格鲁-撒克逊人的公墓,埋葬了约 500 具尸体。

巴斯考特(Buscot):巴哥斯维尔德(Bugsweard)的村舍。在《末日审判书》中,这里被称作"鲍劳德斯考特(Boroardescote)"。它主要是因为有一座没有走廊的教堂而出名。这里现在还能看到一个"芝士码头"的牌子,但已经废弃不用了。当地一度因出产用甜菜根制造的白兰地而闻名,但这种饮料并不怎么受欢迎。自十七世纪以来,这里就没什么变化——至少直到二十世纪初。工业革命没有影响到该地区;从视觉上看,当地也很少有改变。希莱尔·贝洛克在《历史上的泰晤士河》中声称:"你可以把一位十五世纪的男人在圣约翰水闸那里放到河面上,直到他抵达巴斯考特水闸以前,他不会知道他已经进入了一个并非属于他自己时代的时间之中。"

凯尔姆斯科特(Kelmscot):凯恩海尔姆(Caenhelm)的农舍。现在是纪念威廉·莫里斯的圣地,他的庄园宅邸——拼写为"凯尔姆斯科特(Kelmscott)"——就坐落在离河几码远的地方。莫里斯在 1871 年的一封信中对朋友写道:"我一直在为我的妻子和孩子寻找一处住宅,你猜我现在看中哪里了?凯尔姆斯科特,一个距离莱德考特桥上游约两英里的小村庄——简直是人间天堂。"罗塞蒂(Rossetti)没有那么喜欢这里,说它是"老旧的灰蜂房中最令人乏味的一块"。莫里斯将地名拼写成两个"t",意味着他并不清楚这个名字的真正来源。

伊顿黑斯廷斯(Eaton Hastings):意思是"黑斯廷斯家在河边所

拥有的一块农田"。在《末日审判书》中,它被称作"艾特纳"(Etona)。但当地有古文物学家认为,它的名字来自河中一个被称作"地狱拐弯"的大拐弯。

班普顿(Bampton): 在盎格鲁-撒克逊语中,"bam"的意思是"豆树","*tun*"的意思是"住处",可能指的是"大树周围的定居点",或者是"一座木头建筑周围的定居点"。它也被一些人称作"灌木丛中的班普顿",那就意味着是前者。这里的教堂一度因为有三位教区牧师,并在教堂院子里有三座分开的牧师住宅而出名。班普顿的莫里斯舞者是全国最古老的莫里斯舞表演团体,目前有三支队伍,通过家族关系而互有牵联。据说他们所保持的,是一种已经流传了600年的舞蹈传统。有很多来自不同时期的班普顿莫里斯舞者的照片,照片中他们手拿小提琴、小丑囊袋、铃铛和鼓。1877年一份有关他们的报道是这样描写的:他们"忙于按照小提琴和小手鼓发出的声音踢着轻巧的脚尖"。这种长期不变的追求,是河岸地区保守主义的一个证明。

莱德考特(Radcot): 一间芦苇农舍或是红色农舍的所在地——芦苇农舍好像更有可能。莱德考特桥可能是泰晤士河上最古老的桥。公元958年,撒克逊人颁布了一项法令,宣布要在这里建一座桥——莱德考特可能就是那位幸运儿。和泰晤士河上游的很多桥一样,内战期间,这里是各种小型遭遇战和警报发生的场所。这里也曾是芝士和伯福德石(Burford stone)装船运输的地方。十八世纪时,塞缪尔·爱尔兰对这条支流的衰败进行了评论。在《大不列颠尼亚》(*Magna Britannia*,1720)中,托马斯·考克斯(Thomas Cox)[①]记载道,从桥那里有一条很长的、可以一直通到培根修士位于牛津的书房的堤道,但是这条堤道早就消失了。不管怎么说,当初堤道存在的原因也没人能说得清。这里的泰晤士河水曾经非常深,据说也有很多鱼。然而处

---

① 托马斯·考克斯(Thomas Cox,约1655—1734):英国牧师、地志学者、翻译家。

于幼年期的河水,在这里是变化不定的——有时它流得很快,有时很慢;河水的颜色瞬间就可以从蓝色变成灰色;有时它蜿蜒而行,有时它急速前冲;在某一河段它看起来好像很深,在另外的河段又好像很浅。

西福德（Shifford）：绵羊浅滩。从莱德考特那里沿着老人桥（Old Man's Bridge）、泰德珀尔桥（Tadpole Bridge）和十英尺桥（Ten Foot Bridge）所到的一个地方,现在只剩名字留了下来。然而就是在这里,阿尔弗雷德大帝召集了议会。"在西福德那里",根据《古物化石》（Reliquiae Antiquae, 1841）第一卷对当时一首盎格鲁-撒克逊诗歌的译文,"聚集着很多领主、很多主教、很多饱学之士,还有骄矜的伯爵与令人敬畏的骑士。精通法律的阿尔弗里克伯爵（Earl Alfric）来了,还有阿尔弗雷德——英格兰的牧人与宠儿"。这里现在是一片空荡荡的荒地,有一座畜牧场和一座原先放着"阿尔弗雷德之石"的废弃教堂。这里的风,有时很猛烈。

巴布洛克海斯（Bablock Hythe）："巴伯之溪"的一个登陆点。卡姆登将其拼成"Bablac"。过去,它因为马修·阿诺德在《吉卜赛学者》（The Scholar Gipsy）中的祈祷文"在巴布洛克海斯那里穿过年轻的泰晤士河"而出名。但人们对诗歌的口味会发生变化。现在这里仍然有一个渡口,由当地小酒馆的主人掌管——这个渡口过去主要是运输马匹等田间牲畜。1860年,纳撒尼尔·霍桑来到这里,发现摆渡的是一位老妇人;他特别注意到位于老妇人农舍中间的圆形壁炉,那一定是来自在周围地区发现的古代不列颠人的茅草屋的样式。对不起阿诺德的是,泰晤士河在这里并非"年轻",而是相对较深、较宽广。在巴布洛克海斯的西面,立着三块人称"魔鬼的铁环"的来自史前的石头,它们可能是古代某种仪式性建筑物的残留,或者——像一些当地古文物学家所相信的那样——是撒克逊人和不列颠人之间所发生的某次战争的纪念物。据说,朝这里的渡口扔一枚硬币,会得到7倍的回报——但这很可能是渡船船夫制造的传说。

恩舍姆（Eynsham）：爱琴海家园。利兰将其写作"Eignes-ham"。一场撒克逊人的贤人会议在"未准备好的埃塞雷德国王"（Ethelred the Unready）的召集下，于1008年在这里举行。毫无疑问，会议是在那间本笃会修道院中举行的——现在那里只剩下几块石头。过去这里曾有一个风俗：只要当地居民能够自己用手搬到修道院内，就可以到封建庄主的领地上尽情砍伐树木并带走。村庄外面有一座横跨泰晤士河的收费桥，是泰晤士河上目前仅有的两座收费的桥梁之一。桥的名字叫斯温福德桥（Swinford Bridge），来源于过去这里的一片供猪涉水而过的浅滩。当这里的码头被洪水淹没时，约翰·卫斯理（John Wesley）[①]不得不骑在马背上游泳过河。

戈斯托（Godstow）：上帝之所。所剩下的只有一堵选区的墙和一座小礼拜堂的废墟。过去这里曾有一座女修道院。亨利二世的情人美人罗莎蒙德（Fair Rosamund）[②]，在那里度过了生命最后的退隐时光。有人说她最后是被亨利的妻子——阿基坦的埃莉诺（Eleanor of Aquitaine）[③]——毒死的。她的棺材后来和其他棺材一样，被用来为周围的农田修便道，一棵古老的榛子树曾经：

> 轻轻将其谦卑的树影
> 投在罗莎蒙德的身体
> 躺下的地方

[①] 约翰·卫斯理（John Wesley，1703—1791）：牧师、宗教理论家，与自己的兄弟与同行一起创建了卫理宗（Methodism）。卫理宗在十八世纪是作为英国国教复兴运动出现的，在卫斯理死后成为单独的教派。

[②] 美人罗莎蒙德（Fair Rosamund，约1150—1176）：以美貌著称，也被称作"世界的玫瑰"，亨利二世的情人，英国有很多关于她的民间传说。

[③] 阿基坦的埃莉诺（Eleanor of Aquitaine，1122—1204）：从父亲那里继承了阿基坦公国，是西欧中世纪最有权势、拥有最多财富的女性，先后为英、法两国的王后，比亨利二世大11岁。

然而沿泰晤士河流浪的吉卜赛人过去认为，她死后变成了一棵神圣的石楠树，如果你碰触其枝丫的话，这棵树就会流血。这里的鳟鱼酒馆（Trout Inn）过去曾是女修道院的收容所，院子里有几只孔雀。戈斯托桥前面的河水深处，有一种深沉而灿烂的蓝色。

宾赛（Binsey）：宾尼（Byni）之岛，一度被一连串的小溪和小河所环绕——或者根据一些人的说法，这个名字来自"祈祷者之岛"。这里早就被人们认为是一个神圣的地方，村里的那口"神井"成了"爱丽丝冒险记"中的"蜜糖井"。更加奇怪的是，过去村民们将冬雨过后留下的烂泥洞称作"蜜糖坑"。这个村庄也是爱丽丝·利得尔的女家庭教师普利凯特小姐（Miss Prickett）的家乡——她也是"红皇后"（the Red Queen）的原型。因此宾赛确实是一个神圣的地方。宾塞教堂第一位有记载的领圣俸者是尼古拉斯·布里克斯皮尔（Nicholas Breakspear）[①]，他后来成为阿德里安四世（Adrian IV）——唯一一位来自英国的罗马教皇。这里的白杨树，被诗人杰拉德·曼利·霍普金斯在一首诗中进行了歌颂。

奥斯尼（Osney）："奥萨"（Osa）或"奥兹"（Oz）之岛。这里曾经是有很多溪流的地方，溪流间形成了众多供人居住的小岛。这里过去是奥森尼修道院（Ouseney Abbey）的所在地，其教堂有24个祭坛。尤雷修道院位于奥斯尼岛的北部，这座修道院现在也不见了。奥森尼修道院的主教席位被转到当地的守护圣人圣弗莱兹怀德的女修道院，该修道院后来成为牛津救世主教堂的主教堂。奥森尼修道院那口著名的大钟"大汤姆"，现在也在救世主教堂的"汤姆塔楼"中响着呢。

牛津（Oxford）：牛群可以穿过的浅滩。这座城市的古老徽章所呈现的形象就是一头牛穿过一片浅滩。然而这个名字也可能来自"Ouseford"，或是"Ouseney ford"，意思是位于或靠近奥森尼的浅滩。

[①] 尼古拉斯·布里克斯皮尔（Nicholas Breakspear，约1100—1159）：1154年成为罗马教皇，是迄今为止唯一一位来自英国的教皇。

"乌斯"(Ouse)或"乌兹"(Ouze),几乎就是河流的专属名字。现在这里更著名的是它的大学。根据蒙茅斯的杰弗里记载,牛津于公元前1009年由不列颠人的国王曼弗里克(Memphric)所建,是世界上最古老的城市之一——但是支持这一声明的证据,很不幸都已经找不到了。但在"*Caer-Memphric*"或是"*Caer Pen Halgoit*"的名字下,它被很多作者提及,被认为是"众城的荣耀,王子与缪斯的宝座"——直到它在罗马皇帝克劳迪乌斯统治时,被普劳提亚斯(Plautius)[①]带兵摧毁。它受到撒克逊人的"极大损害",然后被丹麦人烧掉了。阿尔弗雷德在"牛津的墙下"建了他的宫殿,因此这里的防御城墙一定非常古老。有人认为是阿尔弗雷德建造了牛津大学;还有人认为牛津大学建于十一世纪末,由"埃坦普的西尔博德"(Theobald of Etampes)为60位学生所建。牛津大学的第一位校长任命于1214年。建在一片砾石高地上的牛津,几乎完全被水所环绕着。约翰·威克里夫曾这样描述牛津:"被小溪和喷泉所浇灌着……人们非常恰当地称它为'神之居所'与'天堂之门'。"

伊夫雷(Iffley): 珩鸟森林或林间空地;该名字也可能来自撒克逊语的"giftilege"——"馈赠之地"。在河上游的一座山丘上,耸立着英国最为完美的一座诺曼人的教堂。这里的一座十三世纪的教堂在1908年被烧毁。1940年参加了诺曼底战役的凯斯·道格拉斯(Keith Douglas)[②]写了一首诗,表现其灵魂的回归:

> 另一个夜晚,当这只船
> 载着你独自驶向
> 伊夫雷

[①] 普劳提亚斯(Plautius):罗马政治家和公元一世纪中期的将军,于公元43年率兵占领不列颠,公元43—46年间担任被作为罗马行省的不列颠的第一任总督。
[②] 凯斯·道格拉斯(Keith Douglas, 1920—1944):英国诗人,以在第二次世界大战中所写的战地诗歌以及对"沙漠战争"的幽默回忆录而出名。

[413] 他在当年死去。而这座小村庄仍然因为宁静而备受人们喜爱。

阿宾登(Abingdon)：艾巴(Aebba)的山丘，或者是艾巴所拥有的定居点。利兰说人们最初称其为"俢可舍姆"(Seukesham)，意义不明；卡姆登将其翻译为"沙吾舍姆"(Shovesham，意为"猛推小镇")。七世纪时这里有一位女修道院院长艾巴，肯特王国的首领赐给她很多土地。这座修道院是这里的定居点的起源，位于奥克河和泰晤士河的汇合处。这里还有一个有关基督教王子艾本(Aben)的故事，他躲过了亨吉斯特(Hengist)①在巨石阵那里的屠杀——但这好像仅仅是人们出于虔诚的一种传说。不过亨吉斯特很可能跟附近的亨克塞(Hinksey)有关。阿宾登本身有着相当可观的修道院的历史，根据《阿本顿旧历》(The Old Booke of Abbendon)记载，"古时（这里）是一座有名的城市，赏心悦目，非常富饶"。事实上它变得太有钱了。在《农夫皮尔斯》(Piers Plowman)中，朗兰斥责了阿宾登修道院院长的奢侈生活：

> 阿宾登修道院的院长，及其全部后代
> 难道不应该受到国王的叱责
> 承受永不愈合的伤口吗？

僧侣们改变了泰晤士河的河道，这样它就可以顺着修道院的墙边流过。还有记载说，每一艘载有鲟鱼的船主，路过这里必须要献给修道院的厨师100条鲟鱼。在圣海伦教堂(St Helen's Church)中，有一块献给某位叫"W·李"(W. Lee)的纪念碑，"他生了197个孩子"。

克利夫顿·汉普登(Clifton Hampden)：悬崖上的定居点，后来变成了"汉普登"这个姓。在这里，泰晤士河流过一段坚硬的砂

---

① 亨吉斯特(Hengist)：传说中在五世纪领导盎格鲁人、撒克逊人和朱特人(Jutes)入侵不列颠的兄弟二人(Hengist and Horsa)之一，被认为是肯特王国的第一任朱特人国王。

岩地——"悬崖"一词就来自于此。地表材料的改变迫使泰晤士河突然改为向西流。用石头砌成的教堂"圣迈克与诸神"(St Michael and All Saints)就耸立在这块岩石露头的土地上。教堂里有一个献给威廉·戴克(William Dyke)中士的纪念碑——他无意中打响了滑铁卢之战的第一枪。这里那座"新哥特式"的桥,如假包换是乔治·吉尔伯特·斯科特爵士(Sir George Gilbert Scott)①的作品。J·K·杰罗姆常光顾这里的小酒馆"大麦堆"(the Barley Mow),认为它是"沿河最古雅的、属于过去时代的小酒馆"。它以一种洗练的方式留存至今。

多切斯特(Dorchester):泰晤士河的圣地之一,位于著名的斯诺顿山脉的一侧、圣布鲁因斯教区的中心。在凯尔特语中,"dwr"的意思是"水"。合起来就是"caer dauri"或是"caer doren"——"水上之城"。利兰因此称之为"水都"(Hydropolis)。这里的河水很深、很急。过去曾有一个罗马人的军事要塞位于这里,并且至今还能看到圆形竞技场所留下的痕迹。曾经伟大的城市,现在变成了一座小村庄,只有地表上裸露着的撒克逊人大教堂的残骸,显示它曾经是英格兰最大的教区。这里现在仍然有一座大修道院教堂,里面放着圣布鲁因斯的遗骨。教堂里还有一座献给一位女士的纪念碑,她"因为丈夫不忠而自杀,成为殉难者"。据说,阴险之人不可以住在多切斯特教区内。

博考特(Burcot):新娘农舍。可能是一份嫁妆?查尔斯·狄更斯的儿子认为它——"没什么价值"。

长威腾汉姆(Long Wittenham)和小威腾汉姆(Little Wittenham):位于河拐弯处的名叫"威塔"(Witta)的定居点或是草地。最初只有一个威腾汉姆,后来分成了两个。按道路来计算,它们相距只有1英里,但按河面距离来计算的话,它们之间则相隔3英里——因为河的那道拐弯。这里发现了很多古物,包括一具盎格鲁-撒克逊人的尸

---

① 乔治·吉尔伯特·斯科特(George Gilbert Scott,1811—1878):英国新哥特主义建筑师,主要参与教堂的建筑、设计与翻新,英国有八百多座建筑是由他设计或改建的。

骨。在小威腾汉姆有一座献给朱庇特的祭坛；在长威腾汉姆，有一块墓地从铁器时期一直沿用到罗马人、撒克逊人和基督教时期。泰姆河（the Thame）在这里汇入泰晤士河。

本森（Benson）： 本萨（Baensa）的农庄，或本萨手下的定居点。之前被称作"本星顿"（Bensington）。过去奥法的宫殿所在的位置靠近这里的教堂。这里是韦塞克斯王国和麦西亚王国曾经交战过的地方——自那之后，再没发生过什么大事；虽然有人说这里是圣弗莱兹怀德一次不快乐逃亡的避难所。

沃灵福德（Wallingford）： 威尔（Wealh）部落或沃灵加斯（Walingas）部落所拥有的浅滩——不像附近的史灵福德，那是归史灵加斯（Scillingas）部落所有的。"威尔"在盎格鲁-撒克逊语中，是"外国人"、"奴隶"或"不列颠人"的意思——因此英国有一部分人被称作"威尔士"人。很有可能，这片浅滩曾经由当地不列颠人保护或守卫——其中最有可能的是伯克郡的阿特雷巴特部落。因此它有可能是在安东尼纳斯（Antoninus）①的《旅行路线》（*Itinerary*）②中被称作"凯里瓦"的重要城市，大概可以声称拥有与伦敦同样古老的历史。其他人更为平常地认为这个名字来自"有围墙的浅滩"——该镇曾一度被撒克逊人的土木工程三面环绕，这些工程现在还能看到。河流流过剩下的一面，而城里的街道则是按罗马人的风格，以"军事网格"的方式展开。在过去曾是罗马人军事堡垒的地方，建有一座诺曼人的城堡，但这座伟大的城堡，早在利兰生活的时代，就已经"破败不堪，大部分都已经损坏了"。城堡最终在内战期间彻底被毁。这里的桥有17个桥拱。这里曾经有14座教堂，但是在十四世纪黑死病期间，这里的人口急剧减少。二十世纪时，这里是阿加莎·克里斯蒂（Agatha

---

① 安东尼纳斯（Antoninus，公元86—161年）：138—161年间的罗马皇帝，被认为是涅尔瓦-安敦尼王朝的5个好皇帝之一。
② 《旅行路线》（*Itinerary*）：罗马帝国的道路交通图，记录了城市、驿站和距离等信息，在安东尼纳斯在位期间完成勘察和绘制。

Christie)[1] 生活过的地方。

斯特雷特利(Streatley)和戈灵(Goring)：位于河两岸的"姐妹"城镇——这在泰晤士河沿岸，并非是独一无二的现象。这两个名字分别指的是"小树林"（或"路边空地"）及"加拉人（Gara）的地方"（"戈灵"一度被称为"盖林斯"）。"斯特雷特利"这个名字里的"街道"（street），可能是指沿白垩丘陵延伸过来、穿过伊克尼尔德大道（the Icknield Way）、在当地河边形成一片浅滩的"山脊路"（the Ridgeway），或者也可能是指伊克尼尔德大道自身——这是英国最古老的道路，从诺福克（Norfolk）一直伸展到白金汉郡。这两条非常古老的道路在斯特雷特利和戈灵的相聚是有重大意义的。就像人们在中世纪时所说的，这里肯定有过一个人类定居点——远在人类记忆以前。在这里，泰晤士河从北向南流过白垩地带，打造了一道"戈灵峡谷"，成为一首名诗的灵感来源：

> 我宁愿坐在这里发懒
> 也不愿意去爬那座名叫"斯特雷特利"的山

其实那座山并不难爬，并且从山顶上俯瞰河流的景观非常优美。泰晤士河从这里开始一直向东流去，在雷丁那里接收了肯尼特河，然后一直流向大海。两座城镇都有自己的教堂和磨坊。奥斯卡·王尔德（Oscar Wilde）[2]曾于1893年在这里待过，《理想丈夫》（*An Ideal Husband*）中有个人物就被起名为"戈灵大人"（Lord Goring）。

惠特彻奇(Whitchurch)和潘博恩(Pangbourne)：另一对"姐妹

---

[1] 阿加莎·克里斯蒂（Agatha Christie, 1890—1976）：英国侦探小说家、剧作家，著有66本侦探小说、14本短篇故事集，创造了大侦探波洛、马普尔小姐等家喻户晓的形象。

[2] 奥斯卡·王尔德（Oscar Wilde, 1854—1900）：爱尔兰剧作家、小说家、散文家、诗人，是十九世纪九十年代伦敦最受欢迎的剧作家；著有小说《道林·格雷的画像》等，《理想丈夫》是其1895年创作的喜剧。

镇";"白教堂"的所在地；一条属于"培嘉（Paega）之子"的河。泰晤士河之子——肯尼斯·格雷厄姆——过去住在潘博恩。

梅普尔德汉姆（Mapledurham）： 枫树旁的定居点。"梅普尔德"是枫树的不列颠名字。这里的磨坊在《末日审判书》中被提到过，至今还在工作，因此是沿河最古老的、目前仍在使用的磨坊。都铎王朝时期建的梅普尔德汉姆宫，目前仍归最初建造它的家庭的后代所有。它是虚构作品中的主人公索姆斯·福尔赛（Soames Forsyte）[1]和陶德先生（Mr Toad）[2]的家。

雷丁（Reading）： 里达（Reada）部落的定居点。里达是当地撒克逊人的一位领袖，他带领手下逆流而上占领了这里。对这一名字的其他推理包括"rhea"——意思是"河流"，或者是"redin"——意思是"蕨类"。利兰曾经说过，蕨类"在这附近一带大量生长"。这里曾经有一座很大的城堡，以及一座更大的修道院。目前所知英国最早的歌曲《夏天来了》，就是写于这里的修道院的回廊里。十九世纪时，该镇作为重要的饼干产地而远近闻名——这种名声在某种程度上也带有嘲笑的意味。从修道院的废墟中，可以看到奥斯卡·王尔德曾经被关押过的监狱。该镇目前是一处兴旺的科技中心，并不太费心考虑自己的过去。

桑宁（Sonning）： 苏那人（Sunna）——沿泰晤士河的另一支撒克逊人部落——的定居点。但在那之前，这里有过旧石器时期和中石器时期的人类居住史。这里有一个可以追溯到公元前2000年前、举行仪式用的圈道。还有一首詹姆斯·塞德勒（James Sadler）[3]创作于十九世纪的打油诗：

---

[1] 索姆斯·福尔赛（Soames Forsyte）：英国小说家、剧作家约翰·高尔斯华绥（John Galsworthy 1867—1933）小说代表作《福尔赛世家》中的主人公之一。
[2] 陶德先生（Mr Toad）：肯尼斯·格雷厄姆的童话《柳林风声》中的主角之一，即"癞蛤蟆先生"。
[3] 詹姆斯·塞德勒（James Sadler, 1753—1828）：英国第一位热气球专家，同时也是一位化学家、发明家和馅饼师。

会有一个地方比其他地方更可爱?
经过人工打造,更受自然眷顾?
一条高贵的河从它那里流过,
这个小村庄,
人们称其为"桑宁"。

斯普林克(Shiplake):人们清洗绵羊的河段。丁尼生在这里的教堂举行了婚礼,埃里克·布莱尔(Eric Blair)(也叫"乔治·奥威尔")童年时在这里住过。在村庄外的堰坝那里,洛登河流入了泰晤士河。河水汇流处为一种名叫"洛登百合"或是"夏日雪花"的植物提供了生长环境。这里也是不如前者那么美丽的"洛登眼子菜"生长的家园。

沃格雷夫(Wargrave):洛登河流入泰晤士河的那个堰坝旁边的小树林。从十一世纪开始,这里就有村庄存在的记载。这里的教堂在1914年被妇女参政论者放火烧毁了,因为当地的教区牧师拒绝在婚礼仪式上去掉"顺服"这个词。杜莎夫人(Madame Tussaud)[①]被埋葬在这里的墓园内。她躺在托马斯·戴(Thomas Day)[②]附近,后者曾因教诲小说《桑德福德与默顿》(Sandford and Merton)而出名。他因试着证明"通过表达善意能让动物得到最好的驯服",从马背上被摔下来,而后去世。这里是泰晤士河每年举行沃格雷夫与斯普林克赛舟会(Wargrave and Shiplake Regatta)的地方,在为期两天的时间内,有超

[417]

---

① 杜莎夫人(Madame Tussaud,1761—1850):原名为玛丽·格劳舒兹,生于法国斯特拉斯堡,以制作蜡像而闻名。她的母亲在蜡像制作师菲利普·科特斯医生(Philippe Curtius)家做女管家,这期间科特斯教会她蜡塑的工艺。法国大革命期间,她被革命人士逼迫,为被斩首的王室成员制作"人头蜡像"。科特斯在1794年去世之际,将他的蜡制品收藏全部转给杜莎夫人。1802年,杜莎夫人到了伦敦,后来英法战争的缘故使她无法回到法国,于是她带着蜡制品游遍大不列颠和爱尔兰进行展览。1835年,在74岁高龄,她在伦敦贝克街(Baker Street)建立了第一个永久性展览场馆。

② 托马斯·戴(Thomas Day,1748—1789):英国作家、废除主义者。在为儿童所写的书《桑德福德与默顿的历史》(1783—1789)中强调了卢梭有关教育的理想。

过 600 名参赛者参加，举行 350 场比赛。比赛时船员们所使用的是从十九世纪就开始在泰晤士河上出现的传统小划艇。

亨利镇（Henley）：该地名所代表的意思在"高高的树林""空地"和"古老的地方"这三者之间争执不下。如果是后者的话，那么不列颠语的"hen-le"（按照同一规则，"hen-dre"的意思是"古老的城镇"，"hen-gwrt"的意思是"古老的庭院"），就意味着这里确实很古老。在当地的古老记载中，它也被称作"汉里根兹"（Hanleganz）和"汉尼伯里"（Hannebury）。在《末日审判书》中所描述的时代，这里有三座庄园和一座教堂。一度拥有大量的船夫居民，十八世纪时，这里是一处很受欢迎的度假圣地。它在很大程度上是一个保持着乔治亚时期风格的城镇，建于 1786 年的那座桥也依然保持完好。作为著名的赛舟会举办地，这里的河段被选作牛津与剑桥之间第一次举办大学划船比赛的地址。当时剑桥队的代表颜色是粉红色的。1829 年 6 月，第一次划船比赛开始时，两只船撞到了一起，比赛不得不重新开始。最后是牛津队赢了。这里的红狮酒吧（The Red Lion Inn），激发托马斯·山恩斯通（Thomas Shenstone）①写下了这样一些诗句——他将其乱涂在酒吧的一扇窗户上：

> 无论是否曾经度过生命的沉闷之旅，
> 无论生命的舞台曾经到过哪里，
> 人们也许仍会叹息着想起，他曾在
> 一间小酒馆里得到最温暖的欢迎。

沿着河岸能看到河流与划船运动博物馆（the River and Rowing

---

① 托马斯·山恩斯通（Thomas Shenstone）：似是威廉·山恩斯通（William Shenstone，1714—1763）之误。威廉·山恩斯通是托马斯·山恩斯通之子，英国诗人，早期风景园艺的实践者之一。

Museum），著名的船务公司"霍布斯父子"（Hobbs & Sons）就位于附近。

梅德曼纳姆（Medmenham）：被各自不同地解释为"位于中间的村镇或宅地"、"一个中等规模的定居点"或是"水池抽干后所剩下的土地"。这里的庄园大宅——或是称作"修道院"——曾经一度住着一个小型的西多会僧侣团体，但这里变得出名，是因为"地狱之火俱乐部"（the Hell Fire Club）落脚在这里——该俱乐部的座右铭是"随心所愿"（Do what you will）。其领导者弗兰西斯·达西伍德爵士（Sir Francis Dashwood）①，在原有的建筑上装饰了哥特风格的、充满了幻想气质的拱门。他们的胡作非为在某种程度上是被人们夸大了，但有报告说，魔鬼曾以"狒狒"的形象出现在他们中间。到十八世纪末以前，这里已经被贫困家庭所占领了，他们带着好奇的访客四处参观。1898年，这里被重新进行了整修，现在归皇家空军部队（the Royal Air Force）使用。

赫利（Hurley）：河中的一道曲线。一度被称作"埃斯加（Esgar）之镇"，是一个古老的地方。这里的第一座教堂建于公元635年左右，在圣布鲁因斯传教期间。在这位圣人传道期间，教堂在泰晤士河两岸，沿其传道与施行洗礼仪式的地方发展了起来，譬如位于温莎和伊顿、赫利和梅德曼纳姆、惠特彻奇和潘博恩、戈灵和斯特雷特利等地的那些教堂。这位很少有人知道的圣人，确实可以说是改变了泰晤士河的地形。"忏悔者爱德华"的姐姐艾迪莎（Editha），被埋在赫利教堂的石板路下面的某处。《末日审判书》中记载这里有25位村民和10个奴隶。这里的小酒馆"奥尔德铃铛"（the Olde Bell），被认为是英国最古老的小酒馆，最初是僧侣院的客房。这座建于十一世纪的僧侣院的一部分墙壁，现在在河边一栋房子的院子里仍能看

---

① 弗兰西斯·达西伍德爵士（Sir Francis Dashwood，1708—1781）：英国浪子、政治家、财政大臣（1762—1763），神秘组织"地狱之火俱乐部"的创办人。

到。墙上有一块牌匾:"圣玛丽小修道院,赫利,在'征服者威廉'(William the Conqueror)统治时期由杰弗里·德·曼德维尔(Geoffrey de Mandeville)①及其妻子莱西丽娜(Lecelina)建于公元 1086 年。它是威斯敏斯特修道院的附属修道院。""A cell"(附属于大修道院的小修道院)在这里是"附属",而不是"监禁"的意思。1391 年,修道院院长向理查二世抱怨说,"他们被泰晤士河的洪水所苦,房子都变成了废墟,居民也被淹死了不少"。这里现存还有两个十二世纪的谷仓。在亨利八世统治早期,他将"名叫赫利的大片森林"赐给本尼狄克修士,以交换他们位于伦敦的花园,"名叫考文特花园"。这对那位君主来说,是一笔划算的买卖。后来在僧侣院的废墟上建了莱德宫,在其地下室里,有人阴谋策划了废免詹姆斯二世王位的阴谋。该建筑于 1837 年被推倒,在其人行道下面,发现了三具以本尼迪克特教派习俗进行安葬的尸体。

贝舍姆(Bisham): 比塞尔(Bissel)的村镇或宅地——或者是"贝思河(the river Biss)边上的小村庄"。有时,很难将地方名字与家族名字区分开来,尤其在这种"难以区分"持续了很多个世纪的时候。是地方因人而得名?还是人因地方而得名?这里最引人注目的景点是贝舍姆修道院,一座建在十二世纪修道院遗址上的都铎王朝的庄园宅邸。在不体面地抛弃了她以后,亨利八世将这座宅邸赐给克里夫斯的安妮(Anne of Cleves)②,但她后来将其转给了菲利普·霍比爵士(Sir Philip Hoby)③——是他重修了现在的这座庄园。在其姐姐④统治期间,

---

① 杰弗里·德·曼德维尔(Geoffrey de Mandeville,去世时间约在 1100 年左右):伦敦塔的治安官,"征服者威廉"统治英国时期的十大富豪之一,威廉赐给他很多土地,他是伦敦、米德塞克斯等地的第一任长官。
② 克里夫斯的安妮(Anne of Cleves,1515—1557):亨利八世的第四任妻子,两人的婚姻只持续了半年。
③ 菲利普·霍比爵士(Sir Philip Hoby,1505—1558):十六世纪时英国驻神圣罗马帝国和弗兰德斯的大使。
④ 指英国女王玛丽一世,1553—1558 年间在位。

伊丽莎白公主（The princess Elizabeth）[1]在这里"玩乐"——或者说"被关押"——了三年。但这座建筑物最出名的是"贝沙姆鬼魂"——霍比夫人因为儿子弄脏了习字簿而将其关进庄园的一个房间，导致了他的死亡；也有传闻说，她将他鞭打至死。她的灵魂永远为此感到悔恨，不停地在一个自动流水的水盆中洗手。奇怪的是，在后来的整修工程中，习字簿在地板下面被发现了。贝舍姆修道院现在是国家级运动中心。

马洛（Marlow）：低而潮湿的土地——或者也可能指的是湖或池塘干涸以后留下的土地。卡姆登认为，这个名字来自"通常被称作'马尔'的白垩岩"，他认为这种物质在当地相当多。这里的罗马天主教教堂圣彼得教堂，存放着圣詹姆斯（St James）一只经过木乃伊化处理的手，是从雷丁修道院那里抢救过来的；这只手的手指头卷得像是爪子。诸圣教堂的法衣室里，悬挂着一幅"斑点男孩"的油画肖像——一个身上不幸长着丑陋的大块白斑点的黑人男孩。他和把他买来进行展示的人，被埋在教堂墓地的同一块坟墓之中。这里的悬桥建造师威廉·铁尔尼·克拉克（William Tierney Clark）[2]，就是他设计了连接布达和佩斯特的那座著名的桥[3]。该镇最出名的可能是珀西·雪莱和玛丽·雪莱（Mary Shelley）位于西大街（West Street）的居所。一本由马洛协会（the Marlow Society）出版的有关这对夫妇的新书，取名为《马洛的野兽》（*The Monsters of Marlow*）。玛丽·雪莱的《弗兰肯斯坦》（*Frankenstein*）大部分写于这里；而沿街而下，托马斯·洛

---

[1] 伊丽莎白公主（The princess Elizabeth）：指英国女王伊丽莎白一世。
[2] 威廉·铁尔尼·克拉克（William Tierney Clark，1783—1852）：英国土木工程师，大部分作品与桥梁有关，是最早设计悬桥的工程师之一，他设计了伦敦境内泰晤士河上的第一座悬桥汉默史密斯桥（1827）。
[3] 佩斯特和布达分别是匈牙利首都布达佩斯的两个区，中间被多瑙河隔开。克拉克1839年为其设计了一座与马洛那座悬桥几乎一模一样的桥，将两个区连接起来，该桥完工于1849年。

夫·皮科克在那里写了《噩梦隐修院》(Nightmare Abbey, 1818)。这里的空气中肯定有某种特殊的东西。艾略特年轻时也曾住在这里, 那么马洛是否也曾为《荒原》提供了部分灵感呢？过去曾有一个远近闻名的问题："谁在马洛桥下吃小狗肉饼？"问这个问题是想刺激当地的驳船船夫与船老板发出一连串咒骂。故事是这样的：梅德曼纳姆的酒馆主人得到消息说, 有一群驳船船夫想要洗劫他的厨房。而就在几分钟之前, 他刚刚淹死了一窝小狗崽, 他就把这些小狗崽做成了肉馅饼, 放在食物橱里。食物橱随后被抢, 肉馅饼被拿走, 也被吃掉了——根据传闻, 这些馅饼是在马洛桥下被吃掉的。这一带有挑衅性质的问题, 现在很少有人问了, 因为不会有人知道是什么意思。然而不管怎样大概也不会有太多笑声。詹姆斯·索恩在《河畔漫笔》中谈到马洛时写道："这里的乡下人的性格不是非常开朗活泼, 他们的个性中有一种勤勉努力的特点。"

库克姆(Cookham)：可能来自"cwch-ium", 凯尔特语"停船处"的意思；或者"cocc-ham", 意思是"位于山上的家"。它真正的意思有可能是"厨师之家"吗？在《末日审判书》中, 它被拼写为"Cocheham"。娄尔(Lower)[①]在其《英国姓氏词典》(Patronymica Britannica, 1860)中, 认为"coke"来自拉丁语"coquus"对"厨师"一词的旧式拼法。斯基特(Skeat)[②]也认为, "Cookham"中撒克逊语的"coc"或"cook"来自拉丁语。奇怪的是, "阿基坦的埃莉诺"的厨师被埋在当地教堂内, 亨利六世的"调料主管"也是被埋在这里。这个名字到底藏着什么秘密？库克姆成为泰晤士河沿岸最著名的地方之一, 主要是因为斯坦利·斯宾塞居住在这里, 以及他有关库克姆的画作。

[①] 马克·安东尼·娄尔(Mark Antony Lower, 1814–1876)：英国历史学家, 在萨塞克斯成立了萨塞克斯考古协会。
[②] 斯基特(Walter William Skeat, 1835—1912)：英国著名文献学家, 推动文献学成为高等教育的重要科目。

但它也有其他引人注意的地方。这里有两块巨石，分别被称作"库克姆巨石"(the Cookham Stone)和"泰利巨石"(the Tarry Stone)，后者很可能是一块陨石。在库克姆洪水平原那里，发现了一群青铜器时代的墓葬土堆。很有可能这里最早的居民，是从早期定居点肯特那里搬到河上游来的。这里发现了很多罗马人和撒克逊人的骸骨。库克姆这里有一个地方叫"挪亚方舟"(Noah's Ark)，这个名字背后的故事完全属于传说，即盎格鲁-撒克逊人的第一位国王斯基夫(Sceaf)是挪亚的儿子、出生于方舟之中——因此在斯坦利·斯宾塞以画作"肯定"了这一联系之前，《圣经》就已经来到了库克姆。撒克逊人的"贤人会议"在"未准备好的埃塞雷德国王"统治时期在这里举行，非常有可能就是在泰利巨石旁边。公元716年以前，这里还有一个修道院。这是一个与古代世界有着各种关联的地方，过去的种种被紧紧压缩在其地底下。历史及史前的东西，在其他地方很少发现是象这里这样紧密地连在一起。这里的河床——尤其是沿旧渡口那一段，每个历史时期的遗迹在那里都有所发现。当一座农舍的现代主人想要为房子装一个防湿层时，建筑工人发现了之前的数层地面——最底下一层是由垩土踏实的、没法查明时期的地面。可能那里一直都有一座房子，自从人类抵达库克姆以后。

克里维登（Cliveden）：悬崖间的险峻山谷。现在是一栋著名而又堪称命运多蹇的建筑物的壮丽背景。第一栋建筑物由第二任白金汉公爵乔治·维列尔斯（George Villiers）建于1666年，1795年被烧毁，原因是一位女仆在床上点着蜡烛读书。接下来的一栋建筑物在1849年又一次被烧毁。如今所见的这栋建筑由查尔斯·巴里爵士（Sir Charles Barry）[①]建于1851年，当时人们认为很像是三或四个巨大的货运箱。这里曾经是威斯敏斯特公爵和威廉·沃尔道夫·阿

[①] 查尔斯·巴里爵士（Sir Charles Barry，1795—1860）：英国建筑师，他所负责的工程中最有名的是英国议会大厦（即威斯敏斯特宫）的重建工程。

斯特（William Waldorf Astor）①的宅邸，也曾经是国家信托基金（the National Trust）、加州斯坦福大学（Stanford University of California）英国分校的所在地。现在这里是一家豪华宾馆，但宾馆的花园是向大众开放的。查尔斯·金斯利曾经写道，这里拥有"从塔普洛或克里维登算起，沿泰晤士河谷我所见过的或愿意看见的最美丽的景色"。克里维登森林——也被称作"悬浮森林"——是一度覆盖整个地区的原始森林残留下来的部分。这里的悬崖高达140英尺（42米），盛产大量橡树、山毛榉、白蜡木和栗子树。能够与之相比的只有马洛对面的"采石场森林"，在那里，山毛榉、橡树、白蜡木和各种常绿植物也在争先恐后地生长。沿泰晤士河的这些树林，充满了古老的气息，确实是神奇的地方。"采石场森林"是《柳林风声》中"野树林"的样本。秋天，这里绿藓遍地。鼹鼠曾在这里经历了"野树林的恐怖"："整片树林现在好像都在奔跑，并且跑得很猛烈，围捕，追逐，朝它一点一点围过来，就好像是'活物'一样——或者不是'活物'而是人？"这是远古世界的冰冷触摸。

梅登黑德（Maidenhead）：卡姆登认为该镇是以曾经在这里被人们作为"神圣遗迹"进行供奉的圣女头颅而得名的。这颗头颅被认为是属于1.1万名随圣厄苏拉在科隆（Cologne）被杀害的少女中的一位。斯基特和埃克沃尔（Ekwall）②都认为该地名来源于"maegden hyth"——"少女停靠地"；换句话说，就是一个"很容易停靠的地方"。它也被认为是源自"草地边的泊船处""大泊船处""温莎和雷丁之间的'一个中型泊船处'"，或者是"大山边上的泊船处"。这里所言的"大山"，实际上是撒克逊人首领铁帕（Taeppa，对岸的塔普

---

① 威廉·沃尔道夫·阿斯特（William Waldorf Astor，1848—1919）：出身富裕的美国律师、商人、政治家、出版人，1891年移居英国，因其在一战期间的慈善工作先后被英国皇室封为阿斯特男爵和阿斯特子爵。
② 艾勒特·埃克沃尔（Eilert Ekwall，1877—1964）：瑞典隆德大学英语教授，二十世纪上半叶英语语言研究的著名学者，对英国的地名与人名做了深入研究。

洛就是以其名字命名的)的墓葬岗,他的陪葬品在大英博物馆的陈列中可以看到。然而在《末日审判书》时代,这里却被称作"艾伦斯通"(Elenstone)或"艾灵顿"(Ellington)。这里的铁路桥,就是特纳在《雨,蒸汽和速度》中所描绘的那座。它由伊桑巴德·金德姆·布鲁奈尔所设计,当时人们认为这座桥不可能挺得住。该桥有两个椭圆形的砖制桥拱,每个长达128英尺,除此之外没有任何其他支撑。它们至今仍是世界上最宽和最平的砖制桥拱。这座桥也被称作"回声桥",走在纤夫路上,人们会听到桥发出悦耳的回声。

布雷(Bray):一个潮湿或泥泞的地方——或者是指一座山的峭壁顶端。这里因为一位在亨利八世和伊丽莎白一世统治期间频繁改变宗教信仰的教区牧师而出名,这个人成了"牧师判节者"的代名词。有关这一事件,还有一首著名的民谣,其中合唱部分如下:

> 这就是我将要保持的法律
> 直到我死去那一天,先生,
> 不管国王如何统治,
> 我都保证要做一位布雷牧师,先生。

多尼(Dorney):《末日审判书》中的"道奈"(Dornei)——乱哄哄的蜜蜂经常光顾的岛屿或是陆地。可能以前是一个盛产蜂蜜的小岛。在都铎王朝时期所建的多尼宫(Dorney Court)的花园内,种下了英格兰第一棵凤梨树。汉姆宫内有一幅画,上面画着多尼的园丁单膝跪地,向查理二世献上这一威风凛凛的水果,而国王的手指正轻松地指着它。

博文尼(Boveney):在那座岛上,或者是——"在岛上"。建于十二世纪的圣玛丽博文尼小教堂,独自伫立在河边。它目前并未有教徒在使用,但仍会点蜡烛进行照明。在"孤独教堂之友"(Friends of Friendless Churches)的支持下,目前人们正在呼吁对其重新进行整修。博文尼堰坝下游，有一个叫"雅典"的地方，伊顿公学的男孩子们，过去会在这里脱光了衣服跳进河里——因此才会有"雅典"这个希腊式的名字。这里的河岸一直被视作是可以洗澡的地方。卡尔·菲利普·莫里兹在 1782 年写道："这里的河岸有点陡峭，当地人为那些不会游泳的人，建了一排直通河里的台阶。两位红脸庞的年轻学徒，从镇子那边悠闲地走过来，一眨眼就脱光了衣服，跳进河里。"

伊顿和温莎（Eton and Windsor）： 因为泰晤士河及其各自的历史而被连在一起的两个城镇。"温莎"最初的名字是"Wyndelshora"——或者按利兰的写法是 Windelsore——这个名字似乎足够让人可以自然理解为"一片蜿蜒的河滩"，或者考虑到河岸有一个类似辘轳的东西，也可以将其理解为"将我们卷起来"（wind us over）的缩写。还有人认为它是"风很猛"的误写，指的是这里的恶劣天气。"伊顿"源于"eyot-tun"——"河洲-大桶"，也有可能指的是"岛上的定居点"，而不是"河边的大桶"。这里的城堡和学校都太出名了，无法阻止任何一位泰晤士河的游客到这里来的决心。温莎城堡本身有一些地理学上的价值，它被建在厚粘土层上由白垩土堆积而成的小山上——这是为什么"征服者威廉"决定将城堡建在这里的原因。小山看起来好像是人造的，因此应该是史前的。威廉可能是直觉地感到——或者是被告知——这里有某种古老的力量。城堡在 1360—1374 年间，由爱德华三世进行了重建，主要使用的是奴隶劳动力。周围农村也有数百名男人在不情愿的情况下被迫为城堡工作。撒克逊人的宫殿位于老温莎，沿河向下 2 英里。在泰晤士河郊野（Thames Field）——现在伊顿划船比赛的航线所在地，发现了史前的墓穴、盎格鲁-撒克逊人的坟墓及中世纪的建筑物。

达切特（Datchet）： 很难从语源学上对这个名字进行确定，但相信是来自凯尔特语或不列颠语；其中好像包含着"树林"一词——"cet"，除了事实上周围并没有树林。法国有一个河边城镇叫"达斯提亚"(Dacetia)，高卢语的意思是"最好的地方"。在《末日审判书》中，"达切特"被称作"达斯塔"。这里通常被描述为一个"低而湿的地方"，在十九世纪初被称作"黑暗达切特"。这里可能因为《温莎的风流娘儿们》(*The Merry Wives of Windsor*)中福斯塔夫(Falstaff)[①]的一幕不光彩的戏而最为出名：他被扔进了"达切特草地的烂泥沟里"。同一部戏，对这里的泰晤士河岸的描述是"河滩浅而倾斜"。现在也还是这样。

兰尼米德(Runnymede)： 意思不确定。可能指一块跑步用的草地，或是赛马比赛的地方。十八世纪末时，这里确实是一个比赛场地。它的意思也可能是"有神秘符号的草地"，一个进行神奇预测的地方。或者它来源于撒克逊语runieg("经常性会面")与"mede"("草地或牧场")，因此指的是"议事之地"；或者它来源于"rhine"，意思是"河"或"沟渠"。这个名字的意思超过了人们可进行推测的范围——我们住在一片已遗失了其原初意义的风景之中。这里最有名的是国王约翰与男爵们的那次著名的会面。河中间有一座岛，现在被称作"大宪章岛"——这座岛宣称自己就是协议达成的地方。那里甚至有一块大石头，那份珍贵的文件应该就是放在那上面的。

斯泰恩斯(Staines)： 意思是"石头"。什么石头？有可能指的是原先站立、现在被推倒了的石头吗？或者是指罗马人的里程碑石？彻特西修道院所保存的一份十二世纪的文书中提到"九块石头"，人们认为这些石头标志着修道院土地的边界。或者这些石头最初也可能是一座巨石纪念碑的一部分？这里现在是斯泰恩斯桥(Staines Bridge)旁边的一个环形交叉路口。令人奇怪的是，"伦敦石"现在也被放在这里，用来标志伦敦过去对泰晤士河的管辖范围的边界。斯泰恩斯是一个古老的地方，当地至今还留有中石器时期人类居住的痕迹。一座罗马人的城镇也被建在这里，名叫"Ad Pontes"，意思是"在桥边"。然

[425]

---

① 福斯塔夫(Falstaff)：莎士比亚戏剧中多次提到的一个虚构人物，主要是在《亨利四世》(上、下)中作为哈尔王子(后来的亨利五世)放浪形骸的酒友出现，既吹牛撒谎又幽默乐观，既无道德荣誉观念又无坏心，是一个成功的喜剧形象。

而，安东尼纳斯的《旅行路线》中的资料表明，在罗马人到来之前，这里就有一座桥——这就使得斯泰恩斯确实是一个非常古老的渡河地点。目前在这里已经发现证据，表明有一座罗马人建的桥、一座撒克逊人建的桥、一座诺曼人建的桥——甚至有一种理论说，这里被叫做"Stones"，是因为被毁的桥数量众多。

彭顿胡克（Penton Hook）：泰晤士河沿岸一个很奇怪的拐弯，意味着旅行者要走上半英里才能穿过100码的直线距离。一定有某种难以穿透的坚硬之物，阻止了泰晤士河采取最短的路径。这里目前有一条捷径穿过。

彻特西（Chertsey）："彻塔"（Cearta）的岛屿。"塞若塔斯（Cerotus）之岛"在比德的作品中曾被提到过。从七世纪开始，这里是著名的本尼狄克修道院圣彼得修道院的所在地。九世纪时，丹麦人对这里进行了残酷统治。公元964年，埃德加国王（King Edgar）[①]对这里进行了重建，它变成了一座伟大的城市，规模和温莎一样大。因为所处的位置，它对泰晤士河谷的发展起到了"支点"作用。然而亨利八世对这里的影响要超过丹麦人——在"宗教改革"期间，这里的修道院被毁。古文物学家威廉·斯达克雷在1752年写道："我几乎从未见过这样彻底的破坏……众多埋在教堂里的修道院主持、僧侣及其他大人物的骨头在花园里厚厚地铺了开来，一个人可以在花园的任何地方、任何时间，随手就捡起这些骨头。"亚伯拉罕·考利为躲开伦敦的喧哗与各种活动而来到彻特西，这让塞缪尔·约翰逊很高兴，然而他在这里不断生病，并且遭遇其他不幸，在田地里收割干草时，不幸过早死去。对约翰逊来说，这是对"隐居生活"的教训。彻特西有着泰晤士河最后一块水草甸。

谢伯顿（Shepperton）：牧羊人之家。《末日审判书》里写作

[①] 埃德加国王（King Edgar 约943—975），被称作"和平的埃德加"，959—975年间为英格兰国王，在其统治期间，英格兰取得了前所未有的和平与发展。

"Scepertone"。这里有一部分河岸被称作"战争围场"（War Close），根据威廉·哈里森的说法，"在这里挖出了马刺、剑等，还有很多人骨。在西面稍远一点的地方，现在还能看到罗马人的一部分营地"。因此这里是古代战争发生的地方——也许是罗马人与卡图维劳尼人（the Catuvellauni）之间的战争。这里也是著名影视片场的所在地，毫无疑问，上述的战争场面在片场中不断搬演。在谢伯顿河岸与韦布里奇之间，现在有轮渡服务。《末日审判书》中提到同一河段有一个步行渡口。这里也是"戴斯伯格运河"（Desborough Cut）[①]的所在地——这是一条穿过岛屿的便捷水路，与此同时，泰晤士河仍继续着自己蜿蜒曲折的旅程。人们对这里的泰晤士河的状态有几分困惑。在有记载的历史中，泰晤士河好像在这里改变过航线，依据就是过去的教区曾拥有河两岸的全部土地——换句话说，泰晤士河在这里"移动"过了。

森伯里（Sunbury）：在古代记载中被称作"Sunnabyri""Sunneberie""Suneberie"。如果我们将其作为撒克逊语"sunna"和"byri"的结合体，那么意思就是"太阳城"或是"一座朝南的城镇"。还有人认为这一名字的意思是"苏那酋长的城镇"。

汉普顿（Hampton）：河流拐弯处的农庄。在《末日审判书》中被称作"Hamntone"。"盖里克神殿"就位于这里——演员戴维·盖里克（David Garrick）[②]为放置威廉·莎士比亚的雕像而设计建造的一座华殿。由洛比利亚克（Roubilliac）[③]所创作的、以盖里克自己为模特的雕像反而因某种原因被放进了大英博物馆。"超能布朗"设计了这座神殿。塞缪尔·约翰逊在谈到汉普顿时曾这样说过："啊，戴维，就是

---

① 戴斯伯格运河：泰晤士河上的一条人工运河，为提升泰晤士河的流动与航运能力，开掘于1930年，完成于1935年。
② 戴维·盖里克（David Garrick，1717—1779）：英国演员、剧作家、剧院经理、制作人，在莎士比亚戏剧《理查三世》中扮演理查三世，对英国十八世纪的剧院发展产生过全方位的影响。
③ 洛比利亚克（Roubilliac，1702—1762）：活跃于英国的法国雕刻家，伦敦四位最著名的洛可可风格的雕刻家之一。

因为要离开这样的地方，才使得死亡有点可怕。"这里稍下游一点的地方是塔格岛（Tagg's Island）——二十世纪初，由戏剧制作人弗雷德·卡尔诺所设计的一座宾馆与游乐场。这里最为人所知，原因可能是靠近汉普顿宫（Hampton Court Palace）。

金斯顿（Kingston）：对这一地名的最初起源，不会有太多疑问——其意思可能是"国王的石头"或"国王的采邑"；不管怎样，与王室有关联这一点是很清楚的。很多撒克逊国王就是在这里被加冕。公元838年，埃格伯特（Egbert）[①]召集贵族和神职人员在这里召开大会。现在放在市政厅前面的"王者之石"，最初是放在教堂门口的，通常被认为是韦塞克斯王国的撒克逊国王们在上面举行加冕仪式的宝座。公元946年，在英格兰国王艾德雷德颁布的一份文书中，金斯顿被明确作为"加冕地"提及。斯皮德（Speed）[②]经过计算后认为，有9位君主在这里举行了加冕仪式。《末日审判书》中记载说，这里有三个大马哈鱼渔场。皇家金斯顿（Royal Kingston）自治镇[③]目前徽章上的形象就是以蓝色为背景的三条大马哈鱼。第一座连接金斯顿和汉普顿维克（Hampton Wick）的木桥落成于1219年。这里的河水曾经被认为非常清澈与干净。

特丁顿（Teddington）：陶达（Todda）人或是陶狄（Totty）人的定居点；在过去的记载中被称作"Todington"或是"Totyngton"。有人认为这个名字是"Tide-end Town"——"潮汐止处的城镇"——的变体，因为泰晤士河的潮汐确实到这里就结束了。河上的第一座水闸就位于这里。第一位水闸看守员配有一把带刺刀的散弹枪，用于阻止发

[①] 埃格伯特（Egbert，771或775—839年）：公元802—839年期间韦塞克斯王国的国王，曾多次击败麦西亚王国。
[②] 约翰·斯皮德（John Speed，1551或1552年—1629年）：英国地图绘制家和历史学家，在其所生活的斯图尔特王朝时期被认为是英国最著名的地图绘制者。
[③] 皇家金斯顿（Royal Kingston）自治镇：英格兰四个皇家自治镇中最古老的一个，其余三个是同样位于伦敦的青辛顿和切尔西自治镇、格林尼治自治镇，还有位于伯克郡的温莎和梅登黑德自治镇。

怒的渔夫与船夫。诺尔·考沃德（Noël Coward）[1]出生在这里，托马斯·特拉海恩在这里成了专职牧师，《洛娜·杜恩》的作者 R·D·布莱克莫尔住在这里。

鳗鱼派岛（Eel Pie Island）：它的真正名字应该是"特威克纳姆岛"（Twickenham Ait），但鳗鱼派也确实在这里出售过。十九世纪的夏季，大批人来这里享受鳗鱼盛宴。协会与同业公会的成员、受人尊敬的市民与体面的手工业者混杂在一起，享受一次难忘的"出游"。二十世纪六十年代，岛上的酒店成为滚石（the Rolling Stones）、谁（the Who）、大卫·鲍伊（David Bowie）[2]、罗德·斯图尔特（Rod Stewart）[3]等乐队与歌手的演出场所。该岛现在是一群自我封闭而有点古怪的人的家园。

特威克纳姆（Twickenham）：意思可能是"特威克人（Twica）的居住点"或"围墙"，或者是"河流分叉口旁边的土地"。之前被称作"Twitnam""Twittanham""Twicenham"。有关此地的第一份书面参考资料是在公元 704 年的一份文书中，称其为"Tuican hom"和"Tuiccanham"。十五世纪以前，这里有往返里士满的摆渡船。这里最著名的可能是与名人的联系，其居民包括弗朗西斯·培根爵士、戈弗雷·内勒、玛丽·沃特雷·蒙塔古（Mary Wortley Montague）[4]、亚历山大·蒲伯、亨利·菲尔丁、约翰·多恩（John Donne）[5]、郝瑞斯·沃

---

[1] 诺尔·考沃德（Noël Coward，1899—1973）：英国剧作家、作曲家、导演、演员、歌手，以风格幽默华丽而著称。

[2] 大卫·鲍伊（David Bowie，1947—2016）：原名大卫·罗伯特·琼斯，出生于英国伦敦布里斯克顿，英国摇滚歌手、演员。

[3] 罗德·斯图尔特（Rod Stewart，1945— ）英国摇滚歌手、作曲家，出生成长于伦敦，是上世纪 70 年代活跃于摇滚音乐界一位成功并长期保持活力的音乐人。

[4] 玛丽·沃特雷·蒙塔古（Mary Wortley Montague，1689—1762）：英国贵族、书信作者及诗人。作为土耳其大使的妻子，她以有关土耳其的书信而出名；从土耳其返回英国以后大力推动天花接种。

[5] 约翰·多恩（John Donne，1572—1631）：英国诗人，国教牧师，被认为是玄学派诗歌的代表人物。

尔普尔（Horace Walpole）①、J·W·M·特纳、阿尔弗雷德·丁尼生、亚历山大·赫尔岑（Alexander Herzen）②、奥尔良公爵和葡萄牙的流亡国王马诺埃尔（Manoel）③。蒲伯以一种令人困惑的"对句"，来表达对这些的怀念：

> 有什么比这更好的景致来衬托，
> 岩洞、雕像、骨灰瓮，以及约翰斯顿（Johnston）④的公狗和母狗。

公狗和母狗是位于奥尔良宫（Orleans House）⑤一侧草地上的两尊雕像，当时归约翰斯顿大臣阁下所有。当地教堂内有一尊献给蒲伯的纪念碑，碑文是诗人自己写的："献给那个不愿意被埋在威斯敏斯特教堂里的人"——直到最后还是酸溜溜的。丹尼尔·笛福描述当地"到处都是美丽的建筑、迷人的花园、品格高尚的绅士的富丽堂皇的宅邸——世界上没有任何事物可以模仿它"。但曾有一位法国人对蒲伯说过这样的话："这些都很好，但如果把河拿掉，那就没有什么好的了。"这么说可能很恰当。泰晤士河是这里的一切。十九世纪时，狄更斯在《小多利》（Little Dorrit）中将周围地区描写为"可爱而平静"。现在这里因当地的英式橄榄球体育馆而闻名。

---

① 郝瑞斯·沃尔普尔（Horace Walpole，1717—1797）：英国艺术史学者、古文物学家、保守党政治人物，是英国第一位首相罗伯特·沃尔普尔之子；在特威克纳姆以哥特式风格建造了著名的草莓山宫（Strawberry Hill House）。
② 亚历山大·赫尔岑（Alexander Herzen，1812—1870）：俄罗斯作家、思想家，被认为是"俄罗斯社会主义思想之父"，他的很多作品都是在流亡伦敦期间写的。
③ 马诺埃尔（Manoel，1889—1932）：葡萄牙最后一位国王，其王位在1910年10月所爆发的革命中被废除，之后的流亡生涯中，他一直住在伦敦南部的特威克纳姆。
④ 詹姆士·约翰斯顿（James Johnston，1655—1737）：政治家、外交官，曾任苏格兰国务大臣。
⑤ 奥尔良宫：1710年由建筑师John James设计建造，该称呼源自十九世纪早期因流亡而住在那里的法国奥尔良公爵。

彼得舍姆（Petersham）：彼奥特（Peohtre）的村镇或定居点。这里的教堂也是以"圣彼得"命名。一位十九世纪的居民记录了一段与村里老人的对话："过去这里住的都是响当当的人物，现在没有人值得一提。"

里士满（Richmond）：该地名没有本地来源，因为这里是亨利七世根据他在约克郡的伯爵领地命名的。这是一个经常出现在画家笔下和作家文字中的地方。在沃尔特·斯科特（Walter Scott）[①] 的《中洛锡安之心》(Heart of Midlothian, 1818) 中，我们可以读到这样的语句，泰晤士河"这边镶嵌着别墅，那边簇拥着森林，缓慢而庄严地向前移动着，就像是这幕戏剧的伟大君主。对它来说，所有其他的美，都只是一种点缀。其怀抱中拥抱着上百艘平底船和小舟，它们白色的帆和在风中快乐飞舞的旗帜，为整幕场景增添了活力"。

里士满山的河岸景色作为画家们的"最爱"，已经持续了三个世纪。1902 年，它成为英国第一处议会通过法案进行保护的景观。詹姆斯·汤姆逊有关此处风景的诗句，被写在木板上，钉在附近的树上——这样就没有人会怀疑"那引人入胜的山谷"，以及"欢快的芳草地"。借用笛福的话来说，"这里整个地方闪耀着一种无法形容的光彩……从远处看全是自然，到近处一看才发现是人工的精巧——但两者都非常美丽"。可以毫不夸张地说，是这里开发与培养了英国的花园景观艺术，并进而改变了欧洲的地形。见多识广的卡尔·菲利普·莫里兹感慨地说，里士满"以自己的方式，对'自然'做出了我一生中所见过的最纯净的揭示"。这是"自然"通过"如画的风景"所作出的省思，是里士满所曾经获得的近乎狂热的赞美的一个证据。

西恩（Sheen）：该名字可能来自古英语"sceon"，意思是"庇护所"，可能指的是田野中的野兽的庇护所；另一种可能性是来自古英语"sceone"，意思是"美丽的"；与该词根相伴随的是"shine"，可

[①] 沃尔特·斯科特（Walter Scott, 1771—1832）：苏格兰历史小说家、剧作家和诗人。

能可以根据笛福的"泰晤士河在两岸所闪耀着的美丽"来理解。金雀花王朝（Plantagenets）的城堡希恩宫（Shene Palace），一度矗立在现在的里士满草坪（Richmond Green）那里。

艾尔沃思（Isleworth）：《末日审判书》的编撰者将其写作"Ghistelworde"，这一名字还有"Yhistleworth""Istelworth""Ysselsworth""Thistleworth"等不同写法——词源学家对此已经失去了控制。然而最有可能的起源是来自凯尔特语代表"水"的"uisc"及撒克逊语代表"村庄"的"worth"。凯尔特语和撒克逊语组合在一起的名字很少出现，但这里确实是一处"位于水边的村庄"——位于克利恩河（the river Crane）和泰晤士河边上。这里一度以"遥远偏僻"而著称——二十世纪初，它被描绘为"一个古老而几乎被人遗忘的小村庄"，有一种"污秽的水岸之美"。现在这里不再"污秽"了，而河边依然风景如画——并不仅仅是因为其中有著名的小酒馆"伦敦学徒"（the London Apprentice）。酒馆旁边的教堂是一种奇怪的混血产物——一座现代建筑配着一座十四世纪的塔楼。镇前方的几座小岛，过去是收割柳条的地方。艾尔沃思这里曾有一座归康沃尔伯爵理查[①]所有的皇家宫殿，他是亨利三世的兄弟和名义上的"罗马王"。

布伦特福德（Brentford）：这里确实有一个穿过布伦特河（the river Brent）的浅滩，还有一个穿过泰晤士河的浅滩。这里流传着"布伦特福德的两个国王"的传说，但他们的身份目前已无人知晓。这里曾经声名狼藉。约翰·盖伊在他写给伯灵顿公爵（Earl of Burlington）[②]的信里（1712）曾这样描写此地：

[①] 理查（Richard，1209—1272）：英格兰国王约翰的第二个儿子，是当时欧洲最富有的贵族之一，参加了男爵的十字军东征并获得卓越声誉。

[②] 伯灵顿公爵（Earl of Burlington，1694—1753）：盎格鲁-爱尔兰建筑师、贵族，虽然是枢密院顾问官及英国和爱尔兰上议院议员，但对政治无甚兴趣，是约翰·盖伊的资助人。

> 布伦特福德，沉闷的小镇，
> 因肮脏的街道与白腿的鸡而为人所知。

汤姆逊在《懒人城堡》(Castle of Indolence，1748)中继续着这一不恭，写道："布伦特福德镇，烂泥镇。"乔治二世(George II)[①]喜欢这个地方，因为它的肮脏与凹凸不平的道路，令他想起了自己的祖国德国。"我喜欢在布伦特福德骑马，"据说这位国王曾经这样对人说过，"它和汉诺威非常像！"过去，提到一个人有着红脸膛时会说，"他就像布伦特福德的红狮子一样"——所指的是这里的一个小酒馆的招牌。十八世纪时，这里变成了著名的酿酒地。1805年，这里成为"联通大运河"(the Grand Junction Canal)的一部分，原先就有的噪音、尘土与肮脏，又被加重了一些。现在这里的情况有了很大改善。

基尤(Kew)：有着"Kayhough""Kayhoo""Keyhowe""Keye""Kayo""Kewe"等各种叫法。这个名字指的似乎是"位于河边的一处关隘"或"码头"，或是"位于海角的一个地方"。伊拉斯漠斯·达尔文在其两行对句诗中，曾这样歌颂过这里的花园：

> 端坐加冕，以植物的荣耀，
> 帝王般的基尤花园，坐落在泰晤士河闪闪发光的河边。

"植物的荣耀"目前仍充分可见。该植物园最著名的是其棕榈宫和中国宝塔。

奇西克(Chiswick)：意思可能是"芝士农场"——和"Keswick"一样。贺加斯和惠斯勒都被埋在当地教堂墓地之中。奇西克宫就在附近。它曾经被用作精神病人的收容所，现在是一处向公众开放的场

[①] 乔治二世(George II，1683—1760)：大不列颠及爱尔兰国王、汉诺威公爵、神圣罗马帝国选帝侯，是最后一位在英国以外出生的英国君主，出生及成长于德国北部。

地。这里一度因其苗圃和蔬菜菜园而出名，过去被称作"伦敦的大花园"。奇西克的酿酒业也很出名，其有记载的酿酒史始于十三世纪。现在这里最有名的是奇西克环岛路。

莫特莱克（Mortlake）：《末日审判书》中写作"Mortelage"。这一地名的意思并不是"死人湖"。利兰和其他人相信它是拉丁语"mortuus lacus"的意思——一条改变航道的河流所留下的废弃河道。但对泰晤士河这一河段来说，这种说法好像很不贴切。它也可能指的是"莫塔（Morta）所拥有的河流"——"lacu"的意思是"河流"。或者它可能与古英语"mort"有关，意思是"小鲑鱼"。伊丽莎白女王时代的大占星家约翰·迪伊，就住在河边的一栋房子里。天使乌列就是在这里向他显灵，给了他一块半透明的、可以召集灵魂的石头。英国第一家织毯厂于1619年在这里开张，这里还曾经有过一家著名的制陶工厂。

帕特尼（Putney）：泰晤士河边的"双生镇"之一。帕特尼与萨里同侧，富汉姆与米德塞克斯同侧。伫立在桥两侧的诸圣教堂与圣玛丽教堂，据说是由一对巨人姐妹所建。她们只有一把锤子，因此会一边把锤子扔向对岸，一边喊："扔过来"，或者是——"把整个房间捶打一遍！"因此两岸就被人们称作"Putnigh"和"Fulhome"——当然这仅仅是猜想。在《末日审判书》中，帕特尼被写作"Putelei"，后来又拼作"Puttenheth"和"Pottenheth"。它也可能指的是"主教普塔（Putta）①的靠岸处"。周围地区在十七十八世纪时因捕鱼业而出名。

现在钓鱼变成了这里一项受人欢迎的运动。过去这里曾经有一个渡口，十八世纪早期所建的一座桥，取代了渡口的摆渡服务。伦敦一位议员宣称："在帕特尼的泰晤士河上建桥，不仅会损害我所有幸代表的这座伟大而重要的城市，不仅会损害其通讯及商业活动，而且事实上，会将这一切都彻底毁了。"旅行者过去通常从水路到帕特尼，

---

① 普塔（Putta，死于688年）：中世纪时罗切斯特的主教。

在那里再坐马车。这里的划船俱乐部仍然很出名——事实上，帕特尼是泰晤士河划船运动的中心。曾经只是一个因托马斯·克伦威尔和爱德华·吉本在这里出生而开始有了名气的小村庄，经过沿岸不断扩张，到十九世纪时，这里远近闻名的是："为工人和手工艺匠人提供遮风挡雨之处的各种工厂和小农舍"，以及将当地空间分割成"堆场、码头和货车棚屋"的"看起来不利于健康的沼泽地"。它后来因为生产杜松子酒、淀粉、蜡烛、啤酒和硫酸而出名。

富汉姆（Fulham）：最初拼写为"Fullenhanne"和"Fullenholme"，意思是"家禽或鸟聚集的地方"。也可能指的是"洗衣工的院落"；也有人认为这个名字的意思是"污秽的家"或是"泥泞的定居点"。一度因其商业化农场和作为英国第一座燃气厂的所在地而闻名。在1973年以前，伦敦主教的家都安在这里。塞缪尔·理查森和拉迪亚德·吉卜林也都住在这里。过去，富汉姆的居民被认为比帕特尼的居民更有教养，但现在这两座城镇受尊敬的情况倒了过来。"富汉姆骰子"的意思是"假骰子"。

巴特西（Battersea）：这个名字是个谜。语义学家对其来源提出过"圣帕特里克"（St Patrick）[①]"圣彼得"（St Peter）或是"蛋糊布丁"等不同说法。在《末日审判书》中，它先是被写成"Patrice-cey"，后来又被写成"Batrichsey"。"蛋糊布丁"的派生性是很明显的。然而该地名所代表的意思很可能是"拜德里克"（Badric）或"拜塔"（Batta）的"岛屿"。该镇过去因出产芦笋而出名，现在则因"猫狗之家"[②]而出名。有一首无名诗人的诗，提到了这里：

[①] 圣帕特里克（St Patrick）：五世纪时在爱尔兰传教的一位基督教传教士和主教，被称作"爱尔兰最初的传教者"，是爱尔兰最重要的守护圣人。

[②] 1860年玛丽·泰尔比（Mary Tealby）成立了全英第一家收容流浪狗的机构，1871年该机构搬到巴特西，1883年开始同时收容流浪猫，是英国最著名的动物援助中心，伊丽莎白女王二世是其赞助人。

> 哦，对我来说，更亲爱、
> 更明亮和更清澈的，
> 是泰晤士河在美丽的巴特西所泛起的
> 层层涟漪。

在这里，泰晤士河的性情要更暴烈一些。巴特西桥附近的波浪因"凶猛"而出名。

切尔西（Chelsea）：当地在《末日审判书》中一开始的提法是"Chelched"，后来改成"Cercehede"。八世纪时，当奥法在这里召开宗教大会时，这里又变成了"Ceolshythe"。它也被写作"Cealchythe"，意思可能是"运垩土或石灰的停靠地"，或者是"碎石子停靠地"。从八世纪起，在切尔西古教堂（Chelsea Old Church）的位置上就有一个教堂。托马斯·莫尔的家就位于这里——教堂里还有一块献给他一家的纪念碑。泰晤士河的这一段，被人嘲讽地称为"伦敦工人阶级的大海"。十九世纪早期、被称作"小家伙们"的当地年轻人，他们"在头一侧顶着细密的、用铅制卷发器卷出来的卷发，帽子歪戴或卷在一边；穿的马裤在膝盖附近可以看到8个——有时候是10个——纽扣，绑着很多绳子，学的是著名的'16根绳的杰克'"。可以说，切尔西一直是时尚的中心。

兰贝斯（Lambeth）：意思是"土壤肥沃的港口"或"泥泞的河岸"，或者是"Lamhytha"——"羊群靠岸的地方"。在《末日审判书》中，这里被称作"Lanchei"。这里最著名的是作为坎特伯雷大主教寓所的宫殿。这里的教堂也是特拉德斯坎特园艺历史博物馆的所在地。这里还是各种魔法师和星相家的家园，他们可能是被当地地名的希伯来语含义——"羔羊之家"——所吸引。"Beth-el"在希伯来语中是指"神圣之地的名字"。但这里过去一直是一个有点粗野的地方。十八世纪时，布莱克搬到这里，住在各种名声不佳、举止极端的邻人中间。人们认为是泰晤士河南岸的潮湿空气，让人们变得虚弱，并养成了各种恶习。兰贝斯被称作是"伦敦所有'恶习'与'不道德'的下水道与汇集处"之一。它因陶器业和当时无所不在的"脏臭产业"而出名。这里也是造船工与修船工的避风港。十九世纪时，它被认为是展示了"河滩丑陋的一面，到处是潮湿的公寓房、烂掉的码头和肮脏的船屋"。有一系列令人惊叹的早期照片，展示了那些别具一格以及被荒弃的河岸住宅区，因为要建阿尔伯特堤岸及相关道路而被清理的过程。

威斯敏斯特（Westminster）：撒克逊人称之为"Thornege"，意思是"荆棘岛"。该岛可能是由河的一只"手臂"而形成的——这条"手臂"被称作"长渠"（Long Ditch），但更有可能的是，该岛是被低矮的沼泽地所环绕，从这些低地上形成了更高的地面。这里过去曾有一座献给阿波罗的神庙。目前位于西边的那座修道院出现于公元十一世纪，但从七世纪早期开始，这里就有了一座僧侣院。东撒克逊人的国王赛波特，在这里建了一座修道院教堂，并命名为"西教堂"，以区别于"东教堂"——也被称作"圣保罗教堂"，由其叔叔埃塞尔伯特（Ethelbert）[①]所建。赛波特的遗骨目前仍放在修道院里。是惠灵顿公爵（The Duke of Wellington）[②]坚持让今天的这座议会大厦直面河水，这样就不会有被愤怒的人群包围之虞。

金融城和伦敦中心城区（City and Central London）：泰晤士河是伦敦的起源。这座城市的名字可能来自凯尔特语的"llyn–dun"，意思是"水塘边的丘陵要塞"——当然这就意味着凯尔特人早在罗马人之前就定居在这里。这里是从河口往上、第一次出现了质地坚硬、两

---

① 埃塞尔伯特（Ethelbert，835—866）：858 年从父亲那里继承了肯特王国及英格兰东部地区的王位，860 年又从哥哥埃塞尔伯德（Ethelbald）那里继承了西撒克逊人的王位，成为首位英格兰国王。
② 威灵顿公爵（The Duke of Wellington，1769—1852）：出生于都柏林，本名 Arthur Wellesley，十九世纪英国重要的军事及政治人物，1815 年在滑铁卢之战中打败拿破仑，使其成为英国头等战争英雄，曾两度出任英国首相。

山夹护的高地。有人声称泰晤士河就是伦敦——它就是伦敦的缩影、流动的精华与灵魂。当《伦敦新闻画报》(*Illustrated London News*)第一次出版时,封面所画的就是泰晤士河。泰晤士河是这里的"主神"。诗人约翰·梅斯菲尔德(John Masefield)[①]以"水流铺就的大道"、城市的"中央大街和主干道"来形容它。它与伦敦的联系,就像血与身体的联系一样。可以有把握地说,全世界没有其他任何一座都城,像伦敦这样依赖其河流。它不仅仅是它的市场、它的港口和它的通衢。泰晤士河赋予伦敦以尊严、宏伟及美学上的各种可能性。没有泰晤士河,伦敦不可能拥有这些品质——这就是为什么伦敦大多数宏伟的建筑纪念碑都依河而建的原因。然而奇怪的是,伦敦人自己很少使用泰晤士河。他们匆匆忙忙地穿过它,努力不从其身边走过,也很少在它上面进行探险。对伦敦人来说,泰晤士河哪儿也到不了。它不能被用作到电影院、剧院或是酒馆去的要道,因此就遭到伦敦人的忽略。人们并不觉得泰晤士河有趣。在伦敦的大部分地区,甚至在河岸地区,泰晤士河都很少能被看到——它只是在建筑物之间,偶尔被眼睛"扫"到。而对泰晤士河来说,它很愿意保持这种"冷淡"的状态。它既不亲近也不曲意巴结,看起来依然显得既远古又黑暗,给人一种晦涩难懂的感觉。

萨瑟克(Southwark):意思是"南边的工程"。这里的河边建了一道防御性的墙。有人认为该"工程"是罗马人建的堡垒。在巴特尔桥胡同(Battle Bridge Lane)尽头,通往图利街那里,有一条狭窄的小径,至今仍被称作"英格兰战场"(English Grounds)——在一张1848年的伦敦地图上就是这么叫的。在那张旧地图上,还有一块小小的、以阴影标注的地方叫"爱尔兰战场"(Irish Grounds)。这张地图有可能是十九世纪爱尔兰工人和英格兰工人之间发生的扎营斗争的纪念物

[①] 约翰·梅斯菲尔德(John Masefield,1878—1967):英国诗人、作家,1930年获英国"桂冠诗人"称号。

吗？没有必要试图在当地寻找年代更为久远的战争。这里的桥的名字是因为它是属于萨塞克斯的巴特尔修道院（Battle Abbey）的僧侣们所拥有的旅社的一部分。

沃平（Wapping）： 韦帕（Waeppa）及其手下人的定居点。这一早期部落（或"群体"）居住在东面由霍克斯莫尔所设计的圣乔治（St George）教堂的土地上。一度被称作"树人沃平"或"烂泥沃平"。塞缪尔·约翰逊催促博斯韦尔去"探索沃平"，以便彻底了解伦敦及其世界。一直到现在，这里还是伦敦的一个"样本"。一度是肥沃的田地与牧场，这里在十七和十八世纪时变成了河岸居住区，被人描述为"一条连续不断的大道，两侧是由小公寓和农舍组成的小巷，由为水手们供应食宿的人所建"。换句话说，这里是酒吧与妓院的所在地。十九世纪时，这里变成了伦敦港区（London Docks）的一个附属地带，随后在二十世纪中变成了贫民窟和荒地。在眼下的二十一世纪，这里变成了豪华公寓、不动产公司和时代国际（Times International）总部大展身手的地方。

伯蒙德西（Bermondsey）："比奥芒德（Beormund）之眼"——或是"之岛"。"眼"（eye）这个词，现在由泰晤士河边的"伦敦眼"所独享，但最初被广泛用来指泰晤士河流域的沼泽地或洪水平原上的小岛。伯蒙德西最开始是作为一条穿过沼泽地、通往撒克逊人中期①所建的一座大教堂的堤道而存在的。

十四世纪时，一座克吕尼修道院（Cluniac abbey）在当地拔地而起，这里成为周围地区的商业与精神生活的中心。十八世纪以前，像很多河岸居住区一样，伯蒙德西引来了制革业、胶水制造这样有较强毒害性的产业。当地所散发的各种令人讨厌的气味开始远近闻名。然而这些气味并不是完全不受欢迎——当时人们认为制革的气味可以抵抗瘟疫。这里的街道，现在仍然保留着"制革匠街"（Tanner Street）

---

① 指公元七至九世纪。

"摩洛哥皮街"(Morocco Street)"皮市街"(Leathermarket Street)这样一些名字。"像制帽匠一样疯狂"(mad as a hatter)这个短语,就来自折磨着伯蒙德西制帽匠的一种疾病——他们因在工作过程中,吸入高毒性的水银冒出的烟雾而致病。这里也是《雾都孤儿》(*Oliver Twist*)中所描写的比尔·赛克斯的藏身之所"约伯岛"(Jacob's Island)的"光荣所在"——如果可以这样说的话,书中是这样描写的:这里有着"令人厌恶的各种贫困状态,到处是令人恶心的污秽、腐烂和垃圾"。赛克斯的住处位于艾凯特街(Eckett Street),很早以前就被拆除了。

沙德维尔(Shadwell):这个地名并不是"阴影之井"或"阴森之井"的意思。这个名字来自"Ceadeles's well"——"希德莱斯之井"——希德莱斯是前基督教的一位水神。伯蒙德西那里有一个地名叫"沙德泰晤士"(Shad Thames),该地名被认为是"泰晤士河的圣约翰街"的变体——圣约翰的骑士们在附近拥有磨坊,但这个地名也可能与希德莱斯有关。

莱姆豪斯(Limehouse):石灰干燥炉或石灰窑厂的所在地。这里从十四世纪开始就有从事石灰业的工人,直到最后一处窑厂于1935年关闭。十八世纪时,这里有一处瓷器厂。这里的造船业也很出名。十九世纪时,它被称作"唐人街",并且因鸦片馆和"瘾君子"而出名。事实上,这里并不像外面所流传的那样危险和十恶不赦——虽然像奥斯卡·王尔德和萨克斯·罗默这些彼此风格迥异的作家,都为当地打造了大量充满奇思妙想的阴谋事件——这就难怪大部分伦敦人都要躲开这里。现在这里到处都是昂贵的河畔公寓。

罗瑟海兹(Rotherhithe):也写作"莱德里夫"(Redriff)。莱德里夫路(Redriff Road)至今还在。该名字普遍被认为指的是"红色的暗礁"——据说在米尔沃尔码头入口处的下面,有一片贯穿河底的浅红色的砾石。但这个名字也可能来自"redhra"——撒克逊语"水手"的意思,而"hythe"的意思是"避风港"。这样看来,当地与水手和轮船的联系已经有一千多年了。它也可能指的是"牲畜靠岸地"。朝圣的长老们从这里驶向普利茅斯和"新世界"(the New World)[1]。十八世纪时，这里是一个从事各种航海贸易的水手和商人们居住的村庄。莱缪尔·格列佛（Lemuel Gulliver）[2]就住在这里。十九世纪，这里成为港口之家，很多港口与波罗的海或斯堪的纳维亚半岛有着联系。谷物和木材是最主要的货物，虽然"西西里硫磺"——来自巴勒莫[3]的硫磺——也是一种重要商品。爱德华三世所建的一座庄园大宅的遗迹，现在在教堂西面的河岸处仍能看到。这里的盖里沃尔路（Galleywall Road），曾被拼作"Galley Wall"，大家都认为那是克努特大帝为了让其木船可以包围泰晤士河而下令修建的巨大沟渠的边缘标志。

[437]

德特福德（Deptford）： 深河滩。这里曾经有一座罗马人建的桥，后来烂掉了。现在伫立在这里的是德特福德桥。这里曾经发现过撒克逊人的定居点。它可能曾被称作"马里顿"（Meretun），意思是"沼泽地上的居住点"。公元 871 年，埃塞雷德在这里打败了丹麦人。这里最著名的可能是作为克里斯托弗·马洛去世的地方。俄国的彼得大帝（Peter the Great）[4]曾在约翰·伊夫林拥有的塞伊斯宫（Sayes Court）住了几个月；他最喜欢的消遣是喝醉以后躺在独轮手推车里，被人推着穿过伊夫林家那修建整齐的树篱。这里现在还有一条街叫沙皇街（Czar Street），但皇宫早已不见了。彼得大帝对亨利七世在 1513 年所建的皇家海军造船厂尤为感兴趣。雷利、弗罗比舍（Frobisher）[5]和德

---

[1] "新世界"（the New World）：旧指地球的西半球，尤其是美洲。"地理大发现"之前的古典地理学者认为地球是由所谓的"旧世界"非洲、亚洲和欧洲组成的。
[2] 莱缪尔·格列佛（Lemuel Gulliver）：斯威夫特的《格列佛游记》中的主人公。
[3] 巴勒莫（Palermo）：西西里首府。
[4] 彼得大帝（Peter the Great，1672—1725）：在位期间扩张了沙俄的领地，使得俄国成为欧洲的一支重要力量；并以启蒙主义为基础对俄国文化进行了改革。
[5] 马丁·弗罗比舍（Martin Frobisher，约 1535 或 1539 至 1594）：英国水手和私掠船船长，曾三次到达"新世界"以寻找西北航线。

雷克（Drake）[1]等名人，都曾在这里出发航海。

格林尼治（Greenwich）：来自撒克逊语"Grenewic"或"Grenevic"，意思是"绿色的港口"，"wic"指的是陆地上的干土与河流接壤处。这个地名的意思也可能是指——"草地上的村庄"，甚至指一个奶牛场。这里从中石器时期就开始吸引定居者。从爱德华一世开始，这里就有一座皇家宫殿；十五世纪时，该宫殿被称作"普拉森舍宫"（Placentia）——亨利八世和伊丽莎白一世都出生在这里。霍克斯莫尔在这里建造了圣亚斐奇教堂，以坎特伯雷大主教亚斐奇（Alphege）的名字命名，这位主教于1012年被入侵当地的丹麦人用牛骨抽打至死。皇家天文台，以及现在改为格林尼治大学的皇家医院，这些建筑物及其周边环境被一些人认为是泰晤士河岸最美丽的景色。笛福认为这里的泰晤士河水"非常甜美和新鲜，尤其在退潮时"，这一点现在可能已经变了。格林尼治杜松子酒现在仍在这里生产。镇东边有个地方叫"马蹄铁罅隙"（Horseshoe Breach）——那是河岸一处从未得到修复的缺口。还有一个地方叫"死狗湾"（Dead Dog Bay）。格林尼治已被纳入世界遗产名录。

狗岛（The Isle of Dogs）：它是一个半岛，而非岛屿。一度被称作"斯特本希斯沼泽"（Stebunheath [Stepney] Marsh）。该地名来源不详。这里是死狗的尸体被冲上岸的地方吗？还是爱德华三世的狗舍曾经位于这里？十一世纪时，这里是一个树木繁茂的沼泽地，伦敦主教在这里养了500只猪——因此很有可能这里是猪岛（the Isle of Hogs）？这个名字也可能是鸭岛（Isle of Ducks）的变体，甚至是土堤岛（Isle of Dykes）的变体。有一个故事讲一位船夫在这里谋害了一个人，受害者养的狗就在河中来回游泳，直到有人注意到它、跟着它为止；尸体被发现了，狗开始冲着船夫狂吠，因此毫无疑问他就是凶

---

[1] 弗兰西斯·德雷克（Francis Drake，约1540—1596）：英国船长、私掠船船长、贩奴主义者、伊丽莎白一世时期的政治家，1577—1580年间独自率队完成了第二次环球航海。

手——于是这里被称作"狗岛"。另外还有一个关于下场悲惨的狩猎派对的传说,参与者的狗化成幻影,在夜间悲啸。这里曾有一座史前森林,森林的遗骸在水下 8 英尺(2.4 米)处被挖了上来。十九世纪时,对这处森林的遗骸曾经有过这样的描写:"一堆腐烂的树、叶子和树枝,还有巨大的、中间烂穿的树干,每根纤维都保存得很完整,树皮也都没有被损害——很明显,这些树是被连根拔起的。"西印度码头(The West India Docks)于十九世纪早期在这里落成。直到二十世纪八十年代以前,这里住的都是彼此关系紧密——当然也很"半岛化"——的居民。这里还曾经发现了一座献给圣玛丽的石头小教堂。现在这个"港区之家"的标志是正在崛起的、规模宏伟的金丝雀码头。

沃利奇(Woolwich):羊毛农场——或者是进行羊毛交易的一处定居点。过去人们认为这里的河段很危险,深深浅浅难以预测。哈里森将这里的河水描述为"巨大";确实,这里的河面宽度超过了 1 英里,发洪水时,河水是咸的。这里的整个河岸地区曾经被称作"巴格斯比沼泽"(Bugsby's Marshes)。现在,沃利奇河段位于巴格斯比河段下面,后者是"巴格斯比坑"的所在地。该坑是十八世纪时的一个行刑场所,但现在只是一个存放生锈的、人们废弃不用的破船的小沙滩。没有人知道"巴格斯比"是谁。有人说他是一名海盗,也有人说他是一位蔬菜农场园艺家。沃利奇曾经是英国军队兵工厂的所在地,现在是泰晤士水闸(the Thames Barrier)的所在地。

伊里斯(Erith):碎石被装上船的地方——或者是碎石靠岸的地方。在河边一座山的山顶,发现了七、八具撒克逊人的骨架。这里一度被称作"莱斯尼斯"("Lesnes" 或是 "Lessness")。莱斯尼斯修道院(Lessness Abbey)的遗址现在还在。这里总是地势低平、多沼泽,被认为不利于健康。

格林海兹(Greenhithe):或者写作 "Gretenrcse",意思是"绿色停靠地"。一度是产量非常丰富的垩土矿坑。

达格纳姆(Dagenham):达可(Daecca)的小村庄或是居住地。

[439]

附近的巴金是以"百里卡的族人"(Berica's people)的意思命名的。这里是著名的"达格南决口"事件的发生地，1707.5 万英亩（2023 公顷）的沼泽地被洪水淹没，被淹没的地方直到 1721 年才被抽干并建了堤坝。福特汽车公司就建在这里，位于汽车厂北部有一个大湖，就是那次决口所留下的产物。

格雷斯瑟罗克（Grays Thurrock）： 归理查·德·格雷斯（Richard de Grays）① 所有的瑟罗克（Thurrock）庄园。"瑟罗克"这个词，也许来自"雷神索尔② 的橡树"（Thoar's Oak），或者来自撒克逊语"thorrocke"，指的是船底部收集污水的地方。也可能只是指田野中的粪堆——后者好像最有可能。这里是黑沙礁（the Black Shelf Sand）开始出现的地方。泰晤士河的这一段被称作"圣克莱门特河段"，因为位于西瑟罗克的圣克莱门特教堂是为了聚集在这一河段的坎特伯雷朝圣者和渔夫而建的。该教堂一度位于一个孤独而荒凉的所在，被沼泽地包围着，但现在其周围是现代化的工厂和炼油厂。这里也被称作"小提琴手河段"（Fiddlers' Reach），传说有三位小提琴手在这里被淹死，他们的即兴演奏会使得这里的河水狂野而波涛汹涌。还有一种说法是，船夫们过去称河面上不规则出现的隆起为"fiddling"。十九世纪早期的一份指南是这样描述格雷斯瑟罗克的："只有一条不规则的主要街道，位于一条仅能供载货不多的船只航行的小河边。"现在这里是一个规模可观的镇子，但仍被垃圾场和垃圾堆所占据，因此仍能够体现其名字原有的意思。伊丽莎白女王二世桥（The Queen Elizabeth the Second Bridge）——一座斜拉桥——在这里引导 M25 号公路穿越泰晤士河口。

蒂尔伯里（Tilbury）： 蒂拉（Tilla）的堡垒或自治镇。西蒂尔伯里

---

① 理查·德·格雷斯（Richard de Grays，死于 1271 年）：英国一位大地主，在亨利三世统治时期担任了很多重要职位。
② 雷神索尔（Thoar）：在挪威神话中，索尔是一位挥舞着锤子、与雷电、风暴、橡树、力量有关的神，是人类的保护神。

是 1588 年皇家驻军（the Camp Royal）的所在地，伊丽莎白一世就是在那里，为动员手下军队迎战西班牙入侵者，发表了著名演说。现在的蒂尔伯里要塞（Tilbury Fort），是十七世纪七十年代为阻挡荷兰人沿河进犯而建的——也许"蒂拉的堡垒"也曾坐落在那里。过去这里曾有一个造币厂，名字曾出现在"忏悔者爱德华"统治时期的一枚硬币上。笛福对这里有过这样的记载："整个河岸很低，四周伸展的都是沼泽和不健康的土地。"

格雷夫森德（Gravesend）：这个地名的意思不是"坟墓结束的地方"——根据一度流行的传说，大瘟疫到这里后就停止了。在《末日审判书》中，它被称作"格雷夫舍姆"（Gravesham），意思是"格雷夫之镇"或是"格拉夫之镇"——格拉夫是当地的伯爵或是首席地方官。这里是伦敦港（the Port of London）的入口处，海岸领航员在这里将权力让渡给河岸领航员。十四世纪时，这里的船夫独享将乘客运到伦敦去的权力。这里曾经是抵达之所，也是离开之所。探险者和殖民者、被船拉走的犯人和移民，在这里可以最后看看他们将要离开的这块土地。就是在格雷夫森德河段，大卫·科波菲尔（David Copperfield）[①]向派高堤先生（Mr Peggotty）[②]道别；也是在这里，米考博一家（the Micawbers）[③]从我们的视线中消失。十九世纪的一份对泰晤士河的描写认为，这里"与相见和别离有关，与命运的巨大改变有关，与'生活'这出戏剧中最热切的时刻有关"。泰晤士河从格雷夫森德和蒂尔伯里到海洋的部分被称作"希望之河"。这里也是一个令人不得安宁的地方，康拉德将其描述为"地球上最黑暗的地方之一"。镇里 1834

[441]

[①] 大卫·科波菲尔（David Copperfield）：狄更斯的第八本小说《大卫·科波菲尔》中（1850）的主人公，是他自己最喜欢的角色，带有自传色彩。
[②] 派高堤先生（Mr Peggotty）：《大卫·科波菲尔》中的人物，一位正直善良的渔民，大卫曾经寄住在其家中，与其家人结下了深厚的友谊。
[③] 米考博一家（the Micawbers）：《大卫·科波菲尔》中的人物，以狄更斯的父亲为原型，二者都曾因欠债而入狱。小说中米考博一家为开始新生活，移民澳大利亚并在那里获得成功。

年建的防波堤还在。该镇标志着一直延伸到黑斯廷斯的撒克逊海防要地（the Saxon Shore）①的开始。

克利夫（Cliffe）： 被称作"Clive""Cloveshoo"或"Cliffe-at-Hoo"；一度也被称作"主教们的克利夫"（Bishops' Cliffe），因为坎特伯雷地区的所有撒克逊主教们，都会在一个叫"克劳夫绍驰（Clofeshoch）"的地方召开年度宗教大会。人们认为这是第一个具有"议会"性质的体系在英格兰的诞生。这里过去曾有一个非常繁荣的港口，从其位于悬崖上的位置来看，地理位置非常显著。1797年，有报道称，"克里夫好像在日益走向荒凉与贫穷，这里的居民数量每年都在减少，房屋因缺少维护而正在变成废墟"。十九世纪时，这里被描述为"一个孤独而原始的地方"——毫无疑问，疟疾也打败了这里的居民。人类居住区在不同程度地消失着。

谢佩岛（Isle of Sheppey）： 来自撒克逊语"sceapige"——因岛上有大量绵羊。托勒密（Ptolemy）②称其为"Toliapis"。这里的"海上教堂"（Minster-upon-Sea）是英国最古老的教堂之一，由赛克斯伯格王后建于公元670年。那里最早还有一个献给阿波罗的神庙。很多个世纪以来，这里都是丹麦人和撒克逊人之彼此争斗的战场。公元832年，这里被"异教徒"侵占了。从那以后，一切都不一样了。

坎维岛（Canvey Island）： 迦南人（Cana）之岛。约有4000英亩（1620公顷）土地，一度是平坦的湿地。这里可能就是托勒密和其他古代作家笔下所写的"the Convennos"或"Counos"。这里有大量罗马统治时期不列颠人（Romano-British）的痕迹。公元二世纪，这里是制盐者的家园，他们的居所在该岛被淹没时毁于自然灾害。这里的居民的命运，一直被掌控在大海的手中。后来，这里变成了牧羊人之岛；

---

① 撒克逊海防要地（the Saxon Shore）：指罗马帝国后期在英吉利海峡两岸所建的一系列军事堡垒。
② 托勒密（Ptolemy，约公元100年—170年）：希腊作家、数学家、天文学家、地理学家和星相家。

再后来，这里成为一批荷兰人的家——这些荷兰人在十七世纪早期用"围海造田"技术交换居住权。用威廉·哈里森的话来说，这里"有人称其为'沼泽地'，将其比作一个调料袋；对另一些人来说，它就像一把老虎钳、一只螺丝钉——或者一只宽大的袖子，因为它的东面很小，西面很大"。十九世纪早期，据说，"只有那些不关心自己死活的人，才会来这个岛上做农活"。然而到十九世纪中期，因为下水道系统的改进及蚊子数量的减少，疟疾消失了。二十世纪初，这里被称作"伦敦周围几个郡中最孤独的地方"。然而随后几年，大规模的城市社群开始在这里发展。这里也成为伦敦人度假的一个地方。1953年的大洪水，夺去了岛上83位居民的生命。

［443］

译后记

任明

当 2014 年雅琳与我谈起她正在策划一套有关城市文化史的翻译丛书时，我认为这是个好主意，并试着推荐了几本与伦敦有关的书，因为版权与体例等原因未果。当 2015 年她拿下英国著名作家彼得·阿克罗伊德的 Thames: Sacred River 的版权并问我是否有兴趣翻译时，我表现出一个热爱文字并且对翻译工作感兴趣的人应有的热情，雅琳于是将这个任务交给我；其间她经历了怀孕生子，组织出版了柏林、伊斯坦布尔、威尼斯和孟买四本城市文化史的译著；我在未取得任何成绩的背景下（除了在 2017 年交了译稿），自我感觉（内心）经历不少，收获颇丰。日子就这样一天天过去。当 2020 年疫情期间（现在回首竟然也彷如隔世），雅琳在微信中告诉我说这本书马上要付印出版时，我正如俗语所说的，有一种恍然如梦的感觉。

如今这本装帧漂亮、典雅大方、厚达 529 页的《泰晤士：大河大城》放在我面前，除了翻译过程中的种种辛苦、与两种文字的搏斗重泛心头，我更想以译者的身份总结一下这本书的两个主要特点。

首先是阿克罗伊德的文字很优美。当我第一次拿到英文书稿时，就被作者优美的文笔所吸引，有一种迫切想要将其翻译成中文的冲动。阿克罗伊德在书中打造了一种流水般的、既连绵不断又简洁明晰的表达方式。这使得他的一些句子会像流水一般长与复杂——这一英语写作的特点，一向是中文译者要与之展开搏斗的主要障碍。我试着传递那种流水般的绵延感。很有可能我失败了。这要留待读者评说。书稿中保留了这种搏斗的痕迹。但本书的文字风格，主要是简洁、明晰，以及一种讲故事般的娓娓道来。阿克罗伊德出生于伦敦，从书中可以看出，他对流过这座城市的这条河有着深厚的感情——尽管那不是一种童年时在河边玩耍或下河游泳那样的感情。在他笔下，伦敦的泰晤士河是广大、深沉而怵人的。那是帝国的河流，也一度是黑暗与死亡之河。

也许是出于这种庄严感，作者以一系列数字开始了对泰晤士河的描述："泰晤士河长215（约346公里）英里，可以通航的长度是191英里（约307公里），是英格兰但不是大不列颠王国最长的河——英国境内的塞文河比它大约长5英里。"在列举了亚马逊河（世界第二长河全长约6400公里,）、密西西比河（世界第四长河，全长约6262公里）和长江（世界第三长河，全长约6397公里）的长度以后，作者说，"但它们都没有像泰晤士河那般吸引全世界的注意力"。

这是在本书第105个字（译成中文后）时出现的一个句子，读到这里时，我停了下来，对作者的声言持保留意见——正如大多数读者大概也会做的那样。泰晤士河是全世界最受关注的河流吗？这是一个很难被"证明"或"反证"的断言，虽然作者写这本书的目的，就是为了证明泰晤士河的辉煌历史。看完这本书，你也许会发现，作者的目的达到了。在他的笔下，泰晤士河古老而无言，承载着历史的脚步与人类社会的悲喜剧一路前行，奔腾入海；其古老与丰富，正如诗人丁尼生所言："宛如在睡梦中移动，太过满溢而不能发出声音与泡沫。"阿克罗伊德笔下的泰晤士河，也仿佛是一位静静躺着的巨人，有着无比的忍耐与包容力："船过了纽布里奇以后，泰晤士河变得更宽，也更深，静静等待着新的变化。"位于牛津郡西部的小镇纽布里奇为什么会给泰晤士河带来这样的变化？其中与地理、历史等有关的原因也许会很复杂，但作者的解释已经足矣："牛津是一个关键的转折点，在那里你可以回望上游,思考泰晤士河安静的起源,也可以朝下游看去,凝望即将到来的伦敦的广大。"这条古老的河,是亘古的纽带,也是大千世界的化身——而伦敦在另一侧赫然在望。

阿克罗伊德是一位爱河之人。除了尽心罗列古往今来的诗人、画家、作家乃至历史学家对泰晤士河的描述与歌颂(本书这部分内容非常精彩),他还会以细腻的文笔描写在河上与在陆地上的不同感受:"当你出发到河上航行时,某种程度上,你变得与周围的世俗世界相脱离。世俗世界变得比实际上更为遥远,就好像在从陆地到河流的过程中,你也穿越了其他某种边界。"他热爱大自然的光影变幻,在他笔下,河岸的色彩就像在电影镜头里一样生动:"河的上游有绿色的河岸,零碎而不单调;河中总是有接续不断的色彩与明暗,其微妙的变化起伏就像是安静流动的河水一样——从最浓郁到最清淡的绿色。这些色彩如波纹一样荡漾,缓缓展开、分离,又消融在彼此之间。"这种可以牵动记忆与感官的文字之美,是阅读本书的奖赏之一。

"……在小船与平底舟、梅朵港的体育运动及宾赛的河边野餐会的包围下,河面微风吹拂,令人感到轻松愉快。然而随后随着光线的某种变化,河水开始变成暗绿色,被植物包围着,就好像是丛林之中的河流……"读到这一段的时候,我想起了长江。在我的记忆中,长江还没有被谁这样生动而富有概括性地描述过,但它同样值得被描述及拥有一部"传记"。

其次是这本书以一种既冷静又饱含情感的笔触,为泰晤士河及围绕它成长起来的那座著名城市,撰写了彼此依靠、互相成就的历史——"没有人会否认泰晤士河对伦敦的至关重要性。它为这座城市带来了贸易,同时也带来了美、肮脏、财富、悲惨与尊严。如果没有泰晤士河,伦敦这座城市就不会存在"。美、肮脏、财富、悲惨与尊严,这本书都进行了讲述,姑且以肮脏与悲惨为例。

题为"污秽之河"这一节,在我看来,有着全书最为惊心动魄的描述。阿克罗伊德以文字为铲,翻滚着那些令人生理不适、但又栩栩如生、货真价实的文字。其中有些出自国王之口——1357年，爱德华三世表达了他对泰晤士河的不满："粪便和其他脏东西在河岸各处不断堆积……废气和其他令人作呕的恶臭从那里散发出来。"河里的脏东西包括腐肉、残渣、粪便、内脏、废物、废水和垃圾……还有"死猪、死狗、死猫、被剥了皮的马"和"马厩里的粪便、动物内脏和垃圾"。"布丁巷"，不是根据某种可口的食物命名的，而是指从那里被装卸到河上"粪便船"的"粪便布丁"。当时为泰晤士河所散发的臭气所苦，议会大厦的窗户需挂上浸着氯气的窗帘。即使是这样，财政大臣还是在某次会议中捂着鼻子落荒而逃。想到河上游览的维多利亚女王和丈夫，也曾经被河上令人恶心的气味逼回岸边。这是触目惊心的肮脏，也是触目惊心的历史陈述。仿佛担心读者未能真正领会泰晤士河当时的惨状，阿克罗伊德又以自己的文字做了如下表述："世界上最大城市的粪便和垃圾，流进了泰晤士河。300万人使用过的污水在潮汐中冒泡——泰晤士河变成了一条巨大的、敞开的下水道。"

还有悲惨。虽然泰晤士河上游的风光，到现在还给人一种田园牧歌般的感觉，但这种感觉到了伦敦境内就荡然无存。19世纪的《伦敦劳工与伦敦贫民》一书，对城中依靠河流为生的人的悲惨状况进行了描述：那些大清早聚在码头入口处等待打短工的人，"有的穿着做工粗糙、胳膊肘开线的外套，脏衬衣都露了出来；有的穿着油腻腻的运动夹克，脸上长着红丘疹……"以在肮脏的河水中捡拾煤块、铁块、漂流木或是靠其他"幸运发现"度日的"泥雀"们，大多是儿童或是上了年纪的妇人，"带着一种悲惨的迟钝表情，他们啪啪踩着烂泥，在急切地四处窥视时，身体也向前弯着。""他们当衣服穿的、难以描述的破烂之物几乎遮不住半边身体，身上沾着河里的烂泥，破旧的衣服上也沾着各种烂泥，硬得像硬纸板。"

这个时期的河边住宅，也和它们的主人一样悲惨："街道衰败，散发着黑暗与恶臭的气息，偶尔有玻璃已经破碎的煤气灯支架高高挂在潮湿的墙上。……两侧到处都是酒馆、当铺、妓院和租给水手的廉价房屋。"1931年，弗吉尼亚·伍尔夫写了一篇题为《伦敦的码头》的散文，描写泰晤士河两岸如何"成排耸立着昏暗、看起来破破烂烂的仓库。它们挤在满是平坦而粘滑的烂泥地面上……桅杆和烟囱后面，是一座凶险而低矮的、由工人住宅组成的城市。前方，吊车和仓库、脚手架和储气罐一起在岸边组成了一副建筑物般的骨架"。当时仍然作为"帝国的河流"在流淌的泰晤士河，在女作家眼中，是一幅"忧郁阴沉的景象"。

当然，对那些以资本、天赋与勤奋与这条河共同奔流的人来说，泰晤士河大多是财富与机会的象征。18 世纪 20 年代，在泰晤士河边拥有一家瓷砖加工厂的丹尼尔·笛福计算得出，任何一天，在泰晤士河上都有 2000 艘左右的船只在往来。对他来说，"银色的泰晤士河"确实是"银色"的，是流水般的钱币穿过伦敦的心脏。

1665 年通过船上的老鼠传播到城里、死亡人数超过 10 万人的大瘟疫，1666 年在北岸整整烧了四天的大火，"二战"期间德军对两岸不间断持续了 57 个晚上的 1400 次袭击；上个世纪 50 年代河流"被遗忘"，南岸成为"绝望与耻辱的代名词"；新世纪新的复苏形式：过去的废弃码头，现在是新的金融中心与公寓楼社区；过去为船坞所开凿的运河，现在变成了游艇码头；搬走的以及重新回归的工业……伦敦与泰晤士河的故事，在阿克罗伊德雄健的笔触与庞杂的资料覆盖下，有如一对饱经沧桑、不离不弃的伴侣，它们依偎在一起，倾听着大海的波涛，也倾听着历史的低语。

参考文献

Adams, Anna (ed.), *Thames: An Anthology of River Poems* (London, 1999) Adams, F.D., *The Birth and Development of the Geological Sciences* (London, 1938) Addison, William, *Thames Estuary* (London, 1954)

Adkins, R. and Jackson, R., *Neolithic Stone and Flint Axes from the River Thames* (London, 1978)

Anderson, Jo, *Anchor and Hope* (London, 1980) Anderson, J.R.L., *The Upper Thames* (London, 1970) Anon., *Chronicles of London Bridge* (London, 1839) Anon., *The Royal River* (London, 1885)

Armstrong, Walter, *The Thames*, two volumes (London, 1886) Arnold, Ralph, *The Hundred of Hoo* (London, 1947)

Astbury, A.K., *Estuary* (London, 1980)

Atterbury, Paul (ed.), *Nicholson's Guide to the Thames* (London, 1969)

Bachelard, Gaston, *L'Eau et les Rêves* (Paris, 1964)

Ball, E. and Ball, P.W., *Cruising on the Thames* (Newton Abbot, 1970) Barclay, Alistair and Harding, Jan (eds), *Pathways and Ceremonies* (Oxford,1999)

Barclay, Alistair, Lambrick, George, Moore, John and Robinson, Mark, *Lines in the Landscape* (Oxford, 2003)

Barham, Tony, *Witchcraft in the Thames Valley* (Bourne End, 1973) Bates, Brian, *The Real Middle Earth* (London, 2002)

Bates, L.M., *The Spirit of London's River* (Old Woking, 1980) Bates, L.M., *Thames Cavalcade* (Lavenham, Suffolk, 1991)

Batey, Mavis, Buttery, Henrietta, Lambert, David and Wilkie, Kim, *Arcadian Thames* (London, 1994)

Belloc, Hilaire, *The Historic Thames* (London, 1914)

Benson, Don and Miles, David, *The Upper Thames Valley* (Oxford, 1974) Besant, Walter, *The Thames* (London, 1903)

Blair, John, The *Anglo-Saxon Age* (Oxford, 1984)

Bolland, R.R., *Victorians on the Thames* (Tunbridge Wells, 1974)

Bootle, Robin and Bootle, Valerie, *The Story of Cookham* (Cookham, 1990)

Bradley, Richard, *The Passage of Arms* (Cambridge, 1990) Bradley, Richard, *An Archaeology of Natural Places* (London, 2000) Bridgland, D.R., The Quaternary of the Thames (London, 1994) Brittain, Robert, *Rivers, Man and Myths* (New York, 1958)

Broodbank, Sir Joseph, *History of the Port of London*, two volumes (London,1921)

Brown, N.W., and Reed, Graham, *London's Waterfront* (London, 2003) Burke, Thomas, *Limehouse Nights* (London, 1917)

Burke, Thomas, *The Song Book of Quong Lee* (London, 1920) Burstall, Patricia, *The Golden Age of the Thames* (London, 1981) Burton, W. (ed.), *A Commentary upon Antoninus* (London, 1661) Bunge, J.H.O., *Tideless Thames in Future London* (London, 1944) Butzer, K.W., *Early Hydraulic Civilisation in Egypt* (Chicago, 1976)

Byrne, L.S.R. and Churchill, E.L., *The Eton Book of the River* (Eton, 1952)

Cairns, A.J., *The Book of Marlow* (Marlow, 1976)

Carroll, Lewis, *Alice's Adventures in Wonderland* (London, 1865) Carroll, Lewis, *Through the Looking-Glass* (London, 1871) Céline, Louis-Ferdinand, *Guignol's Band* (New York, 1944) Chandler, J. (ed.), *John Leland's Itinerary* (Stroud, 1993)

Chaplin, P.H., *The Thames from Source to Tideway* (Weybridge, 1982) Christianson, C.P., *The Riverside Gardens* (London, 2005)

Church, A.J., *Isis and Thamesis* (London, 1886)

Clews, Brian and Trodd, Paul, *Thames Valley and the Chilterns* (London, 1987) Cobbett, William, *Rural Rides* (London, 1830)

Collis, J.S., *The Moving Waters* (London, 1956)

Combe, William, *An History of the River Thames* (London, 1794–1796) Conrad, Joseph, *Youth and Two Other Stories* (London, 1902) Conrad, Joseph, *The Mirror of the Sea* (London, 1906)

Conrad, Joseph, *Some Reminiscences* (London, 1912)

Cook, John, *Old Father Thames and Sleeping Beauty* (Bristol, 1966) Cope, Julian, *The Modern Antiquarian* (London, 1998)

Cornish, C.J., *The Naturalist on the Thames* (London, 1902) Cove-Smith, Christopher, *The River Thames Book* (Huntingdon, 1996) Cracknell, B.E., *Canvey Island* (Leicester, 1959)

Cracknell, B.E., *Portrait of London River* (London, 1968) Croad, Stephen, *Liquid History* (London, 2003)

Cunliffe, Barry and Miles, David (eds), *Aspects of the Iron Age in Central Southern Britain* (Oxford, 1984)

Cuss, H.W.J., *The Valley of the Upper Thames* (London, 1998)

Daniell, A.E., *London's Riverside Churches* (London, 1897)

Darby, Stephen, *Chapters in the History of Cookham* (London, 1909) Darvill, Timothy, *Prehistoric Britain* (London, 1987)

Davies, G.H., *A Walk Along the Thames Path* (London, 1989)

Defoe, Daniel, *A Tour Thro' the Whole Island of Great Britain* (London, 1724) Dickens, Charles, jnr, *A Dictionary of the Thames* (London, 1887)

Dix, Frank L., *Royal River Highway* (London, 1985)

Drayton, Michael, *Poly-olbion. Or a Chorographicall Description of Tracts, Rivers, Mountaines, Forests* (London, 1612)

Eade, Brian, *Along the Thames* (Stroud, 1997)

Eade, Brian, *Forgotten Thames* (Stroud, 2002)

Ebel, Suzanne and Impey, Doreen, *London's Riverside* (London, 1975) Edmonds, Mark, *Ancestral Geographies of the Neolithic* (London, 1999) Egan, Pierce, *The Pilgrims of the Thames* (London, 1838)

Ellmers, Christopher, *City and River* (London, 1989)

Ellmers, Christopher and Werner, Alex, *London's Lost Riverscape* (London,1988)

Ellmers, Christopher and Werner, Alex, *London's Riverscape Lost and Found* (London, 2000)

Emanuel, W.V., *River Thames* (London, 1940)

Emmons, Ron, *Walks along the Thames Path* (London, 2001)

Fearnside, W.G., *Thames and Medway* (London, 1830)

Fidler, Kathleen, *The Thames in Story* (London, 1971)

Foreman, S., Hiller, J., and Petts, D., *Gathering the People, Settling the Land*(Oxford, 2002)

Fowler, Peter, *Wessex* (London, 1967)

Freethy, Ron, *The Natural History of Rivers* (Lavenham, 1986)

Gaze, W.C., *On and Along the Thames* (London, 1913) Getty, Adele,

Goddess (London, 1990)

Gibbard, P.L., *Pleistocene History of the Middle Thames Valley* (London, 1985) Gibbard, P.L., *Pleistocene History of the Lower Thames Valley* (Cambridge, 1994) Gibbings, Robert, *Sweet Thames Run Softly* (London, 1940)

Goldsack, Paul, *River Thames* (Chalfont St Peter, 2003)

Goodsall, R.H., *The Widening Thames* (London, 1965)

Gordon, R.M., *The Thames Torso Murders of Victorian London* (London, 2002) Grahame, Kenneth, *The Golden Age* (London, 1895)

Grahame, Kenneth, *Dream Days* (London, 1898)

Grahame, Kenneth, *Pagan Papers* (London, 1900)

Grahame, Kenneth, *The Wind in the Willows* (London, 1908)

Grieve, Hilda, *The Great Tide* (Chelmsford, 1959)

Hadland, Tony, *Thames Valley Papists* (Oxford, 1992)

Hall, Mr and Mrs S.C., *The Book of the Thames* (London, 1859) Harper, C.G., *Thames Valley Villages*, two volumes (London, 1910) Harrison, Ian, *The Thames from Source to Sea* (London, 2004)

Harrison, Jeffery and Grant, Peter, *The Thames Transformed* (London, 1976) Harrison, William, *An Historicall Description of the Islande of Britayne* (London,1587)

Hastings, Macdonald, *A Glimpse of Arcadia* (London, 1960) Hatts, Leigh, *The Thames Path* (Milnthorpe, 1998)

Hawksmoor, Nicholas, *A Short Historical Account of London Bridge* (London,1736)

Hayward, Graham, *Stanford's River Thames Companion* (London, 1988) Hefferman, Hilary, *South Thames* (Chalford, 1996)

Herbert, A.P., *The Water Gipsies* (London, 1930) Herbert, A.P., *The*

Thames (London, 1966)

Herendeen, W.H., *From Landscape to Literature* (Pittsburgh, 1986) Higgins, Walter, *Father Thames* (London, 1923)

Hill, David, *Turner on the Thames* (London, 1993) Hobbs, A.E., *Trout of the Thames* (London, 1947) Hodgson, F.C., *Thames-Side in the Past* (London, 1913)

Holgate, Robin, *Neolithic Settlement of the Thames Basin* (London, 1988) Horn, Roni, *Another Water* (Zurich, 2000)

Hornak, Angelo, *London and the Thames* (London, 1999)

Household, Humphrey, *The Thames and Severn Canal* (Newton Abbot, 1969) Howard, Philip, *London's River* (London, 1975)

Hutton, W.H., *By Thames and Cotswold* (London, 1908)

Ireland, Samuel, *Picturesque Views on the River Thames* (London, 1792) Irwin, John and Herbert, Jocelyn (eds), *Sweete Themmes* (London, 1951)

James, Henry, *English Hours* (London, 1905)

James, Simon, *The Atlantic Celts* (London, 1999)

Jefferies, Richard, *After London* (London, 1885)

Jefferies, Richard, The *Open Air* (London, 1893)

Jenkins, Alan, *The Book of the Thames* (London, 1983)

Jerome, Jerome K., *Three Men in a Boat* (London, 1908)

Jerome, J.K., *My Life and Times* (London, 1926)

Jerrold, Blanchard, *London: A Pilgrimage* (London, 1872)

Jones, David, *Anathemata* (London, 1952)

Jones, S.R., *Thames Triumphant* (London, 1943)

King, Thomson, *Water: Miracle of Nature* (London, 1953)

Krausse, A.S., *A Pictorial History of the Thames* (London, 1889)

Kuenen, P.H., *Realms of Water* (London, 1955)

Lawrence, Tom, *Exploring the Thames Valley* (Newbury, 1990) Leapman, Michael, *London's River* (London, 1991)

Leopold, L.B. and Davis, K.S., *Water* (New York, 1966) Leslie, G.D., *Our River* (London, 1881)

Letts, Vanessa, *River Thames* (Melton Constable, 2001) Leyland, John, *Thames Illustrated* (London, 1901)

Linney, A.J., *Lure and Lore of London's River* (London, 1932)

Long, Roger, *Reputedly Haunted Inns of the Chilterns and Thames Valley*(Arundel, 1993)

Mackay, Charles, *The Thames and Its Tributaries*, two volumes (London, 1840) Mare, Eric de, *Time on the Thames* (London, 1952)

Mare, Eric de, *London's Riverside* (London, 1958) Martin, Frank, *Rogues' River* (Hornchurch, 1983)

Martin, Graham, *Historic Churches of the Thames Valley* (London, 1973) Matless, David, *Landscape and Englishness* (London, 1998)

Maxwell, Donald, *A Pilgrimage of the Thames* (London, 1932) Maxwell, G.S., *The Authors' Thames* (London, 1924) McCarthy, J., *The Grey River* (London, 1889)

McFetrich, David, *Spanning the River* (London, 2006)

Merrifield, Ralph, *The Archaeology of Ritual and Magic* (London, 1987) Middleton, Tom, *The Book of Maidenhead* (Buckingham, 1975) Mitchell, Anne, *Ghosts Along the Thames* (Bourne End, 1972)

Mitton, G.E., *The Thames* (London, 1906)

Morgan, G.H., *Forgotten Thameside* (Letchworth, 1966) Morisawa, Marie, *Streams* (New York, 1968)

Moritz, C.P., *Journeys of a German in England* (London, 1965)

Morley, F.V., *River Thames* (London, 1926)

Morris, John, *The Age of Arthur* (London, 1993)

Noel-Hume, Ivor, *Treasure in the Thames* (London, 1956)

O' Donnell, Elliott, *Great Thames Mysteries* (London, 1928)

Ormsby, Hilda, *London on the Thames* (London, 1928)

Osmond, Laurie, *The Thames Flows Down* (London, 1957)

Pask, A.T., *The Eyes of the Thames* (London, 1889) Peacock, T.L., *The Genius of the Thames* (London, 1812) Peel, J.H.B., *Portrait of the Thames* (London, 1967)

Pennell, Joseph and Robins, Elizabeth, *The Stream of Pleasure* (London, 1891) Perkins, Angela, *The Book of Sonning* (Chesham, 1977)

Perkins, Angela, *Twenty Five Thames Years* (London, 1987)

Perrott, David (ed.), *The Ordnance Survey Guide to the River Thames* (London,1984)

Phillips, Geoffrey, *Thames Crossings* (London 1981)

Pilkington, Roger, *Thames Waters* (London, 1956) Pople, Kenneth, *Stanley Spencer* (London, 1991)

Prichard, Mari and Carpenter, Humphrey, *A Thames Companion* (London,1975)

Pryor, Francis, *Britain BC* (London, 2003)

Pudney, John, *Crossing London's River* (London, 1972)

Raleigh, Walter, *The History of the World* (London, 1614)

Read, Susan (ed.), *The Thames of Henry Taunt* (Gloucester, 1989)

Reed, Nicholas, *Monet and the Thames* (London, 1998)

Rice, H.S., *Ghosts of the Chilterns and the Thames Valley* (Burnham, 1983) Robertson, E.A., *Thames Portrait* (London, 1937)

Robertson, H.R., *Life on the Upper Thames* (London, 1875) Rogers, Daniel, *The Thames* (Austin, 1994)

Rohmer, Sax, *The Book of Fu-Manchu* (New York, 1930)

Rolt, L.T.C., *The Thames from Mouth to Source* (London, 1951) Ross, Anne, *Pagan Celtic Britain* (London, 1967)

Rothenstein, John and Turner, Vincent, *London's River* (London, 1951) Ryan, E.K.W., *The Thames from the Towpath* (London, 1938)

Salter, J.H. and Salter, J.A., *Salters' Guide to the Thames* (Oxford, n.d.)

Savill, Mervyn, *Tide of London* (London, 1951)

Schama, Simon, *Landscape and Memory* (London, 1995)

Schneer, Jonathan, *The Thames* (London, 2005)

Sharp, David, *The Thames Path* (London, 1996)

Shrapnel, Norman, *A View of the Thames* (London, 1977)

Simper, Robert, *Thames Tideway* (London, 1997)

Sinclair, Iain, *Downriver* (London, 1991)

Smith, Denis, *Civil Engineering Heritage* (London, 2001)

Smyth, A.P., *King Alfred the Great* (Oxford, 1995)

Squire, John, *Solo and Duet* (London, 1943)

Stead, I.M., *Celtic Dragons from the River Thames* (London, 1984)

Stout, Adam, *Where Two Rivers Meet* (Reading, 1994)

[449]

Stow, John, *The Survey of London* (London, 1912)

Tempest, Paul, *Downstream to Greenwich* (Greenwich, 1975)
Thacker, F.S., *The Stripling Thames* (London, 1909)
Thacker, F.S., The Thames Highway, two volumes (London, 1914 and Kew,1920)
Thames Journal: Journal of the River Thames Society
Thomas, Charles, *Celtic Britain* (London, 1986)
Thomas, Christopher (ed.), *London's Archaeological Secrets* (London, 2003) Thompson, A.G., *Scrap Book of London River* (London, 1937)

Thomson, T.R., *A Short History of Cricklade* (Minety, 1946) Thorne, James, *Rambles by Rivers* (London, 1847) Thurman, Christopher, *London's River* (London, 2003)
Tilley, Christopher, *A Phenomenology of Landscape* (Oxford, 1994) Tomlinson, H.M., *London River* (London, 1925)
Tuan, Yi-Fu, *The Hydrologic Cycle and the Wisdom of God* (Toronto, 1968) Turner, James, *The Politics of Landscape* (Cambridge, Ma, 1979)

Vincent, J.E., *The Story of the Thames* (London, 1909)

Wack, H.W., *In Thamesland* (London, 1906)
Watson, Bruce, Brigham, Trevor and Dyson, Tony, *London Bridge* (London,2001)
Waugh, Priscilla, *Searching the Thames* (London, 1999) Webster, G., *The Roman Invasion of Britain* (London, 1980) Weightman, Gavin, *London River* (London, 1990) Wheeler, Alwyne, *The Tidal Thames* (London, 1979)
Williams, Alfred, *Round About the Upper Thames* (London, 1922)

Williams, Alfred, *Folk Songs of the Upper Thames* (London, 1923)
Williams, Alfred, *Round About Middle Thames* (Stroud, 1982)
 Williams, J. and Brown, N,. *An Archaeological Research Framework* for the Greater *Thames Estuary* (Chelmsford, 1999)

图书在版编目（CIP）数据

泰晤士：大河大城 /（英）彼得·阿克罗伊德著；任明译.
-- 上海：上海文艺出版社, 2020（2021.7重印）
（读城系列）
ISBN 978-7-5321-7321-1
Ⅰ.①泰… Ⅱ.①彼… ②任… Ⅲ.①城市史—英国②河流—文化史—英国
Ⅳ.①K956.1②K928.42
中国版本图书馆CIP数据核字(2020)第067623号

THAMES: SACRED RIVER By PETER ACKROYD
Copyright: ©2009 BY PETER ACKROYD
This edition arranged with THE SUSIJN AGENCY LTD
Through BIG APPLE AGENCY, INC., LABUAN, MALAYSIA.
Simplified Chinese edition copyright:
2020 SHANGHAI LITERATURE AND ART PUBLISHING HOUSE
All rights reserved
版权登记号：09-2015-820

发 行 人：毕　胜
策 划 人：林雅琳
责任编辑：林雅琳
特约编辑：叶佳声
封面插画、设计师：黄吉如

书　　　名：泰晤士：大河大城
作　　　者：（英）彼得·阿克罗伊德
译　　　者：任　明
出　　　版：上海世纪出版集团　上海文艺出版社
地　　　址：上海绍兴路7号　200020
发　　　行：上海文艺出版社发行中心发行
　　　　　　上海市绍兴路50号　200020　www.ewen.co
印　　　刷：苏州市越洋印刷有限公司印刷
开　　　本：890×1240　1/32
印　　　张：17
插　　　页：5
字　　　数：466,000
印　　　次：2020年5月第1版　2021年7月第2次印刷
Ｉ Ｓ Ｂ Ｎ：978-7-5321-7321-1/G.0266
定　　　价：98.00元
告 读 者：如发现本书有质量问题请与印刷厂质量科联系　T:0512-68180628